警察行政法

警察行政法

고헌환 著

KSi 한국학술정보㈜

머리말

　『경찰행법』의 출간은 행정법을 공부한 지 얼마 되지 않은 둔재로서 과연 책을 완성할 수 있을까 하는 의구심으로 출발하여, 이제 막 책을 완성해 보니 『경찰행정법』이라는 책을 쓴다는 것이 나에게는 지나친 과욕이었으며, 향후 이와 관련하여 심층 있는 연구를 지속적으로 하여야 하겠구나 하는 각오를 심어 준 계기가 되었다. 그러나 저명하신 연구자님들의 교과서를 참고하고 나름대로의 연구물을 첨가시켜 책을 완성했다는 것으로 위안을 삼고 싶다.

　행정법은 국가와 국민 간의 관계를 규율한 공법으로 그 분야가 다양하며 방대하다. 그중 경찰행정법은 국가가 국민의 자유와 권리를 제한하고 의무를 부담하는 권력적 행정작용에 관한 법이다. 경찰행정법의 본질적 내용을 이루고 있는 경찰작용은 가장 강력하고 정형적인 권력적 행위로서 국민의 기본권을 침해할 우려가 있다. 따라서 경찰행정법의 주요 내용은 국가의 경찰작용으로 인한 기본권침해에 대한 보호와 구제방법을 모색하는 것이다.

　경찰행정법은 행정법의 구체화되고 제도화된 법으로 행정법의 일반원리 및 행정법의 전반에 걸친 법리를 수용하지 않으면 안 된다. 그런데 경찰행정법을 구성하고 법리를 전개함에 있어서 어디까지 범위를 정하고 행정법의 법리를 수용해야 할지 어려웠다. 다시 말해서 행정법의 독자적인 영역을 경찰행정법으로 구체적으로 제도화하여야 하는데 경찰법, 공무원법, 경찰관직무집행법에 국한하여 법리를 전개해야 할지 아니면 행정법의 전반에 걸친 법리를 전개해야 할지 고민하다가 이미 출간된 경찰행정법 교과서를 중심으로 법리를 전개하였다.

이 책은 행정법 일반이론을 기초로 하고, 최근의 경찰작용과 관련된 판례를 본문에 삽입하여 독자들이 쉽게 이해할 수 있도록 하였다. 그리고 국내외의 저명한 학자들의 저서와 논문을 토대로 알기 쉽게 이해할 수 있도록 구성하려고 노력하였다. 그러나 내용상 많이 부족하고 미진한 점들을 내포하고 있음을 부인할 수 없다. 그리고 이 책을 만드는 과정에서 선진 학자들의 저서 및 논문을 많이 인용하려고 노력하였으나 그러지 못한 점과 혹시 인용과정에서 기존의 참고 문헌을 일일이 밝히지 못하고 지나가지는 않았는지 송구함을 느낀다. 그러한 점들은 향후 경찰행정법이론, 경찰행정법 판례 등을 보다 깊이 있고 체계적으로 검토·보완하여 나가겠다.

마지막으로 이 책의 출판을 위하여 옆에서 도와주신 여러분들과 출판을 허락해 주신 한국학술정보(주)에 깊은 감사드린다. 아울러 아무런 걱정 없이 책을 출판할 수 있도록 물심양면으로 도와준 아내와 아들딸에게 지면을 빌려 고마움을 전하고 싶다.

2012. 1.

제주대학교 법과정책 연구소에서

저자 고헌환

CONTENTS

머리말 ··· 4

제1편 경찰행정법 일반론

제1장 경찰행정법 일반 ··· 37

제1절 경찰의 개념과 종류 ··· 37

  Ⅰ. 경찰 개념의 연혁 ·· 37
    1. 경찰개념의 형성과 내용 ·· 37
    2. 경찰개념의 역사적 발전 ·· 37
    3. 경찰의 개념 ·· 39
    4. 우리나라의 현행 경찰제도 ·· 44
  Ⅱ. 경찰의 종류 ·· 45
    1. 행정경찰과 사법경찰 ·· 45
    2. 보안경찰과 협의의 행정경찰 ·· 46
    3. 예방경찰과 진압경찰 ·· 46
    4. 평시경찰과 비상경찰 ·· 47
    5. 국가경찰과 지방자치단체경찰 ·· 47
    6. 기타의 경찰작용 ·· 48

제2절 경찰행정법 ··· 48

  Ⅰ. 경찰행정법의 개념 ·· 48
    1. 경찰행정법의 의의 ·· 48
    2. 경찰행정법의 필요성 ·· 50
  Ⅱ. 경찰행정법의 종류 ·· 50
    1. 일반경찰법과 특별경찰법 ·· 50
    2. 실질적 경찰법과 형식적 경찰법 ······································ 50

제3절 경찰행정법의 기본원리 ··· 51

  Ⅰ. 개설 ··· 51
  Ⅱ. 민주적 경찰행정의 원리 ·· 51

Ⅲ. 법치행정의 원리 ··· 52
   1. 법치주의와 법치행정 ··· 52
   2. 법치주의의 전개 ··· 52

제4절 경찰행정법의 일반원칙 ··· 61
  Ⅰ. 개설 ·· 61
  Ⅱ. 신뢰보호의 원칙 ·· 62
   1. 의의 ··· 62
   2. 신뢰보호의 근거 ··· 63
   3. 신뢰보호원칙의 일반적 요건 ··································· 66
   4. 신뢰보호의 법적 효과 ··· 68
   5. 신뢰보호원칙의 문제 ·· 69
   6. 신뢰보호원칙의 위반의 효과 ··································· 70
  Ⅲ. 비례의 원칙 ·· 71
   1. 비례원칙의 연혁 ··· 71
   2. 비례원칙의 개념 ··· 71
   3. 비례원칙의 근거 ··· 73
   4. 비례원칙의 적용범위 ·· 74
   5. 위반의 효과 ·· 74
   6. 비례원칙 위반에 대한 구제 ··································· 75
  Ⅳ. 부당결부금지의 원칙 ·· 75
   1. 의의 ··· 75
   2. 법적 근거 ··· 76
   3. 적용영역 ··· 76
   4. 부당결부 여부의 판단기준 ····································· 76
   5. 위반의 효과 ·· 77
  Ⅴ. 평등의 원칙 ·· 77
   1. 의의 ··· 77
   2. 근거 ··· 78
   3. 평등의 원칙 위반의 효과 ······································ 78
  Ⅵ. 행정의 자기구속의 법리 ··· 79
   1. 의의 ··· 79
   2. 등장배경 및 기능 ··· 79

CONTENTS

3. 행정의 자기구속의 근거 ·· 80
4. 적용영역 ··· 81
5. 요건 ··· 81
6. 자기구속의 한계 ·· 81
7. 위반의 효과 ·· 82

제2장 경찰행정법의 법원 ································· 83

제1절 개설 ·· 83
Ⅰ. 의의 ··· 83
Ⅱ. 성문법주의 ·· 83

제2절 경찰행정법의 성문법원 ···························· 84
Ⅰ. 헌법 ··· 84
Ⅱ. 법률 ··· 85
Ⅲ. 국제조약 및 국제법규 ·· 85
Ⅳ. 행정입법 ·· 87
1. 법규명령 ·· 87
2. 행정규칙 ·· 88
Ⅴ. 자치법규 ·· 88

제3절 경찰행정법의 불문법원 ···························· 89
Ⅰ. 관습법 ·· 89
1. 의의 ··· 89
2. 관습법의 성립 ··· 89
3. 관습법의 법원성 문제 ·· 90
4. 관습법의 효력 ··· 91
Ⅱ. 판례법 ·· 92
1. 판례법의 의의 ··· 92
2. 판례법의 법원성 ··· 93
Ⅲ. 조리 ··· 94

제4절 경찰행정법의 효력 ·· 95

   Ⅰ. 시간적 효력 ·· 95

     1. 효력발생시기 ··· 95

     2. 소급적용금지 원칙과 그 예외 ································· 96

     3. 효력의 소멸 ·· 98

   Ⅱ. 장소적 효력 ·· 98

   Ⅲ. 대인적 효력 ·· 99

제5절 경찰행정법규의 흠결과 보충 ···································· 100

   Ⅰ. 개설 ·· 100

   Ⅱ. 관련학설 ··· 100

     1. 행정법상 규정이 있는 경우 ··································· 100

     2. 행정법상 규정이 없는 경우 ··································· 101

   Ⅲ. 경찰행정법관계에 대한 사법규정의 적용 ··············· 104

     1. 개설 ·· 104

     2. 일반원칙의 적용례 ··· 104

     3. 재산관계에 있어서의 사법의 적용 ························· 108

   Ⅳ. 사법규정 적용의 한계 ··· 110

     1. 개설 ·· 110

     2. 사법규정 적용의 한계 ·· 111

제3장 경찰행정법상의 법률관계 ······························· 113

제1절 경찰행정법 관계의 의의 ··· 113

   Ⅰ. 경찰행정상 법률관계와 경찰행정법관계의 의의 ······· 113

   Ⅱ. 공법과 사법의 구별 ··· 113

     1. 공법과 사법의 혼돈의 유래 ··································· 113

     2. 공법과 사법의 구별의 필요성 ································ 114

     3. 공법과 사법의 제도적 구별론 ································ 116

     4. 공법과 사법의 이론적 구별론 ································ 116

제2절 경찰행정상 법률관계의 종류 ···································· 118

   Ⅰ. 경찰행정조직법적 관계 ··· 119

CONTENTS

    1. 행정조직 내부관계 ·································· 119
    2. 행정주체 상호 간의 관계 ···················· 119
  Ⅱ. 경찰행정작용법 관계 ······························ 120
    1. 개설 ·· 120
    2. 공법관계 ··· 120
    3. 사법관계 ··· 121

제3절 경찰행정법관계의 당사자 ························· 125
  Ⅰ. 행정주체와 당사자 ······························ 125
  Ⅱ. 행정주체 ·· 126
    1. 의의 ·· 126
    2. 국가 ·· 126
    3. 공공단체 ··· 127

제4절 경찰행정법관계의 특수성 ························· 129
  Ⅰ. 개설 ··· 129
  Ⅱ. 법률의 적합성 ······································ 129
  Ⅲ. 공정력 ·· 130
  Ⅳ. 존속력 ·· 130
    1. 의의 ·· 130
    2. 불가쟁력 ··· 131
    3. 불가변력 ··· 131
  Ⅴ. 강제력 ·· 132
    1. 자력집행력 ··· 132
    2. 제재력 ·· 132
  Ⅵ. 권리·의무의 특수성 ···························· 133
  Ⅶ. 권리구제수단의 특수성 ······················ 133
    1. 행정상 손해전보 ································· 133
    2. 행정쟁송절차의 특수성 ······················ 134

제5절 경찰행정법관계의 내용 ···························· 134
  Ⅰ. 개설 ··· 134
  Ⅱ. 국가적 공권 ··· 135
    1. 의의 ·· 135

   2. 국가적 공권의 분류 ································· 135

   3. 특수성 ·· 135

   4. 한계 ·· 135

Ⅲ. 개인적 공권 ··· 136

   1. 의의 ·· 136

   2. 개인적 공권의 종류 ································· 138

   3. 법률규정에 의한 개인적 공권의 성립 ··········· 138

   4. 헌법규정에 의한 개인적 공권의 성립 ··········· 142

   5. 공권과 반사적 이익 ································· 145

Ⅳ. 개인적 공권의 강화 ································· 146

   1. 무하자재량행사청구권 ······························ 147

   2. 행정개입청구권 ···································· 153

Ⅴ. 개인적 공권의 특수성과 그 한계 ················· 155

   1. 개인적 공권의 특수성 ······························ 155

   2. 개인적 공권의 한계 ································· 157

Ⅵ. 공의무와 그 특성 ··································· 157

   1. 공의무의 개념 ······································ 157

   2. 공의무의 종류 ······································ 157

   3. 공의무의 특성 ······································ 157

제6절 경찰행정법상 특별권력관계 ················· 158

  Ⅰ. 개설 ·· 158

  Ⅱ. 전통적 특별권력관계론 ···························· 159

   1. 특별권력관계의 의의 ······························ 159

   2. 특별권력관계의 성립과 소멸 ······················ 159

   3. 특별권력관계이론의 역사적 배경 ················· 160

   4. 특별권력관계의 특징 ······························ 161

   5. 특별권력관계의 종류 ······························ 162

   6. 특별권력관계의 내용 ······························ 163

  Ⅲ. 특별권력관계의 재검토 ···························· 163

   1. 부정설 ·· 164

   2. 특별권력관계론의 수정이론 ······················ 165

  Ⅳ. 특별권력관계와 법치주의 ························· 167

   1. 특별권력관계와 기본권제한 ······················ 167

CONTENTS

    2. 특별권력관계와 법률유보 ·· 168

제4장 경찰행정법관계의 변동 ·· 170

제1절 경찰행정법상의 법률요건과 법률사실 ·············· 170
    Ⅰ. 의의 ·· 170
    Ⅱ. 경찰행정법상의 용태와 사건 ································ 170
        1. 행정법상의 용태 ·· 171
        2. 행정법상의 사건 ·· 171

제2절 공법상의 행위 ·· 177
    Ⅰ. 공법행위 ·· 177
        1. 의의 및 종류 ·· 177
        2. 사인의 공법행위 ·· 178
    Ⅱ. 공법상 사무관리와 부당이득 ································ 184
        1. 공법상 사무관리 ·· 184
        2. 공법상 부당이득 ·· 186

제2편 경찰행정조직법

제1장 경찰행정조직법의 개관 ·· 193

제1절 경찰행정조직법의 의의 ································ 193

제2절 경찰조직 법정주의 ·· 193

제3절 경찰조직의 지도원리 ···································· 194
    Ⅰ. 경찰조직의 민주성 ·· 194
    Ⅱ. 경찰조직의 능률성 ·· 195
    Ⅲ. 경찰조직의 중립성 ·· 195
    Ⅳ. 경찰조직의 집권성 ·· 195

Ⅴ. 경찰조직의 전문성 ·············· 196

제2장 경찰기관 ·············· 197

제1절 경찰기관의 개념 ·············· 197

제2절 경찰기관의 종류 ·············· 197
Ⅰ. 보통경찰기관 ·············· 197
  1. 경찰행정청 ·············· 198
  2. 경찰의결기관·협의기관 ·············· 200
  3. 경찰집행기관 ·············· 200
Ⅱ. 비상경찰기관 ·············· 201
  1. 계엄사령관 ·············· 202
  2. 위수사령관 ·············· 202
Ⅲ. 해양경찰기관 ·············· 203
  1. 해양경찰의 조직 ·············· 203
  2. 해양경찰의 주요 직무 ·············· 209
  3. 공해상의 해양경찰권 ·············· 214
Ⅳ. 자치경찰기관 ·············· 223
  1. 자치경찰제도의 개념 ·············· 223
  2. 자치경찰의 조직과 직무 ·············· 227

제3장 경찰기관의 권한 ·············· 232

제1절 경찰기관 권한의 의의와 확정 ·············· 232
Ⅰ. 경찰기관 권한의 의의 ·············· 232
Ⅱ. 경찰기관 권한의 확정 ·············· 233

제2절 권한의 분류 ·············· 233
Ⅰ. 사물적 권한 ·············· 233
Ⅱ. 지역적 권한 ·············· 234
  1. 의의 ·············· 234
  2. 관할구역 ·············· 234

CONTENTS

3. 경찰상 공조 ·· 235
4. 예외 ··· 235
Ⅲ. 심급상 권한 ·· 235
1. 의의 ··· 235
2. 감독 ··· 236

제3절 경찰기관 권한의 한계 ···································· 237
Ⅰ. 사항적 한계 ·· 237
Ⅱ. 지역적 한계 ·· 237
Ⅲ. 대인적 한계 ·· 238
Ⅳ. 형식적 한계 ·· 238

제4절 경찰기관의 권한 행사 ···································· 238
Ⅰ. 권한행사의 방식 ··· 238
1. 권한의 대리 ·· 238
2. 권한의 위임 ·· 244
Ⅱ. 권한행사의 효과 ··· 250
1. 일반적 효과 ·· 250
2. 위법한 권한행사의 효과 ··· 250

제4장 경찰기관 상호 간의 관계 ································· 251

제1절 개설 ·· 251

제2절 상하 경찰기관 간의 관계 ······························· 251
Ⅰ. 권한의 감독관계 ··· 252
1. 감시권 ·· 252
2. 인가권 ·· 252
3. 훈령권 ·· 253
4. 취소·정지권 ··· 256
5. 주관쟁의결정권 ·· 257
Ⅱ. 권한의 대행관계 ··· 258

제3절 대등 경찰기관 간의 관계 ······································· 258

  Ⅰ. 권한의 존중관계 ··· 258

  Ⅱ. 권한의 상호 협력관계 ··· 258

    1. 협의 ··· 258

    2. 사무위탁 ··· 259

    3. 행정응원 ··· 259

제4절 국가경찰기관과 자치경찰기관 간의 관계 ················· 261

  Ⅰ. 감독관계 ··· 261

  Ⅱ. 협력관계 ··· 262

    1. 국가경찰과의 협약 체결 ······································· 262

    2. 국가경찰과 자치경찰의 상호 협조 ······························· 262

    3. 국가경찰과 자치경찰 공무원 간의 인사교류 ····················· 263

제5장 경찰공무원법 ··· 264

제1절 경찰공무원제도 ··· 264

  Ⅰ. 개설 ··· 264

  Ⅱ. 경찰공무원의 개념 ··· 264

  Ⅲ. 경찰공무원의 분류 ··· 265

    1. 계급제 ··· 265

    2. 경찰공무원의 경과 및 특기 ······································· 265

  Ⅳ. 경찰공무원제도의 기본원리 ······································· 266

    1. 민주적 경찰공무원제도 ··· 267

    2. 직업경찰공무원제도 ··· 268

제2절 경찰공무원관계의 변동 ····································· 269

  Ⅰ. 개설 ··· 269

  Ⅱ. 경찰공무원관계의 발생 ··· 271

    1. 임명의 의의 및 성질 ··· 271

    2. 임명의 요건 ··· 272

    3. 경찰공무원의 임용권자 ··· 276

    4. 경찰공무원의 임용절차 ··· 277

CONTENTS

5. 경찰공무원의 임명의 형식과 효력발생시기 ……………………… 279
Ⅲ. 경찰공무원관계의 변경 …………………………………………… 279
1. 개설 ……………………………………………………………… 279
2. 다른 직위에로의 변경 ………………………………………… 280
3. 이중직위의 변경 등 …………………………………………… 284
4. 무직에로의 변경 ………………………………………………… 285
Ⅳ. 경찰공무원관계의 소멸 …………………………………………… 287
1. 당연 퇴직 ………………………………………………………… 287
2. 면직 ……………………………………………………………… 289
Ⅴ. 불이익조치에 대한 구제 ………………………………………… 291
1. 처분사유 설명서의 교부 ……………………………………… 291
2. 소청 ……………………………………………………………… 291
3. 행정소송 ………………………………………………………… 293
4. 고충심사의 청구 ………………………………………………… 294

제3절 경찰공무원의 법적 지위 ……………………………………… 294
Ⅰ. 개설 ………………………………………………………………… 294
Ⅱ. 경찰공무원의 권리 ………………………………………………… 295
1. 신분상의 권리 …………………………………………………… 295
2. 재산상의 권리 …………………………………………………… 297
Ⅲ. 경찰공무원의 의무 ………………………………………………… 301
1. 개설 ……………………………………………………………… 301
2. 국가공무원법상의 의무 ………………………………………… 301
3. 경찰관련법상의 의무 …………………………………………… 308
4. 공직자윤리법상의 의무 ………………………………………… 309
Ⅳ. 경찰공무원의 책임 ………………………………………………… 311
1. 행정상의 책임 …………………………………………………… 311
2. 형사책임 ………………………………………………………… 320
3. 민사책임 ………………………………………………………… 321

제3편 경찰행정작용법

제1장 경찰관직무집행법 ··· 325

제1절 경찰관직무집행법의 의의 ································· 325

제2절 경찰권 행사의 근거 ······································· 326
Ⅰ. 법률유보의 원칙 ··· 326
Ⅱ. 법률유보의 방식 ··· 327

제3절 직무의 범위 ··· 327
Ⅰ. 범죄의 예방·진압 및 수사 ································· 328
  1. 범죄의 예방과 진압 ······································· 328
  2. 범죄의 수사 ··· 329
Ⅱ. 경비·요인경호 및 대간첩작전수행 ······················· 330
  1. 경비 ·· 330
  2. 요인경호 ·· 330
  3. 대간첩작전수행 ··· 330
Ⅲ. 치안 정보의 수집·작성 및 배포 ·························· 331
Ⅳ. 교통의 단속과 위해의 방지 ······························ 331
Ⅴ. 기타공공의 안녕과 질서의 유지 ·························· 331

제4절 개별적 수권 규정에 의한 경찰권 행사 ················· 332
Ⅰ. 의의 ··· 332
Ⅱ. 불심검문 ··· 332
  1. 의의 ·· 332
  2. 불심검문의 성질 ··· 332
  3. 불심검문의 방법 ··· 333
  4. 불심검문과 관련되는 문제 ································· 336
Ⅲ. 보호조치 및 긴급구호 ····································· 337
  1. 의의 및 요건 ··· 337
  2. 절차 ·· 338

CONTENTS

3. 경찰관서의 보호 ··· 338
Ⅳ. 위험발생방지 ··· 340
  1. 의의 및 요건 ·· 340
  2. 절차 ··· 341
Ⅴ. 범죄의 예방과 제지 ··· 341
  1. 의의 및 요건 ·· 341
  2. 성질 ··· 341
  3. 요건 ··· 341
Ⅵ. 위험방지를 위한 출입 및 검색 ··························· 342
  1. 의의 ··· 342
  2. 절차 ··· 343
Ⅶ. 사실의 확인 ··· 343
  1. 의의 ··· 343
  2. 사실조회 및 직접 확인 ····································· 344
  3. 출석요구 ·· 344
Ⅷ. 위험발생의 경고 ··· 344
Ⅸ. 범죄예방의 경고 ··· 345
Ⅹ. 경찰장비의 사용 ··· 345
  1. 의의 ··· 345
  2. 경찰장구의 사용 ·· 346
  3. 분사기 등의 사용 ··· 346
  4. 무기의 사용 ·· 346

제5절 특별경찰법상의 개별적 수권규정에 근거한 경찰권 ················· 348
Ⅰ. 의의 ··· 348
Ⅱ. 영업법상의 경찰규정 ··· 348
  1. 의의 ··· 348
  2. 식품위생법상의 경찰규정 ································· 348
  3. 공중위생법상의 경찰규정 ································· 349
Ⅲ. 건축법상의 경찰규정 ··· 349
Ⅳ. 건강에 관한 법상의 경찰규정 ···························· 350
  1. 의료법상 경찰규정 ··· 350
  2. 약사법상 경찰규정 ··· 350

  3. 전염병예방법상 경찰규정 ··· 350
 Ⅴ. 교통에 관한 법상의 경찰규정 ···································· 351
  1. 도로교통법상 경찰규정 ··· 351
  2. 해상교통상 경찰규정 ··· 351
 Ⅵ. 환경행정법상의 경찰규정 ··· 352

제6절 경찰법상 일반적 수권 ·· 352
 Ⅰ. 일반적 수권조항의 개념과 필요성 ····························· 352
  1. 일반적 수권조항의 개념 ··· 352
  2. 일반적 수권조항의 필요성 ·· 354
 Ⅱ. 일반적 수권조항의 내용 및 적용요건 ······················· 354
 Ⅲ. 현행법상 일반적 수권조항의 인정 여부 ····················· 355
  1. 학설 ··· 355
  2. 판례 ··· 357
  3. 검토 ··· 357

제7절 경찰권 행사의 한계 ·· 358
 Ⅰ. 개설 ··· 358
 Ⅱ. 법규상의 한계 ·· 359
 Ⅲ. 일반적 수권조항에 의한 경찰권 행사의 헌법적 한계 ········ 359
  1. 개설 ··· 359
  2. 헌법상 일반원리에 의한 한계 ···································· 360
  3. 기본권의 구속성에 의한 한계 ···································· 369
  4. 기본권 제한에 의한 한계 ··· 372
 Ⅳ. 경찰권 행사의 일반적 한계 ······································· 377
  1. 경찰소극목적의 원칙 ·· 377
  2. 경찰공공의 원칙 ··· 377
  3. 경찰책임의 원칙 ··· 378
  4. 경찰비례의 원칙 ··· 382
  5. 경찰평등의 원칙 ··· 384

CONTENTS

제2장 경찰행정입법 ········· 385

제1절 개설 ········· 385
  Ⅰ. 경찰행정입법의 의의 ········· 386
  Ⅱ. 경찰행정입법의 필요성 ········· 387

제2절 법규명령 ········· 388
  Ⅰ. 의의 ········· 388
  Ⅱ. 종류 ········· 388
    1. 수권의 범위·근거에 의한 분류 ········· 388
    2. 발령주체에 의한 분류 ········· 389
  Ⅲ. 법규명령의 근거 ········· 391
  Ⅳ. 법규명령의 한계 ········· 391
    1. 법률대위명령의 한계 ········· 391
    2. 위임명령의 한계 ········· 392
    3. 집행명령의 한계 ········· 394
  Ⅴ. 성립 및 효력발생요건 ········· 394
    1. 성립요건 ········· 394
    2. 효력발생요건 ········· 395
    3. 법규명령의 하자 ········· 395
  Ⅵ. 소멸 ········· 396
  Ⅶ. 법규명령의 통제 ········· 397
    1. 국회의 통제 ········· 397
    2. 행정적 통제 ········· 398
    3. 사법적 통제 ········· 398

제3절 행정규칙 ········· 401
  Ⅰ. 개념 ········· 401
  Ⅱ. 행정규칙의 법적 성질 ········· 402
    1. 비법규설 ········· 402
    2. 법규설 ········· 403
    3. 판례의 입장 ········· 404
    4. 검토 ········· 404
  Ⅲ. 행정규칙의 종류 ········· 405
    1. 형식에 의한 분류 ········· 405

    2. 내용을 기준으로 한 분류 ································· 406
    3. 입법의 형식과 내용에 따른 분류 ·················· 409
  Ⅳ. 행정규칙의 근거와 한계 ···························· 410
    1. 근거 ·· 410
    2. 한계 ·· 411
  Ⅴ. 행정규칙의 성립과 효력요건 ······················ 411
    1. 성립요건 ·· 411
    2. 효력발생요건 ·· 412
  Ⅵ. 행정규칙의 효력 및 소멸 ·························· 412
    1. 효력 ·· 412
    2. 소멸 ·· 413
  Ⅶ. 행정규칙의 통제 ····································· 413
    1. 국회에 의한 통제 ··································· 413
    2. 행정적 통제 ·· 413
    3. 사법적 통제 ·· 414

제4절 행정입법의 한계설정과 기준 ····················· 415
  Ⅰ. 행정입법의 한계설정의 필요성 ··················· 415
  Ⅱ. 행정입법 한계의 기준 ····························· 416
    1. 개설 ·· 416
    2. 행정입법 한계에 대한 접근 ······················ 417
    3. 헌법 제75조의 해설 ································ 418
    4. 독일의 기준론 ······································· 425
    5. 미국의 기준론 ······································· 430
  Ⅲ. 소결 ·· 433

제3장 경찰상 행정행위 ······························· **435**

제1절 경찰상 행정행위의 개념 ························· 435
  Ⅰ. 경찰상 행정행위의 개념요소 ····················· 435
  Ⅱ. 경찰상 행정행위의 특수성 ······················· 436

제2절 경찰상 행정행위의 종류 ························· 436
  Ⅰ. 주체를 기준으로 한 분류 ························· 436

CONTENTS

Ⅱ. 법률효과의 발생 원인에 따른 분류 ································ 437
   1. 의의 ·· 437
   2. 구별의 실익 ·· 437
Ⅲ. 법적 효과의 성질을 기준으로 한 분류 ······················· 438
   1. 의의 ·· 438
   2. 구별의 실익 ·· 438
   3. 복효적 행정행위 ··· 439
Ⅳ. 상대방의 협력을 요건으로 하는지의 여부에 따른 분류 ········· 440
   1. 의의 ·· 440
   2. 공법상 계약과의 구별 ·· 441
Ⅴ. 행정행위성립에 일정한 형식을 요하는가의 여부에 따른 분류 ······· 441
   1. 의의 ·· 441
   2. 요식행위의 원칙 ··· 441
   3. 원칙위반의 효과 ··· 442
Ⅵ. 구체적 사실과의 관련성 ··· 442
Ⅶ. 법에 기속 정도에 따른 분류 ······································ 443

제3절 기속행위와 재량행위 ··· 443
Ⅰ. 기속행위와 재량행위의 개념 ······································ 443
Ⅱ. 기속행위와 재량행위의 구별실익 ································· 444
   1. 재판통제의 범위와 방식 ··· 444
   2. 부관의 가부 ··· 445
Ⅲ. 기속행위와 재량행위의 구별기준 ································· 445
   1. 요건재량설 ··· 445
   2. 효과재량설 ··· 446
   3. 개별법률에 따른 구별 ·· 446

제4절 경찰상 행정행위의 내용 ··· 452
Ⅰ. 법률행위적 행정행위 ·· 452
   1. 경찰하명 ·· 452
   2. 경찰허가 ·· 458
   3. 면제 ··· 462
Ⅱ. 형성적 행정행위 ··· 462
   1. 특허 ··· 462
   2. 인가 ··· 463

    3. 공법상 대리 ··· 465

  Ⅲ. 준법률행위적 행정행위 ·· 465

    1. 확인 ·· 465

    2. 공증 ·· 467

    3. 통지 ·· 467

    4. 수리 ·· 468

제5절 경찰상 행정행위의 성립과 효력 ······················· 469

  Ⅰ. 행정행위의 성립요건과 효력요건 ······························· 469

    1. 의의 ·· 469

    2. 성립요건 ··· 470

    3. 효력발생요건 ··· 471

  Ⅱ. 경찰상 행정행위의 효력 ·· 471

    1. 구속력 ·· 471

    2. 공정력 ·· 472

    3. 존속력 ·· 472

    4. 강제력 ·· 472

제6절 경찰상 행정행위의 하자 ································· 473

  Ⅰ. 행정행위의 하자 ·· 473

  Ⅱ. 행정행위의 무효와 취소 ·· 473

    1. 개설 ·· 473

    2. 무효와 취소의 구별기준 ··· 474

    3. 무효와 취소의 구별실익 ··· 474

  Ⅲ. 하자의 승계 ·· 476

    1. 의의 ·· 476

    2. 승계의 인정 여부 ·· 476

  Ⅳ. 행정행위의 하자의 치유와 전환 ································· 477

    1. 개설 ·· 477

    2. 하자의 치유 ·· 478

    3. 하자 있는 행정행위의 전환 ······································ 479

CONTENTS

제7절 경찰상 행정행위의 취소 ··· 480

  Ⅰ. 행정행위 취소의 의의 ··· 480

    1. 개념 ··· 480

    2. 직권취소와 쟁송취소 ··· 480

  Ⅱ. 행정행위의 직권취소 ··· 482

    1. 의의 ··· 482

    2. 취소권 ··· 483

    3. 취소사유 ··· 484

    4. 취소권의 제한 ··· 484

제8절 경찰상 행정행위의 철회 ··· 488

  Ⅰ. 의의 ··· 488

  Ⅱ. 철회권자 ··· 488

  Ⅲ. 철회권의 근거 및 철회사유 ····································· 489

    1. 철회의 근거 ··· 489

    2. 철회의 사유 ··· 490

    3. 철회의 제한 ··· 490

  Ⅳ. 철회의 절차 ··· 491

  Ⅴ. 철회의 효과 ··· 491

  Ⅵ. 철회의 취소 ··· 492

제9절 경찰상 행정행위의 실효 ··· 492

  Ⅰ. 의의 ··· 492

  Ⅱ. 실효의 사유 ··· 492

  Ⅲ. 실효의 효과 ··· 493

  Ⅳ. 실효의 주장 ··· 493

제10절 경찰상 행정행위의 부관 ··· 493

  Ⅰ. 개념 ··· 493

  Ⅱ. 부관의 기능 ··· 494

    1. 순기능 ··· 494

    2. 역기능 ··· 495

  Ⅲ. 부관의 종류 ··· 495

    1. 조건 ··· 495

  2. 기한 ·· 495

  3. 부담 ·· 496

  4. 철회권의 유보 ·· 497

  5. 법률효과의 일부배제 ······························ 497

 Ⅳ. 부관의 가능성과 한계 ····························· 498

  1. 부관의 가능성 ······································· 498

  2. 사후부관의 가능성 ································· 498

  3. 부관의 한계 ·· 499

  4. 부관의 하자 ·· 499

 Ⅴ. 위법한 부관에 대한 쟁송문제 ·················· 500

  1. 부관의 독립쟁송가능성 ·························· 500

  2. 부관의 독립취소가능성 ·························· 500

제4장 경찰행정상 사실행위와 행정지도 ··············· 502

제1절 경찰행정상의 사실행위 ························· 502

 Ⅰ. 의의 및 종류 ··· 502

  1. 의의 ·· 502

  2. 종류 ·· 502

 Ⅱ. 경찰상 사실행위의 법적 근거와 한계 ········ 504

  1. 법적 근거 ··· 504

  2. 한계 ·· 504

 Ⅲ. 경찰상 사실행위에 대한 권리보호 ············· 505

  1. 행정쟁송 ·· 505

  2. 결과제거청구권 ····································· 505

  3. 손해배상 ·· 505

  4. 손실보상 ·· 505

제2절 경찰 행정지도 ···································· 506

 Ⅰ. 행정지도의 의의 ···································· 506

 Ⅱ. 행정지도의 기능과 유형 ·························· 506

  1. 행정지도의 유용성 ································· 506

  2. 행정지도의 기능 ···································· 507

CONTENTS

　　　3. 행정지도의 유형 ……………………………………………… 507
　Ⅲ. 행정지도의 법적 성격 …………………………………………… 508
　　　1. 행정지도의 비권력적 성격 …………………………………… 508
　　　2. 행정의 행위형식론에 있어서의 행정지도 ………………… 508
　　　3. 소결 ……………………………………………………………… 509
　Ⅳ. 행정지도의 법적 근거와 한계 ………………………………… 509
　　　1. 법적 근거에 대한 논의 ……………………………………… 509
　　　2. 행정지도의 한계 ……………………………………………… 510
　Ⅴ. 행정지도와 행정구제 …………………………………………… 513
　　　1. 항고소송 ………………………………………………………… 513
　　　2. 당사자소송 ……………………………………………………… 514
　　　3. 국가배상 ………………………………………………………… 514
　　　4. 손실보상 ………………………………………………………… 515
　　　5. 헌법소원 ………………………………………………………… 515

제5장 경찰행정절차법 ………………………………………………… 517

제1절 경찰행정절차의 일반론 …………………………………… 517
　Ⅰ. 행정절차의 개념 ………………………………………………… 517
　　　1. 광의의 행정절차의 개념 …………………………………… 517
　　　2. 협의의 행정절차의 개념 …………………………………… 517
　Ⅱ. 행정절차의 필요성 ……………………………………………… 518
　　　1. 행정의 민주화 ………………………………………………… 518
　　　2. 행정작용의 적정화 …………………………………………… 518
　　　3. 행정의 능률화 ………………………………………………… 519
　　　4. 효과적인 권익구제 …………………………………………… 519
　Ⅲ. 행정절차의 입법례 ……………………………………………… 519
　　　1. 영국의 행정절차법제 ………………………………………… 520
　　　2. 미국의 행정절차법제 ………………………………………… 520
　　　3. 독일의 행정절차법제 ………………………………………… 521

제2절 행정절차의 법적 근거 ……………………………………… 521
　Ⅰ. 헌법적 근거 ……………………………………………………… 521
　Ⅱ. 개별법적 근거 …………………………………………………… 522

제3절 행정절차법의 기본구도와 적용범위 ················· 522
　Ⅰ. 행정절차법의 기본구조 ····························· 522
　Ⅱ. 행정절차법의 적용범위 ····························· 523

제4절 행정절차법의 내용 ································· 524
　Ⅰ. 행정절차법의 구성 ······························· 524
　Ⅱ. 행정청의 관할 및 협조 ··························· 524
　　1. 행정청의 관할 ······························· 524
　　2. 행정청 간의 협조 ··························· 524
　　3. 행정청 간의 응원 ··························· 525
　Ⅲ. 행정절차의 당사자 등 ··························· 525
　　1. 당사자 등의 자격 ··························· 525
　　2. 지위의 승계 ······························· 526
　　3. 당사자 등의 대표자 ························· 526
　　4. 대리인 ··································· 527
　　5. 이해관계인 ································· 527
　Ⅳ. 송달 및 기간 ································· 528
　　1. 송달 ····································· 528
　　2. 기간 및 기한의 특례 ······················· 529

제5절 행정절차의 종류 ································· 530
　Ⅰ. 처분절차 ····································· 530
　　1. 공통사항 ··································· 530
　　2. 신청에 의한 처분의 절차 ··················· 532
　　3. 침익적 처분의 절차 ······················· 535
　Ⅱ. 신고절차 ····································· 537
　　1. 신고의 의의 및 행정청의 의무 ··············· 537
　　2. 적용대상 ··································· 537
　　3. 행정청의 형식상 흠의 보완요구 및 반려결정 ····· 538
　　4. 신고의 효과 ······························· 538
　Ⅲ. 행정상 입법예고절차 ··························· 538
　　1. 행정상 입법예고의 의의 ····················· 538
　　2. 적용범위 ··································· 539

CONTENTS

    3. 입법예고방법 및 기간 ································· 539
    4. 의견제출 및 처리 ··································· 539
    5. 공청회 ·· 540
  Ⅳ. 행정예고절차 ··· 540
    1. 행정예고의 의의 ··································· 540
    2. 행정예고의 적용범위 ······························· 540
    3. 행정예고의 방법, 의견제출 및 처리, 공청회 등 ······· 541
  Ⅴ. 행정지도절차 ··· 541
    1. 행정지도의 의의 ··································· 541
    2. 행정지도의 원칙 ··································· 542
    3. 행정지도의 방식 ··································· 542
    4. 의견제출 ·· 542
    5. 다수인을 대상으로 하는 행정지도 ················· 543

제6절 행정절차 하자의 효과와 하자의 치유 ············· 543
  Ⅰ. 행정절차 하자의 의의 ······························· 543
  Ⅱ. 행정절차 하자의 효과 ······························· 543
    1. 학설 ·· 544
    2. 판례 ·· 545
  Ⅲ. 행정절차 하자의 치유 ······························· 545
    1. 하자 치유의 의의 ································· 545
    2. 학설 ·· 546
    3. 판례 ·· 547

제6장 경찰행정의 실효성 확보수단 ············· 548

제1절 개설 ·· 548

제2절 경찰행정상 강제집행 ······························· 548
  Ⅰ. 강제집행의 의의와 근거 ····························· 548
    1. 강제집행의 의의 ··································· 548
    2. 강제집행의 근거 ··································· 549
  Ⅱ. 강제집행의 수단 ····································· 549
    1. 대집행 ·· 550

   2. 강제징수 ·· 553
   3. 직접강제 ·· 557
   4. 집행벌 ·· 558

제3절 경찰행정상 즉시강제 ·· 560
  Ⅰ. 즉시강제의 의의와 성질 ·· 560
   1. 의의 ·· 560
   2. 성질 ·· 560
  Ⅱ. 즉시강제의 근거와 한계 ·· 561
   1. 근거 ·· 561
   2. 한계 ·· 561
  Ⅲ. 즉시강제의 수단 ·· 562
   1. 대인적 즉시강제 ·· 562
   2. 대물적 즉시강제 ·· 562
   3. 대가택 즉시강제 ·· 563
  Ⅳ. 즉시강제와 영장 ·· 563
  Ⅴ. 즉시강제에 대한 구제 ·· 563
   1. 적법한 즉시강제에 대한 구제 ·································· 563
   2. 위법한 즉시강제에 대한 구제 ·································· 564

제4절 경찰 행정조사 ·· 566
  Ⅰ. 의의 ·· 566
  Ⅱ. 법적 성질 ·· 566
  Ⅲ. 법적 근거와 한계 ·· 567
   1. 법적 근거 ·· 567
   2. 한계 ·· 567

제5절 경찰행정벌 ·· 570
  Ⅰ. 행정벌의 의의·근거·종류 ·· 570
   1. 행정벌의 의의 ·· 570
   2. 타 개념과의 구별 ·· 570
   3. 근거 ·· 571
   4. 행정벌의 종류 ·· 572
  Ⅱ. 경찰행정형벌 ·· 572
   1. 의의 ·· 572

CONTENTS

    2. 행정형벌의 특수성 ·· 573
    3. 행정형벌의 과벌절차 ·· 575
  Ⅲ. 행정질서벌 ··· 577

제6절 새로운 의무이행확보수단 ······························· 578
  Ⅰ. 관허사업의 제한과 수익적 행정행위의 철회·정지 ······ 578
  Ⅱ. 과징금·가산금 부과 등 금전상의 제재 ·············· 579
    1. 과징금·부담금·범칙금 ·································· 579
    2. 가산금·가산세 ··· 581
  Ⅲ. 공급거부 ·· 582
  Ⅳ. 위반사실(또는 위반자의 명단)의 공표 ················ 582

제4편 경찰행정구제법

제1장 경찰행정구제법 일반 ······································· 587

제1절 경찰행정구제의 의의 ··· 587

제2절 경찰행정구제의 수단과 방법 ···························· 587

제3절 경찰행정구제의 유형 ··· 588
  Ⅰ. 청원 ··· 589
    1. 청원의 의의 및 법적 성질 ···························· 589
    2. 청원사항 ··· 589
    3. 청원절차 ··· 590
  Ⅱ. 옴부즈맨 제도 ·· 592
    1. 옴부즈맨의 의의 ·· 592
    2. 옴부즈맨의 기능과 특성 ······························ 592
    3. 옴부즈맨 제도의 평가 ·································· 593
    4. 우리나라의 옴부즈맨 제도 ···························· 593

제2장 경찰행정상 손해전보 ·· 596

제1절 경찰행정상 손해배상 ·· 596

Ⅰ. 경찰행정상 손해배상의 의의 ··· 596
Ⅱ. 우리나라의 경찰행정상 손해배상제도 ································· 597
  1. 국가배상책임의 헌법적 근거 ··· 597
  2. 국가배상법 ·· 597
Ⅲ. 공무원의 위법한 직무행위로 인한 손해배상 ··················· 599
  1. 배상책임의 요건 ··· 599
  2. 손해배상액 ·· 609
  3. 손해배상청구권의 양도·압류금지 등 ····························· 611
  4. 배상책임 ·· 612
  5. 손해배상의 청구절차 ··· 616
  6. 군인 등에 대한 특례 ··· 619
Ⅳ. 영조물의 설치·관리의 하자로 인한 손해배상 ················· 620
  1. 개설 ·· 620
  2. 배상책임의 요건 ··· 621
  3. 배상액 ·· 623
  4. 배상책임자 ·· 624
  5. 구상권 ·· 625
  6. 손해배상 청구절차 ··· 625
Ⅴ. 경찰행정상의 결과제거청구권 ··· 625
  1. 의의와 성질 ·· 625
  2. 근거와 성립요건 ··· 627
  3. 내용과 쟁송절차 ··· 628

제2절 경찰행정상 손실보상 ·· 629

Ⅰ. 손실보상제도의 의의 ··· 629
Ⅱ. 손실보상의 근거 ··· 631
  1. 이론적 근거 ·· 631
  2. 실정법적 근거 ··· 634
Ⅲ. 손실보상의 기준 ··· 648
  1. 개설 ·· 648
  2. 학설 ·· 648

CONTENTS

3. 판례 ·· 650
4. 검토 ·· 651
Ⅳ. 손실보상의 원칙과 내용 ·· 652
1. 손실보상의 원칙 ·· 652
2. 손실보상의 내용 ·· 657
Ⅴ. 수용유사 및 수용적 침해와 손실보상 ························· 668
1. 수용유사적 침해 ·· 668
2. 수용적 침해 ·· 673
3. 수용유사 및 수용적 침해에 대한 손실보상 ········· 675
4. 소결 ··· 676

제3장 경찰상 행정쟁송 ··· 678

제1절 행정쟁송의 의의와 종류 ······································ 678
Ⅰ. 행정쟁송의 의의 ·· 678
Ⅱ. 행정쟁송의 기능 ·· 678
1. 국민의 권익구제기능 ···································· 678
2. 행정통제기능 ·· 679
Ⅲ. 행정쟁송의 종류 ·· 679
1. 행정심판과 행정소송 ···································· 679
2. 항고소송과 당사자쟁송 ································· 680
3. 시심적 쟁송과 복심적 쟁송 ···························· 680
4. 주관적 쟁송과 객관적 쟁송 ···························· 680

제2절 행정심판 ·· 681
Ⅰ. 행정심판의 개념 ·· 681
1. 행정심판의 의의 ··· 681
2. 유사개념과의 구별 ······································· 681
3. 행정심판의 존재이유 ···································· 683
Ⅱ. 행정심판의 종류와 대상 ·· 684
1. 행정심판의 종류 ··· 684
2. 행정심판의 대상 ··· 687
3. 행정심판의 제외대상 ···································· 688

Ⅲ. 행정심판기관과 당사자 ································· 689
　1. 행정심판기관 ······································· 689
　2. 행정심판의 당사자 ································· 692
Ⅳ. 행정심판청구 ··· 694
　1. 행정심판의제기요건 ······························· 694
　2. 행정심판제기의 효과 ····························· 695
Ⅴ. 행정심판의 심리 ····································· 697
　1. 행정심판심리의 의의 및 성질 ····················· 697
　2. 심리내용과 범위 ································· 697
　3. 심리절차 ··· 698
Ⅵ. 행정심판의 재결 ····································· 700
　1. 행정심판 재결의 의의 ····························· 700
　2. 재결절차 ··· 700
　3. 재결의 종류 ······································· 701
　4. 재결의 효력 ······································· 702
Ⅶ. 행정심판청구의 고지제도와 특례규정 ················· 702
　1. 고지제도 ··· 702
　2. 행정심판법에 대한 특례규정 ······················· 703

제3절 행정소송 ··· 704
Ⅰ. 개설 ··· 704
　1. 의의 및 기능 ······································· 704
　2. 행정소송의 본질 ··································· 704
　3. 행정소송의 특수성 ································· 705
　4. 행정소송의 한계 ··································· 706
Ⅱ. 행정소송의 종류 ····································· 708
　1. 성질에 따른 분류 ································· 708
　2. 내용에 따른 분류 ································· 709

事項索引 ··· 733

제1편 경찰행정법 일반론

제1장 경찰행정법 일반

제1절 경찰의 개념과 종류

Ⅰ. 경찰개념의 연혁

1. 경찰개념의 형성과 내용

경찰의 개념은 논리적인 개념이다. 따라서 고정된 내용을 갖고 있었던 것이 아니라 역사적·점진적으로 형성된 것이다. 16세기 교황중심의 중세시대에서 경찰의 개념은 교회행정을 제외한 일체의 세속적인 국가행정을 의미하게 되어 경찰은 결국 세속적인 사회생활의 질서를 공권력에 의하여 유지하는 작용으로 인식되었다. 이후 교황중심의 중세국가가 무너지고, 18세기 군주중심의 전제군주국가에서는 군주의 군권의 하나로서 경찰권은 신민에 대한 절대적인 지배권의 총괄 개념이었다. 그리고 경찰권은 외무·국방·재무·사법을 제외한 내무행정에 관한 전체에 대한 국가권력을 의미하였던 것이다. 이 당시 절대국가는 경찰국가로 불리기도 한다. 이후 18세기 말 성립된 근대국가에서의 경찰의 개념은 내무행정 중에서 소극적인 질서유지작용으로 인식되어, 오늘날에 이르고 있다.

2. 경찰개념의 역사적 발전

일반적으로 경찰은 실질적 의미의 경찰개념을 의미한다. 공공의 안녕과 질서에 대한 위해방지업무로 파악되고 있는 실질적 의미의 경찰개념은 자유방임주의사상의 배경 하에 적극적인 사회형성 활동을 사회에 방임하고 국가의 임무를 질서유지에 제한시켰었던 시민적 법치국가시대의 산물이다. 연혁적으로 경찰(police, Polizei)이라는 말은 희랍어·라틴어(politiea)에서 유래한 것으로서 고대로부터 중세까지는 국가·국헌·국가 활동 전체의 뜻으로 사용되었다.[1] 그러다가 15, 16세기에 와서는 그 의미가 다소 축소되어 1530

년의 독일의 제국경찰법에서 보는 바와 같이 교회행정의 권한을 제외한 일체의 국가행정을 의미하였다. 이후 근대 절대주의 국가가 성립되어 국가작용이 확대되고 외무·재무·군사행정·사법 등이 분화됨에 따라 경찰은 공공의 안녕과 질서의 유지 및 공공의 복리증진을 목적으로 하는 내무행정 전반을 의미하였다. 다시 말하면 중세 시대와 절대주의 시대에 있어서는 공동체의 선량한 질서상태의 창설과 그 유지를 위한 모든 국가의 활동으로 이해되었는데 이 당시의 경찰은 소극적 위험방지뿐만 아니라 적극적인 복리행정까지 포함하는 포괄적인 개념이었다. 특히 18세기에는 절대 권력을 쥐고 있던 군주에게 경찰권이 예속되면서 사실상 경찰권은 국가의 행정전체를 포괄하는 무제한의 권력으로 확대되었다.[2] 그러나 18세기 후반 계몽주의 국가 철학의 대두와 함께 이러한 절대주의 시대의 경찰개념에 대하여 항의가 제기되었다. 경찰의 임무를 현존하는 위해의 방지에 제한시키고 복리증진의 임무를 경찰의 임무에서 배제시킬 것이 주장되었으며, 이러한 사상을 1794년에 제정된 프러시아 일반주법 제10조 제2항 제17호에 그 표현을 보게 되었다. 이후 독일경찰법의 모태가 된 동 조항은 "공공의 평온, 안녕, 질서를 유지하고 공중 및 그의 구성원에 대한 절박한 위해를 방지하기 위하여 필요한 조치를 취하는 것은 경찰의 직무이다."라고 규정하였다. 1795년의 프랑스 경범죄처벌법 제16조 역시 "경찰은 공적 질서·자유·재산 및 개인의 안전을 유지하기 위하여 설치된다."라고 규정하여 위해방지 임무를 경찰의 임무로 하였다. 이러한 노력에도 불구하고 프랑스 혁명에 대한 반동과정에서 복리과정에서 복리증진임무는 계속 경찰임무에 속하였으며, 이러한 포괄적인 경찰개념은 1850년에 제정된 프러시아 경찰행정법에서 발견되고 있다.[3]

그러나 입헌주의 헌법을 기초로 하여 성립된 시민적 법치국가의 성립과 더불어 경찰개념의 수정은 불가피하여졌으며, 특히 1882년 프러시아 고등행정법원의 크로이쯔베르크 (Kreuzberg) 판결[4]은 독일에서 실질적 의미의 경찰개념의 정립에 결정적인 계기를 마련

---

1) 홍정선, 『경찰행정법』, 박영사, 2010, 7면.
2) 장태주, 『행정법개론』, 법문사, 2010, 1151면.
3) 정하중, 『행정법 개론』, 법문사, 2010, 1088면.
4) PrOVGE 9, 353.: 이 판결은 1882년 6월 14일 프러시아 고등법원이 베를린 경찰청장이 구체적 권한규정이 없던 당시에 프러시아 일반주법 제10조 제2항 17호에 근거하여 1879년 3월 10일 발한 명령, 즉 크로이쯔베르크 언덕 위에 있는 전승기념비에의 조망 밑 거기에서 시내를 내려다보는 조망을 방해하는 일이 없도록 주변의 토지상의 건축물의 높이를 제한하는 것을 내용으로 하는 건축금지에 관한 경찰명령에 기초하여 내인 건축불허가 처분에 대하여 법원은 "프러시아 일반주법 제10조 제2항 17호에 따를 때 경찰은 위험방지의 권한만을 가지며, 미적인 이익을 추구할 권한은 없기 때문에 크로이쯔베르크에 있는 전승기념비에 대한 조망을 해치지 않게 하기 위하여 건축물의 고도를 제한하는 경찰명령은 무효이다."고 판시하였다. 이는 베를린 경찰청장에 의한 경찰명령은 미학적인 이유에서 발해진 것으로 복리의 증진을 목적으로 하는 것이라는 이유로 효력을 부인함으로써 그 경찰명령을 무효라고 판단한 사건이다. 이 판결의 중요한 점은 프러시아 일반주법 제10조 제2항 17호 규정을 직무규정으로뿐만 아니라 권한에 관한 일반적 수권조

하였다. 동 판결은 베를린의 크로이쯔베르크에 있는 전승기념탑의 전망을 확보하기 위하여 일정지역에 건축물의 높이를 제한한 경찰행정청의 명령에 대하여, 경찰권은 소극적 위해방지조치만을 할 수 있고, 적극적으로 공공복리를 위한 조치를 할 권한이 없다는 이유로 무효로 선언하였다. 프러시아 고등행정법은 위의 프러시아 일반주법 제10조 제2항 제17호를 이후의 여러 입법에도 불구하고 여전히 유효한 것으로 보고, 그에 따라 경찰임무를 소극적 위해방지임무에 제한시켰다. 1931년 프러시아 경찰행정법은 프러시아 고등행정법원의 판례에 의하여 발전된 실질적 의미의 경찰의 개념을 성문화하였는바, 동법 제14조에서는 "경찰행정청은 현행법의 테두리 내에서 공공의 안녕 또는 질서에 대한 위험으로부터 공중 또는 개인을 보호하기 위하여 의무에 적합한 재량에 따라 필요한 조치를 취하여야 한다."라고 규정하였다. 한편, 1977년에 마련된 통일 경찰법초안 제8조는 "공공의 안녕과 질서에 대한 구체적인 위험이 있는 경우에 경찰은 필요한 조치를 위할 수 있다."라고 규정하여 소극적 위해방지를 목적으로 하는 실질적 의미의 경찰개념을 고수하고 있다. 프랑스 역시 지방자치법 제97조는 1795년의 경범죄처벌법의 경찰조항을 계승하여 경찰의 임무를 "공공질서·안전 및 위생의 확보"로 규정하여 소극적 위해방지임무를 경찰의 일반적 관념을 표현하는 것으로 해석되고 있다.[5]

3. 경찰의 개념

경찰(police, polizei)이라는 용어는 시민권(citizenship) 혹은 도시(police)에 해당하는 politiea[6]에서 그 어원을 찾는다. 시민권과 도시의 개념은 정치라는 의미가 포함되어 있는 집단의 권력행사라는 의미를 내포하고 있다.[7] 이러한 의미에서 볼 때 경찰이란 위험의 발생을 예방하거나 이미 발생된 교란의 제거를 통해 공적 안전과 질서를 보호하려는 국가작용이라고 정의할 수 있다.[8] 경찰이라는 개념은 처음부터 고정된 내용을 갖고 있었던 것이 아니라 역사적·점진적으로 형성되면서 그 개념 또한 변화되고 있다.[9] 경찰이란

항으로 승인하였다는 점이다.
5) 김동희, 『행정법 Ⅱ』, 박영사, 2010, 172면.
6) politiea란 근원적으로 국가의 헌법, 국가기능의 공동행사, 국가기능의 공동작용 등을 뜻하였다. 고대 로마에서도 Politia라는 말은 공화국의 헌법과 그것을 수행하는 일반적인 행정활동으로 이해되었다. 홍정선, 『행정법원론(하)』, 박영사, 2009, 313면.
7) Dennis, J, Stevens, *Applied Community Policing in the 21st Centry*, 2003, p.3.
8) 홍정선, 『행정법원론(하)』, 박영사, 2008, 312면.
9) 영국의 자치경찰제도는 1066년경 마을 치안을 목적으로 도입한 10인조제도를 도입하고 이것을 10호반이라 칭하며 범인체포, 호송 등의 업무를 무료로 봉사하였다. 여기의 책임자인 자경대장은 최초의 경찰관이

위험의 발생을 예방하거나 이미 발생된 교란의 제거를 통해 공공의 안녕[10]과 질서를 보호 하려는 국가작용이다. 경찰은 어떠한 국가에서도 필수적이고 기본적인 국가기능의 하나를 구성한다. 왜냐하면 개인과 공동체를 위엄으로부터 보호하는 것은 질서와 평화의 단체로서 국가의 본질적인 내용의 하나를 이루는 것이기 때문이다.[11]

우리나라에 있어서 경찰의 개념은 일본의 경찰 제도를 도입함으로써 성립하였고, 그 모태가 되었던 일본의 경찰제도 역시 독일의 프로이센적 경찰 제도를 계수한 것이다.[12] 1931년 프로이센 경찰행정법 제14조는 "경찰기관은 실정법의 한계 내에서 공공의 안녕과 질서를 위협하는 위험으로부터 공중 또는 개인의 보호를 위하여 성실한 재량에 따라 필요한 조치를 취할 수 있다."고 규정하여, 경찰의 개념을 위험방지라는 소극적 목적에 국한 하였고 그 후 1977년 독일의 "연방과 각 란트의 통일경찰모범초안(MEPoIG) 제8조 제1항에서 경찰은 "……구체적인 경우에 존재하는 공공의 안녕과 질서에 대한 위험을 방지하기 위하여 필요한 조치를 취할 수 있다."고 규정함으로써 경찰의 개념을 소극적 목적에 기초한 위험의 방지작용에 국한하고, 복리증진이라는 적극적 목적을 이로부터 배제하고 있음을 확인하고 있다.[13] 마찬가지로 우리나라의 경찰 개념도 실질적 의미에서의 독일과 같이 공공의 안녕과 질서를 위협하는 위해로부터 공중과 개인을 보호하기 위한 국가작용의 한 범주로 생각하고 있다.

오늘날에 있어서 경찰개념은 실질적 의미와 형식적 의미로 나누어 구별하는 것이 일반적이다. 이는 실정법이(예컨대 경찰법, 경찰공무원법, 경찰관직무집행법 등) 내용상 경찰작용에 포함되지 않는 것을 경찰기관이 관장하는 것으로 하고 있기 때문이다.

라는 칭호를 받고 있다. 영국의 경찰제도는 자치경찰을 중심으로 확대되었다. David S, Wall, *The Chief Constables of England and Wales,* 2000, pp.13~25: 미국의 경찰도 영국의 경찰역사에 영향을 받아 자율적인 마을 조직에서부터 시작하여 정규경찰조직으로 발전하였다 이 과정에서 미국의 자치 경찰은 서비스제공자, 범죄와의 전쟁 주도자에서 이제는 주민과 함께 치안종합 처리자로 바뀌고 있다. Morash Merry & J, Kevin Ford *"The Move to Comunity Policing,* Sage Publications, 2002, p.128.

10) 공공의 안녕이란 개인의 생명·신체·건강·명예·자유·재산과 같은 주관적 권리와 법익, 객관적인 성문의 법질서 국가의 존속·국가 그 밖의 공권주체의 제도 및 행사가 아무런 장애도 받고 있지 않는 상태를 의미하는 것으로 이해되고 있다. 이러한 공공의 안녕의 개념에 대해서 브레멘(§2 Nr2 Brem PolG) 실정법에 명문으로 규정하고 있다. 이러한 규정들은 "공공의 안녕의 유지란 위험이 생물 혹은 무생물의 상태나 현상에 기인하든 혹은 인간의 작위·부작의 특히 공·사법의 파괴행위에 기인하든 간에 국가 혹은 그의 제도의 존속과 개인의 생명·건강·자유·재산·명예를 위협하는 손해의 보호를 말한다."라고 규정했던 프로이센 경찰행정법 제14조 제1항에 대한 해석을 현대화한 것으로 이해할 수 있다. 서정범, "경찰법에 있어서의 공공의 안녕의 개념", 『공법학연구』, 제9권 제2호, 한국비교공법학회, 2000, 332면.

11) 홍정선, 『행정법원론(하)』, 박영사, 2008, 312면.

12) Knemeyer, Polizei und Ordnungsrecht, 7 Aufl, München, 1998, S. 88.

13) 김재호, "경찰권의 한계", 『법학연구』, 제11권 제1호, 충남대학교 법학연구소, 2000, 104면.

1) 형식적 의미의 경찰

형식적인 의미에서의 경찰은 실정법상 보통경찰행정기관의 소관에 속하는 모든 작용을 의미한다. 제도적 의미의 경찰이라고도 한다.[14] 이에 따라 형식적 의미의 경찰과 실질적 의미의 경찰은 그 내용이 반드시 일치하지 않는다. 예컨대 경찰관직무집행법 제2조는 경찰관의 직무범위를 ① 범죄의 예방, 진압 및 수사, ② 경비, 요인경호 및 대간첩작전수행, ③ 치안정보의 수집, 작성 및 배포, ④ 교통의 단속과 위해의 방지, ⑤ 기타 공공의 안녕과 질서유지로 규정하고 있는데, 이러한 소관사항에 대한 작용을 경찰의 개념으로 파악하는 것을 형식적 의미의 경찰이라고 한다. 형식적 의미의 경찰개념은 일반 행정기관이 담당하는 질서유지작용을 포함하지 않는다는 점에서 실질적 의미의 경찰개념에 비해 범위가 좁다. 반면 범죄수사 등 사법작용이 포함되어 있다는 점에서는 실질적 의미의 경찰개념보다 넓다.

2) 실질적 의미의 경찰

실질적 의미의 경찰은 실제 경찰기관의 소관사무와는 무관하게 일정한 행정작용의 성질에 기초하여 학문적으로 정립된 개념이다. 따라서 이를 학문적 의미의 경찰개념이라고도 한다. 이에 의하면, 경찰은 "사회공공의 안녕과 질서를 유지하기 위하여 일반통치권에 근거하여 국민에 대하여 명령, 강제하는 권력적 작용"으로 정의할 수 있다.[15] 실질적 의미의 경찰은 행정경찰이라고도 한다. 경찰행정법에서의 경찰은 행정경찰을 의미한다.[16] 즉 경찰은 목적적 요소로서 공공의 안녕과 질서유지, 근거로서 국가의 일반통치권을, 그리고 그 발동의 대상(내용)으로서 사람의 자연적 자유의 제한을 중요한 개념적 요소로 한다.[17] 실질적 의미의 경찰은 제도적 의미의 경찰에 의해서만 수행되는 것은 아니고 그 밖의 다른 행정기관에 의해서도 수행된다.

---

14) 박균성,『행정법강의』, 박영사, 2008, 1219면; 홍정선,『경찰행정법』, 박영사, 2010, 12면.
15) 정하중,『행정법 개론』, 법문사, 2010, 1089면; 홍정선,『행정법원론(하)』, 박영사, 2008, 317면.
16) 박균성 · 김재광,『경찰행정법』, 박영사, 2010, 3면.
17) 김동희 교수는 실질적 경찰개념을 공적 안전과 공적 질서를 위협하는 위험으로부터 개인이나 공중을 보호하거나, 공적 안전이나 공적질서에 대한 교란의 제거를 통해 가치감소의 방지를 목적으로 하는 국가작용으로 이해할 때, 실질적 경찰개념은 ① 공적 안전, ② 공적 질서, ③ 위험, ④ 교란, ⑤ 가치의 감소를 개념요소로 갖는다고 하고 있다. 김동희,『행정법 II』, 박영사, 2010, 192면.

3) 형식적 의미의 경찰과 실질적 의미의 경찰과의 관계

형식적 의미의 경찰개념과 실질적 의미의 경찰개념은 위에서 보듯이 반드시 일치하지 않는다. 즉 형식적 의미의 경찰은 보통경찰행정기관이 관장하는 모든 행정작용을 의미하므로, 형식적 의미의 경찰 중에는 병사자보호, 호구조사, 등과 같이 성질상 경찰작용으로 볼 수 없는 것이 있고, 그 반대로 일반 행정기관의 소관에 속하는 행정작용 중에도 부정식품 단속 등과 같이 실질적 의미의 경찰작용이 적지 않다. 실질적 의미의 경찰은 경찰기관에 의한 공공의 안녕·질서유지작용(보안작용) 이외에 위생·산업 등의 분야에 있어서의 질서유지작용까지 포함하고 있는 데 반해, 실정법상(형식적 의미)으로는 위생이나 산업 등에 관련한 질서작용은 타 행정기관의 권한으로 되어 있는 반면, 범죄의 수사 및 피의자의 체포 등의 사법작용(사법경찰)이 경찰의 직무로 되어 있는 것이 그것이다.

경찰법 제3조는 "경찰은 국민의 생명·신체 및 재산의 보호와 범죄의 예방·진압 및 수사, 치안정보의 수집, 교통의 단속 기타 공공의 안녕과 질서유지를 그 임무로 한다."고 규정하고 있다. 동규정은 실질적 의미의 경찰 관념에는 해당하지 않는 범죄의 수사, 범인의 체포 등의 사법경찰작용과 비권력적 작용인 치안정보의 수집 등도 경찰기관의 소관사무로 하고 있다. 이는 형식적 의미의 경찰과 실질적 의미의 경찰이 반드시 일치하지 않는다는 것을 나타내고 있는 것이다.

4) 실질적 의미의 경찰개념과 타 행정작용과의 구별

실질적 의미의 경찰은 일반적으로 "공공의 안녕과 질서를 유지하기 위하여 일반통치권에 근거하여 국민에 대하여 명령·강제함으로써 그의 자연적 자유를 제한하는 권력적 작용"으로 정의할 수 있다. 이처럼 학문상의 경찰개념은 타 행정작용과 목적, 수단, 권한의 기초 등의 관점에서 크게 구별된다.

(1) 목적상의 구별

가. 급부행정과의 구별

실질적 의미에서 경찰은 공공의 안녕과 질서유지를 그 목적으로 한다.[18] 즉 공공의 안

---

18) 독일의 경찰행정법에서는 경찰은 "공공의 안녕"과 "공공의 질서"라는 관념으로 구분되어 파악하고 있다. 공공의 안녕이라 함은 한편으로는 개인의 생명, 신체, 건강, 자유, 재산과 같은 개인적 법익과 다른 한편

녕과 질서에 대한 위험을 예방하고 장해를 제거(방지)라는 소극적 목적을 담당하는 것이 경찰의 목적이다. 이러한 점에서 현상의 적극적인 개선을 내용으로 하는 급부행정 등과 구별된다.

나. 사법작용과의 구별

민사작용은 사인 상호 간의 법률관계에 관한 분쟁을 해결하여 법질서를 유지함을 목적으로 하는 데 반해, 경찰작용은 공공질서를 유지함을 목적으로 한다는 점에서 구별된다. 이처럼 민사작용과 경찰작용이 구별되기 때문에 경찰은 사인 상호 간의 법률관계에 관여할 수 없음이 원칙이다.

형사작용은 이미 실행된 과거의 범죄에 대한 제재로서 형벌을 과함을 그 목적으로 하는 형벌목적적 작용인 데 대하여, 경찰은 장래에 향하여 공공질서를 유지함을 그 직접목적으로 한다는 점에서 구별된다. 그러나 이처럼 경찰작용과 형사작용이 그 직접목적에 있어서 구별되나, 양자는 서로 밀접한 관련을 맺고 있다. 즉 범인의 수색·체포를 위한 사법경찰은 형사 작용에 속하는 것이지만, 범죄예방업무를 담당하고 있는 보통경찰기관이 함께 담당하고 있고, 경찰의무위반자에 대하여 법규는 형법을 과하는 것이 보통인데, 이 경우 형사적 작용은 경찰의무이행을 담보하기 위한 보조적 수단이 되고 있다는 점에서 경찰작용과 형사 작용은 밀접한 관련성을 가지고 있는 것이다.

(2) 수단상의 구별

경찰은 공공의 안녕과 질서를 유지하기 위하여 명령·강제 등의 권력적 수단을 발동하는 경우가 대부분을 차지하며, 그 방식으로는 경찰명령·경찰처분·경찰허가·경찰하명·경찰강제 등으로서 행해진다. 그러나 경찰이 행하는 모든 권력적 작용은 모두 권력적 수단을 동원하여 행해지는 것은 아니다. 즉 경찰작용은 오늘날 각종 사고예방 등을 위한 비권력적 수단으로서 행정지도 등이 활용되기도 한다.19) 그러나 경찰은 본질적으로

으로는 국가적 공동체의 존속 및 기능과 같은 국가의 제도 및 법질서의 국가적 법익이 침해되지 않는 상태를 말한다. 공공질서란 지배적인 사회·윤리관에 비추어 그것을 준수하는 것이 원만한 공동생활을 위한 전제로 간주되는 것으로, 사회가 평온하고 건전한 상태에 있는 것을 말한다. 이러한 독일의 전통적 경찰법에서의 공공질서의 관념은 그 남용의 우려가 적지 않고, 그에 해당하는 규범은 현재 거의 모두가 실정법규에 의하여 구체화되었으므로 오늘날에는 공공질서의 관념은 불필요하다고 보는 견해가 유력하다(김동희, 『행정법 요론』, 박영사, 2010, 748면).

19) 이에 대하여, 김도창 박사는 비권력적 작용은 질서유지목적을 위한 것인 경찰작용이 아니라고도 한다(김도창, 『일반행정법론(하)』, 청운사, 2000, 293면).

권력 작용을 주된 수단으로 하고 있다는 점에서 비권력적 행정작용(예: 급부행정)과 구별된다.

(3) 내용상의 구별

경찰은 개인의 자연적 자유를 제한하는 것을 그 주된 내용으로 한다. 여기에서의 자연적 자유란 개인이 자유로이 활동하고 자기가 지배하는 물건을 자유로이 처분·관리·이용할 수 있는 것을 말한다. 이러한 자연적 자유는 법률에 의하여 부여되는 법률상의 능력이나 권리와 대립되는 관념으로서, 사실상으로 어떠한 일을 하고 혹은 하지 않는 자유를 의미한다. 경찰은 바로 이와 같은 자연적 자유를 여러 가지 수단에 의하여 제한하는 작용으로서 직접 법률상의 능력이나 권리를 형성·변경·소멸시킨다든가 하는 효과를 발생시키지 않는다는 점에서 형성적 행위와 구별된다. 예컨대 식품위생법에 의거하여 불량식품의 판매를 금지하는 행위(경찰작용)는 판매라고 하는 법률상의 행위의 효력을 당연히 무효로 만들지는 않는다. 단지 당사자에 대한 경찰의무위반행위를 경찰법규에 의하여 처벌하는 것이고, 그 행위의 효력은 원칙적으로 무효가 되지 아니한다.

4. 우리나라의 현행 경찰제도

우리나라에서 근대적 의미의 경찰제도는 갑오경장(1894년) 이후의 일이다. 경찰이란 용어도 이때부터 나타났다. 즉, 1984년 7월 30일 의 신관제에 따른 포도청이 폐지되고 내무아문 소속하에 경무청이 설치된 것이 그의 시초라 할 수 있다.[20]

한국의 현행경찰제도는 독일 '프로이센'의 경찰제도를 계수한 일본의 경찰제도를 도입함으로써 대륙법계국가의 독임제 국가경찰제도를 가지게 되었으며, 국가경찰제도는 1948년 정부수립 후에도 그대로 유지되어 오다가 2006년 7월 1일 제주특별자치도설치및국제자유도시조성을위한특별법이 효력을 발하면서 독임제 경찰제도가 무너지고 제주특별자치도에서 최초로 자치경찰제도가 시행되고 있다.

경찰의 조직은 종래에는 치안 및 해양경찰에 관한 사무를 관장하기 위하여 경찰청·지방경찰청·경찰서 및 해양경찰청·해양경찰서를 두었으나, 정부조직법이 개정되면서 해양에서의 경찰 및 오염방지에 관한 사무를 관장하기 위하여 해양수산부장관 소속하에

---

20) 홍정선, 『경찰행정법』, 박영사, 2010, 12면; 김남진, 『행정법 Ⅱ』, 법문사, 2002, 249면.

해양경찰청을 두었다. 따라서 경찰청은 치안에 관한 사무만을 관장하며, 해양경찰청이 해양에서의 경찰 및 오염방지에 관한 사무를 관장한다.

경찰 및 해양경찰의 조직과 작용 등 경찰제도에 관한 법령으로는 정부조직법·경찰법·해양경찰청과그소속기관직제 등이 있으며, 경찰임무 또는 해양경찰임무에 관하여는 정부조직법·경찰공무원법·경찰관직무집행법·경찰직무응원법·전투경찰대설치법 등에서 규정하고 있다.

경찰법 제3조는 경찰의 임무에 관하여 "경찰은 국민의 생명·신체 및 재산의 보호와 범죄의 예방·진압 및 수사, 치안정보의 수집, 교통의 단속 기타 공공의 안녕과 질서유지를 그 임무로 한다."라고 규정하고 있다. 또한 경찰관직무집행법 제2조는 경찰관의 직무범위에 대하여 "① 범죄의 예방·진압 및 수사, ② 경비·요인경호 및 대간첩작전 수행, ③ 치안정보의 수집·작성 및 배포, ④ 교통의 단속과 위해의 방지, ⑤ 기타의 공공의 안녕과 질서유지"라고 규정하고 있다.

Ⅱ. 경찰의 종류

경찰은 직무와 부서에 따라 경무·교통·방범·수사·정보 등으로 분류하기도 하지만 실제로 경찰행정법상 구별이 필요한 것으로는 행정경찰과 사법경찰, 보안경찰과 협의의 행정경찰, 예방경찰과 진압경찰, 고등경찰과 보통경찰, 비상경찰과, 평시경찰, 국가경찰과 자치체경찰, 그리고 기타의 경찰작용으로 일반경찰과 청원경찰, 공무수탁사인에 의한 경찰작용 등으로 분류하는 것이 일반적이다.

1. 행정경찰과 사법경찰

경찰은 그 직접적인 목적을 무엇으로 하고 있는가에 따라 행정경찰(실질적 의미의 행정경찰)과 사법경찰로 분류될 수 있다.

행정경찰은 본래적인 의미의 경찰을 말하는바 사회공공의 안녕과 질서유지를 목적으로 하는 경찰을 말한다. 이에 대하여 사법경찰은 범죄의 수사 및 범위의 체포 등을 위한 경찰을 말하며, 이는 형사사법작용의 일부이므로 실질적 의미의 경찰작용에 포함되지 않는다. 사법경찰은 프랑스로부터 전래한 개념으로 범죄의 수사, 피의자의 체포 등을 목적으

로 하는 형사사법권의 작용을 말한다.[21] 사법경찰작용은 형식적 의미의 경찰작용에 해당한다.[22]

현행경찰법제는 양자를 구별하지 않고, 일반경찰기관에서 이를 모두 관장하고 있으나, 그 적용법규에는 차이가 있다. 즉 행정경찰은 일반경찰법규가 적용되고 나아가 경찰행정청의 지휘를 받는 데 반해, 사법경찰에는 형벌권의 작용이기 때문에 형사소송법이 적용되며 검사의 지휘를 받는다는 점에서 구별된다.

2. 보안경찰(일반경찰)과 협의의 행정경찰(특별경찰)

행정경찰은 그 목적이 일반적이냐 또는 특별한 행정목적을 위한 것이냐에 따라 보안경찰(일반경찰)과 협의의 행정경찰(특별경찰)로 나누어진다.

보안경찰이란 일반경찰기관이 사회공공의 안녕질서를 유지하기 위하여 타 행정작용에 수반됨이 없이 그 자체 독립하여 행하는 경찰작용으로서 교통·풍속·소방·해양경찰 등이 이에 해당한다. 그러나 경우에 따라서는 행정영역별로 그 행정이 갖는 특별한 행정목적을 달성하기 위하여 경찰작용이 나타나기도 하는데(예컨대 산림경찰·건축경찰·위생경찰 등), 이를 협의의 행정경찰(특별경찰)이라고 한다.[23] 협의의 행정경찰은 각 주무부장관의 소관 하에서 수행된다. 즉 협의의 행정경찰은 타 행정작용에 수반하여 타 행정작용에 관련해서 일어나는 공공의 안녕질서의 장해를 제거하기 위하여 작용한다는 점에서 보안경찰과 구별된다.

3. 예방경찰과 진압경찰

이는 경찰권발동의 시점을 기준으로 한 분류로서, 범죄의 발생을 예방하기 위하여 행해지는 경찰을 예방경찰(정신착란자, 만취자의 보호조치 등), 범죄가 발생한 후에 범죄를 수사하고 피의자를 체포하기 위하여 행해지는 경찰을 진압경찰이라고 한다(데모진압 내지 범죄의 진압, 수사 등). 진압경찰은 위의 사법경찰과 밀접한 관련이 있지만, 양자가

---

21) 정하중, 『행정법 개론』, 법문사, 2010, 1091면.
22) 홍정선, 『경찰행정법』, 박영사, 2010, 31면.
23) 협의의 행정경찰은 그 대부분이 적극목적을 위한 권력적작용인 규제 작용 내지 그 본체가 되는 급부작용에 융화시켜 볼 수 있는 것들이라는 점에서 보안 경찰에 대한 개념으로서 협의의 행정경찰을 따로 인정할 실익은 없다(박운흔·정형근, 『최신행정법강의(하)』, 박영사, 2009, 300면).

일치하는 것은 아니다. 이는 진압경찰이 사법경찰의 의미(예: 범인의 체포 등) 외에 행정경찰의 의미(교란된 질서에 의해 야기되는 다른 질서교란의 방지)도 갖기 때문이다.

4. 평시경찰과 비상경찰

사회공동의 안녕질서에 대한 위해의 정도와 경찰기관에 따른 분류로서, 평시경찰은 일반경찰기관의 일반경찰법규에 의한 경찰작용을 의미하며, 비상경찰이란 천재지변, 전시, 사변 기타 비상사태 시 일반경찰력만으로는 공안유지를 할 수 없어 병력을 사용하는 경우이다. 현행 헌법 제77조 및 계엄법에 근거하여 비상계엄이 선포되면 계엄사령관은 모든 행정사무와 사법사무를 관장하게 되는데, 이때에 행정사무의 일환으로 경찰사무도 관장하는 계엄사령관 등에 의하여 비상경찰작용이 행해진다.

5. 국가경찰과 지방자치단체경찰

국가경찰과 지방자치단체경찰은 조직, 인사, 경비부담 등 관리의 권한을 기준으로 한 분류이다. 국가경찰이란 국가사무로서의 경찰사무를 수행하기 위해 국가가 설치·유지하는 경찰을 말하고, 지방자치단체경찰이란 지방자치단체사무로서의 경찰사무를 수행하기 위해 지방자치단체가 설치·유지하는 경찰을 말한다. 지방자치단체경찰을 자치체경찰이라고도 한다.[24] 지방자치단체 경찰은 제주특별자치도에서 최초로 시행하고 있다. 제주특별자치도는 제주특별자치도설치및국제자유도시조성을위한특별법[25]의 시행과 더불어 2007년 2월 28일 제주특별자치도 자치경찰단이 발대식을 갖고 정식으로 출범하였다.[26]

---

24) 자치경찰의 의미가 모든 정치권력으로부터 자유로워야 한다는 의미라면 자치경찰을 "자치체 경찰"이 정확하고 바람직한 용어라고 주장하기도 한다. 최승원, "자치체 경찰의 도입을 위한 몇 가지 검토", 『공법연구』 제25집 제3호, 한국공법학회, 1997, 144면; 홍정선 교수도 지방자치단체 경찰을 자치체 경찰이라고 정의하고 있다. 홍정선, 『경찰행정법』, 박영사, 2010, 33면.
25) 이 법은 종전의 국제자유도시특별법(2002년 법률 제6643호로 제정)의 폐지·통합으로 크게 보면 "제주특별자치도의 설치" 관련 규정과 "국제자유도시 조성" 관련 규정으로 이원적 특성을 갖고 있다.
26) 2007년 2월 28일은 제주특별자치도 자치경찰단이 본격적으로 업무를 시작한 시기이며 조직을 갖추고 업무체계를 정비하기 시작한 것은 제주도특별자치도 특별법이 시행된 2006년 7월 1일부터이다. 따라서 엄밀히 말하자면 제주특별자치도 자치경찰단의 출범은 이미 2006년 7월 1일부터라고 보아야 한다(고헌환, "제주특별자치도 특별법상 자치경찰 규정의 검토", 『공법학연구』, 제10권 제1호, 한국비교공법학회, 2009, 319면).

6. 기타의 경찰작용

1) 일반경찰과 청원경찰

일반경찰은 통상 보통경찰기관에 의한 일반적인 경찰작용을 말하며, 청원경찰은 청원경찰법에 의해 이루어지는 경찰을 말한다.

2) 공무수탁사인에 의한 경찰작용

법률의 규정에 의해(예: 선박의 선장, 항공기의 조종사) 또는 행정행위에 의해 예외적으로 개인이 경찰업무를 수행하는 경우(예: 어업감시, 사냥감시, 산림감시)를 말한다.

제2절 경찰행정법

Ⅰ. 경찰행정법의 개념

1. 경찰행정법의 의의

경찰행정법이란 경찰행정주체의 조직과 경찰행정작용 및 경찰행정구제에 관한 국내공법을 말한다.[27] 즉 경찰행정법은 내용적으로 국가·지방자치단체 등 경찰행정주체의 기관의 설치 및 그 권한 그리고 기관 상호 간의 관계를 규율하고, 국가·지방자치단체 기타 공공단체와 사인 간의 관계를 규율하며, 아울러 경찰행정작용으로 인한 개인의 권리침해에 대한 구제에 관하여 규율하고 있는 경찰행정에 관한 고유한 공법을 말한다. 이와 같은 내용을 분설하여 보면 다음과 같다.

---

27) 박균성·김재광, 『경찰행정법』, 박영사, 2010, 6면.

1) 경찰행정법은 경찰행정에 관한 법이다.

"경찰행정법은 경찰행정에 관한 법이다."라는 것은 경찰행정법은 헌법의 조직·수권규범에 의하여 성립된 경찰행정권을 중심관념으로 하며, 그의 조직·작용 및 행정구제에 관한 법임을 말한다. 이 점에서 경찰행정법은 국가와 통치권전반을 중심관념으로 하는 국가의 근본조직과 근본작용에 관한 법인 헌법과 구별된다. 또한 이러한 점에서 경찰행정법은 입법권의 조직과 작용에 관한 법인 입법법과 구별되며, 사법권의 조직과 작용에 관한 법인 사법법과 구별된다.

2) 경찰행정법은 경찰행정에 관한 공법이다.

경찰행정법은 경찰행정에 관한 법이지만, 경찰행정에 관한 모든 법을 의미하는 것은 아니라 경찰행정에 관한 고유한 공법만을 말한다. 즉 경찰행정법은 경찰행정에 관한 모든 법 중에서 사법을 제외하고 경찰행정에 관한 고유한 법인 공법만을 의미한다. 경찰행정주체의 작용에는 개인에 대하여 우월적 지위에 서서 일반적으로 명령·강제하는 권력작용, 내용적으로는 사인 상호 간의 행위와 다를 바 없지만, 그 작용의 목적과 효과가 직접 공공성을 가진다는 점에서 특별한 법적 규율을 받는 작용인 관리 작용, 경찰행정주체가 사인의 지위에서 물자의 구입·판매 등 경제활동을 하는 사경제적 작용 등이 포함된다. 여기서 권력 작용과 관리 작용에 대하여 규율하는 법만이 공법으로서 행정법의 대상이 된다.

3) 경찰행정법은 행정에 관한 국내공법이다.

경찰행정법은 경찰행정에 관한 공법 중에서 국내법만을 말한다. 즉 국가의 제외국과의 관계에 대한 경찰행정도 넓은 의미의 행정에는 포함되지만, 국제행정은 국제법의 규율을 받으며, 국제법은 국내법과는 그 원리와 성질을 달리하므로 경찰행정법이 대상에서 제외된다. 다만 우리헌법은 "헌법에 의하여 체결·공포된 조약과 일반적으로 승인된 국제법규는 국내법과 같은 효력을 가진다(헌법 제6조 제1항)."고 규정하고 있다. 따라서 이와 같은 요건을 충족한 국제조약·일반적으로 승인된 국제법규로서 행정에 관한 것은 경찰행정법의 일부가 된다.

2. 경찰행정법의 필요성

헌법상 기본권은 국민 개개인에게 자신의 삶을 자신이 원하는 바대로 영위할 수 있는 권리를 부여한다. 그러나 기본권 행사에 있어 제한을 두지 않는 경우 타인의 기본권과 충돌을 가져오게 된다. 이러한 충돌을 사전에 방지하기 위하여 국가가 개입하지 않을 수 없는데 이러한 작용이 경찰이다. 이와 관련하여 헌법은 제37조 제2항에서 국가의 안전보장, 공공복리, 사회질서유지를 위해 기본권을 제한할 수 있음을 규정하고 있다. 이것이 바로 경찰작용의 필요성을 나타내고 있는 것이다.[28]

Ⅱ. 경찰행정법의 종류

1. 일반경찰법과 특별경찰법

일반경찰법이란 위험방지에 관한 일반규정·일반법원칙을 총괄하는 개념이다. 경찰법, 경찰관직무집행법이 일반경찰법의 기본적인 법이다. 반면 특별경찰법이란 특별법상으로 규정된 실질적 경찰 관련법을 말한다. 건축법상의 경찰규정, 환경보호법상의 경찰규정, 집회 및 시위에 관한 법상의 경찰규정, 환경오염관리법상의 경찰규정, 해상교통법상의 경찰규정, 항만법상의 경찰규정, 수상레저안전법상의 경찰규정 등이 특별경찰법에 해당한다. 일반경찰법과 특별경찰법사이의 적용은 특별경찰법이 우선하며, 특별경찰법에 적용규정이 없는 경우에 일반경찰법의 규정을 적용한다.[29]

2. 실질적 경찰법과 형식적 경찰법

실질적 경찰법이란 위험방지라는 국가임무와 그 임무수행을 위한 권한을 갖는 경찰관청에 관한 법이다. 형식적 경찰법이란 경찰관청의 임무·조직·권한에 관한 법 외에 형식까지 포함하는 개념이다.[30]

---

28) 홍정선, 『경찰행정법』, 박영사, 2010, 38면.
29) 홍정선, 『경찰행정법』, 박영사, 2010, 39면.
30) 홍정선, 『경찰행정법』, 박영사, 2010, 40면.

제3절 경찰행정법의 기본원리

Ⅰ. 개설

경찰행정법의 기본원리가 무엇인가에 관하여는 아직까지 확립된 견해는 없다. 기본원리에 대하여는 민주주의, 법치주의, 정치적 중립성, 기본권의 보호 등을 들고[31] 있으나 이러한 기본원리들 중에는 보다 상위의 기본원리에 포섭되는 것도 있으며, 이것이 과연 기본원리라고 볼 수 있는가에 대하여는 의문이 제기되고 있다.[32] 그러나 이러한 기본원리들은 헌법상의 기본원리이며 모든 입법·사법·행정의 모든 국가작용을 기속하는 원리로써 당연히 경찰작용을 기속한다고 보아야 한다. 그리고 경찰행정법도 행정법의 일부이므로 행정법의 기본원리가 경찰행정의 성질에 반하지 않는 한 그대로 적용된다고 보아야 할 것이다. 그러므로 경찰행정법의 기본원리는 민주행정의 원리와 법치행정의 원리가 경찰행정에 적용된 민주적 경찰행정의 원리 및 법치행정의 원리라고 볼 수 있다.[33]

Ⅱ. 민주적 경찰행정의 원리

우리 헌법은 국민주권의 원리와 삼권분립원칙 하에서 경찰행정이 민주적으로 행하여지도록 행정조직과 행정작용의 측면에서 구현하고 있다. 민주행정주의를 구현하기 위하여 다음과 같이 지향하고 있다.

헌법 제67조 제1항에서 대통령을 국민이 직접 선출하도록 하고, 헌법 제7조 제1항에서 "공무원은 국민 전체에 대한 봉사자이며, 국민에 대하여 책임을 진다."고 규정하여 국민에 대한 책임행정을 의미하고 있으며, 행정조직법정주의를 채택하여(헌법 제96조, 제100조, 제114조 제7항) 행정기관의 설치나 구성 등에 국민의 대표기관인 국회가 직접 관여할 수 있도록 하고 있다. 이는 행정조직의 민주성을 확보하기 위한 것이다. 즉 행정조직의 법정주의, 지방자치, 공무원의 국민에 대한 봉사적 지위 등을 통하여 행정조직에 국민의 의사가 반영되도록 하고 있다.[34]

---

31) 류지태·박종수, 『행정법 신론』, 박영사, 2003, 724면; 허경미, 『경찰행정법』, 법문사, 2003, 17면.
32) 박평준·박창석, 『경찰행정법』, 고시연구사, 2004, 33면.
33) 김동복, 『경찰행정법』, 문두사, 2005, 24면.

그리고 국민의 행정에의 참여, 행정의 공개·투명성(예: 공공기관의 정보공개에 관한 법률), 행정구제제도의 도입은 행정작용의 민주성을 실현시키는 중요한 제도이다. 뿐만 아니라 공무원이 특정 정당의 이익을 대변하는 폐단을 방지하고, 정치적 중립을 유지하여 국민의 충실한 봉사자로서의 역할을 수행하도록 직업 공무원제를 채택하고 있다.

Ⅲ. 법치행정의 원리

1. 법치주의와 법치행정

법치행정의 원리는 헌법의 기본원리로서의 법치국가 또는 법치주의의 원리가 행정법에 구체화된, 즉 법치주의의 행정면에서의 표현이다. 즉 법치주의를 행정면에서 보면 법치행정의 원리 내지는 법률에 의한 행정의 원리가 되는 것이다.

2. 법치주의의 전개

그러나 법치행정의 근간인 법치주의는 국가에 따라 그 내용을 달리하면서 형성·발전되어 왔던 것으로, 대륙법계 특히 독일에서의 법치주의와 영·미법계 국가에서의 법의 지배원리가 대비된다.

1) 영미에서의 법치주의

영국에 있어서의 법의 지배(Rule of Law)는 다이시에 의하여 체계화된 것으로 그 내용은 다음과 같다. 첫째, 보통법의 절대적 우위이다. 이것은 국민은 일반법원에 의하여 확립된 법에 의해서만 구속된다는 것을 의미한다. 이에 따라서 19세기 말 이전에는 행정에 특유한 행정법의 성립이 인정되지 않았다. 둘째, 법적 평등의 원칙이다. 즉 공무원뿐만 아니라 그 외 모든 사람은 보통법에 복종하고 보통재판소의 재판을 받아야 한다는 것이다. 셋째, 인권에 관한 헌법원칙은 개인의 권리에 관하여 결정한 판례를 통하여 형성된

---

34) 윤양수 「행정법 개론」,온누리, 2011, 194면.

"보통법의 산물"이라는 것이다.[35)]

이상의 내용을 가진 19세기 영국에 있어서의 법의 지배원리는 인권보장을 이념으로 하고, 법의 실질적 내용도 인권보장을 그 목적으로 하며, 그 실질적 보장은 일반법원에 의하여 실현되는 시민적 자유주의적 성격을 가진 것으로서 이는 곧 실질적 법치주의를 구현한 것이라고 할 수 있다. 아울러 미국에 있어서의 법의 지배도 개인의 기본권을 보장을 이념으로 하는 실질적 법치주의에 입각하고 있다.

즉 미국은 성문의 경성헌법에 기본권을 보장하고, 입법권에 대한 헌법의 우위를 인정하며, 이를 보장하기 위하여 연방최고재판소에 의한 위헌법률심사제도를 채택하고 있다.

2) 독일 등에서의 법치주의

독일 등 대륙법계 국가에서 법치주의가 주장되었던 것은 국민의 자유와 권리를 보장하기 위한 것이었다. 그러나 외견적 입헌군주제하의 독일에서는 이러한 법치주의의 본질적 목적에서 일탈하여 법의 형식적 측면만이 문제되는 형식적 법치주의로의 변질과정을 겪어 제2차 대전 이후, 오늘날의 실질적 법치주의가 구축되었다.

(1) 형식적 법치주의

가. 의의

형식적 법치주의란 의회우위를 전제로 모든 국가작용은 의회가 제정한 법률에 따라 또는 법률에 근거에 의하여 행해져야 한다는 원칙을 말한다. 즉 의회제정법률은 모든 국가작용을 지배한다는 원칙을 말한다. 이때의 법률은 그 내용의 합헌성 여부는 문제시되지 않는다. 이와 같은 형식적 법치주의는 오토마이어에 의하여 체계화되어 19세기 말에서 2차 대전까지 독일의 법학을 지배하던 이론이었다.

나. 내용

형식적 법치주의는 의회우위를 전제로 한 법률에 의한 지배를 원칙으로 하고 있음에 따라 행정 및 사법은 의회의 제정 법률에 지배된다. 행정에 대한 법치주의의 적용은 법률에 의한 행정과 행정사건에 대한 행정재판소를 내용으로 한다.[36)] 법률에 의한 행정(법

---

35) 장태주, 『행정법개론』, 법문사, 2010, 33면.
36) 오토마이어는 의회우위를 전제로 행정에 대한 법률의 우위(제1요소), 법률아래에서 단일권력으로 존재하

치행정)의 내용으로서 오토 마이어는 "법률의 법규창조력", "법률의 우위", "법률의 유보"의 3요소를 중심으로 하고 있고, 우리나라에서도 이를 중심으로 법치행정의 내용을 다루고 있다.

㉮ 법률의 법규창조력

마이어에 따르면, 법률의 법규창조력은 국민의 권리·의무에 관한 새로운 규율을 정하는 것은 법률을 제정하는 국민의 대표인 의회의 전권에 속하고, 의회가 정립한 법률만이 법규로서 구속력을 가지는 것이라고 한다. 즉 법규는 법률만이 창조할 수 있는 힘을 가진다고 한다. 여기서의 법규란 국민의 권리·의무에 영향을 미치거나 그 범위를 확정하는 일반·추상적 규범을 말한다.

그러나 마이어는 이러한 법규관념은 행정조직이나 영조물의 이용관계(공무원근무관계) 등에 관한 사항은 국민의 권리·의무에 관련한 것이 아니기 때문에 이에 해당하지 않는다고 하였다.[37] 또한 법률의 법규창조력에도 불구하고, 당시 독일에서는 행정권이 의회로부터 독립하여 독자적으로 제정할 수 있는 독립명령과 법률에 갈음하는 긴급명령을 인정하였고, 또 행정권에 광범위한 위임입법권을 인정함으로써 구체적인 행정권행사의 요건이 위임입법에 의하여 정해지게 되므로 인하여 법률의 법규창조력은 제약을 받았다.

㉯ 법률의 우위

마이어에 따르면, 법률의 우위는 실존하는 법률은 국가의사 중에서 최강의 종류이므로 다른 모든 국가의사가 법률의 형식으로 표시된 국가의사에 저촉될 수 없다는 것을 의미한다. 형식적 법치주의 하에서는 법률의 실질적 내용은 문제 삼지 않았기 때문에 그것은 법률의 절대적 우위를 의미하는 것이기도 하다. 즉 법률의 목적이나 내용이 인권침해를 규정한 경우에라도 법률의 형식으로 규율된 때에는 적법한 행위가 되는 등 법률의 내용에 대한 헌법상 제약이 없었다.

는 집행권으로서 사법과 행정은 동등한 지위에서 병존(제2요소)을 형식적 법치주의에 의한 국가권력의 지배내용으로 하였다. 제1요소는 법률에 의한 행정을 내용으로 하고, 제2요소는 행정사건에 대한 행정재판소를 그 내용으로 한다.

37) 즉 특별권력관계에서는 적용되지 않는 것으로 보았다. 마이어는 특별권력관계에 대하여 "국가와 시민 간에는 시민이기에 당연히 성립하는 일반권력 외에 국가와 특정 시민 간에 특별한 관계를 요구하는 관계가 있다고 하면서, 이를 특별권력관계라고 정의하였다. 그에 따르면, 특별권력관계란 특별한 공행정목적을 위해 특별한 법률상의 원인에 근거하여 성립되는 관계로서 권력주체가 구체적인 법률의 근거 없이도 특정 신분자를 포괄적으로 지배하는 권한을 가지고 그 신분자는 이에 복종하는 관계라고 한다.

ⓓ 법률의 유보

마이어에 따르면, 법률의 유보는 행정권의 발동은 법률의 수권에 의하여 행해져야 한다는 것을 의미한다. 형식적 법치주의에서의 법률유보는 국민의 자유와 재산을 침해하는 행정작용에만 적용된다는 견해가 지배적이었다(침해유보설). 즉 침해행정외의 영역에 대해서는 법률유보가 필요치 않은 것으로 보았다.

다. 문제점

형식적 법치주의 하에서는 법률우위를 절대시하여 법률을 빙자한 국가권력에의 무조건 복종을 강요할 수 있게 되고, 아울러 입법의 포괄적 수권이 가능하며, 행정을 위한 광범위한 자유재량권의 설정을 가능하게 하여 독재제의 출현이 가능하였다. 즉 형식적 법치주의 하에서의 법률은 개인의 권익보장을 위한 수단이 되는 것이 아니라 억압의 수단이 되며, 법률을 도구로 이용한 합법적 지배를 의미할 뿐이며, 국민의 인권보장은 형식적인 것에 그치게 되는 것이다. 제2차 대전에서 독일 등 파쇼제국의 패배로 형식적 법치주의는 종말을 고하고, 실질적 법치주의가 구축되었다.

(2) 실질적 법치주의

가. 의의

실질적 법치주의는 개인의 인권보장을 이념으로 하며, 모든 국가작용이 의회가 제정한 법률에 의하여 행해질 뿐만 아니라 그 근거된 법률의 내용 또한 헌법의 이념에 합치될 것을 요구하는 원리를 말한다. 즉 실질적 법치주의는 형식적 법치주의를 당연한 전제로 하면서 그 법의 내용도 헌법의 이념에 반해서는 아니 되는 법에 의한 법의 지배를 말한다. 이와 같은 실질적 법치주의는 오늘날 일반화·보편화되어 헌법에 수용되고 있다. 특히 실질적 법치주의를 달성하기 위하여 기본권규정뿐만 아니라 법률의 합헌성보장제도로서 헌법재판제도가 도입·규정되고 있다.

헌재 2002. 5. 30, 2001헌바65

헌법재판소는 "오늘날의 법치주의는 국민의 권리·의무에 관한 사항을 법률로써 해야 한다는 형식적 법치주의에 그치는 것이 아니라 그 법률의 목적과 내용 또는 기본권보장의 헌법이념에 부합되어야 한다는 실질적 적법절차를 요구하는 법치주의를 의미한다."라고 판시하고 있다.

나. 실질적 법치주의의 내용

오늘날의 실질적 법치주의는 행정에 대하여 다음과 같은 내용으로 형식적 법치주의 하에서의 법치행정을 수정하고 있다.

㉮ 법치행정원칙의 일반적 적용

형식적 법치주의에 있어서는 행정조직이나 공무원의 근무관계(또는 영조물이용관계)에는 법치행정의 원리가 적용되지 않았으나, 오늘날에는 행정조직이 국민생활에 미치는 영향을 고려하여 이를 법률로써 규정하도록 하는 것이 보통이다(행정조직법정주의). 현행헌법도 "행정각부의 설치·조직과 직무범위는 법률로 정한다(헌법 제96조)."고 규정하고 있다. 특히 공무원의 근무관계나 영조물이용관계 등은 종래 특별권력관계로 보아, 그러한 특별권력의 주체에게는 포괄적 지배권이 부여되어 있어 개별적인 법률의 근거 없이도 일방적으로 명령·강제할 수 있는 것으로 보았다. 그러나 이러한 의미의 특별권력관계론은 오늘날에는 그 타당성이 부인되어, 이 관계도 기본적으로는 법관계로서 원칙적으로 법치행정의 원리가 적용된다고 보는 것이 현재의 통설·판례의 태도이다.[38]

㉯ 법률의 법규창조력의 확대강화

법률의 법규창조력은 국민의 권리·의무에 관한 새로운 규율을 정하는 것은 모두 입법으로서 의회가 행하여야 하며, 의회가 정립한 형식적 법률만이 법규로서 구속력을 가지는 것을 말한다. 이와 같은 법률의 법규창조력은 종래 독일의 형식적 법치주의에 있어서는 행정권이 긴급명령 또는 독립명령 등의 형식으로 법률과는 독자적으로 법규를 창조할 수 있었다. 그러나 오늘날 독립명령은 존재하지 않고, 긴급명령은 헌법에 의하여 그 발동요건이 엄격히 규정되어 있으며 예외적으로만 인정되고 있다. 아울러 오늘날에 있어서 행정권이 정립하는 법규명령은 원칙적으로 법률의 위임이 있는 경우에만 제정될 수 있다. 그러나 법률에 의한 위임에 있어 일반적·포괄적 수권을 하는 경우에는 이 원칙은 결국 무의미해지고 만다. 따라서 위임명령은 일반적으로 법률에서 그 내용·범위·목적을 구체적으로 정하여 위임한 사항에 대하여서만 제정할 수 있도록 하고 있다(헌법 제75조). 그러므로 법률에서 포괄적 내지 백지수권을 하는 것은 위헌이 된다.

---

38) 김동희, 『행정법 요론』, 박영사, 2010, 23면.

㉰ 합헌적 법률우위의 확대

법률의 우위원칙은 모든 행정작용은 법률에 위반되어서는 안 된다는 것을 그 내용으로 하는 것으로서, 이 점에서 있어서는 종래와 다름이 없다. 그러나 종래 독일 등의 형식적 법치국가에 있어서는 법률의 실질적 내용은 문제 삼지 않았던 결과, 내용적으로 불법적인 법률의 우위도 용인되었던 것이다. 그러나 제2차 대전 이후에는 독일 등에서도 최고규범으로서의 헌법에 기본권이나 자유주의적 민주국가의 기본원칙 등이 규정되기에 이르렀고, 이러한 헌법에 대한 법률의 합헌성 심사 제도를 도입하여, 합헌적 법률의 우위를 보장하고 있으며, 그에 의하여 실질적 법치국가를 구현하고 있다. 즉 실질적 법치국가에 있어서는 헌법에 적합하여야 한 법률의 우위가 구축된 것이다. 다시 말해서 합헌적 법률우위의 원칙은 행정의 합헌적 법률에의 종속성을 의미한다. 행정법은 헌법의 구체화법이므로 헌법에 종속되기 때문이다. 즉, 모든 행정은 어떤 사안에 관하여 이미 합헌적 법률이 제정되어 있는 경우에 그 법률을 적용할 의무를 지며, 또한 어떠한 경우에도 그 법률의 실체적·절차적 규정에 위배되는 조치를 하여서는 아니 된다는 위반금지의 의무를 진다. 만약 법률이 헌법원리를 침해하는 경우에는 그 법률의 합헌 여부가 문제되며, 이 경우 위헌법률심사제도를 통하여 당해 법률의 위헌 여부를 판단할 수 있고, 위헌법률인 때에는 그 효력은 부인된다. 또한 위법한 행정권행사에 대하여는 사법적 통제제도가 확립되어 있어 권익침해를 받은 국민은 행정소송을 제기하여 권익구제를 받을 수 있다. 따라서 위헌법률심사제도와 행정소송제도는 합헌적 법률우위의 원칙을 담보하는 매우 중요한 제도이다.

㉱ 법률유보범위의 확대

법률유보란 행정권의 발동에는 법률의 근거가 있어야 한다는 것을 말한다. 앞에서 본 법률우위의 원칙은 모든 행정작용이 현행법에 위배될 수 없음을 뜻하나, 법률유보의 원칙은 행정작용에 대한 법적 근거를 요구한다. 법률유보의 원칙은 국민의 자유와 권리를 보장하기 위하여 행정권의 활동을 국민의 의사를 대표하는 의회가 제정한 법률에 기속되게 하여, 인의 지배가 아닌 법의 지배를 실현시키기 위한 원리로 근대의 입헌주의국가에서 확립된 권력분립제도에 그 기초를 둔 것이다. 종래에는 법률의 유보범위를 매우 제한적으로 파악하고 있었으나, 오늘날에는 그 범위를 확대하여 파악하는 것이 학설·판례의 입장이다. 법률유보의 확대화 과정에서 논의되었거나 논의되고 있는 관한 학설 및 판례를 보면 다음과 같다.

> **대판 2008. 5. 15, 2007두26001(개인택시운송사업 면허취소처분 등)**
>
> 운전면허 취소가 있다는 사유만으로 개인택시운송사업면허를 취소할 수 있도록 하는 규정은 없음으로, 관할 관청으로서는 비록 개인택시 운송사업자에게 운전면허 취소사유가 있다 하더라도 그로 인하여 운전면허 취소처분이 이루어지지 않은 이상 개인택시운송사업면허를 취소할 수는 없다.

ⓐ 침해유보설

독일학자 O. Mayer(오토 마이어)가 주장한 이 견해는 행정권이 국민의 자유와 권리를 침해하는 경우에만 법률의 근거가 필요하고, 수익적 행정행위나 특별권력관계내부에서는 법적 근거가 필요하지 않다고 한다. 이 견해는 연혁적으로 군주와 시민의 대립적 힘의 관계에 있던 19세기 독일의 외견적 입헌군주제하에서 군주와 시민의 타협의 산물로 나타난 것으로서, 법률로부터 자유로운 영역을 군주에게 확보하여 주는 역할을 하였다. 종래 독일의 다수설이었고, 현재에도 상당한 비중을 차지하고 있지만, 우리나라에서 이 설을 지지하는 학자는 없다. 그러나 이 견해는 자유권적 기본권의 보장에는 충실하다고 평가되지만, 사회적 기본권의 보장의 중요성이 커지고 있는 현대국가에서는 불충분하다는 비판을 받고 있다.

ⓑ 전부유보설

Jesch(예쉬)가 주장한 이 견해는 위의 침해유보설과는 정반대의 입장에서, 모든 행정작용은 법률의 근거를 필요로 하며, 법률의 근거 없이는 어떠한 행정작용도 해서는 아니된다는 견해이다. 즉 행정은 그것이 권력행정이든 비권력행정이든 또는 부담적 행정이든 수익적 행정이든 모두 법률에 근거에 의하여야 한다는 견해이다.

이 견해는 국민주권주의와 의회민주주의에 충실하다고 평가될 수 있으나, 권력분립을 망각하고 탄력적이고 신속한 행정활동을 저해하고 있으며, 행정을 단순히 입법의 도구로 전락시킬 우려가 있다는 비판이 제기되고 있다.

ⓒ 권력행정유보설

이 견해는 당해 행정작용이 침익적인가 수익적인가를 가리지 않고, 행정권의 일방적 의사에 의하여 국민의 권리·의무를 결정하게 되는 권력적 행정작용에 대하여 법률의 근거를 요한다고 본다. 법률의 법규창조력을 바탕으로 하여 국민생활에 영향을 주는 일방적 행위에 대한 새로운 규범을 정립하는 것은 입법권의 전권에 속한다는 사고를 기초로 하고 있다. 그러나 법률유보의 범위를 약간 확대하기는 하였으나, 기본적으로 침해유보설의 틀을 벗어나지 못하고 있다는 비판이 제기되고 있다.

ⓓ 사회유보설(급부행정유보설)

이 견해는 사회국가적 이념과 법 앞의 평등에 기초하여, 권력행정(권력행정유보설)에 더하여 비권력행정 중 급부행정에도 법적 근거가 필요하다는 견해이다.[39] 이 견해는 급부행정의 중요성의 인식을 배경으로 행정활동의 예측가능성을 보장함으로써 급부의 거부나 부당한 배분 등을 방지하여, 급부행정에 있어서의 당사자의 법적 지위를 보장하고자 함에 그 의의가 있다. 그러나 이 견해는 필요한 급부가 법률근거의 미비를 이유로 제공되지 못하여 급부행정이 경직되거나, 행정기관이 독자적으로 책임을 지며 행정을 수행할 수 있는 가능성이 부인되는 문제, 그리고 오늘날의 국가의 급부제공이 예산의 형식으로도 행해지는 점을 간과하고 있는 문제점을 내포하고 있다.

ⓔ 신침해유보설

이 견해는 원칙적으로 침해유보설의 입장을 취하면서 침해행정이외의 영역(특히 급부행정)에 있어서 법률유보가 필수적이 아니라고 보는 점에서는 침해유보설과 유사하나, 특별권력관계에 법률유보를 긍정하고 있는 점에서는 구별된다. 즉 이 견해는 특별권력관계에 있어서도 구성원의 자유와 권리를 제한하기 위해서는 법률의 근거를 필요로 한다는 점에서 침해유보설과 견해를 달리하고 있다.

신침해유보설은 독일기본법상의 기본권의 목록이 자유권 중심으로 구성되어 있음을 그 근거로서 내세우는바, 그 한도에서는 설득력을 가진다. 오센빌 교수는 이 주장이 전부유보설이나 사회유보설에 대해서 비판적이면서도 침해유보설과 동렬에 넣을 수 없다고 한다.

ⓕ 중요사항유보설(본질사항유보설)

이 견해는 독일연방헌법재판소의 "칼카르 결정"에서 정립된 것으로, 기본적인 규범영역, 특히 기본권의 행사영역에 있어서 모든 중요한 결정은 법률에 직접 규정하여야 한다는 견해이다. 즉 기본권행사영역과 관련하여 모든 중요한 결정(본질사항, 중요사항)은 의

---

39) 사회유보설을 지지하는 우리나라의 학자로는 한견우 교수가 있다(한견우, 『현대행정법 강의』, 신영사, 2008, 31면).

회가 스스로 결정해야만 하고 이를 행정에 맡겨서는 아니 된다는 견해이다. 이 견해는 기본권과 관련성이라는 중요한 계기를 강조했다는 점에서 현실적 타당성이 인정되고 있으나, 기본권과 관련한 본질사항의 구체적 기준을 제시하고 있지 못하다는 점에서 비판이 제기되고 있다. 즉 이 견해가 그 규율대상이 중요사항인지의 여부를 기준으로 법률유보의 범위를 정하고 있으나, 그 기준의 설정에 관한 구체적 설명이 없고, 그 기준설정이 애매하다는 점이 비판으로 제기되고 있다.

헌재 1999. 5. 27, 98헌바70(한국방송공사법 제35조 위헌소원사건)

헌법재판소는 다음과 같이 판시하고 있다. "텔레비전방송수신료 금액의 결정은 납부의무자의 범위 등과 함께 수신료에 관한 본질적인 중요한 사항이므로 국회가 스스로 정해야 하는 사항임에도 불구하고 국회의 결정이나 관여를 배제한 채 한국방송공사로 하여금 수신료금액을 결정해서 문화공보부장관의 승인을 얻도록 한 것은 법률유보원칙에 위반된다."

---

⑧ 의회유보설

이 견해는 중요사항유보설과 관련(파생되어)하여 제시된 것으로서, 여기서의 의회유보란 헌법상의 법률제정기관인 의회가 직접 법률로써 규율해야 하는 사항과 명령에 위임할 수 있는 사항을 구별하면서 법률사항인 경우에는 반드시 의회가 형식적 법률로써 규율하여야 하고, 행정입법에 위임해서는 아니 된다는 원칙을 말한다. 즉 법률에 의한 규율의 범위·정도에 있어 그에 대한 법적 규율이 가지는 의미나 중요성 등에 따라 그 구체적·세부적 사항을 법률로써 규율하여야 하는 사항은 전적으로 의회의 형식적 법률에 의하여 규율되어야 하고, 행정입법에 위임해서는 아니 된다고 주장하는 견해이다. 이에 의하면, 의회가 직접 규율해야 하는 사항(의회유보사항)과 명령에 위임할 수 있는 사항을 구별하여, 법률사항인 경우에는 반드시 의회의 형식적 법률로써 규율하여야 한다고 한다. 그러나 이 견해는 무엇을 의회유보사항으로 하고, 무엇을 행정유보사항으로 할 것인가에 관한 명확한 기준이 애매하다 문제점이 있다.[40]

---

40) 행정유보란 행정권이 법률의 수권을 요하지 아니하고 스스로 활동할 수 있는 행정의 고유한 영역을 말한다. 이러한 의미의 행정유보는 내용적으로 배타적 행정유보와 허용적 행정유보로 구분된다. 배타적 행정유보란 일정한 사항에 대하여는 법률의 제정이 허용되지 않고 전적으로 행정권에 의한 입법만을 인정하는 것을 말한다(예: 프랑스 제5공화국 헌법 37조상의 독립명령). 이에 대하여 허용적 행정유보란 법률이 없는 경우에도 행정권이 독자적으로 행정입법을 할 수 있으나, 의회는 언제든지 이러한 행정입법이 제정된 사항에 대하여도 법률로 규율할 수 있는 것을 말한다. 배타적 행정유보는 헌법적 근거를 요하는 것이므로, 우리나라에서는 허용적 행정유보만이 거론될 소지가 있으나, 현재 이러한 이론을 주장하는 학자는

ⓗ 소결

　과거 형식적 법치주의 하에서의 법률의 유보범위에 관하여 침해유보설이 통설이었던 것은 논리적 근거에 의해서가 아니라 당시 군권과 민권의 대립적 힘의 관계에서의 타협의 소산이었던 것은 앞에서 언급하였다. 따라서 현대의 민주적 법치국가에서는 그 범위를 국민의 자유·재산을 제한하거나 침해하는 침익적 행정작용에 한정할 이유는 없다. 그리고 현대사회에 있어서 급부의 거부 또는 부당한 배분은 적극적 침익작용에 못지않게 침익적 성격을 띠게 됨은 부인할 수 없다. 그러한 점에서는 침익적 권력작용뿐만 아니라 급부행정에도 법률의 근거가 있어야만 한다는 주장에 대하여는 그 타당성을 인정할 수 있을 것이다. 그러나 급부행정에 있어서도 실제로는 적지 않은 행정작용이 구체적 법률의 근거 없이 행하여지고 있는바, 이들 모든 부문에 있어 반드시 법률의 근거가 있어야 한다는 것은 오히려 국민에게 불리한 결과만을 야기한다는 비판론이 상당한 설득력을 가지고 있다. 따라서 권력적 행정작용 이외의 급부행정이나 기타 행정영역에 대한 법률유보원칙의 적용 여부에 관한 문제는 일률적으로 논할 것은 아니고, 구체적 행정활동 내지는 구체적 관련 상황을 고려하여 개별적·구체적으로 검토하여 당사자 내지는 국민 일반에 대하여 본질적인 것으로 판단되는 사항은 원칙적으로 법적 규율을 요한다고 보아야 할 것이다.[41]

제4절 경찰행정법의 일반원칙

Ⅰ. 개설

　경찰행정법의 일반원칙이란 경찰행정법의 모든 영역에 적용되고 지배하는 일반적 법원칙을 말한다. 행정법의 일반원칙에 관하여 대부분의 학자들은 이를 경찰행정법의 법원으로서 조리로 보고 있다. 민법에서는 조리의 법원성을 명문(민법 제1조 후단)으로 규정하고 있으나, 행정법에서는 조리의 법원성을 규정하고 있지 않다. 그러나 이러한 원칙은 헌법상의 일반원리로서 경찰행정법은 헌법의 구체화된 법으로서 당연히 헌법상의 일반원리가 행정법 전반에 걸쳐 적용되어지는 것은 마땅하다. 경찰행정법의 일반원칙은 헌법의

없다(김동희, 『행정법 요론』, 박영사, 2010, 26면).
41) 헌재 2006. 3. 30, 2005헌바31: 김동희, 『행정법 요론』, 박영사, 2010, 26면.

일반원리로서 이를 위반하는 경찰작용은 위법 및 위헌의 문제가 발생하게 된다. 경찰 행정법의 일반원칙으로서는 신뢰보호의 원칙, 비례의 원칙, 평등의 원칙, 행정의 자기구속의 법리, 부당결부 금지의 원칙 등이 있다.

Ⅱ. 신뢰보호의 원칙

1. 의의

신뢰보호의 원칙이란 행정기관의 일정한 언동(명시적·묵시적)의 정당성 또는 존속성에 대한 개인의 보호가치 있는 신뢰는 보호해 주어야 한다는 원칙을 말한다. 즉 행정기관의 어떠한 명시적·묵시적 언동이 있고, 그 행위의 존속이나 정당성에 대하여 사인(개인)이 신뢰한 경우, 보호할 가치 있는 개인의 신뢰는 보호되어야 한다는 원칙을 말한다.[42] 신뢰보호원칙은 영·미의 보통법상의 "한번 한 말은 다시 뒤집을 수 없다."는 금반언(禁反言)[43]의 법리와 대체로 같은 이념을 가진 것이라고 할 수 있다. 독일의 경우 신뢰보호원칙은 헌법적 지위를 갖는 공법상의 원칙으로 간주되고 있으며, 법의 일반원칙이라 할 민법상의 신의성실의 행정법상 표현으로 이해되기도 한다.[44] 판례는 조세소송에서 신뢰보호원칙이라는 용어대신에 신의성실이라는 용어를 사용하는 경우가 많다.[45] 이원칙은 과거 형식적 법치주의 이래서 행정의 법률적합성이 강조되었던 것과 달리 현대 사회국가에 이르러 급부행정의 확대에 따라 법률적합성외에도 법적 안정성을 확보할 필요성이 인정되면서 발전된 것이라 하겠다.[46]

---

42) 한견우, 『현대행정법강의』, 박영사, 2008, 43면: 이광윤·김민호, 『최신행정법론』, 2002, 45면.
43) 금반언의 원칙이란 A가 행한 표시를 B가 신뢰한 경우 A는 스스로 종전의 표시와 모순하는 태도를 취하여 B에게 손실을 가하여서는 아니 된다는 원칙을 말한다. 홍정선, 『행정법원론(상)』, 박영사, 2005, 77면.
44) 홍정선, 『행정법특강』, 박영사, 2010, 44면.
45) 박균성, 『행정법론(상)』, 박영사, 2009, 51면.
46) 윤양수「행정법 개론」, 온누리, 2011, 92면.

대판 2003. 4. 22. 선고 2003다2390, 2406

신의성실의 원칙은 법률관계의 당사자가 상대방의 이익을 배려하여 형평에 어긋나거나, 신뢰를 저버리는 내용 또는 방법으로 권리를 행사하거나 의무를 이행하여서는 아니 된다는 추상적 규범으로서, 신의성실의 원칙에 위배된다는 이유로 그 권리의 행사를 부정하기 위해서는 상대방에게 신의를 공여하였다거나, 객관적으로 보아 상대방이 신의를 가짐이 정당한 상태에 있어야 하고, 이러한 상대방의 신의에 반하여 권리를 행사하는 것이 정의관념에 비추어 용인될 수 없는 정도의 상태에 이르러야 할 것인바, 특별한 사정이 없는 한, 법령에 위반되어 무효임을 알고서도 그 법률행위를 한 자가 강행법규 위반을 이유로 무효를 주장한다 하여 신의칙 또는 금반언의 원칙에 반하거나 권리남용에 해당한다고 볼 수는 없다.

2. 신뢰보호의 근거

1) 이론적 근거

신뢰보호의 이론적 근거는 종래에는 신의칙설을 주로 했으나, 현재는 법적 안정성설이 유력하며, 그 밖에 사회국가원리설, 기본권설 또는 독자성설 등이 있다.

(1) 신의칙설

신의칙설은 신뢰보호의 근거를 사법에서 발달한 신의성실의 원칙에서 구하는 견해이다. 즉 행정기관은 신의성실의 원칙에 따라 주로 적법한 행정작용을 행하여야 하고, 개인은 행해진 행정작용이 적법일 것이라고 신뢰하게 된다는 것이다. 그러므로 사후에 행정작용의 위법성 등을 이유로 그 존재·효력 등을 부정하는 행정기관의 언동은 개인의 행정에 대한 신뢰를 저버리는 것으로서, 이로 인하여 개인이 손해를 입은 때에는 이를 보호하여야 한다는 것이다. 독일의 연방행정법원은 "미망인 판결(Witwe Urteil)"[47]에서 개인의 신뢰이익을 고려하여 신뢰보호원칙을 도출하였다. 그러나 신의칙설에 대한 비판으로는, 주장내용이 너무나 일반적이고 추상적이며, 또한 신의칙이란 당사자 간의 구체적인 법률관계가 형성되어 있는 경우를 전제로 하는 것이므로 당사자 간의 구체적 관계가 존

---

47) 이 사건은 독일이 동·서독으로 분단되었던 시기, 동독에 거주하고 있는 전쟁미망인이 서독에 이주하면 미망인연금을 받을 수 있다는 관계공무원의 말을 믿고서 서독에 이주한 부인에 대한 연금지급의 적법성이 다루어진 사건인데 당해 부인은 신뢰보호원칙에 의거하여 연금을 받게 된 사건이다(BVerwGE 9, 251 f)(김남진·김연태, 『행정법Ⅰ』, 법문사, 2008, 45면).

재하지 않는 행정계획 등에 있어서는 설명이 불가능하다는 등의 비판이 제기된다.[48]

(2) 법적 안정성설

이 견해는 국가작용의 예측가능성 및 존속성·계속성을 내용으로 하는 법적 안정성에서 신뢰보호의 근거를 찾는 견해이다. 즉 헌법상의 법치국가원리는 내용적으로 합법률성의 원칙과 법적 안정성의 원칙으로 구성되어 있는바, 신뢰보호원칙은 후자에서 도출된다고 보는 것이다. 이 설에 대하여는 법적 안정성의 원리가 법률관계의 존속·안정뿐만 아니라 법률적합성의 확보도 요구하고 있기 때문에 신뢰보호원칙의 적용으로 인해 위법한 행정작용의 효력을 인정하지 않으면 아니 될 경우에는 법적 안정성 때문에 자체에 내적이율배반성이 나타난다는 비판이 가해지고 있다. 이 견해가 현재 독일 및 우리나라의 통설이며, 헌법재판소도 법적 안정성으로부터 신뢰보호원칙을 도출하고 있다. 이러한 법적 안정설에 대하여는 법적 안정성의 원리가 법률관계의 존속·안정뿐만 아니라 법률적합성의 요구도 확보하고 있기 때문에 신뢰보호원칙의 적용으로 인해 위법한 행정작용의 효력을 인정하지 않으면 안 될 경우에는 법적 안정성 자체에 내적이율배반성이 나타난다는 비판이 제기되고 있다[49]

(3) 사회국가원리설

이 견해는 헌법상의 사회국가원리에서 신뢰보호의 근거를 구하는 견해이다. 여기서 신뢰보호는 국민의 국가급부에 전적으로 의존하는 데 대응하는 필요한 평형추의 기능을 담당하는 것으로 본다. 즉 오늘날의 사회국가에서 국민은 국가의 급부에 전적으로 의존하게 되는바, 이에 대한 개인의 신뢰는 보호되어야 한다는 것에서 그 근거를 찾고 있다.[50]

(4) 독자성설

이 견해는 신뢰보호 그 자체를 독립한 행정법의 독자적 법원칙으로 보는 견해이다. 이 견해는 위의 학설들이 각기 상이한 법원리로부터 도출되고 있으면서도 어느 학설도 단독으로 만족할 만한 논거를 제공하지 못하는 점에 착안하고 있다. 그러나 신뢰보호의 원칙

---

48) 정하중, 『행정법총론』, 법문사, 2010, 47면.
49) 윤양수, 『행정법일반이론』, 제주대학교출판부, 2009, 96면.
50) 석종현, 『일반행정법(하)』, 삼영사, 2004, 56면.

을 헌법원칙의 하나로 보지 않는 것은 잘못이라는 비판이 가해지고 있다.

(5) 기본권설

기본권설은 신뢰보호 그 자체를 헌법상의 기본권으로 보는 견해이다. 신뢰보호의 대표적인 형태인 수익적 행정행위의 취소나 철회의 제한은 본질적으로 일단 획득된 법적 지위 그 자체의 존속을 보호하는 것이며, 이것이 어려운 경우에는 가치의 보호로 전환된다. 이러한 사상은 재산권 보호의 존속보호 및 가치보호이념에서 유래된다.[51] 특히 Grabitz (그라비츠)는 신뢰보호원칙의 근거를 개인의 인격과 개성의 발현가능성을 포함하는 자유권에서 구한다. 이러한 기본권설에 대한 비판으로는 생명, 신체 등 비재산적 가치에 대한 보호가 미흡하다는 것이며, 또한 현대의 사회에 있어서는 금전으로써 보호되지 못하는 것이 많다는 비판을 받는다.[52]

(6) 검토

앞에서 기술한 이론적 근거를 검토해 보면 다수의 학자들은 신뢰보호원칙의 근거를 법적 안정성에서 찾고 있다. 즉 행정청이 법령이나 자신의 권한에 기초하여 어떠한 행위를 하였다면, 이러한 행위를 믿은 국민은 보호되어야 한다는 것이다. 그러나 이제는 더 이상 신뢰보호원칙의 근거를 이러한 하나의 특정의 요소에서 찾는 것은 무리이다. 신뢰보호원칙은 결국 관계되는 개인의 이익과 이에 상반되는 공익, 나아가 사익 상호 간 내지 공익 상호 간의 형량의 결과에 근거할 수밖에 없다. 그러므로 신뢰보호는 형량의 원칙으로부터 그 근거를 찾아야 할 것이다.[53] 관계된 다양한 이익들을 상호 교량하는 가운데 특히 "신뢰"라는 이익에 가중치를 부여하는 것이 바로 신뢰보호의 원칙이라 할 수 있다.

2) 실정법적 근거

신뢰보호원칙은 이론적으로는 법적 안정성에서 찾는 것이 다수이며, 아울러 실정법이

---

51) Maurer, AllgVerwR, § 11 Rn. 22.
52) W. Schmidt, JuS 1973, S. 532, Grabitz, DVBl 1973, S. 681; 기본권으로부터 도출하는 것에 대하여 부정하는 입장으로는 Puttner, Vertrauensschutz imVerwaltungsrecht, VVDStRL 32, 200, 206.
53) Maurer, AllgVerwR, § 11 Rn. 22; Bullinger, Vertrauensschutz im deutschen Verwaltungsrecht inhistorischkritischer Sicht, JZ 1999, S 905 ff.

이에 대하여 규정하고 있기도 하다. 행정절차법 제4조 제2항 및 (종래) 국세기본법 제18 조 제3항이 그것이다. 행정절차법 제4조 제2항은 "행정청은 법령 등의 해석 또는 행정청 의 관행이 일반적으로 국민들에게 받아들여진 때에는 공익 또는 제3자의 정당한 이익을 현저히 해할 우려가 있는 경우를 제외하고는, 새로운 해석 또는 관행에 의하여 소급하여 불리하게 처리하여서는 아니 된다."고 규정하고 있고, 국세기본법 제18조 제3항의 "세법 의 해석 또는 국세행정의 관행이 일반적으로 납세자에게 받아들여진 후에는 그 해석 또 는 관행에 의한 행위 또는 계산은 정당한 것으로 보며, 새로운 해석 또는 관행에 의하여 소급하여 과세되지 아니한다."고 규정하고 있다.

3. 신뢰보호의 일반적 요건(적용요건)

위의 근거에 의한 행정법의 일반원칙으로서 신뢰보호의 원칙이 적용되기 위해서는 판 례는 다음과 같은 요건이 충족되어야 한다고 보고 있다. ① 행정청의 선행조치, ② 신뢰 의 보호가치, ③ 상대방의 조치, ④ 인과관계, ⑤ 공익 또는 제3자의 정당한 이익의 불 침해 등이 있다.

대판 2006. 2. 24, 2004두13592

대법원은 "행정상의 법률관계에 있어서 행정청의 행위에 대하여 신뢰보호의 원칙이 적용되기 위하여 는 첫째 행정청이 개인에 대하여 신뢰의 대상이 되는 공적인 견해표명을 하여야 하고, 둘째 행정청의 견해표명이 정당하다고 신뢰한 데에 대하여 그 개인에게 귀책사유가 없어야 하며, 셋째 그 개인이 위 견해표명을 신뢰하고 이에 상응하는 어떠한 행위를 하였어야 하고, 넷째 행정청이 위 견해표명에 반하 는 처분을 함으로써 그 견해 표명을 신뢰한 개인의 이익이 침해되는 결과가 초래되어야 하며, 마지막 으로 위 견해표명에 따른 행정처분을 할 경우 이로 인하여 공익 또는 제3자의 정당한 이익을 현저히 해할 경우가 아니어야 한다."

---

1) 선행조치

신뢰보호의 원칙이 적용되기 위해서는 우선, 행정기관의 선행조치(위법·적법 여부를 가리지 않는다)가 있어야 한다. 여기에서의 선행조치는 반드시 특정한 행정처분이나 적극 적인 작위에 의한 행정작용임을 요하지 아니하고 단순한 사실행위나 부작위를 포함하여 국민이 신뢰를 갖게 될 일체의 조치를 의미한다.54) 여기에서의 선행조치는 착오에 의한 행정조치도 포함 될 수 있다. 그러나 행정계획, 즉 도시계획 · 국토개발계획 등에 대한 신뢰보호는 인정하지 않고 있다. 즉 계획보장청구권을 법원은 인정하고 있지 않다.

대판 2000. 2. 25, 99두10520

운전면허 취소사유에 해당하는 음주운전을 적발한 경찰관이 원고에게 운전면허가 취소됨을 고지하고 원고의 주소지관할 지방경찰청장 B에게 면허취소를 의뢰하였는데, 적발경찰관의 소속 경찰청장이 착오로 원고에게 운전면허정지처분을 먼저 행한 후 B지방경찰청장이 운전면허 취소처분을 하였고, 원고가 B경찰청장을 피고로 운전면허취소처분의 취소를 구한 사안에서 대법원은 원고의 청구를 인용하면서 피고가 원고에게 운전면허취소처분을 한 것은 선행처분에 대한 당사자의 신뢰 및 법적 안정성을 저해하는 것으로서 허용될 수 없다고 판시하였다.

대판 2002. 2.22, 2001두9998

대법원은 위의 판례에 반하여 "오늘날 자동차가 대중적인 교통수단이고 그에 따라 대량으로 자동차운전면허가 발급되고 있는 상황이나 음주운전으로 인한 교통사고의 증가경향 및 그 결과가 극히 비참한 점 등에 비추어 볼 때, 음주운전으로 인한 교통사고를 방지할 공익상의 필요는 매우 크다고 할 수밖에 없으므로 음주운전을 이유로 한 자동차운전면허취소처분에 있어서는 일반의 수익적 행정행위의 취소와는 달리 그 취소로 인하여 입게 될 당사자의 불이익보다는 이를 방지하여야 하는 일반예방적 측면이 강조되어야 할 것이다."

---

2) 보호가치

선행조치의 정당성 또는 존속성에 대한 관계인의 신뢰는 보호가치 있는 것이어야 한다. 아울러 그러한 신뢰에 있어서 관계인에게 귀책사유가 없어야 한다. 이와 관련하여 독일 연방행정절차법 제48조는 행정행위의 성립에 있어 관계자의 부정행위(사기 · 강박 · 증수뢰 · 부정신고 등)가 있었거나, 그 작용의 위법성에 대한 인식이 있었거나 과실로 이를 인식하지 못한 경우에는 보호가치성을 부인하고 있다.55)

---

54) 김성수, 「일반행정법」, 홍문사, 2010, 102면.
55) 대판 2002. 11. 8, 2001두1512.

3) 상대방의 조치

신뢰보호는 행정기관의 조치를 신뢰하여 그 상대방이 일정한 조치(투자·건축개시 등)를 한 경우에만 인정된다. 즉 신뢰보호는 행정기관의 조치를 신뢰하여 상대방이 일정한 조치를 한 경우에만 인정된다.

4) 인과관계

행정청의 언동과 그 상대방에 의한 조치사이에는 인과관계가 성립되어야 한다. 즉 상대방이 행정청의 선행조치의 정당성·계속성을 신뢰함으로 인한 일정한 조치를 한 경우이어야 한다.

5) 선행조치에 위반된 행정작용의 존재

신뢰보호의 원칙이 적용되기 위하여서는 행정기관 등이 위의 선행조치에 반하는 처분 등을 하여 이를 신뢰한 개인의 이익이 침해되는 결과가 초래되어야 한다.

6) 공익 또는 제3자의 정당한 이익에 대한 우월성

행정청이 선행조치에 반하는 처분을 함에 있어서 그 처분으로 달성하려는 공익보다 신뢰이익이 우월하여야 한다. 즉 신뢰보호원칙을 통하여 보호가치 있는 이익을 보호받기 위해서는 행정의 언동에 대한 신뢰를 통하여 얻게 되는 이익이 행정이 달성하고자 하는 공익에 우월하여야 한다.[56]

4. 신뢰보호의 법적 효과

신뢰보호의 법적 효과는 그 대상 존속보호이냐 아니면 가치보호냐의 문제가 있다. 우선적인 대상은 존속보호이다. 여기에서 존속보호는 행정청의 언동으로 이미 부여한 허가

---

56) 대판 1998. 11. 13, 98두7343.

등을 행정기관이 취소 또는 철회하지 아니하고 유지하며, 약속한 허가 등을 부여하는 것을 말한다. 즉 선행조치를 그대로 유지하는 것을 말한다. 그러나 신뢰보호의 요건이 충족되어 있음에도 불구하고 공익상 이유로 존속보호를 할 수 없는 경우에는 보상을 하는바, 이 경우의 보호를 가치보호, 즉 보상보호라고 한다. 따라서 신뢰보호원칙은 존속보호를 원칙적인 법적 효과로 하고, 공익상의 이유로 이를 보호하지 못하는 한에서 가치보상을 그 효과로 한다고 하겠다.

5. 신뢰보호원칙의 문제

신뢰보호의 원칙은 적법한 행정행위뿐만 아니라 위법한 행정행위 또한 그 대상으로 하는바, 위법한 행정작용에 적용하는 경우 그 위법한 작용의 효력을 시인하게 되는 결과를 초래하게 되어 법적 안정성으로부터 나온 신뢰보호의 원칙과 행정의 법률적합성의 원칙과 충돌하게 된다. 즉 헌법상의 법치국가의 구성요소상호 간의 충돌이 발생한다.

이러한 법치국가원리상의 충돌을 어떻게 해결할 것인가에 대하여 법률적합성우위설, 법률적합성과 신뢰보호원칙의 동위설, 이익형량설로 나누어지고 있다.

1) 법률적합성우위설

행정의 법률적합성의 원칙은 법치주의의 기본원리로서, 행정행위가 위법한 것임에도 불구하고 상대방의 신뢰보호를 위하여 그 존속성 등을 인정하는 것은 법치주의에 반하다고 보는 견해이다.

2) 법률적합성과 신뢰보호원칙의 동위설

이 견해는 신뢰보호의 원칙의 근거를 법적 안정성 원칙에서 구하는 입장에서 주장하는 것으로, 법치주의원칙을 구성하는 행정의 법률적합성 원칙과 법적 안정성 원리는 동위적·동가치적인 것이므로, 후자에서 도출되는 신뢰보호원칙과 행정의 법률적합성의 원칙도 동위적인 관계에 있다고 보는 것이다.[57] 따라서 신뢰보호의 존속성을 인정하는 것은

---

57) 종래에는 위법한 행정행위는 그것이 수익적 행위인 경우에도 행정청은 자유로이 취소할 수 있다는 것이 통설이었다. 그러나 1950년대 후반부터 독일의 학설·판례는 취소제한의 원칙으로 전환하였던바, 그 근

법치주의에 반하지 않는다고 한다.

3) 이익형량설

이 견해는 동가치설의 입장에서 나아가 신뢰보호요건이 충족되는 때에는, 관계인의 보호이익과 행정처분의 취소 등에 의하여 달성되는 공익간의 구체적 형량이 행해져야만 한다고 한다. 우리나라 및 독일의 통설적 입장이다.

대판 2002. 11. 8, 2001두1512

건축주가 건축허가 내용대로 공사를 상당한 정도로 진행하였는데, 나중에 건축법이나 도시계획법에 위반되는 하자가 발견되었다는 이유로 그 일부분의 철거를 명할 수 있기 위하 여는 그 건축허가를 기초로 하여 형성된 사실관계 및 법률관계를 고려하여 건축주가 입게 될 불이익과 건축행정이나 도시계획상의 공익, 제3자의 이익 건축법이나 도시계획법 위반의 정도를 비교ㆍ교량하여 건축주의 이익을 희생시켜도 부득이 하다고 인정되는 경우라야 한다.

---

4) 검토

이와 같은 문제점을 극복하기 위해서는 신뢰보호의 원칙과 법치국가의 원리가 다 같은 헌법상의 가치라는 점을 고려하면서 구체적인 경우에 서로의 가치를 비교형량하여 어느 가치에 보다 우위를 둘 것인지의 여부를 결정하는 형량원리를 적용하는 것이 타당하다.

6. 신뢰보호원칙의 위반의 효과

신뢰보호원칙은 실정법적 효력을 가지는 원칙이기 때문에, 행정처분이 이에 위반하는 경우에는 원칙적으로는 위헌ㆍ위법으로서 취소사유가 될 것이나, 예외적으로 무효가 되

거를 신뢰보호의 원칙에서 구하고 있었다. 나아가 1976년의 독일행정절차법은 이러한 신뢰보호원칙을 실정법적 법제로서 규정하게 되었다. 행정절차법은 행정행위의 취소자유의 원칙을 전제로 하면서(제48조 제1항 전단), 수익적 행정행위의 경우에는 그에 대한 일정한 제한을 인정하고 있다. 즉 위법한 수익적 행정행위에 의거하여 일정한 금전급부나 가분적인 현물급부가 행하여진 경우에는 그 취소를 원칙적으로 인정하지 않고 있으며, 기타의 수익적 행정행위의 경우에는 취소 자체는 인정하되, 그로 인한 손해에 대해서는 보상을 하도록 규정하고 있다. 또한 취소가 인정되는 경우도 신뢰보호의 견지에서 그 소급효를 제한하고 있다.

는 경우도 상정될 수 있다.

Ⅲ. 비례의 원칙(과잉금지의 원칙)

1. 비례원칙의 연혁

행정법상의 비례의 원칙은 처음에는 경찰행정의 영역에서 경찰권 행사에 대한 제2단계적 제약으로서 조리상의 한계의 하나로 성립·발전한 것이다.

경찰행정의 영역에서 조리상의 한계설정이 문제된 것은 경찰작용이 전형적인 권력작용임에도 불구하고 경찰법규가 경찰권 행사의 요건을 일반적 수권조항으로 규율하고 있어[58] 법규적 제약이 형식적인 것에 불과한 경우가 많기 때문이다.

2. 비례원칙의 개념

비례의 원칙은 일반적으로 행정주체가 구체적인 행정목적을 실현함에 있어서 그 목적실현과 수단사이에 합리적인 비례관계가 유지되어야 한다는 원칙을 말한다. 이를 과잉금지의 원칙이라고도 한다.[59] 이는 적합성의 원칙, 필요성의 원칙, 협의의 비례원칙(상당성의 원칙)으로 구성된다. 이에 대하여 헌법재판소는 비례원칙의 구성요소로서 목적의 정당성, 수단의 상당성 내지는 방법의 적절성, 침해의 최소성, 법익의 균형성(법익의 비례성) 등을 들고 있다.[60]

---

58) 경찰행정법상 일반적 수권조항이란 경찰권 행사의 근거가 되는 개별적인 법률규정이 없는 경우 경찰권 행사의 일반적·보충적 근거가 될 수 있도록 그 위험의 예방·진압을 위한 포괄적 내용을 규정하는 조항을 말한다. 경찰법 제3조 및 경찰관직무집행법 제2조 제5호상의 "공공의 안녕과 질서유지에 관한 조항"을 수권규범으로 파악함으로써 이를 현행법상 일반적 수권조항으로 보아 개별적인 근거규정이 없을 때에는 이 조항에 근거하여 경찰권을 행사할 수 있다고 보고 있다. 한편 판례는 관할구역의 주민이 허가 없이 창고를 주택으로 개축하는 것을 청원경찰이 단속한 사건을 다룬 대판 85도2448이 경찰관직무집행법 제2조 제5항을 개괄적 수건조항으로 인정하였다고 주장하는 견해(김남진, 『행정법Ⅱ』, 박영사, 2002, 201면)도 있으나 판례는 단순히 위법건축물의 단속이 청원경찰의 직무범위에 속한다는 것을 판시하였을 뿐 단속조치가 구체적으로 어떤 수권규정에 근거하고 있는지는 밝히지 않고 있다(정하중, "경찰법상의 책임", 『공법연구』, 제25집 제3호, 1997, 140면).

59) 김성수, 『일반행정법』, 홍문사, 2010, 91면.

60) 헌재 1992. 12. 24, 92헌가8; 1998. 2. 27, 97헌바79.

1) 적합성의 원칙

행정작용은 그 목적달성에 적합한 수단이어야 한다는 원칙을 말한다. 즉 행정목적을 달성하기 위하여 행하는 행정작용은 그 달성하고자 하는 목적에 적합하게 행사되어야 한다는 원칙이다. 따라서 행정기관이 이미 행한 조치가 그 목적에 부적합하게 된 경우에는 그 조치를 중지하고 이미 행해진 수단은 원상회복되어야 한다.

2) 필요성의 원칙

필요성의 원칙이란 목적달성을 위한 행정작용은 그 상대방과 일반국민의 자유와 권리를 제한하는 경우에도 그 침해의 정도가 최소한도로 침해적인 수단을 선택하여야 한다는 원칙을 말한다.[61] 이를 최소 침해의 원칙 또는 가장 부드러운 원칙이라고도 한다.[62]

---

61) 필요성의 원칙은 프로이센경찰행정법(제41조 제2항 제3문)에서 유래하지만 프로이센경찰행정법상의 규정은 '가능한 한(tunlichst)' 가장 적은 침해가 되는 수단을 선택할 것을 규정하고 있었던 반면, 오늘날의 필요성은 반드시 지켜져야 할 원칙을 의미하기 때문에 대체수단의 요청도 그만큼 중요한 의미를 갖게 되었다. 의무자가 동일한 효과가 있는 수단을 선호하고, 그것이 일반 공중에게 더 크게 피해가 되지 않는다면 관할청의 처분을 고집할 필요가 없기 때문에 명문규정이 없더라도 대체수단의 제공은 가능한 것으로 인정된다. 따라서 정당한 대체수단을 거부하는 것은 위험방지를 위한 수단 전체를 위법한 것으로 만든다. 그런데 필요성의 원칙이라는 용어의 사용과 관련하여 이는 혼돈을 불러올 수 있다는 지적이 있다. 이 견해에 따르면 넓은 의미의 비례성의 원칙의 의미에서 '필요성'이라는 개념과 경찰상의 일반적 수권조항 내지는 개별적 수권조항에 나타난 '필요한'이라는 개념은 구별되는 것이라고 한다. 예를 들어 경찰수권조항과 관련하여 개정된 통일경찰법모범초안은 그 제8조 제1항에서 "제8a조로부터 제24조까지 경찰의 권한에 대해 특별히 규정하지 아니하는 한, 경찰은 개별적인 경우에 존재하는 바의 공공의 안전과 질서에 대한 위험을 방지하기 위하여 필요한 조치(notwendige Maßnahmen)를 취할 수 있다."고 규정하고 있고 제9조 제2항에서는 "경찰은 신원의 확인을 위하여 필요한 조치(erforderliche Maßnahmen)를 취할 수 있다."고 규정하고 있는데 이 경우의 '필요한'이라는 의미는 경찰상의 조치를 통하여 추구하는 목적의 성취와 관련된 개념인 데 반해, 넓은 의미의 비례성의 원칙에 있어서 필요성이라는 개념은 경찰조치의 결과, 즉 최소한의 침해와 관련된 개념이기 때문에 필요성이라는 개념은 법규정상의 용례에 따라, 경찰조치를 통하여 추구하는 목적의 달성과 관련하여 사용하여야 한다고 한다. 이 견해는 오늘날의 의미의 '필요성'이라는 개념을 최소침해라는 용어로 개념하고 있다. 이러한 견해가 타당한 것으로 보인다. 각 주의 경찰질서 관련 법조문에서도 필요성이라는 개념을 직접 사용하고 있지는 않다(김대환, "독일 경찰행정법상 비례성의 원칙의 내용과 전개", 『공법학연구』, 제5권 제3호, 한국비교공법학회, 2004, 559면 참조).
62) 김철용, 『행정법 I』, 박영사, 2009, 59면; 김성수, 『일반행정법』, 홍문사, 2010, 94면; 윤양수 「행정법개론」, 온누리, 2011, 97면.

대판 2003. 3. 14, 2002다57218

경찰관은 범인의 체포 또는 도주의 방지, 타인 또는 경찰관의 생명·신체에 대한 방호, 공무집행에 대한 항거의 억제를 위하여 필요한 때에는 최소한의 범위 안에서 가스총을 사용할 수 있으나, 가스총은 통상의 용법대로 사용하는 경우 사람의 생명 또는 신체에 위해를 가할 수 있는 이른바 위해성 장비로서 그 탄환은 고무마개로 막혀 있어 사람에게 근접하여 발사하는 경우에는 고무마개가 가스와 함께 발사되어 인체에 위해를 가할 가능성이 있으므로, 이를 사용하는 경찰관으로서는 인체에 대한 위해를 방지하기 위하여 상대방과 근접한 거리에서 상대방의 얼굴을 향하여 이를 발사하지 않는 등 가스총 사용 시 요구되는 최소한의 안전수칙을 준수함으로써 장비 사용으로 인한 사고 발생을 미리 막아야 할 주의의무가 있다.

3) 협의의 비례의 원칙(상당성의 원칙)

이 원칙은 위 두 가지 요건이 충족되는 경우에도 다시 당해 행정작용에 의하여 침해되는 사익과 그를 통하여 추구하는 목적(공익) 간에 합리적 비례관계가 있어야 한다는 원칙을 말한다. 따라서 어떤 처분을 해야 할 긴급한 필요성이 인정되는 경우에라도 그 처분에 의거 개인의 자유와 권리가 심대하게 침해되는 때에는 그와 같은 처분은 협의의 비례의 원칙을 위반하게 된다.

3. 비례원칙의 근거

행정법상의 비례원칙은 일반적 정의관념·형평관념 등에서 그 근거를 찾을 수 있는 조리상의 원칙이면서, 이익형량에 의한 적정한 가치의 확보라는 헌법적 이념에서 도출되는 헌법상의 원리이다. 종래 독일 경찰법상 인정되어 온 비례원칙은 개별법뿐만 아니라, 나아가 오늘날 헌법적 원리로 승화되었다. 즉 현행 헌법 제37조 제2항의 '필요한 경우에'라고 규정하고 있는 조문이 이를 뜻한다. 헌법재판소 역시 비례원칙의 근거를 헌법 제37조 제2항에서 찾고 있다. 아울러 비례의 원칙의 개별법적 근거로서 경찰관직무집행법 제1조 제2항에서 볼 수 있다. 동조는 "……경찰과의 직권은 그 직무수행에 필요한 최소한도 내에서 행사되어야 하며 이를 남용하여서는 아니 된다."고 규정하고 있는 것이 그것이다.

> **대판 2001. 8. 24, 2000두7704**
>
> 징계처분에 있어 재량권의 행사가 비례의 원칙을 위반하였는지 여부는, 징계사유로 인정된 비행의 내용과 정도, 그 경위 내지 동기, 그 비행이 당해 행정조직 및 국민에게 끼치는 영향의 정도, 행위자의 직위 및 수행직무의 내용, 평소의 소행과 직무성적, 징계처분으로 인한 불이익의 정도 등 여러 사정을 건전한 사회통념에 따라 종합적으로 판단하여 결정하여야 한다.

4. 비례원칙의 적용범위

1) 개설

비례원칙은 원래 경찰법 분야에서 경찰재량권행사를 한계지우는 원리로 발전하였으나, 오늘날 급부행정영역에서도 과잉급부금지의 원칙으로 기능하고 있는 점 등을 감안하면, 모든 행정의 영역에 적용되는 원칙이라 할 것이다.

특히 비례원칙은 경찰작용에 널리 인정되고 있다. 경찰권 행사 과정에 있어서 경찰권은 국민의 권리와 자유를 침해하기 때문에 경찰권 행사는 소극적인 질서유지 차원에서 필요한 최소한의 범위에서 그리고 공익과 사익의 비례하는 범위에서 이루어져야 한다.[63] 이 밖에 행정강제, 행정행위의 최소·철회, 행정행위의 부관의 한계 등에서 중요한 판단기준으로 적용되며, 아울러 이와 같은 침익적 작용뿐만 아니라 수익적 작용으로서의 급부행정에도 적용될 수 있다. 부당결부금지의 원칙이 바로 그것인바, 행정청은 그 목적달성에 적합한 정도의 급부만을 행하여야 한다는 원칙이다.

5. 위반의 효과

비례의 원칙은 헌법적 원칙이므로, 헌법에서 나온 법의 일반원칙이기 때문에 그에 위반한 행위는 위헌·위법이 된다. 헌법재판소는 비례원칙의 내용인 부분원칙 중에서 그 어느 하나에라도 저촉되면 위헌이 되는 것으로 보고 있다.

---

63) 장태주, 『행정법개론』, 법문사, 2010, 60면.

6. 비례원칙위반에 대한 구제

비례원칙에 위반된 행정처분은 위법하기 때문에 행정구제법리에 따라 권익구제를 받을 수 있다. 즉 비례원칙을 위반한 행정처분에 의하여 재산상의 손해가 발생한 때에는 손해배상을 받을 수 있으며, 또 행정쟁송의 방법에 의하여 위법한 행정처분의 취소나 변경을 다툴 수 있다. 그 밖에 행정작용의 결과로서 남아 있는 상태로 인하여 법률상 이익을 침해받은 자는 행정주체를 상대로 결과제거청구권을 행사할 수 있다.[64]

IV. 부당결부금지의 원칙

1. 의의

부당결부금지의 원칙이란 행정작용을 함에 있어서 그 행정작용과 실체적 관련이 없는 상대방의 반대급부와 결부시켜서는 아니 된다는 원칙을 말한다. 즉 행정작용과 그 상대방이 부담하는 급부는 부당한 내적인 관련을 가져서는 아니 되고 또한 부당하게 상호 결부되어서는 아니 된다는 것을 말한다. 판례는 "부당결부금지의 원칙을 행정주체가 행정작용을 함에 있어서 상대방에게 이와 실질적인 관련이 없는 의무를 부과하거나 그 이행을 강제하여서는 아니 된다는 원칙으로 정의한다."[65] 예컨대 건축행정청이 건축허가신청인에게 건축허가를 함에 있어 그 건축허가신청인의 부동산을 건축행정청에게 매각할 것을 허가발령의 조건으로 한다면, 그 허가는 부당결부금지의 원칙에 위반하는 것이 된다.

---

64) 장태주, 『행정법개론』, 법문사, 2010, 61면.
65) 대판 2009. 2. 12, 2005다65500.

대판 2009. 2. 12. 2005다65500

고속국도관리청이 고속도로 부지와 접도구역에 송유관 매설을 허가하면서 상대방과 체결한 협약에 따라 송유관 시설을 이전하게 될 경우 그 비용을 상대방에게 부담하도록 한 것이 부당결부금지의 원칙에 반하지 않는다.

2. 법적 근거

부당결부금지의 원칙은 법적 근거에 대하여 이를 불문법인 조리로 보는 견해, 사법상의 권리남용금지의 원칙에서 그 근거를 찾는 견해도 있다. 그러나 부당결부금지의 원칙은 법치주의원리에서 찾는 것이 타당하다. 즉 법치주의원리의 제도적 요소로서 권력분립의 원칙에 기한 권한법정주의와 그 권한을 남용금지의 원칙에서 나오는 헌법적 원칙으로 보는 것이 타당하다.

3. 적용영역

부당결부금지의 원칙은 행정행위의 부관(예: 건축허가를 하면서 다른 토지의 기부체납을 부관으로 부담하는 경우), 공법상 계약(예: 주차장시설의무의 면제와 천만 원의 납부의무를 내용으로 하는 공법상 계약을 체결하는 경우), 또는 행정의 실효성 확보수단(예: 관허사업의 일반적 제한 또는 공급거부의 경우)과 관련하여 문제되고 있다.[66]

4. 부당결부 여부의 판단기준

부당결부금지의 원칙이 의미를 갖기 위해서는 "행정작용과 사인의 급부가 부당한 내적 관련을 갖는가의 여부에 대한 판단기준"을 마련해야 한다. 이와 관련해서 그 기준으로 인과관계에 있어서의 관련성(원인적 관련성)과 목적에 있어서 관련성(목적적 관련성)이 제시되고 있다. 여기서 원인적 관련성이란 행정작용과 사인의 급부사이에는 인과관계가 있을 때 정당한 내적 관계가 존재함을 의미하고, 목적적 관련성이란 행정작용과 사인의

---

66) 홍정선, 『행정법특강』, 박영사, 2010, 55면.

급부사이에서 사인의 급부가 행정작용과 특정의 목적을 같이 할 때 정당한 내적 관계가 존재함을 의미한다(예: 유흥주점영업허가를 하면서 경찰목적과 관련이 없는 금전기부체납부관을 발령한 경우 목적적 관련성이 없다). 따라서 원인적 관련성이나 목적적 관련성이 결여되면 행정작용과 사인의 급부사이에는 부당한 내적 관련(부당결부)이 존재하는 것이 된다.

5. 위반의 효과

부당결부금지의 원칙의 위반은 위헌·위법을 의미한다. 부당결부금지의 원칙을 위반한 법령은 위헌심판 및 헌법소원의 대상이 될 수 있을 것이고, 부당결부금지원칙을 위반한 부관부 행정행위는 항고소송의 대상이 되고, 부당결부의 원칙을 위반한 공법상 계약은 무효가 된다.

대판 2005. 3. 11, 2004두12452

원고의 운전면허 정지 기간 중 시내버스 운전은 제1종 대형면허에만 관계된 것이고 제1종 보통면허와는 아무런 관련이 없음을 전제로 하여 이 사건 처분 중 제1종 보통면허를 취소한 부분은 위법하다고 판단한 원심판결에는 자동차운전면허취소에 관한 법리를 오해하여 판결에 영향을 미친 위법이 있다고 할 것이다.

V. 평등의 원칙

1. 의의

평등의 원칙은 행정청이 행정작용을 행하면서 합리적인 사유가 없는 한 모든 행정객체를 동등하게 대우하여야 한다는 원칙을 말한다. 바꾸어 말하면 평등의 원칙은 합리적인 이유가 없음에도 불구하고 특정개인을 다른 자에 대한 처분보다 불리한 처분을 하여서는 아니 된다는 원칙을 말한다.[67] 평등의 원칙은 "같은 것은 같게, 다른 것은 다르게"로 요

---

67) 김성수, 『일반행정법』, 홍문사, 2010, 86면.

약할 수 있다. 오늘날 평등의 원칙은 소극적 원리일 뿐만 아니라 적극적 원칙으로 이해된다.[68]

헌재 2006. 2. 23, 2004헌마675 · 981 · 1022(병합)

헌법재판소는 공무원시험에서의 군가산점제도는 그 자체가 여성과 장애인들의 평등권과 공무담임권을 침해하는 위헌인제도라고 보았고(헌재 1999. 12. 23, 98헌마363) 종전의 결정(2001. 2. 22, 2000헌마25)을 변경하여 국가기관이 채용시험에서 국가유공자의 가족에게 10%의 가산점을 부여하는 규정이 기본권을 침해한다고 보았다.

---

2. 근거

헌법 제11조 제1항에서는 "모든 국민은 법 앞에 평등하다. 누구든지 성별 · 종교 또는 사회적 신분에 의하여 정치적 · 경제적 · 사회적 · 문화적 생활의 모든 영역에 있어서 차별을 받지 아니한다."라고 규정하여 법 앞의 평등원칙을 채택하고 있다.

법 앞의 평등원칙은 법의 불평등한 적용을 금지할 뿐만 아니라 불평등한 처우를 내용으로 하는 법의 정립도 금지하는 것이므로 입법자도 구속하는 것이다.

여기서의 법은 국회에 의하여 제정된 법률뿐만 아니라 모든 법(헌법 · 법률 · 법규명령 등)을 포함하는 것이다. 따라서 평등원칙은 행정의 재량권에 관한 한계를 결정할 수 있는 기능을 가지고 있으며, 평등원칙을 근거로 행정의 자기구속의 법리가 성립되고 있다.

3. 평등의 원칙 위반의 효과

평등의 원칙은 헌법에서 명시하고 있는 헌법원칙이므로 그에 위배되는 행위는 위헌이 될 뿐만 아니라 위법의 효과가 발생한다.

---

68) 박균성, 『행정법 강의』, 박영사, 2008, 34면.

VI. 행정의 자기구속의 법리

1. 의의

행정의 자기구속의 법리는 독일에서 판례와 학설에 의하여 발전되었고, 우리의 학설은 물론이고 헌법재판소도 행정의 자기구속의 원칙을 인정하고 있다. 행정의 자기구속의 법리란 행정청이 상대방에 대하여 어떤 결정을 하는 경우에 같은 사안에 있어서 이미 다른 제3자에게 행한 결정과 같은 결정을 하도록 구속을 받는 원리를 말한다. 즉 행정권이 행사를 통하여 이미 행한 행정결정 또는 행정규칙에 근거하여 미래에 예견되는 행정결정의 체계에 행정청이 구속받는 다는 원칙을 말한다. 달리 말하면, 행정청은 스스로 정하여 시행하고 있는 기준을 합리적인 이유 없이 이탈할 수 없다는 원칙이 바로 행정의 자기구속의 법리이다.[69] 행정의 자기구속은 행정의 고유한 작용영역 내에서 스스로 정립한 결정기준에 구속되는 점에서, 법률에 의한 구속인 타자구속(법률구속)과 구별된다.[70]

헌재 1990. 9. 3, 90헌마13

행정규칙이 법령의 규정에 의하여 행정관청에 법령의 구체적 내용을 보충할 권한을 부여한 경우, 또는 재량권행상의 준칙인 규칙이 그 정한 바에 따라 되풀이 시행되어 행정관청이 이룩되게 되면, 평등의 원칙이나 신뢰보호의 원칙에 따라 행정기관은 그 상대방에 대한 관계에서 그 규칙에 따라야 할 자기구속을 당하게 되고, 그러한 경우에는 대외적인 구속력을 가지게 된다 할 것이다

---

2. 등장배경 및 기능

1) 일반론

행정의 자기구속의 법리는 현대행정의 기능의 확대에 따라 "법률에 의한 행정의 구속"만으로써는 행정에 대한 법적 통제가 충분하지 못하다는 것을 그 배경으로 한다. 행정의 자기구속의 법리는 현대행정의 기능 확대화에 따라 행정청에게 주어진 재량권·판단 여

---

69) 박균성·김재광, 『경찰행정법』, 박영사, 2010, 18면.
70) 윤양수 「행정법 개론」, 온누리 , 2011, 102면.

지의 행사에 있어서 행정권의 자의를 방지하여 그 행사가 적정하게 이루어지도록 하는 기능을 한다. 즉 법상 행정청에게 주어진 재량권이나 판단 여지를 행사함에 있어서, 스스로 만든 준칙에 얽매이게 함으로써 행정청에게 주어진 자유영역을 축소시키는 효과를 가져오고, 이로써 행정통제의 효과와 국민의 권리보호의 효과를 가져오는 것을 행정의 자기구속의 법리가 갖는 기능이다.

2) 재량준칙과 행정의 자기구속의 원칙

행정규칙에 법규성을 부정하는 일반적 견해에 의하면 행정규칙에 위반하여 처분이 이루어지더라도, 국민은 행정처분이 법에 위반된 처분임을 주장할 수 없다. 그러나 행정청이 재량영역에서 통일적이고도 동등한 재량행사를 확보하기 위해 재량권행사의 준칙인 행정규칙(재량준칙)을 정립하여 시행하는 경우에는 행정의 자기구속의 원칙에 의하여 동종 사안에 대하여 동일한 처분을 하여야 하는 구속을 받는다. 즉 자기구속의 원칙에 의하여 행정규칙은 간접적 대외적 효력을 갖게 된다는 것이 통설적 견해이다. 따라서 행정처분이 행정규칙에 반하는 경우 처분의 상대방은 비록 처분이 행정규칙위반임을 주장하지 못하더라도, 처분이 행정의 자기구속의 원칙에 위반하여 위법임을 주장할 수 있게 된다.

> 헌재 2001. 5. 31, 99헌마413
>
> 행정규칙이 법령의 규정에 의하여 행정관청에 법령의 구체적 내용을 보충할 권한을 부여한 경우나 재량권행사의 준칙인 규칙이 그 정한 바에 따라 되풀이 시행되어 행정관행이 이룩되게 되면, 평등의 원칙에 따라 행정기관은 그 상대방에 대한 관계에서 그 규칙에 따라야 할 자기구속을 당하게 되는 경우에는 대외적인 구속력을 가지게 된다.

3. 행정의 자기구속의 근거

행정의 자기구속의 근거를 신뢰보호의 원칙 내지 신의성실의 원칙에서 찾는 견해도 있으나, 평등원칙에서 그 근거를 두고 구하는 것이 학설과 판례의 일반적인 경향이다. 왜냐하면 행정의 자기구속은 자유로운 판단이 가능한 영역에서 스스로 제시한 기준에 따라 자신이 그간 행한 행위로부터 특별한 사유가 없는 한 이탈할 수 없음을 의미하는데, 만약 이탈한다면 상대방의 신뢰 유무를 불문하고 그것은 바로 불합리한 차별, 즉 평등의 위반을 뜻하는 것이기 때문이다.

4. 적용영역

행정의 자기구속의 법리는 재량이 인정되는 모든 영역에서 적용될 수 있으나 특히 행정규칙의 하나인 재량준칙에서 중요한 의의를 갖는다.[71] 행정의 자기구속은 수익적 행위에서 평등의 보장을 위해 발전된 것이지만, 침익적 행정의 경우에도 배제될 이유는 없다. 또한 그것은 재량행위에서, 또한 판단 여지가 주어지는 경우에 의미를 갖는다. 이는 기속행위영역에서는 적용될 수 없음을 의미한다.

5. 요건

행정의 자기구속은 행정의 자기구속은 사실의 문제가 아니라 법적 문제이기 때문에, 다만 법적으로 비교할 수 있는 생활관계에서 문제된다. 그리고 동일한 법적용은 동일한 상황에서만 가능하기 때문에 행정청이 이미 창조한 법적 상황과 결정을 요하는 사건이 의미와 목적에 있어서 동일하여야 한다.

행정의 자기구속은 처분청에만 적용된다. 기존의 법적 상황의 창출에 관여하지 아니한 행정청은 행정의 자기구속과 거리가 멀다. 또한 행정의 자기구속은 근거되는 행정관행이 적법한 경우에만 적용된다. 즉 위법한 행정관행에서는 성립되지 않는다.

6. 자기구속의 한계

행정의 자기구속에도 다음과 같은 일정한 한계가 있다. ① 기존의 관행과 다른 결정을 하여야 할 명백한 이유가 있고, ② 다른 결정을 할 이유가 종래의 결정의 번복으로 인한 법적 안정성의 이익을 능가하며, ③ 새로운 행정결정이 모든 새로운 결정에 동등하게 적용될 것이 예정된 경우에는 종래의 행정관행으로부터의 이탈은 적법하다. 따라서 행정의 법률에의 구속은 엄격한데 비하여 자기구속의 법리는 탄력적이다.[72]

---

71) 박균성, 『행정법 강의』, 박영사, 2008, 35면.
72) 박윤흔·정형근, 『최신행정법 강의(상)』, 박영사, 2009, 69면.

7. 위반의 효과

행정의 자기구속의 원칙에 반하는 처분 등은 위헌·위법을 면할 수 없다. 행정의 자기구속의 원칙에 반하는 행정행위는 항소소송의 대상이 되며, 경우에 따라서는 국가 또는 지방자치단체의 손해배상책임을 발생시킨다.

행정청이 행정의 자기구속의 법리에 위반되는 결정을 하였을 경우 그 효과로서 상대방에게 어떠한 권리가 발생할 것이냐가 문제된다. 이러한 경우에 사안의 성질에 따라 다를 수 있겠지만 동종의 급부를 청구하는 권리나 불평등배제청구권 등이 발생할 수 있을 것이다. 그러나 불법에 있어서의 평등대우청구권은 인정될 수 없기 때문에 행정의 자기구속의 법리에 기하여 위법한 행정결정을 요구할 청구권은 발생할 수 없다 할 것이다.

헌재 2007. 8. 30, 2004헌마670

행정규칙이라도 재량권 행사의 준칙으로서 그 정한 바에 따라 되풀이 시행되어 행정관행을 이루게 되면, 행정기관은 평등의 원칙이나 신뢰보호의 원칙에 따라 상대방에 대한 관계에서 그 규칙에 따라야 할 자기구속을 당하게 되는바 이 경우에는 대외적 구속력을 가진 공권력의 행사가 된다.

제2장 경찰행정법의 법원

제1절 개설

I. 의의

경찰행정법의 법원이란 경찰행정권의 조직과 작용에 관한 실정법의 존재형식 내지 인식근거를 말한다. 법의 인식근거는 '그 어떤 것을 법으로서 인식하는 근거'를 의미한다. 행정의 행위기준에 관하여 규정하거나 행정활동의 목적과 수단을 정해 주거나 갈등적 사례에 대한 법적 결정을 함에 있어서 행위지침 내지 기준을 제시하는 것들은 모두 인식근거가 된다.[73]

II. 성문법주의

경찰행정법은 다른 법 영역에 있어서와 마찬가지로 성문법과 불문법이 있으나, 현재 거의 모든 국가는 성문법주의를 원칙으로 하고 있다.

경찰행정법이 원칙적으로 성문법주의를 취하는 이유는 국민의 자유와 재산에 관계되는 행정권의 발동에 대하여 예측가능성과 법적 안정성을 위하여 그 한계와 조건을 미리 명백히 할 필요가 있다는 점, 행정의 준거가 되는 규범을 성문화함으로써 행정사무의 공정

---

73) 법원을 법의 인식근거로 정의하는 경우, 행정법의 인식근거가 되는 법의 범위를 어디까지로 이해할 것인가와 관련하여 문제시되는바, 이에 관하여 행정주체와 국민과의 관계에서 구속력을 가지는 법규만을 행정법의 법원으로 보는 협의설(법규설)과 법으로서 효력을 가지는 일체의 법규범을 포함하는 것으로 보는 광의설(행정기준설)로 나뉘고 있으나, 광의설이 타당하며, 다수설이다. 이와 같은 법의 범위와 관련하여 견해가 나누어지는 까닭은 행정규칙을 법원의 일종으로 볼 것인가라는 문제와 관련이 있으나, 종래의 특별권력관계이론이 붕괴되고, 법규개념이 새롭게 정립되는 오늘날에 있어서는 행정규칙도 행정조직 내부관계에서 구속적 효력을 발생하는 법규범이라는 점이 인정됨으로써 법원의 일종으로 파악하고 있다. 행정규칙은 행정에 대하여 행위기준을 제시하며 행정활동의 목적과 수단을 정해 주는 것으로 법의 인식근거로 기능하기 때문이다.

한 처리를 확보할 필요가 있다는 점(행정작용의 공정성확보의 요청), 국가적 급부활동의 계속적 보장을 위한 수단을 명백히 하여야 한다는 점, 행정구제절차를 명백히 하여 국민의 권익을 보장하여야 하는 점 등이 제시되고 있다. 우리나라 헌법도 성문법주의를 규정하고 있다고 할 것인바, 그 근거로서는 일정한 기본권에 관한 사항을 법률에 유보하는 동시에(헌법 제12조, 제23조, 제37조 제2항) 중요한 행정작용을 법률에 유보하고(헌법 제23조 제3항, 제95조), 행정기관의 설치 및 조직에 대한 원칙적인 법정주의(헌법 제96조, 정부조직법 제2조 제1항) 등을 들 수 있다.

그러나 현대사회국가에서의 행정의 양적 확대·분화·가변성의 필연적 결과로 모든 행정작용을 빠짐없이 성문법으로 규율하기란 어려운 일이다. 그러므로 성문법으로 정비되지 아니한 분야에 있어서는 관습법·판례법·조리법 등의 불문법이 보충적 법원으로서 경찰행정법을 지배한다. 이러한 점에서 다음에서는 경찰행정법의 법원을 성문법원과 불문법원으로 나누어 검토한다.

제2절 경찰행정법의 성문법원

경찰법의 성문법원으로는 헌법·법률·조약·명령·자치법규 등이 있다. 이들 성문법은 헌법을 정점으로 하여 통일적·단계적 체계를 이루고 있다.

Ⅰ. 헌법

헌법에 경찰법에 대한 직접적이고 명시적인 규정은 없지만 대부분의 학자들은 헌법 제37조 제2항에서 질서유지를 위하여 기본권을 제한할 수 있음을 규정하고 있으므로 질서를 유지를 위하여 경찰법행정법의 존재를 예정하고 있다고 본다.[74] 그런데 헌법은 비상시와 관련하여 긴급명령(헌법 제67조 제2항)·계엄(헌법 제77조) 등에 관한 규정을 두고 있다. 이러한 규정이 경찰의 법원임은 물론이다. 한편 헌법상의 일반원리인 평등의 원칙, 비례의 원칙, 기본권보장 등도 경찰작용의 법원이 되는 것은 당연하다.

---

74) 류지태,『행정법 신론』, 신영사, 2003, 749면.

Ⅱ. 법률

여기서의 법률은 형식적 의미의 법률, 즉 국회가 헌법상이 입법절차에 따라 제정한 일반적·추상적인 법형식을 말한다.

우리 헌법은 국회입법의 원칙(헌법 제40조)과 법치주의의 원칙을 채택하고 있기 때문에 법률은 헌법 다음으로 경찰법의 중요한 법원이 된다.

경찰법의 법원으로서 법률을 일반경찰의 법원과 특별경찰법의 법원으로 구분할 수 있다.[75] 일반경찰의 법원으로 경찰의 조직과 관련하여 경찰법, 전투경찰대설치법, 경찰공무원법 등이 있고, 경찰의 작용과 관련하여 경찰관직무집행법, 경찰관직응원법 등이 있고 자치경찰과 관련하여 제주특별자치도설치및국제자유도시조성을위한특별법[76] 등이 있다. 특별경찰법의 법원으로는 도로교통법, 출입국관리법, 집회및시위에관한법률 등 대부분의 개별행정법 이 이에 해당하고 해양경찰과 관련하여 특별경찰법의 법원으로 해양환경관리법, 영해및접속수역법, 배타적 경제수역법, 해양과학조사법, 수상레저안전법, 해상교통안전법, 선박법, 유선및도선사업법, 항만법 등이다. 법률 상호 간에는 신법우선의 원칙[77]과 특별법우선의 원칙[78]이 적용된다.

Ⅲ. 국제조약 및 국제법규

국제조약은 조약·협정·협약 등 그 명칭여하를 불문하고 국가와 국가 사이 또는 국제기구 사이의 법적 구속력 있는 합의를 말하며, 국제법규는 우리나라가 당사국이 아닌 국제조약으로서 국제사회에서 일반적으로 그 규범성이 승인된 것과 국제관습법 등을 말한다. 조약과 일반적으로 승인된 국제법규가 국내행정에 관한 사항을 정하고 있는 경우

---

75) 홍정선, 『행정법특강』, 박영사, 2010, 58면.
76) 제주특별자치도 설치 및 국제자유도시 조성을 위한 특별법에서 자치경찰에 관한 규정은 제11장에서 제105조부터 제139조까지 자치경찰의 설치 및 운영 등에 관하여 규정하고 있다. 자치경찰 규정의 내용으로는 제1절 총칙, 제2절 자치경찰의 조직과 사무(제106~110조), 제3절 자치경찰활동의 목표·평가 및 운영(제111~112조), 제4절 치안행정위원회(제113~115조), 제5절 자치경찰의 직무수행(제115~118조), 제6절 경찰 상호 간의 관계(제119~121조), 제7절 자치경찰에 대한 지원 및 감독(제122~124조), 제8절 자치경찰공무원(제125~137조), 제9절 교통안전시설의 관리(제138~139조)에 관하여 규정하고 있다.
77) 대판 2001. 8. 24, 2000두2716.
78) 대판 2000. 9. 8, 99두1151.

에, 그것이 국내법규로서 효력이 인정되어 행정법의 법원이 되는지에 대하여는 국제법·국내법 이원설과 일원설의 입장이 대립하고 있다. 이원설은 국제법과 국내법은 전혀 별개의 법질서이므로, 국제법은 국내질서에 직접 적용될 수 없고, 국제법을 국내질서에 적용하려면 수용절차를 거쳐 국내법으로서 그 본질을 바꾸어야 한다고 하는 입장이다. 이와 달리 일원설은 국제법과 국내법을 단일한 법질서이기 때문에, 국제법은 별도의 행위를 하지 않더라도 당연히 국내질서에 적용된다고 보는 입장이다. 우리헌법은 일원설의 입장에서 국제법을 국내법으로 수용하고 있다. 즉 헌법상 절차에 따라 체결·공포된 조약과 일반적으로 승인된 국제법규는 국내법과 같은 효력을 가지므로(헌법 제6조 제1항), 그것이 국내의 행정에 관한 사항일 때에는 그 한도 내에서 경찰법의 법원이 된다. 특히 범죄인인도조약79), 유엔해양법협약80)은 경찰권 행사에 있어서 매우 중요한 법원이다.

대판 1999. 7. 23, 98두14525(북한주민접촉신청불허처분취소)

대법원은 남북사이의 화해와 불가침 및 교류협력에 관한 합의서의 법적 성격에 대하여 남북 사이의 화해와 불가침 및 교류협력에 관한 합의서는 남북관계가 나라와 나라사이의 관계가 아닌 통일을 지향하는 과정에서 잠정적으로 형성되는 특수관계임을 전제로, 조국의 평화적 통일을 이룩해야 할 공동의 정치적 책무를 지는 남북한 당국인 특수관계인 남북관계에 관하여 채택한 합의문서로서, 남북한 당국이 각기 정치적인 책임을 지고 상호 간에 그 성의 있는 이행을 약속한 것이기는 하나 법적 구속력이 있는 것은 아니어서 이를 국가 간의 조약 또는 이에 준하는 것으로 볼 수 없고, 따라서 국내법과 동일한 효력이 인정되는 것도 아니다.

---

79) '범죄인 인도조약'이란 외국에서 그 국가의 형법 기타의 형사법규에 위반한 범죄인이 자국 내로 도망해 온 경우, 그 외국의 청구에 응하여 이를 체포하여 인도할 것을 약속한 것이다. 체결 국가마다 내용은 조금씩 다르지만 대체로 자국 영토에서 1년 이상의 징역 금고형에 처할 수 있는 범죄를 저지르고 상대방 국가로 도주한 자국민에 대해 인도를 청구할 수 있으며 상대방 국가는 이에 응할 의무가 있다. 그러나 이 조약이 '모든' 범죄인에게 해당되는 것은 아니다. 국제연합 고등난민판무관실이 인정하는 정치범과 순수한 군사범, 공소시효가 지난 범죄, 자국민 등에 대해서는 인도청구를 거절할 수 있다. 우리나라는 1990년 호주를 시작으로 캐나다 미국 브라질 아르헨티나 중국 뉴질랜드 일본 등 총 17개국과 범죄인 인도조약을 체결했다. 또 러시아 등 12개국과 '형사사법공조조약(Treaty on Mutual Legal Assistance in Criminal Matters)'을 체결하고 있다. 형사사법공조조약은 양국에서 형사사건의 효율적이고 신속한 해결을 도모하기 위하여 범죄의 수사, 기소 또는 재판절차에 있어서 증거, 진술의 제공, 수색, 압수요청의 집행, 문서의 송달, 범죄취득물의 추적, 몰수 등의 지원을 상호 제공하는 것을 그 내용으로 하고 있다(김대순, 『국제법론』, 삼영사, 2009, 404~422면 참조).

80) 유엔해양법협약은 12년간의 조정기간을 거쳐 1994년부터 효력을 발생하기 시작하여 명실상부한 바다의 헌법으로 자리를 잡아 가고 있다. 우리나라는 1983년 3월 14일에 서명하였으며, 이후 1995년 12월 1일에 국회의 비준동의 절차를 거쳐 1996년 1월 29일 국제연합 사무국에 통고하였고 1996년 2월 28일부로 본격적으로 적용받게 되었다(김현수·이민호, 『국제법』, 연경문화사, 2010, 115면).

조약 및 국제법규와 국내법이 충돌하는 경우에 양자의 효력관계가 문제된다. 이에 관하여는 국제법과 국내법을 전혀 별개의 법질서로 보아 각각 별도의 효력을 가지는 것으로 보는 이원설과 국제법과 국내법을 하나의 법체계로 보는 일원설이 대립된다. 일원설은 다시 국제법우선설, 국내법 우위설, 국제법·국내법동위설로 대립되고 있다. 생각건대, 국제법과 국내법간의 효력관계는 국제법이 국내법으로 수용되어 국내법관계의 일부를 이루게 된 경우의 문제이므로 국법체계의 유지를 위한 일반원칙인 신법우선의 원칙, 특별법우선의 원칙에 의하여 개별적으로 판단하여 해결하여야 할 것이다. 해양경찰법의 법원으로서 주요 조약 및 국제법규는 유엔해양법 협약이다.

Ⅳ. 행정입법

행정입법은 행정권에 의하여 정립되는 법규를 총칭한 것으로 법률에 대응하는 말이다. 우리 헌법은 입법권을 국회에 전속시키고 있으나(헌법 제40조), 오늘날의 사회국가에 있어 행정권의 확대·강화에 따라 행정의 내용이 복잡성·고도의 기술성과 전문성, 임기성을 띠게 됨으로써 법률은 대강만을 정하고, 그 세부사항에 관한 규율은 명령에 위임하는 경우가 늘어남에 따라 행정법의 법원으로서의 명령에 대한 중요성이 부각되고 있다. 명령은 그 성질에 따라 법규명령과 행정규칙으로 구별된다.

행정입법에 대하여 자세한 내용은 경찰행정입법에서 살펴보기로 한다.

1. 법규명령

법규명령은 행정권이 정립하는 일반적·추상적 규범으로서 법규의 성질을 가지는 것을 말한다. 법규명령은 그 효력에 따라 법률과 동일한 효력을 갖는 법률대위적 법규명령[긴급명령, 긴급재정경제명령(헌법 제76조)]과 법률종속적 법규명령으로 구분되나 법률종속적 법규명령이 원칙이다. 또한 법규명령은 법률의 위임 여부에 따라 위임명령과 집행명령으로 나뉘고 발령주체에 따라 대통령령, 총리령과 부령(헌법 제75조, 제95조)이 있다.[81]

---

81) 정중하, 『행정법개론』, 법문사, 2010, 38면.

2. 행정규칙

행정규칙은 행정조직 내부 또는 특별행정법관계 내부의 조직과 활동을 규율하기 위하여 행정권이 정립하는 일반적·추상적 규정으로서 법규가 아닌 것을 말한다.

행정규칙은 행정조직 내부를 규율하는 좁은 의미의 행정규칙과 특별행정법관계를 규율하는 특별명령이 있다. 행정규칙을 법원의 일종으로 볼 것인가에 대하여 ① 행정규칙의 법규성을 부인하고 또한 법원개념에 있어 협의설을 취하여 부정하는 견해, ② 행정규칙의 법규성을 긍정하고 행정사무처리의 준칙이 된다는 점에서 법원성을 인정하는 견해, ③ 법이론적 의미에서의 법규개념을 취하고, 법원을 법의 인식근거로 보아 행정규칙은 행정사무의 준칙이 된다는 점에서 법원성을 인정하는 견해가 대립되고 있다.

오늘날은 행정규칙 역시 행정조직 내부에 대하여 구속적으로 규율함은 물론 특별행정법관계의 구성원의 권리·의무관계를 구속적으로 규율하는 법이라는 점이 일반적으로 인정되는 경향이 있다. 그러므로 행정규칙도 넓은 의미 내지는 법이론적 의미에서는 법규범의 성질을 가진다고 할 것이다.82) 따라서 행정규칙은 행정사무의 기준이 되고 인식근거가 된다는 점에서 경찰법의 법원이라 할 수 있다.

행정규칙 중 규범구체화 행정규칙은 실질적 법규명령으로서 재판규범이 되며, 그것은 넓은 의미의 법규개념을 취하는 경우에도 법원에 속한다. 다만 현행 헌법이 그와 같은 행정규칙을 허용하는 것인지는 검토를 요하나, 소극적으로 보는 것이 타당하다.

V. 자치법규

자치법규는 지방자치단체가 자치입법권에 의하여, 법령의 범위 안에서 제정하는 자치에 관한 법규(규정)를 말한다(헌법 제117조 제1항, 지방자치법 제15조, 제16조). 자치법규에는 지방자치단체가 그 지방의회의 의결로 제정하는 조례와 지방자치단체의 집행기관이 법령이나 조례의 범위 내에서 정하는 규칙이 있다. 자치법규는 자치사무를 대상으로 하며, 분권의 원리에 기여한다.

---

82) 행정규칙은 일반적으로 내내적 구속력만 가지지만 평등원칙과 관련되는 경우에 한하여 재량준칙의 내외적 구속력이 인정되기도 한다.

제3절 경찰행정법의 불문법원

경찰행정법의 법원은 성문법을 원칙으로 하지만 현대행정의 복잡·다기하고 변화무상한 행정현실에 대해서 모두 성문법으로 규정하는 것은 사실상 불가능하다. 따라서 성문법이 정비되어 있지 않은 경찰행정 분야에 있어서는 불문법원으로서 관습법, 판례법, 조리법 등이 적용된다.

I. 관습법

1. 의의

관습법이란 행정의 영역에서 국민의 전부 또는 일부사이에 다년간 계속하여 같은 사실이 관행으로 반복되고, 이러한 관행이 국민일반의 법적 확신을 얻음으로써 성립되는 법규범을 말한다. 즉 동일한 사실이 관행으로서 반복되고, 이 관행을 준수하는 것이 국민일반의 법적 확신을 얻음으로써 성립하는 법규범을 말한다.[83]

2. 관습법의 성립

이러한 정의에 의하면, 관습법의 성립에는 객관적 요소로서의 장기적·일반적 관행의 존재와 주관적 요소로서의 그 관행의 법적합성에 대한 관계자의 법적 결합이 필요하다. 그 밖에 관습법이 성립하기 위하여 국가에 의한 승인이 필요한가에 대하여 승인불요설과 승인필요설이 대립되고 있다.

1) 국가승인불요설

국가승인불요설은 법력내재설 또는 법적 확신설이라고도 하며, 오늘날의 통설과 판례의 입장이다.[84] 국가승인불요설은 국민의 일반적인 법적 확신을 얻은 장기적·계속적 관

---

83) 대판 1963. 6. 14, 80다3231.

행은 그 자체에 내재하는 힘에 의하여 법으로 되는 것이며, 국가나 법률에 의한 승인이 필요치 않다고 한다. 국가승인불요설에 의하면 관습법은 국가라는 법공동체를 예상하지 않더라도 존립할 수 있어 국가적 법질서에의 연결을 간과하고 있다는 비판이 있다.

2) 국가승인필요설

국가승인필요설은 관습법은 제정법이 명시적으로 관습의 법적 효력을 승인하거나 또는 국가가 묵시적으로나마 이를 승인하는 경우에 성립된다고 한다.[85] 따라서 성문법이 금지하는 관습법은 성립할 수 없으며, 또한 관습법이 정면으로 성문법을 개폐할 수 없다고 한다. 국가승인필요설은 결국 관습법을 부인하는 결과를 가져오는 문제가 있다는 비판을 받는다.

3) 소결

관습법의 의의는 실정법과의 관계없이 성립될 수 있다는 데에 있기 때문에, 그 성립에 국가승인을 요하는 것이 아니므로, 국가승인불요설(법적 확신설)이 타당하다.

3. 관습법의 법원성 문제

행정관습법에 관해서는 민법 제1조와 같은 일반규정이 없는 결과, 그 인정 여부에 관하여 견해가 갈리고 있다.

1) 소극설(부정설)

이 설은 행정의 합법률성원칙, 즉 법치행정의 원리에 따라 법률의 근거가 없는 경우에는 관습법에 의한 공의무의 설정은 허용되지 않으며, 또한 법규가 없는 경우에도 행정은

---

84) 홍정선, 『행정법원론(상)』, 박영사, 2009, 69면; 박윤흔 · 정형근, 『최신행정법강의』, 박영사, 2010, 55면; 대판 1983. 6. 14, 80다3231.
85) 소수설인 국가승인설은 19세기 당시 라반트(P. Laband) 등 독일 법실증주의자들의 견해였는데 이들은 봉건적 관계에서 형성된 관습법이 국가의 실증법과 충돌하는 현상을 방지하기 위하여 이러한 학설을 제기하였다(강경선 · 이계수, 『행정법 I』, 한국방송통신대학교출판부, 2010, 53면).

독자적으로 활동할 수 있으므로 행정법 영역에서는 관습법이 성립될 여지가 없다고 보아 행정관습법의 법원성을 부인하는 견해이다. 다만 행정관습법은 성문법규가 관습법을 허용하는 명문규정을 두고 있는 경우 및 협소한 공통이해관계자간의 내부관계에 있어서의 관례로서만 예외적으로 인정될 수 있다고 본다.[86]

2) 적극설(긍정설)

이 견해는 현대행정은 질적·양적으로 매우 광범위하고 다양한 작용을 그 내용으로 하고 있어, 법적 규율이 필요한 행정영역에 있어서도 성문법규가 완비되기는 어려운 실정이므로, 법률에 의한 행정의 원리가 엄격히 적용될 수는 없고, 성문법규가 정비되지 아니한 행정영역에 있어서는 관습법의 성립을 인정하여야 한다고 본다.

3) 소결

행정은 사법과 달리 법규가 없는 경우에도 독자적으로 활동할 수 있는 것은 사실이나, 권력적·침익적 작용은 물론이거니와 그 이외의 행정작용에 있어서도 국민생활에 기본적으로 중요한 의미를 가지는 행정작용은 원칙적으로 법률에 의하여 규율되어야 할 것으로 본다. 그러나, 행정법에 있어서는 사법과는 달리 성문법상 흠결이 많은 것이 사실이며, 또한 행정의 특수성을 감안하면 성문법이 완비될 것을 기대하기도 어렵다고 할 것이다. 이러한 사실을 감안하는 경우 행정법에 있어서도 일반국민의 법적 확인에 의하여 지지되고 있는 불문법으로서의 관습법을 부인할 이유는 없다고 본다. 그러나 현대사회는 비교적 변화가 빠르고 다원적 가치체계를 그 특징으로 하고 있다는 점에서 관습법의 성립요소로서의 장기간에 걸친 관행이나 그에 관한 일반국민의 법적 확신이 형성되는 것은 용이하지 않다고 본다. 그러한 이유에 기인한 것인지는 모르나, 일반적 행정관습법의 예는 매우 드문 편이다.

4. 관습법의 효력

관습법의 법원성을 인정하는 경우에도 그 효력에 관하여는 성문법개폐적 효력설과 성

---

86) 대판 1983. 6. 14, 80다3231.

문법보충적 효력설이 대립되고 있다. 성문법개폐적 효력설은 국가승인불요설(법적 확신설)의 입장이다. 이 설은 관습법에 대하여 국가의 승인으로부터 독립된 그 자체의 고유한 효력을 인정하기 때문에 관습법은 법률과 동의 효력, 즉 법률개폐의 효력을 가진다고 한다.

성문법보충적 효력설은 관습법은 성문법의 규정이 불비된 경우에 보충적인 효력만을 가질 뿐 성문법과 저촉되는 관습법은 성립할 수 없다고 한다.

생각건대, 오늘날의 실질적 법치국가에서 '법에 의한 행정의 원리'에 따라 행정은 법에 종속되는 것이므로 성문법이 우위에 있다고 할 수 있다. 따라서 법률에 위배되는 행정의 근거법으로서의 관습법이나, 성문법에 반하는 관습법의 효력은 인정될 수 없으며, 관습법은 성문법이 없거나 그 규정에 불비한 점이 있는 경우에 보충적 효력을 가진다.

대판 2005. 7. 1, 2002다1178

관습법이란 사회의 거듭된 관행으로 생성한 사회규범이 사회의 법적확신과 인식에 의하여 법적 규범으로 승인·강행되기에 이른 것을 말하고, 사실인 관습은 사회의 관행에 의하여 발생한 사회생활규범인 점에서 관습법과 같으나 사회의 법적확신과 인식에 의하여 법적 규범으로 승인된 정도에 이르지 않는 것을 말하는바, 관습법은 바로 법원으로서 법령과 같은 효력을 갖는 관습으로 법령에 저촉되지 않는 한 법칙으로서의 효력이 있는 것이며, 이에 반하여 사실인 관습은 법령으로서의 효력이 없는 단순한 관행으로서 법률행위의 당사자의 의사를 보충함에 그치는 것이다.

Ⅱ. 판례법

1. 판례법의 의의

행정사건에 대한 법원의 판결은 추상적인 행정법규의 내용을 구체화하고 명백히 하며, 아울러 관습법의 존재와 내용도 명확히 하여 무엇이 법인지를 선언한다. 이러한 판결에 의하여 정립된 기준 내지 법리가 그 합리성으로 말미암아 이후 같은 종류의 사건에 대한 재판의 준거로서 적용되는 경우에 판결의 일반적 규범성이 인정되게 되어 판례법이 성립하게 된다.

2. 판례의 법원성

1) 영미법계

영미법계의 국가에서는 "선례구속성의 원칙(doctrine of stare decisis)"이 확립되어, 판례법의 법원으로서의 지위는 거의 절대적이다. 영국의 경우 상급법원의 판례는 하급법원을 무조건 구속할 뿐만 아니라, 1966년 이전까지 최고법원인 귀족원은 자기 판례를 변경하지도 못하였다. 미국에서도 상급법원의 판례는 하급법원을 엄격히 구속하나, 연방법원 및 주최고법원은 자기 판례를 변경할 수 있다.[87]

2) 대륙법계

영미법계와 달리 프랑스·독일 등 대륙법계 국가에서는 "선례구속성의 원칙"이 인정되지 않고, 최고법원이 자기 판례를 변경할 수 있음은 물론이며, 그 판례는 하급법원에 대하여 법적 구속력이 없고, 다만 사실상의 구속력만을 가지고 있다. 따라서 하급심이 최고법원의 보수성에 도전함으로써 판례가 변경될 소지가 영미에 비하여 크며, 법원으로서의 지위는 약하다고 하겠다.[88]

3) 우리나라에서의 판례법

우리나라에서도 다른 대륙법계의 국가와 마찬가지로 "선례구속성의 원칙"은 존재하지 않는다. 판례의 기속성에 대하여 법원조직법 제8조는 "상급법원의 재판에 있어서의 판단은 당해 사건에 관하여 하급심을 기속한다."라고 규정하고, 민사소송법은 제406조 제2항 단서에서 상고사건의 환송 또는 이송을 받은 법원은 "상고법원의 파기이유로 한 사실상과 법률상의 판단에 기속을 받는다."라고 규정하고 있다.

여기서 하급심이 구속당하는 것은 '당해사건', 즉 같은 사건에서만 구속당하는 것이지 같은 성질을 가진 동종사건에서까지 구속당하는 것은 아니다. 이와 같이 대법원의 판결에서 판시된 법령해석과 법률적 판단은 당해 사건에 관한 대법원의 유권해석일 뿐이기

---

87) 김동희, 『행정법요론』, 박영사, 2010, 33면.
88) 박윤흔·정형근, 『최신행정법 강의(상)』, 박영사, 2009, 60면.

때문에 일반적 법원성을 인정하기 어렵다. 그러나 대법원의 판례가 그대로 행정법의 법원이 되는 것은 아니지만, 그 판례가 가지는 현실적 구속력 때문에 하급심은 대법원의 판례를 존중하지 않을 수 없다. 특히 법원조직법은 "대법원의 심판권은 대법관 전원의 3분의 2 이상의 합의체에서 이를 행하며(법원조직법 제7조 제1항), 합의심판은 헌법 및 법률에 다른 규정이 없으면 과반수로 결정한다(법원조직법 제66조 제1항)."라고 규정하여 판례변경의 경성을 부여하고 있고, 또한 하급법원이나 행정기관에 대하여 사실상의 구속력을 가진다. 이와 같이 대법원의 판례가 지닌 사실상의 구속력과 종전의 판례변경을 함에 있어서 대법관 전원의 합의체에서 과반수의 찬성으로 행하게 하여 판례의 안정성을 부여하고 있기 때문에 판례는 그 자체로서 어느 정도 법원성이 보장되고 있다.

생각건대, 대법원도 자기 판례에 대하여 변경을 할 수 있으므로 판례의 전반적인 법원성을 인정하기에는 무리가 있으나, 판례가 지닌 법관에 의한 실체적인 법창조기능을 높이 평가하여 법원성을 인정하여야 할 것이다.

Ⅲ. 조리

조리는 사물의 본질적 법칙 또는 인간의 이성에 비추어 반드시 그러하여야 할 것이라고 인정되는 것을 말한다. 이러한 조리는 법해석상 의문이 있는 경우에 법해석의 기본원리로서, 성문법・관습법・판례법 등이 모두 없는 경우에 최후의 보충적 법원으로서 중요한 의의를 가지고 있다. 이러한 조리는 법적 공동체로서의 인간공동체에서 당연히 도출되는 윤리적 최소한의 원칙으로 일반법원칙이라 부른다.[89] 이러한 일반원칙으로는 앞에서 기술한 바와 같이 행정의 자기구속의 원칙, 비례원칙, 신뢰보호원칙, 부당결부금지의 원칙 등이 있다.

---

89) 홍정선, 『경찰행정법』, 박영사, 2010, 43면.

제4절 경찰행정법의 효력

경찰행정법의 효력이란 경찰행정법 규정이 그 의미와 내용대로 구체적으로 실현될 수 힘을 말한다. 즉 행정법이 그 관계자를 구속하는 힘을 말한다. 경찰행정법의 성문법원을 이루는 성문법규는 그 효력범위에 있어 시간적·지역적·대인적 한계가 있다.

I. 시간적 효력

경찰행정법은 실정법으로서 일정한 시간의 범위 내에서만 그 효력을 가진다. 즉 효력 발생시점에서부터 폐지되는 날까지 그 효력을 가지는바, 이를 시간적 효력이라고 한다.

1. 효력발생시기

1) 공포에 관한 원칙

행정법규가 일정한 절차를 거쳐서 제정·공포되는 때에는 그것은 법령으로서 형식적 효력을 갖게 되지만, 현실적으로 그 구속력을 가지기 위해서는 그것이 시행되어야 한다. 즉 행정법규는 그 강행성으로 말미암아 이를 일반국민에게 주지시킬 필요가 있는바, 이에 따라 공포와 효력발생(시행)과의 사이에는 일정한 시간적·절차적 간격을 두는 것이 원칙이다. 따라서 법령·조례·규칙의 효력발생시기는 관계법령과 조례·규칙이 그 부칙 또는 별도의 시행법령에서 일정한 유예기간을 두고 시행하거나, 일정한 사실이 발생한 때부터 시행한다거나, 공포일로부터 시행한다는 등 스스로 규정하고 있다. 그러나 법령·조례 및 규칙이 그 시행일에 관하여 특별한 규정이 없으면 "공포한 날로부터 20일을 경과함으로써 효력을 발생한다(헌법 제53조 제7항, 법령등공포에관한법률 제113조, 지방자치법 제19조 제7항). 여기서 '공포'라 함은 법률·조약·대통령령·총리령 및 부령에 있어서는 관보에 게재하는 행위를 말하고(법령등공포에관한법률 제11조 제1항), 조례 및 규칙에 있어서는 당해 지방자치단체의 공보나 신문에 게재하거나 게시하는 행위를 말한다.

2) 공포에 관한 특칙

법령·조례 및 규칙 등은 실제로는 위 원칙에 의하지 않고, 그 부칙이나 시행령에서 그 시행일을 따로 정하는 경우가 많다. 예컨대, 공포 후의 일정 유예기간의 존치, 일정 사실의 발생일로부터 시행, 공포일로부터 시행, 시행일의 대통령령에의 위임 등의 형식이 그것이다. 이 중에서 특히 공포일시행주의는 당해 법령이 국민의 권리·의무사항 또는 벌칙을 규정하고 있는 경우에는 이를 사전에 주지시켜야 한다는 취지에서 볼 때 20일간의 유예기간을 두고 있는 위의 일반원칙의 기본취지를 몰각하는 결과가 되는 것이다.[90]

3) 시행일

시행일은 효력발생일을 말하는바, 공포일이 그 기준일이 된다. 법령등공포에관한법률 제12조는 공포일을 그 법령을 게재한 관보가 발행된 날로 하고 있으므로 '관보가 발행된 날'이 언제인지가 문제시된다. 이에 관한 종래 정부의 관례는 법령을 게재한 관보의 일부일(日附日)의 오전 0시를 발행일로 보아 오전 0시 이후부터 효력을 발생하는 것으로 보았다(관보일자설). 그러나 관보일자설에 따르면, 일반국민이 새 법령의 내용을 알 시간적 여유가 없게 되어 공포제도의 본질에 반하게 된다.

이에 따라서 최근의 판례·학설의 경향은 도달주의에 입각하여 법령이 수록된 관보가 서울의 중앙보급소에 도달하여 국민이 구독 가능한 상태에 놓인 최초의 시점으로 보는 설(최초구독가능시설)을 취하고 있다.[91]

2. 소급적용금지 원칙과 그 예외

1) 소급적용금지의 원칙의 개념

소급적용금지의 원칙이란 법령은 원칙적으로 그 효력이 생긴 때부터 그 후에 발생한 사실에 대하여서만 적용된다는 원칙을 말한다. 소급적용의 원칙은 진정소급적용에만 적

---

90) 김동희, 『행정법요론』, 박영사, 2010, 44면.
91) 이와 더불어 발송절차완료시설이 주장되고 있기도 한데, 이 견해는 발신주의의 입장에서 외부로의 관보 발송절차가 완료된 때로 보는 견해이다(대판 1970. 7. 21, 70누76).

용되고 부진정소급적용에는 적용되지 않는다. 법령의 진정소급적용이라 함은 법령을 이미 종결된 사실 관계 또는 법률관계에 동 제정 또는 개정 법률을 적용하는 것을 말한다. 부진정소급적용이란 제정 또는 개정법령의 시행일 이전에 발생하여 동 법령의 시행일에도 종결되지 않고 계속되는 사실관계 또는 법률관계에 동 제정 또는 개정 법률을 적용하는 것을 말한다. 다만 부진정소급적용의 경우 개정 전의 법령에 대한 국민의 신뢰와 개정된 법령을 적용할 공익을 형량하여 전자가 후자보다 큰 경우에는 개정 전의 법령을 적용하여야 한다.[92]

대판 2006. 5. 25, 2003두11988

보건복지부장관의 요양급여행위 및 그 상대가치점수에 관한 고시가 개정된 경우 새로이 개정된 고시의 경과규정에서 달리 정함이 없는 한 개정고시를 적용하는 것이 원칙이고 개정 전 고시의 존속에 대한 국민의 신뢰가 개정고시의 적용에 대한 공익상의 요구보다 더 보호가치가 인정되는 경우에 그러한 국민의 신뢰를 보호하기 위하여 그 적용이 제한될 수 있는 여지가 있을 따름이다.

---

2) 이론적 근거

이러한 원칙은 기본적으로 기득권존중·법적 안정성·예측가능성 등 실질적 법치주의에 근거하고 있다. 우리 헌법 제13조는 소급입법에 의한 처벌·참정권의 제한 또는 재산권의 박탈을 금지하고 있다.

3) 예외

이와 같은 소급적용금지는 시행일 이전에 이미 종결된 사실에 대하여 법령이 소급하여 적용되지 않는다는 것을 의미하는 것이지(진정소급효의 금지),[93] 시행일 이전에 시작되었으나 현재도 진행 중인 사실에 법령이 적용되지 않는다는 것은 아니다(부진정소급효의 허용). 이러한 진행 중인 사실과 관련하여서는 신·구관계를 조정하기 위하여 관계 근거 법규의 부칙에 경과규정을 두는 것이 보통이다. 헌법재판소는 진정소급효의 경우에도

---

92) 박균성·김재광, 『경찰행정법』, 박영사, 2010, 34면.
93) 대판 2007. 7. 26, 2006두2612.

"국민이 소급입법을 예상할 수 있었거나, 법적 상태가 불확실하고 혼란스러웠거나 하여 보호할 만한 신뢰의 이익이 적은 경우와 소급입법에 의한 당사자의 손실이 없거나 아주 경미한 경우, 그리고 신뢰보호의 요청에 우선하는 심히 중대한 공익상의 사유가 소급입법을 정당화하는 경우 등"에는 예외적으로 소급입법이 허용된다고 하고 있다.[94)]

3. 효력의 소멸

1) 비한시법인 경우

일반적으로 법령은 당해 법령 또는 그와 동위 또는 상위에 있는 법령에 의한 명시적 개폐가 있거나, 그와 저촉되는 동위 또는 상위에 있는 후법의 제정에 의하여 효력을 상실한다.[95)]

2) 한시법인 경우

일정한 유효기간이 규정되어 있는 한시법의 경우에는 그 기간이 도래하면 법령의 효력이 당연히 소멸된다. 다만 그 유효기간 내의 위법행위에 대하여는 법령의 실효 후에도 처벌할 수 있다는 것이 판례의 태도이나, 법령에 명문의 규정을 두는 것이 보통이다.

Ⅱ. 장소적 효력

장소적 효력이란 행정법규는 그것을 제정한 기관이 권한이 미치는 모든 지역에 대하여 효력을 가지는 것을 말한다. 즉 법률·대통령령·총리령·부령은 국가의 영토전부에 대하여 효력을 가지며, 조례·규칙 등은 당해 지방자치단체의 관할구역 내에서만 효력을 가지는 것이 장소적 효력의 원칙이다. 그러나 이 원칙에 대해서는 몇 가지 예외적 취급이 인정되고 있다.

국제법상 치외법권이 인정되는 장소는 외교특권 또는 협정상 가지는 특수한 지위에

---

94) 헌재 1999. 7. 22, 97헌바76, 98헌바50·51·52·54·55(병합); 대판 2002. 12. 10, 2001두3228.
95) 김동희, 『행정법요론』, 박영사, 2010, 45면.

기하여 행정법규의 효력이 사실상 미치지 못하거나 특별한 취급이 인정될 때가 있을 수 있다.

국가가 제정한 법령이라도 그 내용에 따라 일부지역에 대해서만 효력을 가지는 경우 있다. 예컨대 부산광역시에만 적용되는 부산시행정직할에관한법률 그리고 서울특별시에 만 적용되는 수도권에관한법령 등이 그것이다. 이와 반대로 하나의 지방자치단체의 조례 가 다른 지방자치단체의 구역 내에 있어서도 그 효력을 가지는 경우도 있는 바, 하나의 지방자치단체가 다른 지방자치단체의 구역 내에 공공시설을 설치하는 경우가 그 예이다.

Ⅲ. 대인적 효력

대인적 효력이란 행정법이 미치는 인적범위에 관한 것으로, 행정법규는 속지주의 원칙에 따라 원칙적으로 그 영토 또는 구역 내에 있는 모든 자에게 적용되는 것으로, 내국인 · 외 국인, 자연인 · 법인 여하를 불문한다. 그러나 이 원칙에는 약간의 예외가 인정되고 있다. 국제법상 치외법권을 가진 외국원수 또는 외교사절(외교관계에 관한 Wien 조약)에 대해 서는 우리 행정법규가 적용되지 않는다.[96]

국내에 주둔하는 미합중국군대 구성원에 대하여는 한미방위조약 제4조에 의한 한미행 정협정에 의하여 세법 기타 행정법규의 적용이 배제 또는 제한되거나 특례조치가 인정되 는 경우가 많다. 우리나라에 거주하는 외국인에 대하여 행정법규가 일반적으로 적용되는 것이 원칙이나 상호주의의 유보 하에서 적용하거나(예: 국가배상법 제7조), 특별규정을 두는 경우가 많다(예컨대, 외국인에 대한 선거권의 부인, 토지소유의 제한, 출입국의 특 례; 출입국관리법 제7조, 제68조). 국외의 자국민에 대하여는 본국의 경찰법이 적용되는 경우도 있다. 여권법 등이 속인적으로 적용되는 것은 당연한 것이나, 그 밖에도 당해 행 정법규가 국가의 공공이익과 관련되고, 그 취지 · 목적상 국외에서의 행위까지 규율할 것 이 요구되는 경우에는 국외의 자국인에게도 효력이 미친다고 보아야 할 것이다.

---

96) 김동희, 『행정법 요론』, 박영사, 2010, 46면; 박균성 · 김재광, 『경찰행정법』, 박영사, 2010, 36면.

제5절 경찰행정법규정의 흠결과 보충

Ⅰ. 개설

행정법관계는 공법으로서의 행정법에 의하여 규율되는 권리의무관계이다. 그러나 행정법은 사법에 비하여 역사도 짧고, 또한 총칙적 규정도 없는 결과, 구체적인 경우에 적용법규가 결여되어 있는 경우가 발생할 수 있다. 적용법규가 없다는 이유로 재판을 거부할 수는 없다.97) 이러한 경우에 사법규정의 적용에 의하여 그 흠결상태를 보완할 수 있는가의 문제가 제기된다.

Ⅱ. 관련학설

1. 행정법상 규정이 있는 경우

행정법관계에 법의 흠결이 있는 경우에 행정법 스스로 사법규정의 적용을 규정하고 있는 때에는 당해 사안에 대하여 사법규정이 직접 적용된다. 예컨대 국가배상법 제8조는 "국가 또는 지방자치단체의 손해배상의 책임에 관하여는 이 법의 규정에 의한 것을 제외하고는 민법의 규정에 의한다."고 하고 있는 규정이나 예산회계법 제97조는 "금전의 급부를 목적으로 하는 국가의 권리에 있어서는 소멸시효의 중단·정지 기타의 사항에 관하여 적용할 다른 법률의 규정이 없을 때에는 민법이 규정을 준용한다." 그리고 국세기본법 제4조는 "이 법 또는 세법에 규정하는 기간의 계산은 이 법 또는 세법에 특별한 규정이 있는 경우를 제외하고는 민법의 규정에 의한다." 국세기본법 제54조 제2항은 "소멸시효에 관하여 이 법 또는 세법에 특별한 규정이 있는 경우를 제외하고는 민법의 규정에 의한다."는 규정 등을 들 수 있다. 이와 같이 행정법관계에 법규정이 결여된 경우에 사법규정을 적용할 것을 실정법이 명문으로 규정하고 있는 경우에는 문제될 것이 없다.

---

97) 박균성, 김재광, 『경찰행정법』, 박영사, 2010, 37면.

2. 행정법상규정이 없는 경우

행정법상 규정이 없을 때에도 사법규정의 적용 또는 유추적용을 하기 위해서는 사안의 유사성이 있어야 하며, 학설은 부정설(소극설)과 긍정설(적극설)이 대립하고 있다.

1) 관련학설

(1) 부정설

부정설을 취하고 있는 **Mayer**는 "공법과 사법의 절대적인 분리 · 독립을 강조하여, 공법과 사법 사이에 공통적인 법제도의 존재를 부인하고 유추의 방법으로 사법규정을 끌어들임으로써 공법제도를 개선하거나 보충하려고 의도하는 것은 허용되지 않는다."라고 하여 사법규정의 공법관계의 준용을 철저히 배격하였다.[98] 마이어의 이러한 견해는 공법과 사법은 각각 분리 · 독립된 별개의 법체계이므로, 공법에 있어서 물건 · 계약 · 손해배상 등 사법상의 관념과 비슷한 관념이 사용되어도, 그것은 전혀 별개의 법적 기초 위에 선 것이며, 또한 행정법관계는 공익을 위한 부대등자 간의 이타적(利他的) · 사회적 · 윤리적 관계이므로, 공법규정에 흠결이 있는 경우에도 사법규정의 유추적용을 하여서는 안 된다고 한다.

부정설의 입장에서는 행정법관계에 흠결이 있는 경우 공법의 사고 영역에서 도출되는 규칙으로서 보충되어야 한다고 하였다.[99] 부정설을 소극설 또는 공법적용설이라고도 한다.[100]

(2) 적극설

적극설은 공법과 사법은 본질적 · 절대적인 차이가 있는 것이 아니라, 오히려 양자의공통성 · 유사성을 인정하여 사법규정에 의하여 공법규정이 흠결을 보충할 수 있다는 견해로서, **Jellinek**에 의하면 행정법관계에서 법률의 흠결 시 경우에 따라서는 민법이 적용될 수 있다고 하였다. 그는 기간계산에 관한 예를 들면서 기간계산은 사법의 영역에서만 고

---

98) Mayer Otto, Deutsches Verwaltungsrecht, Bd, Ⅰ, 1924, S. 117.
99) Fleiner Fritz, Institutionen des Deutsches Verwaltungsrechts, 1928, S 56.
100) 장태주, 「행정법개론」, 법문사, 2010. 160면.

유한 것이 아니라 공법의 영역에서도 가능한 것이며, 그 밖에 내용상의 유추적용도 가능하다고 하였다. 다만 국가의 권력적 행정작용에는 공법과 사법의 유사성이 인정되기 곤란하다고 하였다.[101) 적극설은 내용적으로는 사법규정의 일반적 · 직접적 적용을 인정하는 직접적용설과 그 한정적인 적용만을 인정하는 유추적용설로 나누어진다.

가. 직접적용설

이 견해는 행정법관계에 관한 법규정에 흠결이 있는 경우에 사법규정의 일반적 · 직접적 적용을 긍정한다. 왜냐하면, 사법규정에는 모든 법분야를 통하여 타당할 수 있는 일반법원리적 내용의 규정(예컨대, 신의성실 · 권리남용금지의 원리)이 대부분이며, 또 공법관계와 사법관계 사이에는 본질적인 차이가 없기 때문이다. 그러나 직접적용설은 공법과 사법을 구별하는 이원적 법체계에 입각한 실정법하에서는 공법관계와 사법관계에 각각의 특수성을 인정하지 않을 수 없음에도 불구하고 그 특수성을 도외시하는 것이기 때문에 무리가 있는 학설이다.

나. 유추적용설(제한적 적용설)

이 견해는 행정법관계에 대한 사법규정의 적용을 인정하면서도 공법의 사법에 대한 특수성을 중시하여 직접 · 일반적 적용을 인정하지 않고 제한적 · 유추적용되어야 한다는 입장이다.[102) 다만 죄형법정주의와 관련하여 행정벌과 징계벌의 경우에는 유추가 금지된다고 한다. 유추적용설은 다시 반대규정이 없는 한 사법규정이 일반적으로 유추적용된다는 일반적 유추적용설과 법령상 특별한 규정이 있거나 또는 내용이 유사한 경우에 사법규정이 유추적용 된다는 한정적 유추적용설로 나누어지며 한정적 유추적용설이 일반적인 입장이다.[103)

(3) 개별적 판단설

개별적 판단설은 당해 법률관계가 권력관계인가 비권력관계인가, 또는 공법관계인가

---

101) Jellinek Walter, Verwaltungsrecht, Verlag Dr, Max Gehlen, Berlin, Neudruck der 3, Auflage Von 1966, S 153.
102) 행정주체가 공권력의 주체로서 국민에 대하는 관계에 있어서는 대등한 사사로운 국민 상호 간의 경제적 이해를 조정함을 목적으로 하는 사법이 전면적으로 그대로 적용될 수는 없고 국가공익의 실현을 우선적으로 하는 특수성을 고려하여 특수한 법규와 법원칙이 인정되어야 할 것이다(대판 1961. 10. 5, 4292행상6).
103) 한견우, 『일반행정법 강의』, 박영사, 2006, 106면.

사법관계인가의 문제와는 무관하게 각각의 법률관계의 구체적 성격과 기능에 따라 판단되어야 한다는 견해이다. 생각건대, 권력관계는 그 대등성에 의하여 특징지어지는 사법관계와는 그 성질이 다른 것이고 보면, 여기에 법일반원리적 규정이나 법기술적 규정 이외의 사법규정은 원칙적으로는 적용될 수 없다고 본다. 그러나 권력관계도 법주체 간의 법률관계라는 점에 있어서는 사인 상호 간의 법률관계와는 다르지 않다. 또한 권력관계라 하여도 그 모든 측면에 있어서 사법관계와 다른 특질이 부각되는 것은 아니라고 본다. 이러한 관점에서 권력관계에 대하여도 그 성질과 기능에 반하지 않는 한도 내에서는 사법규정의 유추적용이 인정될 수 있다고 본다.104)

2) 검토

지금까지 기술한 공법관계에 있어 법률의 흠결 시 사법규정의 적용에 관한 학설을 고찰하였다. 생각하건대 기술한바와 같이 우리나라는 현행 법질서체계에서 공법관계와 사법관계에 따라 적용될 법규나 법원칙을 달리하는 면이 있기 때문에 구체적 법률관계에 적용할 법규나 법원칙을 결정하기 위하여서도 공법과 사법의 구별은 엄격히 구별할 필요성이 있다. 그런데 공법과 사법의 구별은 법의 본질적인 것이 아니라 제도적·기술적으로 구별된 것에 불과하여 양자는 법률의 일반원리에 의하여 통일된 전체로서의 법질서의 부분으로 행정법관계에 있어서도 유추적용될 가능성은 존재한다. 따라서 행정법관계에 대한 사법규정의 적용을 전면적으로 부정하는 부정설이나 또는 그 작용을 전면적으로 긍정하는 긍정설 중의 직접적용설은 타당하지 않고, 유추적용설 중 일반유추적용설은 행정법의 독자적 기능을 저해하는 측면이 있어 타당하지 않으며, 개별적 판단설은 어떤 개별적·구체적인 법률관계에 대한 사법규정의 유추적용의 범위는 당해법률관계의 구체적 내용·기능에 따라 판단되어야 함은 당연하므로 유추적용설을 구체화한 것에 지나지 않는다.105) 그나마 행정법 관계에 대한 사법규정의 적용을 법률의 제도적·기술적 측면을 고려하여 법령상 특별한 규정이 있거나 또는 내용이 유사한 경우에 한정적으로 유추적용할 수밖에 없다 하겠다. 그리고 사법규정의 적용문제에 있어 고려해야 할 사항은 법률의 흠결 시 유추적용이 문제가 되면 우선 헌법과 관련이 있는 공법의 규정을 유추적용하고, 관련 공법규정이 없거나 미흡함이 있으면 사법규정의 적용을 검토하여야 할 것이다.

---

104) 이병철, 『행정법강의』, 유스티누아스, 2009, 86면.
105) 박윤흔, 『최신행정법강의(상)』, 박영사, 2006, 180면.

Ⅲ. 경찰행정법관계에 대한 사법규정의 적용

1. 개설

민법을 비롯한 사법의 규정은 일반적으로 사적 자치의 원칙 아래 대등한 당사자 간의 이해 조정을 목적으로 하는 것이라 할 수 있다. 그러나 사법의 규정 중에는 단순히 사법의 관계에 대한 규율에만 그치지 않고 법질서 전체로서의 일반원리의 표현으로 볼 수 있는 규정으로 행정법관계에 적용되고 있으며, 공법상의 재산관계에 있어서 민법의 채권에 관한 규정 중의 일부는 공법상의 재산관계에 준용되는 경우가 많은데 원래 채권법의 규정은 재산관계를 규율하는 재산법의 일반법적인 성질을 띠는 것으로서 유사한 공법상의 재산관계에 적용되고 있다.

행정법관계에 적용되는 일반원리적 사법규정의 적용례로서는 신의성실·권리남용금지의 원칙, 법률행위, 무효·취소, 대리 자연인·법인, 주소, 동산·부동산, 조건, 기한, 시효제도, 등에 관한 민법상 규정이 있고, 재산권관계에 있어서의 채권규정의 적용례로서는 금전채권의 효력, 사무관리, 부당이득에 관한 민법상의 규정들을 들 수 있다. 이하에서는 공법관계에서 사법의 규정의 적용되고 있는 기술한 민법상의 규정을 고찰하기로 한다.

2. 일반원리의 적용례

1) 신의성실의 원칙과 권리남용금지의 원칙

신의성실의 원칙은 사법에서 발전된 것이나,[106] 행정법의 영역에도 적용하는 법원칙이라고 할 수 있다. 행정법상의 신의성실의 원칙은 행정법관계에 있어서 모든 당사자가 권리의 행사나 의무의 이행에 있어 신의에 따라 성실하게 하여야 한다는 원칙이다. 신의성실의 원칙은 오늘날 모든 법의 일반원칙이 되고 있기 때문에 행정법분야에서도 비권력관계는 물론 권력관계에도 이 원칙이 적용된다고 보아야 할 것이다.

---

106) 민법 제2조는 "권리의 행사와 의무의 이행은 신의에 좇아 성실히 하여야 한다."고 규정하고 있다.

대판 1994. 3. 24, 93누22517

국세청장이 훈련교육영역의 제공이 사업경영상담업에 해당하는 것으로 본다는 회신을 동종의 인근 사업자에게 하였고, 원고는 사업양수 시에 이를 상담업으로 본다고 하는 위의 견해를 신뢰하여서 면세사업자로 등록을 마치고 부가가치세를 거래징수하거나 신고 납부하지 아니하였다면 국세청장이 위와 같은 회사는 위 용역의 제공이 상담업에 해당한다고 보는 공적인 견해를 표명한 것이고, 이후 이와 같은 사업장의 사업자들이 과세관청의 견해에 따라서 이후의 거래 시에 거래상대방으로부터 부가가치세를 징수하거나, 신고 납부하지 아니하였다면 거기에 귀책사유가 있다고 하기도 어려울 것이므로 위와 같은 경위로 사업을 하다가 폐업한 후에는 비로소 종전의 견해와는 반대로 위 용역의 제공이 상담업에 해당하지 않는다고 하면서 과세처분에 이른 것은 신의성실의 원칙에 위배된다.

행정절차법은 제4조 제1항에서 "행정청은 직무를 수행함에 있어서 신의에 따라 성실히 하여야 한다."고 규정하고 있으며, 국세기본법도 제15조에서 "납세자가 그 의무를 이행할 때에는 신의에 따라 성실하게 하여야 한다. 세무공무원이 직무를 수행할 때에도 또한 같다."고 규정하여 신의성실의 원칙을 명문화하고 있다.

권리남용금지의 원칙은 신의성실이 원칙이 인정되고 있는 이상 양자는 표리관계에 있기 때문에 당연히 인정된다고 볼 수 있다.

2) 자연인 · 법인

자연인 · 법인 모두 권리의무의 주체라는 점에서 행정법관계에서도 다름이 없다. 자연인에 관하여는 호주와 가족 · 상속인 · 출생 · 사망 · 실종 등의 신분에 관한 규정은 행정법 관계에서도 적용되고 있다.

능력에 관하여는 미성년자 · 한정치산자 · 금치산자의 의 관념이 행정법관계에도 적용되고 있음은 물론이다. 의사능력이 없는 자의 행위는 무효이고 행위능력을 결여한자의 행위에 관하여는 법률에 특별한 규정이 없는 한 원칙적으로 행정법관계에도 민법의 규정이 적용된다 할 것이다. 그러므로 법률에 특별한 규정이 있는 경우에는 민법의 경우와는 달리 행정법관계에서 유효한 것으로 보아야 할 것이며, 우편법 제10조[107]는 이에 관한 명문규정을 둔 예라 하겠다.

---

107) 우편물 제10조 "우편물의 발송 · 수취 기타 우편이용에 관하여 무능력자가 우편관서에 대하여 행한 행위는 능력자가 행한 것으로 본다."

이것은 행위무능력자가 한 법률행위의 효력에 관한 규정은 권력관계에서는 적용되지 않음을 의미하며, 이는 행정행위의 공정력에 의한 제약을 받기 때문이다. 법인에 관하여는 사법인의 대표권은 행정법관계에서도 인정되며, 법인의 주소·능력 등에 관한 규정도 원칙적으로 적용되며, 법인의 등기·청산에 관한 규정도 법률에 특별한 규정이 없는 한 적용된다 하겠다.

3) 물건

권리의 객체로서의 물건의 관념도 행정법관계에 적용된다. 다만 사물과 공물과는 그 관리·처분의 방법이라든가 물상권리의 내용에 있어 차이가 있으므로 사물에 관한 규정이 그대로 공물에 적용되는 것은 아니다.[108] 동산과 부동산, 주물과 종물, 법정과실과 천연과실 등 물건에 관한 총칙적 규정[109]은 행정법상의 공물에도 적용된다.

4) 법률행위

법률행위·준법률행위·의사표시·대리·무효·취소·조건·기한 등 민법상의 법률행위에 관한 여러 관념들은 행정법관계에도 적용된다. 그 적용관계를 설명하면 다음과 같다.

(1) 의사표시의 효력발생시기

행정법관계에서 의사표시의 효력 발생 시기는 사법관계에서와 마찬가지로 도달주의가 원칙이나 발신주의를 취하는 경우도 있다.[110]

(2) 대리

행정법관계에서는 법률의 규정 또는 행위의 성질상 일신전속성이 인정되어 대리가 허

---

108) 공물은 직접공공목적에 제공된 것이므로 공공목적상 필요한 범위 내에서 사법의 적용을 배제되고 특수한 공법적 규율을 받게 된다(윤양수「행정법 개론」, 온누리, 2011, 868면).
109) 민법 제98조 이하.
110) 국세기본법 제5조의2 제1항 "우편으로 과세표준신고서·과세표준수정신고서 경정청구서 또는 과세표준신고·과세표준수정신고·경정청구와 관련된 서류를 제출할 경우 우편법에 따른 통신일 날인이 찍힌 날에 신고된 것으로 본다.

용되지 않는 경우가 있다. 그러나 개인의 자격과 직접관계가 없는 행위는 일반적으로 대리가 인정된다고 할 것이고, 그 한도 내에서 민법상의 법률행위에 관한 규정이 유추적용될 수 있을 것이다.

(3) 의사의 흠결·하자 있는 의사표시

행정법관계에 있어서 행위자의 의사표시가 하자가 있을 경우 대체로 민법의 규정을 준용할 수 있다. 그러나 민법 제10조가 규정하고 있는 진의 아닌 의사표시인 경우 행정법관계에 적용되지 않는다고 판시한 바 있다.

대판 1997. 12. 12, 97누13962

공무원의 사직의 의사표시를 하여 의원면직처분을 하는 경우 그 사직의 의사표시는 그 법률관계의 특수성에 비추어 외부적·객관적으로 표시된 바를 존중하여야 할 것이므로, 비록 사직원제출자의 내심의 의사가 사직할 뜻이 아니었다고 하더라도 진의 아닌 의사표시에 관한 민법 제107조는 그 성질상 사직의 의사표시와 같은 사인의 공법행위에는 준용되지 아니하므로, 그 의사가 외부에 표시된 이상 그 의사는 표시된 대로 효력을 발한다.

---

(4) 무효인 법률행위

행정법관계에서도 민법 제138조의 무효행위전환, 민법 제139조의 무효인 법률행위는 추인하여도 그 효력이 생기지 아니한다는 원칙이 적용된다.

(5) 기간·시효

기간의 계산에 관하여 행정법에 특별한 규정이 없는 한 민법의 규정이 적용된다. 민법 제166조의 소멸시효의 가산점, 민법 제167조의 소멸시효의 소급효, 민법 제169조의 시효중단의 효력 등에 관한 규정도 민법의 규정이 적용되나 다만 행정법상의 금전채권의 소멸시효기간은 예산회계법 제71조에서 5년을 원칙으로 하였다.[111]

---

111) 민법 제162조 제1항에서 채권의 소멸시효기간을 10년으로 규정하고 있다.

3. 재산관계에 있어서의 사법의 적용

1) 행정법상 재산권의 이전

행정법사의 권리는 일신전속적 성질을 가진 권리이므로 원칙적으로 이전성이 없으나 급여청구권·연금청구권 등과 같이 권리주체의 신분을 중시하는 경우를 제외하고는 이전성이 인정된다. 예를 들면 하천사용권·공원지사용권·공유수면매립면허권·특허기업경영권 등이 그것이다. 이러한 권리는 행정법상의 권리이지만 재산성이 강하게 인정되기 때문에 사권과 같이 이전성이 허용된다.

2) 금전채권의 효력

행정법상의 연대채무·담보물권의 효력도 특별한 규정이 있는 경우를 제외하고는 민법의 규정이 적용된다. 또한 조세 등에 있어서는 민법 제469조의 제3자 변제가 가능하다. 이는 공의무가 일신전속적인 원칙에 대하여 그 예외가 되는 것이다.

3) 사무관리

사무관리란 법률상 의무 없이 타인의 사무를 관리하는 행위를 말한다. 이것은 사법상의 개념이나 행정법분야에도 사무관리가 있을 수 있다. 강제관리 수난구호, 조세의 대체납부, 행여병사자의 취급 등이다. 행정법상의 사무 관리에 대하여는 행정법에 특별한 규정이 없는 한 민법 제754조 이하의 사무 관리에 관한 규정을 준용하여, 사무 관리기관의 피관리자 측에 대한 통지의무가 인정되고 사무관리비용의 상환 기타 이해조정이 이루어져야 할 것이다. 사무 관리에 관하여 자세히 후술한다.

4) 부당이득

행정법상의 부당이득이란 행정법관계에서 법률상의 원인 없이 타인의 재산 또는 노무로 인하여 이득을 얻고 이로 인하여 타인에게 손해를 끼치는 행위를 말한다. 예를 들면 조세과오납·봉급과액수령의 경우나 행정주체가 권원 없이 타인의 토지를 도로로 조성한 경우에 행정법상의 부당이익이 발생할 수 있다.

대판 1980. 7. 8, 80다790

피고가 원고들 소유의 토지를 법률상 원인 없이 임의로 자기필요에 의한 도로로 조성하여 점용·사용하고 있는 것이라면, 피고는 자기의 목적달성을 위하여 이 사건 토지를 이용하고 있는 것이라고 할 것이므로 여기에는 벌써 객관적으로 이 토지에 대한 이용의 대가만큼의 이득을 보고 있는 것이라고 아니할 수 없고, 뿐만 아니라 수익자의 반환범위를 규정하고 있는 민법 제748조 제2항에 의하면 악의의 수익자는 그가 받은 이익 외에 손해가 있으면 이를 배상하도록 되어 있고, 이 사건에서 원고들은 피고에게 이 조문에 의하여 자기들이 입고 있는 손해배상까지를 청구하고 있는 것이라고 볼 수도 있다.

공법상 부당이득반환과 관련된 개별법 규정들로는 국세기본법 제51조 내지 제54조, 공무원연금법 제81조 등이 있다. 행정법상의 부당이득에 관하여 행정법에 특별한 규정이 없는 한 민법상의 부당이득에 관한 규정이 준용될 수 있을 것이다.

대판 2000. 4. 11, 99다4238

부당이익의 수익자가 이익을 받은 후 그 이익의 법률상 원인 없음을 안 때에는 그때부터 받은 이익에 민법 소정의 연 5%의 이자를 붙여 반환하여야 하고 이와 같은 수익자의 악의는 구체적인 사건에서 증거에 의하여 개별적으로 인정할 성질의 것이라고 할 것이나, 행정청이 부과처분에 의하여 어떠한 급부를 받은 후 사후에 그 부과처분의 전부 또는 일부를 직권으로 취소하였다면 그 행정청이 속한 행정주체는 특별한 사정이 없는 한 적어도 그 부과처분의 취소 당시에는 그 처분에 의하여 받은 이익이 법률상 원인이 없음을 알았다고 보아야 할 것이다.

공법상의 부당이득은 그 귀속주체에 따라 행정주체가 얻는 부당이득과 개인이 얻는 부당이득으로 나누어진다. 이러한 부당이득이 발생하면 부당이득을 얻은 자에게 부당이득반환청구권을 행사할 수 있다.

공법상의 부당이득반환청구권의 법적 성질에 관하여는 공권설과 사권설로 견해가 대립되고 있다. 사권설은 부당이득의 문제는 공법상이건 사법상이건 법률상 원인이 없는 경우에 생기는바, 행정행위에 의한 경우에도 당해 행정행위가 무효이거나 취소된 이후에 발생하는 것이어서 부당이득반환청구권이 발생한 때에는 이미 아무런 법률원인이 없고, 또한 경제적 견지에서 인정되는 이해 조정제도이므로 사권이라고 보는 견해이다.

공권설은 공법상원인에 의하여 발생한 결과를 조정하기 위한 제도이므로 공권으로 보는 견해이다.

우리나라의 실정법상 공법·사법의 이원척 구별을 인정하고 있고, 행정소송법에서 공법상의 당사자소송으로 규정하고 있는 이상 공법상의 부당이득반환청구권을 공권으로 보는 것이 타당하다. 한편, 대법원 판례는 사권설의 입장에 서고 있다.112)

IV. 사법규정 적용의 한계

1. 개설

행정법관계에 대한 사법규정의 적용한계의 문제는 기술한 바와 같이 어느 학설에 의하여 일률적으로 설명할 수 없으며 다음과 같은 두 가지 관점에서 고찰되어야 한다. 첫째, 사법규정 속에 포함되고 있는 일반법원리를 발견할 필요가 있고, 둘째는 공법관계 그 자체의 성질을 검토할 필요가 있다.

행정법관계에 있어서 일반원리적 규정도 아니고 법기술적 규정도 아닌 기타의 순수한 사법규정들이 어떠한 경우에 어느 범위까지 행정법관계에 적용될 수 있는가는 행정법관계의 내용·종별에 따라 달라질 수 있다. 그런데 공법관계는 그 성질상 권력관계와 관리관계로 분류할 수 있으므로 권력관계와 관리관계 간에 어느 한도까지 사법규정이 적용될 것이냐를 결정하기 위하여는 행정법관계의 자체의 성질을 검토할 필요가 있다.

행정법관계에 대한 일반법의 원리의 사법규정의 적용한계는 앞에서 고찰하였고 여기서는 다만 행정법관계의 그 자체의 성질로부터 오는 한계를 고찰하고자 한다. 그리고 행정법관계에 있어서 사법규정의 적용에 앞서 가능한 한 행정법의 규정을 유추적용하는 것도 행정법관계의 독자성을 확보하는 차원에서 중요한 사항이므로 여기에 대해서도 검토하기로 하겠다.

---

112) 대판 1995. 12. 22, 94다51253.

2. 사법규정 적용의 한계

1) 권력관계와 사법의 규정

권력관계에서는 행정주체가 상대방에게 우월한 의사주체로서 나타나는 것이 특징으로서 행정주체가 일방적으로 법률관계를 발생·변경·소멸시키는 관계로 권력관계에 있어서는 대등한 사인 간의 사법관계에서는 거의 그 유례를 찾아볼 수 없는 것이므로 대등한 당사자 간의 이해 조정을 기하려는 목적에서 설정된 사법규정은 행정법관계에 적용될 수 있는 일반원칙을 제외하고는 행정법관계에 적용될 여지가 없다.

행정법관계 중 순수한 권력관계는 사법관계와 다른 공법적 특수성이 가장 강하게 인정된다. 따라서 기술한 일반법원리적 규정이 적용되는 외에는 원리적으로 사법규정이 적용되지 않는다.

권력관계는 경찰행정·보건행정·조세행정·공용부담 등 전통적인 질서행정분야에서 많이 발견되는데 허가·특허·인가 내지 그들 행정작용의 취소·철회, 과세처분, 토지수용 등의 전형적인 예이다. 이러한 권력관계에는 특별한 규정이 없는 한 행정법규정 및 행정법원리가 적용되며, 그에 관한 분쟁은 행정소송을 통해 다루어져야 한다.

2) 관리관계와 사법규정

행정법관계 중에서 관리관계는 국가 또는 공공단체 등의 행정주체가 공권력을 발동하지 아니하고 다만 관리권의 주체로서 사업을 경영하거나 공물을 관리하는 경제적관계로서 외형상은 사인 상호 간의 관계와 유사하지만 오직 그것이 공공의 이익과 직접적인 관계를 형성하기 때문에 행정법관계로 취급하는 것이다. 이와 같이 관리관계는 공공복리와 직접적인 관계를 가지기 때문에 행정법상 특별한 취급을 받을 뿐이지 그 본질에 있어서는 사법관계와 별다른 차이가 없으며, 따라서 유사한 성질의 법률관계는 같은 법에 의하여 규율되는 것이 타당하다는 의미에서 관리관계에 대하여는 사법의 적용 내지 유추적용은 보다 넓게 인정될 것이다. 그러나 관리관계는 공공의 이익과 밀접한 관계가 있으므로 공익목적을 달성하기 위하여 필요한 한도 안에서 사법적 규율을 배제하여 실정법 전체의 구조로 볼 때 특별한 행정법적 취급을 하지 않으면 안 될 취지가 명백한 경우에는 행정법적 규율을 받아야 한다.

3) 공법의 유추적용

　　행정법관계에서 법의 흠결·공백이 있는 경우에 사법의 준용을 통하여 문제를 해결하려고만 했을 뿐 행정법규정의 준용 또는 유추해석을 통하여 해결하려고 하지 않았음이 일반적이다. 행정법관계에서 법의 흠결·공백이 있는 경우에 우선적으로 생각해야 할 것이 공법적 규정이다.

　　행정법은 헌법의 구체화된 법률이므로 행정법규의 결여 시에는 무엇보다도 헌법상의 기본원칙, 헌법상의 최상위의 가치가 중요한 의미를 가진다. 이러한 것으로 법적 안정성, 신뢰보호, 법적 명확성, 기본권보호 등을 들 수 있다.[113] 생각하건대 행정법관계에서 유추적용의 기본적인 관심방향은 법해석의 방법에 관한 것이지 법의 흠결의 보충에 관한 것은 아니지만 기능적으로 본다면 유추해석 역시 법의 흠결을 보충하는 기능을 갖는다고 볼 수 있다. 따라서 행정법의 흠결의 보충의 문제로서 공법규정의 유추적용을 언급하는 것도 가능하다. 만약 행정법규가 흠결되어 유추적용이 문제된다면, 우선 헌법과 관련 있는 공법의 규정을 유추적용하고, 관련 공법규정이 없거나 미흡함이 있으면 사법규정의 적용을 검토하여, 가능한 한 사법규정의 적용을 배제하여야 한다.

대판 2004. 12. 23, 2002다73821

사업시행자가 손실보상의무를 이행하지 아니한 채 공유수면에서 허가어업을 영위하던 어민들에게 피해를 입힐 수 있는 공유수면매립공사를 시행함으로써 어민들이 더 이상 허가 어업을 영위하지 못하는 손해를 입게 된 경우에는, 어업허가 취소 또는 정지되는 등의 처분을 받았을 때 손실을 입은 자에 대하여 보상의무를 규정하고 있는 수산업법 제81조 제1항을 유추적용하여 그 손해를 배상하여야 할 것이고 이 경우 그 손해액은 공유수면매립사업의 시행일을 기준으로 삼아 산정하여야 한다.

---

113) 홍정선, 『행정법 특강』, 박영사, 2010, 64면.

제3장 경찰행정법상의 법률관계

제1절 경찰행정법 관계의 의의

Ⅰ. 경찰행정상 법률관계와 경찰행정법관계의 의의

경찰행정상 경찰행정활동을 기초로 하여 맺어지는 법률관계를 경찰행정상 법률관계라고 말한다.[114] 법률관계란 법에 의하여 규율되는 생활관계를 말하며, 당사자 간의 권리의무관계가 그 주된 내용을 이룬다. 따라서 행정상의 법률관계는 행정과 관련된 당사자 간의 권리의무관계를 의미한다고 볼 수 있다. 이와 같은 행정상의 법률관계는 사법의 규율을 받는가, 공법의 규율을 받는가에 따라 크게 '행정상의 사법관계'와 '행정상의 공법관계(행정법관계)'로 구분된다. 행정상의 법률관계의 이와 같은 구분은 공법과 사법의 구별을 전제로 하는 것이므로 먼저 공법·사법의 구별의 문제부터 검토되어야 한다.

Ⅱ. 공법과 사법의 구별

1. 공법과 사법의 혼돈의 유래

우리나라에 있어서 공법과 사법의 적용에 있어 혼돈에 빠지게 된 근본적인 이유는 우리나라가 독일의 행정법이론을 일본을 통하여 계수하였기 때문이다. 독일의 행정법은 공·사법의 구별을 모르는 게르만법의 영향을 받았고, 전제권력에 대항하는 이데올로기에 기초하고 있다. 즉, 국민의 자유와 재산을 지키기 위한 주관적 권리를 강조하면서도 군주의 특권을 인정하기 위하여 특별권력관계를 존치시키는 등 이중성을 그 특징으로 하고 있다. 그리고 독일은 최근에 와서 통일을 이루었기 때문에 행정법체계를 발달시킬 시간적 여유

---

114) 박균성·김재광, 『경찰행정법』, 박영사, 2010, 38면.

가 없어 과거에 제정분야에 한정되어 적용되었던 국고이론을 행정법의 일반이론으로 활용하게 되었다.[115] 또한 독일의 행정법은 행정에 관한 일반법이 아니라 독일의 관습과 입법에 의하여 구체적으로 규정되기 때문에 행정주체의 필요성에 의하여 공법으로서의 행정법이 되므로 그 범위가 매우 좁았다. 이러한 영향으로 인하여 공법질서에 대한 이론적 체계를 확립하지 못한 채, 사법의 적용을 인정하게 되었다.[116]

독일은 프랑스의 민사법으로부터의 독립과는 달리 공법과 사법의 구별을 구분하지 못하였다. 마이어는 전제국가 및 야경국가시대의 유물인 민사법적 요소를 논리적으로 타파하는 데 역점을 두고 노력하였으나 오히려 연구방법과 용어에 있어 민사법의 틀을 벗어나지 못하는 결과를 초래하였다. 이러한 결과로 바이마르 공화국 이후 행정법에 사법적 요소를 채택하여 행정법을 더욱 혼미하게 만들었고, 2차 세계대전이후 사법적 통제를 강화하고 특별권력관계를 축소시키고, 행정소송의 유형을 민사소송의 유형과 비슷하게 만들었다. 그 결과 행정소송에 있어 집행정지원칙의 채택, 행정소송유형의 민사소송화 등을 채택함으로써 행정제도의 통일성과 연속성이 결여 되었다.[117]

2. 공법과 사법의 구별의 필요성

오늘날 법률관계에서 공법과 사법의 구별의 필요성은 행정주체의 당사자로서 국가와 개인 간의 관계에 있어서 공공목적의 효율성을 달성하기 위하여 특수한 법적 규율이 요구되고 있기 때문이다. 뿐만 아니라 행정소송법은 행정소송의 특수성을 감안하여 그 관할과 절차 등에 관하여 민사소송법과는 다른 특칙을 규정하고 있고, 공무원의 불법행위가 있는 경우에 일반사인의 불법해위의 경우와는 달리 다른 원리의 법적용이 있게 되고, 법인의 법형식에는 공법인과 사법인의 구분이 있으며, 행정법은 국내공법으로서의 범위를 정함에 있어서 공법과 사법의 구별의 필요성이 인정된다.[118] 그리고 우리나라는 현행

---

115) 강현오 "공법인과 사법인의 구별에 관한 기초적 논의", 『공법연구』, 제32집 제11호, 한국공법학회 2003, 436면.
116) 영·미에서는 일찍이 법치주의와 권력분립이 이루어졌지만, 전통적인 법의 지배 원리에 따라 행정권도 사인과 동일한 법원에서 동일한 법에 따라 재판하였다. 그러나 현재의 시점에서 공·사법 구별문제에 관한 영미법계에 대한 평가에서는 견해가 나뉠 수도 있을 것이다. 영국의 경우에는 1977년 사법개혁으로 종래의 사법적 구제와 대권적 구제를 통합한 사법심사소송(Application for Judical review) 제도를 창설하고, 2000년 CJR로 개편함에 따라 적어도 소송법적인 측면에서는 공법과 사법을 구별하고 있다고 할 수 있다. Emery Carl, Administrative law-Legal challenges to official action, london, 1999, p.51.
117) 이광윤, 『행정법이론』, 성균관대학교 출판부, 2000, 16면.
118) 공법·사법의 구별론은 공법으로써의 행정법이 규율하는 법률관계에 사법으로써의 민법의 적용을 부정하는 것으로서 기능해 왔다. 예를 들면 田中二郞(다나카 지로) 박사는 행정법은 국내 공법이라고 해서

법질서체계에서 공법관계와 사법관계에 따라 적용될 법규나 법원칙을 달리하는 면이 있기 때문에 구체적 법률관계에 적용할 법규나 법원칙을 결정하기 위하여서도 공법과 사법의 구별은 엄격히 구별할 필요성이 있다.[119] 이러한 면에서 공법은 사법과 다른 특수성을 인정하여 사법의 침투를 막고 공법으로서의 고유영역을 갖고 있는 독자성을 인정하여야 한다.

헌재 2001. 1. 18, 98헌바75 · 89

서울대학교병원, 국립대학교병원, 지방공사병원은 공법인, 민법상 비영리법인은 사법인인 점에서 법률적 성격에 본질적 차이가 있고, 양자사이에는 설립목적, 경영원칙, 목적사업, 운영 형태, 재정지원 및 감독 등의 점에서도 규율을 달리하고 있으므로, 지방세의 면제 여부에 관하여 이들의 공법인과 민법사의 비영리법인을 달리 취급하는 것은 양자의 본질적 차이에 따른 것이므로 합리적인 이유가 있다.

공법과 사법을 구별하는 방법론에 관하여는 이론적 구별론[120]과 제도적 구별론이 있다.[121] 여기에서는 실정법 질서가 공법과 사법의 이원적 체계로 분류되고 있는 현실을 전제로 하여 그 구별기준을 검토하기로 한다.

행정법관계를 행정법이 규율하는 공법관계와 그렇지 않은 사법관계로 구별하고, 더욱이 공법관계를 사법적 규율의 낯선 영역에 있다(민법의 일반 원칙과 기술적 규정밖에 적용할 수 없다). 지배관계와 대등한 개인 상호 간과 다르지 않지만 공공의 복지를 위하여 특수한 규율로 되어 있는 관리관계의 두 가지로 구별하고 있다. 小林博志, 『行政法講義』, 成文堂, 2004, 11면.

119) 윤양수, 『행정법개론』, 온누리, 2011.

120) 행정상 법률관계를 공법관계와 사법관계로 구별하는 실익이 인정되는 경우에도, 구체적으로 양자의 구별기준이 무엇인가의 문제는 당연히 제기된다. 독일의 경우 관련학설은 30여 개에 이르고 있으나, 대표적인 것으로는 다음을 들 수 있다. 주체설, 성질설, 이익설, 귀속설이다. 공법과 사법의 구별에 대한 여러 학설을 위해서 살펴보았지만, 그 어느 것도 완벽한 기준을 제시하지 못하고 있다. 따라서 위 제학설을 상호 보완적으로 적용하여 그 합리적인 결론을 도출하고자 하는 것이 우리학자들의 일반적 견해이다

121) 이는 행정법에서의 공법과 사법의 구별 문제는 제도적 구별임을 전제하는 문헌들에서 그 구체적 구별 기준을 논의함에 있어 거의 예외 없이 주체설 · 이익설 · 권력설 등과 같은 19세기 이래의 독일 학설을 들고 있는 것에서 보아도 그러하다. 위의 학설들은 결국 역사적으로 자리잡아온 공법상의 이념적 표지를 무엇으로 할 것 인가에 관한 논의이기 때문이다. 즉, 역사적 또는 실정법적 공법현상의 최대공약수는 무엇인가에 대한 이론들로서, 결국 이는 행정법에서의 공법과 사법의 구별문제에 있어서 공법의 기능적 본질은 무엇인가에 다름 아니기 때문이다. 일부 학자들의 교과서에는 공법과 사법의 구별을 이론적 구별과 제도적 구별로 대별하여, 위의 기준들을 이론적 구별의 기준의 예로 들고 있다. 그러나 이러한 기준들은 결국 제도적 구별의 내용적 측면에서 별다른 차이를 가지지 않는다고 볼 것이다. 정호경, "공 · 사법구별의 의미에 관한 고찰", 『법학논총』, 제23집 제1호, 한양대학교출판부, 2006, 23면.

3. 공법과 사법의 제도적 구별론

공법과 사법의 차이는 선험적·절대적인 것이라 하기보다 제도적·상대적인 것이므로 공법과 사법의 구별을 제도적인 측면에서 찾아볼 필요가 있다.[122]

실정법이 명문으로 행정행위의 실효성확보수단, 행정쟁송, 손실보상, 손해배상, 사인에 대한 일방적인 의무의 부과, 사권의 제한에 관한 규정 등과 같이 공법관계임을 나타내는 특별한 규정을 두고 있는 경우에 그러한 규정은 공법상의 규정으로 볼 수 있다. 실정법에 이와 같은 공법적인 특별한 규정이 없을 때에는 당해 법규의 목적 및 규율내용에 따라 개별적·합리적으로 판단하여야 할 것이다. 그리하여 공공목적을 위하여 행정주체에게 공권력을 행사할 수 있게 하며 그에 따르는 특수한 효력을 인정하고 있는 법과 공익의 실현을 위하여 사법적 규율과 달리 특수한 법적 규율을 하고 있는 법은 공법이고 특수한 규율을 하고 있지 않는 법은 사법이라 할 것이다.

이와 같이 행정법에서의 공법과 사법의 구별을 제도적 구별의 문제로 이해한다고 하더라도 개개의 실정법규가 그 자체 내에 공법 또는 사법임을 명시하는 규정을 두어 스스로 구분하고 있지 않는 한 공법과 사법에 대한 이념적 징표나, 법관념으로서 공법과 사법에 대한 최대공약수를 필요로 할 것이다. 그렇다면 제도적 구별은 결국 그 대상 또는 목적으로 하는 것이 당대의 실정법이라는 것을 의미하는 것일 뿐이다. 이러한 의미에서 볼 때 이론적 구별이 목적으로 하는 것은 결국 제도적 구별이며, 제도적 구별의 내용은 바로 이론적 구별이라고 정리할 수 있다. 따라서 행정법에서의 공법과 사법의 구별문제는 항상 이론적 구별임과 동시에 제도적 구별이며, 또한 제도적 구별임과 동시에 이론적 구별이라 할 것이다.

4. 공법과 사법의 이론적 구별론

특정한 법률관계에 적용될 법규가 명문으로 규정되어 있지 않은 경우에는 먼저 문제가 되는 법률관계가 공법관계인지 사법관계인지를 판단하고 이에 따라 공법과 사법 중 어떠한 법 원리를 적용할 것인가가 결정된다. 이러한 법 원리를 적용함에 있어서 구체적으로 양자의 구별기준이 무엇인가의 문제는 당연히 제기된다. 독일의 경우 관련학설은 30여 개에 이르고 있으나, 대표적인 것으로는 다음을 들 수 있다.

---

122) 홍준형, 『행정법총론』, 한울출판사, 2001, 53면.

1) 주체설

주체설은 공법과 사법의 구별을 법률관계의 주체를 기준으로 한다. 즉, 국가 또는 공공단체 등 행정주체를 한쪽의 당사자로 하는 법률관계를 규율하는 법을 공법이라고 하고, 사인 상호 간의 관계를 규율하는 법을 사법이라고 한다.[123] 그러나 이 견해는 행정주체도 국고적 지위에서 활동할 때에는 사법의 적용을 받으며, 사인도 공권을 부여받으면 공법적 활동을 할 수 있다는 점을 간과하고 있다.

2) 성질설

성질설은 종속설·복종설·권력설 또는 지배관계설이라고도 한다. 이 견해는 공사법의 구별을 그 법률관계의 성질이 상하의 관계에 있는가 또는 대등의 관계에 있는가에 기준을 두어 권력적 지배·복종관계에 있는 법을 공법, 대등한 관계에 관한 법을 사법이라고 본다. 그러나 이 견해는 공법관계에도 공법상의 계약관계와 같이 대등관계가 있으며, 사법관계에도 친권자와 자와의 관계에서처럼 불평등관계가 있으므로, 이 설에 따르면 공법상 계약에 관한 법은 사법이 되고, 친자관계에 관한 법은 공법이 되는 모순이 있게 된다.

3) 이익설

이익설은 공법과 사법의 구별기준을 법률관계의 목적에 두어 공법관계와 사법관계를 구별하고자 하는 견해이다. 즉 이 견해에 따르면, 공익을 목적으로 하는 법은 공법이고, 사익을 목적으로 하는 법은 사법으로 구분된다. 그러나 이 견해는 행정법관계는 어떠한 법이든지 공익과 사익의 어느 한쪽만을 목적으로 하는 것이 아니라 공익과 사익을 동시에 목적으로 한다는 점을 간과하고 있다.

4) 귀속설

귀속설은 개개의 법규의 귀속주체(권리의무의 귀속주체)에 따라 공법과 사법을 구별하고자 하는 것으로 볼프에 의하여 주장된 것이다. 이는 법규설, 신주체설이라고도 한다.

---

[123] 김성수, 『일반 행정법』, 홍문사, 2010, 118면.

이에 따르면, 국가 등 행정주체에 대해서만 권리를 부여하거나 의무를 부과하는 법을 공법이며, 행정주체를 포함한 모든 권리주체에 대하여 권리를 부여하고 의무를 부과하는 법을 사법이라고 분류한다. 귀속설에 의하면, 국고 내지 사인의 지위에서 행정주체의 활동은 공법영역에서 제외되는 반면, 공법상 계약과 같은 대등관계도 행정주체로서의 활동이라는 것에서 공법에 포함시키며, 또 공권이 부여된 사인도 공법적 주체에 포함시키게 되는 장점이 있다. 독일의 지배적 다수견해이다.[124)

5) 소결

공법과 사법의 구별에 관하여 언급된 위의 학설 외에도 중요설, 관리자설, 관할권설 등 다수의 학설과 이론이 제기되고 있지만 그 어느 것도 완벽한 기준을 제시하지 못하고 있다.[125) 따라서 위 모든 학설을 상호보완적으로 적용하여 그 합리적인 결론을 도출하고자 하는 것이 우리학자들의 일반적 견해이다.

위 학설을 종합하여, 행정주체와 사인 간의 권력적 지배복종관계를 규율하는 법이나 행정주체의 비권력적인 공공복리 실현관계에 관한 특수한 법, 법률관계의 당사자의 한쪽에 공권력의 행사와 그에 따르는 특수한 효력을 인정하거나 공익추구를 위하여 특수한 규율을 하는 법은 공법이고, 이에 대하여 사인 상호 간의 이익조절을 목적으로 하는 법, 사인적·사익적·경제적·대등적 규율의 성질을 가진 법 등에 관한 법을 사법이라고 한다. 즉 통합적 기준에 의해 구별되어야 한다.

제2절 경찰행정상 법률관계의 종류

경찰행정상 법률관계란 경찰행정에 관한 법률관계를 총칭하는 것으로, 넓은 의미로는 행정조직법관계와 행정작용법관계를 포함하며, 좁은 의미로는 후자만을 가리킨다. 행정조직법관계는 다시 행정조직내부관계와 행정주체 간의 관계로 나누어지고, 행정작용법관계는 권력관계, 비권력관계, 국고관계로 나누어진다. 이 가운데 행정조직법관계, 권력관계 및 비권력관계 중 관리관계만이 공법관계로서 행정법관계에 속한다.

---

124) 김동희, 『행정법 요론』, 박영사, 2010, 50면 참조.
125) 김성수, 『일반 행정법』, 박영사, 2010, 120면.

I. 경찰행정조직법적 관계

1. 행정조직 내부관계

행정조직의 내부관계는 상하급관청 또는 대등관청 상호 간의 관계, 기관위임사무에 관한 국가기관의 장과 지방자치단체의 장과의 관계 등을 말한다.

상하급행정관청 상호 간의 관계에 있어서는 권한위임관계 · 권한대리관계 · 권한감독관계가 주로 문제되며, 대등관청 상호 간의 관계에 있어서는 권한의 존중이나 협의 · 사무의 위탁 · 행정응원 등 상호 협력관계의 문제이다. 행정조직 내부관계는 권리 · 의무의 관계가 아니고, 직무권한 · 기관권한의 행사관계로서의 성질을 가진다. 따라서 이에 관한 분쟁은 기관소송(행정소송법 제3조 제4호)에 의한다. 그러나 행정조직 내부관계에서의 분쟁은 원칙적으로 권리 · 의무관계에 의한 법률상 쟁송의 대상은 아니므로, 개별적인 특별규정(예: 지방자치법 제159조 제3항, 제4항)이 없는 한, 법원에 제소하지 못한다.[126]

2. 행정주체 상호 간의 관계

행정주체는 행정권의 담당자로서 실제로 행정권을 행사하는 자이며, 국가 · 공공단체 · 공무수탁사인 등이 있다. 그런데 행정주체 상호 간의 관계로서 국가와 지방자치단체와의 관계, 지방자치단체 상호 간의 관계 등 행정주체 상호 간의 관계가 행정조직법적 관계인지 또는 행정작용법적 관계인지에 대하여 논의가 있기도 하다.[127]

그러나 이와 같은 행정주체 상호 간의 관계를 행정주체와 국민과의 관계와 같은 순수한 행정작용법적 관계로는 볼 수 없는 점에서 이의 관계를 행정조직법적 관계로 보는 것이 보통이다.

---

126) 윤양수 「행정법 개론」, 온누리, 2011, 114면.
127) 홍정선, 『행정법특강』, 박영사, 2010, 71면 참조; 김동희, 『행정법 요론』, 박영사, 2010, 52면.

Ⅱ. 경찰행정작용법 관계

1. 개설

행정작용법적 관계는 행정주체와 그 상대방인 국민 사이의 법적 관계를 의미한다. 이러한 법률관계에서 행정주체의 활동은 권력적 작용으로만 나타나는 것은 아니며, 비권력적 작용으로도 나타난다. 즉 행정법의 규율을 받는 행정작용법관계는 크게 권력관계와 비권력관계로 나누어진다.

2. 공법관계

1) 권력관계

공법관계의 중심적 법률관계는 권력관계이다. 19세기의 자유주의적 법치국가시대 부터 현재에 이르기 까지 행정법이론체계를 형성하고 있는 행정행위론을 바탕으로 하는 법률관계가 바로 권력관계이다. 권력관계의 대표적인 것으로는 경찰권력행정과 재정권력행정이다.128) 권력관계는 국가 기타의 행정주체가 공권력주체로서 우월적인 지위에서 국민에 대하여 일방적으로 명령·강제하는 관계를 말한다. 권력관계에서는 행정주체는 상대방인 국민에 대하여 일방적으로 명령·강제하며, 행정주체의 행위는 공정력·존속력·집행력 등과 같은 법률상 우월한 효력이 인정되며, 원칙적으로 사법규정의 적용 없이 특수한 공법적 규율을 받으며, 행정주체의 행위에 관한 쟁송은 항고쟁송에 의하게 되는 점 등의 특색이 인정된다.

2) 관리관계

관리관계는 일반적으로 행정주체가 재산관리주체의 지위에서 특정한 공공복리의 실현을 위하여 공적인 재산 또는 사업을 관리·경영하는 비권력적 관계이지만, 그러한 공공복리의 실현이라는 행정목적의 달성에 필요한 한도 내에서 특수한 공법적 규율을 받게

---

128) 김성수,『일반 행정법』, 홍문사, 2010, 122면.

되는 행정법관계를 말한다. 관리관계는 본질적으로는 경제주체로서 사인에 대하여는 경제적 관계이고, 또한 비권력적 관계인 점에서 사법관계와 차이가 없다.[129] 그러므로 관리관계에는 일반적으로 사법원리가 적용되지만, 그러나 당해 작용은 공행정작용으로서 공공복리의 실현과 밀접한 관련이 있는 것이므로, 그 한도 내에서 특별한 공법적 규율을 받는다.[130] 따라서 이 관계에서 특수한 공법적 규율이 인정되기 위해서는 명문규정이 있거나 또는 명문규정이 없는 경우에는 이것이 순수 사경제적 관계와는 다른 공공성이 있다는 것이 입증되어야 한다. 그러하지 아니한, 당해 관계는 사법에 의하여 규율되고 그에 관한 다툼은 일반 민사소송에 의하게 된다.

3. 사법관계

1) 국고관계

국고관계는 행정주체가 당사자인 경우에도 행정주체가 공권력의 주체로서가 아니라 국고(사법상 재산권의 주체), 즉 사인으로서 일반사인에 대한 관계를 말한다. 따라서 같은 성질의 관계는 같은 법률로 규율되어야 한다는 의미에서 사법이 적용되고, 당해 관계는 사법관계로 본다. 국고관계에는 국가가 행정에 필요한 모든 물자를 구입하는 조달적 관계와 국가가 기업가로서 경제생활에 직접적·간접적으로 개입하는 수익적·경제적 활동의 관계가 포함된다. 예컨대 국가가 물품매매계약을 하는 경우나 청사·도로·교량 등의 건설도급계약을 하거나 국유재산(잡종재산)을 관리·매각하는 경우 등이 여기에 해당한다. 그러나 이러한 국고관계에 있어서도 국가 등은 사인과 달리 공익실현을 목적으로 활동하여야 하기 때문에(국민을 위하여 활동하는 것), 그 행위의 공정·신속·명확 기타 공익적 견지에서 일정한 제한과 규제를 가하는 경우가 있으며, 이러한 경향은 현대행정의 복리책무의 비약적인 확대에 따라 현저하게 증가하고 있다. 예컨대 국가를당사자로하

---

129) 이미 19세기 후반에 이르러 공법관계는 권력관계와 더불어 국민의 생존을 배려하고 그들에게 행정적 서비스를 제공하는 행정작용이 출현하면서 비권력관계의 존재를 경험하게 된다. 급부행정작용과 유도 행정작용을 중심으로 하는 비권력작용은 20세기에 들어오면서 더욱 양적·질적으로 발전을 거듭하면서, "생존배려", 급 "부주체로서의 행정"이라는 신조어를 탄생시킨다(김성수, 『일반 행정법』, 홍문사, 2010, 123면).

130) 권력관계를 본례적 공법관계라고 하는 데 반하여 관리관계는 원칙적으로 사법에 의하여 규율되고 당해 작용이 내용으로 하는 공익실현 목적에 필요한 한도 내에서만 공법적 규율을 받는 것이라는 점에서 "전래적 공법관계"라고 한다(김동희, 『행정법 요론』, 박영사, 2010, 52면).

는계약에관한법률, 예산회계법, 국유재산법, 지방재정법, 물품관리법 등에 의하여 계약의 방법·상대방·내용 등에 일정한 제한이 가하여지는 것 등이 그것이다. 이러한 특수한 법적 규율에 의한 법적 제한은 사법행위에 대한 제한에 불과하고 행위의 사법적 성질 그 자체를 변경하여 공법행위로 만드는 것이 아니므로, 특별사법으로 보는 것이 통설과 판례의 입장이다.

> **대판 2000. 2. 11, 99다61675**
>
> 국유잡종재산을 대부하는 행위는 국가가 사경제 주체로서 상대방과 대등한 위치에서 행하는 사법상의 계약이고, 행정청이 공권력의 주체로서 상대방의 의사여하에 불구하고 일반적으로 행하는 행정처분이라고 볼 수 없으며, 국유잡종재산에 관한 대부료의 납부고지 역시 사법상의 이행청구에 해당되고, 이를 행정처분이라 할 수 없다. 국유재산법 제38조, 제25조의 규정에 의하여 국세징수법의 체납처분에 관한 규정을 준용하여 대부료를 징수할 수 있다고 하더라도 이로 인하여 대부계약의 성질이 달라지는 것은 아니다.

2) 행정사법 관계

(1) 서론

가. 성립배경

행정사법의 문제가 학문상으로 관심의 대상이 되는 것은 행정주체가 주로 급부행정의 분야에서 사법적 형식의 행정활동을 통하여 공행정을 수행하게 되었기 때문이다. 이와 같은 활동을 규율하는 법은 사법인 것이나, 일정한 공법규정 내지는 공법원리에 의하여 제한·수정을 허용할 것인지와 관련하여 행정사법이론이 정립되었다.

나. 개념

행정사법은 공행정작용을 사법적 형식에 의하여 수행하는 경우에 그에 관하여 일정한 공법규정 내지는 공법원리가 적용되는 사법적 관계를 말한다. 즉 일정한 공법규정 내지는 공법원리에 의하여 수정·제한되고 있는 사법, 다시 말해서 공법과 사법이 혼재하고 있는 법상태 또는 법영역을 말한다.[131]

---

131) 김동희, 『행정법 요론』, 박영사, 2010, 54면.

다. 행정사법론의 목적

행정의 이른바 "사법으로의 도피"를 차단하기 위하여 Wolf, Bachof 등에 의하여 주장된 행정사법론은 행정주체가 공행정을 수행함에 있어서는 행정주체에게 그 법적 형식의 선택가능성이 인정되는 경우가 있는바, 이 경우 행정주체가 당해 행정작용이 사법적 형식을 취하는 경우에, 또는 행정이 공법적 형식을 취하는 경우에 받게 되는 여러 가지 법적 제약에서 벗어날 수 있다. 즉 군인이 제복을 벗고 사복으로 갈아입는 것과 같은 것이다.

이러한 점에서, 행정사법이론은 공행정을 수행하는 행정의 사적 자치원칙이 지배하는 사법세계로 도피라는 폐단을 막아 보자는 의도에서 나온 이론이다. 즉 행정사법의 이론은 현대국가에서 사법적 형식에 의한 행정활동이 증가함에 따라 그것을 행정법학의 영역에로 끌어들여 일정한 범위 내에서 공법적 규제를 하려는 의도에서 만들어진 것이다.132)

(2) 내용

오늘날 행정기능의 확대와 더불어 행정주체의 행정활동의 범위가 확대되면서 행정주체의 공행정과정에서 행정주체에게 그 법적 형식의 선택가능성이 인정되는 경우가 있다. 이러한 경우, 행정주체는 당해 공행정작용을 공법적 형식으로 수행할 수도 있고, 사법적 규율을 받는 사법상 계약 등 사법적 형식으로 수행할 수 있다. 예컨대 행정주체가 공영주택을 건설하여 무주택자들에게 분양·임대하는 경우, 그 활동은 사법상 계약이라는 사법적 형식을 취하고 있지만, 그 실질은 무주택 영세민을 위한 사회보장행정의 일환이라고 할 수 있다. 그리하여 여기서의 사법상의 계약은 행정주체가 사인과 동일한 재산권의 주체로서 상대방과 체결하는 것이 아니라 행정주체에게 과하여진 공적인 행정임무·목적을 실현하기 위하여 상대방과 체결하는 것이며, 순수한 행정상 사법관계(국고관계)에 있어서의 사법상 계약(국고작용)과는 구별될 수 있는 것이다.

(3) 행정사법의 적용영역

행정사법은 행정주체가 공행정작용을 수행함에 있어서는 행정주체에게 그 법적 형식의 선택가능성이 인정되는 경우에 문제시된다. 즉 행정주체에게 행위형식의 선택가능성이 인정되지 않는 경찰·조세 등의 행정영역에서는 행정사법이 문제될 여지가 없다. 이와

---

132) 윤양수 「행정법 개론」, 온누리, 2011, 119면 참조.

같이 행정주체의 행위형식의 선택이 인정되어 행정사법이론이 적용되는 영역으로는 대표적으로 다음과 같다.

가. 급부행정분야의 행정사법

급부행정분야의 행정사법으로는 교통 및 운수사업, 전기 · 수도 · 가스 등의 공급사업, 폐수 · 오물 · 쓰레기 등 폐기물의 처리사업 등을 위한 공기업 · 공물에 의한 배려행정과, 자금지원에 의한 경제지도로서 행정처분에 의거하지 아니한 융자 · 보조금 · 지불보증 등이 있다.[133]

나. 유도행정분야의 행정사법

유도행정분야에서 행정사법은 주로 규제행정분야(예컨대, 경제규제 · 환경규제 또는 기타의 사회형성행정분야)에서 성립되고 있다. 이 경우 공공의 손은 직접적 또는 간접적으로 토지대책 · 경기대책 · 고용대책 · 수출 진흥 등의 목적을 위하여 사법적 형식의 활동으로 개입한다. 그러나 행정의 사법적 활동 중에는 행정사법의 영역에 해당되는 것 외에도 사법상의 보조 작용(예컨대, 행정주체가 필요로 하는 사무용품 등의 물자의 조달)과 행정의 영리경제적 활동(예컨대, 행정기관이 직접 또는 공사 · 주식회사 등의 형태에 이한 기업 활동)도 있으나, 그에 대하여는 행정사법의 적용이 없다.

(4) 행정사법과 공법적 구속

가. 공법원칙에 의한 구속

행정주체는 사법형식으로 공행정을 위한 활동을 하는 경우에도 행정사법이론에 의하여 헌법상의 평등원칙 · 비례원칙 · 기본권보장규정에 의한 기속을 받게 된다. 이러한 관점에서 행정사법론은 행정에 있어 기본권에 의한 제한을 회피하기 위한, 이른바 행정권의 "사법으로의 도피" 현상을 억제하는 의미를 가진다. 이에 의하여 행정주체가 사법상의 행위형식을 사용하여 국민에게 일정한 급부를 제공하는 경우, 특별한 합리적 이유도 없이 부당하게 특정인을 우대하거나 부당하게 역무의 제공을 거부하는 것은 평등원칙에 반하는 것으로 허용되지 않는다. 이 경우에 평등원칙에 관한 헌법규정은 법률의 개별적 규정 내지 일반조항을 통해 간접적으로 적용되는 것이 원칙이며, 그러한 법률규정의 없는

---

133) 김동희, 『행정법 요론』, 박영사, 2010, 55면.

경우에 헌법규정은 보충적으로 직접 적용된다.

나. 사법적 규정의 제약 내지 수정

행정사법에 의한 공기업의 분야에서는 의사표시에 관한 사법적 규정이 제한 내지 수정적으로 적용된다. 즉 공기업분야에서 쌍무적 계약관계는 개별적 계약체결 없이 또는 계약 성립의 흠결, 예컨대 행위능력이 없는 자에 의하거나 또는 착오에 의한 경우에도 성립될 수 있다. 구체적으로 보면, 전기·수도 등의 공기업에 있어서, 개별적인 계약행위가 없거나, 혹은 행위능력이 결여되거나 착오가 있는 경우에도 계약관계가 유효하게 성립될 수 있는바, 그 한도에서는 의사표시에 관한 사법원리가 제한·수정되고 있다. 그 밖에 행정사법에 있어서 특징적인 것으로는 행정주체에 대하여 계약강제·해약제한·계속적 경영의무가 인정되거나 계약내용이 법정되는 등 일정한 공법적 제한이 가해지는 점을 들 수 있다.

(5) 소결

독일에서 발전된 행정사법이론은 우리나라에서의 행정법상의 관리관계이론과 내용상 유사한 면을 가진다는 점을 강조하여, 관리관계와 행정사법관계는 근본적으로 차이가 없고, 그 실질적 내용에 있어서도 유사하다고 하여 이를 부인하기도 한다.

그러나 관리관계이론은 관리관계가 공법관계임을 전제로 한 이론인 데 대하여, 행정사법이론은 그 대상이 사법관계임을 전제로 한 것이어서, 문제의 접근방법에 있어서는 양자 간에 차이가 있다고 보아야 할 것이다.

제3절 경찰행정법관계의 당사자

I. 행정주체와 당사자

행정법관계는 법률관계로서 권리·의무의 귀속주체로서의 대립하는 당사자가 존재한다. 즉 행정권의 담당자인 당사자를 행정주체라 한다. 행정주체인 당사자에는 국가·공공단체와 행정사무를 위임받은 공무수탁사인이 있다. 한편 행정권발동의 대상이 되는 당사자로서는, 공공단체와 사인이 있다. 국가가 행정주체로 되는 경우에는 공공단체 또는 일반사인이 그 대상이 되고, 공공단체나 사인이 행정주체로 되는 경우에는 일반사인이 그 대상이 된다. 보통 행정주체의 상대방으로서 행정권발동의 대상이 되는 자를 행정객체라고 한다.

Ⅱ. 행정주체

1. 의의

　행정주체란 행정권의 담당자로서 행정권을 행사하고 그 법적 효과가 궁극적으로 귀속되는 당사자를 말한다. 행정주체는 그 행정기관을 통하여 행정사무를 집행한다. 즉 행정기관의 지위에 있는 공무원의 행위는 행정권의 실제적인 행사에 해당하지만, 그 법적 효과는 공무원 개인이 아니라 국가 또는 공공단체 등 행정주체에 귀속하게 된다.

　행정주체는 행정청과 구별된다. 행정주체가 행정 과제를 수행하기 위해서는 행정주체의 의사를 결정하고 그 의사에 따라 행동하는 조직을 필요로 하는데 그 조직이 행정청이다. 즉 행정주체의 권한은 행정기관의 인적구성원인 공무원에 의해 이루어지고, 그 법적 효과는 행정주체에게 귀속된다. 따라서 행정청은 행정주체와는 달리 독립한 법인격을 갖지 못한다.134)

2. 국가

　국가는 시원적으로 행정권을 가지고 있는 행정주체이다. 국가의 행정작용은 일반적으로 대통령을 정점으로 하는 국가의 행정조직을 통하여 행하여진다.135) 그러나 국가의 행정권의 일부가 지방자치단체 기타의 공공단체 혹은 그 기관에 위임되어 행하여지는 경우가 있다.

---

134) 장태주, 『행정법개론』, 법문사, 2010, 110면.
135) 박윤흔 · 정형근, 『행정법 강의(상)』, 박영사, 2010, 102면.

3. 공공단체

공공단체에는 지방자치단체·공공조합·영조물법인 및 공법상 재단이 있다. 공공단체의 행정주체로서의 지위는 일반적으로 국가로부터 전래된 것으로 본다.

1) 지방자치단체

지방자치단체는 국가의 영토의 일부인 일정지역을 그 구성단위로 하여, 그 지역 안의 주민을 통치하는 포괄적 자치권을 가진 단체이다. 이처럼 지방자치단체는 포괄적 행정권을 가지는 보통지방자치단체(예: 시·도와 시·군·자치구)와 특정한 범위 안에서만 행정권이 인정되는 특별지방자치단체(예: 지방자치단체조합)가 있다.

지방자치단체가 가지는 자치권의 법적 성질에 대하여는 자치단체의 고유한 권한이라고 보는 견해도 있었으나, 현재는 그것은 국가(국가의 통치권)로부터 전래된 권한이라고 보는 것이 일반적이다. 그러므로 지방자치단체는 어느 정도 국가의 감독을 받지 않을 수 없다.

2) 공공조합

공공조합은 특정한 행정목적을 위하여 일정한 자격(법적 자격)을 가진 사람(조합원)의 결합으로 설립된 단체(사단법인)이다.

공공조합은 특정한 행정목적을 위하여 설립되는 단체인 점에서 일정한 지역에서 포괄적 행정권을 가진 통치단체로서 국가 또는 지방자치단체와는 구별된다. 예컨대, 산림조합·변호사회·도시재개발조합·한국교원총연합회·상공회의소·의료보험조합 등이 있다.

3) 영조물법인

영조물법인은 일정한 행정목적을 달성하기 위하여 설립된 인적·물적 결합체에 공법상의 법인격을 부여된 것을 말한다. 이러한 영조물법인은 당해 행정목적을 수행함에 있어, 예산·인사 등에 있어서의 일반적인 공법상 제한을 완화하여, 합리적·능률적인 경영을 도모하고자 설립하는 것이 일반적이다.

영조물법인에 대하여는 국가에 속하는 영조물법인에 관한 일반법으로서 정부투자기관관리기본법이 있고, 지방자치단체에 속하는 영조물법인에 대한 일반법으로서 지방공기업법이 있는바, 영조물법인의 예로서는 공사나 특수은행으로서 예컨대 한국도로공사 · 한국전력공사 · 한국토지공사 등 각종 공사와 한국은행 · 한국산업은행 등이 국책은행을 들수 있다.

4) 공법상 재단

공법상 재단이란 국가나 지방자치단체가 출연한 재산을 관리하기 위하여 설립된 재단법인인 공공단체를 말한다. 공법상 재단의 중심적 요소는 일정한 행정목적을 위하여 출연된 재산의 결합체로서, 이 점에서 인적 · 물적 수단의 결합체인 영조물법인과 구별된다. 공법상 재단에는 공공조합에서와 같은 구성원이 없고, 또한 영조물법인의 경우와 같이 이용자 등의 인적 요소가 없는 것이 특색이며, 다만 수혜자만이 존재한다. 현행법상 공법상 재단의 예는 드문 편이나, 한국연구재단, 한국과학재단, 한국정신문화연구원 등이 그 예이다.

5) 공무수탁사인(Beliehne)

공무수탁사인이란 국가나 지방자치단체 등 행정주체의 일정한 공무를 처리할 권한을 부여받은 사인을 말한다.[136] 예컨대 공익사업을위한토지등의취득및보상에관한법률에 따라 사업시행자인 사기업이 개인이 토지를 수용하거나 항공기의 조종사 또는 상선의 선장이 일정한 경찰사무 또는 호적사무를 수행하는 경우(항공안전및보안에관한법률 제22조, 해상교통안전법 제8조, 사법경찰관리의직무를행할자와그직무범위에관한법률 제7조, 호적법 제54조) 등이 그것이다. 이러한 경우 사기업 또는 사인은 자신의 명의로 공법상의 권한을 행사하는 것이므로 그러한 한도 내에서 행정주체의 지위에 있게 된다. 공무수탁사인은 자신의 명의로 공법상의 권한을 직접 행사한다는 점에서 행정보조인이나 공의무부담 사인과는 다르다.[137]

사인에게 공무를 위탁함에 있어서는 법률에 근거가 있어야 한다. 정부조직법과 지방자

---

136) 공무수탁사인에 대한 자세한 내용은 정하중, "공무수탁사인의 개념과 법적 성질", 『고시연구』, 2002. 11, 37면 이하 참조.

137) 김동희, 『행정법 요론』, 박영사, 2010, 58면; 대판 1990. 3. 23, 89누4789.

치법은 국민 또는 주민의 권리 · 의무와 직접적인 관련이 없는 사무의 법인 · 사인 등에의 위탁에 관한 일반법적 규정을 두고 있다. 즉 정부조직법 제6조 제3항은 "행정기관은 법령이 정하는 바에 의하여 그 소관사무 중 조사 · 검사 · 검정 · 관리업무 등 국민의 권리 · 의무와 직접 관련되지 않는 사무를 지방자치단체가 아닌 법인 · 단체 또는 그 기관이나 개인에게 위탁할 수 있다."고 규정하고 있다.

한편 지방자치법 제95조 제3항은 "지방자치단체의 장은 조례 또는 규칙이 정하는 바에 의하여 그 권한에 속하는 사무 중 조사 · 검사 · 검정 · 관리업무 등 주민의 권리 · 의무와 직접 관련되지 아니하는 사무를 법인 · 단체 또는 그 기관이나 개인에게 위탁할 수 있다."고 규정하고 있다. 이와 같은 규정에 의한 공무위탁자는 원칙적으로 공무수탁사인에 대한 감독권을 가진다.

제4절 경찰행정법관계의 특수성

Ⅰ. 개설

행정법관계란 공법인 행정법의 규율을 받는 법률관계를 말하며, 행정법관계나 사법관계는 본질적으로 권리 · 의무관계라는 점에서 차이가 없다. 그러나 행정법관계는 국가 또는 공공단체 등의 행정주체가 행정목적을 달성하기 위한 관계로서 행정주체가 우월한 의사주체로서 국민에게 일방적으로 명령 · 강제하는 부대등관계이기 때문에, 대등한 당사자 사이의 법률관계인 사법관계에서 볼 수 없는 여러 법적 규율상의 특질이 주어진다. 일반적으로 이와 같은 행정법관계의 특질로서 ① 법적합성, ② 행정의사의 공정력, ③ 행정의사의 존속력, ④ 행정의사의 강제력, ⑤ 권리의무의 특수성, ⑥ 권리구제의 특수성 등을 들 수 있다.

Ⅱ. 법률의 적합성

사법상의 법률관계는 사적 자치의 원칙에 의하여 그 의사표시가 자유로우나, 행정법관계는 공익목적의 달성을 위하여 국민에게 일방적으로 명령·강제하는 관계이므로 법치행정의 관점에서 행정의사의 발생요건·형식·절차 등에 있어서나, 실체법적·절차법적으로나 법률에 저촉되어서는 아니 된다(예: 인·허가나 그 취소의 요건을 법령에 상세히 규정하고, 청문 등의 절차를 거치게 하며, 반드시 문서에 의하여 행하도록 하는 것 등).

Ⅲ. 공정력

공정력이란 행정행위에 있어 그 성립에 흠이 있는 경우에도, 그 흠이 중대·명백하여 당연 무효로 되는 경우를 제외하고는, 일단 유효한 행위로 통용되어, 권한 있는 기관(직권 또는 쟁송수단에 의하여)이 이를 취소하기 전까지는 누구도(상대방·행정청 및 제3자) 그 효력을 부인할 수 없는 힘을 가지는데 이를 행정행위의 공정력이라 한다. 이러한 공정력은 상대방·행정청뿐만 아니라 제3자에 대하여 구속력을 가진다.

이러한 행정행위의 공정력을 인정하는 직접적인 규정은 없다. 그러나 행정법관계의 안정성, 상대방의 신뢰보호, 행정의 원활한 운용 등의 정책적 필요에 따라, 위법한 행정행위에 대하여 직권취소나 취소심판 또는 취소소송에 의하여 행정행위의 효력을 다툴 수 있게 한 실정법의 간접적 근거(행정심판법 제4조, 행정소송법 제4조)에 의거하여 인정되는 것이다.

Ⅳ. 존속력(확정력)

1. 의의

행정법관계에서 행정청이 행하는 행정행위는 일단 유효하게 성립되면 법적 안정성과 행정목적달성을 위해, 일정한 경우에 상대방이 그 효력을 다툴 수 없고(불가쟁력), 행정청도 취소·변경시키지 못하게 되어(불가변력), 그 효력을 계속적으로 존속시킬 수 있게 되는데, 이를 행정행위의 존속력이라고 한다. 종래 이를 확정력이라고도 하였다. 행정의사의 존속력은 불가쟁력(또는 형식적 존속력)과 불가변력(또는 실질적 존속력)을 포함한다.[138]

2. 불가쟁력

불가쟁력이란 일정한 기간이 경과함으로써 행정행위의 효력을 더 이상 다툴 수 없게 하는 힘을 말한다. 법치국가의 원리를 실현하기 위하여는 위법 또는 부당한 행정주체의 행위에 대하여 행정쟁송을 통한 취소나 변경을 구하는 불복수단을 인정하고 있다.

그러나 행정심판법과 행정소송법은 행정심판청구기간(행정심판법 제18조) 또는 제소기간(행소송법 제20조)을 규정하고 있음에도 불구하고, 이와 같은 불복기간을 경과한 경우에는 당해 행위의 효력을 더 이상 법적으로 다툴 수 없으며, 이 경우에 확정된 행정의사는 불가쟁력을 가진다. 그러나 이는 행정주체의 직접적인 상대방에 대한 구속력의 의미를 가지며,[139] 행정주체를 구속하지는 않는다. 따라서 행정주체, 즉 처분청은 직권으로 당해 행위를 취소할 수 있다.

3. 불가변력

일반적으로 위법 또는 부당한 행정주체의 행위는 행정청이 직권으로 취소 또는 변경하거나 후발적 사정을 이유로 철회할 있는 것이 원칙이나, 행정행위 중 일정한 행위는 그 성질상[140] 행정청이 직권으로 취소·변경할 수 없는 행위가 있는바, 이와 같이 취소 또는 는 철회를 허용하지 않는 힘을 불가변력이라고 한다.

불가변력은 행정행위는 법률관계를 형성하기 때문에 법률생활의 안정성이나 당사자 등의 신뢰보호를 위하여 인정되며, 이는 특히 수익적 행정행위 및 확인적 행위에 강하게 요구된다.

---

138) 확정력은 본문에서와 같이 행정행위의 효력으로서 불가쟁력과 불가변력을 포괄하는 전통적인 용어였다. 이에 대하여 최근에는 확정력은 소송법상의 용어로서 특히 행정행위의 실질적 확정력으로서의 불가변력과 판결의 실질적 확정력과는 그 내용이 다르다는 점을 들어 그에 대신하여 존속력이라는 용어를 사용하는 학자가 적지 않다. 존속력이라는 용어는 독일의 행정절차법에서 사용하는 것이기는 하나 그 내용은 명확하지 아니한 것으로서, 그에 우리 행정법상의 행정행위의 불가변력이 포함되는 것인지는 의문이다. 그러한 점에서 확정력을 존속력으로 대체하는 것은 적절치 않은 곳으로 보인다(김동희, 『행정법 요론』, 박영사, 2010, 59면).

139) 그러나 상대방에 대하여 구속력을 가지는 경우에도 단지, 당해 행정의사의 효력을 다툴 수 없을 뿐이며, 그 위법성을 이유로 하여 행정상 손해배상의 청구를 부인하는 것은 아니다(김동희, 『행정법 요론』, 박영사, 2010, 60면).

140) 예컨대 일정한 쟁송절차를 거쳐 행하여지는 행정심판의 재결, 소청심사위원회·국세심판원의 결정, 토지수용위원회의 재결 등의 확인행위, 특정 사실 또는 법률관계의 존부·정부에 대한 공적 권위에 의한 확인행위로서의 국가시험합격자결정·당선인결정·발명특허 등.

Ⅴ. 강제력

행정상의 의무를 상대방이 이행하지 아니할 경우, 행정청은 직접 실력을 행사하여 그 이행을 확보하거나(자력집행력), 일정한 제재를 가하여 간접적으로 그 의무이행을 담보할 수 있는바, 행정의사의 강제력이라고 한다.

1. 자력집행력

행정주체의 의사는 상대방 또는 제3자를 구속할 뿐만 아니라 만약 상대방 또는 제3자가 행정의사에 의하여 부과된 의무를 이행하지 않을 때에는 사법관계에 있어서와는 달리 사법권의 힘을 빌림 없이 자력으로 행정의사의 내용을 강제하고 실현할 수 있는 힘을 가지는데, 이를 자력집행력이라고 한다.

자력집행력은 행정목적의 신속 · 원활한 실현을 위하여 인정되는 것이나, 행정법관계 자체에서 당연히 자력집행력이 인정되는 것이 아니라, 법치주의원칙상 별도의 실정법적 근거(행정대집행법 · 국세징수법 등)가 있어야만 한다.

2. 제재력

행정법관계에서 행정주체가 행정법상의 의무를 위반한 자에 대하여 법률규정에 의하여 행정벌(행정형벌 · 행정질서벌)을 과할 수 있는 힘을 제재력이라고 한다. 행정법관계에서 이러한 제재력이 인정되는 것은 사법관계에 있어서 불법행위자에 대하여 손해배상의 청구만이 인정되는 것과 다른 점이다.

Ⅵ. 권리·의무의 특수성

행정법관계에서 권리·의무는 사법관계에서처럼 권리자와 의무자가 상호 반대의 이해관계로 대립되는 것이 아니라, 다 같이 공공복리의 향상이나 사회질서의 유지를 위하여 인정되는 것이기 때문에 권리가 동시에 의무라는 상대적 관계에 있게 된다.

이와 같이 행정법관계에 있어서의 권리와 의무는 권리인 동시에 의무라는 상대성을 가지기 때문에 사법상의 권리·의무와는 달리 그 이전이나 포기가 제한되거나 특별한 보호가 행하여지는 경우가 있다.

Ⅶ. 권리구제수단의 특수성

사법상의 권리가 침해된 경우에는 민법상 손해배상 및 민사소송에 의하지만, 행정법관계에 있어서 국가 등의 행정작용으로 인한 국민의 권리·이익의 침해에 대하여는 실정법상 특별한 구제수단이 마련되어 있는바, 이것은 행정작용으로 인한 손해전보제도와 위법한 행정작용의 효력을 다투는 쟁송제도에 있어 모두 그러하다.

1. 행정상 손해전보

행정법관계에 있어서 위법한 행정작용에 의하여 개인이 입은 손해에 대해서는 민법규정과는 다른 국가배상법에서 국가 또는 지방자치단체의 손해배상책임을 규정하고 있는 특수성을 가지고 있다. 즉 위법한 행정작용으로 인한 손해배상에 관한 일반법으로서 국가배상법이 있다. 아울러 적법한 행정의사에 의한 개인의 재산권에 대한 공용침해(수용·사용·제한)에 대해서는 법률이 정하는 바에 따라 손실보상을 하도록 규정하고 있다(헌법 제23조 제3항). 이에 따라 손실보상에 관하여는 일반법이 존재하지 않고, 공익목적을 위한토지등의취득및보상에관한법률·하천법 등 개별법이 규정하고 있다. 따라서 행정법관계에서 손해전보제도는 민사상의 손해배상제도와는 책임의 요건·배상범위·배상절차 등을 달리하는 특수성을 지닌다.

2. 행정쟁송절차의 특수성

위법한 행정처분의 효력을 다투는 쟁송제도는 국가에 따라 다른바, 공사법의 이원적 법제를 취하지 아니하는 영미 등의 국가에서는 행정사건과 사인 사이의 분쟁의 경우와 마찬가지로 일반법원에서 다루고 있다. 이에 대하여 독일·프랑스 등의 대륙법계 국가에서는 행정재판소를 설치하여 그의 관할로 하고 있다. 우리헌법은 행정사건에 관하여 영·미식 사법제도 국가주의를 채택하여 일반법원이 행정행위의 적법성을 심판하도록 하고 있다. 그러나 행정사건에 대해서는 민사소송과는 달리 행정소송법의 규정이 적용되기 때문에 민사소송절차에 대한 여러 가지 특례가 인정되고 있다. 즉 ① 행정심판임의주의, ② 제소기간의 제한(단기출소기간), ③ 직권심리주의, ③ 집행부정지의 원칙 등의 절차상의 특수성이 인정된다.

제5절 경찰행정법관계의 내용

I. 개설

행정법관계도 기본적으로 법률상의 권리의무관계라는 점에서는 사법상의 법률관계와 다르지 아니한바, 사법관계에서의 권리인 사권에 대응하여, 공법관계에서의 권리를 공권이라 한다. 이와 같은 공권에는 국가 등의 행정주체가 상대방인 국민에 대하여 가지는 지배권(경찰권·통제권·과세권 등)으로서의 국가적 공권과, 국민이 국가에 대하여 기자는 개인적 공권으로 구분하는 것이 전통적인 고찰방법이다.

Ⅱ. 국가적 공권

1. 의의

국가적 공권이란 국가나 지방자치단체 등 행정주체가 상대방인 국민에 대하여 가지는 공권을 말한다.[141] 그러나 국가적 공권은 엄격한 의미에서 권리라기보다는 국가 국민에 대하여 국가목적을 실현하기 위하여 가지는 권력 또는 권능이라고 보아야 한다. 이러한 점에서 국가적 공권은 개인적 공권과 같은 관점에서 보는 것은 문제가 있다.

2. 국가적 공권

국가적 공권은 그 목적에 따라 조직권·경찰권·규제권·공기업특권·공물관리권·공용부담특권 등으로 구분할 수 있고, 그 내용을 기준으로 하여 하명권, 강제권, 형성권, 공법상의 물권, 공법상채권 등으로 분류할 수 있다.[142]

3. 특수성

국가적 공권은 행정주체가 우월한 의사주체로서 행정객체에 대하여 가지는 지배권으로서의 성질을 지니며, 행정객체에 대한 행정주체의 일방적인 명령·강제·법률관계형성 등을 그 내용으로 하는 경우가 많다. 또한 국가적 공권에서는 행정주체가 법률에 기한 행정행위에 의하여 권리의 내용을 스스로 결정할 수 있는 권리 자율성이 인정되고 국가적 공권에 의한 공정력, 존속력, 강제력 등의 특수성을 갖는다.

4. 한계

국가적 공권의 발동은 법규에 그 근거를 두어야 하고, 법규상·조리상 제한을 받는다. 또 그 한계를 일탈하는 경우에는 행정구제 내지 통제의 대상이 된다.

---

141) 윤양수 「행정법 개론」, 온누리, 2011, 128면 참조.
142) 홍정선, 『행정법특강』, 박영사, 2010, 79면.

Ⅲ. 개인적 공권

1. 의의

1) 개념

권리개념은 전통적으로 법력설에 따라 정의되고 있다. 이에 따르면, 권리는 자기이익을 위하여 그 상대방에게 일정한 작위·부작위·수인 또는 급부를 요구할 수 있는 법률상의 힘이라고 정의한다. 공사법이원론에 입각한 개인적 공권은 개인이 공법상 자기이익을 추구하기 위하여 국가 등 행정주체에 대하여 일정한 행위를 요구할 수 있는 힘이라고 정의될 수 있다. 개인적 공권은 보통행정기관의 의무 이행이나 권한 행사를 전제로 하고 있고, 법치행정원리가 적용되고 있는 행정법관계의 권리관계에서의 권리이므로 원칙적으로 법률에 의거하여 인정된다.

> **헌재 2003. 12. 18, 2002헌바1**
>
> 사회적 기본권의 성질을 가지는 의료보험수급권은 국가에 대하여 적극적으로 급부를 요구하는 것이므로 헌법규정만으로는 이를 실현할 수 없고 법률에 의한 형식을 필요로 한다. 의료보험수급권의 구체적 내용, 즉 수급요건·수급권자의 범위·급여금액 등은 법률에 의하여 비로소 확정된다.

개인적 공권은 주관적 권리이며, 법규의 집합체인 객관적인 법은 아니다. 경우에 따라서 개인적 공권은 주관적 공권으로 불리기도 한다.[143)]

---

143) 독일에서는 주관적 공권(개인적 공권)의 개념은 전통적으로 개인이 행정주체에 대하여 갖는 공권으로 한정하여 사용하고 있으며, 행정주체가 개인에 대하여 갖는 공권은 여기서 제외하고 있다(Wallerath, Allgemeines Verwaltungsrecht, S. 144; Obermayer, Grundzüge des Verwaltungsrechts und Verwaltungsprozessrechts, 1988, S. 42).

2) 관계개념

(1) 법률상 이익

행정심판법 제9조와 행정소송법 제12조 등은 심판청구인적격 및 원고적격과 관련하여 법률상 이익이라는 법문을 사용하고 있는데, 이 개념이 권리와 동일한 개념인가 상이한 개념인가에 관하여 견해가 나누어지고 있다. 오늘날 다수학자는 공권과 법률상 이익은 같은 개념으로 보고 있다(공권 = 법률상 이익). 이에 대하여 전통적인 견해와 판례는 이를 상이한 것으로 보고 있다. 전통적인 견해는 법률상의 익을 권리와 다음의 법률상 보호이익을 내포하는 개념(법률상 이익 = 권리 + 법률상 보호이익)으로 이해하고 있다. 양 견해의 차이는 법률상 보호이익을 어떻게 파악하는가에 기인한다.

(2) 법률상 보호이익

가. 학설

㉮ 구별긍정설

판례와 전통적인 견해는 종래와 같은 의미의 권리는 아니지만 그렇다고 단순한 반사적 이익이라고만 할 수 없는 이익, 말하자면 행정쟁송을 통하여 구제되어야 할 이익이라는 의미로 법률상 "보호이익"이라는 개념을 사용하고 있다. 그리하여 법률상 보호이익을 행정쟁송법상의 법률상 이익의 한 유형으로 보고 있다.[144]

㉯ 구별부정설

부정설은 권리라는 것이 본래 법의 보호를 받는 이익을 의미하며, 그러한 의미에서 반사적 이익과 구별되므로, 공권과 법률상 보호이익은 다만 표현의 차이에 불과하다는 입장이다.

㉰ 소결

긍정설과 부정설을 구별하지 않는 견해가 타당하다. 왜냐하면 공권이나 법률상 보호이익 역시 행정소송을 통하여 보호받을 수 있는 이익이라는 점에서 차이가 없기 때문이다. 그러나 판례는 구별긍정설을 취하는 것으로 보인다.

---

144) 대판 1975. 5. 13, 73누96 · 97.

2. 개인적 공권의 종류

개인적 공권은 ① 그 법적 지위에 따라 헌법에서 바로 나오는 구체적 권리인 기본권 으로 보호되는 개인적 공권(예: 접견권, 헌법상의 국민투표), 그러하지 아니한 개인적 공 권(예: 지방자치법상 주민투표권), ② 행정청이 개인에 대해서 특정의 행위를 하도록 의 무 지어진 개인적 공권인 실질적 개인적 공권과 무하자재량행사청구권과 같이 행정청이 행위를 하도록 의무가 되어 있으나 그 내용이 특정되지 아니한 공권인 형식적 개인적 공 권, ③ 봉급청구권, 부당이득반환청구권, 공물이용권 등과 같은 실체법상의 공권인 실체 적 개인적 공권과 실체적 공권을 실효성 있게 하기 위한 절차법상의 공권(예: 청문권, 서 류열람권)인 절차적 개인적 공권으로 분류할 수 있다.

3. 법률규정에 의한 개인적 공권의 성립

개인적 공권의 성립은 특히 법률의 규정에 의한 성립이 중요한 문제로 논의되어 왔다. 실정법상 개인적 공권이 명백히 규정되어 있지 아니한 경우에, 법률규정에 의하여 개인 적 공권이 성립하기 위한 요건으로서 뷜러(Bühler)는 3요소를 주장하였고, 이는 독일의 전통적인 견해였다. 뷜러에 의하면, 법률규정에 의하여 개인적 공권이 성립하기 위해서는 ① 강행법규에 의한 행정주체에 대한 행위의무의 부과, ② 관련법규의 사익보호성, ③ 이익관철의사력이 충족되어야 한다고 한다.

1) 강행법규에 의한 의무부과

권리는 그에 상응하는 의무가 전제되는바,[145] 개인적 공권이 성립하기 위한 제1요소로서 강행법규에 의하여 국가 기타의 행정주체에게 일정한 행위의무가 부과되어 있어야 한다. 여기서 행정주체의 의무는 당해 강행법규에 의거한 기속행위이어야 한다. 행정법규가 임의규범인 경우에는 공권이 성립되지 않는 것이 원칙이나, 재량권이 영으로 수축되어 기속행위화되는 때에는 행정개입청구권이 성립되며, 결정재량권이 부인되고 선택재량권만이 인정되는 경우에는 재량권의 하자 없는 행사를 청구할 수 있는 무하자재량행사청구권이 성립된다.

2) 관련법규의 사익보호성

(1) 의의

개인적 공권이 성립하기 위한 2요소로서 관련법규가 사익보호를 목적으로 하여야 한다. 그러나 관련법규의 취지가 개인의 이익 또한 보호하고 있는지의 여부에 대한 판단은 종종 매우 복잡한 문제를 야기한다.

(2) 판단기준

가. 학설

사익보호목적의 존부의 판단은 ① 당해 처분의 근거가 되는 법률의 규정과 취지만을 고려하여야 한다는 견해, ② 당해 법률의 규정과 취지 외에 관련법률의 규정과 취지도 고려하여야 한다는 견해, ③ 당해 법률의 규정과 취지와 관련법률의 취지, 그리고 기본권규정도 고려하여야 한다는 견해들이 있다. 헌법의 구체화법으로서의 행정법이라는 관점에서 ③의 견해가 타당하다.

나. 판례

판례는 "법률상 이익이란 당해 처분의 근거법률에 의하여 직접 보호되는 구체적인 이익을 말한다."고 하여, 기본적으로 당해 처분의 근거되는 법률만을 고려하지만, 최근에는 근거법률 외에 관련 법률까지 고려하는 판례가 나타나는가 하면, 기본권을 고려한 판례

---

145) 그러나 의무가 존재한다 하여, 그에 상응하는 권리가 성립한다는 등식은 타당성이 없다. 왜냐하면, 행정법관계에서의 행정의 본질은 공익의 실현작용이며, 행정법규는 전적으로 공공목적만을 위하여 행정청에 의무를 부과하는 경우가 적지 않기 때문이다. 즉 이 경우, 행정청에게 법적 의무를 부과한 결과 그에 상응한 사인의 권리는 성립하지 않는다.

도 나타나고 있다.

대판 1992. 5. 8, 91부8

만나고 싶은 사람을 만날 수 있다는 것은 인간이 가지는 가장 기본적인 자유 중 하나로서 이는 헌법 제10조가 보장하고 있는 인간으로서의 존엄과 가치 및 행복추구권 가운데 포함되는 헌법상의 기본권 이라고 할 것인바, 구속된 피고인이나 피의자도 이러한 기본권주체가 됨은 물론이며, 오히려 구속에 의하여 외부와 격리된 피고인이나 피의자의 경우에는 다른 사람과 만남으로써 외부와의 접촉을 유지 할 수 있다는 것이 더욱 큰 의미를 가지게 되는 것이고, 또한 무죄추정의 원칙을 규정한 헌법 제27조 제4항의 규정도 구속된 피고인이나 피의자가 위와 같은 헌법상의 기본권을 가진다는 것을 뒷받침하는 규정이라고 할 수 있으므로 형사소송법 제89조 및 제213조의2가 규정하고 있는 구속된 피고인 또는 피의자의 타인과의 접견권은 위와 같은 헌법상의 기본권을 확인하는 것일 뿐 형사소송법의 규정에 의 하여 비로소 피고인 또는 피의자의 접견권이 창설되는 것으로 볼 수 없다.

---

(3) 제3자의 보호

사익보호 여부와 관련하여 특히 문제되는 것은 제3자효 있는 행위의 경우이다. 이와 관련하여 보호규범이론[146]이 중요한 의미를 가진다. 제3자효 있는 행위의 경우에 제3자 의 권리도 성립할 수 있는가의 문제에 있어서는 적용되는 법규범이 제3자의 이익의 보호 도 목표로 하고 있는가의 여부가 역시 결정적인 기준이 된다. 이러한 보호규범론은 일방 의 권리를 제한하고 타방의 권리를 확대하는 기능을 갖는다. 따라서 이 이론은 환경보호 의 영역에서도 제3자 보호와 관련하여 큰 의미를 갖게 될 것이다. 법규의 해석상 제3자의 보호도 내용으로 하는 한 제3자도 소송상 자기의 이익을 주장할 수 있다. 이것은 경쟁자 소송과 경원자소송, 그리고 이웃소송(인인소송)의 문제가 된다. 판례는 제3자와의 보호와 관련하여 경업자소송(경쟁자소송), 경원자소송, 이웃소송(인인소송)을 인정하고 있다.

경업자소송(경쟁자소송)은 행정소송법상의 소송유형이 아니고 다만 많은 경쟁자 사이 에서 경쟁상 부족한 재화의 제공 또는 이용과 관련하여 나타나는 소송현상을 말한다. 즉 경쟁자소송은 행정청에 의한 경쟁자의 수익에 반대하여 제3자인 경쟁자가 제기하는 소송 을 말한다. 예컨대, 경쟁자인 A에게 버스증차를 허용하면서, 경쟁자인 B에게는 버스증차 를 거부한 경우, B가 허가청을 상대로 A에 대한 증차의 취소를 구하는 소송이 그것이다.

---

146) 보호규범론은 관련법규가 보호하는 목적을 탐구하는 행정법학방법론의 하나이다. 목적은 상대방과 관 련할 수도 있고, 제3자와 관련할 수도 있다. 제3자 보호규범론이 따로 있는 것이 아니다.

경쟁자소송에서는 행정청과 경쟁자사이의 법관계에 제3자인 경쟁자의 개인적 공권이 존재하는가의 여부가 결정적이다. 이것은 결국 행정청과 경쟁자사이의 법관계의 근거가 되는 법규범이 제3자인 경쟁자의 보호도 목적으로 하고 있는가의 여부에 따라 판단되어야 한다.

경원자소송은 인가 및 허가 등의 수익적 행정처분을 신청한 수인이 서로 경원관계에 있어서 일방에 대한 허가 등의 처분이 필연적으로 타방에 대한 불허가로 귀결될 때 문제된다.

이웃소송은 이웃하는 자들 사이에서 특정인에게 주어지는 수익적 행위가 타인에게는 법률상 불이익을 초래하는 경우에 그 타인이 자기의 법률상 이익의 침해를 다투는 소송을 말한다. 즉 행정청에 의한 이웃의 수익에 반대하여 제3자인 이웃이 제기하는 소송을 말한다. 예컨대 건축행정청이 A에게 거리제한규정을 위반하여 건축허가를 한 경우, A의 이웃인 B가 그 위법으로 인해 화재위험으로부터 보호되는 권리 등이 침해되었음을 다투는 소송이 그것이다. 이웃소송에서도 관련법규정이 개인에게 '행정청이 특정의 규범을 준수하도록 요구살 수 있는 개인적 공권'을 부여하고 있는가의 여부가 결정적이다. 이것 역시 결국 행정청과 이웃 사이의 법관계의 근거가 되는 법규범이 제3자인 이웃의 보호도 목적으로 하고 있는가의 여부에 따라 판단되어야 한다. 일본에서는 이를 인인(隣人)소송이라고도 한다.

> **대판 1992. 5. 8, 91누1374**
>
> 행정소송법 제12조는 취소소송은 처분 등의 취소를 구할 법률상 이익이 있는 자가 제기할 수 있다고 규정하고 있는바, 인허가 등의 수익적 행정처분을 신청한 수인이 서로 경쟁관계에 있어서 일방에 대한 허가 등의 처분이 타방에 대한 불허가 등으로 귀결될 수 있는 때(이른바 경원관계에 있는 경우로서 동일대상지역에 대한 공유수면매립면허나 도로점용허가 혹은 일정지역에 있어서의 영업허가 등에 관하여 거리제한규정이나 업소개수제한규정 등이 있는 경우를 그 예로 들 수 있다) 허가 등의 처분을 받지 못한 자는 비록 경원자에 대하여 이루어진 LPG 충전소의 허가 등 처분의 상대방이 아니라 하더라도 당해 처분의 취소를 구할 당사자 적격이 있다 할 것이고, 다만 구체적인 경우에 있어서 그 처분이 취소된다 하더라도 허가 등의 처분을 받지 못한 불이익이 회복된다고 볼 수 없을 때에는 당해 처분의 취소를 구할 정당한 이익이 없다고 할 것이다.

3) 이익관철의사력(청구권능의 부여성)

공법관계에서 사인에게 공권이 인정되기 우해서는 법적으로 인정되고 있는 이러한 이익을 국가 등의 행정주체에 대하여 궁극적으로 소송에 의하여 관철할 수 있는 의사력 또는 법적 힘이 사인에게 부여되어 있어야 한다. 그러나 오늘날에 와서는 현대 대부분의 국가헌법이 재판을 받을 권리를 일반적으로 보장하고 있고, 행정소송법은 행정소송사항에 관한 개괄주의를 취하고 있으므로, 공권성립의 제3요소는 독자적 의미를 상실하였다고 보는 것이 지배적이다.[147]

4. 헌법규정에 의한 개인적 공권의 성립

1) 의의

헌법이 보장하는 국민의 기본권은 국민 개개인을 위한 공권이라는 점, 그리고 헌법상의 모든 기본권이 언제나 국민에게 구체적이고도 현실적인 권리를 부여하는 것은 아니

---

147) 이에 대하여 자유권의 경우는 2요소로 족하지만, 수익권의 경우는 행정주체에 대하여 일정한 작위나 급부 등을 요구하는 적극적 권리이기 때문에 헌법규정에 의하여 바로 청구권을 행사할 수 없고, 실정법의 규정에 의하여 수익권이 구체적인 청구권의 형태로 규정되어야 그 실정법상의 청구권을 근거로 당해 수익권의 실효성을 확보할 수 있게 되며, 이 경우 공권성립의 3요소가 여전히 적용되어야 한다는 반론이 있다(변재옥, 『고시연구』, 1998. 6, 66면). 이와 같은 반론은 설득력이 없는 것은 아니나, 기본권인 자유권을 개인적 공권과 동일시하는 인식을 바탕으로 하고 있어 문제가 있다.

라는 점에서는 대체로 의견이 일치한다. 문제는 헌법상 보장하는 기본권 중에서 구체적이고도 현실적인 권리로 인정될 수 있는 범위의 설정이다. 헌법에 의한 개인적 공권의 성립을 인정한다면 사인은 헌법상의 기본권침해를 이유로 행정소송을 제기할 수 있게 된다.[148]

2) 기본권에 의한 개인적 공권성립의 전제조건

(1) 법률의 헌법에 대한 적용우위의 원칙

일설은 법률의 헌법에 대한 적용우위의 원칙을 전제로 하여 공권은 우선적으로 관련개별법규에서 인정근거를 찾아야 하고, 그로부터 개인적 공권이 도출될 수 없을 경우에 개인의 중대한 법익의 침해를 방지하기 위하여 헌법의 기본권규정이 직접 개인적 공권성립의 근거규정이 될 수 있다고 한다.

(2) 법률의 헌법에 대한 적용우위원칙의 예외

일설은 침익적 처분의 상대방이 그 침익적 처분의 제거를 목적으로 하는 경우에도 논리적으로 보면 처분의 근거법률의 사익보호목적의 존재를 검토하여야 하지만, 이러한 경우에는 사익보호성의 문제를 검토함 없이 기본권으로서의 자유권에 대한 침해의 관점에서 원고적격을 인정하고 있는 독일의 학설과 판례의 논리(직접상대방이론, 수범자이론)를 원용하여 기본권으로부터 직접 개인적 공권의 성립을 인정한다. 이러한 입장은 헌법상의 자유권은 국가권력이 위배하게 자유권을 침해하는 경우 그 침해의 배제를 요구할 수 있는 권리라는 점을 배경으로 한다.

---

148) 행정법상 개인적 공권은 그 침해에 대하여는 궁극적으로 재판에 의한 구제를 청구할 수 있는 권리만을 의미한다. 그러한 점에서는 관계법령에 의하여 보호되는 이익과는 무관하게 헌법상 기본권의 침해를 이유로 행정소송을 제기하여 구제를 받을 수 있는지의 문제가 제기된다. 헌법재판소는 일단 헌법상의 기본권은 당연히 헌법소원에 의하여 보호될 수 있는 것으로 보고 있다. 또한 대법원의 판례 중에도 헌법상의 기본권의 침해를 이유로 하는 행정소송을 적법한 것으로 인정한 판례도 일정 수 나타나고 있다(대판 1992. 5. 8, 91누7552). 그러나 적어도 행정소송과의 관계에서는 헌법상의 기본권 모두가 재판에 의하여 구제될 수 있는 개인적 공권이라고 보기는 어려운 것으로 보인다. 이와 관련하여서는 매우 일반적이기는 하나 헌법상 기본권 중에서도 그 구체적 내용에 따라 법률에 의하여 구체화되지 않아도 직접 적용될 수 있는 경우에 한하여 재판상 주장될 수 있는 개인적 공권으로 보아야 할 것이라는 하나의 기준을 제시할 수 있을 것이다.

(3) 소결

천부인권으로서의 기본권을 강조하는 점에서는 위의 (2)의 견해도 일리가 있지만, 개인적 공권은 관계 법률을 근거로 판단하여야 하는 점에서 보면 (1)설이 타당하다. (1)설이 다수설의 견해이다.

3) 기본권에 의한 개인적 공권성립의 범위

(1) 자유권·평등권·재산권

소극적인 방어권으로서의 자유권적 기본권은 물론 평등권, 재산권도 기본권규정에 의하여 직접 개인적 공권이 성립될 수 있다. 영업상 이익을 침해하는 제3자효 있는 행정행위에 대하여는 직업의 자유의 기본권규정에서 개인적 공권을 도출할 수 있다.

(2) 청구권적 기본권

청구권적 기본권의경우에는 법률이 청구권적 기본권의 행사절차, 내용, 범위 등을 확정하기 전에는 구체적이고 현실적인 권리화가 되었다고 볼 수 없기 때문에 청구권적 기본권에 관한 규정으로부터 바로 구체적인 개인적 공권이 성립된다고 보기 어렵다. 이는 지배적인 견해이기도 하다. 마찬가지로 생존권적 기본권으로부터 직접 구체성을 띠는 개인적 공권이 성립되기는 어렵다.

헌재 2003. 12. 18, 2002헌바1

사회적 기본권의 성격을 가지는 의료보험수급권은 국가에 대하여 적극적으로 급부를 요구하는 것이므로 헌법규정(헌법 제34조 제1항)만으로는 이를 실현할 수 없고, 법률에 의한 형성을 필요로 한다. 의료보험수급권의 구체적 내용, 즉 수급요건·수급권자의 범위·급여금액 등은 법률에 의하여 비로소 확정된다.

---

5. 공권과 반사적 이익

1) 반사적 이익의 관념

반사적 이익(Rechtsreflex)은 행정법규가 개인을 위한 것이 아닌 사회적 공동이익을 위하여 행정주체나 사인 등에게 어떤 작위 또는 부작위를 명한 경우에, 행정주체 등이 이를 실현하는 반사적 효과로서 관계 개인이 얻게 되는 이익을 말한다. 즉 행정상의 강행법규에 의하여 행정주체에게 일정한 의무가 부과되거나 행정청의 행위에 일정한 제한이 가해져 있는 경우에, 개인이 그로 인하여 일정한 이익을 받는 경우가 있다. 그러나 관계법규가 전적으로 공익목적만을 위한 것인 때에는, 사인이 받는 이러한 이익은 공익적 견지에서 행정주체에 제한 또는 의무를 부과한 반사적 효과로서의 이익에 불과하며, 이를 반사적 이익이라고 한다. 예컨대, 영업허가 등에 대한 법적 규제로 인하여 허가 받은 자가 얻는 영업상의 이익, 도로·공원 등 공물의 설치로 인한 공물이용자의 이익 등을 들수 있다.[149]

2) 공권과 반사적 이익의 구별실익

반사적 이익과 공권의 구별은 특히 행정쟁송(행정심판·행정소송)에 있어서의 원고적격의 인정문제와 관련하여 중요한 의미가 있다. 행정심판법 제9조나 행정소송법 제12조는 "취소소송은 처분 등의 취소를 구할 법률상 이익이 있는 자가 제기할 수 있다."고 규정하고 있다. 동조상의 법률상의 이익의 관념에 대하여 우리 판례는 취소소송에 있어서의 원고적격은 적어도 "법적으로 보호되는 이익"이 침해된 경우에만 인정되고, 단순한 사실상의 이익이나 반사적 이익이 침해된 경우에는 인정되지 않는다는 입장을 취하고 있다. 따라서 위법한 행정처분에 의하여 일응 그 개인적 이익이 침해된 때에도 그 이익이 단순히 반사적 이익에 그치는 것인 때에는, 그 이익의 구제를 구하는 소송은 소송요건을 결한 부적법한 것으로서 각하된다. 이러한 점에서 양자는 구별할 실익이 있다.

---

149) 장태주, 『행정법개론』, 법문사, 2010, 117면.

3) 법률상 보호이익의 확대화

종전에는 단순히 반사적 이익으로 이해되었으나, 근자에는 관련법규가 사익보호도 목적으로 한다고 보아 법률상 이익으로 이해되고 있다.

(1) 공물의 일반사용으로 인한 이익

공물인 도로의 일반사용이 권리로서 인정된다고 보기는 어려울지라도 합리적인 이유 없이 도로의 사용이 배제되면, 사인은 그 배제를 구할 수 있는 권리를 갖는다고 보는 것이 오늘날의 견해이다. 따라서 공물의 일반사용으로 인한 이익이 언제나 반사적 이익이라고 할 수만은 없다.

(2) 제3자에 대한 규제권 발동으로 인한 이익

제3자효 있는 행위의 경우에 상대방에 대한 규제로 인한 이익을 받는 제3자의 이익 (예: 공해배출업소에 대한 공해배출규제로 인한 이웃주민이 받는 이익)은 종래 단순히 반사적인 이익으로 보았으나 오늘날에는 법적인 이익으로 이해하는 데 별 다툼이 없다.

> **대판 2006. 3. 16, 2006두330(새만금사건)**
>
> 법률상 보호되는 이익이라 함은 당해 처분이 근거법규 및 관련법규에 의하여 보호되는 개별적·직접적·구체적 이익이 있는 경우를 말하고 공익보호의 결과로 국민일반이 공통적으로 가지는 일반적·간접적·추상적 이익이 생기는 경우에는 법률상 이익이 있다고 할 수 없다.

Ⅳ. 개인적 공권의 강화

헌법상의 기본권에 대한 새로운 인식(기본권의 이중성에 기한 기본권효력의 확대)으로 종래에 비하여 공법관계에서 개인의 지위는 강화되고 있다. 이러한 인식은 행정법 영역에서의 개인의 지위에 대하여도 파급효과를 가져왔다. 즉 뷜러(1955년)의 공권3요소설이 퇴색되고, 공권개념에 대한 새로운 인식이 대두되었으며 또한 행정민주주의의 실현을 위하여 행정에 대한 개인의 참여(행정절차상 개인의 참여)가 강화됨으로써 오늘날에는 일련의 개인적 공권이 행정법학자들의 큰 관심의 대상으로 되고 있다. 이러한 권리의 예로는 행정절차법상의 개인의 참여권, 무하자재량행사청구권, 행정개입청구권 등을 볼 수 있다. 이하에서는 무하자재량행사청구권과 행정개입청구권에 관하여 살펴보기로 한다.

1. 무하자재량행사청구권

1) 개념

(1) 개념의 발전

공권2요소설에 따르면, 행정청이 특정한 행위를 하도록 의무를 부과하는 강행법규가 존재하고 관련법규의 사익보호성이 충족되는 경우에 사인은 개인적 공권을 가지며, 행정청이 자기의 재량에 따라 행위할 수 있는 경우에는 사인에게 개인적 공권이 존재하지 아니한다. 그러나 이러한 사고는 1950년 이래 차차 쇠퇴하였으며, 오늘날에는 무하자재량행사청구권이 일반적으로 인정되고 있다.

(2) 개념정의

특정한 행위의 발령권한이 행정청의 재량권에 속하면, 종래에는 사인이 행정청에 대하여 원칙적으로 특정한 행위의 발령을 요구할 수 있는 권리를 갖지 아니하였다. 그러나 오늘날에 있어서는 특정한 행정권의 발령권한이 행정청의 재량에 놓이더라도 동시에 그 결정이 법적으로 보호되는 사인의 이익과 관련이 있으면, 그 사인은 행정청에 대하여 특정한 행위를 발령함에 있어 하자 없는 결정을 구할 수 있는 권리를 가진다고 인식하고 있는바, 이것이 무하자재량행사청구권이다. 예컨대 법령이 정한 요건을 구비하여 숙박시설의 건축허가를 신청한 자는 허가청에 대하여 기속적인 허가발령청구권을 갖지 아니한다. 왜냐하면, 건축법 제8조 제5항에 비추어 숙박시설의 건축허가의 여부는 행정청의 재량에 속하기 때문이다. 그러나 신청인은 자신의 신청에 대하여 하자 없는 재량행사를 전제로 하는 허가발령청구권을 갖는바, 이것이 바로 무하자재량행사청구권이다.150)

---

150) 이에 대하여 2분설에 의하여 무하자재량행사청구권을 구별하여 개념정의하는 경우도 있다. 이에 의하면 넓은 의미에서의 무하자재량행사청구권은 개인이 행정청에 대하여 하자 없는 적법한 재량처분을 구

2) 독자성 인정 여부

무하자재량행사청구권을 독자적 권리로 인정할 필요가 있는가에 관하여 그 권리의 독자적인 존재의의를 부정하는 견해와 긍정하는 견해가 있다.

(1) 부정설

무하자재량행사청구권의 독자적 존재의의를 부정하는 이 견해에 의하면, 재량권의 하자 있는 행사란 결국 재량권의 위법한 행사를 뜻하는 것이므로, 그에 대한 실체적인 면에서의 권리구제를 인정할 수 있고, 이 경우에 취소소송을 통하여 다툴 수가 있고, 만약 하자 없는 재량행사를 청구할 수 있는 추상적인 권리를 인정하는 것이라면 원고적격을 부당하게 넓혀 실질적으로 민중소송화할 우려가 있다고 지적한다.[151]

(2) 긍정설

이 견해는 재량행위에 있어서도 그 행사에는 일정한 법적 한계가 있는 것이며, 행정청은 그 한계를 준수할 법적 의무가 있기 때문에 관계인은 사전적인 권리구제차원에서 행정권에 대하여 그 법적 의무로서 재량권의 한계를 준수할 것을 요구하는 청구권을 인정할 필요가 있다는 것을 논거로 무하자재량행사청구권의 독자적 존재의의를 인정한다. 이 견해가 타당하며, 현재의 다수견해이다.[152]

(3) 관련 판례

무하자재량행사청구권의 법리가 적용된 판례는 검사임용거부처분취소소송사건에서 볼 수 있다.[153] 즉 대법원은 사법시험에 합격하고 사법연수원의 소정과정을 마친 후 검사임

하는 공권이라고 하고, 좁은 의미에서는 행정권의 재량권행사에 있어 결정재량은 부인되면서도 선택재량권만을 가지고 있는 경우에, 그 재량권의 하자 없는 행사를 청구할 수 있는 권리를 말한다고 한다(김남진, 무하자재량행사청구권, 월간고시, 1989. 8, 194면 이하).

151) 이상규, 『신행정법론(상)』, 1997, 200면.
152) 이에 대하여 무하자재량행사청구권을 또 하나의 공권으로 인정하면서도, 이 청구권은 소권(원고적격)을 가져다줄 정도의 독자적인 권리가 아니라고 하는 견해도 있다(홍정선, 행정법원론(상), 박영사, 2009, 145면). 그러나 무하자재량행사청구권은 독자성이 인정되는 개인적 공권이며, 그에 기하여 소권(원고적격)은 또한 성립한다고 보는 것이 타당하다(다수설). 왜냐하면 이 청구권 또한 법적 의무성과 사익보호성을 성립요건으로 하고 있기 때문이다. 결국 무하자재량행사청구권에 의하여도 원고적격이 확대되는 결과를 가져오는 것이다.

용신청을 하였으나, 그 임용이 거부된 자가 제기한 취소소송사건에서 무하자재량행사청구권의 법리를 원용하여 다음과 같이 판시하고 있다.

"검사의 임용에 있어서 임용권자가 임용여부에 관하여 어떠한 내용의 응답을 할 것인지는 임용권자의 자유재량에 속하므로 일단 임용거부라는 응답을 한 이상 설사 그 응답 내용이 부당하다고 하여도 사법심사의 대상으로 삼을 수 없는 것이 원칙이나, 적어도 재량권의 한계일탈이나 남용이 없는 위법하지 않은 응답을 할 의무가 임용권자에게 있고, 이에 대응하여 임용신청자로서도 재량권의 한계일탈이나 남용이 없는 적법한 응답을 요구할 권리가 있다고 할 것이며, 이러한 응답신청권에 기하여 재량권남용의 위법한 거부처분에 대하여는 항고소송으로써 그 취소를 구할 수 있다고 보아야 하므로 임용신청자가 임용거부처분이 재량권을 남용한 위법한 처분이라고 주장하면서 그 취소를 구하는 경우에는 법원은 재량권남용 여부를 심리하여 본안에 관한 판단으로서 청구의 인용 여부를 가려야 한다."154)

(4) 사견

무하자 재량행사청구권은 재량행위에 대한 항고소송에서 원고적격을 인정하기 위해서는 그 실익이 없으나, 재량행위에도 공권을 인정될 수 있다는 것과 어떠한 권리인지를 설명할 있고 의무이행심판이나 의무이행소송에서 적법재량행사를 명하는 재결이나 판결의 근거가 된다는 점에서 그 인정실익이 있다. 따라서 긍정설이 타당하다.

3) 성립요건

무하자재량행사청구권도 공권의 하나이며, 이 청구권이 성립하기 위해서는 다음의 두 가지 요건이 충족되어야 한다.

---

153) 홍정선 교수는 동 판례에서 인정된 응답을 받을 권리 그 자체는 헌법 제10조 인간의 존엄과 가치, 헌법 제15조의 직업선택의 자유, 헌법 제25조 및 국가공무원법 · 검찰청법 등에서 나오는 공무담임권의 한 부분으로서 실체적인 권리이지, 재량행사의 하자 그 자체를 대상으로 하는 형식적 권리가 아니라고 하여, 동 판례가 무하자재량행사청구권을 소권을 가져다주는 독자적인 권리를 판시한 것이 아니라고 한다 [홍정선, 행정법원론(상), 박영사, 2009, 145면]. 그러나 다수의 견해와 같이 동 판례는 무하자재량행사청구권 및 그의 원고적격을 인정하고 있는 것이라고 봄이 타당하다.
154) 대판 1991. 2. 12, 90누5825.

(1) 처분의무

무하자재량행사청구권이 성립하기 위해서는 우선 행정청에 대한 법적 의무로서의 처분의무가 부과되어야 한다. 그러나 재량처분에 있어서 행정청의 법적 의무성을 인정할 수 있는가에 대하여는 의문이 제기될 수 있다. 왜냐하면, 재량처분에서는 행정청에게 독자적인 판단권이 부여되기 때문이다. 그러나 행정청에게 주어지는 재량행위라고 할지라도 그것은 임의적이고 자의적인 처분을 의미하는 것이 아니라 재량처분에 있어서도 그 한계를 준수할 법적 의무가 있는 것이다. 즉 재량권의 한계(일탈, 남용)가 그것이다. 다만, 기속행위에 있어서의 법적 의무는 그 종국적 결정에 대하여도 미치는 것인 데 대하여, 재량행위의 경우에는 그 종국적 결정에 대하여는 처분청에 재량권, 즉 독자적 판단권이 인정되어 처분청의 법적의무는 그 형성과정에만 미치는 것이라는 점에서, 양자 간에는 기본적 차이가 있다.

(2) 사익보호성

관련법규범이 공익뿐만 아니라 관련사인의 이익을 보호하도록 의도하고 있어야 한다. 즉 관계법규가 전적으로 공익만을 그 목적으로 하는 때에는 무하자재량행사청구권이 인정되지 아니한다.

4) 무하자재량행사청구권의 내용

무하자재량행사청구권의 내용은 특정행위의 발령과 관련된 하자 없는 재량행사이다. 하자 없는 재량행사란 자의가 아니라 의무에 합당한 재량행사를 말한다. 즉 법률의 우위 하에서 법의 목적과 한계 등을 고려하면서 이루어지는 재량행사를 말한다. 이에 반하면 하자 있는 재량행사가 된다. 하자 있는 재량행사의 유형에는 ① 재량권의 일탈, ② 재량권의 남용, ③ 재량권의 불행사 또는 해태가 있다. 재량권의 불행사는 재량권의 미달이라고도 한다. 즉 무하자재량행사청구권은 종국적 결정의 형성과정에 있어서 행정청의 재량권의 한계를 준수의무를 내용으로 한다. 이는 상대방의 신청에 따르는 특정처분을 할 의무가 아님을 의미한다. 이러한 의미에서 기속행위의무에 기한 청구권이 특정처분을 구할 수 있는 것이라는 점에서 실체적 청구권이라고 한다면, 무하자재량행사청구권은 다만 종국처분의 형성과정에 있어 재량권의 법적 한계를 준수하면서 어떠한 처분을 할 것을 구할 수 있을 따름이라는 점에서 절차적 내지 형식적 공권이라고 하는 것이다.

5) 무하자재량행사청구권의 쟁송수단

무하자재량행사청구권의 관철을 위한 쟁송수단으로서는 취소소송, 의무이행심판 및 부작위위법확인소송이 있다.

(1) 취소소송

무하자재량행사청구권에 기하여 적법한 재량처분을 구하였으나, 행정청이 이를 거부한 경우에는 당사자는 거부처분의 위법을 이유로 그 취소를 구할 수 있다. 이 경우 거부처분의 위법사유로서는 원칙적으로 그 형성과정상의 재량권의 일탈·남용사유에 한정된다. 이러한 취소소송에서 당해거부처분이 취소되면 처분청은 판결의 취지에 따라 그 위법사유를 시정하고 다시 처분을 하여야 한다(행정소송법 제30조 제2항).

(2) 의무이행심판

무하자재량행사청구권에 기하여 적법한 재량처분을 구하였으나, 행정청이 이를 거부하거나 부작위한 상태로 방치하는 경우에는 의무이행심판을 제기할 수 있다. 이 경우 그 심판청구가 이유 있으면 재결청은 "신청에 따른 처분을 하거나 이를 할 있을 명하여야 한다(행정심판법 제32조 제5항). 즉 무하자재량행사청구권은 원칙적으로 재량처분의 형성과정에만 미치는 것이므로 의무이행심판의 인용재결에 있어서도 재결청은 그 과정 또는 절차상의 하자를 시정하고 직접 처분하거나, 처분을 할 것을 명할 수밖에 없고, 신청대로의 처분을 하거나 이를 명할 수는 없다.

(3) 부작위위법확인소송

무하자재량행사청구권이 있는 자의 신청에 대하여 행정청은 처분할 의무가 있음에도 불구하고 이를 부작위로 방치하는 경우에 행정심판법상의 의무이행심판이 가장 효과적이지만, 현행 행정소송법은 이에 관한 규정이 없기 때문에 관계자는 부작위위법확인소송을 제기하여 그 부작위가 위법한 것이라는 확인을 받을 수 있다. 판결에 의하여 당해 부작위의 위법성이 확인되면, 행정청은 판결의 취지에 딸 상대방의 신청에 대하여 처분을 하여야 한다(행정소송법 제38조 제2항·제30조). 그러나 부작위위법확인소송은 행정청의 부작위가 위법한 것임을 확인하는 소송이므로, 실정법상 행정청의 처분의무가 특정처분을 하여야 하는 것인 경우에도, 법원은 다만 신청에 대한 방치상태가 위법한 것임을 확인할 수밖에 없다고 본다.[155]

6) 영으로의 재량수축과 무하자재량행사청구권

(1) 재량권의 영으로의 수축의 개념

특정한 예외적인 경우에는 재량행위임에도 불구하고 행정청이 자유영역을 갖지 못하고 하나의 결정만을 하여야 하는 경우가 나타난다. 즉, 예외적인 경우에는 하나의 특정한 결정만이 무하자재량행사가 되는데, 이러한 경우를 영(또는 1)으로의 재량수축 또는 재량감소라고도 한다. 여기서 영이란 재량영역이 없다는 의미이고, 1이란 적법한 행위는 한 가지뿐이라는 것을 의미한다. 영으로의 재량수축은 ① 개인의 생명·신체 등이 중대한 위협을 받고 있는 경우, ② 행정권의 발동이 없으면 국민생활에의 구체적 위험 내지는 금전으로 배상할 수 없는 손해가 생길 것이 예상되는 경우에 행정권을 발동하면 그러한 위험 내지는 손해를 예방할 수 있는 경우 등에서 성립한다. 특히 경찰영역(위험방지영역)에서 기본권의 보호를 위해 빈번히 발생한다.[156] 예컨대 폭약공장이 인근주민의 생명(헌법 제10조)을 위협하면, 인근주민은 권한 있는 행정청이 관련법령에 따라 필요한 부담을 발령할 것을 구하는 청구권을 갖는다.

(2) 형식적 권리의 실체적 권리로의 전환

영으로의 재량축소의 경우에 행정청은 특정한 행위만을 하여야 하므로, 그것은 기속행

---

155) 김동희, 『행정법 요론』, 박영사, 2010, 76면.
156) 독일 연방헌법재판소는 1960년의 이른바 띠톱판결(Brandsäge Urtei)에서 행정권의 발동이 행정청의 재량에 맡겨져 있는 경우에도 재량권이 영으로 수축된 경우에는 행정권의 발동을 청구할 수 있는 권리가 인정된다고 판시하였다. 즉, 주거지역 내에 있는 석탄제조 및 하역업소가 사용하는 띠톱에서 나오는 먼지와 소음으로 인해 피해를 받고 있던 인근 주민이 행정청에 대하여 당해 띠톱사용금지조치를 취해 줄 것을 요구하는 소송을 제기한 사건에서 베를린 고등법원은 그러한 행정권의 발동 여부는 행정청의 재량에 속하는 것이기 때문에 원고에게는 행정권의 발동을 요구할 수 있는 권리가 없다고 판시하였는데 이에 상고심에서 독일 연방헌법재판소는 행정권의 발동이 재량에 맡겨진 경우라도 재량권이 0으로 수축된 경우에는 행정권의 발동을 청구할 수 있는 권리가 인정된다고 판시하였다.

위와 같은 결과가 된다. 만약 이 경우의 재량이 특정인의 법령상 이익과 관련되면, 그 특정인은 특정한 결정을 청구할 수 있는 권리를 가진다. 영으로 재량이 축소되는 경우에 무하자재량행사청구권은 형식적 · 절차적인 권리에서 실체적인 권리로 변하게 된다. 즉 재량권이 영으로 축소되는 경우에 있어서는 그 대상이 수익적 행정행위인 경우에는 특정한 급부행위를 요구하는 청구권으로 변하게 되며, 부담적 행정행위인 경우에는 특정한 침해행위의 배제를 요구하는 방어권으로 변하게 된다.

2. 행정개입청구권

1) 의의

행정개입청구권은 광의로는 사인이 자기의 이익을 위해 행정청에 대하여 자기 또는 제3자에게 행정권을 발동해 줄 것을 청구할 수 있는 권리를 말한다. 협의로는 사인이 자기의 이익을 위해 행정청에 대하여 제3자에게 행정권을 발동할 것을 청구하는 권리를 의미한다(협의의 행정개입청구권). 이러한 협의의 행정개입청구권은 제3자효 있는 행정행위의 경우에 행정청의 상대방과 제3자 사이의 법률관계에 행정권이 개입하게 되는 경우와 관련된다. 이와 달리 사인이 자기의 이익을 위하여 자기에게 대한 행정권의 발동을 구하는 권리를 행정행위발동청구권이라고 한다. 예컨대, 자신을 생활보호대상자로 지정해 줄 것을 청구하거나 또는 이웃이 불법건축을 하여 일조권 등을 침해할 때 건축행정청에 대하여 이웃(제3자)에게 불법건축물의 철거명령을 발동해 줄 것을 청구하는 권리를 들 수 있다.

2) 논의 배경

종전에는 재량영역에서의 행정권발동여부가 행정청의 자유판단에 맡겨진 것으로 그리고 그러한 행위로 인한 이익을 반사적 이익으로 보아 사인은 행정권에 개입을 청구할 수 있는 권리는 갖지 아니한 것으로 이해되었다. 그러나 행정에 대한 개인의 의존도가 증대하는 현대국가에서는 종래 반사적 이익으로 이해되었던 이익도 사안에 따라서는 법이 보호하는 이익으로 이해되게 되었는바, 이제는 행정권발동 여부가 오로지 행정권의 자유로운 판단에만 놓이는 것은 아니라는 인식이 확대되고 있다. 이 때문에 경우에 따라서는 기속행위는 물론이고 재량행위의 경우에도 재량이 영으로 축소되는 경우에는 사인의 이익을 위해 행정권의 발동이 의무적이라는 인식이 대두하게 되었고, 이러한 인식하에서 행정개입청구권의 개념이 나타나게 되었다.157)

3) 행정개입청구권의 성립요건

행정개입청구권은 개인적 공권의 하나로서, ① 당해 법규에 의한 재량권이 그의 수축에 따라 행정청에 개입의무가 발생해야 하며, ② 관련법규가 오로지 공익실현만을 목적으로 하는 것이 아니고 개인의 이익보호도 목적으로 하고 있는 경우에 성립한다. 이와 관련하여 판례는 행정개입청구권에 대하여 부정적인 입장을 취한 판례도 있으나 최근 대법원은 새만금간척종합개발사업에 관한 판결에서 비록 명시적인 표현을 하지 않았으나 행정개입청구권의 존재를 전제로 하여 원고적격을 인정하였으나 본안에서 공유수면 매립면허 및 사업시행인가처분에 대한 원고의 취소청구를 기각하였다.158)

4) 행정개입청구권과 쟁송수단

행정개입청구권이 성립되는 경우 개인은 행정청에 대하여 자기를 위하여, 또는 제3자에 대한 규제 내지는 단속 등을 위하여 개입하여 줄 것을 직접 청구할 수 있다.159) 따라서 개인의 청구권행사에 대하여 행정청이 아무런 조치를 하지 않은 경우에는 행정개입청구권자의 가장 효율적인 소송형식은 의무이행소송이다. 그러나 우리나라에서 이 소송형태는 인정되고 있지 않으므로, 현행제도상으로는 행정심판으로서의 의무이행심판 및 부작위위법확인소송을 제기할 수 있다. 특히 행정청의 재량권이 수축되어 개입의무가 발생함에도 불구하고 당해 행정청이 그 의무를 해태함으로써 손해가 발생한 경우에는 손해배상청구를 할 수 있다.

---

157) 행정개입청구권의 법리는 전후 독일에서 경찰행정법분야에서 판례에 의하여 정립된 것으로 그 기본 판례는 1960. 8. 18일 띠톱판결이다. 이 판결에 대한 내용은 위 각주에서 소개하였다.
158) 대판 1999. 12. 7, 97누17568; 대판 2006. 3. 16, 206두330.
159) 행정개입청구권이 개인적 공권이라는 점을 인정하는 견해에서는 이 청구권이 특정의 실체적인 사항을 내용으로 하는 실체법상 권리라고 보는 것에는 이설이 없는 듯하다. 다만, 의무이행소송을 인정하고 있지 않는 현행행정법상에 있어서 행정개입청구권을 인정할 실익이 없다는 견해도 있다(이상규, 『신행정법(상)』, 1997, 203면).

대판 2004. 9. 23, 2003다49009

경찰관직무집행법 제5조는 경찰관은 인명 또는 신체에 위해를 미치거나 재산에 중대한 손해를 끼칠 우려가 있는 위험한 사태가 있을 때에는 그 각호의 조치를 취할 수가 있다고 규정하여 형식상 경찰관에게 재량에 의한 직무수행권한을 부여한 것처럼 되어 있으나 경찰관에게 그러한 권한을 부여한 취지와 목적에 비추어 볼 때 구체적인 사정에 따라 경찰관이 그 권한을 행사하여 필요한 조치를 취하지 아니하는 것이 현저하게 불합리하다고 인정되는 경우에는 그러한 권한의 불행사는 직무상의 의무를 위반한 것이 되어 위법하게 된다.

V. 개인적 공권의 특수성과 그 한계

1. 개인적 공권의 특수성

개인적 공권은 단순히 개인적 이익만을 위해서 인정되는 것이 아니라, 국가 또는 사회 전체의 이익에도 부합되는 점에서 인정되기 때문에 사권과는 달리 ① 이전의 제한, ② 포기의 제한, ③ 타인이 대행하지 못함을 원칙으로 하는 비대체성 등을 특성으로 하고 있으며, 공권·사권 구별의 실익은 ④ 공권구제의 특수성, ⑤ 시효제도의 특수성 등에서 찾을 수 있다. 다만 공사법일원론의 입장에서는 사권과 구별되는 공권개념을 인정하기보다는 사권과 공통성을 가진 권리 일반 내지는 행정과정에서 국민이 가지는 권리로 파악하는 것이 바람직하다는 이유로 공권의 특성을 부인하고 있다.160)

1) 공권의 이전의 제한

공권은 보통 공익적 견지에서 인정된 것으로 일신전속성을 가지는 경우가 많고, 따라서 양도·상속 등 타인에 이전이 부인되는 경우가 많다(공연법 제32조의 연금청구권의 양도금지). 그러나 공권 중에도 주로 채권적·경제적 가치를 내용으로 하는 것은 이전이 인정됨이 보통이다.161) 이와 같은 개인적 공권은 그 이전이 제한되기 때문에 그 압류가 제한되거나(민사소송법 제579조 제4호에 의한 공무원봉급압류제한), 또는 금지되는 경우

---

160) 천병태, "공권과 반사적 이익", 고시연구 1987. 5, 73면.
161) 대판 2004. 7. 8, 2002두1946.

도 있다(공무원연금법 제32조에 의한 연금청구권의 압류금지, 민사소송법 제79조 제3호에 의한 병의 급료의 압류금지).

2) 공권의 포기의 제한

공권은 공익적 견지에서 인정되는 것으로 권리인 동시에 의무라는 성질도 지니기 때문에 법규에 특별한 규정이 있는 경우를 제외하고는 포기할 수 없음이 원칙이다.

예컨대, 연금청구권·선거권 등이 이에 해당된다.[162] 다만, 권리의 불행사로 인하여 시효에 의해 권리가 소멸된 경우는 공권의 포기를 의미하지 않는다.

3) 공권의 비대체성

공권은 선거권의 경우처럼 일신전속적이기 때문에 타인에의 위임 또는 대리에 친숙하지 못하다.

4) 공권 구제상의 특수성

공권이 침해된 경우에 그 권리구제는 사권과 달리 행정사건으로서 행정소송법의 적용을 받는다. 즉 공법상의 권리관계에 관한 당사자소송에 의하는 점에서 민사소송에 의하는 사권과는 소송절차면에서 구별된다.

5) 시효제도의 특수성

공권의 소멸시효는 사권에 비해 단기인 것이 보통이며, 공법상의 금전채권에 관하여는 예산회계법 제96조 또는 지방재정법 제69조가 적용되어 소멸시효기간이 5년이 되므로 이 점에서 공권은 사권과 구별된다.

---

162) 대판 1988. 8. 21, 98두8919.

2. 개인적 공권의 한계

개인적 공권은 단순히 개인적 이익만을 위해서 인정하는 것이 아니라 국가 또는 사회 전체의 이익에도 부합되는 점에서 인정되는 것이기 때문에 공권은 법령이 규정하는 바에 따라서만 행사되어야 한다는 한계가 있다. 그것은 개인적 공권이 이전이 제한되거나 포기가 제한되는 것은 법령에서 공권행사의 한계를 규정하고 있기 때문이다.

Ⅵ. 공의무와 그 특성

1. 공의무의 개념

공의무는 공권에 대응하는 개념으로서 타자의 이익을 위하여 의무자의 의사에 가하여진 공법상의 구속을 말한다.[163]

2. 공의무의 종류

공의무는 그 주체에 따라 국가적 공의무(예컨대 공무원의 봉급청구권에 대한 국가 또는 자치단체의 봉급지급의무)와 개인적 공의무(납세의 의무, 교육의 의무, 근로의 의무, 국방의 의무, 환경보전의 의무)로, 그 내용에 따라 작위의무·부작위의무·급부의무·수인의무로 나뉜다.

3. 공의무의 특성

공의무는 원칙적으로 의무자의 의사에 의한 것이 아니라 법령 또는 법령에 의건한 행정행위에 의하여 발생하는 점에서 사법상의 의무와 다른 특성이 인정된다. 다만, 공의무의 특성이 특히 문제되는 개인적 공의무의 경우에도 그 특성은 공권의 경우에서 본 것처럼 일률적으로 말할 수 있는 것은 아니다. 왜냐하면, 공의무의 특성에 일신전속적 성질을

---

163) 윤양수 「행정법 개론」, 온누리, 2011, 140면.

가진 공의무의 경우 그 포기는 물론 타인에 이전이 제한되는 점, 공의무의 불이행에 대하여는 행정상 강제집행의 수단이 인정되고, 특히 공법상 금전급부의무의 불이행에 대하여는 국세체납처분의 예에 의한 강제징수방법에 의하게 되는 점, 또한 공의무의 위반에 대하여는 벌칙이 규정되어 있는 점 등이 있기 때문이다. 그러나 일신적속적 성질을 가진 공의무의 경우에도 금전 기타 경제적 가치의 급부를 내용으로 하는 공의무인 때에는 그 이전이 인정되는 것이 보통이다(예컨대, 채납의무 기타 공법상 금전급부의무에 관한 상속인의 승계).164)

제6절 경찰행정법상 특별권력관계

I. 개설

행정법관계는 권력관계를 일반권력관계와 특별권력관계로 구별하고 있다. 일반권력관계는 국가 또는 공공단체의 통치권(일반공권력)에 복종하는 국민 또는 주민의 지위에서 당연히 성립되는 법률관계로서 법치주의가 전적으로 적용되고, 사법심사가 인정되었다. 반면 특별권력관계는 특별한 법률원인에 의하여 개인이 행정의 내부영역에 편입됨으로써 성립하며, 행정목적이 필요한 한도 내에서 국가 및 공공단체 등 행정주체에게 포괄적인 지배권이 부여되고 구성원은 이에 복종하는 관계를 의미하였다. 이러한 특별권력관계는 법률유보원칙이 배제되며, 사법심사가 인정되지 않는 관계로 이해되었다.165) 그런데 제2차 세계대전 후 1972년 독일연방헌법재판소의 소위 "수형자판결"166)을 계기로 이러한 전통적인 특별권력관계이론에 대한 논의가 활발히 이루어졌고 오늘날에는 특별권력관계에 대한 부정론을 포함한 비판이론이 많이 나오고 있다.167)

---

164) 대판 2006. 8. 19, 2003두9817.
165) 정하중, 『행정법개론』, 법문사, 2010, 93면.
166) 독일에서 나온 특별권력관계이론은 1972년 독일연방헌법재판소의 소위 수형자판결에 의해 치명적인 타격을 받았는데 그 사건의 개요는 다음과 같다. 즉 어느 수형자가 교도소장과 직원을 비난하는 내용의 편지를 발송하고 교도소 내규에 근거한 검열에 의해 압수되자 수형자는 법률의 근거 없이 기본권을 침해당했다는 이유로 관할 행정법원에 소송을 제기하였으나 교도소의 조치는 적법하다고 판결이 나왔고, 이에 헌법소원을 제기하였는바 연방헌법재판소는 헌법상의 기본권은 수형관계에서도 인정되며 따라서 법률에 근거하지 않고는 수형자의 기본권을 제한할 수 없다고 판시하였다.
167) 윤양수 「행정법 개론」, 온누리, 2011, 145면.

II. 전통적 특별권력관계론

1. 특별권력관계의 의의

특별권력관계란 특별한 법률원인에 의하여 성립되고[168] 일정한 행정목적에 필요한 범위 내에서 그 특별권력주체에게는 포괄적 지배권이 인정되고, 그 상대방인 특별한 신분에 있는 자(예컨대 공무원·군인·학생·수형자)가 이에 복종하는 관계를 말한다.

대판 1995. 6. 9, 94누10870

농지개량조합과 그 직원과의 관계는 사법상의 근로계약관계가 아닌 공법상의 특별권력관계이고 그 조합의 직원에 대한 징계처분의 취소를 구하는 소송은 행정소송사항에 속한다.

---

2. 특별권력관계의 성립과 소멸

1) 특별권력관계의 성립

특별권력관계는 일반권력관계가 모든 국민과의 관계에서 당연히 성립되는 것과 달리 공법상의 특별한 원인이 있는 경우에만 성립한다. 그 원인으로서 다음과 같은 것이 있다.

(1) 법률규정에 의한 경우

특별권력관계는 법률의 규정에 의하여 직접 성립하는 경우에는 특별행정법관계 당사자의 구체적인 의사표시와는 관계없이 법률규정에 의하여 성립한다. 이 경우에는 당해 법률이 특별권력관계의 주체의 상대방에 대한 포괄적 지배권을 수권한 것이기 때문에 그 명령권이나 강제권에 대한 개별적인 법적 근거를 요하지 않는다. 다만 직접 법률의 규정

---

168) 특별권력관계는 공법상의 특별한 법률원인이 있는 경우에만 성립된다. 구체적으로는, 직접 법률의 규정에 의한 경우(예컨대, 전염병환자의 국공립병원에의 강제입원, 공공조합에의 강제가입, 수형자의 수감, 징집대상자의 입대), ② 본인의 동의에 의하여 성립되는 경우가 있다. ②의 경우에는 다시 임의동의에 의한 경우(예컨대, 국공립대학입학·공무원임명)와 법률에 의하여 의무화된 동의에 의한 경우(예컨대, 학령아동의 취학)가 있다.

에 의해 특별권력관계가 성립하는 경우로서는 전염병환자의 강제수용, 수형자의 수용, 병역의무자의 입영 등이 있다.

(2) 상대방의 동의에 의한 경우

특별권력관계는 직접 법률의 규정에 의하여 성립되는 경우를 제외하고는 상대방의 동의에 의하여 성립한다. 이처럼 특별권력관계의 근거를 상대방의 동의에서 찾는 것은 법률의 구체적인 규정이 없는 법적 흠결은 동의에 의거 치유된다는 법률사상에 바탕을 두고 있다. 이러한 상대방의 동의에 의한 경우에도 그것이 상대방의 자유로운 의사표시에 의한 임의적 동의인 경우, 그 동의가 법률에 의해 강제되는 의무적 동의인 경우로 구분된다. 임의적 동의의 예로는 공무원관계의 설정[169], 국공립학교의 입학, 국공립도서관의 이용 등을 들 수 있고, 의무적 동의로는 적령아동의 초등학교 취학 등이 그 예이다.

2) 특별권력관계의 소멸

특별권력관계는 그 종류에 따라 소멸사유가 다르다. 공법상의 근무관계의 경우는 공무원의 퇴임이나 군인의 전역, 공법상의 영조물이용관계는 학생의 졸업이나 영조물이용관계의 종료, 공법상의 특별감독관계의 경우는 국가사무의 위임관계의 해제, 공법상의 공사단관계의 경우는 공공조합의 해산 등이 소멸사유가 된다. 그 외에도 행정주체의 일방적인 해제, 예컨대 학생에 대한 퇴학처분, 공무원에 대한 파면처분이나 직권면직 등에 의하여 특별권력관계는 소멸된다.

3. 특별권력관계이론의 역사적 배경

1) 행정권의 우월성 보호

특별권력관계이론은 원래 19세기 후반에 독일의 입헌군주정하에서 행정권의 우월성을 보호하기 위한 필요에서 등장하였다. 즉 이들은 법률로부터도 해방되고 기본권으로부터도 해방되고 재판의 통제로부터도 해방된 자유행정영역을 설정하여 행정권의 특권적 지

---

169) 대판 1993. 7. 13, 92다47564.

위를 확보하려고 하였다.

2) 불침투성의 이론

특별권력관계이론의 성립에는 국가의 법률관계를 내부관계와 외부관계로 구별하여 국가의 내부관계에는 법이 침투하지 못한다는 국가법인격의 불침투성의 이론을 바탕으로 하고 있었다. 이와 같은 불침투성이론의 기초는 당시를 지배했던 법률개념에서 찾을 수 있다. 당시에 법률은 주민과 주민의 관계에 대한 국가에 의한 규율로 파악되었고, 그 법률이 규율하는 관계만을 일반권력관계로 이해하여 법치주의의 적용을 인정하였다. 따라서 법인체로서의 하나의 인격주체인 국가 그 내부에는 법률이 침투할 수 없다고 하였다.170)

4. 특별권력관계의 특징

전통적 이론에 있어서도 특별권력관계의 구체적 내용에 대해서는 논자에 따라 어느 정도의 차이가 있었으나, 그 공통적인 특징으로는 다음의 몇 가지를 들 수 있다.

1) 법률유보원칙의 배제(포괄적 지배권)

특별권력관계에서의 특별권력주체에는 포괄적 지배권이 부여되어 있어, 그에 복종하는 자에 대하여 특별권력을 발동하는 경우에도 개별적·구체적인 법률의 근거를 요하지 않는다. 즉 그에 있어서는 법치주의의 원리, 특히 법률유보의 원칙이 적용되지 않는다.171)

2) 기본권의 제한

특별권력관계에서는 일반권력관계에서와는 달리 특별한 신분에 있는 자는 위의 포괄적 지배권과 관련하여, 특별권력관계의 내부에 있어서는 그 설정목적에 비추어 필요하다고 인정되는 합리적 범위·한계 내에서 그에 복종하는 자의 기본권을 법률의 근거 없이도 그 구성원의 기본권을 제한할 수 있다는 것이다.

---

170) 불침투성이론에 관하여는 장태주,『행정법개론』, 법문사, 2010, 147면 참조.
171) 김동희,『행정법요론』, 박영사, 2010, 83면.

3) 재판통제의 배제(사법심사의 배제)

특별권력관계에서 권력주체의 행위에 대해서는 원칙적으로 사법심사의 대상이 되지 않는 것으로 보았다. 왜냐하면, 사법권의 기능이 일반시민의 법질서를 유지하는 데 있다고 보았기 때문이다. 그러나 권력주체의 행위가 내부문제에 그치지 아니하고 일반권력관계상의 국민의 지위에 까지 영향을 미치는 경우(예컨대 학생의 퇴학처분, 공무원의 면직처분이나 징계처분 등 특별한 신분을 박탈하는 행위)는 사법심사의 대상이 되었다.

5. 특별권력관계의 종류

종래 특별권력관계로서는 ① 공법상 근무관계(공무원의 근무관계, 군복무관계 등), ② 공법상 영조물이용관계(국공립대학 재학관계, 국공립병원 입원관계, 교도소 재소관계 등), ③ 공법상 특별감독관계(특허기업·공공조합에 대한 국가의 감독관계 등), ④ 공법상 사단관계(공공조합과 조합원의 관계 등)를 드는 것이 보통이다.

1) 공법상의 근무관계

공법상의 근무관계는 특정인이 특별한 법률원인에 의하여 국가 또는 공공단체를 위하여 포괄적 근무의무를 지게 되는 법률관계를 말한다.

공무원의 국가 또는 공공단체의 근무관계, 병역법에 의한 군인의 군복무관계 등이 이에 해당한다.172)

2) 공법상의 영조물이용관계

공법상의 영조물이용관계는 특정인이 영조물을 이용하는 경우에 그 영조물 이용자와 영조물의 관리자 사이의 법률관계를 말한다.

국·공립학교학생의 재학관계,173) 전염병환자의 국공립병원의 재원관계, 수형자의 교

---

172) 대판 1993. 7. 13, 92다47564.
173) 사립학교 역시 제도화된 공교육기관이며, 공무수탁사인이기 때문에 조직적으로 국·공립학교나 사립학교는 교육법 제7조에서 말하는 공기(公器)로서 차이가 없는 것이다. 이광윤, "학생의 재학관계", 고시연구 1993. 6, 48면.

도소재소관계 등이 이에 해당한다.

3) 공법상의 특별감독관계

공법상의 특별감독관계는 개인 또는 단체가 국가 또는 공공단체와 특별한 법률관계에 있음으로써 국가나 공공단체의 특별한 감독을 받는 관계를 말한다.

공공조합 · 특허기업자 또는 행정사무의 위임을 받은 자가 국가나 공공단체의 특별한 감독을 받게 되는 관계 등이 이에 해당한다.

4) 공법상의 사단관계

공법상의 사단관계는 공공조합과 그 조합원의 관계를 말한다. 공공조합은 공법상의 조합권에 의하여 그 구성원인 조합원과의 관계를 규율하게 된다. 다만, 공공조합에 대한 규율은 이미 행정내부의 자율질서가 아니라 외부적 규제질서에 해당하므로 이를 특별권력관계의 범주에서 다루는 것은 바람직하지 못하다는 비판이 있다.

6. 특별권력관계의 내용

특별권력은 그 종류에 상응하여 직무상 권력, 영조물권력, 감독권력 및 사단권력으로 구분되며, 이들은 내용적으로는 포괄적인 명령권과 징계권을 포함한다.

명령권은 그 발동형식에 따라 일반적 · 추상적인 행정규칙(영조물규칙 · 특허명령서 등)의 형식에 의하거나, 개별적 · 구체적인 명령 · 처분의 형식에 의한다.

Ⅲ. 특별권력관계의 재검토

전통적 특별권력관계론은 그 반법치주의적 성격 때문에 제2차 대전 이후 실질적 법치국가에 와서는 그 존립근거가 부인되고 있다.[174]

---

174) 독일에서 나온 특별권력관계이론은 1972년 독일연방헌법재판소의 소위 수형자판결에 의해 치명적인 타격을 받았는데 그 사건의 개요는 다음과 같다. 즉 어느 수형자가 교도소장과 직원을 비난하는 내용의

이에 따라 전면적 부정론도 제기되고 있으나, 특별행정법관계 또는 특별신분관계라고 하는 등 새로운 시각에서 재구성되고 있다. 특별권력관계라는 관념은 그 본래의 의의를 이미 상실하였지만, 그럼에도 불구하고 특별권력관계라는 관념 내지 그 대체관념을 전폭적으로 부인하기 어려운데, 그것은 오늘날에 있어서도 관계인을 특별한 행정목적에 종속시키고 특수한 법적 지위를 가지게 하는 법관계가 현실적으로 반드시 존재할 수밖에 없기 때문이다. 이러한 점에서 현대에 있어서의 특별권력관계론은 그 전면적 부인론과 그에 이르지 않고 이를 새로운 시각에서 재구성하려는 입장으로 나누어진다.

1. 부정설

1) 전면적 · 형식적 부정설

전면적 · 형식적 부정설은 민주주의 · 의회주의 및 기본권존중주의를 규정하고 있는 오늘날의 헌법 하에서는 모든 공권력의 발동은 반드시 법률의 근거를 요하는 것이므로, 헌법이나 법률에 근거가 없는 특별권력관계라는 관념은 인정될 수 없다고 보는 견해이다.

2) 개별적 · 실질적 부정설

개별적 · 실질적 부정설은 먼저 종래 특별권력관계를 일반적으로 공법상의 권력관계로 파악하고 있는 점에 문제가 있다고 보아 해당 법률관계의 내용을 개별적 · 구체적으로 판단하여야 한다고 본다. 이러한 점에서 이 견해는 공무원의 근무관계, 국공립학교의 재학관계 또는 국공립병원의 이용관계는 권력관계가 아니라 일종의 계약관계로 본다. 즉 공무원의 근무관계는 본질적으로는 사기업에 있어서의 근무관계와 같은 근로계약이고, 국공립학교에서의 학생과 학교와의 관계도 사립학교의 그것과 다르지 않은 계약관계라고 본다. 이 견해는 또한 특허기업자에 대한 국가의 감독관계는 일반권력관계이며, 죄수의 교도소재소관계 역시 일반권력관계로 보아 법치주의가 전면적으로 적용된다고 본다.

편지를 발송하고 교도소내규에 근거한 검열에 의해 압수되자 수형자는 법률의 근거 없이 기본권을 침해당했다는 이유로 관할 행정법원에 소송을 제기하였으나 교도소의 조치는 적법하다는 판결이 나왔고 이에 헌법소원을 제기하였는바 연방헌법재판소는 헌법상의 기본권은 수형관계에서도 인정되며 따라서 법률에 근거하지 않고는 수형자의 기본권을 제한할 수 없다고 판시하였다.

2. 특별권력관계론의 수정이론

이에 속하는 이론은, 구체적인 내용에 있어서는 차이가 있으나, 기본적으로 전통적인 특별권력관계론의 정당성·타당성은 부인하면서도, 이들 관계에 대하여는 일반권력관계에 비하여 법치주의가 적용되는 모습에 있어 일정한 특수성·독자성을 인정할 수 있는 것으로 보고 있다. 즉 특별권력관계의 상대적인 독자성과 특별권력관계에서의 법치주의 적용의 일부 제한을 인정하고 있다. 대표적인 이들 견해는 다음과 같다.

1) 기본관계·경영관계 구별론

이 견해는 울레의 견해로서, 그는 특별권력관계에서의 행위를 기본관계와 경영수행관계로 구분하여, 사법심사는 기본관계에만 미친다고 보고 있다. 즉 사법심사가 가능한 기본관계란 특별권력관계 자체의 성립·변경·종료 또는 특별권력복종자의 법적 지위의 본질적인 것에 관련된 법률관계를 말한다.[175] 예컨대, ① 공무원의 임명·전직·파면, ② 군인의 입대·제대, ③ 국·공립학교학생의 입학허가·제적·정학, ④ 형의 집행 등은 기본권으로서 사법심사에 의한 권리보호가 인정된다고 한다. 이에 대하여 경영수행관계란 특별권력복종자가 특별권력관계내부에서 가지는 직무관계 또는 영조물이용관계에서 성립되는 경영수행적 질서에 관련된 법률관계를 말하며, 이러한 법률관계의 조치에 대해서는 그것이 개인의 법적 지위와 관련되지 않고 또는 법적 규율을 나타내는 것이 아니기 때문에 행정소송으로 다툴 수 없다고 한다. 경영수행관계에 해당하는 것으로 ① 공무원에 대한 직무명령, ② 군에 대한 훈련·관리, ③ 학생에 대한 통상적인 수업행위, ④ 수행자에 대한 행형(行刑) 등이 있다. 이 중 개인의 법적 지위와 관련되는 위의 기본관계와 경영수행관계 중의 방위근무관계 및 폐쇄적 영조물이용관계(교도소 재소관계, 격리병사재원관계 등)는 사법심사에 의한 권리보호가 인정되지만, 경영수행관계 중의 기타 공무원 근무관계 및 개방적 영조물이용관계(국공립학교재학관계 등)는 여전히 사법심사가 배제되는 종래의 내부관계로 그대로 남는다고 한다.

---

175) 김동희, 『행정법요론』, 박영사, 2010, 87면 참조.

2) 제한적 긍정설

제한적 긍정설(Erichsen)은 특별행정법관계에 법치주의가 전적으로 적용되어야 한다고 보면서도 일정한 범위 내에서는 법치주의가 완화되어 적용될 수 있다는 점을 긍정하는 견해이다.

우리 헌법이 특별신분의 관계(공무원, 군인, 학생)를 특성으로 하는 법률관계를 규정하고 있는 한, 그러한 특별신분관계가 작용을 하도록 법치주의의 완화가 필요하다는 것이다. 즉 특별행정법관계에 있어서도 그 구성원의 기본권을 제한하기 위해서는 법률의 근거를 요하지만, 그와 같은 법률은 개괄조항으로 규율하여 특별권력주체에게 상당한 자유영역을 부여할 수 있어야 한다는 것이다. 또한 특별행정법관계에 있어 분쟁이 생긴 때에는 그에 관하여 전면적 사법심사가 허용되는 것이나, 당해 특별행정법관계의 기능수행에 필요한 범위 내에서 사법심사의 통제강도의 완화가 필요하다고 본다.

3) 소결

특별권력관계론은 앞에서 본 바와 같이 19세기 독일의 외견적 입헌군주제하에서 군주와 시민세력과의 힘의 관계 하에서의 타협적 산물로서, 행정에 대한 군주의 특권적 지위를 보장하기 위한 이론으로 정립된 것이었다.[176] 그러나 법치주의·민주주의·의회주의에 입각한 현대 헌법 하에는 전통적인 특별권력관계이론은 이미 그 성립기반을 상실한 것이다. 따라서 오늘날에는 특별권력관계도 법관계라는 점은 누구도 부인할 수 없고, 그러한 점에서 그것은 일반권력관계와 본질적인 차이는 없다. 그러나 특별행정법관계에 적용되는 법치주의의 모습은 일반권력관계에서와는 약간의 차이가 있다. 즉 법률유보의 원칙이 적용되지만, 어느 정도 포괄적인 재량권을 인정해 주어야 하며, 이를 위해 법률은 개괄조항으로 규정하여야 한다. 또한 특별행정법관계의 행위에 대해서도 전적으로 사법심사를 허용하되 판단여지를 인정하는 등 그 통제강도를 완화하여야 하는 것이다.

---

176) 김동희, 『행정법 I』, 박영사, 2010, 112면 참조.

Ⅳ. 특별권력관계와 법치주의

1. 특별권력관계와 기본권제한

1) 헌법 또는 법률에 근거한 기본권제한

특별권력관계의 구성원인 특수한 신분관계에 있는 공무원·군인·학생·수형자의 기본권제한을 행하기 위해서는 헌법 또는 법률에 근거가 있어야 한다.[177] 헌법은 공무원근무관계(헌법 제7조, 제29조, 제33조 제2항), 병역복무관계(헌법 제27조 제2항, 제39조, 제110조), 학생교육관계(헌법 제31조) 등의 특별권력관계를 규정하고 있는데, 이는 대한민국이라는 사회공동체가 기능하는 데 없어서는 아니 되는 특수한 생활관계이기 때문에 그 각각의 독특한 생활질서가 요구하는 범위 내에서 법률로써 기본권을 최소한으로 제한하는 것은 가능하다.[178]

특별권력관계에서 헌법규정에 의하여 제한되는 기본권으로는 공무원의 근무관계에 있어서의 거주의 제한(헌법 제14조), 공무원의 노동삼권의 제한(헌법 제33조 제2항), 군인·군무원·경찰공무원의 국가배상청구권의 제한(헌법 제29조 제2항) 등이 있고, 법률에 의한 제한으로는 공무원의 정치운동의 제한(국가공무원법 제65조), 공무원의 근로3권의 제한(국가공무원법 제66조), 수형자의 서신의 검열(행형법 제18조의2) 등이 있다.

특별권력관계에서의 기본권제한은 헌법 또는 법률에 근거가 있어야 하기 때문에, 기본권의 보장과 그 제한이라는 면에서는 일반권력관계와 특별권력관계에 있어 아무런 차이가 없다. 그러나 특별권력관계에서는 현실적으로 법률에 의한 명문의 근거 없이 기본권이 제한되는 경우(예컨대, 학칙에 의한 국공립학생의 기숙사생활의 강제, 학생의 정치활동의 금지)가 있어 문제가 있다.

2) 기본권제한의 한계

특별권력관계에서도 헌법 또는 법률의 근거에 의한 기본권제한은 허용되지만, 그 제한에는 일정한 한계가 있다.[179] 즉 인간의 존엄성에 관한 기본권은 제한할 수 없다.

---

177) 헌재 2005. 2. 24, 2003헌마299.
178) 헌재 2004. 12. 16, 2002헌마478.

공무원 등 특수한 신분관계에 있는 자의 기본권행사의 제한 없이는 당해 특별권력관계의 기능을 심히 위험하게 하거나 방해하는 때에 한하여 헌법 또는 법률에서 예상하고 있는 형식에 의해서만 예외적으로 기본권제한이 허용되어야 하는 것이다.

이를 규범조화적 해석의 원칙 또는 실제적 조화의 원칙에 의한 한계라 한다.

그러므로 일반권력관계에서의 공익목적을 위한 기본권제한과 특별권력관계에 있어서의 기본권제한은 본질적으로는 다른 점이 없다고 하겠다. 다만, 특별권력관계에서의 기본권제한은 넓은 의미의 하위법령에 대한 위임과 일반조항에 의해 이루어지는 경우가 많고, 기본권제한의 법률유보에 있어서의 규율밀도가 느슨한 것이 보통이다.

헌법재판소의 판례는 국가·지방자치단체에 종사하는 근로자의 쟁의권을 근본적으로 부인하고 있는 노동쟁의조정법 제12조 제2항을 헌법 제33조 제2항의 규정에 위반된다는 이유로 헌법불합치결정을 하였다.

헌재 2004.12.26, 2002헌마478

수형자의 기본권제한에 대한 구체적인 한계는 헌법 제37조 제2항에 따라 법률에 의하여, 구체적인 자유·권리의 내용과 성질, 그 태양의 정도 등을 교량하여 설정하게 되며, 수용시설 내의 안전과 질서를 유지하기 위하여 이들 기본권의 일부제한이 불가피하다 하더라도 그 본질적인 내용을 침해하거나, 목적의 정당성, 방법의 적정성, 피해의 최소성 및 법익의 균형성 등을 의미하는 과잉금지의 원칙에 위배되어서는 안 된다.

---

2. 특별권력관계와 법률유보

1) 법률유보의 원칙의 적용

특별권력관계에서도 법률유보의 원칙이 적용된다. 공무원법·군인사법·교육법 등의 예에서 보듯이 특별권력관계는 거의 법률에 의하여 규율되고 있으며, 또 거의 완벽할 정도로 상세하게 규율되고 있는 것이 최근의 경향이다. 따라서 법률의 근거 없이 공무원·수형자 등 특별한 신분관계에 있는 자의 권리를 제한할 수 없다. 다만 학생의 재학관계를 규율하는 교육법은 조직과 절차만을 주로 규정하고 있고, 학생들의 법적 지위에 관한 것은 개별

---

179) 헌재 2005. 5. 24, 2003헌마289.

학교의 학칙에서 규정하고 있어 법률유보의 원칙에 부합되지 않는 것으로 문제가 있다.

법률유보의 원칙을 적용하는 경우에도 국가목적상 특별신분의 관계를 특성으로 하는 법률관계는 여전히 인정하지 않을 수 없기 때문에, 그러한 법관계가 제대로 기능을 수행할 수 있도록 법률구속의 완화를 인정할 필요가 있다. 즉 법률로 특별권력관계를 규율하는 경우에도 일반조항으로 규율하여 그 일반조항을 해석함에 있어서 당해 특별권력관계의 기능이 위축되지 않는 범위 내에서 구체화될 수 있어야 한다.

2) 특별명령의 부인

특별명령이란 종래의 특별권력관계 내부에서 권력복종자의 지위, 이용관계 등에 관하여 규율하는 명령을 말한다. 이는 인격주체를 그 규율대상으로 하는 점에서 법규로서 성질을 가지는 것으로 보았고, 그 근거로서는 관습법에 의한 수권 또는 행정권은 원래적 법정립권을 가지므로 특별한 수권이 필요 없다는 점을 이론적 근거로 하였다.

특별명령의 법규성을 긍정하는 것은 어디까지나 법치주의의 적용을 배제하는 것을 내용으로 하는 종래의 특별권력관계이론 하에서나 논의될 수 있는 것이지, 권력관계가 부인되고 법관계로서 파악되는 특별행정법관계를 인정하고 그에 대한 법률유보의 원칙을 긍정하는 오늘날에는 특별명령을 인정할 여지는 없다.

3) 특별권력관계와 사법심사

특별권력관계의 구성원인 특수한 신분에 있는 자의 권리침해 또는 분쟁에 대해서는 사법심사를 통한 구제를 받을 수 있다.

일반권력관계에서와 마찬가지로 위법한 처분에 의하여 권리가 침해되어야 하고, 행정소송을 제기할 법률상 이익이 있어야 한다. 그러나 특별권력관계는 우리 대한민국이라는 사회공동체가 기능하는 데 없어서는 아니 되는 특수한 생활 관계이므로 그 설정목적에 따른 기능을 제대로 수행할 수 있게 하기 위한 범위 내에서 판단여지를 인정하는 등 사법심사의 통제강도를 완화시키거나 감소시키는 등 사법심사의 제한이 필요하다고 본다.

대법원의 판례는 공법상 근무관계나 국공립대학의 재학관계에 있어 징계권행사에 대하여 전면적인 사법심사를 긍정하였다.[180]

---

180) 대판 1991. 11. 22, 91누2144.

제4장 경찰행정법관계의 변동

제1절 경찰행정법상의 법률요건과 법률사실

Ⅰ. 의의

행정법관계의 변동, 즉 행정법관계의 발생·변경 또는 소멸의 법률효과를 발생시키는 사실을 행정법상의 법률요건이라 하며, 법률요건을 이루는 개개의 사실을 법률사실이라 한다. 행정법상의 법률요건은 여러 개의 법률사실로써 이루어질 때도 있고(예컨대 건축허가에 있어서 신청과 허가처분), 한 개의 법률사실로써 성립되는 때도 있다(예컨대 공법상의 상계, 기권). 이와 같은 행정법상의 법률요건 및 법률사실은 사법상의 법률요건·법률사실의 유추개념이라 할 수 있다.[181]

Ⅱ. 경찰행정법상의 용태와 사건

행정법관계를 변동시키는 궁극적 요인인 행정법상의 법률사실에는 사람의 정신적 작용을 요소로 하는 행정법상의 용태와 사람의 정신적 작용을 요소로 하지 않는 행정법상의 사건이 있다. 여기서 용태는 사람의 정신적 작용을 요소로 하는 법률사실을 말하며, 사건은 사람의 정신적 작용을 요소로 하지 않는 법률사실을 말한다. 어떠한 용태 또는 사건의 발생·존재가 관계행정법에 기하여 일정한 공법적 효과를 야기하는 경우에 그 들은 행정법상의 법률사실이 된다.[182]

---

181) 김동희, 『행정법요론』, 박영사, 2010, 90면 참조.
182) 윤양수 「행정법 개론」, 온누리, 2011

1. 행정법상의 용태

행정법상의 용태는 정신작용을 요소로 하여 이루어지는 법률사실을 말한다. 이는 외부적 용태와 내부적 용태로 나누어진다.

1) 외부적 용태

외부적 용태는, 사람의 정신작용이 외부적 거동으로 발현된 것으로서 일정한 행정법상의 법률적 효과를 발생하는 것을 말한다. 이러한 외부적 용태로서는 공법행위가 그 중심을 이루지만, 사법행위도 공법적 효과를 발생하는 경우가 있는바(예컨대, 납세의 의무의 발생), 그 한도 내에서는 사법행위도 행정법상의 법률사실이라 할 수 있다.

2) 내부적 용태

내부적 용태는 외부에 표시되지 않는 정신 상태로서 행정법상의 효과를 발생시키는 것을 말한다. 예컨대 선의·악의, 고의·과실 등이 이에 해당한다.

2. 행정법상의 사건

1) 시간의 경과

행정법상의 법률관계가 시간의 경과에 의하여 발생·변경 또는 소멸되는 경우가 있다. 시간의 경과와 관련되는 문제는 기간·시효·제척기간이다.

(1) 기간

가. 기간의 개념

기간은 한 시점에서 다른 시점까지의 시간적 간격을 말한다. 행정법령 중에는 기간의 계산에 관한 규정을 두는 경우도 있으나, 보통은 규정이 없는 것이 대부분이다. 따라서 기간의 계산에 관한 공법규정이 흠결된 경우에 사법규정상의 그것이 적용되느냐가 문제되나,

기간의 계산을 어떻게 하느냐는 주로 법기술적인 고려에서 결정될 문제이기 때문에 공사법관계 사이에 근본적인 차이가 없는 것이다. 그러므로 공법상 특별한 규정이 없는 한 공법상 기간의 계산에도 민법상의 기간의 계산에 관한 규정이 적용된다고 할 것이다.[183]

나. 기간의 기산점

기간계산의 기산점에 대하여 민법은 "시·분·초로 정한 때에는 즉시로부터 기산(민법 제156조)"하며, "일·주·월·년으로 정한 때에는 기간의 초일은 산입하지 아니 한다(민법 제157조)."라고 규정하여 초일불산입의 원칙을 채택하고 있다. 다만, 이 초일분산입의 원칙은 연령계산의 경우와 그 기간이 오전영시로부터 시작되는 때에는 적용되지 않는다(민법 제157조 단서, 민법 제158조). 다만 행정법령 중에는 초일을 산입하도록 특별규정을 두는 경우가 있다(국회법 제165조, 민원사무처리규정 제4조 제1항).

다. 기간의 만료점

기간의 만료점은 그 기간의 말일이 종료함으로써 만료되는 것이 원칙이다. 기간의 말일이 일요일 기타 공휴일 때에는 그 익일에 기간이 만료된다(민법 160조, 제161조).

라. 기간의 역산

법령이 기간을 규정함에 있어서 "며칠 전에" 또는 "며칠까지"라고 규정한 경우에도 위에서 본 기간계산에 관한 원리에 따라야 할 것이다.

즉, '며칠 전'의 경우 해당일은 초일이므로 빼고, 해당일 전일부터 계산하여 0일이 되는 날의 이전을 말하며(예컨대 3일 전이라면 그 중간에 3일의 기간이 있어야 한다), '며칠까지'의 경우 해당일의 전일부터 계산하여 0일에 해당하는 날(예컨대 3일 전까지라면 그 중간에 2일의 기간이 있어야 한다)을 말한다.

(2) 시효

가. 의의

시효는 원래 사법에서 발달된 제도로서, 일정한 사실상태가 일정기간 계속된 경우에, 그 사실상태가 진실한 법률관계에 합치되는지를 묻지 않고, 그 사실 상태를 그대로 존중

---

183) 대판 1969. 3. 25, 69누2.

하여 그것을 진실한 법률관계로 인정하는 제도이다. 시효제도의 취지는 장시간 계속된 사실 상태를 존중하여 법률생활의 안정을 도모하려는 데에 있다.

이러한 시효제도는 법의 일반원리적 성격을 가지는 것으로서 공법관계에도 그 타당성이 인정될 수 있다고 본다. 따라서 법령에 특별한 규정이 없으면, 민법의 시효에 관한 규정(민법 제162~184조)이 행정법관계에도 준용 또는 유추적용된다 할 것이다.[184]

나. 금전채권의 소멸시효

㉮ 소멸시효의 기간

행정법상의 시효와 관련하여 주로 문제되는 것은 금전채권에 관한 것이다. 이와 관련하여 행정법은 국가의 경우는 예산회계법이, 지방자치단체의 경우는 지방재정법이 각각 일반적 규정을 두고 있다. 즉 국가나 지방자치단체를 당사자로 하는 금전채권은 국가나 지방자치단체가 가지는 것이든 이들에 대하여 가지는 것이든 다른 법률에 특별한 규정이 없으면, 5년간 행사하지 않을 때에는 시효로 인하여 소멸된다.[185]

㉯ 시효의 중단·정지

시효의 중단·정지 등에 관하여 다른 법률에 특별한 규정이 없는 한 민법의 규정(민법 제168조, 제182조)이 적용된다.[186] 특별한 규정을 둔 경우로는 국가나 지방자치단체가 행하는 납입고지에 시효중단의 효력을 인정한 예산회계법 제98조, 지방재정법 제71조 등이 있다. 5년의 소멸시효기간이 경과되기 전에 부과처분이 있게 되면 이에 의하여 소멸시효의 진행은 중단되며, 그 시효중단의 효력은 후에 그 부과처분이 취소되어도 없어지는 것은 아니다.

대판 1988. 2. 23, 85누820

소멸시효의 중단은 소멸시효의 기초가 되는 권리의 불행사라는 사실 상태와 맞지 않은 사실이 생긴 것을 이유로 소멸시효의 진행을 차단케 하는 제도인 만큼 납세고지에 의한 국세징수권의 권리행사에 의하여 이미 발생한 소멸시효중단의 효력은 그 과세처분(납세고지)이 취소되었다 하여 사라지지 않음은 물론, 과세처분이 취소되어 소급하여 그 효력을 상실하였다고 해서 이에 기한 국세체납처분에 의한 압류처분이 실효되어 당연 무효가 된다고 할 수도 없으므로 그 압류로 인한 소멸시효중단의 효력도 사라지지 않는다.

---

184) 장태주, 『행정법개론』, 법문사, 2010, 165면.
185) 헌재 2004. 4. 29, 2002헌바58.
186) 대판 2006. 2. 10, 2003두5686.

㉰ 소멸시효의 효력

소멸시효의 효력에 대해서는 ① 소멸시효의 효력은 권리 그 자체를 소멸시키는 것이 아니고, 다만 권리자가 그 권리를 주장하는 경우에 이에 대한 항변권을 발생시키며, 이 항변권의 행사(원용) 여부는 시효의 이익을 받는 자의 의사에 맡겨져 있다고 보는 상대적 소멸설과, ② 시효기간의 경과로 인한 시효완성은 권리의 절대적 소멸원인이 되므로 당사자의 원용을 필요로 하지 않는다고 보는 절대적 소멸설의 대립이 있으나, 후자가 다수설이다.

㉱ 시효의 중단

소멸시효의 중단은 소멸시효가 기초가 되는 권리의 불행사라는 사실상태가 없어지고 권리를 행사하는 경우에 이를 이유로 소멸시효의 진행을 차단케 하는 것이다.

그러므로 권리자가 재판상 권리를 주장하여 권리위에 잠자는 것이 아님을 표명하는 것은 시효중단사유가 된다. 이러한 시효중단사유로서의 재판상의 청구에는 그 권리자체의 이행청구나 확인청구를 하는 경우만이 아니라, 그 권리자가 발생한 기본적 법률관계에 관한 확인청구를 하는 경우에도 그 법률관계의 확인청구가 이로부터 발생한 권리의 실현수단이 될 수 있어 권리 위에 잠만 자는 것이 아님을 표명한 것으로 볼 수 있을 때에는 그 기본적 법률관계에 관한 확인청구도 시효중단사유가 된다. 또한 납세고지에 의한 국세징수권자의 권리행사에 의하여 이미 발생한 소멸시효중단의 효력은 그 부과처분이 취소되어도 사라지지 않음은 물론 부과처분이 취소되어 소급하여 그 효력을 상실하였다고 해서 이에 기한 국세체납처분에 의한 압류처분이 실효되어 당연 무효가 된다고 할 수 없으므로 그 압류로 인한 소멸시효중단의 효력도 사라지지 않는다.

다. 공물의 취득시효

민법에서는 부동산은 20년간, 동산은 10년간 소유의 의사로 평온·공연하게 점유를 계속하면, 점유자는 그 소유권을 취득한다고 규정하고 있다(민법 제245조, 제246조).

이러한 민법규정이 공물에도 적용되는가에 대하여는 부정설과 제한적 시효취득설, 완전시효취득설 등이 대립되었다. 그러나 현행의 국유재산법(제5조 제2항)과 지방재정법(제74조 제2항)은 국·공유재산은 민법 제245조의 규정에도 불구하고 시효취득의 대상이 되지 아니한다고 규정하였고, 또 국·공유의 잡종재산에 대해서는 시효취득을 인정하고 있으므로 공물의 시효취득에 관한 이론적 논쟁은 의미가 없게 되었다.[187]

(3) 제척기간

제척기간이란 일정한 권리에 대하여 법률이 정한 존속기간을 말한다. 이러한 제척기간은 행정법에도 그 예가 적지 않다. 예컨대 행정소송법 제20조의 행정소송의 제소기간, 행정심판법 제18조 제1항, 제2항의 행정심판청구기간, 공익사업을위한토지등의취득및보상에관한법률 제23조의 사업인정의 실효인정의 재결신청 등에서 제척기관을 인정하고 있다.

제척기관은 일정한 기간 내에 권리를 행사하지 않음으로써 그 권리자가 소멸된다는 점에서 소멸시효제도와 같으나, 시효는 법적 생활의 안정성을 목적으로 하고 시효의 중단이나 정지가 인정되는 데 대하여, 제척기간은 법률관계의 신속한 확정을 목적으로 하기 때문에 그 중단사유가 인정되지 아니하는 점에서 시효와 구별된다.

2) 주소 · 거소

(1) 개설

행정법상으로도 주소나 거소를 표준으로 하여 법률관계를 규정하는 것은 사법의 경우와 동일하다. 예컨대, 지방자치단체의 주민이 되는 요건, 주민세의 납세의무의 성립요건, 각종의 선거권, 피선거권, 인감신고, 서류송달의 장소, 외국인의 귀화 등이 주소를 그 성립요건으로 하는 경우이다.

(2) 주소의 의의

민법은 "생활의 근거되는 곳을 주소로 한다(민법 제18조)."라고 하여, 생활이 근거라는 객관적 사실에 따라 주소의 관념을 정의하고 있다(객관주의).

공법상 자연인의 주소에 관하여는, 주민등록법이 일반적 규정을 두어, 공법관계에서의 주소는 다른 법률에 특별한 규정이 없으면, 동법에 의한 주민등록지가 주소로 된다고 규정하고 있다(주민등록법 제23조 제1항). 이러한 주소에 관하여 정주의 사실이외에 정주의 의사가 필요하다는 견해(주관설)와 객관적 사실만으로 족하다는 견해(객관설)의 대립이 있으나, 민법이 해석으로는 객관설이 타당하다. 그러나 주민등록법상의 주민등록은 ①

---

187) 국유잡종재산을 취득시효의 대상에서 제외한 규정은 헌법재판소의 위헌결정(헌재 1991. 5. 13, 89헌가 97)으로 무효로 되었다. 헌법재판소는 결정의 효력은 그 결정이 있기 전에 잡종재산인 토지를 시효취득하였음을 원인으로 하여 국가에게 소유권이전등기 절차의 이행을 제기하는 한편 국유재산법 제5조 제2항의 위헌여부심판제청 신청을 한 사건에도 미친다(대판 1991. 12. 24, 90다8176).

30일 이상 거주할 목적으로(의사), ② 일정한 곳에 주소나 거주를 가지는(사실) 경우에 하는 것이므로(주민등록법 제6조), 동법은 공법상의 주소의 인정에 있어 한편에서는 의사주의에 따르면서도 결국은 주민등록이라는 형식적 절차에 따르고 있다.

따라서 자연인의 공법상 주소는 다른 법률에 특정한 규정이 없으면 주민등록지가 된다. 다만 법인의 공법상 주소에 관하여는 특별한 규정이 없으므로 민법 제36조가 적용된다고 볼 것이다. 이와 같은 주소의 수에 관하여 민법은 객관주의를 전제로 하여 주소복수제를 명문화하고 있으나(민법 제18조 제2항), 주민등록법은 이중등록을 금지하고 있다(주민등록법 제10조 제2항). 따라서 공법관계에서 주조는 특별한 규정이 없는 한 1개 주소에 한하게 된다.

오늘날과 같은 생활관계에서는 인간생활의 중심적 장소를 1개소에 한정할 수는 없으므로, 복수주의가 원칙적으로는 타당하다고 본다. 그러나 주민등록지를 1개소에 한정하는 것은 행정적 관점에서는 충분히 그 타당성이 인정된다고 본다. 그러므로 필요에 따라 관계법령에서 주소에 관한 특별한 규정을 두는 것이 현실적인 방안으로 보인다.[188]

(3) 거소

거소란 사람이 다소의 기간 동안 계속하여 거주하지만, 그 장소와의 밀접도가 주소만 못한 곳을 말한다. 행정법관계에서 이러한 거소에 대하여 일정한 법률효과를 부여하는 경우가 적지 않다(소득세법 제1조, 제16조, 지방세법 제26조, 제37조, 제51조 등). 무엇을 거소로 볼 것인지는 특별한 규정이 없으면 민법의 예에 의할 것이나, 공법관계의 주소는 주민등록법에 의한 주민등록지가 되는 것이므로, 주민등록을 하지 아니한 경우에는 그것이 생활의 본거지라 하여도 거소로 볼 수밖에 없을 것이다.[189]

---

188) 김동희, 『행정법 Ⅰ』, 박영사, 2010, 119면 참조.
189) 김동희, 『행정법 Ⅰ』, 박영사, 2010, 119면 참조.

제2절 공법상의 행위

Ⅰ. 공법행위

1. 의의 및 종류

1) 의의

공법행위란 일반적으로 공법관계에서의 행위로서, 공법적 효과를 발생·변경 또는 소멸시키는 행위를 말한다. 공법행위는 실정법상의 용어는 아니고, 강학상의 관념이다. 이러한 공법행위는 내용적으로 입법행위·사법행위 및 행정법관계에서 행위를 모두 포함하나, 행정법상의 공법행위는 행정법관계에서의 행위만을 지칭하는 좁은 의미로 쓰이고 있다.[190]

2) 종류

행정법관계에서 공법행위는 여러 기준에 따라 분류할 수 있으나, 가장 중요한 것은 그 행위주체를 기준으로 한 것이다. 공법행위는 그 행위주체에 따라, 행정주체의 공법행위와 사인의 공법행위로 나눌 수 있다.

행정주체에 의한 공법행위는 행정입법·행정행위 등과 같이 행정주체가 우월적 지위에서 행하는 것도 있고, 공법상 계약과 같이 상대방과 대등한 지위에서 행하는 것도 있다. 이에 대하여 사인의 공법행위는 행정법관계에서의 사인의 행위로서 공법적 효과를 발생하는 것을 말한다. 행정주체의 공법행위는 다음의 행정작용편에서 상론하므로, 여기서는 사인의 공법행위만을 살펴본다.

---

190) 김동희, 『행정법요론』, 박영사, 2010, 95면.

2. 사인의 공법행위

1) 의의

사인의 공법행위는 공법관계에 있어서 공법적 효과의 발생을 목적으로 하는 사인의 모든 행위를 말한다. 종래 사인이 행정과정에서 어떠한 역할을 담당하느냐 하는 점에 대해서는 소홀한 감이 없지 않았지만, 오늘날의 사회국가의 등장과 함께 행정기능이 확대됨에 따라 행정에서 사인의 역할이 재평가되고 그 지위가 현저히 향상되고 있다. 예컨대, 개인은 행정행위의 객체가 아니라 독립한 윤리적 책임주체로서 법적으로 주체성이 인정되어야 하며, 그렇지 않고 단순한 객체로 보는 것은 헌법에서 규정한 인간의 존엄성규정에 모순된다는 견해가 사인의 지위를 잘 설명하고 있다. 즉 공법관계에서 사인은 "성년의 주민"으로서의 지위가 인정되는 것이다.

2) 종류

사인의 공법행위에는 매우 다양한 행위가 포함되어 있다. 이들 행위는 그 내용상 당해 행위 그 자체만으로 법적 효과를 완결하는 자기완결적 공법행위(자족적 공법행위)를 발생하는 것이 있는가 하면, 그 자체만으로는 법률효과를 완성시키지 못하고 행정주체의 행정행위의 동기 또는 요인이 되거나, 행정계약의 일방 당사자로서의 의사표시에 그치고 행정주체의 행위와 결합함으로써 비로소 법적 효과를 발생하는 것으로 분류될 수 있다.

(1) 자기 완결적 공법행위

가. 투표행위
투표행위는 사인이 국가나 공공단체의 기관 구성원의 지위에서 행하는 행위로서, 다수 사인의 공동의사표시로 1개의 의사가 구성되는 합성행위의 성질을 갖고 있다.

나. 신고
신고란 사인의 행정주체에 대한 일정한 의사를 표시하거나 사실 또는 관념의 통지에 의하여 공법적 효과가 발생하는 행위를 말한다. 통상적 의미에 있어서의 신고는 행정청에 대한 사인의 일방적 통고행위로서 그것이 행정청에 제출되어 접수된 때에 관계법이 정하는 법적 효과가 발생하는 것이고,191) 행정청의 별도의 수리행위가 필요한 것은 아니다. 이 점에서 신고는 단독행위이며, 자기완결적 공법행위이다.

행정절차법도 같은 취지의 규정을 두고 있는 바, 동법은 "법령 등에서 행정청에 대하여 일정한 사항을 통지함으로써 의무가 끝나는 신고를 규정하고 있는 경우"에는 당해 신고가 관계법령상의 형식적 요건을 갖춘 것인 때에는 "신고서가 접수기관에 도달한 때에 신고의무가 이행된 것으로 본다."고 규정하고 있다(행정절차법 제40조 제1항, 제2항). 이 또한 판례의 입장이기도 하다.192) 그러나 법령상 신고라는 용어가 사용되는 경우에도 그것이 항상 전술한 의미의 신고에 상응하는 것은 아니다. 예컨대 혼인신고의 경우에는 행정청이 중혼여부, 동성동본혼 여부 또는 연령 등에 관한 요건심사를 하여 그 수리 여부를 결정하며,193) 이 경우 행정청의 불수리결정이 위법한 경우에는 신고인은 소를 제기하여 이를 다툴 수 있다(호적법 제76조, 제48조).194) 또한 최근 들어 행정규제의 완화책으로서 종래의 허가사항이 다수 신고사항으로 된 바 있다. 그러나 관계법상 허가제가 신고제로 되기는 하였으나, 종래의 허가의 요건이 그대로 신고의 요건으로 남아 있는 경우도 없지 않다. 이러한 경우 사인의 신고가 관계법상의 신고요건을 충족하지 않는 경우에는 행정청이 당해 신고의 수리를 거부하고 있는바, 이 경우의 신고제는 실질적으로는 완화된 허가제와 같은 의미를 가진다고 할 것이다. 이것은 판례의 입장이기도 하다.195)

다. 합동행위
사인에 의한 공공조합(예: 재개발조합, 농지개량조합) 등의 설립이 이에 해당한다.

(2) 행정행위 등의 동기 또는 요건적 행위

가. 신청
신청이란 사인이 행정청에 대하여 작위·급부 등 일정한 행위를 청구하는 의사표시를 말한다. 이러한 신청에는 ① 각종 인허가신청·특허신청·등록신청과 같이 쌍방적 행정행위에 있어 행정청에 당해 행위를 청구하는 경우, ② 공법상계약에서의 청약행위, ③

---

191) 대판 1995. 3. 14, 94누9962.
192) 대판 1993.7. 6, 93마635.
193) 헌재 2007. 1. 11, 2006두14537.
194) 대판 2009. 6. 18, 2008두10997.
195) 대판 1993. 6. 8, 91누11544.

청원이나 행정심판청구와 같이 행정청의 법률적 또는 사실적 판단을 청구하는 경우 등이 있다.

나. 동의 · 승낙

사인의 동의 · 승낙에는 ① 행정행위의 요건으로서의 동의 또는 승낙(공무원의 임명에 있어서의 사인의 동의), ② 공법상 계약에 있어서의 승낙(토지수용절차에 있어서의 협의. 다만 협의를 사법상의 계약으로 보는 견해도 있다) 등이 있다.

(3) 사인의 공법행위의 특색

가. 행정행위에 대한 특색

사인의 공법행위는 공법적 효과의 발생을 목적으로 하는 점에서 행정행위와 같으나, 공권력의 행사인 그것과는 유형을 달리하며, 공정력 등 행정행위가 가지는 효력이 인정되지 않는다.

나. 사법행위에 대한 특색

사인의 공법행위와 사법행위는 그 주체가 모두 사인이고 비권력적 행위인 점에서 본질적인 차이가 있는 것은 아니다. 그러나 사인의 공법행위는 사적 이해의 조절을 목적으로 하는 사법행위와는 달리 공법적 효과의 발생을 목적으로 하는 점에서 그에 대한 적용 법리에 대하여 약간의 특색을 가진다.[196] 즉, 사인의 공법행위는 직 · 간접적으로 공공성을 지니게 되므로 그 행위의 법적 안정성이나 객관적 명확성을 위하여 그 내용과 형식에 있어서 정형화가 요구된다.

3) 사인의 공법행위에 대한 적용법리

사인의 공법행위에 대한 적용법규에 관하여는 개별법에서 산발적으로 규정하고 있는 것 외에 일반적 규정은 없다. 따라서 그러한 개별적 규정조차 없는 경우에, 민법상의 법률행위에 관한 규정 또는 법원리가 유추적용될 수 있는가의 문제가 있다.

사인의 공법행위에 있어서는 다음의 몇 가지 사항들이 주로 문제로 되고 있다.

---

196) 대판 2001. 8. 24, 99두9971.

(1) 의사능력·행위능력

사인의 공법행위에도 의사능력과 행위능력이 필요한가에 대하여는, 공법상의 일반적 규정은 없으나, 의사능력이 없는 자의 행위는 법률행위의 일반원칙에 따라 특별한 규정이 없으면 절대적으로 무효라 할 수 있다(통설). 그러나 행위능력에 관하여는 민법상의 무능력자에 관한 규정이 그대로 적용될 수 없는 경우가 많다. 예컨대 우편법 제10조에서는 무능력자의 행위도 능력자가 행한 것으로 의제하는 명문규정을 두고 있는 것이 그것이다.[197] 그러나 사인의 공법행위 중에서 재산 관계적 행위에 대해서는 원칙적으로 민법규정이 유추적용된다고 보는 것이 일반적 견해이다.

(2) 대리

사인의 공법행위에 있어서는 법규정에 의하여 또는 행위의 성질상(선거·귀화신청·수험 등의 일신전속적 행위) 대리가 허용되지 않는 경우가 많다. 그러나 그 밖에 개인적 자격과 직접 관계가 없는 행위는 일반적으로 대리가 허용된다고 볼 것이고, 그 한도에서는 민법의 규정이 유추적용 될 수 있을 것이다.

(3) 요식행위

사인의 공법행위는 반드시 요식행위이어야 하는 것은 아니다. 그러나 행위의 존재나 내용을 명확히 하기 위하여 법령으로, 또는 법령에 규정이 없는 경우에도 내규로 일정한 서식에 의하도록 규정하고 있는 경우가 많다(행정심판청구서·인허가신청서 등).

(4) 효력발생시기

사인의 공법행위는 사법상의 행위에 비하여 보다 형식적인 확실성을 필요로 하기 때문에, 개별법에서 달리 규정하고 있지 않는 한(발신주의: 국세기본법 제5조의2), 민법 제111조에서와 같이 도달주의를 취하는 경우도 있고, 체신관서의 공증을 조건으로 기간후의 도달을 기간 내에 도달된 것으로 보는 경우도 있다.

---

[197] 우편법 제10조는 "우편물의 발송, 수취 기타 우편이용에 관하여 무능력자가 우편관서에 대하여 행한 행위는 능력자가 행한 것으로 본다."고 규정하고 있다.

(5) 의사표시의 흠결 또는 의사결정의 하자

사인의 공법행위에 있어서도 표의자의 의사의 흠결(진의 아닌 의사표시, 통정한 허위의 의사표시, 착오로 인한 의사표시) 또는 의사표시의 하자(심신상실상태의 의사결정, 사기, 강박에 의한 의사표시)가 있는 경우 그 행위의 효력에 대해서는 특별한 규정이 없는한, 민법의 규정(민법 제107조, 제110조)이 원칙적으로 적용될 것이다.

다만 사인의 공법행위 중에서 정형적·단체적 성질이 강하여 사인간의 거래와는 다른특수성이 인정되는 행위의 경우에는 민법총칙은 수정·변경되어 적용된다 할 것이다.[198]

(6) 부관

사인의 공법행위는 사법상의 행위와는 달리 행정법관계에 변동을 가져오게 되므로, 명확성과 신속한 확정의 필요 때문에 원칙적으로 부관을 붙일 수 없다.

(7) 철회·보정

법률상 금지규정이 있거나 성질상 불가능한 경우가 아닌 한 사인의 공법행위는 그에의거하여 행정행위가 행하여질 때까지는 자유로이 철회하거나(예컨대 사직원의 철회) 보정할 수 있다.[199] 그러나 법률상 그 자유가 제한되는 경우도 있고(예컨대 소장의 수정등), 또는 합성행위·합동행위(예컨대 투표, 수험) 등 행위의 성질상 제한되는 경우도 있다. 이와 관련하여, 행정절차법 제17조 제8항은 "신청인은 처분이 있기 전에는 그 신청의 내용을 보완하거나 변경 또는 취하할 수 있다고 규정하고 있다. 다만 다른 법령 등에특별한 규정이 있거나 당해 신청의 성질상 보완·변경 또는 취하할 수 없는 경우에 는그러하지 아니하다."라고 규정하고 있다.

4) 사인의 공법행위의 효과

사인의 공법행위의 법적 효과는 관련법규에 따라 다른 것임은 물론이거니와 다음에서는 행정행위의 요건적 공법행위에 관하여 몇 가지 문제점을 살펴본다.

---

198) 김동희, 『행정법요론』, 박영사, 2010, 99면.
199) 홍정선, 『행정법특강』, 박영사, 2010, 1006면.

(1) 행정청의 처리의무

사인의 신청에 대한 행정청의 처리의무는 사인이 당해 행위에 대하여 청구권을 가지고 있는가의 여부에 따라 그 내용을 달리한다.

가. 당해 행위에 대한 청구권이 있는 경우

이 경우도, 행정청의 처리의무는 당해 행정행위의 성질에 따라 달라진다. 당해 행위가 기속행위인 때에는 행정청은 신청된 특정처분을 할 의무가 있으나, 재량행위인 때에는 행정청은 재량권의 한계를 준수하면서 다만 처분을 할 의무만이 있다. 이것이 이른바 무하자재량행사청구권과 관련하여 문제된다.[200]

나. 당해 행위에 대한 청구권이 없는 경우

이 경우 행정청에는 사인의 신청에 대한 법적인 처리의무는 없다. 그러나 이 경우도 법률상 그에 대한 처리결과를 사인에게 통치잘 것을 규정하고 있는 경우도 있다.

(2) 제3자에 대한 행정권 발동요구

법령상 행정청에 대하여 일정한 규제 의무가 부과되어 있는 경우에, 당해 규제행정권 발동에 대하여 법적이익이 있는 자가 행정청에게 제3자에 대한 규제권발동을 청구하는 신청이 인정된 경우에는 행정청은 신청에 따른 규제권을 발동하여야 하며, 그것을 발동하지 아니할 때에는 국가배상을 청구하거나 행정소송을 제기할 수 있다.[201] 이것은 이른바 행정개입청구권과 관련하여 문제시된다.

(3) 수정인가의 가부

수정인가가 가능한가에 대하여는 적극설·소극설의 대립이 있기는 하나, 인가는 사인의 법률행위의 효력을 완성시켜 주는 데 그치는 보충적 행위라는 점에서 보면, 수정인가는 허용되지 않는다고 할 것이다.

---

200) 김동희, 『행정법 Ⅰ』, 박영사, 2010, 124면 참조.
201) 박윤흔·정형근, 『최신행정법강의(상)』, 박영사, 2010, 196면.

(4) 사인의 공법행위의 하자의 효과

이 문제는 경우를 나누어 고려하여야 할 것이다. 즉 사인의 공법행위가 행정행위의 단순한 사실상의 동기인 때(전제요건이 아닌 경우)에는, 그 흠결은 행정행위의 효과에 영향이 없다. 사인의 공법행위가 행정행위의 요건인 경우는 사인의 공법행위에 단순한 위법사유가 있는 때에는 행정행위는 원칙적으로 유효하다 할 것이고, 사인의 공법행위에 무효사유에 해당하는 하자가 있는 때(예컨대 강박에 의한 사직원제출)에는 당해 행정행위도 무효라 할 것이다.

Ⅱ. 공법상 사무관리와 부당이득

1. 공법상 사무관리

1) 의의

공법상의 사무관리란 법률상의 의무 없이 타인의 사무를 관리하는 행위(민법 제734조)를 말한다. 이는 원래 사법상의 관념인 것이나, 그에 해당하는 부분이 공법분야에서도 존재하므로(예컨대 수난구호, 보호기업에 대한 강제관리 등), 이 법리는 공법에서도 인정된다고 보는 것이 일반적 견해이다.202) 공법상 사무관리에 대하여는, 법령에 특별한 규정이 없으면, 민법상의 사무관리에 관한 규정을 준용하여 사무관리기관의 통지의무·비용상환, 기타 이해조정이 강구되어야 한다.

2) 사무관리의 종류

공법상의 사무관리는 보통 법규에 규정이 있거나 조리상 합리적이라고 인정되는 범위 안에서 인정되며, 강제관리·보호관리·역무제공 등의 경우가 있다.

---

202) 이에 대하여 W. Jellinek는 공법분야에서의 사무관리적 행위는 공법상 의무에 의한 것이기 때문에 사무관리라고 볼 수 없다고 하고 있으나, 여기서의 의무는 국가에 대한 의무이지 피관리자에 대한 의무는 아니므로 사무관리라고 봄이 타당하다.

(1) 강제관리

강제관리는 국가의 특별감독 하에 있는 사업에 대하여 감독권의 작용으로서 당해 사업을 강제적으로 관리하는 경우를 말한다.

(2) 보호관리

보호관리는 재해 시에 행하는 구호, 행려병자 또는 사자 취급과 같이 보호를 위하여 관리하는 경우를 말한다.

(3) 역무제공

역무제공은 사인이 비상재해 기타의 경우에 행정사무의 일부를 관리하는 경우를 말한다.

3) 사무관리에 관한 적용법규

공법상의 사무관리에 관하여는 통칙적 규정이 없으므로, 법령에 특별한 규정(예컨대, 항로표식법 제5조 제2항)이 없으며, 일반적으로 민법의 사무관리에 관한 규정(민법 734조, 제740조)을 준용하여야 할 것이다. 즉 사무관리의 통지의무라든지, 비용상환 기타 이해 조정에 관한 조치가 그것이다.

대판 2000. 1. 21, 97다 58507

압수물에 대한 환가처분 후 해당압수물이 그 후의 형사절차에 의하여 몰수되지 아니한 경우, 그 환가처분의 법적 성질 및 국가가 압수물소유자에게 상환을 구할 수 있는 압수물에 대한 환가처분 비용의 범위, 몰수할 수 있는 압수물에 대한 수사기관의 환가처분은 그 경제적 가치를 보존하기 위한 형사소송법상의 처분이라고 할지라도 해당압수물이 그 후의 형사절차에 의하여 몰수되지 아니하는 경우 그 환가처분은 그 물건소유자를 위한 사무관리에 준하는 행위라 할 것이므로 검사가 압수물에 대한 환가처분을 하며, 소요된 비용은 물건의 소유자에게 상환을 구할 수 있다 할 것이지만, 압수는 물건의 소유자 등의 점유를 배제하고 수사기관 등의 그 점유를 취득하는 강제처분이고, 환가처분 또한 수사기관 등이 그 권한과 책임 하에 본인의 의사 여하를 불문하고 행하는 것이므로 사무관리자가 본인의 의사에 반하여 관리한 때의 관리비용 상환 범위에 준하여 수사기관 등이 환가처분을 함으로써 압수물 소유자가 지출하지 않아도 되게 된 그 물건의 매각비용의 환도, 즉 현존이익의 한도 내에서 환가처분 비용의 상환을 구할 수 있다.

---

2. 공법상 부당이득

1) 의의

공법상 부당이득이란 원래 사법상의 관념으로서, 법률상의 원인 없이 타인의 재산 또는 노무로 인하여 이익을 얻고, 이로 인하여 타인에게 손해를 가하는 것(민법 제74조)을 말한다. 이는 재산상의 이해 조정을 위하여 부당이득에 대한 반환의무를 과하게 되는 제도이다. 부당이득은 공법상의 원인(예컨대 조세부과처분)에 의하여 일반 급부가 행하여진 후에 그 원인이 무효이거나 당해 처분이 취소됨으로써 법률상 원인 없는 급부가 되는 경우의 문제이다. 즉 조세부과처분에 따라 납세하였으나, 이후 당해 처분이 행정소송에서 취소된 경우, 조세의 과오납, 봉급과액수령, 무자격자의 연금수령 등이 이에 해당한다.[203]

공법상의 부당이득에 관하여는 법령에 특별한 규정(국세기본법 제51조, 제54조)을 두고 있는 경우 외에는 일반적 규정이 없으므로 민법의 규정(제741조, 제749조)에 의하여야 할 것이다.

2) 공법상 부당이득반환청구권의 성질

공법상의 부당이득반환청구권의 성질에 대하여 공권설과 사권설이 대립하고 있다.

(1) 사권설

이 견해는, 공법상의 부당이득이 공법상의 원인에 의하여 발생했다 하여도, 부당이득의 발생원인은 권원으로서의 법률원이 없는 것임을 전제로 하는 것이고, 또한 부당이득제도는 다만 경제적 견지에서 인정되는 이해 조정 제도라는 관점에서 주장된다. 따라서 부당이득에 관한 소송은 민사소송에 의하여야 한다고 한다. 대법원의 판례 또한 이에 의하고 있다.[204]

---

203) 윤양수 「행정법 개론」, 온누리, 2011, 168면.
204) 대판 1972. 9. 22, 70다1605.

(2) 공권설

이 견해는 공법상의 부당이득반환청구권은 공법상의 원인에 의하여 발생한 결과를 조정하기 위한 제도이므로, 공권이라고 한다. 즉 이 견해는 공법상의 원인에 의하여 발생한 결과를 조정하기 위한 제도는 공법상 원인의 유무의 탐구와 밀접한 관계에 있으므로 공법적인 것이며, 그에 관한 소송은 행정소송법에서 규정한 공법상의 권리관계 관한 소송인 당사자소송에 의하여야 한다고 한다.205)

(3) 소결

위의 견해대립은 이론적 관점에서는 검토할 만한 가치가 있을지 모르나, 그 실익은 거의 없을 것으로 보인다. 왜냐하면, 이 청구권을 공권으로 보는 경우 그에 관한 소송은 공법상의 법률관계에 관한 소송인 당사자소송에 의하게 될 것이나, 당사자소송에는 민사소송에 대한 특례가 많지 않으며 실제로는 거의 민사소송법에 의하고 있기 때문이다.

3) 공법상의 부당이득의 유형

공법상의 부당이득은 주로 국가나 지방자치단체의 부당이득의 문제로 제기되는 것이나, 사인이 행정주체와의 관계에서 부당이득을 취하는 경우도 있을 수 있다.

(1) 행정주체의 부당이득

행정주체의 부당이득은 행정행위와 관련하여 발생하는 경우가 보통이나, 일정한 사실행위 등에 따라 성립하는 경우도 있다.

가. 성립
㉮ 행정행위로 인한 경우

이는 당해 행정행위가 무효이거나, 후에 실효되거나 또는 권한 있는 기관에 의하여 취소된 경우에 성립된다. 행정행위의 설립 상에 하자(위법성)가 있어도 그것이 취소사유에 그치는 것인 때에는, 행정행위의 공정력으로 인하여 권한 있는 기관이 취소하기 전까지

---

205) 김도창, 『행정법(상)』, 청원사, 1999, 288면.

는 부당이득의 문제는 생기지 않는다.

㉯ 행정행위 이외의 행정작용으로 인한 경우

행정주체가 정당한 권원 없이 타인의 토지를 도로로 조성·사용하는 경우가 그 예이
다. 이러한 경우 법령상 달리 규정되어 있지 않은 한, 관계인은 법률상의 원인 없음을 이
유로 하는 부당이득반환청구권을 행사할 수 있다.

나. 행정주체의 부당이득의 반환범위

행정주체의 부당이득의 반환의 범위에 대하여는 행정주체의 선의·악의를 불문하고
항상 전액반환의 특별규정을 두는 경우가 많다(다만 민법 제748조는 선의인 경우는 경감
하고, 악의인 경우에는 가중하는 규정을 두고 있다).

특별규정이 없더라도, 공권력에 의하여 일방적으로 과하여진 부담에 대하여는 그로 인
한 이익의 전부를 반환함이 타당할 것이다(통설). 받은 이익에 이자를 붙일 것인지의 여
부는 법령이 정하는 바에 의하여야 할 것이다. 국세기본법 제52조는 조세과오납금에 이
자를 붙이도록 규정하고 있다.

다. 반환청구권의 행사

사인의 행정주체에 대한 부당이득반환청구권의 행사는 법률에 특별한 규정이 없는 한,
우리 판례에 따라 민사소송절차에 의하여 이를 행사할 수 있다.[206]

(2) 사인의 부당이득

가. 성립

공무원의 연금수급, 보조금의 교부 등의 경우와 같이 사인이 국가나 지방자치단체 등
으로부터 부당이득을 하는 경우도 있다. 이러한 사인의 부당이득도 내용적으로는 행정행
위에 기인한 경우와, 그 이외의 원인에 의한 경우가 있는데, 행정행위에 기인하는 경우는
당해 행정행위가 무효이거나 취소됨으로써 성립하는 것임은 행정주체의 부당이득의 경우
와 같다. 그러나 수익적 행정행위의 경우에는 상대방에게 귀책사유가 없는 한 신뢰보호
의 견지에서의 취소제한의 법리에 따라 당해 행정행위가 취소될 수 없는 경우에는 부당

---

[206] 대법원은 "조세부과처분의 무효임을 전제로 하여 이미 납부한 세금의 반환을 청구하는 것은 민사상의
부당이득반환청구로서 민사소송절차에 따라야 한다(대판 1991. 2. 6, 90프2)."고 판시하고 있다.

이득반환청구는 불가능하게 된다고 할 것이다.

나. 사인의 부당이득의 반환범위

사인의 부당이득에서 사인이 수익자인 경우에도 법에 위반되는 이득은 허용되지 않으므로 수익자인 사인은 받은 이득의 전액을 반환하여야 할 것이다.

(3) 반환청구권의 행사

사인의 부당이득에 관한 행정주체의 부당이득반환청구의 의사표시에 대해서는 각 단행법에서 행정행위로서 효력을 인정하고 그 불이행에 대하여 행정상 강제징수를 인정하는 경우(보조금의 예산 및 관리에 관한 법률 제21조)도 있다.

이에 대한 불복은 항고소송에 의한다. 다만, 특별한 규정이 없으면, 행정주체의 반환청구권의 행사라 할지라도 대등자간의 의사표시로의 효력을 가진다고 할 것이다.

4) 공법상 부당이득반환청구권의 시효

공법상 부당이득반환청구권은 특별한 규정이 있거나(관세법 제52조 제항, 공무원연금법 제81조 제3항, 산업재해보상보험법 제96조 제1항), 또한 제척기간을 정한 경우도 있다(6월). 이러한 특별한 규정이 없으면 그 소멸시효기간은 5년이다(예산회계법 제71, 지방재정법 제53조, 국세기본법 제54조 제1항).

5) 공법상 부당이득반환청구권의 상계

공법상 부당이득반환청구권의 상계는 법령에 특별한 규정이 있을 때에는 허용된다. 국세기본법 제51조는 상대방의 부당이득반환청구권을 수동채권으로 하여 조세과오납금 및 그 이자를 다른 국세가산금과 납세처분비에의 충당을 인정하고 있고, 보조금의 예산 및 관리에 관한 법률 제32조는 보조사업자가 보조금 등의 반환명령을 받고 반환하지 아니한 경우에 그 자에게 동종의 사무 또는 사업에 대하여 교부하여야 할 보조금 등이 있을 때에는 국가의 부당이득반환청구권과 미반환액을 상계할 수 있게 하였다.

제2편 경찰행정조직법

제1장 경찰행정조직법의 개관

제1절 경찰행정조직법의 의의

경찰행정조직법은 경찰의 조직에 관한 법을 말한다. 즉 경찰기관의 설치, 폐지, 구성, 권한 및 경찰기관 상호 간의 관계를 정한 법이다. 경찰행정조직법은 경찰행정조직의 내부관계를 규율하는 법으로써 경찰작용을 규율하는 경찰행정작용법과 구별된다. 다만 경찰조직에 관한 사항 중 경찰기관의 권한 및 행정규칙 등은 국민의 권리의무에 일정한 영향을 미치므로 경찰작용법상의 법적 통제의 대상이 될 수 있다. 또한 경찰 내부에서의 의사형성과정과 결정과정 중 국민의 권익과 관련이 있는 절차는 행정절차로 보아 작용법적 통제의 대상이 되고 있다.[1]

제2절 경찰조직 법정주의

경찰행정조직은 그 자체가 국민의 권리·의무에 관계가 없다고 하여도 행정조직의 존재목적은 행정권의 행사에 있고, 따라서 행정기관의 설치여부·권한 등은 바로 국민생활에 지대한 영향을 미치고, 행정기관의 설치·운영은 일반 국민에게 상당한 경제적 부담을 가하게 되는바 결국 행정조직의 문제는 구가의 형성유지에 중요한 사항이므로 헌법은 행정각부 등의 조직을 법률로써 정하도록 규정하고 있다(헌법 제96조, 제90조 제3항, 제100조). 이를 행정조직법정주의라 부른다.[2]

---

1) 박균성·김재광, 『경찰행정법』, 박영사, 2010, 89면.
2) 홍정선, 『경찰행정법』, 박영사, 2010, 120면.

제3절 경찰조직의 지도원리

경찰의 목적은 공공의 안녕과 질서유지를 위하여 개인의 자유와 권리를 제한하는 전형적인 권력적 행정작용인 동시에 개인의 자유와 권리를 보호를 목적으로 한다. 따라서 이러한 목적을 능률적으로 수행할 수 있도록 경찰조직을 편성하고 규율하는 지표가 경찰조직의 지도원리라고 할 수 있다.[3)

경찰조직은 그 국가의 정치적·경제적·기술적인 여러 요청의 타협의 산물이므로 그 구성의 원리도 국가마다 각기 다양하다. 우리나라의 경찰조직은 민주성, 중립성, 집권성, 전문성을 그 지도 원리로 하고 있다.

I. 경찰조직의 민주성

경찰은 공공의 안녕과 질서를 유지하기 위한 권력작용이므로 개인의 권리와 자유를 침해할 우려가 많을 뿐만 아니라 권력작용의 성질상 재량의 여지가 많아서 다른 행정작용에 비하여 법치행정원리가 엄격히 적용되고 경찰조직은 그 민주성의 확보가 강력히 요구된다.

현행법상 경찰조직의 민주성에 대한 규정으로는 주권재민(헌법 제1조 제1항)과 국민전체에 대한 봉사성과 책임(헌법 제7조 제1항), 경찰관청의 설치와 직무범위의 법률주의를 채택하고 있다(정부조직법 제2조, 경찰법 제1조). 또한 국가공무원법 제 59조에서는 "공무원은 국민전체에 대한 봉사자로서 친절, 공정히 집무해야 한다."고 규정함으로써 경찰조직과 경찰작용의 민주화를 제도적으로 보장하고 있다. 아울러 국가공무원법 제65조에서 정치활동을 금지시킴으로서 경찰권을 민주적으로 그 직무를 수행하도록 보장하고 있다. 또한 경찰위원회를 두어 경찰의 인사·예산·장비·통신 등에 관한 주요정책 및 경찰업무발전에 관한 사항과 인권보호와 관련되는 경찰의 운영·개선에 관한 사항 등을 심의·의결하도록 하고 있으며, 경찰행정과정에서 이해관계인이나 일반인을 참여시켜 의견이나 자료를 제출할 수 있도록 하고 있다. 최근 들어 인터넷이나 매스미디어를 통한 국민의 제안을 받아들여 경찰조직의 운영을 보다 바람직하고 민주적인 방향으로 유도하고 있다.

---

3) 김동복, 『경찰행정법』, 문두사, 2005, 46면,

Ⅱ. 경찰조직의 능률성

경찰법 제1조는 "효율적인 임무수행을 위하여 경찰의 기본조직 및 직무범위 기타 필요한 사항을 규정한다."고 규정함으로써 경찰조직 및 경찰작용은 효율적으로 직무를 수행할 수 있는 합리적인 조직임을 명시하고 있다. 우리나라의 경찰조직은 중앙집권적 국가행정조직으로 일원화되고 군조직과 비슷한 계선형 행정조직을 통하여 경찰조직의 능률성을 확보하고 있다.4) 경찰의 능률성을 극대화하는 것으로 "경찰청장은 돌발사태의 진압이나 특수지역의 경비에 당하기 위하여 특히 필요한 때에는 경찰관으로서 경찰기동대를 편성하여 필요한 지역에 파견할 수 있다(경찰관직무응원법 제1조, 제4조)."는 규정이 그 예이다.5)

Ⅲ. 경찰조직의 중립성

경찰의 목적은 공공의 안녕과 질서유지를 위하여 개인의 자유와 권리를 제한하는 전형적인 권력적 행정작용으로 국민의 기본권과 밀접한 관련을 가지고 있으므로 경찰조직의 권력적 작용이 특정정당이나 개인을 위하여 편파적으로 행사할 수 없도록 경찰중립성의 제도적 보장이 요구된다. 경찰조직의 중립성을 보장하기 위한 현행법의 규정으로는 헌법은 공무원의 신분과 정치적 중립성을 명시하고 있으며(헌법 제7조 제2항), 국가공무원법은 정치활동금지를 명문화하고 있다(국가공무원법 제65조). 그리고 경찰법은 경찰의공정 중립성(경찰법 제4조)과 정당에 소속되었던 사람은 당적을 이탈한 날로부터 3년이 경과하지 아니한 자는 경찰위원회 위원이 될 수 없도록 규정하고 있다(경찰법 제6조, 제7조).

Ⅳ. 경찰조직의 집권성

우리나라의 경찰조직은 중앙집권적인 국가행정조직으로 국가경찰제를 원칙으로 하고

---

4) 박평준·박창석, 「행정법」, 고시연구사, 2004, 55면.
5) 김동복, 「경찰행정법」, 문두사, 2005, 46면.

있으며, 특별히 제주특별자치도에서 지자체경찰제를 실시하고 있다. 현행법상 경찰권도 행정권의 일부이며 대통령과 국무총리의 통할아래 현실적으로 경찰사무를 관장하는 경찰 행정관청과 경찰집행기관이 있다. 우리나의 경찰조직은 행정안전부와 국토해양부 직접적인 통제 하에 각 경찰청창을 정점으로 지방경찰정장 및 경찰서장으로 이어지는 국가경찰 중심으로 집권화되고 있다.

Ⅴ. 경찰조직의 전문성

현대사회는 산업화와 과학기술의 발달과 함께 지식정보국가로 발전함에 따라 공공의 안녕과 질서에 대한 위해는 보다 다양해지고 양적·질적으로 고도화되고 있다. 이에 따라 위해방지의 임무는 전문적 지식과 기술을 필요로 하는 전문적인 업무로 변화하였다. 따라서 경찰조직도 이러한 임무수행을 원활히 하도록 하기 위하여 최대한 전문성이 발휘될 수 있는 조직으로 구성되어야 한다.6) 특히 해양경찰은 해양치안수요의 확대와 해양의 특수성상 해양과 관련한 전문지식과 기술은 물론 국제해양법협약상의 다양한 지식을 요구하고 있다.

---

6) 박평준·박창석, 「행정법」, 고시연구사, 2004, 56~57면.

제2장 경찰기관

제1절 경찰기관의 개념

경찰기관이란 경찰권한을 행사하는 경찰조직의 구성단위를 말하며, 경찰행정기관은 경찰기관의 구성자인 경찰공무원과는 구별된다. 경찰기관은 그를 구성하는 경찰공무원의 변경과 관계없이 통일적인 일체로서 존속한다. 경찰기관에는 보통경찰기관, 협의의 행정경찰기관, 비상경찰기관 등이 있다.[7]

제2절 경찰기관의 종류

광의의 경찰행정 중 보안경찰은 보통경찰기관이 담당하고, 다른 행정작용과 관련하여 부수적으로 행해지는 경찰행정은 그 주된 작용을 담당하는 행정기관이 이를 수행하며, 비상경찰은 군사기관이 수행한다.[8] 여기서는 주로 보안 경찰을 수행하는 보통경찰기관의 조직에 관하여 약술한다.

Ⅰ. 보통경찰기관

보통경찰기관이란 직접 보안경찰을 담당하고 있는 경찰기관을 말하는바, 그의 권한 및 기능에 따라 경찰행정청과 경찰집행기관 및 경찰의결·협의기관으로 구성된다. 이를 일반경찰기관이라 부르기도 한다.

---

7) 박균성·김재광, 『경찰행정법』, 박영사, 2010, 91면.
8) 윤양수, 『행정법개론』, 제주대학교출판사, 2009, 726면.

1. 경찰행정청

경찰행정청은 경찰에 관한 국가의 의사를 결정·표시하는 권한을 가진 경찰행정기관이다. 경찰행정청은 경찰청장을 최상급의 기관으로 하여 지방경찰청장과 경찰서장으로 구성되는 계층제를 형성하고 있다. 종래에는 내무부장관(현 행정안전부장관)이 일반경찰사무를 관장하였고, 그를 최상급의 경찰관청으로 하였으나,[9] 1991년 5월 31일의 정부조직법의 개정과 경찰법의 제정에 의하여 행정자치부의 외청으로 경찰청을 두어 경찰청장을 중앙보통경찰관청으로 하였다.

1) 경찰청장

경찰법 제2조 제1항은 "치안에 관한 사무를 관장하기 위하여 행정안전부장관소속하에 경찰청을 둔다."라고 경찰청에 관하여 규정하고 있고, 그 장으로서 경찰청장은 경찰에 관한 사무를 통할하며 소속 공무원 및 각급 경찰기관의 장을 지휘, 감독하는 지위 및 권한을 부여하고 있다(경찰법 제11조 제3항).

경찰청장은 치안총감으로 보하며, 경찰위원회의 동의를 얻어 행정안전부장관의 제청으로 국무총리를 거쳐 대통령이 임명한다.

2) 지방경찰청장

경찰법 제2조 제1항은 경찰청의 사무를 지역적으로 분담·수행하기 위하여 시장(서울특별시장·광역시장)·도지사 소속하에 지방경찰청을 둔다고 규정하고 있다.

그 장으로서 지방경찰청장은 경찰청장의 지휘, 감독을 받아 관할 구역 안의 경찰사무를 관장하고 소속 공무원 및 소속 경찰기관의 장을 지휘, 감독한다(경찰법 제14조 2항). 지방경찰청장은 형식적으로는 시장과 도지사의 소속하에 설치되어 있으나, 이들의 지휘·감독을 받는 것은 아니라는 점에서 자치제경찰관청의 지위에 있는 것은 아니다. 지방경찰청장은 치안정감, 치안감 또는 경무관으로 보한다(경찰법 제14조 제1항).

---

9) 경찰법상 행정안전부의 지위와 관련하여 넓은 의미에서 경찰관청이라고 하는 견해(박윤흔·정형근,『최신행정법 강의(하)』, 박영사, 2009, 303면; 김성수,『개별행정법』, 법문사, 2004, 526면)와 경찰관청이 아니라는 견해(김남진,『경찰행정법』,경세원, 2009, 23면; 최영규,『경찰행정법』, 법영사, 2005, 52면)가 있다.

3) 경찰서장

지방경찰청 소속하에 경찰서를 둔다(경찰법 제2조 제2항). 경찰서장은 경찰의 단계적 지위에서 최하급의 경찰행정청이다. 경찰서장은 총경 또는 경정으로 보한다. 경찰서장은 지방경찰청장의 지휘·감독을 받아 구역 안의 소관 사무를 관장하고 소속공무원을 지휘·감독한다. 경찰서장 소속하에 지구대 또는 파출소를 둔다(경찰법 제17조 제3항).

대판 1992. 2. 25, 91다12356

경찰서는 국가행정사무를 수행하게 하기 위하여 설치된 특별지방행정기관에 지나지 아니하고, 경찰서장도 국가 공무원우로서 소관 사무를 통할하고 소속공무원을 지휘·감독하는 지위에 있을 뿐이어서, 경찰서장이 그 경찰서 소속의 관용차량을 관리운행하고 소속공무원인 운전자를 지휘·감독한다고 하더라도 대외적으로는 자동차의 운행으로 인한 손해배상책임을 부담할 권리의무의 주체가 될 수 없음이 명백하므로 자동차보험계약상의 기명피보험자가 ○○경찰서장으로 표시되었다고 하더라도 이를 국가를 가리키는 것으로 봄이 상당하고, 따라서 경찰서장의 직위에 있는 공무원 개인이 기명피보험자로 되는 것이 아니다.

---

4) 해양경찰청장

정부조직법 제37조 제3항·제4항은 해양에서의 경찰 및 오염방지 업무를 담당하기 위하여 해양수산부장관 소속하에 해양경찰청을 두며, 해양경찰청장 소속하에 해양경찰서를 둔다(정부조직법 제44조 제3항, 제4항) 삭제. 해양경찰청에 청장 1인을 두고, 청장은 경찰공무원으로 보한다. 해양경찰청의 업무는 해양수산부장관이 관장하는 행정작용에 부수적인 질서유지에 관한 사무에 한정되는 것이 아니라, 해양에서의 모든 경찰사무를 담당하며, 또한 그 구성원도 경찰청의 구성원과 마찬가지로 경찰공무원의 신분을 가진다. 그러한 점에서 해양경찰청은 협의의 행정경찰기관이 아니라 앞에서 살펴본 경찰청과 마찬가지로 보통경찰관청의 성격을 가진다고 하겠다.

2. 경찰의결기관·협의기관

1) 경찰위원회

경찰행정에 관하여 일정한 사항을 심의의결하기 위하여 의결기관으로서 행정안전부에 경찰위원회를 둔다(경찰법 제5조 제1항). 위원회는 위원장 1인을 포함하여 7인의 위원으로 구성된다. 1인의 위원만이 상임이며, 위원장 및 5인의 위원은 비상임이다(경찰법 제5조 제2항). 위원은 행자부장관의 제청으로 국무총리를 거쳐 대통령이 임명하며 그 임기는 3년이고 연임할 수 없다(경찰법 제6조 제1항, 제7조 제1항). 위원회는 ① 경찰청장의 임명에 동의권을 가지며(경찰법 제11조 제2항), ② 경찰의 인사·예산·장비·통신 등에 관한 주요 정책 및 경찰업무발전에 관한 사항, ③ 인권보호와 관련되는 경찰의 운영·개선에 관한 사항, ④ 경찰업무 외의 다른 국가기관으로부터의 업무협조요청에 관한 사항, ⑤ 그 밖에 행정안전부장관 및 경찰청장이 중요하다고 인정하여 부의한 사항을 심의·의결한다(경찰법 제9조).

2) 치안행정협의회

지방행정과 치안행정의 업무협조 그 밖의 필요한 사항을 협의·조정하기 위하여 시·도지사 소속하에 치안행정협의회를 둔다(경찰법 제16조 제1항).

3. 경찰집행기관

경찰집행기관은 소속 경찰관청의 명을 받아 경찰에 관한 국가의사를 사실상 집행하는 기관이다. 경찰집행기관은 그 직무의 일반성여하에 따라 보통(일반)경찰집행기관과 특별경찰기관으로 나누어진다.

1) 보통(일반)경찰집행기관

보통경찰기관은 일반적인 경찰업무를 집행하는 기관을 말한다. 경찰집행기관을 구성하는 경찰공무원은 경찰청장에 소속하며, 경찰공무원법 제23조 제1항에 의하면, 그 계급은 치안총감 · 치안정감 · 치안감 · 경무관 · 총경 · 경정 · 경감 · 경위 · 경사 · 순경이   있다. 이들은 제복을 착용하고 무기를 휴대할 수 있음을 특징으로 한다(경찰공무원법 제20조).

일반경찰집행기관을 이루는 경찰공무원은 사법경찰에 관한 사무를 아울러 담당하도록 되어 있는바(형사소송법 제195조), 이 경우의 경찰기관을 사법경찰관리라고 부르며, 이들은 검사의 지위를 받아 형사소송법이 정하는 바에 따라 그 직무를 수행한다.

2) 특별경찰집행기관

특별경찰집행기관이란 특별한 분야의 경찰작용에 관한 집행기관을 말한다. 그 구성원으로는 소방공무원 · 전투경찰대 · 헌병 등이 대표적이다. 소방공무원은 화재의 예방, 경계, 진압과 재난, 재해 및 그 밖의 위급한 상황에서의 구조 · 구급활동을 행하는 특별경찰집행기관이다. 국가소방공무원의 계급으로는 소방총감 · 소방정감 · 소방감 · 소방정 · 소방령 · 소방경 · 소방위 · 소방장 · 소방교 · 소방사가 있으며, 지방소방공무원에는 지방소방정감 · 지방소방감 · 지방소방정 · 지방소방령 · 지방소방경 · 지방소방위 · 지압소방장 · 지방소방교 · 지방소방사가 있다(소방공무원법 제2조).

전투경찰대는 간첩의 침투거부 · 포착 · 섬멸 기타의 대간첩작전을 수행하고, 치안업무를 보조하기 위하여, 지방경찰청장 및 대통령령이 정하는 경찰기관의 장(해양경찰청장) 소속하에 설치하는 특별경찰집행기관이다. 다만 경찰청장은 필요한 때에는 그 소속하에 따라 전투경찰대의 통할기관을 둘 수 있다(전투경찰대설치법 제1조 이하).

헌병은 군사 및 군인, 군무원에 관한 경찰집행기관으로서, 그에 관한 보안경찰과 사법경찰작용을 담당한다. 헌병은 일반인에 대하여는 수사하지 못하는 것이 원칙이나, 군사 또는 군인 · 군무원의 범죄에 관련 있는 일반인의 범죄 및 군용물등범죄에관한특별조치법에 의한 군용물과 군사시설에 관한 범죄에 관하여는 일반인을 수사할 수 있다.[10]

Ⅱ. 비상경찰기관

비상경찰기관은 보통(일반)경찰기관의 힘만으로는 치안을 유지할 수 없는 비상시에 있어서 병력으로써 치안을 담당하는 기관을 말하며, 현행법에서는 계엄사령관, 위수사령관

---

10) 정하중, 『행정법개론』, 법문사, 2010, 1095면.

등이 대표적이다.

1. 계엄사령관

헌법 제77조 제1항에 의하여 전시, 사변 또는 이에 준하는 국가비상사태에 있어서 병력으로써 군사상의 필요에 응하거나 공공의 안녕질서를 유지할 필요가 있을 때에는 대통령은 계엄을 선포할 수 있는데, 계엄이 선포되면 계엄사령관이 병력으로써 당해 지역 내의 경찰임무를 수행한다. 계엄에는 경비계엄과 비상계엄으로 구분된다. 경비계엄은 전시, 사변 또는 이에 준하는 비상사태에 있어서 질서가 교란되어 일반행정기관만으로는 치안을 확보할 수 없는 지역에서 선포하며(계엄법 제2조, 제3조), 경비계엄이 선포된 경우에는 계엄사령관은 계엄지역 내의 군사에 관한 행정사무와 사법사무를 관장한다.

비상계엄은 전시, 사변 또는 이에 준하는 비상사태에 있어서 적과 교전상태에 있거나 질서가 극도로 교란되어 행정, 사법기능의 수행이 곤란한 경우에 군사상의 필요에 응하거나 공공의 안녕, 질서를 유지하기 위해 선포하며, 계엄사령관은 계엄지역 내의 모든 행정사무와 군사사무를 관장한다.

계엄의 시행에 관하여는 계엄사령관은 국방부장관의 지휘감독을 받으나, 계엄이 전국에 걸치는 경우에는 대통령이 직접 지휘·감독할 필요가 있는 경우에는 대통령의 지휘감독을 받는다.

2. 위수사령관

위수령(1974년 4월 20일 대통령령 제4949호) 제1조·제2조 제1항은, 위수근무(육군군대가 영구히 1지구에 주둔하여 당해 지구의 경비, 육군의 질서유지, 육군에 속한 건축물 기타 시설물 등의 보호를 행하는 것)를 행하게 하기 위하여 위수지역에 위수사령관을 둔다고 규정하고 있다. 위수사령관은 재해 또는 비상사태에 즈음하여 서울특별시장, 광역시장 또는 도지사로부터 병력출동의 요청을 받았을 때에는 육군참모총장의 승인을 얻어, 사태가 긴급을 요하는 때에는 승인 없이 즉시 그 요청에 응하여 공안유지를 담당할 수 있는데, 이러한 공안유지를 위한 위수사령관의 출병은 독자적인 군사 활동이 아니라, 행정응원으로서의 성질을 가지며,11) 그 한도에서 경찰관직무집행법이 정한 활동을 할 수

---

11) 정하중, 『행정법각론』, 법문사, 2005, 232면; 박윤흔·정형근, 『최신행정법 강의(하)』, 박영사, 2009, 303면.

있다고 본다.

한편 위의 위수사령관에 의한 병력출동에 관하여는, 병력에 의한 일반 공안의 유지는 헌법상 계엄 하에 국한됨이 원칙인 점에 비추어 헌법과의 관계가 문제시된다고 보는 입장이 있는 반면에, 그것이 독자적인 경찰작용이 아니고 요청에 따라 서울특별시장 등을 응원하는 데 그치며 자위적인 병기사용 등 이외에는 특별한 강제력을 행사할 수 없다는 점에서 문제시되지 않는다고 보는 입장이 있다. 이는 최소한의 입법(법률제정)을 통하여 해결되어야 할 문제로 보인다.

Ⅲ. 해양경찰기관

1. 해양경찰의 조직

헌법 제96조의 규정에 의하면 행정각부 등의 조직을 법률로써 정하도록 규정하고 있다. 헌법 이를 행정조직법정주의라 부른다.[12] 이에 따라 경찰법 제1조는 "효율적인 임무수행을 위하여 경찰의 기본조직 및 직무범위 기타 필요한 사항을 규정한다."고 규정함으로써 경찰조직 및 경찰작용은 효율적으로 직무를 수행할 수 있는 합리적인 조직임을 명시하고 있다. 우리나라의 경찰조직은 중앙집권적 국가행정조직으로 일원화되고 군조직과 비슷한 계선형 행정조직을 통하여 경찰조직의 능률성을 확보하고 있다.

그리고 정부조직법 제37조 제3항은 "해양에서의 경찰 및 오염방제에 관한 사무를 관장하기 위하여 국토해양부장관소속으로 해양경찰청을 둔다."라고 규정하고 동조 제4항은 "해양경찰청에 청장 1인과 차장 1인을 두되, 청장 및 차장은 경찰공무원으로 보한다."라고 규정하여 해양경찰조직의 직접적인 근거를 마련하고 있다.

그러나 해양경찰의 조직은 일반적으로 경찰법 제2조 제1항 "치안에 관한 사무를 관장하게 하기 위하여 행정안정부장관 소속하에 경찰청을 둔다.", 제2항 "경찰청의 사무를 지역적으로 분담 수행하기 위하여 특별시장, 광역시장 소속하에 지방경찰청을 두고 지방경찰청 소속하에 경찰서를 둔다."라는 규정을 준용하고 있다. 위의 규정을 검토해 보면 해양경찰은 국토해양부 소속하에 두고 있고 해양경찰은 업무의 특성상 해양 인접지에 경찰

---

12) 홍정선, 『경찰행정법』, 박영사, 2010, 120면.

청을 두고 있어 경찰법 제2조 제2항의 규정을 준용하기에 다소 무리가 있어 보인다. 따라서 해양경찰의 특수성을 감안하여 새로운 입법이 요구된다.

1) 해양경찰 조직관리

해양경찰청은 2009년 12월 말 현재 해양경찰청장을 중심으로 하여 1차장 6국(2관 4국), 23과(16과, 5담당관 1인, 1팀)를 두고, 소속기관으로 부속기관인 해양경찰학교와 해양경찰 연구개발센터, 책임운영기관인 해양경찰정비창을 두고 있다. 그리고 특별지방행정기관으로 전국에 3개 지방청, 1개 직할서, 13개 해양경찰서, 74개 파출소, 246개 출장소를 두고 있으며 주요 장비로는 경비함정 283척, 항공기 19대를 보유하고 있다. 2009년 해양경찰청은 조직·기구·정원 운영현황을 면밀히 분석하고 개선하여 "작고 실용적인 정부" 구현을 추구하는 정부의 기본방침에 맞추어 효율적인 조직운영을 위해 노력하고 있다.[13]

2008년 출범한 새 정부에서는 급변하는 국내·외 환경에 신속하고 능동적으로 대처할 수 있는 작고 유능한 정부로의 조직개편을 추진하고 있다. 공공부문의 효율성을 높이기 위하여 부처 통폐합 등 대대적인 조직개편을 추진하였으며, 이 과정에서 해양경찰청은 해양수산부 소속 외청에서 국토해양부 소속으로 변경되었다.

해양경찰청은 정부 조직개편 방향에 맞게 급변하는 환경에 유연하게 대처할 수 있는 효율성 높은 조직으로 거듭날 수 있도록 조직개편을 단행하였다. 대국대과제와 인력감축이라는 정부의 조직개편 기준에 맞게 조직을 운용하고자 2008년 2월 전 조직에 대한 자체 조직진단을 통해 유사·중복 기능을 통폐합하는 한편, 현장과 상대적으로 취약했던 기능을 대폭 보강하였다.

조직개편의 주요 내용을 살펴보면, 먼저 대형함정 등 많은 예산이 소요되는 장비관리의 효율성을 강화하고자 '함정, 항공기, 통신' 등 장비중심으로 편제되었던 장비기술국 조직을 '장비도입, 정비, 보급' 등 기능중심으로 재편하였다. 그리고 2007년 대규모 환경재난을 초래하였던 Hebei Spirit호 사건을 계기로 국가 방제역량을 강화하는 한편, 해양

---

13) 해양경찰청의 주요 조직개편 내용을 살펴보면 정책 환경의 변화에 효율적으로 대응하기 위해 항공기 정비·보급업무를 정비과로 일원화하고, 대내외 평가 관련 업무를 창의실용담당관실로 통합하는 한편 인력개발담당관을 인사교육담당관으로 명칭을 변경하였다. 2009년 5월에는 청문감사담당관을 지방해양경찰청장의 보좌기관으로 신설하였다. 그리고 2009년 12월에는 경비 구난국을 경비안전국으로 변경하였다 (해양경찰청, 해양경찰백서, 2010, 354~355면 참조).

오염사고 발생 시 신속하고 효과적으로 대응할 수 있도록 해양오염관리국을 해양오염방제국으로 개편하고 기동방제과 신설 등 해양오염 신속 대응체계를 구축하였다.

또한, 국민들의 안전 확보를 위한 해양경찰의 정책과 해상상황 등을 효과적으로 전달할 수 있도록 대변인을 신설하였으며, 장기적 관점에서 우수 인재를 전략적 육성할 수 있도록 교육기능을 강화하였다.

2008년 5월에는 국제민간항공협약(ICAO)에 따라 선박 또는 항공기 등의 해양 조난사고 발생에 따른 수색구조 업무 등에 대한 체계적인 관리·감독 업무를 수행할 수 있도록 경비구난국에 구난관리팀을 신설하였다.

또한 해양경찰청에서 관할하는 제주지역은 국가 관할해역의 1/4에 이르며 동북아 해상교통의 길목으로서 해양치안수요가 급증하고 있는 제주지역의 안정적이고 효율적인 치안서비스를 제공을 위하여 서귀포해양경찰서를 신설하였다. 서귀포해양경찰서 신설에 따라 제주남부해역에서의 신속하고 효율적 사건·사고 처리와 대국민서비스 향상은 물론 이어도 해양종합과학기지와 배타적 경제수역에 대한 해양주권 수호 등 한·중·일 3국 간 해양분쟁에 대비한 신속 대응체제를 갖추게 되었다.

2) 해양경찰 인력

해양경찰 인력은 2009년 12월 말 현재 10,329명으로 경찰관 7,027명(68%), 전경 2,632(25.5%), 일반직 315(3%), 기능직 354명(3.5%), 계약직 1명으로 구성되어 있다. 2009년 해양경찰청은 신규로 도입된 대형함정·헬기의 최소운영인력과 해양경찰 전투경찰순경폐지에 따른 함정 및 파·출장소 전경 대체인력 등 305명, 항만 해상교통관제 센터 합동근무를 위한 인력 7명을 증원하였다. 또한 업무영역이 축소된 사무분야 기능직 공무원 12면을 일반행정직렬로 전환하여 새로운 행정수요에 맞게 인력을 조정·배치하고 있다. 작은 정부를 지향하는 정부의 인력운영 방침에 따라 조직진단과 업무조정을 통하여 인력을 전환·재배치함으로써 신규 행정수요에 따른 인력증원을 최소화하고 조직의 효율성을 높였다.[14]

---

14) 해양경찰청, 해양경찰백서, 2010, 355면.

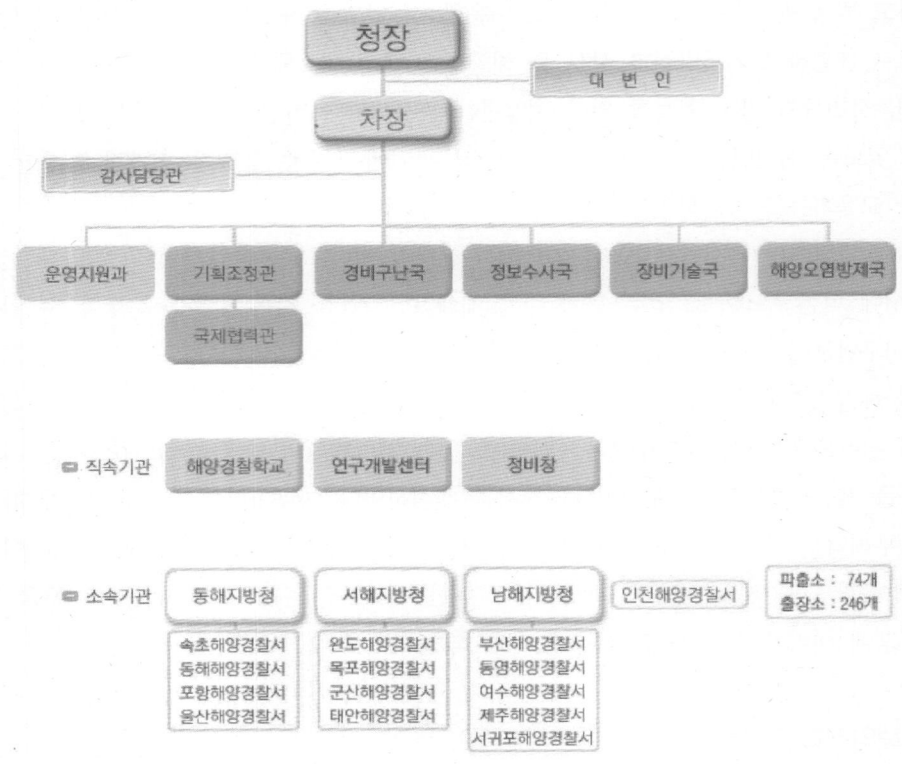

*자료: 해양경찰청, 『해양경찰청백서』, 2010.

〈그림 1〉 해양경찰 조직도

3) 외국의 해양경찰조직

세계 연안국의 해양경찰제도는 조직의 연혁과 유형, 조직원의 신분에 따라 연안경비대형, 경찰조직형, 군인조직형 등 3가지로 대별할 수 있다.

(1) 연안경비대형

가. 미국의 연안경비대(coast guard)

미국의 연안경비대는 1770년 밀수 마약을 단속하기 위하여 재무성 산하의 세관감시선단(Fleet of Cutters)을 설립함으로써 시작되어 준군사체제로 발전하였고, 육군 해군 공군 해병대에 이어 제5의 군전력으로 활용하기 위하여 평시에는 교통부 소속이나 전시에는 해군에 속한다.15) 미국의 연안경비대는 국토안보부 산하에 해안경비대 사령관을 보좌하는 참모조직으로 전략기획위원회, 해양위원회, 민원국, 민간인 인권관리과 등이 있고 지방조직으로는 2개의 지역사령부와 9개의 관구사령부가 지역별 특성과 지리적 여건을 고려하여 설치되었으며, 대서양지역사령부 산하에 5개 관구사령부가, 태평양지역사령부 산하에 4개 관구사령부가 있다. 각 관구사령부 예하에 1∼7개 규모의 해안 경비단, 2∼47개 규모의 연안순찰대, 1∼5개 규모의 비행대, 2∼12개의 해상안전실, 1∼14개의 항해지원팀이 있으며, 인력구성으로는 현역 39,000명, 예비역 8,000명, 민간인 직원 6,000명, 자원봉사 35,000명이다.16)

나. 영국의 해상 연안경비청(The Maritime and Coastguard Agency: MCA)

영국의 해상 연안경비청은 연안경비청(The Coastguard Agency: TCA)과 해양안전청(Marine Safety Agency: MSA)이 1998년 통합한 환경교통지방부(Department of Environment Transport and Regions: DETR)의 소속의 외청이다. 조직체계로는 6인의 평의회(청장, 연안경비대장, 운영선원국장, 안전기준국장, 해양오염방제국장, 총무국장)와 4개의 실무 운영부서(연안경비대, 해양안전운영 및 선원기준국, 해양안전기준국, 해양오염방제단)와 총무국으로 구성된다. 인력구성은 영국의 30여 개의 지역에 주둔하고 있는 1,165명의 정규인원과, 3,250명의 자원인원이 있다.17)

다. 일본의 해상보안청(Japan Coast Guard: JCA)

일본의 해상보안청은 1948년 5월 1일 해상에서의 인명 재산의 보호, 치안유지를 목적으로 맥아더 군정에 의하여 창설되었다. 헌법의 정신에 입각하여 국가안보력을 제외한 구난과 안전업무를 중심으로 발전하여 운수성 산하의 4개 외청 중 하나로 설치되어 있다.

해상보안청의 조직구조는 중앙기구의 내무부국으로 총무부, 장비기술부, 경비구난부, 해양정보부, 교통부가 있고, 사설기관으로 해상보안대학교와 해상보안학교가 속해 있다.

인원구성은 해상보안청이 2004년 현재 12,297명이며, 여성인력은 340명으로 전체인원의 2.4%를 차지하고 있다.

---

15) 설계경, "해양경찰의 업무와 개선방안에 관한 소고", 『해사법연구』, 제21권 제2호, 한국해사법학회, 2009, 150면 각주 38 참조.
16) 박대웅, "신해양시대에 대비한 해양경찰 조직의 개편방향에 대한 연구", 연세대학교 정경대학원, 석사학위논문, 2008, 46면.
17) 박대웅, "신해양시대에 대비한 해양경찰 조직의 개편방향에 대한 연구", 연세대학교 정경대학원, 석사학위논문, 2008, 50면.

(2) 군인조직형

가. 러시아의 연방국경수비대

러시아는 연방국경수비대의 직무 중 일부로서 해양경찰 기능을 수행하고 있다. 러시아는 군사 및 경찰조직으로 국방부산하에 정규군은 지상군, 해군, 공군 및 전력군으로서 구성되고 그 밖에 특수목적의 군사조직도 있다.

국경수비대의 조직은 본부에 국경수비대를 두고 북서지역, 코카서스지역, 바이칼지역, 극동지역, 태평양지역, 북동지역의 6곳에 국경수비대 관구가 설치되어 있으며, 그 밖에 5개 병담 및 13개 본부 직할 독립부대가 있다. 국경수비대의 병력은 기계화 및 보병부대로서 총 20만 명 정도이며 헬리콥터를 포함하여 300여 대의 항공기와 885척의 경비함을 보유하고 있다. 이 중 해상경비 병력은 30,000명이며, 250여 척의 순시함과 635척의 순시정을 보유하고 있다.

나. 중국의 해상안전국

중국은 치안관련 업무를 공안부에서 총괄하고 있지만 해양에서 항행안전에 관한 업무는 교통부내의 몇 개의 국이 분담하고 그 중심부서는 해상안전국이다. 중국은 공안부 변방관리 소속 군인들이 해상경비, 해상범죄를 담당하고, 해상안전 관련서비스는 교통부해상안전국 행정직 공무원들이 전담하고 있다. 해상안전국은 7개과와 15개의 지방조직으로 구성되어 있으며, 지방조직 중에 4개는 큰 조직을 갖는 관구조직으로 해상안전국 본부조직과 유사한 하부조직을 갖고 있다.[18]

(3) 경찰조직형

가. 아르헨티나의 해양경찰

아르헨티나의 해양경찰은 1969년 해양경찰에 관한 법(Ley 18,398)을 제정하여 내무부 외청으로 설립되었다. 3면이 바다로 해안선 길이가 4,700km이며, 수산물 수출이 농축산물 수출보다 많을 정도로 수산이 중요한 근간산업을 차지하고 있어 최근에는 수산자원보호 정책을 최우선과제로 두고, 특히 불법조업이나 영해침범에 대해 강력하게 대응한다는 의지 하에 이를 실현키 위한 정책수단으로 해양경찰청 비중이 증가하고 있는 추세이다.

---

18) 이주성, 해양경찰지방조직체계 발전방안, 해양환경안전학회 발표자료, 2006, 235면.

나. 대만의 수상경찰국(Marine Police Bureau)

대만의 입법원은 1998년 5월 15일자로 해양경찰력의 확보를 위하여 내정부경정서 수상경찰국조례를 통과시켜 행정원의 내정부(Department of Interior Affairs) 경정서(National Police Administration) 산하에 수상경찰국을 설립하는 법적 근거를 마련하였다. 수상경찰국은 기능면에서 한국의 해양경찰과 거의 유사한 조직으로 해양경찰청이 경찰청의 소속기관으로 있을 당시의 위상과 비슷하다.

2. 해양경찰의 주요 직무

1) 국내법상 해양경찰의 업무

(1) 정보 · 수사

사법경찰에 속하는 해양경찰사무로는 예컨대 해상범죄의 예방,[19] 진압 및 수사, 해상치안정보의 수집 · 작성 · 배포, 해상에서의 대간첩작전수행 및 해적단속, 외국선박의 단속 및 감시[20] 기타 해상의 행사업무에 관한 사항, 밀항, 밀수[21], 마약운송행위 단속,[22]

---

19) 국내적으로 수산자원 감소와 고유가로 인한 출어선 감소 등 어업질서 변화에 따른 구조조정 과정에서 발생하는 사회적 갈등이 증가하였으며 해양이용 인구의 확대에 따라 해양문화환경 조성과 각종 해상사고 방지를 위한 국민적 욕구가 증가하였다. 그뿐만 아니라 수자원 고갈 등으로 해상범죄의 광역화 · 기동화 · 다국적화가 가속되고 주변국으로부터 밀입국 · 밀수 등 국제성 범죄가 날로 증가하는 등 국내 · 외 해양 환경의 변화로 해양에서는 범죄대응도 새로운 유형의 해양범죄에 적극 대처해야 하는 새로운 전환점을 맞이하고 있다(해양경찰청, 『해양경찰백서』, 2009, 42면).

20) 한 · 일 어업협정(1999년)과 한 · 중 어업협정(2001년) 체결 이후 중 · 일 어선이 우리나라 배타적 경제수역(EEZ) 내에서 조업을 하기 위해서는 어획할당량(업종별, 어종별), 입어척수 등 조업 조건을 구비하고 적법한 입어 및 조업절차에 의하여 어업허가증을 발급받아 조업을 하게 되어 있다. 우리 배타적 경제수역(EEZ) 내에서 어업허가증을 발급받은 외국어선 조업 현황은 2008년도 85,094척으로 전년도 86,040척 대비 946척(1.1%) 감소한 것으로 나타났으며, 무허가로 조업을 하다 나포된 외국어선은 79척으로 전년도와 같았다. 그러나 지속적인 단속에도 불구하고 우리 배타적 경제수역 내에서 중국어선의 불법조업은 여전하여, 불법조업 행위로 나포된 중국어선은 2008년도 432척으로 2007년도 494척 대비 62척(13%) 감소하였으나, 나포시 저항은 점점 더 과격화, 흉포화되고 있다(해양경찰청, 『해양경찰백서』, 2009, 44면).

21) 주요 밀수품목은 중국산 농수산물, 약재, 담배, 가짜 시계 · 가방, 가짜 양주 등 다양한 품목에 대한 밀수가 이루어지고 있으며, 그중 중국산 농수산물 및 약재가 대부분을 차지하고 있으며 밀수경로는 주로 보따리 상인들에 의해 반입되고 있다. 2008년도에는 총 296명을 검거(구속3, 불구속9, 관할 세관 이첩284)하여 2007년도 169건 193명 대비, 건수는 122건(66.3%) 증가하였으며 금액은 122억 6천만 원(224.5%)이 증가하였다. 이와 같이 금액이 증가한 이유는 2008년 10월 31일 군산에서 마약 700kg(시가 약 50억 원 상당) 및 뱀 6톤(시가 약 70억 원 상당)을 밀반입한 사범이 검거되었기 때문이다(해양경찰청, 『해양경찰백서』, 2009, 216면).

22) 해양경찰은 2004년부터 마약계(마약수사사계, 2007년)를 운영하였으며, 2008년부터는 마약업무를 형사

국제해상형사공조업무 등이 있다.

(2) 해상경비[23]

해상경비에 관한 사무는 해상에서의 일반적인 위험방지활동과 같은 조직상의 해양경찰이 담당하는 사무이다. 예컨대 해양구난,[24] 해상교통안전, 수상레저안전, 영해 및 배타적 경제수역에서의 경비, 어로보호, 해저침몰 제거 등이다. 해양경찰은 해난사고를 방지하고, 인명과 재산을 보호·구조하기 위한 해상구조 활동은 물론, 여객선, 유선 및 도선에 대한 안전관리 및 해상교통질서 확립을 위한 해상교통안전 임무와 더불어 북한을 포함한 외세로부터의 안보를 튼튼히 하기 위한 정보 및 보안업무도 수행하고 있다.

(3) 오염방제

해양환경을 보존하기 위하여 해양오염을 감시하고 방제하는 해상오염 방지임무도 수행하며, 해양경찰에서는 해양오염방지를 위하여 선박·해양시설에 대한 항·포구 순찰 및 연안해역 해상순찰, 항공기를 이용한 관할해역 감시활동 등 입체적인 예방활동을 수행하고 있다.

과에서 외사과로 이관하여 외사과에서 마약관련 범죄를 담당하고 있다. 2008년 한 해 동안 공급조직 검거 등 지속적 추적수사를 펼쳐 총 148건 141명으로 2007년 300건 44명 대비 건수는 50.7%(152건) 감소하였고, 인원은 220.5%(97명) 증가하였다. 특히, 매년 양귀비 밀경작 사범에 대한 특별단속을 실시하여 불법경작 양귀비 4,006주를 압수 폐기처분하였다. 마약류 사범의 높은 재범률(30%)과 마약밀수의 조직화·다양화·지능화 추세에 효과적으로 대처하기 위해 '국가 마약류 대책회의', '마약퇴치 국제협력회의' 등에 참석하고 있으며, 국내 마약류 수사기관인 경찰청·검찰청·관세청·국가정보원·식품의약품안전청 간 협력체제를 유지하고 중국 등 인접국가와의 공조수사를 강화하여 마약사범에 대해서는 적극적으로 대처해 나가고 있다(해양경찰청, 『해양경찰백서』, 2009, 216면).

23) 미국의 Coast Guard는 1770년 밀수·마약 단속을 위하여 재무성 산하의 세관감시선단으로 출발하여 미국의 여건에 가장 부합하는 체제(준군사체제)로 발전하여 왔으며, 세계경찰로서의 역할과 위상제고를 위한 국가전략에 따라 육군·해군·공군·해병대에 이어 제5의 군전력으로 활용하기 위하여 군인신분을 채택하였고 평시에는 교통부(DOT) 소송이나 전시에는 해군에 속한다. 참고로 Coast Guard의 표어는 '항상 준비된(Always Ready)'으로서 국민에게 위험이 발생하거나 국가 비상사태 시 즉시 출동하여 임무를 수행할 수 있음을 상징적으로 표현하고 있다.

24) 조난사고란 수난구호법 제2조에 따르면 해상 또는 하천에서 선박·항공기 및 수상레저기구 등 침몰·전복·충돌·화재·기관고장·추락 등으로 인하여 사람의 생명·신체 및 선박·항공기 및 수상레저기구 등의 안전이 위험에 처한 상태를 말하는데, 일반적으로 해상에서 발생한 조난사고를 해양사고라고 한다. 2008년도 해양사고는 선박이 767척, 인명이 4,976명 발생하였으며, 이는 지난 2007년도 해양사고가 선박 978척, 인명 5,530명이었던 점과 비교했을 때, 선박은 211척, 인명은 554명이 감소한 수치이다. 2008년도 해양사고 발생대비 선박구조율은 95.8%(735척), 인명구조율 99.0%(4,927명)에 달하고 있으며, 2007년도 선박구조율 및 인명구조율과 비교할 때 각각 2.9%와 0.3%가 증가하였다(해양경찰청, 『해양경찰백서』, 2009, 80면).

(4) 해양재난구조

해양재난은 해양이라는 공간의 범위에서 발생하는 태풍, 해일, 적조 등 자연현상으로 인하여 발생하는 재해 와 조난사고를 포함한다. 이러한 해양재난구조 업무를 위하여 해양경찰청은 재난및안전관리기본법상 재난관리책임기관으로서 해상에서의 긴급구조업무와 수난구호법상 해상에서의 수난구호를 관할하도록 되어 있으며, 효율적으로 긴급구조를 하기 위해서 필요한 경우 중앙행정기관의 장 또는 소방방재청장에게 구조대의 지원요구를 할 수 있다. 해상에서의 수난구호업무의 효율적인 수행과 수난구호활동의 국제적인 협력을 위하여 해양경찰청에 중앙구조본부를 두고 있으며, 지방해양경찰청에는 광역구조본부, 해양경찰서에는 지역구조본부를 설치·운영하고 있다.25)

(5) 항만 및 여객선 중요시설 보호업무

해양경찰은 전국의 주요 국제항만과 국제 및 국내를 취항하는 여객선, 각종 중요임해시설에 대하여 철저한 감시활동을 하고 있다. 특히 테러지원국가 선박과 테러가 용이한 위험물 운반선 등이 입항하게 되면, 감시 및 검문검색, 보안활동을 강화하고 만약의 사태에 대비하고 있다. 또한 주요 여객터미널 등 다중이용시설에 대해 테러이상 징후가 포착되었을 때 이용객의 휴대품에 대하여 검색장비를 이용한 보안검색을 강화하고 외국인 이용객의 경우 테러용의자·위험인물 D/B를 활용 대테러 예방활동을 하고 있다.26)

(6) 수상레저안전업무

해양경찰은 수상레저안전법령의 근거 하에 수상레저활동의 안전과 질서를 확보하기 위하여 업무를 담당하고 있다. 업무의 주요 내용은 조종면허시험(법 제4조), 면허증의 발급과 갱신(수상레저안전법 제11조, 제9조), 교육(수상레저안전법 제16조), 수상레저활동 금지구역의 지정(수상레저안전법 제25조), 레저기구의 안전검사(수상레저안전법 제37조), 수상레저사업의 등록(수상레저안전법 제39조), 수상레저시설에 대한 안전점검(수상레저안전법 제46조) 등이다.

---

25) 해양경찰청, 『해양경찰백서』, 2009, 81~82면.
26) 해양경찰청, 『해양경찰백서』, 2009, 63면.

2) 해양법상 해양경찰의 업무

(1) 연안국의 관할권 행사

연안국은 내수, 영해, 접속해역 및 경제수역에서 연안국의 국익과 해양질서를 유지하기 위하여 관할권을 가지고 있으며, 이러한 연안국의 관할권은 연안국의 배타적 권리임과 동시에 국제해양법협약에서도 이를 인정하고 있다. 국제해양법협약은 외국 선박 위에서 발생한 형사범죄가 연안국에 영향을 주고 사회질서를 파괴할 경우에 연안국은 범죄인을 체포하도록 경찰권을 인정하고 있다. 따라서 연안국은 경제수역 안에서 자원의 탐사, 조사, 보존 및 개발 등과 관련하여 국제해양법 협약을 근거로 한 국내법의 시행과 관련하여 승선, 조사, 나포 또는 체포 및 소송 등을 취할 수 있으며 이러한 조치는 연안국의 관할권 가운데 경찰권에 포함된다고 볼 수 있다(해양법협약 제27조, 제73조).

(2) 기국의 관할권행사

국제해양법협약은 어느 나라에 대해서도 항해의 자유, 항공의 자유, 해저전선과 파이프 부설의 자유, 인공섬 건설의 자유, 어로의 자유 및 과학연구의 자유와 같은 공해 사용의 자유권을 인정하고 있다. 이 경우 어느 선박이 위의 자유권을 침해 또는 위반한 경우, 기국은 위반 선박에 대하여 경찰권을 행사하여 조사한 후에 처벌하여야 한다. 이는 소극적 경찰권을 의미하지만 해상교통과 항해사고 및 어로 활동이 증가하는 현실에서 다른 선박의 공해사용 자유권을 침해하는 행위는 기국이 규제하여야 할 의무 가운데 하나며 생물자원을 보호할 의무도 있으므로 이에 대한 관할권도 경찰권에 포함된다(해양법협약 제87조, 제94조, 제97조, 제117조). 또한 어떠한 국가도 공해상에 있어서 해적행위, 마약거래행위 및 불법방송행위를 방지할 책임과 방지를 위한 협력의무가 있으므로 전 세계의 모든 국가는 해양경찰권을 가진다고 볼 수 있다.[27] 그리고 해양의 이용과 관련하여 해양과 자원은 인류의 공동유산이므로 이용국은 반드시 해양환경의 보전과 인명의 보호를 위한 적절한 조치가 필요하다. 이 업무는 기국의 강제적 효력이 필요하므로 기국은 관할권을 필히 행사하여야 하며 특히 해양환경의 오염원은 육상오염(plloution from land-based

---

27) 공해에서 행사되는 일반경찰권 행사란 공해상 질서유지를 위하여 경찰권을 실현하는 일반적 절차행위를 의미한다. 전통적으로 논의되고 있는 이러한 절차행위에는 검문권(right of approach; enquete de pavillon) · 방문수색권(right of visit and search; droit de visite) · 나포권(right of capture; droit de capture) 등이 있다(정인섭, 『신국제법강의』, 박영사, 2010, 458~460면).

sources), 연안국의 해저개발오염(pollution from sea-bed activities), 어느 해역의 해양구조물, 시설물 또는 선박활동에 의한 오염원(pollution from activities in the area), 불법투기에 의한 오염원(pollution by dumping), 선박오염원(pollution from ship) 및 대기오염(pollution from or through the atmosphere)을 규제하여야 하므로 선박의 기국과 연안국은 해양환경 보호를 위한 관할권을 행사하여야 한다고 명시되어 있다(해양법협약 제105조, 제108조, 제109조, 제136조, 제145조, 제194조).

(3) 국제교류 협력 증진

교통의 발달로 전 세계가 점점 하나의 생활권화되어 가고 있으며, 우리나라는 다른 나라와 물자교역을 통해서 산업의 발달을 촉진하고 있다. 특히, 이러한 교역의 대부분이 해상의 선박 이동을 통하여 이루어지고 있는바, 해상교통의 안전 확보는 우리의 생존과 직결되는 중요한 것이라 할 수 있다.

이에 해양경찰은 한반도를 둘러싼 주변 3변(일본, 중국, 러시아), 동남아 6개국(말레이시아, 필리핀, 싱가포르, 베트남, 인도네시아, 태국), 인도 미국, 캐나다 등과 친밀한 협력관계를 구축하고 매년 정례회의, 합동훈련, 기타 정보교류 등을 강화하여 해상치안 관련 협력, 특히 해상에서 교통로의 안전 확보에 협력의 중점을 두고 있다.

최근에는 동남아국가 해상치안기관 공무원, 가나 등 MOWCA(중서부 아프리카 해양기구) 소속 고위공무원단을 정기적으로 초청하여 교육연수를 실시하는 등 해양파트너십 강화를 위하여 전 세계로 해양경찰청의 교류협력을 전개해 나가고 있다.

(4) 불법조업 외국어선 단속

우리나라는 1996년 배타적 경제수역(EEZ)을 선포하고 중국 및 일본과 경계획정 교섭을 개시한 지 10여 년이 경과하였으나 기선 간 거리가 400해리에 미치지 못한 가운데, 양국 간의 이견으로 EEZ 경계획정이 이루어지지 못하고 있어 해양과학조사 및 석유·가스 등 자원개발을 둘러싼 분쟁 가능성이 상존하고 있다. 다만 국민의 생계와 직접적으로 연관되어 있는 어로분야에 있어서는 한·일 어업협정(1999년)과 한·중 어업협정(2001년)을 통하여 잠정적으로 어업질서를 상호 유지해 나가고 있다. 이에 해양경찰은 기본적으로 바다의 안전과 질서유지 활동뿐만 아니라 우리나라 해양주권 수호를 위한 영해경비 및 배타적 경제수역에서 외국어선 불법조업 감시·단속에 불철주야 매진하고 있다.

(5) 대북 안보 분야

2005년 남북해운합의서 체결로 북한상선의 우리수역 통항이 가능해지면서 북한상선 감시 문제가 주요 현안으로 부각되고 있으며, 특히 2006년 10월 북한 핵실험 강행 후 UN안보리결의 1718호가 채택됨에 따라 북한상선에 대한 체계적이고 강력한 감시체계를 구축하고 있다.[28]

3) 해상에서의 공공의 안녕과 질서에 대한 위험방지활동

오늘날 급속한 사회의 변화로 국민의 생활관계가 복잡하고 다양하게 전개됨에 따라 이로부터 발생하게 되는 다양한 형태의 위해에 대응하기 위해 입법자의 인식 및 예측능력의 한계 등을 고려할 때 경찰작용의 근거로써 일반적 수권조항이 요구된다.[29] 우리나라는 현행 경찰작용에 관한 법률이 명시적으로 일반적 수권조항을 규정하고 있지 않음에도 불구하고 경찰법 제3조와 경찰관직무집행법 제2조 제5호 "공공의 안녕과 질서유지"라는 불확정개념에 대하여 일반적 수권조항을 인정할 것인가에 대하여 현실적 필요성에 기하여 그 논의가 전개되고 있다.[30] 대부분의 학자들은 경찰권행사의 근거로 일반적 수권조항을 인정하고 있다. 따라서 해양경찰도 일반경찰과 마찬가지로 일반적 수권조항에 근거하여 해상에서의 공공의 안녕과 질서유지를 위하여 경찰권행사를 할 수 있음이 당연하다.

3. 공해상의 해양경찰권

1) 공해상 경찰권의 일반개념

경찰행위는 모든 법적 공동체 안에서 질서유지규칙을 설정하고 그 위반을 예방하며 위반자가 발생한 경우에는 처벌하는 행위이다. 공해의 질서유지를 위한 경찰권행사는 필요

---

28) 해양경찰청, 『해양경찰백서』, 2009, 37면.
29) 독일의 연방과각란트의통일경찰법모범초안(MEPoIG) 제8조 제1항은 "경찰은 제9조 내지 제24조가 경찰의 권한을 특별히 규율하지 않는 한 개별구체적인 경우에 존재하는 공공의 안전 혹은 질서에 대한 위험을 방지하기 위하여 필요한 조치를 할 수 있다."고 규정하고 있다.
30) 현행법제에의 일반적 수권조항의 인정 여부에 관하여 부정설, 전면적 · 일반적 수권조항 인정설, 부분적 · 일반적 수권조항 인정설, 유추적용설, 입법필요설 등의 학설 대립이 있다(박균성, 『행정법강의』, 박영사, 2008, 1225면 참조).

한 것이지만 공해가 어느 특정국가의 배타적 관할권에 종속되지 않기 때문에 국제법은 원칙적으로 모든 국가에 대하여 권한행사를 위임하여 각각 이 규칙을 설정하여 유지하도록 하였다. 다만 제도적 통일을 이룩하기 위하여 관계 국제기구의 주관 아래 이 방면의 다자제약을 제정하여 가는 경향이 강화된다. 이러한 공해상의 규칙을 위반하였거나 위반한 충분한 혐의가 있는 선박에 대하여는 검문·방문수색·강제우회를 시킬 수 있고, 위반이 확증되면 제재를 가하도록 하는 것이 법공동체의 논리상 당연한 것이다. 1958년 Geneva협약 제22조나 1932년에 체결된 해양법협약 제110조는 제한적으로 이런 권한을 인정하고 있다. 즉 해적, 노예매매, 불법라디오방송, 국적이 없는 선박, 국기의 위장이 있는 경우 등 몇 가지 사항의 의심이 가는 때 방문수색권이 인정될 뿐이다. 좀 더 일반적으로 경찰권의 행사를 규율하는 것이 필요하다고 본다.

2) 일반경찰권 행사

공해에서 행사되는 일반경찰권 행사란 공해 상 질서유지를 위하여 경찰권을 실현하는 일반적 절차행위를 의미한다. 전통적으로 논의되고 있는 이러한 절차행위에는 검문권(right of approach; enquete de pavillon)·방문수색권(right of visit and search; droit de visite)·나포권(right of capture; droit de capture) 등이 있다.

(1) 검문권

검문권(right of approach; enquete de pavillon)이란 군함이 일정한 범죄의 혐의가 뚜렷한 사용선박에 대하여 사용선박에 대하여 그 선박서류를 조사함으로써 그 선박의 정체 내지 신분을 밝혀내는 것이다. 1982년 UN해양법협약 제110조에는 이러한 검문권을 행사할 수 있는 경우를 열거하고 있다. 군함이 다른 나라 사용선박에 대하여 이런 검문권을 행사하려면 다음과 같은 범죄의 혐의가 있어야 한다.
  ① 해적행위
  ② 노예매매
  ③ 불법라디오방송
  ④ 선박의 국적이 없는 것
  ⑤ 국기를 허위로 게양한 것

군함과 같은 국적의 사용선박에 대하여는 아무런 어려움이 없이 검문권(enqu te de pavillon)을 행사할 수 있으나, 국적이 다른 사용선박에 대하여는 공해자유의 원칙을 저해할 수 있는 위험이 있다. 이러한 위험을 막기 위하여 검문권을 행사하려면 혐의가 확실한 경우에만 할 수 있다고 할 것이다. 1982년 UN해양법협약 제110조 제3항은 검문권의 남용을 막기 위하여 혐의가 근거 없는 것으로 판명된 경우에는 검문으로 인한 손해를 보상하도록 요구한다.

(2) 방문수색권

방문수색권(right of visit and search; droit de visite)이란 군함이 일정한 범죄의 혐의가 뚜렷한 사용선박의 범죄 여부를 밝혀내기 위하여 사용선박 내부 및 산적화물을 조사하는 것이다. 넓은 의미에서 방문수색권에는 검문권을 포함시켜 말하는 경우도 있음에 주의해야 한다.

1982. 12. 10. UN해양법협약 110조는 먼저 검문권을 행사하여 범죄를 밝히지 못한 경우에는 계속해서 방문수색권을 행사할 수 있도록 규정하고 있다. 방문수색권의 행사도 남용을 방지하기 위하여 검문권 행사의 경우와 같이 해적 · 노예매매 · 불법라디오방송 · 무국적 · 국기위장 등 5가지 경우를 제한적으로 열거하고 있다. 또한 같은 취지에서 나중에 혐의가 없는 것으로 밝혀진 경우에는 그로 인하여 사용선박에 준 손해를 보상하도록 규정하고 있다.

(3) 나포권

군함이 범죄의 혐의가 있는 사용선박을 검문하거나 방문 수색한 결과 해적 · 노예매매 등 명시된 불법행위를 범하였음이 밝혀진 때는, 그 범죄선박을 나포하여 강제로 인접항구나 적절한 항구로 끌어다가 적절한 처벌 내지 제재를 가하게 된다.

(4) 해적 및 노예매매의 처벌

모든 국가의 군함은 해적이나 노예매매의 의심이 가는 선박을 통제하고 검문하여 방문수색하고, 범죄가 확증되면 나포할 수 있다. 해적이란 재산의 탈취 등 사적인 목적으로 어느 국가의 허가 없이 인명이나 재산을 거슬러 폭력행위를 수행하는 해상강도를 의미한다. 해적이나 노예매매의 선박을 나포한 국가는 이런 범죄자들을 형사 소추하여 처벌할 수 있다. 이런 경우에 처벌하는 국가는 국제법의 위임을 받아 국제공동체의 기관으로서 행동하는 것이라 볼 수 있다. 국제형사법원이 설치될 때까지는 불가피하게 이런 현상이 계속될 것이다.

그런데 오늘날 해적이나 노예매매 등은 상세하게 다룰 만큼 의미가 있는 것이 아니다. 노예매매는 이미 오래전에 사라졌고, 해적도 거의 자취를 감추고 있다.

(5) 통신에 관한 경찰권

오늘날 mass media는 국제공동체의 일상생활에 매우 중요한 구실을 한다. 그러므로 국가들은 그들의 영해 밖에 있는 설치물이나 선박에 설치된 라디오 및 TV방송에 대하여 민감한 반응을 보여 적당한 명목을 만들어서 이를 방지하거나 그 영토관할권이나 인적 관할권을 행사하여 이들을 처벌하고 있다. 이와 같은 통신관계 관할권이 유효하게 실현 되면 이 방송의 목적지가 아닌 국가들도 그 처벌에 협력을 하여야 한다. 1965. 1. 22. 유럽평의회(Conseil de 1'Europe)에서 체결한 영해 밖에서 하는 라디오방송의 처벌관계 협약이 그 좋은 예가 된다.

1982년 12. 10. UN해양법협약 제109조는 공해상의 불법방송에 대한 처벌권을 광범위 하게 인정하고 있다. 우선 방송시설이 선박에 설치된 경우에는 국기국가가 처벌할 수 있 음은 물론, 그 설치물의 등록국가도 처벌권을 갖는다. 그 범인의 국적국가, 그 송신을 청 취할 수 있는 국가, 불법방송이라 함은 공해상의 선박이나 설치물로부터 국제법규에 위 반하여 일반 공중의 청취나 시청을 목적으로 송신하는 라디오나 TV방송을 말한다. 다만 조난구조를 요청하는 송신은 문제가 되지 않는다.

(6) 어업경찰권(Police de la peche)

공해상의 어업경찰권에는 어부나 어선을 보호하는 어업안전경찰권(securite de la peche)과 공해수역의 생물자원보호경찰권(protection des richesse biologiques)이 있다.

가. 어업안전경찰권

공해상에서 어로작업을 하는 어부나 그 어선을 여러 가지 위험에서 방지하고 이 어업 활동의 질서유지를 목적으로 하는 경찰권을 말한다. 좀 더 구체적으로 설명하면, 선박이나 그 도구의 신분을 확인하고 어업진행 중에 있는 선박을 나중에 뛰어든 선박으로부터 보호하며, 선박 카바레 등의 질서 유지 기타 어업활동상의 질서유지를 내용으로 한다. 이와 같은 어업안전경찰권을 효과적으로 실현하기 위하여 지역협력을 통해 공동으로 국제조약을 제정하기도 한다. 이러한 어업안전경찰권의 내용 속에 제3국의 국기를 게양한 선박을 강제로 끌고 올 수 있는 권리까지 포함하고 있으나 실제로는 사용되지 않아 효력을 상실하였다. 그 후 1967. 6. 1. 새로 대체된 협약에는 이런 현실을 받아들여 관계조항을 삭제하였다.

나. 공해의 생물자원보호경찰권

공해의 생물자원보호경찰권이란 문자 그대로 공해상 생물자원의 재고를 효과적으로 경영하기 위하여 어부들의 과욕으로부터 생물자원의 제고를 보호하고 유지하는 것이다. Grotius시대에는 바다의 자원이 무진장이고 계속 번식하는 것으로 생각하였으나, 국제사회의 과학기술의 급격히 발달하여 19세기부터는 생물자원의 의식적으로 보존하고 보호하지 않으면 고갈될 위험마저 생긴 것이다. 그러므로 공해상의 어업자원 재고를 효율적으로 경영하기 위하여 이를 보존하는 적절한 조치를 취해야 한다. 좀 더 구체적으로 말하면, 해양학과 해양생물학자의 연구결과를 기초로 하여 모든 종류의 생물자원을 효과적으로 보존하는 일반적 법규칙을 제정하는 것이 바람직스러운 것이다. 그러나 아직도 해양학과 해양생물학의 발달이 충분하지 못하고 생물의 종류와 그 수역이 각각 다양하여 통일적인 일반조약을 체결할 형편이 되지 못하다. 따라서 일정한 종류의 생물자원에 관하여 지역별로 특별조약을 체결하여 단편적 조치를 취하고 있는 것이 현실 상황이다. 그와 같은 사례는 대단히 많다.

① 1949. 2. 8. 북서대서양 어업보존협약
② 1959. 1. 24. 북동대서양 어업보존협약
③ 1951. 12. 14. 미국 · 일본 · 캐나다 간의 조약
④ 1946. 12. 2. 고래 보호에 관한 Washington조약
⑤ 1963. 10. 28. 1946년 조약의 추가협정

1958년 공해상의 어업 및 생물자원 보존에 관한 Geneva협약은 공해상 어업을 집단적으로 경영하는 통일적 제도를 모색해 보려고 하였다. 이 협약은 통일적 조직기관이 없는 국제공동체의 현실을 고려하여 우선 각 국가별로 생산자원 보호조치를 취하도록 요구하

고, 그다음에 지역별로 관계 국가들이 교섭하여 공동조약을 맺도록 요구하고 있다. 연안국 및 지역 국가들이 그 지역 공해상의 생물자원 보존에 가장 이해관계가 크다는 점을 고려한 것이다. 또한 1958년 어업에 관한 Geneva협약은 어업분쟁의 평화적 해결을 위한 특별위원회의 설치를 예정하고, 그 조직 및 운영에 관하여 상세한 규정을 두고 있다.

연안국에 대하여 우선권을 인정하는 1958년 Geneva협약은 그 후 판례 및 국제법규 제정에 영향을 주었다. 아이슬란드 어업분쟁사건에 관한 1974. 7. 25. 국제사법재판소도 이 점을 인정하여 분쟁국들이 행하는 교섭의 본질적 목적 중 하나는 해양자원의 보존이며 이 문제에 관하여 연안국인 아이슬란드는 우선적 특권을 선언하였다. 1982. 12. 10일에 체결된 해양법협약 제63조, 116~120조도 공해상의 생물자원 재고를 합리적으로 경영하는 문제에 관하여 구정하면서 연안국들의 참여를 강조하고 있다. 또한 1982년 해양법협약은 관계 국가들이 지역기구를 통하여 제도적으로 생물자원 재고를 경영하고 필요한 조치를 취하도록 촉구하고 있다. 이런 법규정은 매우 불완전하여 교섭의무의 결여, 분쟁해결 절차의 불충분 등 많은 문제점이 있다. 다만 1958년 Geneva협약이 재정되던 시대에 비하여 경제수역 등 국가관할권이 대단히 확대되었기 때문에 생물자원의 보전에 관한 한 문제가 덜 심각하다고 할 것이다. 공해상 생물자원 보존에 관한 소망스런 발전방향은 강력한 규제권을 가진 국제기구를 통하여 통일적·제도적으로 경영하고 필요한 조치를 취하도록 하는 것이다. 이를 위하여 국제공동체의 조직화 및 발전에 기여하는 수밖에 없다.

(7) 공해방지경찰권

과거에는 공해자유의 원칙이 강조되어 국기국가의 관할권이 거의 절대적으로 지배하였다. 그러나 근래에 와서 국제사회는 해양공해의 위협과 피해가 대폭 확대됨에 따라 연안국가나 기타 관계국가의 권한 이외에 연안 국가를 비롯한 이해관계국가들의 통제권을 점차 강화하고 있다.

먼저 텔루르(tellurium)오염에 관하여는 연안국가가 통제권을 갖고 해양오염방지를 추구한다. 폐기물투하(dumping)에 의한 해양오염방지에 관하여는 경우에 따라 여러 국가의 통제권이 인정된다. 우선 국기국가가 폐기물투하를 하는 선박에 대하여 통제권을 행사할 수 없음은 당연하다. 선박에 폐기물이나 공해물질을 선적한 영토국가도 이와 같은 폐기물을 선적하는 행위에 관하여 통제할 수 있다. 또한 항구국가는 정박 중인 선박의 행해 적합성을 검토하여 국제기준에 도달하지 않은 경우에는 항해를 하기 전에 수리를 요구함으로써 공해상에서 해양환경을 어지럽히지 않도록 미리 단속을 하고 있다.

(8) 추적권

국제법상의 추적권에 관한 원리는 공해자유의 원칙과 밀접한 관련이 있으며 이는 공해자유의 전통적인 제한을 의미하는 것으로서[31] 공해상 선박에 대한 배타적 관할권원칙에 하나의 예외가 됨과 동시에 주권이나 관할권에 의한 연안국 수역의 효과적 보호를 위해 확립된 연안국의 권리이다.[32] 추적권은 추적국의 영해, 접속수역 기타 일정한 인접 관할수역 내에서 외국 선박이 추적국의 법령을 위반한 경우 동 선박을 나포하기 위하여 공해상까지 계속하여 추적할 수 있는 권리로서, 연안국이 영해나 기타 일정 수역 내에서 불법 또는 위반행위를 한 외국 선박을 공해로 도주하기 전에 나포하는 것이 용이하지 않으므로 도주하는 범법 외국 선박을 공해상까지 추적하여 나포하고 동 선박을 연안국에 인치하여 연안국의 재판관할권을 행사하는 제도가 국제법상 인정되어 왔으며, 이러한 권리를 해양법에 있어서 추적권(Right of Hot pursuit)이라 한다. 이러한 추적권의 근거로는 1958년 공해에 관한 제네바협약 제23조에 의거 유엔해양법 협약 제111조 제2항에 규정되어 있다.

추적권은 도주선박의 나포와 같은 목적 이외에, 동 권리에 행사로 인하여 범죄현장에서 공해로 도주 후 추적국 관헌에 의해 추적·나포될 수 있다는 것을 인지하고 있는 도주행위 가능성이 있는 자로 하여금 불법행위의 시도를 주저하게끔 하는 억제적 효과가 있는 심리적 예방기능도 아울러 갖고 있다.

보통법 국가에서 적용되어 온 추적권과 유사한 권리로서 "The right of fresh Pursuit"란 용어에서 "freshly pursued" 및 "fresh pursuit"란 표현이 주로 추적의 즉각적 개시를 의미하는 데 사용되었음을 알 수 있으며, 또한 영국의 몇몇 규정에서도 찾을 수도 있으나[33] 추적의 법적 개념에 있어서 그 즉각성이나 계속성 또는 연속성 수행 모두 중요한 내용이 된다.

그러므로 해양법상의 추적권이란 외국 선박의 연안국의 일정 수역 내에서 법령을 위반

---

31) 이들 제한에는 국제관습법상의 전통적 제한(해적행위, 임검권, 추적권 등), 협약상의 제한(노예무역의 폐지, 어업에 관한 규정, 해저전선의 보호 등), 국가의 일방적 선언에 의한 제한(Proclamation by Truman in 1945, Declaration of Santiago of 1952 등)이 있으나 이들의 인정에 관하여는 상당한 논쟁이 있어왔음을 주목해야 할 것이다.

32) 공해상의 선박에 대한 추적권은 외국 선박에만 해당된다. 공해상선박의 관할권에 관하여는 C. J. Colombos, The International Law of the Sea, London, 1967, pp.285~286 참조.

33) G. L. Williams, "The Judical Basis of Hot Pursuit", BYIL, 1939, p.87.

했다고 믿을 만한 충분한 이유가 있을 때 연안국이 당해 외국 선박을 공해상까지 계속하여 추적을 해서 나포하거나 재판에 회부하기 위해여 연안국에 인치할 수 있는 권리라 할 수 있다.[34]

1935년의 영국과 미국 간 "I'm Alone 사건"에서 판시한 바와 같이 추적권의 행사는 추적을 당하는 선박을 자의적으로 격침시키는 권한까지 포함하는 것은 아니다. 그러나 나포하는 과정에서 우발적으로 격침하는 행위는 정당화되어질 수도 있다.[35]

추적권의 주체는 유엔해양법협약 제111조 제5항에서 "추적권은 군함[36]·군용항공기[37] 또는 기타 정역복무에 종사함이 명백히 표시되고 식별되며 이에 대한 권한이 부여된 선박이나 항공기에 의해서만 행사될 수 있다."고 규정하여 추적권의 주체가 군함, 군용항공기임을 명시하고 있다.

(9) 정당방위행위

공해상의 경찰조치로서의 정당방위행위란 공해상에서 국가안보나 중대한 이익에 관한 위급한 위험을 면하기 위하여 취해지는 불가피한 방어행위를 말한다. 이것의 전통적인 선례로는 1873년 영국과 스페인 간에 발생한 사건으로 유명하다. Cuba반란군과 그 고문으로 종사하는 영국인들을 태운 미국선박 Virginius호에 관한 것이다. 이 선박은 Tornado라는 스페인 군함에 의하여 공해상에서 체포되었다. 스페인 군인들은 즉시 선박에 침입하여 일정한 사람들을 체포하고 재판 없이 처형하였는데 그중에는 영국 사람도 있었다. 영국은 즉시 이에 항의하였다.

그러나 영국이 항의를 한 것은 오로지 처형에 관한 것이고 Virginius호의 검문이나 나포에 관하여는 문제를 제기하지 않았다. 이들 행위에 대해서는 정당방위로 생각하였던 것이다. 그러나 선박을 일단 나포하는 것으로 충분하지 그 이상의 행위는 정당방위로 인정할 수 없다는 것이다. 영국의 견해에 의하면 공해상의 경찰조치로서 정당방위가 성립될 수 있으려면 임박한 위험이 있어야 하고, 지체 없이 소속국가에 통보해야 한다.

---

34) 유엔해양법협약 제111조 참조.
35) 김한택, 『현대국제법』, 강원대학교출판부, 2004, 396면.
36) "군함"은 일국의 군에 속하며, 동 국가의 국적을 구별할 외부표식을 가지며, 동 국가의 정부에 의하여 정당히 임명되고 그 성명이 동 국가의 적절한 군적부나 이와 동등한 명부에 등재되어 있는 장교의 지휘 하에 있으며, 정규해군규율에 따르는 승무원이 배치된 선박을 의미한다(유엔해양법협약 제29조).
37) 1949년 3월 5일 체결된 'Air Navigation General Regulation'에 "군용항공기는 해군, 공군, 육군항공기를 포함하여 군의 목적수행을 위한 선발된 육·해·공군의 역무에 종사하는 자에 의해 명령되는 모든 항공기는 군용항공기가 된다고 생각할 수 있다."라고 규정하고 있다.

선박 내에서 체포한 사람들은 국기국가에 돌려주어서 국기국가법에 따라 처벌하도록 해야 한다. 다시 말해서 정당방위로서의 강제조치는 처벌적 성격을 띠지 않는 단순한 보호조치이어야 하며, 이런 의심이 근거 없는 것이었다면 그 보상을 지불하여야 한다고 한다. 이러한 선례는 그 후 국제사회에 영향을 주어 이런 형태의 강제조치를 정당방위로 인정하려는 경향이 강하나, 이것이 관습법으로 형성되었다고는 말하기 어려울 것이다.

알제리 전쟁 시 프랑스 해군은 알제리 반란군에게 무기를 운성해 주는 것으로 혐의를 받은 외국상선들을 검문하고 강제로 데려왔다. 그러나 이러한 강제조치가 있을 때마다 프랑스 정부는 소속국가들로부터 항의를 받았다. 프랑스 정부는 이탈리아회사인 Societe Ignazio Messina로부터 프랑스 행정법원에 소송까지 당하였다. 이에 대하여 프랑스 정부는 정당방위를 주장하였고, 프랑스 법원은 정부행위(통치행위)라는 이유로 개입을 피하였다.

1962년 10월 Kennedy 대통령은 Cuba에 소련 미사일기지 설치를 반대하여 Cuba를 봉쇄하였다. 이에 따라 미국 군함은 Cuba로 행하는 선박들을 심문하고 미국의 안보를 위협하는 특정무기를 운송하는 선박을 나포하도록 지시하였다. 미국은 이 조치의 근거로 정당방위를 원용하였다. 이에 대하여 해양자유를 근거로 소련이나 스웨덴 등은 항의하였다. 이 봉쇄조치는 1962. 11. 20. 미국 · 소련의 합의에 따라 해제되었다.

공해에서 핵실험을 하는 국가들은 실험장소 주위에 위험수역을 선포하고 항해 및 어업을 금지했다. 미국은 많은 항의를 받고 1954년 이 핵실험 및 경찰조치에 정당방위에 근거하고 있다고 주장하였다. UN국제법위원회는 이 문제를 검토한 뒤에 국가가 자신의 안보에 대해 직접적이고 임박한 위험에 대처하여 방위조치를 하는 것만이 공해상에서 정당방위로 인정된다고 하였다. 1972년 6월 마지막으로 대기권핵실험을 한 프랑스도 역시 정당방위를 주장하였다. 그러나 핵실험에 대하여 정당방위를 주장하는 것은 이론상의 무리가 있다는 것이 일반적인 견해다.

Ⅳ. 자치경찰기관

1. 자치경찰제도의 개념

1) 자치경찰제도의 도입 배경

지역주민은 그 들의 생명과 재산 문제에 대하여 직접 국가를 상대하기보다는 지방정부를 통하여 국가와 구체적으로 접촉하게 된다. 그래서 일차적으로 주민의 생명과 재산의 안전을 우선적으로 보호해 주는 것은 지방자치단체이며, 자치경찰제도의 존재이유가 여기에 있다. 그러나 우리나라는 지방자치제도를 실시하고 있으면서도 주민의 생명과 재산의 안전 등 치안문제에 있어서 가까운 지방자치단체를 놔두고 주민과 멀리 있는 중앙정부가 독점적 권한을 행사하고 있다. 이는 지방자치의 원리를 실천하고 있지 못하는 것이며, 국가경찰의 업무 과부로 인한 민생치안에 많은 허점이 노출되어 왔다. 이에 따라 지역주민의 치안체감은 떨어지게 되고 국가경찰에 대한 불신감이 높아짐에 따라 자치경찰제도의 조속한 실시의 당위성에 대하여 중앙정부의 동의가 있었으나 관련기관들의 이해관계로 탁상공론만 하고 있었다.[38] 이러한 가운데 도입배경이 구체적으로 가시화 된 것은 참여정부의 선거공약에 따른 실천 방안의 하나로 자치 경찰제도의 도입을 추진하면서 정부혁신지방분권위원회를 발족하여 중앙과 지방정부간 권한 재배분의 내용과 자치경찰제 도입을 포함시키고 과거처럼 논의에 끝나지 않도록 지방분권 특별법에 자치경찰 실시를 명문화하였다.[39]

2) 자치경찰제도 도입논의의 역사

우리나라에서 자치경찰의 도입에 관하여 논의가 시작된 것은 1945년 경찰 창설 이후부터 계속되어 왔다. 자치경찰 도입론이 본격적으로 제기가 된 것은 1980년대 말 전개된

---

38) 자치경찰제도의 도입방안에 대하여 정부의 집행력 약화와 선거 시 여당 프리미엄의 소멸을 우려하는 중앙정부와 집권여당이 반대하였고 지방자치단체로서는 인사권과 조직권은 없고 재정적 부담만 지게 되므로 반대하였고, 또한 정치권은 자신과의 경쟁상대인 시·도지사의 권한 비대에 대한 우려 때문에 반대하였다. 참여정부의 지방분권, 대통령자문 정부혁신지방분권위원회, 2005, 86면.
39) 지방분권특별법 제10조 제3항은 "국가는 지방행정과 치안행정의 연계성을 확보하고 지역특성에 적합한 치안서비스를 제공하기 위하여 자치경찰제를 도입하여야 한다."고 규정하고 있다.

민주화의 진행 이후이다. 이 시기까지는 주로 경찰의 정치적 중립을 위한 경찰기구의 독립에 초점이 맞추어져 왔고, 부분적으로 자치경찰제도에 대한 논의가 있었다. 자치경찰제도에 대한 논의가 활발해진 것은 지장자치제도가 부활된 1991년 이후였다. 1992년 경찰청의 발주로 한국개발연구원이 수행한 연구용역 결과보고서 '2000년대 경찰행정방안 연구보고서'에서 중장기적 과제로 자치경찰제도의 도입을 건의하였다. 그리고 1994년에는 국회의원이 발의한 경찰법 개정 법률안이 제출되었으나 모두 폐기되었고, 이어 국민의 정부가 정책과제의 하나로 경찰개혁안을 선정하여 1999년 '경찰법 개정 법률안'을 확정하였는데 그 핵심 내용은 광역자치단체 단위의 자치경찰제를 도입하는 일본식 절충형 경찰체제로서 경찰의 정치적 중립의 확보와 민주화의 실현을 위한 기존 경찰체제의 근본적 개혁을 수반하는 것이었다. 그러나 이러한 논의는 2000년대에 들어와서 중단되었다. 그 요인은 내부적 요인으로 수사권의 조정, 광역범죄의 대응 능력 등 제반여건이 미비하다는 점과 외부적 요인으로 외환위기의 경제적 상황을 들 수 있다.[40] 그 후 지방분권에 대한 강력한 의지를 보이며[41] 출범한 참여정부도 대선공약으로 제시하였던 자치경찰제도의 도입을 위하여 지방분권 핵심정책과제로 지정하고 2003년 7월 지방분권 추진 로드맵을 작성하고, 정부혁신지방분권위원회에 "자치경찰특별위원회"와 "실무추진단"을 구성하고 실무추진단에서는 자치경찰법안을 마련하여 2005년 8월 4일 입법예고한 후 2005년 11월 초 정기국회에 제출하였다. 그러나 국회는 그동안 자치경찰법안에 대한 형식적 논의만 할 뿐 실질적 심의 한 번 하지 않고 잠재워 두고 있다가 2008년 5월 30일 18대 국회가 구성되면서 사라지고 말았다.[42]

제주특별자치도 자치경찰제도는 참여정부가 마련한 자치경찰법안을 토대로 제정한 제주특별자치도 특별법 규정을 근거로 하여 2007년 2월 28일 제주특별자치도 자치경찰단이 발대식을 갖고 역사적인 출범을 하였다.[43]

---

40) 고문현, "자치경찰제에 관한 연구", 『공법연구』, 제33권 제5호, 비교공법학회, 2005, 32~37면.
41) 제주특별자치도 자치경찰제도의 도입과정에서 참여정부가 마련한 자치경찰법안을 토대로 2006년 7월 지방분권 로드맵을 통해 2004년 하반기까지 자치경찰 관련법안 마련, 2006년 상반기까지 법제화하고, 2007년 하반기에 실시하겠다고 천명하였다. 특히 2004년 1월에 제정된 지방분권특별법 제10조에 의하면 "국가는 지방행정과 치안행정의 연계성을 확보하고 지역특성에 적합한 치안서비스를 제공하기 위하여 자치경찰제를 도입하여야 한다."고 자치경찰제의 도입을 국가의 의무사항으로 명시하여 강력한 추진 의지를 보여 주었다.
42) 양영철 외, 『제주특별자치도의 이해』, 대영문화사, 2008, 212면.
43) 자치경찰단의 설치를 위하여 제주특별자치도는 제주특별자치도특별법 제129조 제2항 제1호에 근거하여 우선 국가경찰공무원 중에서 특별임용하기로 하고, 공채를 거쳐 2006년 6월 16일 합격자 37명을 선발하였다. 그리고 자치경찰단장을 임명하고 총 38명의 자치경찰공무원이 8개월에 걸쳐 자치경찰공무원의 추가선발 및 교육, 업무체제 정비 등의 준비작업을 수행한 끝에 2007년 2월 28일 83명의 대원으로 발대식을 가지고 본격적으로 업무를 개시한 것이다. 신현기, 『자치경찰론』, 웅보출판사, 2007, 337~344면.

3) 자치경찰 제도의 개념

경찰(police)이라는 용어는 시민권(citizenship) 혹은 도시(police)에 해당하는 politiea[44]에서 그 어원을 찾는다. 시민권과 도시의 개념은 정치라는 의미가 포함되어 있는 집단의 권력행사라는 의미를 내포하고 있다.[45] 이러한 의미에서 볼 때 경찰이란 위험의 발생을 예방하거나 이미 발생된 교란의 제거를 통해 공적 안전과 질서를 보호하려는 국가작용이라고 정의할 수 있다.[46] 경찰이라는 개념은 처음부터 고정된 내용을 갖고 있었던 것이 아니라 역사적 · 점진적으로 형성되면서 그 개념 또한 변화되고 있다.[47] 과거의 경찰 개념은 크로이쯔베르크 판결[48] 이후 사회질서유지에 대한 사무만을 담당했던 소극적 목적에서 오늘날 질서유지기능과 동시에 국민에 대한 봉사자로서의 기능을 강조하고 있는 것이 현실이다.[49] 특히 자치경찰은 국가전체를 관할하는 국가경찰에 대비되는 개념으로 국가 전체가 아닌 지역 치안실정에 부합되는 경찰제도를 가지고 지역민에 봉사하고 지역치안과 복리를 위해 활동하는 개념이라 할 수 있다.

자치경찰제도의 개념은 지방자치를 강조하는 입장과 기능배분의 입장 두 가지 측면에

---

44) politiea란 근원적으로 국가의 헌법, 국가기능의 공동행사, 국가기능의 공동작용 등을 뜻하였다. 고대 로마에서도 Politia라는 말은 공화국의 헌법과 그것을 수행하는 일반적인 행정활동으로 이해되었다. 홍정선, 『행정법원론(하)』, 박영사, 2009, 313면.

45) Dennis, J, Stevens, *Applied Community Policing in the 21st Centry*, 2003, p.3.

46) 홍정선, 『행정법원론(하)』, 박영사, 2009, 312면.

47) 영국의 자치경찰제도는 1066년경 마을 치안을 목적으로 도입한 10인조제도를 도입하고 이것을 10호반이라 칭하며 범인체포, 호송 등의 업무를 무료로 봉사하였다. 여기의 책임자인 자경대장은 최초의 경찰관이라는 칭호를 받고 있다. 영국의 경찰제도는 자치경찰을 중심으로 확대되었다. David S, Wall, *The Chief Constables of England and Wales*, 2000, pp.13∼25; 미국의 경찰도 영국의 경찰역사에 영향을 받아 자율적인 마을 조직에서부터 시작하여 정규경찰조직으로 발전하였다 이 과정에서 미국의 자치 경찰은 서비스제공자, 범죄와의 전쟁 주도자에서 이제는 주민과 함께 치안종합 처리자로 바뀌고 있다. Morash Merry & J, Kevin Ford "*The Move to Comunity Policing*, Sage Publications, 2002, p.128.

48) PrOVGE 9, 353. 독일 경찰법상 일반적 수권조항과 관련된 대표적인 판례는 크로이쯔베르크 판결이다. 이 판결은 1882년 6월 14일 프러시아 고등법원이 베를린 경찰청장이 구체적 권한규정이 없던 당시에 프러시아 일반주법 제10조 제2항 제17호에 근거하여 1879년 3월 10일 발한 명령, 즉 크로이쯔베르크 언덕 위에 있는 전승기념비에의 조망 밑 거기에서 시내를 내려다보는 조망을 반해하는 일이 없도록 주면의 토지상의 건축물의 높이를 제한하는 것을 내용으로 하는 건축금지에 관한 경찰명령에 기초하여 내인 건축불허가 처분에 대하여 법원은 "프러시아 일반주법 제10조 제2항 제17호에 따를 때 경찰은 위험방지의 권한만을 가지며, 미적인 이익을 추구할 권한은 없기 때문에 크로이쯔베르크에 있는 전승기념비에 대한 조망을 해치지 않게 하기 위하여 건축물의 고도를 제한하는 경찰명령은 무효이다."라고 판시하였다. 이는 베를린 경찰청장에 의한 경찰명령은 미학적인 이유에서 발해진 것으로 복리의 증진을 목적으로 하는 것이라는 이유로 효력을 부인함으로써 그 경찰명령을 무효라고 판단한 사건이다. 이 판결의 중요한 점은 프러시아 일반주법 제10조 제2항 제17호 규정을 직무규정으로뿐만 아니라 권한에 관한 일반적 수권조항으로 승인하였다는 점이다.

49) 김원중, "제주특별자치도 자치경찰의 역할 검토", 『지방자치법연구』, 제7권 제2호, 한국지방자치학회, 2007, 154면.

서 설명된다. 우선 지방자치를 강조하는 입장에서 보면 지방분권제도와 지방자치사상에 따라 경찰제도 운영에 필요한 모든 책임과 권한을 지방자치 단체가 수행하는 제도라고 한다. 그리고 기능적 배분의 입장에서는 국가와 지방 간의 기능배분의 원칙에 따라 경찰의 지방적 기능을 지방자치단체가 감독과 책임을 담당하는 제도라고 한다.[50] 이 외에도 자치경찰제도의 개념에 관하여 살펴보면 지방분권과 자치의 정치사상에 따라 지방경찰이 지방자치단체의 권한과 책임 하에 지역주민의 의사에 기하여 치안업무를 자주적으로 수행하는 제도,[51] 또는 경찰권 내지 경찰임무의 소재에 따라 구분하여 자치경찰제도란 경찰권을 지방자치단체에 귀속시키고 경찰조직을 지방자치단체의 행정조직으로 하는 것이라고 한다.[52]

이와 같은 개념을 바탕으로 하여 제주특별자치도 자치경찰제도의 개념을 굳이 정립하자면 헌법의 지방자치 조항에 따른 하나로 국가의 지방분권화정책에 따른 권한의 이양과 제주특별자치도의 출범으로 인한 자치경찰제도의 근거에 의해 도출되며, 지방자치단체의 권한과 책임 하에 제주지역 내에서 제주지역 주민의 의사에 기하여 생활안전과 교통, 정보, 수사 등 경찰사무의 전부 또는 일부를 자주적으로 수행하는 제도를 의미하며, 자치경찰기구의 구성 방법 및 수행사무의 범위 등에 따라 다양한 형태의 제도가 있을 수 있다.[53]

---

50) 장석헌, "자치경찰제도의 도입논의", 국회 행정자치위원회 주관 공청회발표자료, 2007, 39면.
51) 이황우, 『경찰행정학』, 법문사, 1998, 56면.
52) 고문현, "자치경찰제의 도입 방향", 『공법연구』, 제33권 제5호, 2005, 434면.
53) 일본은 국가경찰과 자치경찰을 통합·혼용한 절충형 제도를 운영하고 있는데 이는 국가경찰과 자치경찰이 동시에 존재하는 이원적 경찰조직을 갖추고 있으나 사실상 국가경찰과 자치경찰이 단일 체제에서 운영되고 있는 것으로 중앙의 국가경찰과 자치경찰의 절충 및 합의제 공안위원회에 의한 경찰관리라는 특징으로 대변할 수 있다. 자치경찰제실무추진단, "외국의 경찰제도 비교(자치경찰제 중심)", 2006, 11면 이하 참조; 영국은 영미법계의 종주국으로 자치경찰제의 전통을 기반으로 경찰의 조직과 운영을 끊임없이 변화시켜 왔다. 2000년에는 종래 수도경찰의 특수성을 고려하여 내무성 직속의 국가경찰로 운영되어 오던 수도경찰청을 자치경찰로 전환 하였고, 광역단위로 지방경찰청을 설치, 독립된 지방경찰위원회 관리 하에 두어 외형적으로는 전국적으로 통일된 자치경찰제도를 만들어 가는 한편, 경찰활동의 효율성을 증진시키기 위해 중앙통제를 강화해 나가는 경향이다. 행정자치부, 『자치경찰제 추진 중간보고서』, 자치경찰제실무추진단, 2004~2007, 37면; 미국은 기초단위인 다양한 형태의 자치적 경찰조직을 근간으로 하지만 연방정부·주정부 역시 법집행기관, 즉 경찰기관을 독자적으로 운영하고 있다. 행정자치부, 전게서, 38면.

2. 자치경찰의 조직과 직무

1) 자치경찰의 조직

제주특별자치도 특별법 제106조 제1항은 "자치경찰사무를 처리하기 위하여 제주특별자치도에 자치경찰단을 둔다.", 제2항은 "자치경찰단의 조직 및 자치경찰공무원54)의 정원 등에 관한 사항은 도조례55)로 정한다."고 규정하여 제주특별자치도의 고유한 특성을 최대한 활용하고 그 기능을 담당하는 자치경찰의 설치 근거 규정을 마련하고 있다.

제107조 제1항에서는 "자치경찰단장은 도지사가 임명하며, 도지사의 지휘·감독을 받는다.", 제2항에서는 "자치경찰단장은 자치총경으로 보한다. 다만, 도지사는 필요하다고 인정되는 경우에는 개방형직위로 지정하여 운영할 수 있다.", 제3항에서는 "도지사는 자치경찰단장의 직위를 개방형직위로 지정하여 운영하는 경우에는 임용기간 만료일에 60세가 초과되지 아니하는 자로서 다음 각 호56)의 어느 하나에 해당하는 자를 임용하여야 한다. 이 경우 미리 제127조의 규정에 의한 자치경찰공무원인사위원회의 심의·의결을 거쳐야 한다."고 규정하여 자치경찰의 조직형태를 위원제가 아닌 독임제를 선택하고 있고,57) 필요하다고 인정되는 경우에 개방형 직위로 지정하여 운영할 수 있도록 규정하여 자치경찰단장 임명에 유연성을 기하고 있다. 그리고 자치경찰조직은 제주특별자치도의

---

54) 자치경찰공무원의 채용, 인사, 인사교류, 승진 등에 관한 사항은 제주특별자치도 자치법규에 규정되어 있다(자치경찰공무원 임용·인사교류 조례, 자치경찰공무원 인사규칙 등). 또한 자치경찰공무원은 지방공무원법에 의거하여 특정직 지방공무원으로 신분을 보장받고 있다. 이들은 국가경찰과 달리 계급정년이 없는 것이 특징이다. 제주특별자치도는 안정된 자치경찰 운영을 위하여 국가경찰공무원을 특별채용하였는데 응모자격은 우수자원을 유도하고 인력이관의 취지에 충실하기 위하여 연고의 제한 없이 전국단위로 모집하였다.

55) 제주특별자치도 자치경찰인사에 관한 조례와 규칙을 살펴보면 ① 제주특별자치도 자치경찰단 개방형 직위의 운영에 관한 조례(2007. 8. 22일 제정), 제주특별자치도 자치경찰공무원 인사규칙(2006. 10. 18일 제정), 제주특별자치도 자치경찰공무원 인사교류조례(2006. 5. 10일), 제주특별자치도 자치경찰공무원 임용 등에 관한 조례가 있다.

56) 제주특별자치도특별법 제17조의 각 호는 1. 당해 자치경찰단장에 보할 수 있는 계급에 있거나 차하위 계급에 있는 자로서 승진에 있어 제131조 제5항 및 제6항의 규정에 의한 계급별 최저근무연수를 경과한 자치경찰공무원, 2. 제1호에 상응하는 국가경찰공무원, 3. 제1호 또는 제2호에 해당하였던 자로서 퇴직한 날부터 2년이 경과되지 아니한 자, 4. 법관·검사 또는 변호사의 직에 5년 이상 근무한 자이다.

57) 자치경찰기구의 형태와 관련하여 미국의 경우 초기에는 주민의 직접선거에 의하여 선출된 보안관, 치안관 등 이 단독으로 치안책임을 맡다가 점차 시의회의 상임위원회가 담당하는 것으로 변화되었으나 정치적 영향 아래 놓인 경찰의 비능률성과 부패에 대한 비판으로 전문위원회에 위임하는 제도가 생겨났고, 최근에 와서는 경찰의 능률에 대한 관심이 높아져 독임제를 채택하는 자치단체가 증가하는 경향을 보이고 있다. 일본과 영국의 자치경찰은 합의제를 보완하는 차원에서 위원회의 관리 하에 별도의 독임제 집행기관장을 두어 구체적인 업무수행은 그 집행기관장이 책임지고 수행하도록 하는 독임제와 합의제를 절충한 제도를 채택하고 있다. 이윤근, 『비교경찰제도론』, 법문사, 2001, 202~203면.

보조기관으로 설치하고 있다.58) 자치경찰의 조직 및 기구 그리고 채용현황을 살펴보면 다음의 <표 1>, <표 2>와 같다.

〈표 1〉 제주특별자치도 자치경찰 조직도

```
                        ┌─────────┐
                        │  단장   │
                        └────┬────┘
        ┌──────────────┬─────┴──────┬──────────────┐
   ┌─────────┐   ┌─────────────┐ ┌─────────┐ ┌─────────┐
   │경찰정책팀│   │교통·생활안전팀│ │ITS 센터 │ │수사기획팀│
   ├─────────┤   ├─────────────┤ ├─────────┤ ├─────────┤
   │서무/인사 │   │생활안전/교통 │ │ITS/BIS/ │ │관광/환경 │
   │ /기획    │   │  /경비      │ │어린이    │ │ /수사    │
   │         │   │             │ │교통공원  │ │         │
   └─────────┘   └─────────────┘ └─────────┘ └─────────┘
```

*자료: 양영철 외, 『제주특별자치도의 이해』, 대영문화사, 2008, 221면.

〈표 2〉 기구 및 정원표

구성 \ 기구	총계	자치경찰단	제주 경찰대	서귀포 경찰대
정원	197명	33명	110명	54명
현원	164명	30명	94명	40명

*자료: 자치경찰단홈페이지 http://jmp.jeju.go.kr

2) 제주자치경찰의 사무

제주특별자치도 특별법 제108조는 자치경찰의 사무에 관하여 규정하고 있는데 그 내용을 크게 나누어 보면 주민의 생활안전 활동에 관한 사무, 지역교통 활동에 관한 사무, 공공시설 및 지역경비에 관한 사무, 사법경찰관리의직무를행할자와그직무범위에관한법률에서 지방자치공무원의 직무로 규정하고 있는 사법경찰관리의 직무 이다. 이들 사무를 구체적으로 보면 생활안전을 위한 순찰 및 시설의 운영, 주민에 대한 방범활동의 지원, 지도, 안전사고, 재해 등으로부터 주민보호, 아동 노인 등 사회적 보호가 필요한 자에 대한 보호, 가정, 학교폭력 등 예방, 주민생활과 관련된 사회질서유지, 위반행위단속, 교통

---

58) 자치경찰기관을 자치단체장의 보조기관으로서 설치하는 것은 주민통제, 경상비절감, 일반 행정과의 연계성 보장가능의 장점을 갖고 있으나, 경찰의 운영이나 인사에 다른 행정기관의 간섭을 받게 되어 자치경찰의 정치적 중립성이 침해될 우려가 있으며, 지역실정에 따라 그 규모가 달라지는 것에 탄력이지 못하는 단점이 있다. 행정자치부, 전게서, 66면.

안전 및 교통소통에 관한 사무, 교통법규의 위반자 지도단속, 공공시설 및 지역행사장 경비 등이다.

그리고 제주도특별자치도 특별법 제109조 제1항에서는 제주시와 서귀포 행정시에 업무를 담당할 자치경찰단의 보조기관인 자치경찰대를 설치하고 제2항과 제3항에서는 자치경찰대의 조직 및 자치경찰공무원의 정원 등에 관한 사항은 도 조례로 정한다. 자치경찰대장은 자치경정 또는 자치경감으로 보하되, 도지사가 임명한다고 하여 행정시에 두는 자치경찰기구 등을 규정하고 있다.

제110조는 제1항에서 국가경찰과 자치경찰 간의 사무분담 및 사무수행방법은 도지사와 제주자치도 지방경찰청장이 협약으로 정하고 사무를 처리함에 있어서 협약으로 정하고 이를 공표하여야 하고 이 경우 도지사는 미리 치안행정위원회의 의견을 들어야 한다. 제2항에서는 협약체결에 관한 내용을 행정시장과 경찰서장에게 위임할 수 있다. 제3항에서는 협약이 체결되지 아니하는 경우에는 경찰위원회의 심의·의결을 거쳐 행정안전부장관이 조정한다. 제5항에서는 사무분담 및 사무수행의 방법에 관한 기준 및 협약의 공표에 관하여 필요한 사항은 도 조례로 정한다. 제주특별자치도 지방경찰청장의 의견을 들어야 한다고 규정하여 국가경찰과의 협약체결에 관하여 규정하고 있다. 그리고 2006년 12월 19일에 국가경찰과 업무협약을 체결하여 상호 중복업무를 최소화하고 제주의 지역특성을 보다 더 세밀하게 업무에 반영할 수 있도록 하였다.[59]

3) 자치경찰위원회

제주특별자치도 특별법 제113조는 제1항에서 제주특별자치도의 지방행정과 치안행정의 업무 협조 및 제2항의 각 호의 사항의 심의·의결을 위하여 도지사 소속하에 치안행정위원회를 둔다. 제2항에서는 치안행정위원회는 다음 각 호[60]의 사항을 심의·의결한다[61]고 하여 치안행정위원회의 설치 및 기능에 관하여 규정하고 있으며, 제114조에서는

---

59) 자치경찰과 국가경찰 간의 사무분담 및 사무수행방법에 관한 업무협약 제4조 참조. 첫 협약에서 가장 중요한 안건은 소수의 자치경찰인원으로 그 업무를 제주전역에서 실시하는 것보다는 자치경찰의 취지에 맞는 수요가 가장 많이 발생하는 일부지역을 선정, 인원을 집중적으로 배치하여 제주특별자치도법 제108조의 업무를 효율적으로 실시하도록 한 것이다. 그 결과 선정된 지역은 제주국제공항, 만장굴, 성산일출봉 등을 포함한 몇 군데 주요 관광지, 5일장, 한라산 등반 코스, 주요관공서 등이다.

60) 제113조의 각 호에 해당하는 내용은 1. 국가경찰과 자치경찰 간 사무분담 및 사무수행방법, 2. 자치경찰 활동에 관한 목표의 수립 및 평가, 3. 자치경찰의 운영에 대한 지원, 4. 그 밖에 자치경찰의 운영에 관하여 치안행정위원회의의 위원장이 부의하는 사항이다.

61) 현재 경찰법상 경찰위원회가 심의·의결기관으로서 경찰의 정치적 중립성확보를 이념으로 하는 것으로

치안행정위원회의 구성에 관하여 규정하고 있다. 그리고 제주특별자치도 특별법 제127조 제1항에서 제128조의 규정에 의한 자치경찰공무원의 인사에 관한 사항을 심의 · 의결하기 위하여 자치경찰공무원위원회를 둔다고 규정하고 있으며, 제2항에서는 자치경찰인사위원회 위원장의 임명, 제3항에서는 자치경찰인사위원회의 구성 및 운영에 관한 사항에 관하여 규정하고 있다. 제139조 제1항에서는 "안전하고 원활한 교통을 확보하기 위하여 도지사 소속하에 제주자치도교통시설심의위원회를 둔다."고 규정하고 있으며, 제2항과 제3항에서는 위원장과 위원의 임명에 관한 사항을 규정하고 있고, 제4항에서는 교통시설심의위원회의 심의사항을 규정하고 있다.

4) 자치경찰의 직무수행

제주특별자치도특별법은 제115조에서 자치경찰공무원이 자치경찰사무를 수행함에 있어서 불심검문, 보호조치, 위험발생의 방지, 범죄의 예방과 제지, 위험방지를 위한 출입, 경찰장비와 장구사용, 분사기 등의 사용 등에 관하여 경찰관직무집행법[62]을 준용한다고 규정하고 있다. 그리고 제116조에서는 무기와 장비의 사용에 있어서 도지사의 신청에 의하여 제주자치도지방경찰청장의 승인을 얻도록 하고 있고, 무기를 사용한 때에는 소속 자치경찰단장 또는 자치경찰대장을 거쳐 즉시 제주자치도지방경찰청장 또는 경찰서장에게 통보하여야 한다고 규정하고 있다. 제117조는 자치경찰공무원이 직무수행 중에 범죄를 발견한 경우에는 제108조 제4호의 직무에 속하는 범죄와 경범죄처벌법 제6조, 도로교통법 제163조 및 자전거이용활성화에관한법률 제27조의 규정에 의한 통고처분의 대상이 되는 범칙행위를 제외하고 범죄의 내용 또는 증거물 등을 소속 자치경찰단장 또는 자치경찰대장을 거쳐 즉시 제주특별자치도지방경찰청장 또는 경찰서장(해양경찰서장을 포함한다)에게 통보하고 그 사무를 인계하여야 한다. 그리고 자치경찰 공무원은 현행범인을 체포한 경우, 즉시 국가경찰공무원에게 인도하여야 하며, 제118조에서는 국가경찰공무원과 구별될 수 있는 제복을 착용하여 한다고 규정하고 있다.

보아 자치경찰에도 이와 동일한 위원회를 구성하여 실질적이고 내실 있는 기관으로 설치하였다고 볼 수 있으나 단순 심의 · 의결기관의 성격상 그 역할이 제한적일 수밖에 없다. 이윤호, "자치경찰제도 공청회", 2006, 57면.

62) 경찰관직무집행법은 제3조(불심검문), 제4조(보호조치), 제5조(위험발생의 방지), 제6조(범죄의 예방과 제지), 제7조(위험방지를 위한 출입), 제8조(사실의 확인 등), 제9조(유치장), 제10조(경찰장비의 사용 등)에 관하여 규정하고 있다.

5) 경찰 상호 간의 관계

제주특별자치도 특별법 제119조 제1항에서는 자치경찰사무의 범위 안에서 필요한 정보와 기술을 제공, 제2항은 유·무선의 통신망과 시설물의 상호 이용, 제3항은 경찰인력 및 장비 등의 운영상황 및 계획의 상호 통보 등 국가경찰과 자치경찰의 상호 협조에 관하여 규정하고 있다.

제120조와 제121조는 단속현황, 경찰장비보유 그 밖의 통계자료를 제주특별자치도경찰청장에게 통보와 조례 및 규칙의 제정·개정의 통보에 관하여 규정하고 있다.

6) 자치경찰에 대한 지원 및 감독

제주특별자치도 특별법 제122조는 국가는 제주자치도가 자치경찰을 설치·운영하는데 필요한 경비를 지원할 수 있다. 그리고 제123조는 행정안전부장관은 자치경찰사무와 관련하여 시정명령을 하고자 하는 때에는 미리 경찰위원회의 의견을 들어야 한다고 규정하고 있고 제124조에서는 감사위원회가 자치경찰사무에 대한 감사를 하는 때에는 제주특별자치도지방경찰청장 또는 경찰서장에게 참여를 요청할 수 있다고 하여 자치경찰사무에 대한 감사 규정을 두고 있다. 제126조에서는 도지사의 자치경찰공무원의 임면, 휴직·면직과 징계에 관하여 규정하고 있으며, 제127조는 자치경찰인사위원회에 관하여 규정하고 있다.

제3장 경찰기관의 권한

제1절 경찰기관 권한의 의의와 확정

Ⅰ. 경찰기관 권한의 의의

경찰기관의 권한이란 조직의 단일체로서 경찰기관이 갖는 사무의 범위 내지 그 사무수행에 필요한 각종의 권능과 의무의 총체를 말한다.[63] 다만 법에서는 '권한'이라는 용어 대신 '직무권한' 등의 용어가 사용되기도 한다(정부조직법 제7조). 따라서 경찰관청의 권한이란 경찰관청이 법령상 행정주체를 위하여 그 의사를 결정하고 표시할 수 있는 범위를 말한다.[64]

권한(Zusteandigkeit, Kompetenz)과 구별하여야 할 것에 권리(right, Recht)가 있다. 행정청은 일반적으로 권한은 가지지만 권리는 가지고 있지 않다. 권리는 '자기의 이익을 위하여 타인에게 일정한 요구(작위·부작위·급부·수인 등)를 할 수 있는 법률상의 힘'으로서 인격주체만이 가질 수 있는 까닭에, 권리는 인격주체인 국가(지방자치단체 및 기타의 행정주체 포함)에 귀속하는 것이지 국가의 기관에 불과한 행정청에 귀속되는 것이 아니다. 말하자면, 행정청은 국가가 가지고 있는 권능(권리의 일부)을 행사할 권한을 가진다고 할 수 있다. 따라서 행정청이 권한을 행사한 효과는 국가에 귀속할 뿐이지, 권리를 행사한 경우에 있어서와 같이 행정청 자신에게 귀속하는 것이 아니다.[65]

---

63) 홍정선, 『경찰행정법』, 박영사, 2010, 137면.
64) 김동희, 『행정법요론』, 박영사, 2010, 608면.
65) 김남진, 『경찰행정법』, 경세원, 2004, 32면.

Ⅱ. 경찰기관 권한의 확정

경찰기관의 권한의 범위는 일반적으로 경찰기관을 설치하는 근거법규(법률 등)에 의하여 결정되며, 법규에 의하여 정해진 행정청의 직무의 범위는 경찰관청의 권한의 사항적 한계를 이룬다. 따라서 경찰관청은 스스로 그 직무범위를 변경할 수는 없다. 행정관청의 권한확정의 목적은 ① 행정의 중복과 모순 제거 및 명확한 책임소재의 규명, ② 행정의 전문화 도모, ③ 행정임무 수행에서의 외부적 영향력 배제, ④ 사인의 권리구제의 확충이다.66)

제2절 권한의 분류

경찰관청의 권한을 분류해 보면 사물적 관할, 지역적 관할, 심급적 관할로 나눌 수 있다.

Ⅰ. 사물적 권한

사물적 권한이란 경찰기관이 수행해야 할 일정의 임무범위를 말한다. 특별경찰기관의 권한은 특별법에서 정해진다. 한편 특별법이 일반법에 우선한다는 원칙에 따라 특별경찰기관의 권한이 일반경찰기관의 권한에 우선한다. 사물적 권한규정의 침해는 경찰작용의 위법을 가져온다. 사물적 권한규정에 반하는 행정행위는 무효가 된다. 사물적 권한에 반하는 법규명령(경찰명령)은 무효이다.67)

---

66) 홍정선, 『행정법특강』, 박영사, 2010, 840면.
67) 홍정선, 『경찰행정법』, 박영사, 2010 , 137면.

한편 경찰집행기관은 집행 작용에 대해서 사물적 권한을 갖는다. 여기서 집행 작용이란 법규나 경찰행정청의 명령의 직접적인 수행이나 또는 다른 이유에서 집행경찰수단으로만 가능한, 그리고 사항에 적합한 대집행을 뜻한다.

Ⅱ. 지역적 권한

1. 의의

지역적 권한이란 경찰기관이 자신의 사물적 권한을 행사할 수 있는 공간상의 영역을 말한다. 지역적 권한은 동 종류·동급의 경찰기관 사이에서 문제된다. 지역적 권한을 침해하는 행정행위나 법규명령의 효과는 사물적 권한의 경우와 같다.

2. 관할구역

하급경찰행정청의 지역적 권한(관할구역)은 세분되어 있다. 각 경찰서장은 자신의 관한구역에 놓이는 위험이나 교란을 제거 또는 방지하게 된다. ② 관할구역의 판단에 교란자의 주소지나 거소가 결정적인 것은 아니다. 오히려 경찰상 보호해야 하는 이익이 침해되거나 위협을 받는 지역이 기준이 된다.

3. 경찰상 공조

계속되는 위험이 있음에도 관할구역의 경찰기관이 적절한 시기에 필요한 조치를 할 수 없다면, 이웃하는 구역에 관할권을 가진 경찰기관이 잠정적으로 필요한 처분을 하여야 한다. 이것이 경찰상 공조이다.

4. 예외

하나의 경찰상의 임무가 다수 경찰기관의 관할구역에 걸치는 경우에는 임무의 합목적 적인 수행을 위해서 그 임무가 단일하게 수행되는 것이 필요하다. 이러한 경우에는 지역 적 권한이 기본적으로 관련 경찰기관의 상급기관에 놓인다고 보아야 할 것이다. 그 밖에 법규가 달리 정하고 있거나 또는 긴급을 요하는 경우에는 관할구역의 제한이 완화된다고 볼 것이다.[68]

Ⅲ. 심급상 권한

1. 의의

심급상 권한이란 사물적 권한을 가진 상·하의 경찰기관 사이에서 질서에 적합하게 분배된 임무의 범위를 말한다. 이것은 상급경찰기관과 하급경찰기관 사이의 임무분배문 제이다. 심급상 권한을 준수하지 않은 경찰기관의 행위는 위법한 것이 된다. 법률상 특히 정함이 없는 한 상급관청은 하급관청에서 관련된 권한사항을 스스로 결정할 수 없다. 즉 자기개입권(Selblsteintrittsreacht)이 없다.[69] 사물적으로 무권한인 경찰기관의 행위와 달리 심급상 무권한의 경찰기관이 발한 행정행위는 원칙적으로 취소될 수 있고, 예외적으로 무 효가 된다. 그러나 심급상 무권한의 경찰기관에 의해 발해진 법규명령은 무효이다.[70]

---

68) 홍정선, 『행정법원론(하)』, 박영사, 2008, 19면.
69) 홍정선, 『행정법원론(하)』, 박영사, 2008, 19면.
70) 김동복, 『경찰행정법』, 문두사, 2005, 65면.

2. 감독

1) 의의

국가기관인 경찰청장은 위험방지의 책임을 지고 있다. 따라서 경찰청장은 위험방지의 책임은 중앙의 국가기관(경찰청장)이 모든 중요한 경찰상의 문제를 구속적으로 결정할 수 있고, 또한 그 결정이 최하위의 경찰기관에까지 사실상 집행 가능할 때에만 단일하게 수행될 수 있다. 이와 관련하여 감독이 문제된다. 감독은 상·하 경찰기관 사이의 관계에서 가장 기본적인 문제 중의 하나이다.

2) 종류

하급경찰기관에 대한 상급경찰기관의 감독에는 전문성의 감독과 근무감독이 있다.[71] 전문감독(Fachaufsicht)이란 개별 경찰상의 임무수행의 적법성과 합목적성에 대한 심사를 의미하며, 근무감독(Deinstaufsicht)이란 일반업무수행이나 인적 문제에 관련하는 내부질서에 관한 감독을 의미한다.

3) 내용

감독청은 피감독청에 대하여 지시권을 가지면, 피감독청은 감독청에 보고의무를 가진다. 피감독청의 보고의무는 감독청의정보권이라고 불리기도 한다(지시권과 보고의무). 감독권이 있다고 하여 감독청이 피감독청을 대심하여 어떠한 처분을 직접 할 수 있는 것은 아니다. 이러한 감독청의 개입권(Selbsteintrittsrecht)은 법률상 명문의 규정이 있는 경우에만 인정될 수 있다고 볼 것이다.[72] 그리고 만약 개입권을 인정한다고 하여도 그것은 감독처의 자유재량에 놓이는 것이 아니라, 피감독청이 감도청의 지시를 준수하지 않거나 또는 감독청의 의무에 합당한 재량에 따라 허용하게 될 것이다.

---

71) E. Mussmann, Allgemeines Polizeirecht in Baden-Wurttemberger, 1984, S.87; Schenke, Polizei-und Ordnungsrecht, in: Steiner(Hg.), Besonders Verwaltungsrecht, RN.262.
72) E. Mussmann, Allgemeines Polizeirecht in Baden-Wurttemberger, 1984, S.88.

제3절 경찰기관 권한의 한계

경찰관청은 그의 권한, 즉 직무의 범위가 정해져 있으므로 그 직무의 범위 내에서 권한을 행사하지 않으면 안 된다. 이것은 권한의 한계라고 하며, 구체적으로는 다음과 같이 정해진다.

Ⅰ. 사항적 한계

경찰관청의 권한의 사항적 한계란 권한사항 면에서 한정된 행정관청의 권한범위를 의미한다.[73] 모든 행정기관은 법령에 의하여 처리할 수 있는 일정한 행정사무를 갖고 있는데 이러한 행정기관의 직무범위에 속하는 사무를 처리할 수 있는 권한을 사물권한이라고 한다.[74] 한편 경찰기관의 권한의 사항적 한계에 관하여 경찰법 제3조에서 경찰의 임무에 관하여 "경찰은 국민의 생명·신체 및 범죄의 예방·진압 및 수사, 치안정보의 수집, 교통의 단속 기타 공공의 안녕과 질서유지를 그 임무로 한다."고 규정하고 있다. 그리고 해양경찰기관의 경우 그 사항적 권한은 해양경찰청과 그 소속기관직제 제3조는 "해양경찰청은 해양에서의 경찰 및 오염방제에 관한 사무를 관장한다."고 규정하고 있어 해양에서의 치안과 오염방지에 국한됨이 원칙이다.

Ⅱ. 지역적 한계

경찰기관의 지역적 한계란 지역적으로 한정되어 있는 행정기관의 권한범위를 의미한다. 중앙경찰관청(경찰청장·해양경찰청장)의 권한은 전국에 미치나, 지방경찰관청(지방경찰청장·경찰서장·해양경찰서장 등)의 권한은 원칙적으로 그의 관할구역 내에서만 행사되어야 하는 것이다.

---

73) 김남진, 「경찰행정법」, 경세원, 2004, 32면.
74) 윤양수 「행정법 개론」, 온누리, 2011, 684면.

Ⅲ. 대인적 한계

경찰기관의 권한이 미칠 수 있는 인적 범위를 대인적 한계 또는 인적 관할이라고 한다. 예를 들면, 경찰대학장의 권한이 동 대학의 학생 및 직원에 대해서만 미치는 것과 같다.

Ⅳ. 형식적 한계

경찰기관의 형식적 한계는 경찰기관의 권한 행사에 있어서 법령에 일정한 행위형식이 규정되어 있는 경우에 그 형식을 갖추지 않고서는 권한행사를 하지 못함을 의미하는 것이다. 예를 들면, 치안에 관한 부령제정권은 원칙적으로 행정안전부장관만이 가지는 것과 같다.

제4절 경찰기관의 권한 행사

Ⅰ. 권한행사의 방식

경찰기관은 자기에게 주어진 권한을 자기 스스로 법이 정한 바에 따라 행사하는 것이 원칙이다. 그러나 예외적으로 업무처리의 효율성이나 기관구성자의 사고 등을 이유로 다른 기관으로 하여금 권한을 행사하게 하는 경우도 있다. 이를 권한의 대행이라 한다. 이에는 권한의 대리와 권한의 위임이 있다.

1. 권한의 대리

1) 대리의 개념

경찰관청의 권한의 대리(행정청의 대리)라고 함은 경찰관청 권한의 전부 또는 일부를 타 기관(보조기관이나 타 경찰관청)이 피대리관청을 위한 것임을 표시하고 대리경찰관청

자신의 이름으로 행하고, 그 행위효과는 직접 피대리관청의 행위로서 법률상 효과가 발생하는 것을 말한다. 이를 정부조직법에서는 권한의 대리, 직무대행(정부조직법 제7조 제2항, 제12조 제2항)이라고 표현하고 있다. 경찰관청의 권한은 스스로 행함이 원칙이나 사고(여행·질병 등)가 있을 경우 또는 필요에 의하여(임의대리의 경우) 타 행정기관이 대행하는 경우가 있다. 그리고 권한의 대리관계는 경찰관청과 그의 보조기관 사이에 행해짐이 보통이다. 따라서 경찰관청이 아닌 행정기관 사이의 직무대리에 대해서도 넓게 인정하고 있는 직무대리규정상의 대리(법정대리·지정대리)는 여기에서 말하는 "경찰관청의 대리"와는 일치하지 않는 점에 유의할 필요가 있다.[75]

2) 유사개념과 구별

(1) 대표

대표는 대리와 같이 대리·피대리와 같은 대립관계에 있는 것이 아니라, 대표자인 경찰관청의 행위가 직접 국가 또는 지방자치단체의 행위가 되는 점에서 대리와 구별된다. 국가를 당사자 또는 참가인으로 하는 소송에 있어서 법무부장관이 국가를 대표한다(국가를당사자로하는소송에관한법률 제2조)는 경우의 대표가 이에 해당한다.

(2) 권한의 위임·이양

권한의 위임은 행정기관이 그의 권한 일부를 다른 행정기관에 이전하여 수임기관의 권한으로 행사하게 하는 것을 말하며, 권한의 이양이란 법률의 제정이나 개정을 통해 특정 행정기관의 권한을 다른 행정기관의 권한으로 변경하는 것을 말한다.

대리는 권한 자체의 이전을 가져오지 않는 반면에 권한의 위임은 권한자체가 실질적으로 수임청에게 이전되는 것이며, 권한의 이양은 권한이 법상으로 이전되는 점에서 구별된다. 권한의 위임·이양은 법적 근거를 요하나, 권한의 대리 중 수권대리는 반드시 법적 근거를 요하는 것이 아니다.[76]

---

75) 김남진, 『경찰행정법』, 경세원, 2004, 35~35면.
76) 홍정선, 『행정법원론(하)』, 박영사, 2008, 20~21면.

(3) 서리

행정관청의 구성자가 사망·해임 등의 사유로 궐위된 경우에 새로운 관청구성자가 정식으로 임명되기 전에 일시 대리관청을 두어 그로 하여금 당해관청의 권한을 행사하게 하는 경우를 서리라 한다.

행정청의 지위에 있는 자에게 사고가 있는 경우의 대리와는 달리 대리되는 자가 없다는 점에서 대리와 구별된다.

(4) 전결·내부위임

행정의 실제에 있어서는 행정청인 보조기관 또는 하급기관에 대해 소관사무의 처리를 위임하면서 그 업무에 관한 대외적인 권한행사는 경찰관청 자신의 이름으로 하는 경우가 있는데, 이러한 경우를 전결·내부위임 또는 위임전결이라고 한다(사무관리규정 제16조 제2항).

(5) 대결

대결은 경찰관청 기타 결재권자의 부재 시 및 사고가 있는 때에 그 직무를 대리하는 자가 대신 결제한 다음 중요한 사항에 관하여는 사후에 결재권자에게 보고하게 하는 것을 말한다(사무관리규정 제16조 제3항). 대외적인 권한행사는 여전히 원경찰관청의 이름으로 행하는 점에서 대리와 구별되며, 일시적인 것이라는 점에서 전결 및 내부위임과 구별된다.

(6) 보조

경찰관청의 보조기관은 경찰관청을 보조하는 것을 임무로 하는데, 보조에서 경찰관청을 대리하는 권한이 당연히 포함되지 않는다. 다만 보조의 일환으로서 차관·국장이 장관의 식사를 대독하는 경우와 같이 경찰관청의 비법률적인 사실행위를 대행하는 경우는 있다. 또한 보조기관이 경찰관청의 결정에 의해 성립한 행위를 명에 의해 상대방에게 전달하는 것도 가능한 일이다.[77]

---

77) 김남진, 「경찰행정법」, 경세원, 2004, 36면.

3) 대리의 종류

경찰관청의 권한의 대리는 발생 원인을 표준으로 하여 임의대리와 법정대리로 구분할
수 있다.

(1) 임의대리

피대리관청의 수권에 의해 성립되는 대리로서 수권대리 또는 위임대리라고도 한다. 이
때의 수권은 개별적 법령의 근거 없이도 행해질 수 있다.[78] 실제상 임의대리가 활용하는
경우는 많지 않은 것으로 보인다. 수권행위는 상대방의 동의를 요하지 않는 일방적 행위
이다.[79]

임의대리가 법령에 그것을 인정하는 명문의 규정이 없는 경우에 허용되는지의 여부에
관하여 적극설과 소극설로 나누어져 있으나, 행정청의 능률적 수행과 상호 간의 협력을
유지하기 위하여 특히 대리를 금지하는 규정이 있거나 사무의 성질상 대리를 인정할 수
없는 것을 제외하고는 허용된다고 보는 적극설이 타당하다.[80]

(2) 법정대리

법정대리라 함은, 법령의 규정에 의하여 법정된 사실의 발생과 더불어 당연히 또는 일
정한 자의 지정에 의하여 대리관계가 발생하는 것을 의미한다. 법정대리의 종류에는 대
리자의 결정방법에 따라 협의의 법정대리와 지정대리가 있다.

가. 협의의 법정대리

법정사실이 발생하였을 때에 법률상 당연히 대리관계가 발생하는 경우를 말한다(헌법
제71조, 정부조직법 제6조 제2항, 제12조 제2항, 제22조, 직무대리규정 제3조). 다시 말
해서 법령에 대리자가 명시되어 있기 때문에 법정 사실이 발생한 경우 다른 보조적 행위
를 기다릴 것도 없이 법률상 당연히 대리권이 발생하는 경우이다.

---

78) 임의대리의 법적 근거에 대하여 임의대리라 하여도 법률에 의한 행정의 원리와 관련하여 임의대리라 하
여도 내부적으로는 관계행정기관 상호 간의 권한배분의 변동을 가져오는 것이므로 행정조직의 민주적
통제의 견지에서 법령의 명시적 근거와 공시를 요한다는 견해도 있다(박윤흔, 『최신행정법강의(하)』,
1998, 38면).
79) 홍정선, 『행정법원론(상)』, 박영사, 2009, 582면.
80) 석종현, 『일반행정법(하)』, 삼영사, 2005, 28면.

나. 지정대리

법정사실이 발생하였을 때에 일정한 자가 대리자를 지정함으로써 비로소 대리관계가 발생하는 경우이다. 국무총리 및 부총리 모두의 유고시에 대통령이 지정하는 국무위원이 국무총리를 대리하는 것이 그 예이다(정부조직법 제22조). 이 경우 대리 지정은 대리명령서에 의한다(직무대리규정 제6조 제2항).

4) 대리자의 표시방식과 대리권의 범위

(1) 대리자의 표시방식

행정청의 대리에 있어서는 행정청을 구성하지 않는 자가 그 행정청의 권한을 행사하는 것이므로 대리자가 권한을 행사하는 경우 당연히 그 뜻을 명시할 것이 필요하다. 대리의 표시방법은 일정치 않으며, 피대리청의 직무대리·사무대리 등의 직함을 붙여서 표시하는 것이 관례이다.

(2) 대리권의 범위

임의대리의 경우 대리권의 범위는 수권행위에 의해서 정해진다. 임의대리의 경우 피대리관청의 권한의 일부에 대해서만 가능하다. 권한의 전부에 대하여 대리권을 부여하는 것은 법령에 정해진 권한의 사실상의 포기를 의미하는 것이 되기 때문이다. 따라서 권한의 포괄적인 대리는 금지된다. 그리고 성질상 또는 법령이 반드시 특정의 기관만이 수행하도록 규정한 행위는 수권의 대상이 될 수 없다.[81]

법정대리의 경우 대리권의 범위는 피대리관청이 궐위되어 있거나 사고가 있어서 그 권한을 행사할 수 없을 때 성립하는 것이므로 대리권은 협의의 법정대리인가 지정대리인가를 묻지 않고 피대리관청의 권한의 전부에 미친다. 다만 지정대리의 경우 지정자가 대리자를 지정함에 있어 대리사항을 한정할 수 있는가 하는 점이 논의의 대상이 되고 있으며, 또한 성질상 대리가 부적합한 것이 있지 않겠는가 하는 점이 검토의 대상이 되고 있다.[82]

---

81) 류지태·박종수,『행정법신론』, 박영사, 2010, 736면.
82) 김남진,『경찰행정법』, 경세원, 2004, 39면.

(3) 대리행위에 대한 책임

대리자가 행한 대리행위에 관해서는 대리자 자신이 공무원법상, 사법상, 형사법상의 모든 책임을 진다. 피대리관청을 차지하는 자는 대리자의 대리행위에 관해서는 직접 책임을 지지 않으나, 대리자의 선임 및 지정 또는 지휘·감독상의 책임을 면할 수는 없을 것이다.[83]

5) 대리행위의 효과

대리자가 대리권에 속한 사항에 관하여 행한 행위는 피대리관청의 행위로서의 효과를 발생한다. 행정쟁송법상으로도 동일하다. 따라서 대리기관의 대리행위는 피대리관청의 행위로 보아야 하므로 이에 대한 항고쟁송은 피대리관청을 피고로 제기하여야 한다.[84] 대리자가 대리권의 범위를 넘어서 행한 행위의 효력에 관해서는 민법상의 표현대리의 규정이 유추·적용될 수 있을 것이다(민법 제126조).

6) 복대리의 문제

복대리란 행정기관의 권한의 대리에 있어서 대리자가 스스로 대리권을 직접 행사하지 않고 다시 다른 사람에게 그 대리권을 주어서 그 다른 사람이 대리하는 것을 말한다. 대리자가 그 대리권의 행사를 다시 타인으로 하여금 대리케 하는 것으로서 법령에 규정이 있는 경우에는 문제가 없으나 법령에 특별한 규정이 없는 경우에 문제가 된다.

임의대리의 경우 수권행위를 통한 신뢰관계가 기초가 되므로 원칙적으로 복대리가 허용되지 않는다고 보아야 한다. 법정대리의 경우에는 신뢰관계와는 관계없이 일정한 법정사실의 발생에 따라 대리관계가 성립하고 대리권의 범위가 피대리관청의 권한의 전부에 미치므로 그 대리권의 일부에 대하여 복대리가 가능하다 할 것이다. 이 경우의 복대리는 임의대리이다.[85]

---

83) 김남진, 『경찰행정법』, 경세원, 2004, 32면.
84) 김철용, 『행정법 Ⅱ』, 박영사, 2005, 35면.
85) 석종현, 『일반행정법(하)』, 삼영사, 2005, 30면.

7) 대리권의 소멸

경찰관청의 권한의 대리는 법률원인이 소멸함으로서 당연히 종료하게 된다. 임의대리는 피대리관청에 의한 수권행위의 철회·수권행위에서 정한 기한의 경과·신분의 상실 등에 의하여 대리관계가 종료한다. 법정대리는 피대리관청을 차지하는 자의 사고의 해소에 의하여 서리의 경우에는 그 피대리관청을 구성하는 자의 선임 등 대리권을 발생케 한 법정사실의 소멸에 의하여 대리관계는 당연히 종료한다.

2. 권한의 위임

1) 권한위임의 의의

경찰관청이 자기에게 주어진 권한을 스스로 행사하지 않고 법령에 근거하여 타자에게 사무처리권한의 일부를 하급관청 또는 보조기관에게 실질적으로 이전하여 수임기관이 위임받은 권한 내지 특정사무를 수임기관 자신의 이름과 책임으로 처리·행사하도록 하는 것을 넓은 의미에서 권한의 위임이라고 한다.[86] 여기서 "실질적으로"란 모법상으로는 위임행정청의 권한이지만 위임의 법리에 따른 위임입법에 의해 그 권한이 이전됨을 의미한다.[87] 경우에 따라서는 지휘·감독관계에 있는 관청 간에는 협의의 위임이라 부르며, 대등관계에 있는 관청 간에는 위탁이라고 부르는 수도 있으나, 양자 간에는 성질상의 차이가 없으므로 합하여 그냥 위임이라고 한다.[88]

형행법상으로는 위임관청의 직접적인 지휘·감독 하에 있지 아니하는 행정청이나 사인에 대해서도 권한의 위임이 행해지고 있으며(이 경우를 보통 권한의 위탁이라고 한다),[89] '행정청의 의사'에 의해서가 아니라, 직접 법령(명령·조례 등 포함)에 의거하여 권한의 위임이 행해지는 경우도 있다(정부조직법 제6조, 지방자치법 제95조 등).

---

86) 홍정선, 『경찰행정법』, 박영사, 2010, 144면.
87) 홍정선, 『행정법원론(상)』, 박영사, 2009, 24면.
88) 류지태·박종수, 『행정법신론』, 박영사, 2010, 736면; 홍정선, 『행정법원론(상)』, 박영사, 2009, 24면.
89) 석종현, 『일반행정법(하)』, 삼영사, 2005, 31면.

2) 구별개념

(1) 권한의 대리

권한의 대리는 권한의 이전이 아니고 제3자가 행정청의 권한을 대리행사일 뿐이나, 권한의 위임은 권한의 이전의 문제이다. 행정청의 권한에 변동을 가져오지 않는 점에서 양자는 구별된다. 따라서 권한의 위임의 경우에는 법적 근거가 중요한 문제이다.

(2) 내부위임

내부위임은 행정청이 그의 특정사항에 관한 권한(허가·허가취소 등)을 실질적으로 하급행정청 또는 보조기관에게 위임하면서, 대외적으로는 위임자의 명의로 권한을 행사하게 하는 것을 의미한다. 대법원은 위임과 내부위임을 구별하면서 내부위임의 경우는 그 권한의 행사는 위임자의 명의로 하지 않으면 안 되며, 수임자의 명의로 권한을 행사하게 되면 위법하게 된다.[90]

대판 1998. 2. 27, 선고 97누1105판결

행정권한의 위임은 행정관청이 법률에 따라 특정한 권한을 다른 행정관청에 이전하여 수임관청의 권한으로 행사하도록 하는 것이어서 권한의 법적인 귀속을 변경하는 것임에 대하여, 행정권한의 내부위임은 행정관청의 내부적인 사무처리의 편의를 도모하기 위하여 그의 보조기관 또는 하급행정관청으로 하여금 그의 권한을 사실상 행하도록 하는 데 그치는 것이므로, 권한위임의 경우에는 수임관청으로 하여금 그의 권한을 행사할 수 있지만, 내부위임의 경우에는 위임관청은 위임관청의 이름으로만 그 권한을 행사할 수 있을 뿐 자기의 이름으로 그 권한을 행사할 수 없다.

가. 위임전결

위임전결 또는 전결이란, 행정 내부적으로 의사결정권능을 보좌기관에 실질적으로 위임하되, 대외적인 권한의 행사는 행정청의 명의로 하는 것을 말한다. 예컨대, 시장의 권한으로 되어 있는 건축허가 여부를 건축과장의 수준에서 결정하되 허가 자체는 시장명의로 한다든가, 예산의 지출을 액수에 따라 과장·국장 등이 전결할 수 있도록 하는 것을

---

90) 김남진, 「경찰행정법」, 경세원, 2004, 43면.

말한다. 결국 실질에 있어 상술한 '내부위임'과 별 차이가 없다. 내부위임은 상하행정청 간에 행해짐이 보통인 데 대하여, 전결은 행정청과 보조기관 간에 행해지는 점이 차이점 이라고 할 수 있다.[91)

이러한 위임전결제도는 우리나라가 행정(관)청제, 즉 행정에 관한 대외적인 권한 행사 를 행정관청 또는 행정청(행정기관의 장)의 이름으로 행하도록 하고 있는 제도를 택함으 로 인하여 파생된 것으로 보인다. 행정사무의 신속·간편한 처리도 그 전결제도의 하나 의 목적으로 볼 수 있다.

나. 대결

사무의 대결이란 행정관청구성자의 일시 부재 시에 행정조직 내부적으로 사실상 이루 어지는 권한의 대리행사이다. 이때 중요한 문서에 대하여는 결재권자에게 사후에 보고하 여야 한다.

다. 민사상 위임

민사상의 위임(민법 제680조 이하)은 수임자가 위임받은 것을 자기의 명의와 책임으로 처리하고, 그의 법률적 효과도 일단은 수임자에게 귀속하는 점에서 행정법상의 위임과 유사하다. 그러나 행정법상의 위임은 인격주체 간의 관계가 아니며, 위임관계가 계약에 의해서가 아니라 법규 또는 위임청의 일방적 행위에 의해 발생하는 점에서 구별된다.

3) 위임의 법적 근거

권한의 위임은 법령으로 정하여진 경찰관청의 권한을 다른 경찰관청에 이전하여 권한 의 법적 귀속을 변경하는 효과를 가져오므로 반드시 법적 근거를 요한다. 따라서 법령의 근거가 없는 권한의 위임은 무효이다. 권한의 위임에 관한 일반적 근거법으로는 정부조 직법 제6조와 그에 기하여 제정된 행정권한의 위임 및 위탁에 관한 규정(대통령령), 지방 자치법 제93조 등이다. 또한 식품위생법 제72조와 같이 개별 법률들도 권한위임의 근거 조항을 두고 있다.

개별법상 권한의 위임에 관한 명시적 규정이 없는 경우에 정부조직법 제5조에 근거하 여 권한을 위임할 수 있는지 여부가 문제된다. 이 문제에 대하여 정부조직법 제5조는 행

---

91) 홍정선, 『경찰행정법』, 박영사, 2010, 43면.

정관청 권한의 위임 가능성에 대한 일반원칙을 선언한 것에 불과하다는 견해와 정부조직법 제5조는 권한 위임과 재위임의 근거(일반적 근거규정)가 된다고 보는 견해가 대립하고 있다. 판례는 정부조직법 제6조를 권한의 위임과 재위임에 관한 일반적 근거규정으로 보고 있다.[92] 정부조직법 제6조가 권한의 위임의 일반적인 근거가 된다고 하면, 그것은 권한을 법령으로 명확히 정하라는 행정조직법정주의에 상치되는 결과를 가져오고, 아울러 시민의 입장에서는 권한의 소재를 판단하는 데 많은 어려움을 갖게 될 것이다.[93]

4) 위임의 방식과 형태

(1) 위임의 방식

위임을 위하여 상대방(수임기관)에게의 통지뿐만 아니라, 경우에 따라서는 관보를 통한 일반에게 공시가 필요하게 된다. 공지사항으로는 위임청, 상대방, 위임기간 등인데 관보·공보를 공시하는 경우가 많다.[94]

(2) 위임의 형태

권한의 위임은 통상적으로 상하행정기관 사이에서만 행하여지고 있었다. 그러나 행정기능의 질적·양적 발달에 따라 권한의 위임은 대등관청 또는 지휘감독계통을 달리하는 하급행정관청과 지방자치단체 또는 그 기관 또는 사인에 대하여도 행해지고 있다.[95]

권한의 위임 형태는 ① 하급관청에 대한 위임, ② 보조기관에 대한 위임, ③ 대등관청 또는 타 경찰기관에 대한 위임(위탁), ④ 지방자치단체 또는 그의 기관에 대한 위임(단체위임, 기관위임), ⑤ 지방자치단체 이외의 법인이나 자연인에 대한 위임(민간위탁)으로 구분할 수 있다. 그러나 위임은 하급행정청에 대해 행해지는 것이 통례이다. 하급행정청의 소관 사무는 원칙적으로 사급행정청의 소관 사무를 사항적 또는 지역적으로 한정하여 맡고 있는 것이므로 행정의 실제에 있어서 그 기관의 소관사무에 대응한 사무에 관해 권한이 위임되는 것이 통례이다.

위임청의 지휘·감독 하에 있지 않은 기관 등에 대해 위임하는 경우도 가능함은 앞에

---

92) 대판 1990. 2. 27, 선고 89누5287 판결.
93) 홍정선, 『행정법원론(상)』, 박영사, 2009, 25~26면.
94) 홍정선, 『경찰행정법』, 박영사, 2010, 45면.
95) 김동희, 『행정법요론』, 박영사, 2010, 617면.

서 보았거니와 이것은 행정상의 감독조직의 체제를 문란케 할 우려가 있으므로 수임청과 협의를 거치는 것이 바람직하다.[96]

5) 위임의 한계

행정관청의 권한의 위임은 행정관청의 권한의 일부에 대해서만 가능하며, 권한의 전부 또는 대부분에 대한 위임은 행정관청에 대한 권한의 확정을 무의미하게 하는 점에서 허용되지 않는다.

(1) 일부위임

권한의 위임은 권한 일부의 위임을 의미하는 것이지 권한 전부의 위임을 의미하는 것은 아니다. 왜냐하면 권한 전부의 위임은 사실상 위임행정청의 권한 자체의 폐지를 뜻하는 것이 되기 때문이다.[97] 따라서 규정의 유무를 불문하고 권한의 위임은 권한의 일부위임으로 새겨야 한다.

(2) 재위임

권한의 위임을 받은 수임청은 법령이 정하는 바에 의하여 위임받은 권한이나 사무의 일부를 보조기관이나 하급행정청에 재위임할 수 있다(정부조직법 제5조 제1항 후단). 판례의 입장도 마찬가지다.[98]

6) 위임의 효과와 비용부담

(1) 위임의 효과

권한의 위임에 의해 위임청은 당해 위임사무(사항)를 처리할 수 있는 권한을 상실하며, 그 권한은 수임청의 권한이 된다. 권한을 위임받은 기관은 자기의 명의와 책임 하에서 권한을 행사하고, 위임된 사항에 관한 쟁송 시 수임청 자신이 피청구인 또는 피고가 된

---

96) 김남진, 『경찰행정법』, 경세원, 2004, 45면.
97) 홍정선, 『행정법원론(상)』, 박영사, 2009, 27면.
98) 대판 1995. 7. 11, 94누4615.

다. 이점에서 대리 · 전결 · 대결 등과의 현저한 차이가 있다. 위임사항에 관해 수임행정기관은 자기의 권한으로서 이것을 행사하는 것이므로 수임기관의 이름으로 이를 처리하지 않으면 안 된다. 수임기관의 권한행사의 효과는 수임기관 자체에 귀속한다.

위임기관은 본래의 수임기관의 사무 처리에 대하여 지휘 · 감독할 수 있는 지위에 있으므로, 수임기관의 사무처리가 위법하거나 부당하다고 인정할 때에는 이를 취소하거나 중지시킬 수 있다(행정권한의위임및위탁에관한규정 제6조). 그러나 이에 대하여 수임기관의 위임청의 보조기관이나 그 지휘 · 감독 하에 있는 하급기관인 때에는 위임청은 상급행정청의 본래의 권한에 기하여 이를 지휘 · 감독할 수 있으나, 그 지휘 · 감독 하에 있지 않은 기관인 경우에는 그러한 권한이 없다고 보는 견해도 있다.[99]

(2) 비용부담

권한의 위임이 있으면 그에 따르는 사무의 증가로 비용도 이네 따라 증가한다. 행정권한의 위임 및 위탁에 관한 규정은 위임 · 위탁을 하는 경우 위임기관은 수임기관에 수임능력이 있는지를 점검하고 필요한 인력과 예산을 이관 하여야 한다고 규정하고 있다(위임 및 위탁에 관한 규정 제3조 제2항).

그러나 법인격을 달리하는 국가와 지방자치단체 간에는 지방재정법은 제21조 제2항에서 "국가가 스스로 행하여야할 사무를 지방자치단체 또는 그 기관에 위임하여 수행하게 한 경우에는 그 소용되는 경비의 전부를 국가가 당해 지방자치 단체에 교부하여야 한다고 규정하고 있다".

7) 위임의 종료

위임기간은 법령상 한정되어 있지 않은 것이 통례이다. 권한의 위임은 위임의 해제, 근거법령의 소멸, 조건의 성취, 기한의 경과에 의해 종료된다.

위임의 해제는 위임이 직접 법령에 의하여 이루어진 경우에는 법령의 형식으로 위임이 법령에 의거한 위임청의 의사에 의하여 이루어진 때에는 그 의사로써 행하여야 하는데 후자의 경우에는 공시를 요한다.[100] 권한위임이 종료되면 위임된 권한은 다시 위임청의 권한에 귀속하게 된다.

---

99) 김동희, 『행정법요론』, 박영사, 2010, 619면.
100) 김동희, 『행정법요론』, 박영사, 2010, 620면.

Ⅱ. 권한행사의 효과

1. 일반적 효과

경찰관청이 자기에게 주어진 권한의 범위 내에서 권한을 행사한 경우에는 그 행위는 국가 등 행정주체의 행위로서의 효과를 발생한다.[101] 따라서 일단 국가적 행위로서 효과를 발생한 경우에는 그 후에 있어서 경찰관청의 행위는 반드시 의사표시를 요소로 하는 법적 행위만이 국가적 행위로서의 효과를 발생하는 것이 아니고 사실행위도 국가적 행위로서의 효과를 발생하는 것이 아니고, 사실행위도 국가적 행위로서의 효과를 발생한다. 행정상의 강제집행과 같은 집행행위 및 심지어 공무원의 직무상 불법행위까지 이견은 있지만 국가적 행위로서의 효과를 발생한다고 할 수 있다.

2. 위법한 권한행사의 효과

경찰관청이 자기에게 주어지지 않은 권한을 행사하면 무권한의 행사로서 그 권한행사는 위법이 된다. 다만 위법한 권한행사의 효과는 권한행사의 형식에 따라 차이가 생긴다. 즉 행정행위(처분)의 경우는 그 위법성 또는 흠(하자)의 정도에 따라 취소할 수 있는 행위 또는 무효인 행위로 구분되지만, 명령(경찰상의 법규명령 등)이 위법한 경우는 그것은 무효가 될 뿐, '취소할 수 있는 명령'이란 존재하지 않는다. 행정행위와 명령 간에 그와 같은 차이가 생기는 이유는 명령에는 이른바 공정력이 없기 때문이다.[102] 무권한의 행위로 권익을 침해당한 자는 국가를 상대로 행정쟁송을 제기하거나 손해배상을 청구할 수 있다.

---

101) 홍정선, 『경찰행정법』, 박영사, 2010, 149면.
102) 김남진, 『경찰행정법』, 경세원, 2005, 34면.

제4장 경찰기관 상호 간의 관계

제1절 개설

　행정청은 행정부의 수반인 대통령을 정점으로 하는 피라미드 구조의 국가적 행정계층제는 국가의 사무를 담당하는 수많은 행정관청들로 구성되어 있는데, 경찰청장을 정점으로 하는 경찰조직에 있어서도 마찬가지이다. 경찰법 제11조 제3항의 "경찰청장은……소속공무원 및 각급경찰기관의 장을 지휘·감독한다."라는 규정이 그것을 말하고 있다. 행정과제의 통일적인 수행을 위해서는 이들 행정관청 상호 간 상하 또는 대등관계에 있어서 합리적·합목적적인 관계정립이 요청된다.[103]

　경찰조직은 경찰목적을 수행하기 위해 분업과 계층제에 의해 수평 및 수직으로 분화되어 있으며 여러 가지 원리에 의해 편성되어 있다.[104] 따라서 각급 경찰관청은 경찰목적을 통일적이고 효율적으로 수행하기 위해 상하 또는 대등의 위치에서 각종의 법률관계를 맺으면서 상호 밀접한 관계를 갖고 활동한다. 특히 행정청은 행정의 원활한 수행을 위하여 서로 협조하여야 한다(행정절차법 제7조). 경찰관청의 상호 간의 관계에는 상하경찰관청 사이의 관계와 대등경찰관청 사이의 관계로 파악할 수 있다.

제2절 상하 경찰기관 간의 관계

　상하행정관청 간의 관계는 권한대리관계, 권한위임관계 및 권한감독관계로 나누어진다. 권한대리관계, 권한위임관계는 앞에서 살펴보았으므로, 여기서는 권한감독관계만 기술하기로 한다.

---

103) 류지태·박종수, 『행정법신론』, 박영사, 2010, 741면.
104) 경찰대학 교재편찬위원회, 『경찰경무론』, 경찰대학 1998, 116면.

Ⅰ. 권한의 감독관계

경찰행정조직은 행정의 통일적인 수행을 위해 상명하복을 주된 특징으로 하는 여러 상하기관의 계층적 통일체이다. 하급경찰관청의 권한행사가 합법성·합목적성을 확보할 수 있도록 하기 위해 상급관청이 하급관청에 대하여 행하는 여러 종류의 지도적 내지 통제적 작용을 권한의 감독이라고 한다.[105]

일반적으로 하급관청의 행정작용마다 법적 근거가 있어야만 상급관청이 감독권을 갖는 것은 아니다. 그러한 것은 실제상 곤란할 뿐만 아니라 계층적 조직체로서의 행정조직의 원리에도 합당하지 않기 때문이다. 그러나 상급관청이 하급관청에 대하여 일반적으로 가지는 권한이므로 그에 관한 개별적인 법령의 근거는 필요하지 않지만 감독권 자체에 대한 일반적인 법적 근거는 필요하다.[106] 행정관청은 권한행사의 감독을 통하여 상명하복의 기관계층제를 구성하는 점에서 입법조직이나 사법조직과 구별된다. 감독권의 범위는 행정관청의 종류와 사무의 성질에 따라 다르나, 상급관청의 감독수단으로 통상적으로 인정되고 있는 것으로는 감시·인가·훈령·취소 또는 정지와 권한쟁의의 결정이 있다.[107]

1. 감시권

감시권은 상급경찰기관이 하급경찰기관을 감독하기 위하여, 보고를 받거나 사무감독 등을 행하는 권한을 말한다. 감시권은 하급기관의 위법하고 부당한 권한행사를 방지하기 위한 예방적 감독수단이 원칙이지만, 교정적 감독수단일 때도 있다. 또한, 감시권은 특별한 법적 근거를 요하지 않는다.[108]

2. 인가권

하급경찰관청이 특정한 권한을 행사함에 있어서 미리 상급경찰관청의 동의를 받아야 하는 경우가 있다. 이 때 상급관청이 갖는 권한이 인가권이다. 하급행정청이 그 권한을 행사함에 있어 미리 상급행정청의 인가(승인)을 받는 것을 명문으로 법에 규정하는 경우

105) 홍정선, 「행정법 특강」, 박영사, 2009, 852면.
106) 석종현, 『일반행정법(하)』, 삼영사, 2005, 35면.
107) 김동희, 「행정법요론」, 박영사, 2010, 621면.
108) 류지태·박종수, 『행정법신론』, 박영사, 2010, 741면; 홍정선, 『행정법원론(상)』, 2009, 32면.

(경찰공무원임용령 제35조 제3항 등)도 있지만, 법령에 근거 없는 경우에도 상급행정청은 감독권의 내용으로써 하급행정청의 일정한 권한행사에 미리 인가를 받게 할 수 있다는 것이 통설적 견해이다.109) 여기서 말하는 인가는 조직법상의 행위로서 행정행위인 개인에 대한 인가와는 다르다. 따라서 그것이 거부되었다 하더라도 하급경찰관청은 쟁송절차로 그것을 다툴 수는 없다.110) 법률에 근거가 있는 경우 기관소송을 제기할 수 있다고 봄이 타당하다고 본다(행정소송법 제45조). 다만, 법령이 정한 상급행정청의 인가를 받지 않고 행한 하급행정청의 행정처분은 흠이 있는 행위가 되므로, 그에 의하여 법률상 이익을 침해받은 자는 행정쟁송을 통해 그의 효력을 다툴 수 있을 것이다.111) 인가권은 법령에 명시적으로 규정될 때도 있고, 법령에 근거가 없는 경우에도 상급경찰관청이 필요하다고 판단할 때 하급경찰관청에 인가받을 것을 지시하는 경우도 있다. 인가가 법령에 명문의 근거가 있을 때에는 하급경찰관청의 권한행사의 유효요건이다. 따라서 하급경찰관청의 행위는 위법·무효가 된다.

3. 훈령권

1) 의의

훈령권이란, 상급경찰관청이 하급경찰관청 권한행사를 지휘하기 위하여 발하는 명령을 말한다. 훈령권은 지휘권이라고도 한다.112) 훈령권은 하급관청의 권한행사를 지휘·감독할 수 있음에 그치며, 법령에 특별한 규정이 없는 한 하급관청이 훈령에 위반하더라도 상급관청이 권한을 대행할 수 없다.113)

훈령은 상급관청의 하급관청에 대한 명령이라는 점에서, 상관의 부하직원에 대한 직무상의 명령인 직무명령과 구별된다. 훈령은 기관의사를 구속, 즉 기관구성원이 교체·변경되더라도 효력이 유효하여 훈령의 효력에 영향이 없다. 그러나 직무명령은 공무원 개인을 구속, 즉 기관 구성자가 교체·변경되면 효력을 상실하게 된다. 훈령은 하급행정기관의 권한행사에 대한 명령이지만, 직무명령은 본래의 직무사항뿐만 아니라 직무수행에 필요하다고 인정되는 공무원의 생활 활동까지도 구속할 수 있다. 훈령은 동시에 직무명

---

109) 김남진, 『경찰행정법』, 2002, 50면.
110) 박윤흔, 『최신행정법강의(하)』, 1998, 53면.
111) 김남진, 『경찰행정법』, 2002, 51면.
112) 홍정선, 『경찰행정법』, 박영사, 2010, 151면.
113) 류지태·박종수, 『행정법신론』, 박영사, 2010, 743면.

령으로서의 성질을 갖지만, 직무명령은 훈련으로서의 성질을 갖지 못한다.

2) 훈령의 근거와 성질

훈령권이 법령상 명문으로 규정되는 경우도 있으나(정부조직법 제11조 제1항, 제19조 제1항, 제26조 제3항, 지방자치법 제96조) 그렇다고 반드시 명문의 근거가 있어야만 훈령권이 인정되는 것이 아니다. 말하자면 훈령권은 감독권의 당연한 작용의 하나가 된다. 훈령은 경찰조직내부에서의 작용으로 하급경찰관청을 구속할 뿐 일반국민을 구속할 수 없다는 것이 통설이다.114) 판례 또한 통설의 입장과 동일하다.115) 통설에 따르면 훈령위반은 위법이 아니므로 훈령위반행위의 효력은 적법하고, 다만 훈령위반행위자에게는 징계책임이 부과될 수 있을 뿐이다.116)

3) 훈령의 종류

사무관리규정 및 동시행규칙(사무관리규정 제7조 제2호 및 동규정 시행규칙 제3조)에 의한 훈령의 종류에는 협의의 훈령, 지시, 예규, 일일명령 등이 있다. 법적 성질에 있어서 이들 간에 차이가 없고 효력상 우열도 없다.

협의의 훈령이란, 상급관청이 장기간에 걸쳐 권한의 행사를 일반적으로 지휘하기 위하여 발하는 명령이다. 지시는 상급관청이 직권 또는 하급기관의 신청·문의에 의하여 개별적·구체적으로 발하는 명령을 말한다. 예규는 반복적으로 행하여지는 경찰행정사무의 기준을 제시하기 위하여 발하여지는 명령을 말한다. 이는 행정사무의 통일을 하여 발하여진다. 일일명령은 출장·당직·휴가 등 일일사무에 관하여 발하는 명령이다.117)

4) 훈령의 요건과 훈령에 대한 하급관청의 심사권

훈령이 유효한 행위로서 하급관청을 구속하기 위해서는 다음의 요건을 갖추어야 한다.

---

114) 석종현, 「일반행정법(하)」, 삼영사, 2005, 36면; 홍정선, 「행정법원론(하)」, 박영사, 2009, 32면.
115) "행정정보공개운영지침(국무총리훈령 제288호)은 공개대상에서 제외되는 범위를 규정하고 있으나, 국민의 자유와 권리는 법률로써만 제한할 수 있으므로, 이는 법률에 의하지 아니하고 국민의 기본권을 제한한 것이 되어 대외적으로 구속력이 없다(대판 1999. 9. 21, 선고 97누5114 판결)."
116) 홍정선, 「경찰행정법」, 박영사, 2010, 152면.
117) 김동복, 「경찰행정법」, 문두사, 2005, 80면.

다만 훈령의 절차는 중요한 요건이 아니다. 훈령의 요건에는 형식적 요건과 실질적 요건으로 나누어지는데, ① 형식적 요건으로는 첫째, 훈령권을 발할 수 있는 권한이 있는 상급관청에 의해서 발한 것일 것, 둘째 하급관청의 권한 내의 사항에 관한 것일 것 셋째, 하급관청의 직무상 독립의 범위에 속하는 사항에 관한 것이 아닐 것이다 ② 실질적 요건으로는 첫째, 훈령이 적법하고 타당해야 하며 둘째, 실현가능하고 명백한 것이어야 한다.

하급관청이 훈령의 요건충족 여부를 심사할 권한이 있는지 아니면 무조건 복종하여야 하는지가 문제된다. 통설의 입장은 형식적 요건에 대해서는 하급관청이 심사할 수 있으나, 실질적 요건에 대한 심사권에 대해서는 견해가 나누어져 있다.

실질적 요건에 대하여는 하급행정기관은 심사권이 없고 그것이 위법하여도 복종하여야 한다는 설과 하자가 중대하고 명백한 것인 때에는 무효로서 복종의무가 없다고 하는 설, 명백한 하자가 중대하고 명백한 것인 때에는 무효로서 복종의무가 없다고 하는 설, 명백한 하자가 있는 훈령은 무효로서 그에 대한 복종의무가 없다는 설, 객관적으로 위법한 것이면 무효로서 그에 대한 복종의무가 없다고 하는 설 등이 제시되고 있다.[118] 실질적 요건에 대해서도 하급관청이 심사권을 가지고 검토할 수 있으며, 이에 따라서 훈령에 객관적으로 명백한 위법사유가 있거나 범죄행위를 구성하는 훈령인 때에는 그에 대한 복종을 거부할 수 있다고 보는 것이 통설적 견해이다.[119] 생각건대 통설이 타당하다.

5) 훈령의 경합

서로 모순되는 둘 이상의 상급관청의 훈령이 경합할 때에는 훈령행정청이 모두 주관상급청이 아니라면 주관쟁의의 방법에 따라야 하고, 하급관청은 주관상급관청의 훈령에 따라야 하며, 상급관청이 상하관계의 경우일 경우에는 행정조직의 계층적 질서의 존중이라는 측면에서 직근 상급관청의 훈령에 따라야 한다.

6) 훈령의 형식과 절차

훈령은 특별한 형식을 요하지 않기 때문에 구두나 문서 등 어느 형식으로도 가능하다. 그러나 사무관리규정은 훈령의 형식을 정하여, 좁은 의미의 훈령 및 예규는 법령과 같은

118) 김동희, 『행정법 II』, 박영사, 2002, 27~28면.
119) 김남진, 『행정법 II』, 법문사, 2002, 33면; 박윤흔, 『최신행정법강의(하)』, 박영사, 1998, 36면.

조문형식 또는 일정한 서식에 의하여, 누년일련번호를 붙이도록 하였다. 그러나 이런 형식에 관한 규정은 훈시적 규정에 불과하고, 따라서 그러한 형식에 의하지 않고 훈령을 발한 경우에도 그 효력에는 영향이 없다고 할 것이다.[120]

훈령은 상대방에게 통지함으로써 효력을 발생하는데, 관보로 공고하는 경우에는 법령에 특별한 규정이 없는 한 그 공고가 있는 후 5일이 지난 후부터 효력을 발생한다. 훈령의 발동에 대한 절차에는 특별히 정하고 있지 않다. 그러나 대통령이나 국무총리가 발하는 훈령은 관례적으로 법제처의 심사를 거치고 있다. 또한, 대통령의 지시에 의하여 모든 중앙행정기관의 훈령 중 민원사항과 관련이 있는 것 등은 법제처의 사전평가제를 실시하고 있으며, 국무총리 훈령에 의하여 모든 중앙행정기관의 훈령에 대하여 법제처의 사후평가제를 실시하고 있다.[121]

4. 취소 · 정지권

하급경찰기관의 위법 · 부당한 행위를 취소하거나 정지하는 상급경찰기관의 권한을 취소권 · 정지권 이라한다. 훈령이 원칙적으로 사전적 · 예방적 감독수단인데 대하여 취소 · 정지는 사후적 감독 수단이다. 여기서 취소란, 그 행위의 효과를 행위 시에 소급하여 또는 단순히 장래에 향하여 영구적으로 소멸시키는 것을 말하며, 정지란 그 행위의 효과를 일시적으로 소멸시키는 것을 뜻한다.[122]

> **대판 1997. 1. 21, 선고 96누3401 판결**
>
> 행정처분이 취소되면 그 소급효에 의하여 처음부터 그 처분이 없었던 것과 같은 효과를 발생하게 되는바, 행정청이 의료법인의 이사에 대한 이사취임승인취소처분(제1처분)을 직권으로 취소(제2처분)한 경우에는 그로 인하여 이사가 소급하여 이사로서의 지위를 회복하게 되고, 그 결과 제1처분과 제2처분 사이에 법원에 의하여 선임 결정된 임시이사들의 지위는 법원의 해임결정이 없더라도 당연히 소멸한다.

취소 · 정지권은 법령에 규정이 있는 경우에는 당연히 행사할 수 있지만(정부조직법 제

---

120) 박윤흔, 『최신행정법강의(하)』, 박영사, 1998, 51면.
121) 박윤흔, 『최신행정법강의(하)』, 박영사, 1998, 52면; 한견우, 『현대행정법강의』, 홍문사, 2008, 658면.
122) 류지태 · 박종수, 『행정법신론』, 박영사, 2010, 742면.

11조 제2항) 법령에 명문의 근거규정이 없는 경우에도 상급경찰관청이 감독권의 일종으로서 취소·정지권을 행사할 수 있는지에 대하여 견해가 대립하고 있다. 긍정설은 상급관청의 감독권의 목적달성을 위한 불가결의 수단으로서 또는 하급관청의 행정처분이 위법·부당한 것이 명백한 경우에만 인정한다면 비례의 원칙상 문제되지 않는다는 점을 들어 취소·정지권을 행사할 수 있다는 견해이다.[123] 반면에 부정설은 취소·정지는 그 효과가 직접적으로 행정객체에 미치며, 하급관청의 권한의 대행을 의미하므로 법령에 특별한 규정이 없는 한 하급관청의 행위를 취소·정지할 수 없고, 오직 하급관청에 대해 취소 또는 정지를 명할 수 있다고 보는 견해이다.[124] 감독청은 법령에 명문의 규정이 있는 경우를 제외하고는 피감독청에 대한 취소·정지의 명령권만을 가진다고 봄이 타당하다. 왜냐하면 취소·정지의 효과는 행정조직의 내부에 그치지 않고 당연히 국민에게 미치게 되며, 또한, 하급관청이 행한 행위를 감독청이 취소·정지한다는 것은 하급관청의 권한을 감독청이 대행한다는 대집행적 성질을 가진다고 보기 때문이다.[125] 또한, 현대행정의 전문성을 고려하면 원칙적으로 감독청에게는 취소·정지권을 인정하지 않는 것이 타당하다.[126]

5. 주관쟁의결정권

그 소속 행정청간에 소관에 관하여 분쟁이 있는 경우에 상급경찰관청이 그 분쟁에 관해 결정하는 권한을 말한다. 권한쟁의는 원칙적으로 쌍방의 하급관청의 공통 상급관청이 결정하고, 그러한 기관이 없는 때에는 쌍방의 하급관청의 공통 상급관청이 결정하고, 그러한 기관이 없는 때에는 쌍방의 상급관청이 협의하여 결정하며, 협의가 이루어지지 않을 때에는 최종적으로 행정 각 부문 간의 주관쟁의로 되어 국무회의의 심의를 거쳐 대통령이 결정한다(헌법 제89조 제10호).

행정관청 간의 권항쟁의는 행정조직 내부의 문제이지 권리에 관한 다툼이 아니므로 법률상 쟁송이 아니며, 행정권에 의하여 해결되어야 하며, 법원에 제소할 수 있는 것은 아니다.[127]

---

123) 이병철, 『행정법강의』, 유스티니아누스, 2008, 1045면.
124) 박윤흔, 『최신행정법강의(하)』, 박영사, 1999, 53~54면.
125) 류지태·박종수, 『행정법신론』, 박영사, 2010, 743면.
126) 한견우, 『현대행정법 강의』, 홍문사, 2008, 659면.
127) 김동희, 『행정법Ⅱ』, 박영사, 2010, 30면; 박윤흔, 『최신행정법강의(하)』, 박영사, 1998, 53면.

Ⅱ. 권한의 대행관계

권한의 대행관계란 하급경찰기관이 상급경찰기관의 권한을 대신 행사하는 관계를 말한다. 대행관계에는 권한의 위임관계와 권한의 대리관계가 있다.

제3절 대등 경찰기관 간의 관계

Ⅰ. 권한의 존중관계

대등관청 사이에는 서로 다른 관청의 권한을 존중할 것이 요구된다. 이는 각 경찰관청은 법규의 규정에 따라 주어진 사무를 처리하기 때문이다. 이를 달리 표현하면, 권한불가침의 구속이라고도 한다.

행정관청이 그 권한 안에서 행한 행위는 비록 흠이 있더라도 그것이 중대하고 명백한 흠을 이유로 한 당연 무효가 아닌 한 국가행위로서 공정력을 가지므로 다른 행정관청도 이를 존중하여 그 내용에 구속된다.128)

Ⅱ. 권한의 상호 협력관계

1. 협의

하나의 사항이 둘 이상의 경찰관청의 권한에 관련되면, 그 사항은 관련 있는 관청간의 협의에 따라 경찰관청 상호 간의 협의에 의해 결정되고 처리한다.129) 행정관청 서로 간

---

128) 박윤흔,『최신행정법강의(하)』,박영사, 1998, 54면; 류지태·박종수,『행정법신론』, 박영사, 2010, 745면; 한견우,『현대행정법강의』,홍문사, 2008, 659면.

129) 국가경찰기관과 제주특별자치도 경찰기관 사이에도 권한의 상호 존중관계와 권한의 상호 협력관계는 그대로 적용된다. 이에 대한 내용으로 제주특별자치도설치및국제자유도시조성을위한특별법 제108조의 규정에 불구하고 동항 제1호 내지 제3호의 사무를 처리함에 있어서 국가경찰과 자치경찰 간의 사무분담 및 사무수행방법은 도지사와 제주특별자치도 지방경찰청장이 협약으로 정하고 이를 공표하여야 한

에 이루어지는 협의에는 공통 경찰관청 상호 간의 협의, 주관경찰관청과 관계경찰관청과의 협의, 주관경찰관청의 승인을 얻기 위한 협의 등의 유형이 있다.[130]

2. 사무위탁

사무의 위탁이란 대등관청 상호 간 또는 지휘계통을 달리하는 하급 경찰관청에 사무처리를 위탁하여 처리시키는 것을 말한다. 사무의 위탁 중 등기·소송에 관한 사무의 위탁을 특히 촉탁이라고도 하며 사무의 위탁은 법령의 근거를 요하고 위탁을 받은 경찰관청은 위탁을 거부할 수 없다.

3. 행정응원

1) 의의 및 종류

행정응원이란 현행법상 경찰응원(경찰직무응원법 제1조)·소방응원(소방법 제76조)·군사응원(위수령 제7조, 제8조, 제12조, 제18조) 등 규정에 의한 재해·사변 기타 비상시에 처하여 어떤 행정청의 단일의 기능만으로는 행정목적을 달성할 수 없는 때에, 다른 행정청의 청부에 의해 또는 자발적으로 그 기능의 전부 또는 일부로서 타 행정청을 원조하는 법제도를 말한다.[131] 이를 협의의 행정응원이라고 한다. 일반적인 행정응원을 말할 때에는 이 협의의 행정응원을 의미한다.

넓은 의미의 행정응원은 대등관청의 일방이 직무수행상 필요한 특정행위나 필요한 공무원 파견근무 기타 일반적 협력을 다른 관청에 요구하는 것을 말한다. 여기에는 장부·서류의 제출, 의견의 제출, 보고, 파견근무 등을 들 수 있다. 넓은 의미의 행정응원은 법령에 특별한 규정이 없어도 할 수 있으나, 법령에 특별한 규정이 있는 경우에만 피요구관청은 이를 거부하지 못한다(풍수해대책법 제34조, 행정절차법 제8조 제5항, 공무원임용령 제8조 제2항).

다, 이 경우 도지사는 미리 제113조의 규정에 의한 치안 행정위원회의 의견을 들어야 한다. 도지사와 제주특별자치도 지방경찰청장은 제1항의 규정에 의한 협약체결에 관한 권한을 각각 행정시장과 자치경찰 간의 사무분담 및 사무수행의 방법에 관한 기준 및 협약의 공표에 관하여 필요한 사항은 도조례로 정한다. 이 경우 제주특별자치도 지방경찰청장의 의견을 들어야 한다.
130) 윤양수, 『행정법 개론』, 제주대학교 출판부, 2011, 696면.
131) 류지태·박종수, 『행정법신론』, 박영사, 2010, 746면.

2) 경찰응원

지방경찰청장 또는 지방해양경찰관서의 장은 돌변사태의 진압 또는 공공질서가 교란되었거나 교란될 우려가 현저한 지역(이하 '특수지구'라 한다)의 경비에 있어서 그 소관경찰력으로써 이를 감당하기 곤란하다고 인정할 때에는 응원을 받기 위하여 다른 지방경찰청장 또는 지방해양경찰관서의 장 또는 자치경찰단을 설치한 제주특별자치도지사에게 경찰관의 파견을 요구할 수 있다(경찰직무응원법 제1조 제1항).[132]

경찰청장 또는 해양경찰청장은 돌발사태의 지압이나 특수직의 경비에 있어서 진급한 경우에는 지방경찰청장, 소속 경찰기관의 장 또는 지방해양경찰관서의 장에 대하여 다른 지방경찰청 또는 지방해양경찰관서의 경찰관을 응원시키기 위하여 소속경찰관의 파견을 명할 수 있다(경찰직무응원법 제1조).

파견된 경찰관은 파견받은 지방경찰청 또는 지방해양경찰관서의 경찰관으로서 직무를 행한다(경찰직무응원법 제2조).

지방경찰청장 또는 지방해양경찰관서의 장은 경호, 이동승무, 물품호송 등에 있어서 특히 필요한 경우에는 그 소속경찰관으로 하여금 다른 지방경찰청 또는 지방해양경찰관서의 구역 내에서 직무를 행하게 할 수 있다(경찰직무응원법 제3조).

경찰청장 또는 해양경찰청장은 돌발사태의 진압이나 특수지구의 경비에 당하기 위하여 특히 필요한 때에는 경찰관으로써 경찰기동대(이하 '기동대'라고 한다)를 편성하여 필요한 지구에 파견할 수 있다(경찰직무응원법 제4조).

기동대의 대장을 두되 대장은 경무관 또는 총경 중에서 경찰청장 또는 해양 경찰청장이 임명한다. 단, 필요에 의하여 경찰청 또는 해양경찰청 과장인 총경으로 하여금 대장을 겸하게 할 수 있다(경찰직무응원법 제6조). 대장은 경찰청장 또는 해양경찰청장의 명을 받아 대무를 장리하며 소속 경찰관을 지휘·감독한다. 파견된 경찰관 및 기동대는 파견 목적 이외의 직무를 행할 수 있다(경찰직무응원법 제9조).

3) 지휘·감독

행정응원을 위하여 파견된 직원을 응원을 요청한 경찰관청의 지휘·감독을 받는다. 다만, 당해 직원의 복무에 관하여 다른 법령 등에 특별한 규정이 있는 경우에는 그에 의한

---

132) 김남진, 『경찰행정법』, 경세원, 2005, 57면.

다(경찰직무응원법 제8조 제5항).

4) 비용

행정응원에 소요되는 비용은 응원을 요청한 행정청이 부담하며, 그 부담금액 및 부담방법은 요청한 행정청과 응원을 행하는 행정청이 협의하여 결정한다(경찰직무응원법 제8조 제6항).

제4절 국가경찰기관과 자치경찰기관 간의 관계

Ⅰ. 감독관계

국가경찰기관과 자치경찰기관은 상호 대등한 관계이다. 그러나 경찰작용의 통일성과 효율성을 위해 필요한 경우에는 국가경찰이 자치경찰에 대하여 지휘·명령을 행사할 수 있다. 즉 경찰청장은 전시, 사변, 천재·지변 그 밖에 이에 준하는 국가비상사태가 발생하였거나 발생할 우려가 있어 전국적인 치안유지를 위하여 긴급한 조치가 필요하다고 인정할 만한 충분한 사유가 있는 경우에는 제2항의 규정에 따라 제주특별자치도의 자치경찰공무원을 직접 지휘·명령할 수 있다. 다만 제주특별자치도 지역에 한정하는 경우에는 제주특별자치도지방경찰청장이 지휘·명령할 수 있다(경찰법 제25조 제1항). 경찰청장 또는 제주특별자치도지방경찰청장은 경찰법 제25조 제1항의 조치가 필요한 경우에는 사전에 제주특별자치도지사에게 사유 및 내용을 적시하여 통보하여야 하며, 제주특별자치도지사는 정당한 사유가 없는 한 소속 자치경찰공무원에 대하여 지휘·명령을 받을 것을 명하여야 한다(경찰법 제25조 제2항).

경찰청장 또는 제주특별자치도지방경찰청장이 제1항의 규정에 따라 지휘·명령권을 인수한 경우에는 경찰청장은 경찰위원회에 즉시 보고하여야 하고, 제주특별자치도지방경찰청장은 제주특별자치도설치및국제자유도시조성을위한특별법 제113조의 규정에 따라 관할 치안행정위원회에 즉시 통보하여야 한다. 자치경찰공무원에 대한 지휘·명령권자의 변동사실을 보고 받은 경찰위원회는 제1항에 규정된 사유에 해당되지 아니한다고 인정하는 때에는 경찰청장 또는 제주특별자치도지방경찰청장에게 그 지휘·명령권의 반환을 건의할 수 있다(경찰법 제25조 제4항). 경찰청장 또는 제주특별자치도지방경찰청장이 자치경찰공무원을 지휘·명령할 수 있는 사유가 해소된 때에는 제주특별자치도지사에게 반환하여야 한다(경찰법 제25조 제5항). 제주특별자치도의 자치경찰공무원이 경찰청장 또는 제주특별자치도지방경찰청장의 지휘·명령을 받는 경우 그 지휘·명령의 범위에서는 국가경찰공무원으로 본다(경찰법 제25조 제6항).[133]

Ⅱ. 협력관계

1. 국가경찰과의 협약 체결

제주특별자치도설치및국제자유도시조성을위한특별법 제108조의 규정에도 불구하고 동항 제1호 내지 제3호의 사무를 처리함에 있어서 국가경찰과 자치경찰의 사무분담 및 사무수행방법은 도지사와 제주특별자치도지방경찰청장이 협약으로 정하고 이를 공표하여야 한다. 이 경우 도지사는 미리 치안행정위원의 의견을 들어야 한다(제주특별자치도법 제110조 제1항). 도지사와 제주특별자치도지방경찰청장은 제1항의 규정에 의한 협약체결에 관한 권한을 각각 행정시장과 자치경찰간의 사무분담 및 사무수행의 방법에 관한 기준 및 협약의 공표에 관하여 필요한 사항은 도조례로 정한다. 이 경우 제주특별자치도지방경찰청장의 의견을 들어야 한다(제주특별자치도법 제110조 제5항).[134]

2. 국가경찰과 자치경찰의 상호 협조

국가경찰과 자치경찰은 치안행정의 연계성을 확보하고 지역특성에 맞는 치안서비스를 제공하기 위하여 자치경찰사무의 범위에서 필요한 정보와 기술을 제공하는 등 상호 협조하여야 한다(제주특별자치도법 제119조 제1항). 국가경찰과 자치경찰은 직무수행을 위하여 필요한 범위에서 유·무선의 통신망과 시설물을 상호 이용할 수 있다(제주특별자치도법 제119조 제2항). 도지사와 제주특별자치도지방경찰청장은 경찰인력 및 장비 등의 운

---

133) 박균성·김재광, 『경찰행정법』, 박영사, 2010, 124면 참조.
134) 홍정선, 『경찰행정법』, 박영사, 2010, 157면 참조.

영상황 및 계획을 상호 통보하여야 한다. 이 경우 통보절차 및 방법 등에 대한 사항은 도조례로 정하되 제주특별자치도지방경찰청장의 의견을 들어야 한다(제주특별자치도법 제119조 제3항).

3. 국가경찰과 자치경찰 공무원 간의 인사교류

경찰청과 도지사는 자치경찰공무원의 능력을 향상시키고 국가 경찰사무와 자치경찰사무의 연계성을 높이기 위하여 국가경찰과 자치경찰 간 또는 다른 지방자치단체의 자치경찰 상호 간에 긴밀한 인사교류가 될 수 있도록 노력하여야 한다(제주특별자치도법 제130조 제1항). 도지사는 제1항의 규정에 의한 인사교류를 함에 있어서 매년 자치경찰공무원의 100분의 5 범위에서 국가경찰 또는 소속을 달리하는 자치경찰조직에 근무할 수 있도록 해당 임용권자의 협의를 거쳐 인사교류를 하여야 한다(제주특별자치도법 제130조 제1항). 인사교류의 기준·방법 및 절차 등에 관하여 필요한 사항은 도조례로 정한다. 이 경우 제주특별자치도지방경찰청장의 의견을 들어야 한다(제주특별자치도법 제130조 제3항).[135]

---

135) 박균성·김재광,『경찰행정법』, 박영사, 2010, 125면 참조.

제5장 경찰공무원법

제1절 경찰공무원제도

I. 개설

현대사회가 고도의 기술·산업사회임을 고려할 때, 오늘날의 관료제는 전문적이고도 직업적인 지식경험기술로 무장되고, 고도로 훈련된 관료집단을 필요로 한다. 말하자면, 관료의 인사와 관련하여 직업공무원제도, 성적제도 등이 요구되는 현대적 공무원제를 의미한다.[136] 여기서 경찰공무원이란 제도적 의미의 경찰에 소속하는 공무원을 말한다.

경찰공무원의 책임 및 직무의 주요성과 신분 및 근로조건의 특수성을 고려하여 경찰공무원의 임용교육훈련복무신분보장 등에 관하여 국가공무원법의 특례를 규정하기 위하여 경찰공무원법이 제정되어 있고(경찰법 제23조 제2항, 경찰공무원법 제1조), 경찰공무원의 직무수행에 관해 규정하기 위하여 경찰관직무집행법이 제정되어 있다(경찰법 제24조 제2항, 경찰관직무집행법 제1조).

II. 경찰공무원의 개념

경찰공무원은 국민의 생명·신체 및 재산의 보호와 범죄의 예방·진압 및 수사, 치안정보의 수집, 교통의 단속 기타 공공의 안녕과 질서유지를 임무로 하고 있는 특정직 국가공무원이다(경찰법 제3조, 국가공무원법 제2조 제2항, 경찰공무원법 제30조).

경찰공무원은 공공의 안녕과 질서유지라는 경찰의 소극목적을 주 임무로 하고 있으며, 복리증진과 같은 적극적인 목적은 그 임무에 포함되지 않는다.[137] 경찰공무원은 그 담당업무가 일반공무원과는 달리 특수한 면이 많아서 임용·교육훈련·신분보장 ·복무규율

---

136) 홍정선, 『행정법원론(상)』, 박영사, 2004, 223~224면.
137) 김동복, 『경찰행정법』, 문두사, 2005, 88면.

등에서 특수성을 인정하여 경찰공무원법에 따로 규정하고 있다. 그러나 경찰공무원법이 규정하고 있지 않는 사항은 경찰공무원이 국가공무원의 신분을 가지므로 국가공무원법의 적용을 받는다.

Ⅲ. 경찰공무원의 분류

1. 계급제

경찰공무원은 조직의 통일성 확보와 책임소재의 명확화를 위하여 계급제도를 취하고 있다. 계급제도는 공무원이 가지는 개인의 특성, 즉, 학력·경력·자격을 기준으로 하여 유사한 개인적 특성을 가진 공무원을 여러 범주와 집단으로 구분하여 계층을 구분하는 것이다. 경찰공무원의 신분상의 지위나 자격에 중점을 두고 개인의 특성을 고려하여 계급체계를 만들고 있으며, 임용의 중요한 기준이 된다. 즉 계급이 높을수록 직무수행의 곤란도, 책임도가 높은 직책에 배치되는 것이다. 또한 계급의 상승에 따라 경찰공무원의 보수가 증가하는 체계에 있으며, 보수의 차이는 기본급에서 획일적인 차이를 두는 것이 특징이다.138)

경찰공무원의 계급은 치안총감·치안정감·치안감·경무관·총경·경정·경감·경위·경사·경장·순경 등 11단계로 이루어져 있다(경찰공무원법 제2조). 이 점에서 1급에서 9급으로 구분되고 있는 국가공무원법상의 경력직과 차이가 있다. 한편 제주특별자치도 자치경찰공무원의 계급은 자치총경, 자치경정, 자치경감, 자치경위, 자치경사, 자치경장, 자치순경으로 구분한다(제주특별자치도특별법 제125조).

2. 경찰공무원의 경과 및 특기

경찰공무원은 직무의 종류에 따라 경과에 의하여 구분할 수 있다(경찰공무원법 제3조). 경과의 구분에 관하여 필요한 사항은 대통령령으로 정한다 (경찰공무원법 제3조 제2항). 경과를 두고 있는 이유는 복잡하게 이루어지고 있는 경찰업무를 구분하여 그 전문화를

---

138) 박평준·박창석, 『경찰행정법』, 시연구사, 2004, 89면.

이루기 위해서이다.

경과는 경무 · 방범 · 교통 · 경비 · 작전 · 형사 · 수사 · 정보 · 보안 · 외사 및 해양 · 운전 · 항공 · 통신 등으로 이루어지고 있으며 총경 이하에만 적용된다. 다만, 보안경과는 경정 이하 경찰공무원으로 하고, 운전경과는 경사 이하 경찰공무원으로 한다(경찰공무원 임용령 제3조 제1항). 임용권자 또는 임용제청권자는 경찰공무원을 신규채용할 때에 경과를 부여하여야 하고(경찰공무원임용령 제3조 제2항), 임용권자 또는 임용제청권자는 일정한 요건을 갖춘 경위 이상 경정 이하의 경찰공무원에 대하여 그 경과별 직무분야에 따라 일반특기 또는 전문특기139)를 부여할 수 있다(경찰공무원이용령 제3조 제3항).

경과에는 일반경과 · 특수경과 등으로 구분할 수 있고, 경과별 직무 내용에 따라 특기 분류를 한다. 일반경과에는 경무 · 방범 · 기획 · 교통 · 경비 · 작전 · 감사 · 수사 · 형사 · 정보 · 보안 · 외사 등 12가지의 직무와 보안 · 특수경과에 속하지 않는 직무를 담당한다. 보안경과는 보안경찰에 관한 직무이다. 특수경과에는 해양 · 운전 · 항공 · 통신 등이 있다. 경찰청장은 전시 · 사변 또는 이에 준하는 비상사태에 있어서 필요하다고 인정될 때에는 경과 및 특기의 일부를 폐지 또는 병합하거나 신설할 수 있다.140)

Ⅳ. 경찰공무원제도의 기본원리

공무원제도의 변천사를 간단히 살펴보면 공무원제도는 전근대적 공무원제도로부터 근대적 공무원제도로, 군주의 사복으로부터 국민전체에 대한 봉사자로, 엽관제로부터 성적제로, 독보적인 관료집단으로부터 보편적 근무 집단으로 변천해 왔다.141)

우리나라의 경찰공무원제도는 민주적 경찰공무원제도와 직업적 경찰공무원제도를 기본원리로 하고 있다. 한편, 1999. 5. 24. 국가공무원법개정법률(법률 제5983호)에 의거하여 개방형 직위제가 도입되고 이와 같은 개방형 직위제에 대해서는 계약직공무원으로 보할 수 있게 되었다(정부조직법 제2조 제8항).

---

139) 전문특기에는 형사, 조사, 감식, 정보관리, 정보 분석, 보안수사공작, 보안수사실무, 외사 및 기술(정보통신, 항공, 운전) 등으로 나누어져 있다.
140) 김동복, 「경찰행정법」, 문두사, , 2005, 88면.
141) 이에 대한 자세한 내용은 김남진, 「경찰행정법」, 경세원 2005, 63면 이하 참조

1. 민주적 경찰공무원제도

1) 국민 전체에 대한 봉사

우리 헌법은 "공무원은 국민전체에 대한 봉사자이다."라고 규정하여(헌법 제7조 제1항), 국민 전체의 봉사자라는 것은 경찰공무원의 근무관계가 공평무사한 직무수행의무의 원칙에 따라 정해져야 한다는 것을 의미한다.[142]

민주적 경찰공무원제도의 구체적 내용으로는 국민에 대한 봉사자, 국민에 대한 책임, 공무담임의 기회균등과 임용의 민주성, 인사행정의 민주적 통제를 들 수 있다.

2) 국민에 대한 책임

공무원은 주권자인 국민의 수임자로서 국민에 대하여 책임을 진다(헌법 제7조 제1항 후단). 국민의 수임자로서, 국민 전체의 봉사자로서 경찰공무원이 직무를 수행함에 있어서 충실히 수행하지 못한 경우, 법을 위반한 경우 등에는 그에 대한 책임을 추궁하게 된다. 책임추궁의 방식으로는 징계, 변상, 형사책임 등이 있다.

3) 공무담임의 기회균등

헌법 제25조에서 국민의 공무담임권을 국민의 기본권으로서 보장하고 있다. 또한 "누구든지 성별·종교 또는 사회적 신분에 의하여 모든 영역에 있어서 차별을 받지 아니한다(헌법 제11조 제1항, 국가공무원법 제35조, 지방공무원법 제33조)."라고 하여 공무담임의 기회균등을 규정하고 있다. 이러한 국민의 기본권 역시 우리 공무원제도의 민주성을 뒷받침하는 법원칙의 하나이다.

---

142) 홍정선, 『경찰행정법』, 박영사, 2010, 170면.

2. 직업경찰공무원제도

헌법 제7조 제2항은 직업공무원제도를 채택하고 있다. 직업공무원제도(Career civil service system)란, 정권교체와 상관없이 행정의 일관성과 독립성을 유지하기 위해 헌법과 법률에 의해 공무원의 신분을 보장하는 제도를 말한다. 다시 말하자면 공무원의 임용이 공무원 개인의 능력이나 업적에 따라 보장되는 제도를 말한다. 이는 공직의 영속성과 전문성의 확보에 기여한다. 경찰공무원도 당연히 직업공무원제도의 적용을 받는다.[143]

직업적 경찰공무원제도(경찰직업공무원제도)의 확립을 위한 내용으로는 신분보장, 정치적 중립성, 성적주의(Merit system), 능률성 등의 요소가 있다.

1) 신분보장

직업공무원제도의 기본요소가 되는 공무원의 신분보장을 위하여 헌법은 제7조 제2항에서 "공무원의 신분은 법률이 정하는 바에 의하여 보장된다."라고 규정하고 있으며, 이에 따라 국가공무원법 제68조에서는 "공무원은 형의 선고·징계처분 또는 이 법에 정하는 사유에 의하지 아니하고는 그 의사에 반하여 휴직·강임 또는 면직을 당하지 아니한다."고 하여 경찰공무원의 신분보장을 구체화하고 있다. 다만 경찰공무원 중 치안총감과 치안정감에 대하여는 국가공무원법 제68조를 적용하지 아니한다(경찰공무원법 제30조 제1항).

---

143) 홍정선, 『경찰행정법』, 박영사, 2010, 171면.

2) 정치적 중립성

국가공무원법 제65조, 제66조와 지방공무원법 제57조, 제58조는 공무원의 정치적 중립성을 확보하기 위하여 공무원의 일정한 정치운동과 공무외의 일을 위한 집단적 행위를 금지하고 있다.[144]

3) 성적주의

성적주의란 정치세력에 의한 간섭 없이 개인의 성적을 기초로 하여 인사행정이 이루어지는 원칙을 말한다. 국가공무원법 제26조는 "공무원의 임용은 시험성적 · 근무성적 기타 능력의 실증에 의하여 행한다."라고 규정함으로써 공무원임용에서의 성적주의를 명시하고 있다.

전문성 · 기술성을 지닌 현대 행정사무의 적정한 처리가 가능하도록 전문적 지식과 능력을 갖춘 공무원을 확보하기 위하여 우리나라의 각종 공무원법은 임용시험제를 채택하고 있고, 직위분류제도 채택하고 있다. 여기서 직위분류제란 공무원의 직위를 직무의 종류와 곤란성 및 책임도에 따라 계급 및 직급별로 분류하고 나서, 동일 직급에 속하는 직위에 대하여는 동일한 자격요건을 필요함과 동시에 동일한 보수를 지급하는 인사제도를 의미한다(국가공무원법 제22조, 지방공무원법 제22조 제2항). 이러한 직위분류제는 사회적 출신성분이나 학력과의 관련성이 적고, 특정 직무수행 능력을 중요시하는 제도인 점에서 상술한 성적주의와 관련이 많다고 볼 수 있다.

제2절 경찰공무원관계의 변동

Ⅰ. 개설

경찰공무원의 관계란 기본적으로 자연인인 경찰공무원과 임용주체 사이에 존재하는 공법상 근무관계를 말한다. 경찰공무원의 영속적인 근무태세 완전한 임무수행을 특정적인

---

144) 헌재 2004. 3. 25, 2001헌마710.

내용으로 한다. 경찰공무원은 성실하고 도덕적이고 국가적 이념에 충실한 근무를 하여야한다. 한편 경찰사무를 수행하는 지위에서의 경찰공무원은 기본권의 주체가 아니라 기본권의 수범자일 뿐이다.145)

헌재 2009. 3. 24, 2009헌마118

경찰공무원은 기본권의 주체가 아니라 국민 모두에 대한 봉사자로서 공공의 안전 및 질서유지라는 공익을 실현할 의무가 인정되는 기본권의 수범자라 할 것이다. 그런데 벌금 미납자에 대하여 검사가 발부한 형집행장은 구속영장과 동일한 효력이 있고, 경찰서 유치장은 구속된 자 또는 신체의 자유를 제한하는 판결 또는 처분을 받은 자를 수용하는 시설이므로 위와 같이 검사가 발부한 형집행장에 의하여 검거된 벌금미납자의 신병에 관한 업무는 구가조직 영역 내에서 수행되는 공적과제 내지 직무영역에 대한 것이다. 따라서 이러한 직무를 수행하는 경찰공무원은 국가기관의 일부 또는 그 구성원으로서 공법상의 권한을 행사하는 공권력의 행사의 주체일 뿐 기본권의 주체라고 할 수 없으므로 이 사건에서 경찰공무원인 청구인에게 헌법소원을 제기할 청구인 적격을 인정할 수 없다 할 것이다.

경찰공무원의 관계의 변동이란 자연인인 경찰공무원과 임용주체의 지위를 갖는 공법상 법인사이에 존재하는 공법상관계로 경찰공무원의 발생·변경·소멸을 말한다.146) 경찰공무원관계의 발생·변경·소멸이라 함은 경찰공무원신분의 획득에서부터 경찰공무원신분이 소멸하는 것을 말한다. 다시 말해서, 임명행위(채용)를 통하여 경찰공무원 신분을 설정하며, 승진·전보와 같이 경찰공무원 신분을 유지하면서 경찰공무원관계의 내용이 바뀌며, 면직·해임 또는 파면 등을 통하여 경찰공무원 신분을 상실하게 되는 일련의 근무관계를 의미한다. 넓은 의미의 임용은 공무원관계를 발생·변경·소멸시키는 모든 행위를 총괄하는 의미이고, 좁은 의미의 임용은 공무원 관계를 발생·변경시키는 행위를 말하며, 가장 좁은 의미의 임용은 공무원관계를 새로이 발생시키는 원인행위인 임용행위만을 의미한다.147)

경찰공무원의 신분을 보장하기 위하여 현대국가에서는 경찰공무원의 임명에서부터 공무원 신분의 종료에 이르기까지를 법으로 엄격히 규정하고 있다. 이러한 공무원의 신분보장은 공무원으로 하여금 공무에 전념하고 행정사무를 능률적으로 처리하게 할 뿐만 아니라, 오랫동안 자신의 행정영역에 종사하게 함으로써 전문적 지식과 기술 및 경험을 축

---

145) 홍정선, 『경찰행정법』, 박영사, 2010, 173면.
146) 홍정선, 『경찰행정법』, 박영사, 2010, 173면.
147) 석종현, 『일반행정법(상)』, 삼영사, 2005, 222면; 김동복, 『경찰행정법』, 문두사, 2005, 94면.

적시켜서 현대행정기능의 질적·양적 증가에 대응할 수 있게 하기 위해서이다.

II. 경찰공무원관계의 발생

공무원관계란 국가 또는 지방자치단체와 공무원 간에 형성되는 권리·의무관계를 말한다. 공무원관계의 발생 원인에는 보통 임명 또는 선거나 법률규정에 의해 강제설정·계약에 의하여 이루어진다. 이 중 임명이 가장 보편적인 형태이다.[148] 경찰공무원은 임명행위에 의해 이루어지는 것만을 인정하고 있다(경찰공무원법 제6조). 임명이란 용어 대신 임용이란 용어를 사용하고 있다. 여기에서는 그 임명에 관하여서만 살펴보기로 한다.

1. 임명의 의의 및 성질

1) 임명의 의의

임명은 특정인에게 공무원으로서의 신분을 부여하며, 공법상의 근무관계를 설정하는 행위이다. 그러한 의미에서 임명은 공무원의 신분을 취득한 자에게 일정한 직위를 부여하는 행위, 즉 보직과 구별된다. 상술한 의미의 임명은 실정법상으로는 '임용'으로 표시되기도 한다(국가공무원법 제26조, 지방공무원법 제25조). 그러나 임용은 보다 넓은 의미, 즉 신규채용의 경우뿐만 아니라 고무원의 승진임용·전직·전보·겸임·파견·강임·휴직·직위해제·정직·복직·면직·해임 및 파면 등과 같은 공무원관계의 변경·소멸 행위까지도 포함하는 의미로 사용되고 있다(공무원임용령 제2조 제1호).

2) 임명의 성질

공무원관계의 가장 대표적인 발생 원인이 되는 임명행위의 법적 성질에 관하여는 쌍방적 행정행위설[149]과 공법상의 계약설[150] 단독행위설이 대립되고 있다. 생각건대 임용

---

148) 김남진, 『경찰행정법』, 경세원 2005, 67면.
149) 석종현, 『일반행정법(하)』, 삼영사, 2005, 223면; 홍정선, 『행정법원론(하)』, 박영사, 2004, 243면.
150) 이상규, 『행정법론(하)』, 법문사, 2000, 213면.

주체의 의사와 공무원이 되고자 하는 자의 의사와 무관하게 일방적으로 행해질 수 없는 것이고 공무원이 되고자 하는 자의 신청이나 동의를 요한다. 쌍방적 행정행위설이 타당하다.151) 따라서 상대방의 동의는 임명행위의 필요적 요건이며, 동의를 결여한 임명행위는 무효이다. 그러나 계약직 공무원의 임용행위는 공법상 계약으로 보는 것이 옳을 것이다.152)

2. 임명의 요건

1) 결격사유

경찰공무원이 되기 위해서는 법정의 결격사유가 없어야 한다. 즉, ① 대한만국 국적이 아닌 자, ② 금치산자 또는 한정치산자, ③ 파산자로서 복권되지 아니한 자, ④ 금고 이상의 형을 받고 그 집행이 종료되거나 집행을 받지 아니하기로 확정된 후 5년이 경과되지 아니한 자, ⑤ 금고 이상의 형의 선고유예를 받고 그 선고유예기간 중에 있는 자 및 ⑥ 징계에 의하여 파면 또는 해임의 처분을 받은 자는 경찰공무원에 임용될 수 없다(경찰공무원법 제7조).

위의 결격사유에 해당하는 자를 공무원으로 임용하는 행위는 무효이고, 재직 중에 위와 같은 결격사유가 발생하는 때에는 당연 퇴직사유가 된다(경찰공무원법 제21조).153)

한편, 대법원은 임용당시 공무원임용결격사유가 있었던 경우에는 비록 국가의 과실에 의하여 임용결격자임을 밝혀내지 못하였더라도 그 임용행위는 당연 무효가 되는 것으로 보고 있으며.154) 결격사유가 있는지의 여부는 공무원 임용 당시에 시행되던 법률을 기준으로 판단하여야 하는 것으로 보고 있다. 이는 당연 무효인 임용행위에 의하여 임용된 공무원은 사실상 근무하여 왔다고 하더라도 퇴직금청구를 할 수 없다는 것이다. 그리고 공무원으로 재직 중인 자에게 위와 같은 결격사유가 발생하면 당해공무원은 원칙적으로

---

151) 이병철, 『행정법 강의』, 유스티니아누스, 2008, 1069면; 박균성, 『행정법론(하)』, 박영사, 2009, 213면; 석종현, 『일반행정법(하)』, 삼영사, 2005, 223면.

152) 윤양수 『행정법 개론』, 온누리, 2011, 806면; 홍정선, 『경찰행정법』, 박영사, 2010, 180면.

153) 정부는 1998년 2월 20일 "임용결격사유가 있는 공무원은 당연히 퇴직해야 한다."며, 경찰청의 신원조회자료를 첨부한 약 2,000명의 명단을 정부 각 부처에 통보하여 많은 공무원을 해직한 바 있다. 이로 인하여 큰 물의가 일어났는데, 임용결격공무원등에대한퇴직보상지급등에관한특별법(1999. 8. 31. 법률 제6008호)을 제정하여 해결한 바 있다.

154) 대판 1998. 1. 28, 선고 97누16985 판결.

당연 퇴직된다(국가공무원법 제69조).[155]

> **대판 2005. 7. 28, 2003두469**
>
> 경찰공무원법에 규정되어 있는 경찰관 결격사유는 경찰관으로 임용되기 위한 절대적인 소극적인 요건
> 으로서, 임용 당시 경찰관 임용 결격사유가 있었다면 비록 임용권자의 과실에 의하여 임용결격자임을
> 밝혀내지 못하였더라도 그 임용행위는 당연 무효로 보아야 한다.

2) 임용시험

경찰공무원이 되기 위해서는 위의 법정 결격사유가 없을 뿐 아니라 일정한 자격을 갖추어야 한다. 별정적인 비서와 같은 예외도 있으나, 공무원의 임명은 공개경쟁시험(신규임명 경우)[156], 특별채용시험(퇴직공무원의 재임용 등의 경우) 등 시험 또는 군무성적, 경력평정 등을 통한 실증을 통하여 하도록 되어 있으며, 공개시험합격자를 우선적으로 임용하도록 되어 있다(국가공무원법 제26조, 제28조, 제31조, 지방공무원법 제25조, 제27조, 제30조). 다만, 경찰공무원의 직무의 특성상 채용시험에 여러 가지 특례가 인정되고 있는데 그중 중요한 것은 다음과 같다.[157]

(1) 시험실시의 원칙

경찰공무원의 채용시험은 계급별로 실시한다. 다만, 결원 보충을 원활히 하기 위하여 필요하다고 인정될 때에는 직무분야별·근무예정지역 또는 근무예정 기관별로 구분하여 실시할 수 있다(경찰공무원임용령 제32조).

(2) 시험의 방법

경찰공무원의 채용시험은 다음 각 호의 방법에 의한 신체검사·체력검사·필기시험·종합적정검사·면접시험 또는 실기시험과 서류전형에 의한다. 다만, 시험실권자는 업무내용의 특수성 기타 사유로 필요하다고 인정하는 경우에는 체력검사를 실시하지 아니할

---

155) 헌재 2002. 8. 29, 2001헌마788.
156) 헌재 2001. 1. 27, 99헌마123.
157) 김동복, 『경찰행정법』, 문두사, 2005, 95~98면.

수 있다.158)

① 신체검사: 직무수행에 필요한 신체조건 및 건강상태를 검정하는 것으로 한다.

② 체력검사: 직무수행에 필요한 민첩성ㆍ지구력 등 체력을 검정하는 것으로 한다.

③ 필기시험: 교양부문과 전문부문으로 구분하되, 교양부문은 일반교양정도를, 전문부분은 직무수행에 필요한 지식과 그 응용능력을 검정하는 것으로 한다.

④ 종합적성검사: 직무수행에 필요한 적성과 자질을 종합 검정하는 것으로 한다.

⑤ 면접시험: 직무수행에 필요한 지식 및 기술을 실습 또는 실기의 방법에 의하여 검정하는 것으로 한다.

⑥ 실기시험: 직무수행에 필요한 지식 및 기술을 실습 또는 실기의 방법에 의하여 검정하는 것으로 한다.

⑦ 서류전형: 직무수행에 관련되는 자격 및 경력 등을 서면에 의하여 심사하는 것으로 한다.

3) 신규채용

(1) 일반채용

가. 국가경찰공무원

㉮ 경정 및 순경
경정 및 순경의 신규채용은 공개경쟁시험에 의하여 행한다(경찰공무원법 제8조 제1항).

㉯ 경위
경위의 신규채용은 경찰대학을 졸업한 자 및 대통령이 정하는 자격을 갖추고 공개경쟁시험에 의하여 선발된 자(이하 '경찰간부후보생'이라 한다)로서 교육 훈련을 마치고 소정의 시험에 합격한 자 중에서 행한다(경찰공무원법 제8조 제2항).

나. 자치경찰공무원
자치경찰공무원의 신규채용은 공개경쟁시험에 의하여 행한다(제주특별자치도특별법 제129조 제1항).

---

158) 김남진, 「경찰행정법」, 경세원 2005, 69면.

(2) 특별채용

다음 각 호의 어느 하나에 해당하는 경우에는 특별채용시험에 의하여 경찰공무원을 특별채용할 수 있다(경찰공무원법 제8조 제3항).

① 퇴직한 경찰공무원을 퇴직한 날로부터 2년 이내에 퇴직한 계급의 경찰공무원으로 재임용하는 경우
② 공개경쟁시험에 의하여 임용하는 것이 부적당한 경우에 임용예정직무에 관련된 자격증 소지자를 임용하는 경우
③ 임용예정직에 상응한 근무실적 또는 연구실적이 있거나 전문지식을 가진 자를 임용하는 경우
④ 국가공무원법에 의한 5급 공무원의 공개경쟁시험이나 사법시험에 합격한 자를 경정 이하의 경찰공무원으로 임용하는 경우
⑤ 국가공무원법 제85조의 규정에 의하여 재학 중 장학금을 받고 졸업한 자를 임용하는 경우
⑥ 도서·벽지 등 특수지역에 근무할 자를 임용하는 경우
⑦ 외국어에 능통한 자를 임용하는 경우

4) 절차적 요건

경찰청장 또는 해양경찰청장(임용권의 위임을 받은 자를 포함한다)은 신규채용 시험에 합격한 자(경찰대학을 졸업한 자 및 경찰간부후보생을 포함한다)를 성적 순위에 따라 채용후보자명부에 등재하여야 하며, 경찰공무원의 신규채용은 채용후보자명부의 등재 순위에 의한다. 다만, 채용 후보자가 경찰교육기관에서 신임 교육을 받을 때에는 그 교육성적 순위에 의한다(경찰공무원법 제9조).

5) 형식적 요건

경찰공무원의 임명은 임용상(사령서)의 교부에 의해 하는 것이 원칙이다. 다만, 임명(임용)은 요식행위가 아니므로 임용장의 교부는 유효요건이 아니라는 것이 통설적 견해이다.

6) 임명의 효력발생시기

공무원은 원칙적으로 임용장에 기재된 일자에 임명된 것으로 본다(공무원임용령 제6조 제1항). 만일에 임용장이 임용장에 기재된 일자보다 늦게 도달된 때에는 임용장이 도달된 일자에 임용된 것으로 보아야 할 것이다.

공무원의 소급임명은 원칙적으로 금지된다. 다만, ① 재직 중 공직이 현저한 자가 공무로 사망한 때 그 사망 전일을 임용일자로 하여 추서할 경우, ② 형사사건으로 기소된 때에 그 기소된 날을 임용일자로 하여 직위해제하는 경우, ③ 국가공무원법 제70조 제1항 제4호의 규정에 의하여 직권면직하는 때에 휴직기간의 만료 또는 휴직사유가 소멸된 후에도 직무에 복귀하지 않거나 직무를 감당할 수 없을 때 휴직만료일 또는 휴직사유의 소멸일을 임용일자로 하여 면직하는 경우는 예외이다(경찰공무원임용령 제6조).

3. 경찰공무원의 임명권자

1) 총경 이상

총경 이상의 경찰공무원은 경찰청장 또는 해양경찰청장의 추천에 의하여 행정자치부장관 또는 국토해양부장관의 제청으로 국무총리를 거쳐 대통령이 임용한다. 다만, 해양경찰청장은 국토해양부장관의 제청으로 국무총리를 거쳐 대통령이 임명하고, 총경의 전보·휴직·직위·해제·정직 및 복직은 경찰청장 또는 해양경찰청장이 행한다(경찰공무원법 제6조 제1항).

2) 경정 이하

경정 이하의 경찰공무원은 경찰청장 또는 해양경찰청장이 임용한다. 다만, 경정에의 신규채용·승진임용 및 면직은 경찰청장 또는 해양경찰청장의 제청으로 국무총리를 거쳐 대통령이 행한다(경찰공무원법 제6조 제2항).

3) 임용권의 위임

경찰청장 또는 해양경찰청장은 경찰공무원의 임용에 관한 권한의 일부를 소속기관의 장인 경찰대학·경찰종합학교·중앙경찰학교·경찰병원, 운전면허시험관리단 및 지방경찰청의 장에게 그 소속경찰공무원 중 경정의 전보·파견·휴직·직위해제 및 복직에 관한 권한과 경감 이하의 임용권을 위임할 수 있다(경찰공무원법 제6조 제3항, 경찰공무원임용령 제4조 제1항). 경찰서장은 지방경찰청장의 위임하에 경감 이하 경찰공무원에 대한 당해 경찰서 내에서의 전보권을 가질 수 있다(경찰공무원임용령 제4조 제2항). 그러나 임명권은 갖지 못한다.

현재 제주특별자치도 자치경찰공무원은 제주특별자치도지사가 임명한다(제주특별자치도법 제126조).

4. 경찰공무원의 임용절차[159]

경찰청장 또는 해양경찰청장은 신규채용시험에 합격한 자를 성적순위에 따라 채용후보자명부에 등재하고(경찰공무원법 제9조 제1항), 경찰공무원의 신규채용은 채용후보자명부의 등재순위에 의하여 임명하여야 한다(경찰공무원법 제9조 제2항). 신규채용후보자명부의 유효기간은 2년의 범위 내에서 대통령령으로 정하되 1년의 범위 내에서 그 기간을 연장할 수 있다(경찰공무원법 제9조 제3항). 그러나 경찰청장 또는 해양경찰청장이 채용후보자명부의 유효기간을 연장하기로 결정한 때에는 이를 공고하여야 한다(경찰공무원법 제9조 제4항).

경찰공무원의 임용과정을 구체적으로 살펴보면, ① 신규채용에 있어 경정 및 순경의 채용은 공개경쟁시험에 의하여 합격자를 채용하고, 경위의 신규채용은 경찰대학 4년의 전 과정을 이수한 자로 하거나 대통령령이 정하는 자격을 갖추고 공개경쟁시험에 의하여 선발된 자로서 경찰간부후보생으로 1년간 교육을 마친 후 졸업시험에 합격한 자 중에서 채용한다. ② 특별채용은 공개채용에 의한 채용이 부적당하거나 곤란한 경우 또는 특별한 자격을 가지고 있는 사람을 채용하고자 하는 경우의 채용방법을 말한다. 따라서 특채는 인력조달의 융통성, 전문고급인력의 확보 등 공개채용으로써는 얻을 수 없는 이점을 가지고 있다.[160]

---

159) 김남진, 『경찰행정법』, 경세원 2005, 69면; 김동복, 『경찰행정법』, 문두사, 2005, 99면.

경찰공무원의 특채대상은 다음과 같다. ① 퇴직한 경찰공무원이 퇴직한 날로부터 2년 이내에 퇴직 당시의 계급으로 복직할 경우, ② 공채에 의하여 채용하는 것이 부적당한 경우에 임용예정직무관련 자격소지자를 임용할 경우, ③ 임용예정직에 상응한 근무실적 또는 연구실적이 있거나 전문지식을 가진 자를 임용할 경우, ④ 5급 공개경쟁채용시험 또는 사법시험에 합격한 자를 경정 이하의 경찰공무원으로 채용하는 경우, ⑤ 경찰공무원으로 채용될 것을 조건으로 대학 재학 중 장학금을 받고 졸업한 자, ⑥ 도서, 벽지 등 특수지역에 근무할 자, ⑦ 외국어에 능통한 자 등이다(경찰공무원 제8조 제3항). 그러나, 종전의 재직기관에서 감봉이상의 징계를 받은 사람이나, 계급정년으로 퇴직한 사람은 특채의 대상이 될 수 없다.161)

한편, 경정 이하의 경찰공무원을 신규 채용하는 경우 자질과 적성 등 경찰관으로서의 적격성을 보유하고 있는지를 확인하기 위하여 1년의 시보임용 기간을 거친다. 시보임용 기간이 만료된 다음 날에 정규 경찰공무원으로 임용한다(경찰공무원법 제10조 제1항). 그러나 휴직기간·직위해제기간 및 징계에 의한 정직 또는 감봉처분을 받은 기간은 시보 임용기간에 산입하지 않는다(경찰공무원법 제10조 제2항).

시보임용기간을 거치지 않는 경우가 있다. 첫째, 경찰대학 졸업자와 간부후보생으로서 소정의 교육을 바친 자를 경위로 임용되는 경우, 둘째, 현직 경찰공무원으로서 상위계급에의 승진에 필요한 자격요건을 갖추고 임용예정계급에 상응한 공개경쟁채용시험에 합격한 자를 당해 계급의 경찰공무원으로 임용하는 경우, 셋째, 퇴직한 경찰공무원으로서 퇴직 시에 재직한 계급의 채용시험에 합격자를 재임용하는 경우이다(경찰공무원법 제10조 제4항).162)

임용권자 또는 임용제청권자는 시보임용기간 중의 경찰공무원이 근무성적 또는 교육훈련성적이 불량한 때에는 정규임용심사위원회의 심사를 거쳐 시보임용경찰관을 면직시키거나 면직을 제청할 수 있다(경찰공무원법 제10조 제3항). 시보임용경찰관으로서 면직사유에 해당하는 것을 살펴보면, 징계사유에 해당할 때, 경찰교육 성적 이 60점 미만이거나 교육생활태도점수가 극히 불량한 때, 근무성적 제2평정요소의 점수가 5할에 미치지 못한 때 등이다. 아울러, 시보임용기간 중에는 경찰공무원의 신분보장이 되지 않는다.

그리고 제주특별자치도 자치경찰공무원의 시보임용에 관해서는 경찰공무원법 제10조가 준용된다. 따라서 그 내용은 국가경찰공무원의 내용과 같다.

---

160) 경찰대학 교재편찬위원회,『경찰경무론』, 1998, 156면.
161) 김남진,『경찰행정법』, 경세원 2005, 71면.
162) 1990. 9. 25, 89누4758.

5. 경찰공무원의 임명의 형식과 효력발생시기

경찰공무원의 임용 시기는 경찰공무원은 임용장 또는 임용통지서에 기재된 일자에 임용된 것으로 본다(경찰공무원임용령 제5조 제1항). 이때에 임용장이나 임용통지서는 임용될 자에게 도달할 수 있도록 발령하여야 하므로(공무원임용령 제6조 제2항), 이러한 임용의 의사표시가 상대방에게 도달하지 아니하면 효력이 발생되지 않는다고 보아야 한다.163) 따라서 임용장 등에 기재된 일자보다 늦게 도달한 경우에는 사실상 교부받은 날에 효력을 발생한다고 보아야 할 것이다.164)

임용장에 기재하는 그 일자를 소급하여서는 안 된다. 그러나 재직 중 공적이 특히 현저한자가 공무로 사망한 때 그 사망 전일을 임용일자로 하여 추서하는 경우나 형사사건으로 기소된 때 기소된 날을 임용일자로 하여 직위해제하는 경우와 국가공무원법 제70조 제1항 제4호의 규정에 의하여 직권 면직하는 때에 휴직기간의 만료일 또는 휴직사유의 소멸일을 임용일자로 하여 면직하는 경우에는 소급할 수 있다(경찰공무원임용령 제6조).

Ⅲ. 경찰공무원관계의 변경

1. 개설

경찰공무원 관계의 변경이란, 경찰공무원으로서의 신분을 유지하면서 경찰공무원관계의 내용에 일시적 혹은 영구적으로 변경하는 것을 말한다.165) 경찰공무원관계의 변경요인으로는 승진·복직·휴직·파견·전보·휴직·직위해제 등이 있으며, 경찰공무원관계의 변경은 상대방의 의사와 관계없이 국가의 일방적 행정행위로서 행하여진다는 것이 특징이다.

공무원관계의 변경에는 공무원에게 부여된 기존의 특정의 직위를 다른 직위로 변경시키는 경우와 그 특정이 직위를 발탁하여 무직위로 변경하는 경우가 있다. 전자의 경우에는 ① 상위 직급의 직위로 변경, ② 동등직급 내의 직위로 변경, ③ 하급직급의 직위

---

163) 대판 1962. 11. 15, 선고 62누165 판결.
164) 김남진, 『경찰행정법』, 경세원, 2005, 72면.
165) 이병철, 『행정법 강의』, 유스티니아누스, 2008, 1073면.

로 변경, ④ 이중 직위의 부여 등이 있다. 후자의 경우에는 휴직 · 직위해제 · 정직이
문제된다. 공무원관계의 변경을 가져오는 행위는 그 성질이 행정청의 일방적인 단독행
위이다.[166]

2. 다른 직위에로의 변경

1) 승진

(1) 승진의 의의

승진이란 동일 직렬 내의 하위직급에서 상위직급에 임용되는 것을 말한다.[167] 경찰공
무원이 승진함에 있어서는 총경은 4년, 경정과 경감은 3년, 경감 · 경위 · 경사 · 경장 및
순경은 각각 2년 이상 당해 계급에 재직하여야 한다(경찰관승진임용규정 제5조 제1항).
승진은 상위직에 있던 자의 승진이나 퇴직 등으로 결원이 생기거나 조직규모의 확장으로
상위직의 자리가 증가할 경우에 실시된다. 일반적으로 승진은 자격 · 능력 · 전문적 지식
등에 따라 판단될 성질의 것이며, 그 판단은 임명권자의 평가적인 인식행위로서 제한된
범위 내에서만 사법심사의 대상이 될 수 있을 것이다.[168]

승진임용행위는 그 공무원이 적법하게 신규 임용되어 공무원의 신분을 취득하고 있음
을 전제로 하는 것이므로, 어느 사람에 대한 공무원의 신분임용행위가 당연 무효이어서
그 사람이 적법한 공무원의 신분을 가지고 있지 못하였다면, 그러한 사람에 대한 승인임
용행위 또한 당연 무효가 된다.[169]

경찰공무원의 승진의 방법에는 시험승진, 심사승진, 특별승진, 근속승진이 있다.

(2) 승진의 유형

가. 시험승진

시험승진이란, 시험성적에 의해 승진임용하는 것을 말한다. 경정이하의 경찰관 승진의
경우에 50%는 시험에 의해 승진한다. 경찰공무원의 승진시험은 계급별로 실시한다. 승진

---

166) 홍정선, 『행정법원론(하)』, 박영사, 2009, 252면.
167) 박균성, 『행정법론(하)』, 박영사, 2009, 223면.
168) 홍정선, 『행정법원론(하)』, 박영사, 2009, 52면.
169) 대판 1996. 7. 12, 96누3333 판결.

시험은 매년 1회 실시하며, 시험실시기관은 경찰청장이 이를 관장 실시하는 것이 원칙이며 그 권한의 하부위임에 따라 경감 이하의 승진시험은 소속기관 등의 장에게 실시하게 할 수 있다.[170]

나. 심사승진

심사승진은 경무관이하의 계급에의 승진에 있어서 사용되는 방법이나, 실제적으로는 경정 이하의 경우에는 심사승진과 시험승진이 각 50%의 비율로 행해지고 있다(경찰공무원법 제11조 제2항). 총경 이하의 승진심사는 승진예정인원수의 5배수까지 뽑아서 작성한 승진대상자 서열명부에서부터 시작된다.

승진심사위원회에는 중앙승진심사위원회와 보통승진심사위원회가 있다. 중앙승진심사위원회는 총경 이상의 심사를 우해 경찰청에 설치하며, 보통승진심사위원회는 경정 이하의 심사를 위해 경찰청 및 각 하부경찰기관에 설치한다.

승진심사기준은 경험한 직책, 승진기록, 교육성적, 연도별 근무성적, 상벌, 지휘관 추천, 적성 등 7개 항목에 의한다. 승진심사대상의 부적격자로는 해당계급의 기본교육 미수자, 해당계급의 기본교육성적이 평균 60점 미만자, 징계처분 또는 직위해제 기간 중에 있는 자, 징계처분의 종료일로부터 승진임용 제한기간이 경과되지 아니한 자, 경찰이전에 근무한 공직에서 강등 기타 이와 유사한 징계를 받고 그 종료일로부터 24개월이 경과되지 아니한 자, 시험의 부정행위 후 5년이 경과되지 아니한 자 등이다.[171]

한편 자치경찰공무원의 승진은 승진심사에 의한다. 다만 자치경정 이하 계급에의 승진에 있어서는 도조례가 정하는 비율에 따라 승진시험을 병행할 수 있다(제주특별자치도특별법 제131조 제1항).

그리고 도지사는 자치경정 이하의 자치경찰공무원에 대하여는 도조례가 정하는 바에 의하여 계급별로 승진대상자명부를 작성하여야 한다(제주특별자치도특별법 제131조 제3항).

다. 특별승진

특별승진이란 경찰공무원으로서 전사 또는 순직한 자, 또는 직무수행 중 현저한 공을 세운 자가 심사승진에 의하지 않고 1계급 또는 2계급 승진되는 것을 말한다.

특별승진임용은 연 3회 정기적으로 실시하지만, 경찰청장이 특히 필요하다고 인정되는

---

170) 김동복, 「경찰행정법」, 문두사, 2005, 103면,
171) 김동복, 「경찰행정법」, 문두사, 2005, 103면

경우에는 수시로 실시할 수 있다. 특별승진의 대상자를 구체적으로 살펴보면, ① 국가공무원 제40조의4 제1항 제1호 내지 제4호의 1에 해당하는 자[172], ② 전사하거나 순직한 자, ③ 직무수행 중 현저한 공을 세운 자에 대하여는 국가공무원법 제11조의 규정에 불구하고 1계급 특별 승진시킬 수 있다. 다만 경위 이하의 경찰공무원으로서 모든 경찰공무원의 귀감이 되는 공을 세우고 전사하거나 순직한 자에 대하여는 2계급 특별 승진시킬 수 있다(경찰공무원법 제14조 제1항). 특별승진의 요건 및 필요한 사항은 대통령령으로 정한다(경찰공무원법 제14조 제2항).

제주특별자치도 자치경찰공무원의 특별승진에 관해서는 경찰공무원법 제14조가 준용된다. 따라서 그 내용은 국가경찰공무원의 경우와 같다.

라. 근속승진

경찰공무원법 제11조 제2항의 규정에도 불구하고 해당계급에서 일정기간 재직한 자에 대하여 경장·경사·경위로 근속승진임용을 할 수 있다. 근속승진이란, 경찰관들의 승진경쟁이 과열되고 승진시험준비로 직무수행에 지장을 초래하는 문제점을 해결하고, 장기간 성실하게 근무한 경찰관의 사기를 증진시키는 면에서 도입한 제도이다. 근속승진의 요건은 순경으로서 7년 이상 성실히 근무하고 헌신적으로 직무를 수행한 자로서 상위직의 직무수행능력이 있다고 인정되는 자, 경장으로서 8년 이상 성실히 근무하고 헌신적으로 직무를 수행한 자로서 상위직의 직무수행능력이 있다고 인정되는 자이다. 한편 자치경찰공무원인 경우 제주특별자치도특별법 제131조 제2항에도 불구하고 해당계급에서 일정기간 재직한 자에 대하여는 대통령으로 정하는 바에 따라 자치경장·자치경사 및 자치경위로 근속승진임용을 할 수 있다(제주특별자치도특별법 제131조의 2 제1항)

---

172) ㉮ 청렴과 투철한 봉사정신으로 직무에 정려하여 공무집행의 공정성 유지와 깨끗한 공직사회구현에 있어서 다른 공무원의 귀감이 되어 청백리 포상에 관한 규정에 의하여 포상을 받은 자, ㉯ 직무수행능력이 탁월하여 행정발전에 지대한 공헌을 한 경우에 소속기관 등의 장이 실적이 있다고 인정한 자, ㉰ 국가공무원법 제53조의 제안제도의 경우에는 창안등급 동상 이상을 받은 자로 경찰행정 발전에 기여한 실적이 뚜렷한 자, ㉱ 공무원으로서 20년 이상 근속한 자가 정년 10년 전에서 1년 전까지의 기간 중 자진하여 퇴직하는 자로서 재직 중 특별한 공적이 있다고 인정되는 자 등이다. 여기서 ㉯와 ㉰의 경우는 경사 이하의 경찰공무원에만 적용되며, ㉱의 경우는 치안정감 이하에만 적용된다.

2) 전보 · 전직 · 전과 · 복직

(1) 전보

전보란 동일한 직급 내에서 보직변경을 말한다.(국가공무원법 제5조 제6호), 임용권자 또는 임용제청권자는 소속 공무원의 동일직위에서의 장기근무로 인한 침체를 방지하여 창의적인 직무수행을 기하고, 과다하게 빈번한 전보로 인한 전문성 및 능률의 저하를 방지하여 창의적인 직무수행을 기하고, 과다하게 빈번한 전보로 인한 전문성 및 능률의 저하를 방지하여 안정적인 직무수행을 기할 수 있도록 하기 위하여 정기적으로 전보를 실시하여야 한다(공무원임용령 제44조). 전보는 당해 직위에 임용된 날로부터 1년 내에는 할 수 없음이 원칙이다(공무원임용령 제45조, 경찰공무원임용령 제27조).[173)

(2) 전직

직렬을 달리하는 임용을 전직 또는 전직임용이라고 하며, 시험을 거쳐야 함을 원칙으로 하되, 시험의 일부 또는 전부를 면제할 수 있다(국가공무원법 제28조의3, 공무원임용령 제29조, 제30조).

(3) 전과

전과는 경과의 변경을 말한다(경찰공무원임용령 제2조 제3호). 전과를 원하는 자는 소정의 시험에 합격하여야 하는데, 현재의 경과에서 1년이 경과되지 아니한 자, 특수경과에서 근무할 것을 조건으로 채용된 자로서 5년이 경과되지 아니한 자는 원칙적으로 전과할 수 없다(경찰공무원임용령시행규칙 제29조).

---

173) 경찰공무원에 대한 전보는 당해 직위에 임용된 날로부터 1년 이내에는 다른 직위에 전보할 수 없다(경찰공무원임용령 제27조). 그러나, 예외적으로 ① 직제상 최저단위 보조기관 내에서의 전보, ② 경찰청과 소속기관 또는 소속기관 상호 간의 교류를 위한 전보(청간 이동), ③ 기구개편 또는 직제 및 정원의 변경이 있는 때, ④ 승진임용의 경우, ⑤ 특수한 기술을 가진 자를 당해 직무분야에 보직하는 경우, ⑥ 징계처분을 받은 경우, ⑦ 형사사건에 관련되어 수사기관에서 조사를 받는 경우, ⑧ 경찰기동대 기타 특수임무부서와의 정기적인 교체를 하는 경우, ⑨ 시보임용 중인 경우, ⑩ 교육훈련기관의 교관으로 보직하는 경우, ⑪ 신규채용된 경위 이상 경찰공무원의 순환보직 중인 경우 등은 예외이다.

(4) 복직

복직이란 휴직·직위해제 또는 정직 중에 있는 경찰공무원을 직위에 복직시키는 것을 말한다(경찰공무원임용령 제2조 제2호). 복직명령은 행정행위의 성질을 갖는다.

3) 하위직급에로의 변경(강임)

국가공무원법상 강임이란 동일한 직렬 내에서 하위의 직급에 임명하거나, 하위직급이 없어 다른 직렬의 하위직급으로 임명하는 것을 말한다(국가공무원법 제5조 제4호, 지방공무원법 제5조 제4호). 임용권자는 직제 또는 정원의 변경이나 예산의 감소 등으로 인하여 직위가 폐지되거나 강등되어 과원이 된 때 또는 본인이 동의한 경우에는 소속공무원을 강임할 수 있다. 이때 강임된 공무원은 상위직급에 결원이 생긴 때 우선 임용된다(국가공무원법 제73조의3 제2항, 지방공무원법 제65조의3 제2항). 강임처분의 경우에 그 처분권자 또는 처분제청권자는 처분의 사유를 기재한 설명서를 교부하여야 한다(국가공무원법 제75조, 지방공무원법 제67조 제1항).

3. 이중직위의 변경 등

1) 겸임

담당직무수행에 지장이 없고, 직위 및 직무내용이 유사하다고 인정되는 경우에는 국회규칙·대법원규칙·헌법재판소규칙·중앙선거관리위원회규칙 또는 대통령령이 정하는 바에 따라 일반직공무원을 대학교수 등 특정직공무원이나 특수전문분야의 일반직공무원 또는 대통령령으로 정하는 관련 교육·연구기관 기타 기관·단체의 임직원과 서로 겸임하게 할 수 있다. 또한 대통령령으로 정하는 관련 교육·연구기관 기타 기관·단체의 임직원은 특수전문분야의 별정직공무원으로 겸임시킬 수 있다(국가공무원법 제32조의3, 지방공무원법 제30조의3).

2) 파견근무

국가기관의 장은 국가적 사업의 수행 또는 그 업무수행과 관련된 행정직원이나 연수 기타 능력개발 등을 위하여 필요한 때에 국가의 각급기관의 장이 소속 공무원을 다른 국가기관·공공단체·정부투자기관·국내외의 교육기관·연구기관 등에 일정기간 파견근무하게 할 수 있다(국가공무원법 제32조의4 제1항, 경찰공무원임용령 제29조). 파견권자는 파견사유가 소멸하거나 파견목적이 달성될 가망이 없는 경우에는 지체 없이 원 소속기관에 복귀시켜야 한다(국가공무원법 제32조의4).

4. 무직에로의 변경

1) 휴직

휴직이란 경찰공무원의 신분은 보유하게 하나 일정기간 직무에 종사하지 못하게 하는 행위를 말한다(국가공무원법 제71조 제1항). 직위해제와 달리 제재적 성격이 없는 것이 특징이다(국가공무원법 제73조 제1항). 휴직에는 경찰공무원 의사 여하에 불구하고 임용권자가 행하는 직권휴직과 경찰공무원 의사에 의하여 하는 의원휴직이 있다.[174] 임용권자는 공무원이 ① 신체·정신상의 장애로 장기요양을 요할 때, ② 병역법에 의한 병역복무를 필하기 위하여 징집 또는 소집되었을 때, ③ 천재·지변 또는 전시·사변이나 기타의 사유로 인하여 생사 또는 소재가 불명하게 되었을 때, ④ 기타 법률의 규정에 의한 의무를 수행하기 위하여 직무를 이탈하게 되었을 때에는 본인의 의사에 불구하고 휴직을 명하여야 한다(국가공무원법 제71조).

2) 직위해제

직위해제란 공무원 본인에게 직위를 계속 보유하게 할 수 없는 일정한 귀책사유가 있는 경우에 직위를 부여하지 않는 것을 말한다(국가공무원법 제73조의2 제1항). 직위해제는 휴직과는 달리 제재적 성격을 가지는 보직의 해제이며 또한, 복직이 보장되지 않는다.[175]

---

174) 박균성, 『행정법론(하)』, 박영사, 2009, 229면.
175) 석종현, 『일반 행정법(하)』, 삼영사, 2005, 233면.

> **대판 2003. 10. 10, 2003두5945**
>
> 구 국가공무원법상 직위해제는 일반적으로 공무원이 직무수행능력이 부족하거나 근무성적이 극히 불량한 경우, 공무원에 대한 징계절차가 진행 중인 경우 공무원이 형사사건으로 기소된 경우 등에 있어서 당해공무원이 장래에 있어서 계속 직무를 담당하게 될 경우 예상되는 업무상의 장애 등을 예방하기 위하여 일시적으로 당해 공무원에게 직위를 부여하지 않음으로써 직무에 종사하지 못하도록 하는 잠정적인 조치로서의 보직의 해제를 의미하므로, 과거의 공무원의 비행행위에 대하여 질서유지를 목적으로 행하여지는 징벌적 재제로서의 징계와는 그 성질이 다르다.

직위해제의 사유로는 ① 직무수행능력이 부족하거나 근무성적이 극히 불량한 자, 이 경우 직위 해제된 자에 대하여 3월 이내의 기간 특기를 명한다(국가공무원법 제73조의2 제3항). 또한, 대기명령을 받은 자에 대하여 능력회복이나 태도개선을 위한 교육훈련이나 특별한 연구과제 부여 등 필요한 조치를 하여야 한다(국가공무원법 제73조의2 제4항). ② 징계의결이 요구 중인 자, ③ 형사사건으로 기소된 자(약식명령으로 기소된 때는 제외) 등이다. 직위가 해제되면 직무에 종사하지 못하며, 출근의무도 없다.[176] 직위해제사유가 소멸한 때에는 임용권자 또는 임용제청권자는 지체 없이 직위를 부여하여야 한다(국가공무원법 제73조의2 제2항).

대법원은 단순히 일반 형사사건이 아닌 국가보안법위반으로 기소되었다는 사유만으로 직위해제처분을 한 것은 재량권의 범위를 일탈·남용한 것이라고 판시하였다.[177]

직무수행능력이 부족하거나 근무성적이 극히 불량함으로 인하여 직위해제를 당한 경우, 대기명령을 받은 기간 중 능력 또는 근무성적의 향상을 기대하기 어렵다고 인정될 때에는 징계위원회의 동의를 얻어 임용권자가 직권 면직시킬 수 있다(경찰공무원법 제22조 제1항 제1호). 직위해제기간은 승진소요 최저 연수에 산입되지 아니하며(공무원임용령 제34조 제5항), 직위 해제된 자에게는 봉급의 8할을 지급한다. 직위 해제된 공무원에게 직위해제사유가 소멸된 경우에는 임용권자는 지체 없이 직위를 부여하여야 한다.[178]

---

176) 직위해제를 받은 사람은 직위해제처분을 받음과 동시에 직위해제기간 중 담당직무가 없음은 물론, 직무수행을 전제로 한 출근의무도 없다(서울고등법원 1969. 2. 27, 선고 68구464 판결).
177) 대판 1999. 9. 17, 98두15412 판결.
178) 대판 2007. 12. 28, 2006다33999.

3) 정직

정직은 경찰공무원의 신분은 유지하되 직무에는 종사하지 못하는 것을 말한다. 정직기간은 1월 이상 3월 이하의 기간으로 하고, 보수의 3분의 2를 감하는 것을 말한다(국가공무원법 제80조 제1항). 정직은 기간이 미리 정해져 있으므로, 별도의 처분(직위해제 등)이 없는 한 기간이 만료하게 되면 당연히 복직된다.

Ⅳ. 경찰공무원관계의 소멸

경찰공무원관계는 경찰공무원이 경찰공무원으로서의 신분을 상실함으로써 소멸하게 된다. 경찰공무원관계는 법정주의원칙에 따라 법이 정하거나 허용하는 일정전제요건과 형식에 따라서만 종료될 수 있다. 이러한 법정주의에 의해 공무원관계의 자의적인 종료는 방지될 수 있다.[179] 경찰공무원관계의 소멸원인에는 당연 퇴직과 면직이 있다.

1. 당연 퇴직

당연 퇴직이란 임용권자의 처분 없이 일정한 사유의 발생에 의하여 당연히 경찰공무원의 신분을 상실하는 것을 말한다. 따라서 당연퇴직발령은 임용권자의 처분에 의해서가 아니고 일정한 사유의 발생으로 인하여 퇴직된 사실을 알리는 확인행위인 관념의 표시에 불과하고 공무원의 신분을 상실시키는 새로운 형성적 행위가 아니므로 행정소송의 대상이 되는 독립한 행정처분이 아니다.[180] 당연 퇴직 사유에는 국가공무원법이 규정하고 있는 결격하유의 하나에 해당한 때(국가공무원법 제69조), 사망·임기만료·정년에 달한 때, 국적상실[181] 등에 의해서는 원칙적으로 경찰공무원관계가 소멸한다.

---

179) 박균성, 『행정법 강의』, 박영사, 2008, 1046면; 홍정선, 『행정법원론(하)』, 박영사, 2009, 257면.
180) 대판 1995. 11. 14, 선고 95누2036 판결; 대판 1992. 1. 21, 선고 91누2687 판결; 대판 1983. 2. 8, 선고 81누263 판결.
181) 국적상실에 대해서는 명문규정이 없기 때문에 일괄적으로 이야기할 수 없다. 예컨대 국적상실 후에도 국가와 계약에 의해 특수직에 종사할 수 있고(국가공무원법 제2조 제3항 제3호), 조사적·자문적·교육적 직무를 담당하는 직의 경우는 외국인도 임명될 수 있기 때문에, 국적상실을 공무원의 당연퇴직사유로 볼 수는 없다(홍정선, 『행정법원론(하)』, 박영사, 2009, 257면).

경찰공무원의 정년퇴직은 법정연령에 도달함으로써 퇴직하는 것을 말한다. 경찰공무원의 정년은 계급에 따라서 달리하므로 살펴볼 필요가 있다. 여기에는 연령정년과 계급정년이 있다. 연령정년의 경우 경정 이상은 61세, 경감 이하는 58세이다(경찰공무원법 제24조 제1항 제1호). 계급정년의 경우 치안감은 4년, 경무관은 6년, 총경은 9년, 경정은 11년, 경감은 15년, 경위는 18년이다(경찰공무원법 제24조 제1항 제2호).

다만, 경감·경위인 경찰공무원의 연령정년과 경사 이하의 경찰공무원으로서 대통령령이 정하는 통신·감식 등 특수기술부문 및 기획·감사 등 내근부서에 10년 이상 근무한 자의 연령정년은 대통령령이 정하는 바에 의하여 3년의 범위 안에서 연장할 수 있다(경찰공무원법 제24조 제2항). 또한, 수사·정보·외사·보안 등 특수부문에 근무하는 경찰공무원으로서 대통령령이 정하는 바에 의하여 지정을 받은 자는 총경·경정 및 경감의 경우에는 3년의 범위 안에서, 경위의 경우에는 연령정년에 달할 때까지 계급정년을 연장할 수 있다(경찰공무원법 제24조 제3항). 그리고 경찰청장 또는 해양경찰청장은 전시·사변 기타 이에 준하는 비상사태 하에서는 2년의 범위 안에서 계급정년을 연장할 수 있다(경찰공무원법 제24조 제4항).

경찰공무원의 정년의 계산에 있어 경찰공무원은 정년에 달한 날이 1월에서 6월 사이에 있는 경우에는 6월 30일에, 7월에서 12월 사이에 있는 경우에는 12월 31일에 각각 당연 퇴직된다(경찰공무원법 제24조 제5항).

2. 면직

면직이란 임용권자의 결정에 의하여 공무원의 지위를 상실시키는 행위를 말한다. 면직의 종류에는 공무원의 사의에 의한 의원면직과 국가의 일방적 의사에 의한 강제면직이 있다.

1) 의원면직

의원면직이란 경찰공무원 본인의 사의표시에 의하여 공무원관계를 소멸시키는 행위를 말한다. 의원면직행위는 경찰공무원 본인의 신청을 요건으로 하는 쌍방적 행정행위로 본다. 따라서 공무원의 사의표시가 있어도 임용권자에 의해서 면직처분이 있기까지는 공무원관계가 존속한다. 의원면직은 경찰공무원의 자유로운 사의표시를 전제로 하는 것이므로, 상사 등의 강요에 의한 사의표시에 의한 면직처분은 위법한 것으로 취소 또는 무효사유가 된다.[182] 따라서 사직원의 제출만으로 공무원관계가 소멸되는 것은 아니며, 임용권자의 면직행위가 있을 때 까지 공무원 관계가 존속한다.

대판 2000. 11. 14, 선고 99두5481

대법원은 일괄사표를 제시하였다가 선별 수리하는 형식으로 의원면직되었다고 하더라도 공무원들이 임용권자 앞으로 일괄사표를 제출하는 경우 그 사직원의 제출은 제출 당시 임용권자에 의하여 수리 또는 반려 중 어느 하나의 방법으로 처리되리라는 예측이 가능한 상태에서 이루어진 것으로서 그 사직원에 따른 의원면직은 그 의사가 외부에 객관적으로 표시된 이상 그 의사는 표시된 대로 효력을 발하는 것이며, 이에 따라 의원면직처분한 것은 당연 무효라고 할 수 없다고 판시하였다.

---

2) 강제면직

강제면직이란 본인의 의사와 상관없이 국가의 일방적 의사에 의해 강제적으로 행해지는 면직처분으로서, 여기에는 징계면직과 직권면직이 있다.

---

182) 김동희, 『행정법(Ⅱ)』, 박영사, 2010, 154면; 대판1975. 6. 24, 선고 75누46 판결.

(1) 징계면직

징계면직은 징계처분에 의하여 공무원신분을 소멸시키는 처분으로 이러한 징계면직에는 파면과 해임이 있다. 파면이란 공무원의 신분을 박탈하고 연금을 제한하여 지급하는 것을 내용으로 한다. 해임이란, 공무원의 신분을 박탈하나, 연금의 전액을 지급하는 것이다. 경찰공무원에 대한 파면의 경우, 경찰공무원관계로 파면됨과 동시에 퇴직급여액의 1/4∼1/2 감액하여 지급한다.[183] 그리고, 5년간 공직 재임용이 제한된다. 반면에 해임의 경우에는 경찰공무원관계로부터 배제되며 3년간 공직 재임용에 제한을 받는다.

(2) 직권면직

직권면직이라 함은 법령으로 정해진 일정한 사유가 존재하는 경우에 경찰공무원 본인의 의사에도 불구하고 임용권자가 직권으로 행하는 면직처분을 말한다. 직권면직은 징계면직과는 달리 징계처분이 아니다.[184]

직권면직 사유에는 ① 직제와 정원의 개폐 또는 예산의 감소 등에 의하여 폐직 또는 과원이 되었을 때,[185] ② 대기명령을 받은 자가 그 기간 중 능력 또는 근무성적의 향상을 기대하기 어렵다고 인정된 때, ③ 경찰공무원으로서 부적합할 정도로 직무수행능력 또는 성실성이 현저히 결여된 자로서 대통령령이 정하는 사유에 해당한다고 인정될 때, ④ 직무수행에 있어 위험을 일으킬 정도로 성격 또는 도덕적 결함이 있는 자로서 대통령령이 정한 사유에 해당한다고 인정될 때, ⑤ 당해 경과에서 직무를 수행하는 데 필요한 자격증의 효력이 상실되거나 면허가 취소되어 당해 직무를 수행할 수 없게 된 때이다. 위의 사유 중 ②·③·④의 사유로 면직시킬 경우에는 징계위원회의 동의를 얻어야 한다(경찰공무원법 제22조 제1항, 국가공무원법 제70조).[186]

---

183) 재직기간이 5년 미만인 사람에 대하여는 퇴직급여액의 1/4를 지급하고, 재직기간이 5년 이상인 사람에 대하여는 1/2를 감액하여 지급한다.
184) 박균성, 『행정법 강의』, 박영사, 2008, 1048면.
185) 헌재 2004. 11. 25, 2002헌바8.
186) 대판 2006. 10. 27, 2004두12261.

Ⅴ. 불이익조치에 대한 구제

헌법은 제7조 제2항에서 "공무원의 신분은 법률이 정하는 바에 의하여 보장한다."고 규정하고 있다. 공무원에 대한 징계처분 기타 그 의사에 반하는 불이익처분에 대한 현행법상 구제제도로서는 처분사유 설명서의 교부, 소청과 행정소송, 고충심사의 청구 등이 있다.

1. 처분사유 설명서의 교부

경찰공무원에 대하여 불이익처분을 행할 때에는 그 처분권자 또는 처분제청권자는 처분의 사유를 기재한 설명서를 교부하여야 한다. 다만 본인의 의사표시에 의한 강임·휴직 또는 면직 처분은 그러하지 아니하다(국가공무원법 제75조). 이와 같은 처분사유 설명서의 교부제도는 공무원에 대한 불이익처분이 정당한 이유에 의한 것이라는 것을 분명히 하고, 피처분자로 하여금 위법·부당한 불이익처분에 대하여 불복할 수 있는 기회를 부여하는 데 그 취지가 있다고 할 수 있다.[187]

2. 소청

1) 의의

소청이라 함은 징계처분 기타 본인의 의사에 반하는 불리한 처분이나 부작위에 관하여 불이익처분을 받은 자가 관할 소청심사위원회에 심사를 청구하는 제도로서, 소청심사는 행정심판의 일종이다.[188] 즉, 소청심사는 행정심판법에 의한 행정심판에 대한 특별행정심판절차인 셈이다. 행정소송과 관련하여, 현재 행정심판은 일반적으로 임의제도로 되어 있는 데 대하여 공무원법에 있어서는 여전히 행정심판절차주의가 채택되고 있는 점이 또하나의 특색을 이루고 있다고 할 수 있다.

---

187) 김남진, 『경찰행정법』, 경세원, 2005, 83면.
188) 김남진, 『경찰행정법』, 경세원, 2005, 83면; 박균성, 『행정법 강의』, 박영사, 2008, 1052면.

2) 소청사항

소청의 대상은 징계처분 기타 본인의 의사에 반하는 불리한 처분이나 부작위이다(국가공무원법 제9조 제1항, 소청절차규정 제2조 제1항). 문제는 기타 본인의 의사에 반하는 불리한 처분이 무엇을 의미하느냐 하는 데 있다. 중요한 점은 처분의 성질을 가져야 하므로, 처분의 성질을 가지지 않음이 명백한 것(훈계, 권고, 내부적 결정 등)은 제외된다고 하는 점이다. 일반적으로 의원면직 형식에 의한 면직, 전직·전보, 대기명령, 불리한 경력평정 등이 그에 해당하는 것으로 보고 있다.

3) 소청절차

(1) 소청의 제기

처분설명서를 받은 공무원은 그 처분에 불복이 있을 때에는 그 설명서를 받은 날부터, 처분설명서를 받지 아니한 기타의 불이익처분을 받은 공무원은 그 처분이 있음을 안 날로부터 30일 이내에 소청심사위원회에[189] 심사를 청구할 수 있다(국가공무원법 제76조 제1항).

(2) 소청의 심리

소청심사위원회는 소청을 접수하였을 때에는 지체 없이 이를 심사하여야 한다. 소청심사위원회는 심사를 함에 있어서 필요한 경우에는 검정·감정 기타 사실조사 또는 증인의 환문을 하거나 관계서류의 제출을 명할 수 있다. 위원회가 필요하다고 인정할 때에는 직원으로 하여금 사실조사를 하게 하거나 특별한 학식·경험이 있는 자에게 검정 또는 감정을 의뢰할 수 있다(국가공무원법 제12조).

소청심사위원회가 소청사건을 심사할 때에는 소청인 또는 대리인에게 진술의 기회를 부여하여야 하며, 진술의 기회를 부여하지 아니한 결정은 무효이다(국가공무원법 제13조).

---

189) 소청심사위원회는 소청에 대한 심사결정권을 갖는 합의제행정청으로서, 경찰공무원에 대한 소청심사위원회는 행정안전부에 설치된다. 그 소청심사위원회는 위원장 1인을 포함한 위원 5인 이상 7인 이내의 상임위원으로 구성하되, 필요한 경우 약간 명의 비상임위원을 둘 수 있다(국가공무원법 제9조).

(3) 결정

위원회의 결정에는 각하 · 기각 · 확인 등이 있으며, 위법 또는 부당한 거부처분이나 부작위에 대하여는 의무이행을 구하는 심사청구가 이유 있다고 인정할 때에는 지체 없이 청구에 따르는 처분을 하거나 이를 할 것을 명한다(국가공무원법 제14조 제3항).

소청심사위원회가 징계처분을 받은 자의 청구에 의하여 소청을 심사할 경우에는 원징계처분에서 처분한 징계보다 중한 징계를 처분하는 결정은 하지 못하며, 결정을 그 이유를 명시한 결정서로 하여야 한다(국가공무원법 제14조 제6항, 제7항).

경찰공무원의 소청에 대한 경정에 있어서는, 국가공무원법에 정해져 있는 가결정(최종결정이 있을 때까지 후임자의 보충발령을 유예하게 하는 가결정)이 인정되지 않는다는 점에 유의할 필요가 있다(국가공무원 76조 제3항, 경찰공무원법 제30조 제2항).

(4) 결정의 기속력과 재심

소청심사위원회의 결정은 처분행정청을 기속한다(국가공무원법 제15조). 따라서 처분행정청은 소청심사위원회의 결정에 반하는 행위를 하여서는 아니 되며, 이행명령에 따르는 적극적인 처분을 하여야 한다.[190]

행정안전부장관은 소청심사위원회의 결정이 부당하다고 인정될 때에는 10일 이내에 재심을 요구할 수 있으며, 재심의 요구가 없을 때에는 그 기간이 경과함으로써 소청심사위원회의 결정이 확정된다. 또한 행정안전부장관의 재심의 요구에도 불구하고 위원회가 전과 동일한 결정을 하였을 때에는 그 결정이 소청심사위원회의 결정으로서 확정된다(국가공무원법 제14조).

3. 행정소송

소청을 제기한 자가 소청심사위원회의 결정에 대하여 불복이 있는 때에는 위법한 처분에 한하여 행정소송을 제기할 수 있다. 위 행정소송의 대상은 원칙으로 소청심사위원회의 결정이 아니라 원처분(징계처분 등)이다(원처분주의의 채택).[191] 징계처분이나 휴직 ·

---

190) 김남진, 『경찰행정법』, 경세원, 2005, 85면.
191) 행정소송법은 "취소소송은 처분 등을 대상으로 한다. 다만, 재결취소소송의 경우에는 재결 자체에 고유한 위법이 있음을 이유로 하는 경우에 한다(동법 제19조)."라고 규정하고 있다. 이에 따라 징계처분 등에 대하여 소청을 제기하였으나 소청심사위원회의 결정에 불복하고 하는 경우에는 그 소청심사위원회

면직처분 기타 의사에 반한 불리한 처분에 대한 행정소송에 있어서는 경찰청장 또는 해양경찰청장을 피고로 하되, 임용권을 위임한 경우에는 위임을 받은 자가 피고로 된다(경찰공무원법 제28조).

4. 고충심사의 청구

공무원은 누구나 인사, 조직, 처우 등 각종 직무조건과 기타 신상문제에 대하여 인사상담이나 고충의 심사를 청구할 수 있으며, 이를 이유로 불이익한 처분이나 대우를 받지 아니한다(국가공무원법 제78조의2 제1항). 청구를 받은 중앙인사기관의 장·임용권자 또는 임용제청권자는 상담한 결과에 따라 고충의 해소 등 공정한 처리를 위하여 노력해야 한다(국가공무원법 제78조의2 제2항).

경찰공무원 고충심사위원회는 경찰청·해양경찰청·지방경찰청·대통령령이 정하는 경찰기관 및 지방해양경찰관서에서 실시한다. 다만 경찰공무원고충심사위원회의 심사를 거친 재심청구와 경정이상의 경찰공무원의 인사상담 및 고충심사는 국가공무원법에 의하여 설치된 중앙고충심사위원회에서 심사한다(경찰공무원법 제25조).

제3절 경찰공무원의 법적 지위

I. 개설

국가기관의 구성원으로서의 공무원은 일반사인이 갖지 않는 권리나 의무 및 책임을 진다. 또한 공무원은 국민의 한 사람으로서 여러 가지 기본권을 향유함은 물론이다. 공무원 이러한 기본권을 향유함과 동시에 그에 대한 의무와 책임을 동시에 지게 된다. 공무원은 '국민 전체에 대한 봉사자(헌법 제7조 제1항)'로서의 법적 지위에 있기 때문에 일반 국민이 가지지 아니하는 특별한 의무를 진다. 공무원의 의무는 공무원관계의 내용을 이루는 것이며, 그것은 직접 국민에 대한 것이 아니라 국가 또는 지방자치단체에 대한 것이

의 결정 자체에 고유한 위법(예컨대, 소청인에 대하여 진술의 기회를 부여하지 않은 경우 등)이 있는 경우를 제외하고서는 소청심사위원회의 결정이 아니라 원처분인 징계처분 등을 대상으로 소송을 제기하여야 하는 것이다.

다. 또한 공무원은 의무에 위반함으로써 법률상의 제재 또는 불이익을 받게 되는 책임이나 공무원의 의무위반이 일반법익의 침해를 초래함으로써 지게 되는 징계책임, 변상책임, 민형사상의 책임 등이 있다.

경찰공무원의 법적 지위는 경찰공무원이 경찰법상 어떠한 권리를 가지고, 어떠한 의무와 책임을 지는가 하는 문제이다. 경찰공무원은 특정직 국가공무원으로서 국가에 대하여 공법상의 특별권력관계에 있으며, 국가의 일선집행기관인 동시에 국가경찰행정을 담당하고 있는 기관의 구성원이므로 국가는 경찰공무원에 대하여 법령의 범위 안에서 또는 행정목적 달성을 위하여 필요한 한도 내에서 포괄적 지배권을 가지며, 경찰공무원은 이에 대응하여 일반국민들과는 다른 특별한 의무와 책임을 지는 반면에 국가에 대하여 특별한 권리를 가진다.[192] 이하에서는 경찰공무원의 권리와 의무, 책임에 대하여 살펴본다.

Ⅱ. 경찰공무원의 권리

1. 신분상의 권리

경찰공무원의 신분상의 권리란 공무원으로서의 신분 자체에 직접 관계되는 권리로서 신분보유권·직무집행권·직명사용·권제복착용권·무기휴대권 등으로 나누어 진다.[193]

1) 신분보장권

헌법은 제7조 제2항에서 "공무원의 신분은 법률이 정하는 바에 의하여 보장된다."라고 규정하고 있다. 그리고 경찰공무원은 법에 규정한 사유와 절차에 의하지 아니하고는 그 신분과 직위로부터 당사자의 의사에 반해 일방적으로 박탈되거나 상실당하지 아니할 권리를 가진다(국가공무원법 제68조, 제73조의2). 즉, 경찰공무원은 형의 선고·징계처분 또는 이 법률에 규정한 사유에 의하지 아니하고는 그 의사에 반하여 휴직 또는 면직을 당하지 아니한다.

---

192) 김동복, 『경찰행정법』, 문두사, 2005, 116면.
193) 경찰공무원에게는 공무원의노동조합설립및운영등에관한법률에서 규정된 노동조합 설립권과 단체교섭권이 인정되지 아니하며, 공무원직장협의회의 설립·운영에 관한 법률에서 규정된 직장협의회설립권도 인정되지 아니한다(홍정선, 『경찰행정법』, 박영사, 2010, 197면).

2) 직무집행권

경찰공무원은 경찰법, 경찰관직무집행법 또는 해양경찰청과 그 소속기관 직제 등을 근거로 자기가 담당하는 직무를 아무런 방해도 받지 않고 수행할 권리를 가진다. 직무를 집행하는 공무원에 대하여 폭행 또는 협박하거나 위계로서 직무집행을 방해한 자는 형법상의 공무집행방해죄를 구성하게 된다(형법 제136조, 제137조).

3) 직명사용권 · 제복착용권 · 무기휴대권

경찰공무원은 자기의 직명을 사용할 권리를 가진다. 또한, 제모 · 제복을 착용하며,194) 직무수행을 위하여 필요한 때에는 무기를 휴대할 권리를 가진다(경찰공무원법 제20조). 무기사용은 경찰관직무집행법 제10조의4가 정한 바에 따라야 한다. 경찰공무원의 복제에 관하여 필요한 사항은 행정안전부령 또는 국토해양부령으로 정한다.

대판 1996. 7. 30, 95도2408

총포 · 도검 · 화약류단속법 제10조는 "누구든지 다음 각 호의 1에 해당하는 경우를 제외하고는 허가 없이 총포 · 도검 · 화약류 · 분사기 · 전자충격기를 소지하여서는 아니 된다."고 규정하면서, 그 제1호에서 제외 사유의 하나로 법령에 의하여 직무상 총포 · 도검 · 화약류 · 분사기 · 전자충격기를 소지하는 경우를 들고 있다. 한편 경찰공무원법 제20조 제2항은 "경찰공무원은 직무수행을 위하여 필요한 때에는 무기를 휴대할 수 있다."고 규정하고 있다. 그런데 위 경찰공무원법의 취지는 경찰공무원이 직무수행을 위하여 필요하다고 인정되는 경우에 한하여 무기를 휴대할 수 있다는 것뿐이지, 경찰관이라 하여 허가 없이 개인적으로 총포 등을 구입하여 소지하는 것을 허용하는 것은 아니라 할 것이다.

---

194) 제복을 입는다는 것은 오늘날의 의미에서는 공무원 개인이 갖는 기본권에 비추어 특권이라기보다는 제약으로서의 성질에 강하므로, 이는 권리로서 파악하기보다는 의무로서의 성질을 강조하는 것이 타당하리라고 본다며 제복착용권을 부인하는 견해도 있다. 류지태,『행정법신론』, 박영사, 2006, 621면.

2. 재산상의 권리

1) 보수청구권

(1) 보수의 의의 및 성질

경찰공무원은 국가나 지방자치에 대하여 보수를 청구할 권리를 가진다. 여기서 보수란 봉급과 수당을 합한 급여액을 말한다. 다만, 연봉제 적용대상공무원은 연봉과 그 밖의 각종 수당을 합산한 금액을 말한다.[195] 보수의 성질에 대해서는 보수는 근무에 대한 대가를 지급되는 것이라는 반대급부설과 보수는 공무원의 생활보장을 위하여 국가 등이 지급하는 금품이라는 생활자금설이 대립하고 있다.

보수에 대하여 국가공무원법은 "공무원의 보수는 일반의 표준생계비, 민간의 임금 기타 사정을 고려하여 직무의 곤란성 및 책임의 정도에 적응하도록 계급별로 정한다(국가공무원법 제46조)."고 하여 하여 보수가 반대급부설과 생활자금설의 두가지 성질을 아울러 가지고 있음을 나타내고 있다.[196]

(2) 보수의 내용

경찰공무원의 봉급은 본봉·직책수당 및 근속수당을 합산한 액을 말한다. 여기서 봉급이란 직무의 곤란성과 책임의 정도에 따라 직책별로 지급되는 기본급여 또는 직무의 곤란성과 책임의 정도 및 재직기간에 등에 따라 계급별·호봉별로 지급되는 기본급여를 말하며, 본봉이란 계급별로 지급되는 기본급여를 말한다.[197] 여기서 직책수당이란 직무의 책임성과 곤란성 기타의 특수성을 고려하여 지급되는 계급별 수당액을 말한다. 그리고 근속수당이란 계급에 관계없이 재직기간에 따라 호봉별로 지급되는 수당액을 말한다.

봉급 이외의 보수를 수당이라고 하며, 수당에 관하여는 '공무원보수규정'과 '공무원수당규정'으로 정하고 있다.[198] 수당의 개념에는 광의와 협의의 두 가지가 있다. 광의의 수당이란 수당 이라는 용어를 사용하는 일절의 수당을 의미하며, 협의의 수당이란 광의의

---

195) 홍정선, 『경찰행정법』, 박영사, 2010, 201면.
196) 김남진, 「경찰행정법」, 경세원, 2005, 91면.
197) 홍정선, 「경찰행정법」, 박영사, 2010, 201~202면.
198) 우리나라 경찰의 보수수준은 업무의 특수성에 비추어 매우 낮고, 호봉간의 보수편차가 작으며, 여러 가지 수당제도가 비체계적인 실정이라고 하는 연구보고서가 있다. 치안연구소, 경찰보수체계에 관한 비교연구, 1997. 참조.

수당 중에서 공무원 보수규정상 봉급에 포함시키고 있는 직책수당과 근속수당을 제외함은 물론 사실상 봉급의 범주 내에 포함시키고 있는 조정수당과 기말수당을 제외한 각종 수당을 의미하는 것으로 여기서 말하는 수당이란 협의의 수당을 가리킨다.

수당의 종류를 살펴보면, ① 특명에 의하여 규정된 근무시간외에 근무한 자에 대하여 지급되는 시간외 근무수당, ② 야간에 한하여 근무하는 자와 주야교체근무자로서 야간근무를 하는 자에 대하여 지급하는 야간근무수당, ③ 휴일에 근무하는 자에 지급되는 휴일근무수당, ④ 일직 및 숙직 근무자에게 지급하는 일직·숙직수당수당, ⑤ 근무성적이 우량한 자에게 지급하는 상여수당, ⑥ 교통이 불편하여 문화·교육의 시설이 거의 없는 지역에 근무하는 자에 대하여 지급하는 특수지 근무수당, ⑦ 부양가족에 대하여 지급하는 가족수당, ⑧ 특수한 직무에 종사하는 경찰공무원에 대하여 지급하는 특수근무수당이 있다. 특수근무수당을 받는 경찰공무원은 조정수당을 지급받을 수 없다. 공무원수당규정에 규정하고 있는 특수근무수당에는 항공수당, 교재연구수당, 통신기술업무수당 등이 있다. 끝으로 ⑨ 경찰대학에서 교육 중인 간부후보생에 대하여 지급하는 경찰간부후보생수당이다. 공무원수당규정에 근거하지 않은 것으로는 특별방법수당, 교통요원수당, 경호수당, 비상경계근무수당, 비상동원수당, 해난구조수당 등이 있다. 그러나 우리나라 경찰의 경우 모든 다른 부처의 일반공무원보다 훨씬 더 많은 시간을 초과근무하고 있으면서도 적절한 초과근무수당을 받지 못하고 있는 실정이다.[199)

(3) 보수청구권의 성질

경찰공무원의 보수청구권은 경찰공무원관계에서 발생하는 공법상의 권리[200)로서 성질을 가지므로 사법상의 채권과는 다른 특수한 성질을 가지고 있다. 보수청구권의 압류는 원칙적으로 금지되지만은 예외적으로 봉급액의 2분의 1까지는 압류가 허용되므로 이 한도 내에서 이전성이 인정되고 있다(국세징수법 제33조, 민사소송법 제579조). 보수청구권의 소멸시효는 민법규정에 의하지 않고(민법 제163조), 예산회계법에 의하여 5년이다(예산회계법 제96조). 판례는 보수청구권의 소멸시효기간을 민법 제163조에 의하여 3년으로 판시하였다.[201)

---

199) 이황우,『경찰행정학』, 법문사, 1999, 277면.
200) 박평준·박창석,『경찰행정법』, 고시연구사, 2004, 129면.
201) 대판 1976. 2.24, 75누880.

2) 보상청구권

경찰공무원이 질병·부상·폐질·퇴직·사망 또는 재해를 입었을 때에는 본인 또는 그 유족에게 법률이 정하는 바에 따라 적절한 급여를 지급하게 되어 있다(국가공무원법 제77조). 경찰공무원 및 전투경찰대원으로서 전투 또는 이에 준하는 직무수행으로 인하여 상이를 입은 자와 사망한 자의 유족은 국가유공자예우등에관한법률에 의하여 예우를 받는다.[202]

3) 연금청구권

공무원의 연금은 공무원의 퇴직 또는 사망과 공무로 인한 부상·질병·폐질의 경우에 공무원 및 그 유족의 생활안정과 복리향상에 기여함을 목적으로 지급하는 급여를 말한다 (공무원연금법 제1조). 이와 같은 연금제도는 사회보장제도의 하나로서[203] 이를 구체화 하기 위한 공무원연금법 및 시행령 등이 제정되어 있다. 연금은 적법하게 임용된 공무원에게만 주어진다.[204]

연금청구권은 공권으로 연금의 지급청구소송은 공법상 당사자소송에 의하여야 하고[205] 급여를 받을 권리는 이를 양도·압류하거나 담보에 제공할 수 없다. 다만 연금인 급여를 받을 권리는 담보로 제공할 수 있고, 국세징수법·지방세법·기타법률에 의한 체납처분의 대상으로 할 수 있다.[206] 연금청구권의 시효와 관련하여 공무원연금법 제81조 제1항에 의하면 급여를 받을 권리는 그 급여의 사유가 발생한 날로부터 단기급여에 있어서는 1년, 장기급여에 있어서는 5년간 이를 행사하지 않을 때에는 시효로 인하여 소멸한다.

연금의 성질에 관하여는 사회보장설, 보험금설, 거치보수(deferred pay)설 또는 봉급연불설 등이 있다. 생각건대, 연금은 공무원의 봉급에서 매월 납부되는 기여금(월 보수의 6.5%)과 국가 또는 지방자치단체의 부담금(연보수 예산액의 6.5%)을 기금으로 하여 지급되는 것이므로(공무원연금법 제66조, 제69조), 연금은 위 여러 가지 학설의 성질을 아울러 가진다고 할 수 있다.

---

202) 김동복, 『경찰행정법』, 문두사, 2005, 120~121면.
203) 헌재 2005. 6. 30, 2004헌바42.
204) 대판 2003. 5. 16, 2001다61012.
205) 대판 2004. 7. 8, 2004두244.
206) 박균성, 『행정법 강의(하)』, 박영사, 2008, 251면.

> **헌재 2002. 7. 18, 선고 2000헌바57 결정**
>
> 퇴직급여의 제한사유는 재직 중의 사유로 한정하여 해석하여야 할 것이고, 그 범위를 넘어서서 퇴직 후의 사유에도 적용되는 것으로 본다면 이는 헌법상의 재산권 보장과 명확성의 원칙 및 평등의 원칙에도 위반된다 할 것이므로, 공무원연금법 제64조 제3항은 퇴직 후의 사유를 적용하여 공무원연금법상의 급여를 제한하는 범위 내에서 헌법에 위반된다.

한편, 대법원은 공무원이 근무를 하기 위하여 주거지와 근무 장소와의 사이를 순리적인 경로와 방법으로 출퇴근을 하던 중에 발생한 재해는 공무수행과 관련하여 발생한 재해로서 공무원연금법상 공무상 재해에 해당한다고 판시하였다.[207]

다른 한편, 공무원연금법상의 장해급여나 유족급여는 불법행위로 인한 손해배상과는 그 취지나 목적을 달리한다. 따라서 과실 책임의 원칙이나 과실상계는 원칙적으로 여기에는 적용되지 않는다.[208]

4) 실비변상을 받을 권리

경찰공무원은 보수를 받는 이외에 대통령령이 정하는 바에 의하여 공무집행상 직무에 소요되는 실비를 요할 때에는 실비를 변상받을 권리를 가지며(국가공무원법 제48조 제1항), 소속기관의 장의 허가를 받아 본래의 업무수행에 지장이 없는 범위 안에서 담당직무 외의 특수한 연구과제를 위탁받아 이를 처리한 경우에도 그 보상을 지급받을 수 있다(국가공무원법 제48조 제2항). 실비변상은 대통령령이 정하는 바에 의하여 지급받을 수 있다 (삭제). 실비변상은 국내여비규정, 국외여비규정 등이 정하는 바에 따라 운임·일비·식비·숙박료 등을 받는다.[209]

---

207) 대판 1999. 3. 9, 98두18206 판결; 대판 1994. 12. 13, 선고 94누9030 판결; 1884. 9. 13, 선고 94누6819 판결.
208) 김남진, 「경찰행정법」, 경세원, 2005, 91면.
209) 박균성, 『행정법 강의(하)』, 박영사, 2008, 252면.

Ⅲ. 경찰공무원의 의무

1. 개설

헌법은 제7조 제1항에서 공무원은 "국민전체에 대한 봉사자"라고 규정하고 있고 또한 국가공무원법 제1조에서는 "공무원은 국민 또는 주민 전체의 봉사자로서 직무를 민주적이고 능률적으로 수행할 것"을 규정하고 있다. 이러한 규정으로 볼 때 경찰공무원은 국민전체에 대한 봉사자로서 국민의 자유와 권리를 최대한으로 보호하여야 하는 사명적 의무를 부담하고 있다. 따라서 경찰공무원은 일반 국민이 가지지 않는 특별한 의무를 지니고 있다.

과거 경찰공무원의 근무관계를 특별권력관계로 보고 경찰공무원의 의무는 법령의 근거없이도 특별권력에 의해 명해질 수 있는 것으로 보았다. 그러나 경찰공무원의 관계도 법률관계이며, 법치주의 원칙이 적용되는 것이므로 경찰공무원의 의무는 법률에 의해 부과되는 것이다.[210]

경찰공무원의 의무는 크게 국가공무원법상의 의무, 경찰관련법상의 의무, 공직자윤리법상의 의무로 나눌 수 있다.[211]

2. 국가공무원법상의 의무

1) 선서의무

경찰공무원은 취임할 때 소속기관의 장 앞에서 국회규칙, 대법원규칙, 선거관리위원회규칙, 대통령령으로 정하는 바에 따라 선서를 하여야 하는데, 이는 국민의 봉사자로서의 경찰공무원에게 주어진 모든 직무를 다하겠다는 서약이다. 다만, 불가피한 사유가 있을 때에는 취임 후에 선서를 할 수 있다(국가공무원법 제55조, 지방공무원법 제47조).[212]

---

210) 홍정선, 『행정법원론(하)』, 박영사, 2009, 271면.
211) 홍정선, 『경찰행정법』, 박영사, 2010, 206~210면 참조.
212) 국가공무원복무규정(별표1)에 규정되어 있는 선서문의 내용을 보면 본인은 공직자로서 보람을 가지고 국가와 국민을 위하여 신명을 바칠 것을 다짐하면서 다음과 같이 선서한다.
　　 1. 본인은 법령을 준수하고 상사의 직무상 명령에 복종한다.
　　 2. 본인은 국민의 편에 서서 정직과 성실로 직무에 전념한다.
　　 3. 본인은 창의적인 노력과 능동적인 자세로 소임을 다한다.

2) 성실의무

경찰공무원은 성실히 그 직무를 수행하여야 하며, 그 직무를 태만히 하거나 유기하여서는 아니 된다(국가공무원법 제56조, 지방공무원법 제48조).

성실의 의무는 공무원에게 부과된 가장 기본적인 중요한 의무로서 최대한으로 공공의 이익을 도모하고 그 불이익을 방지하기 위하여 전인격과 양심을 바쳐서 최선을 다하여 직무를 수행하여야 하는 것을 내용으로 하는 의무이다.213) 따라서 경찰공무원이 법령을 위반하지 않더라도 성실의 의무를 위배하면 징계의 사유가 된다. 성실의무는 국가의 이익을 도모하고 또 최대한으로 국민의 복리를 기하여야 할 경찰공무원의 기본적 의무를 말하는 것이다. 성실의무는 윤리성을 본질로 하는 것이므로 경제성에 의하여 지배되는 사법상의 고용관계에서의 노무급부 의무와는 그 성질이 다른 것이다.214) 경찰공무원의 성실의무는 국민 전체에 대한 봉사자로서 직무를 공정하게 수행하고, 자신의 사익과는 무관하게 불편·부당하게 수행하는 구체적인 법적 의무로서의 성격을 갖는다.215)

3) 법령준수의무

경찰공무원은 직무집행에 있어서 법령을 준수하여야 한다(국가공무원법 제56조). 법령준수의무는 법치국가에서 공무원이 부담하는 가장 기본적인 의무이다.

경찰공무원의 법령위반행위는 그 행위의 무효·취소, 손해배상, 징계책임 등을 부담하게 된다.

4) 복종의무

경찰공무원은 소속 상관의 직무상의 명령에 복종하여야 하며, 정당한 사유 없이 그 명령을 거부하여서는 아니 된다(국가공무원법 제57조). 소속 상관이란, 그 기관이 행정청인지 보조기관인지의 여부와 관계없이 당해 공무원의 직무에 관하여 지휘·감독권을 가진

---

4. 본인은 재직 중은 물론 퇴직 후에라도 업무상 알게 된 기밀을 절대로 누설하지 아니한다.
5. 본인은 정의의 실천자로서 부정의 발본에 앞장선다.

213) 대판 1989. 5. 23, 선고 88누3161 판결.
214) 김동희, 『행정법Ⅱ』, 박영사, 2002, 146면.
215) 대판 1987. 3. 10, 선고 80누580.

사람 모두를 포함하는 개념이다. 여기서 직무상 명령 또는 직무명령이라 함은 직무와 관련하여 소속 상관이 당해 공무원에 대하여 발하는 명령을 말한다. 직무명령은 특별한 규정이 없는 한 문서 또는 구두 등 어느 형식에 의하여도 무방하다. 또한, 특정 또는 불특정 다수의 경찰공무원에 대한 경우 등 그 형식이나 절차는 일정하지 않다. 직무명령은 하급공무원을 구속할 뿐 일반국민을 구속하지는 않는다. 다시 말해서 직무명령은 법규가 아니다. 직무명령 위반은 위법이 아니고 징계사유가 될 뿐이다. 또한 직무명령은 때로는 훈령의 형식을 취하는 경우가 있으나, 상관이 부하공무원에 대하여 발하는 명령이라는 점에서 상급관청이 하급관청에 발하는 명령인 훈령과 구별된다.

직무명령이 적법·유효하기 위한 형식적 요건은 ① 권한 있는 직무상의 소속 상관이 발한 것일 것, ② 하급(부하)공무원의 직무범위 내에 속하는 사항일 것, ③ 하급(부하)공무원의 직무상 독립이 보장되는 범위에 관한 것이 아닐 것, ④ 법정의 형식·절차가 있을 때에는 이를 갖춘 것일 것 등이며, 실질적 요건은 직무명령의 내용이 적법·타당하며, 실현 가능하고 명백한 것이어야 한다.216)

5) 직장이탈금지의무

경찰공무원은 소속 상관의 허가 또는 정당한 이유 없이 직장을 이탈하지 못한다(국가공무원법 제58조 제1항, 지방공무원법 제50조 제1항). 직장이탈금지의무는 통상적으로 근무시간 중에 존재하는 것이나, 소속장관이 시간외의 근무를 명한 경우에도 존재한다. 그러나 공휴일, 휴가 중, 휴직 중, 직위해제 중에는 이러한 의무는 인정되지 않는다.217) 직장이탈금지의무는 휴가를 신청한 것만으로 책임을 면하는 것은 아니다. 휴가 신청 후 소속행정기관의 장의 허가가 있기 이전에 근무지를 이탈한 행위는 특단의 사정이 없는 한 국가공무원법 제58조에 위반되는 행위로서 징계사유가 된다.218) 행정기관의 장이 공무원복무규정 제11조 제1항에 의하여 공휴일근무를 명한 경우 직장이탈금지의무에 위배되어 징계책임뿐만 아니라 형법상 직무유기죄를 구성하게 된다.

---

216) 대판 2000. 11. 10, 2000추30.
217) 홍정선, 『행정법원론(하)』, 박영사, 2009, 278면.
218) 대판 1996. 6. 14, 선고 96누2521 판결.

> **대판 1991. 11. 22, 91누3666**
>
> 경찰서 수사과 형사계반장인 원고의 부하직원에 대한 뇌물수수사건의 검찰수사과정에서 뇌물을 받은 사람이 원고라는 제공자의 진술에 따라 원고에게까지 수사가 확대되자 원고가 수사를 피하기 위하여 사직원을 제출하였으나 수리도 되지 아니한 상태에서 소속상관의 허가 없이 3개월여 동안 직장을 이탈하고 출근하지 아니하여 뇌물수수 등의 죄로 지명 수배된 경우, 원고의 위와 같은 행위는 국가공무원법상의 직장이탈이어서 같은 법 제78조 제1항 제1호에 해당한다는 이유로 원고에 대하여 한 파면처분은 재량권을 남용 또는 일탈한 위법이 없다.

6) 친절·공정의무

경찰공무원은 국민 전체의 봉사자로서 친절하고 공정하게 직무를 수행하여야 한다(국가공무원법 제59조). 친절의무는 공무원이 국민에 군림하는 자가 아니라 봉사하는 자라는 지위에서 나오는 것이며, 공정의무는 공무원이 특정국민이 아니라 모든 국민을 위한다는 지위에서 나오며, 이 의무 역시 법적 의무이다.[219]

7) 영리업무 및 겸직금지의무

경찰공무원은 공무 이외의 영리를 목적으로 하는 업무에 종사하지 못하며, 소속기관장의 허가 없이 다른 직무를 겸하지 못한다(국가공무원법 제64조). 그리고 영리를 목적으로 하는 업무는 상업·공업·금융업 기타 영리적인 업무를 스스로 경영하여 영리를 추구함이 현저한 업무 기타 계속적으로 재산상의 이득을 목적으로 하는 업무 등이 이에 해당된다(국가공무원복무규정 제25조). 공무원에게 영리업무의 종사가 금지되는 이유는 직무능률의 저하, 공무에 대한 부당한 영향, 국가의 이익과 상반되는 이득의 취득 또는 정부에 대한 불명예 등을 방지하기 위해서이다(공무원복무규정 제25조).[220]

---

219) 홍정선, 『행정법원론(하)』, 2009, 278면; 홍정선, 『경찰행정법』, 박영사, 2010, 213면.
220) 현직 경찰 간부(경위)가 훔친 주민등록증으로 여대생 등을 고용해 대규모 불법전화 및 윤락이벤트업을 운영하면서 윤락을 알선한 사례가 경찰공무원에게 금지되어 있는 영리업무금지 위반 사례이다. 한겨레신문, 1999. 1. 15. 23면 참조.

8) 정치운동금지의무

경찰공무원은 국민전체의 봉사자로서 정치적 중립성을 지켜야 하므로 경찰공무원에게는 일정한 내용의 정치운동이 금지된다(헌법 제7조 제2항).[221]

경찰공무원은 정당 기타 정치단체의 결성에 관여하거나 이에 가입할 수 없다(국가공무원법 제65조 제1항, 지방공무원법 제57조 제1항). 또한, 경찰공무원은 선거에 있어서 특정정당 또는 특정인의 지지나 반대를 하기 위하여, ① 투표를 하거나 하지 아니하도록 권유운동을 하는 것, ② 서명운동을 기도·주재하거나 권유하는 것, ③ 문서 또는 도서를 공공시설 등에 게시하거나 게시하게 하는 것, ④ 기부금을 모집 또는 모집하게 하거나 공공자금을 이용 또는 이용하게 하는 것, ⑤ 타인으로 하여금 정당 기타 정치단체에 가입하거나 또는 가입하지 아니하도록 권유운동을 하여서도 안 된다(국가공무원법 제65조 제2항). 또한, 경찰공무원은 다른 공무원에게 위의 정당결성 등의 금지나 선거운동금지에 위배되는 행위를 하도록 요구하거나 또는 정치적 행위의 보상 또는 보복으로서 이익 또는 불이익을 약속하여서도 아니 된다(국가공무원법 제65조 제3항).

9) 집단행위금지의무

헌법은 제33조 제2항에서 공무원인 근로자는 법률이 정하는 자에 한하여 단결권·단체교섭권·단체행동권을 가진다고 규정하고 있는바 그에 기하여 경찰공무원은 노동운동 기타 공무 이외의 일을 위한 집단적 행위를 하여서는 아니 된다(국가공무원법 제66조). 경찰공무원에게 집단행위금지의무를 부과하고 있는 것은 국민 전체의 이익을 위해 봉사는 자이므로 경찰공무원 자신이 개인적 이익을 위한 집단행동을 금지하고 있는 것이다.[222]

---

221) 대판 2004. 5, 14, 2004헌나I[대통령(노무현) 탄핵심판사건].
222) 헌재 2009. 7. 30, 2006헌마358.

여기서 말하는 공무원의 "공무 이외의 집단적 행위"란 공무원으로서 직무에 관한 기강을 저해하거나 기타 그 본분에 배치되는 등 공무의 본질을 해치는 특정목적을 위한 다수인의 행위로서 단체의 결성단계에는 이르지 아니한 상태에서의 행위를 말한다. 장관주재의 정례회의시 집단퇴장은 공무원으로서 직무에 관한 기강을 저해하거나 기타 그 본분에 배치되는 등 공무의 본질을 해치는 다수인의 행위라 할 것이다.[223] 대법원은 공무외의 집단적 행위에 관하여 "공무 외의 집단적 행위"라 함은 공무원으로서 직무에 관한 기강을 저해하거나 기타 그 본분에 배치되는 등 공무의 본질을 해치는 특정목적을 위한 다수인의 행위로써 단체의 결성단계에는 이르지 아니한 상태에서의 행위를 말한다고 판시한 바 있다.[224]

10) 청렴의무

청렴의 의무는 경찰공무원이 직무와 관련하여 직접 또는 간접을 불문하고 사례·증여 또는 향응을 수수하여서는 안 된다(국가공무원법 제61조 제1항). 또한, 경찰공무원은 직무상의 관계 여하를 불문하고 그 소속 상관에 증여하거나 소속공무원으로부터 증여를 받아서는 안 된다(국가공무원법 제61조 제2항). 청렴의무도 넓게는 품위유지의무의 내용에 포함되나 현행 국가공무원법은 이를 별도 조항으로 규정하고 있다. 청렴의 의무위반은 징계사유가 될 뿐만 아니라 일정한 경우에는 형법상 뇌물에 관한 범죄를 구성한다(형법 제129~135조).

---

223) 대판 1992. 3. 27, 선고 91누9145 판결.
224) 대판 1992. 3. 27, 선고 91누9145 판결.

대판 1999. 11. 26, 98두6951

원고는 1978. 5. 27. 경찰공무원으로 임용되어 1996. 5. 3.부터 부산 지방경찰청 남부경찰서 소속 파출소장으로 근무하여 왔는데, 피고는 원고가 부산 사상구 감전동에 있는 주점 1의 업주 소외 1과 친분관계가 있음을 기화로 ① 1995. 5. 21. 위 업소가 퇴폐영업으로 단속되자 관할 파출소장 소외 2에게 '소외 1과 잘 아는 사이이므로 사건을 잘 처리해 달라'고 청탁하고, ② 같은 해 6. 21. 위 소외 1의 처남 소외 3이 경영하는 주점 2이 퇴폐영업으로 단속되자 위 소외 2에게 '자신의 입장이 곤란하므로 잘 처리해 달라. 소외 3이 수배 중이니 현영업주인 그의 처를 입건하지 말고 소외 3을 입건해 달라'고 청탁하고, ③ 1996. 6. 5. 위 주점 1이 무허가영업으로 단속되자 위 소외 2에게 '윤락행위 부분은 빼고 무허가 부분만 입건하는 방향으로 선처해 달라'고 청탁하고, ④ 같은 달 10. 위 주점 1이 종업원의 호객행위로 단속되자 위 소외 2에게 '즉결심판에 회부되지 않도록 선처해 달라'고 청탁하고, ⑤ 같은 달 초순경 직접 수회 전화를 하거나 찾아가서 잘 봐달라고 청탁하고, ⑥ 1997. 1. 22. 09:00경 위 주점 1이 퇴폐영업으로 단속되자 위 소외 2와 경장 소외 4에게 '아가씨만 빌려 준 것이니까 한곳으로 묶어 달라. 여종업원들을 빨리 보내 주도록 해 주고 부녀보호소에 넘기지 않도록 해 달라'고 청탁하고 그 후 여종업원들의 신병이 인계되자 '여종업원이 맞는데 파출소장인 소외 2가 사과하고 잘 수습하는 게 좋겠다'고 하여 이를 거절하자 '고소당하면 너만 손해다. 서로 좋게 하라'고 하는 등 유흥업소 유착비리 근절에 대한 상부의 명령을 위배하고 경찰관으로서의 품위를 손상시켰다는 것은 국가공무원법 제56조, 제57조, 제63조에 위배되어 같은 법 제78조 제1항 각 호 소정의 징계사유에 해당한다.

청렴의무를 제도적으로 확보하기 위해 공직자윤리법을 제정하여 일정한 고위공직자의 재산등록 및 공개의무, 선물신고의무, 퇴직공무원의 취업제한 등을 규정하고 있다. 공직자윤리법에 의하면, 경찰의 경우 총경 이상의 경찰공무원이 공직자윤리법의 재산등록과 공개의무를 부담한다(공직자윤리법 제3조 제8호).

11) 비밀엄수의무

경찰공무원은 재직 중은 물론 퇴직 후에도 직무상 지득한 비밀을 엄수하여야 한다(지방공무원법 제52조, 국가공무원법 제60조). 직무상 비밀의 내용은 공무원 본인이 취급한 직무에 관한 비밀뿐만 아니라 직무와 관련하여 알게 된 비밀도 포함된다. 국가공무원법상 직무상 비밀이라 함은 국가공무원의 민주적·능률적 운영을 확보하여야 한다는 이념에 비추어 볼 때 당해 사실이 알려질 경우 그러한 행정의 목적을 해할 우려가 있는지 여부를 기준으로 판단하여야 하며, 구체적으로 행정기관이 비밀이라고 형식적으로 정한 것에 따를 것이 아니라 실질적으로 비밀로서 보호할 가치가 있는지, 즉 그것이 통상의 지식과 경험을 가진 다수인에게 알려지지 아니할 비밀성을 가졌는지, 또한 정부나 국민의 이익 또는 행정목적달성을 위하여 비밀로서 보호할 필요성이 있는지 객관적으로 검토되어야 한다.[225]

이 비밀엄수의무 위반은 징계사유가 될 뿐만 아니라 법령에 의한 직무상 비밀을 누설한 경우에는 형사상의 피의사실공표죄(형법 제126조)나 공무상 비밀누설죄(형법 제127조)를 구성하여 처벌받는다.

대판 1995. 6. 30, 선고 93추83 판결

대법원은 국가의 안전보장에 중대한 영향을 미칠 국가기밀의 경우까지도 반드시 공개하도록 규정된 조례안은 공무원의 비밀유지의무를 규정한 국가공무원법 제60조, 지방공무원법 제52조, 형법 제127조, 보안업무규정 제24조와 지방자치법 제36조 제7항, 같은 법시행령 제17조의4 제3항에 위반된다고 볼 수밖에 없다고 판시한 바 있다.

다만, 퇴직한 공무원에 대하여는 형사책임을 물을 수 있을 뿐이지 징계책임은 물을 수 없다.

3. 경찰관련법상의 의무

1) 제복착용의무

경찰공무원은 제복을 착용하여야 한다(경찰공무원법 제20조). 경찰의 제복의 종류와 제복의 착용구분 등에 대해서는 경찰복제에관한규칙에 자세히 규정되어 있다.

2) 허위보고 등 금지의무

경찰공무원은 직무에 관해서 허위 보고나 통보를 하여서는 안 된다. 그리고 직무를 태만히 하거나 유기하여서도 안 된다(경찰공무원법 제18조).

---

225) 대판 1996. 10. 1, 선고 94누7171 판결.

3) 지휘권남용 등의 금지의무

경찰공무원은 직무를 수행함에 있어서 헌법과 법률에 따라 국민의 자유와 권리를 존중하고, 국민전체에 대한 봉사자로서 공정중립을 지켜야 하며, 부여된 권한을 자유와 권리를 존중하고, 국민 전체에 대한 봉사자로서 공정중립을 지켜야 하며, 부여된 권한을 남용하여서는 안 된다(경찰법 제4조). 또한 전시·사변 기타 이에 준하는 비상사태에 처하거나, 작전수행 중인 경우 또는 많은 인명손상이나 국가재산손실의 우려가 있는 위급한 사태가 발생한 경우에 경찰공무원은 지휘·감독하는 자는 정당한 사유 없이 그 직무수행을 거부 또는 유기하거나 경찰공무원을 지정된 근무지에서 진출·퇴각 또는 이탈하게 하여서는 안 된다(경찰공무원법 제19조).

4. 공직자윤리법상 의무

1) 재산의 등록·공개의무

공직자윤리법은 공무원의 청렴의무의 제도적 확보를 위하여 일정한 공직자의 재산등록 및 공개, 선물신고 및 퇴직공직자의 취업제한 등에 관하여 정하고 있는데, 그의 주요 내용은 다음과 같다.

(1) 등록의무자

대통령·국무총리 등 국가 정무직공무원과 지방자치단체장, 지방의회의원 및 4급 이상의 공무원이 그에 해당된다(동법 제3조). 종전의 3급 이상의 공무원을 개정법은 4급 이상으로 확대하였다.[226)

(2) 재산등록

등록의무자가 등록할 재산은 본인, 배우자, 본인의 직계존비속의 재산이다(공직자윤리법 제4조 제1항). 그리고 등록할 재산의 내역은 부동산, 1천만 원 이상의 현금 등 동산과 기타 각종의 권리이다(공직자윤리법 제4조 제2항).

---

226) 김남진, 『경찰행정법』, 경세원, 2005, 106면.

개정법은 등록재산은 가액산정방법을 규정하고 있는데, 토지는 공시지가, 아파트는 기준시가 등에 의한다(공직자윤리법 제4조 제3항). 공직자가 등록재산을 등록기관에 등록하게 되면 공직자윤리위원회는 등록된 사항을 심사해야 한다(공직자윤리법 제8조). 심사결과 등록 시 허위로 기재한 사실이 인정되는 경우 위원회는 경고, 과태료 부과, 징계의결 요청 등을 하여야 한다(공직자윤리법 제8조의2).

(3) 등록재산의 공개

종전에는 등록재산의 비공개를 원칙으로 하였으나, 개정법은 정무직공무원, 1급 이상의 일반별정직공무원 등의 경우에는 공개하는 것을 원칙으로 하고 있다(공직자윤리법 제10조). 또한 공직선거후보자 등의 재산공개의무조항(공직자윤리법 제10조의2)을 신설하였다.

2) 선물신고의무

공무원 또는 공직유관단체의 임직원은 외국으로부터 선물을 받거나 직무와 관련하여 외국인으로부터 선물을 받을 때에는 지체 없이 소속기관·단체의 장에게 신고하고 물건을 인도해야 한다(공직자윤리법 제15조). 이들이 가족이 외국으로부터 선물을 받거나 그 공무원이나 공직유관단체 임직원의 직무와 관련하여 외국인에게 선물을 받는 경우에도 또한 같다(공직자윤리법 제15조 제1항). 신고된 선물은 즉시 국고에 귀속된다(공직자윤리법 제16조).

3) 취업금지의무

총경 이상의 퇴직경찰공무원은 퇴직일로부터 2년간 퇴직 전 3년 이내에 소속하였던 부서의 업무와 밀접한 관련이 있는 일정규모 이상의 영리를 목적으로 하는 사기업체 또는 영리사기업체의 공동이익과 상호 협력 등을 위하여 설립된 법인·단체에 취업할 수 없다. 다만, 관할공직윤리위원회의 승인을 얻은 때에는 그러하지 아니하다(공직자윤리법 제3조 제1항 제8호, 제17조, 공직자윤리법시행령 제31조 제32조).

Ⅳ. 경찰공무원의 책임

경찰공무원의 책임이란 경찰공무원이 그 의무에 위반하여 위헌위법의 행위를 하거나 부당한 행위를 하는 등 과오를 범한 경우에 그에 대하여 불이익한 법적 제재를 받게 되는 지위를 말한다.227) 따라서 경찰공무원이 일반국민의 지위에서 행한 행위에 대하여 부담하는 책임은 공무원의 책임과 무관하다.228)

경찰공무원의 책임은 광의와 협의의 책임으로 나누어 볼 수 있다. 광의의 책임이란 경찰공무원이 그 의무를 위반함으로써 경찰공무원관계의 내부에서 지는 행정상의 책임뿐만 아니라 외부에서 지는 민사상 및 형사상의 책임까지를 모두 포함하는 넓은 개념이다. 이에 대하여 협의의 책임은 경찰공무원이 그 의무를 위반함으로써 경찰공무원관계의 내부에서 지는 징계책임과 국가 등에 대한 변상책임만을 의미한다.

이하에서는 행정상의 책임, 형사상의 책임, 민사상의 책임으로 나누어 설명하기로 한다.

1. 행정상의 책임

1) 징계책임

(1) 징계의 의의 및 성질

징계란 공무원이 공무원으로서 부담하는 의무를 위반한 경우에 공무원관계의 질서를 유지하기 위하여 공무원법에 따라 당해 공무원에게 법적 제재를 부과하는 것을 말한다. 그 제재로서의 벌을 징계벌이라 하고, 그 벌을 받을 지위를 징계책임이라 한다.229) 징계벌도 당해 공무원에 대한 고통이나 불이익의 부과라는 점에서 형벌과 다름없다. 공무원의 의무위반행위가 징계벌의 대상이 됨과 동시에 형벌의 대상이 되는 일이 있는데, 이러한 경우 징계벌과 형벌과는 별도의 책임인 것이며 성질상 차이가 있다.

---

227) 홍정선, 『행정법원론(하)』, 박영사, 2009, 287면.
228) 김동복, 『경찰행정법』, 문두사, 2005, 133면.
229) 박균성, 『행정법 강의』, 박영사, 2008, 1079면.

(2) 징계벌과 형벌의 비교

징계벌은 직접적으로 특별신분관계에 입각한 특별권리에 기초하고 있는 데 대하여 형벌은 국가의 통치권에 근거하여 과해진다. 오늘날 공무원의 징계에 법률의 수권을 필요로 하는 점은 일반적으로 시인되고 있다. 그러나 징계 그 자체는 법률의 수권을 통해 형성된, 특별신분관계 내에서만 통용되고 특별권리에 기초하고 있다고 말할 수 있다. 여기에 일반통치관계와 구별되는 특별신분관계(특별권력관계, 특별행정법관계)라고 하는 범주를 인정하는 실익과 필요성이 있다.

징계벌은 특별신분관계로서의 공무원관계 내부의 질서를 유지하는 것을 목적으로 하는 데 대하여, 형벌은 일반사회에서의 질서유지를 목적으로 한다.

징계벌은 공무원의 신분적 이익의 전부 또는 일부를 박탈함을 그 내용으로 하는 데 대해, 형벌은 자유형, 재산적 이익을 박탈을 그 내용으로 한다.

징계벌은 공무원법상의 의무위반을 그 대상으로 하는 데 대하여, 형벌은 형법상의 비행, 즉 형사범을 그 대상으로 한다.

양자는 이상에 목적·내용 등 많은 차이가 있으므로 양자를 병과할 수 있으며, 이는 일사부재리원칙에 저촉되지 아니한다.[230] 한편, 감사원에서 조사 중인 사건에 대하여는 조사개시의 통보를 한 날로부터 징계의결의 요구 기타 징계절차를 진행하지 못하도록 되어 있는 데 대하여(국가공무원법 제83조 제1항), 형사벌과의 관계에 있어서는 형사소추 선행의 원칙은 채택되어 있지 않다. 즉 검찰·경찰 기타 수사기관에서 수사 중인 사건에 대하여는 징계절차를 진행시킬 수 있다(국가공무원법 제83조 제2항).

(3) 징계사유

가. 사유의 유형

경찰공무원의 징계사유는 ① 국가공무원법 또는 동법에 의한 명령에 위반한 때, ② 직무상의 의무에 위반하거나 직무를 태만히 한 때, ③ 직무의 내외를 불문하고 그 체면 또는 위신을 손상하는 행위를 한 때 등이다(국가공무원법 제78조). 이와 같은 징계사유가 있을 때에는 징계권자는 반드시 징계의결의 요구를 하여야 하고, 그 결과에 따라 징계처분을 하여야 한다. 이러한 징계사유는 반드시 고의·과실의 유무와 관계없이 성립한다는 것이 판례의 입장이다.[231] 그리고 감독자가 감독의무를 태만히 한 경우에는 감독책

---

230) 홍정선, 『경찰행정법』, 박영사, 2010, 221면; 대판 1986. 12. 12, 86누59.

임을 면할 수 없다.

대법원은 징계사유와 관련하여 전화문의에 개인적인 의견을 개진한 것에 불과하다면 책임질 징계사유가 된다고 할 수 없다고 판시하였다.[232] 그러나 대법원은 공무원이 그 법정 연가일수의 범위 내에서 연가를 신청하였다고 할지라도 그에 대한 소속 행정기관의 장의 허가가 있기 이전에 근무지를 이탈한 행위는 특단의 사정이 없는 한 징계사유가 된다고 판시하였다.[233]

나. 징계사유의 발생시점

징계사유는 공무원의 재직 중에 일어난 것이어야 한다. 재직 전의 것이라도 그것이 공무원의 위신을 손상하는 것이 되는 때에는 임명의 취소사유 내지는 징계사유가 될 수 있다고 판단된다.[234]

대법원은 "뇌물을 공여한 행위는 공립학교 교사로 임용되기 전이었더라도 그 때문에 임용 후의 공립학교 교사로서의 체면과 위신이 크게 손상되었다고 하지 않을 수 없으므로 이를 징계사유로 삼은 것은 정당하다."고 판시하였다.[235]

징계에 관하여 다른 법률의 적용을 받는 공무원이 국가공무원법 또는 지방공무원법의 적용을 받는 공무원으로 임용된 경우에, 임용 이전의 타법에 의한 징계사유는 그때로부터 국가공무원법, 지방공무원법에 의한 징계사유가 발생한 것으로 본다(국가공무원법 제78조 제2항). 또한 특수경력직 공무원이 경력직공무원으로 임용된 경우에, 임용 전의 당해 특수경력직 공무원의 징계를 규율하는 법령상의 징계사유는 그 사유가 발생한 날로부터 국가 공무원법에 의한 징계사유가 발생한 것으로 본다(국가공무원법 제78조).

(4) 징계사유의 시효

징계의결의 요구는 징계사유가 발생한 때로부터 2년(금품 및 향응수수, 공금의 횡령·유용의 경우에는 3년)이 경과한 때에는 행하지 못한다(국가공무원법 제83조의2 제1항). 감사원이나 수사기관에서의 조사 또는 수사를 이유로 징계절차를 진행하지 못하여 시효 기간의 경과하거나 그 잔여기간이 1월 미만인 경우에는 조사나 수사의 종료의 통보를 받

---

231) 대판 1979. 11.13, 79누245.
232) 대판 1985. 11. 26, 선고 84누435 판결.
233) 대판 1996. 6. 14, 선고 96누2521 판결.
234) 김남진, 「경찰행정법」 경세원, 2005, 115면,
235) 대판 1990. 5. 22, 선고 89누7368 판결.

은 날로부터 1월이 경과한 날에 만료되는 것으로 본다.(국가공무원법 제83조의2 제2항). 징계위원회의 구성·징계의결 기타 절차상의 하자나 징계양정의 과다를 이유로 소청심사위원회 또는 법원에서 징계처분의 무효 또는 취소의 결정이나 판결을 한 때에는 시효기간이 경과하거나 그 잔여기간이 3월 미만인 경우에도 그 결정 또는 판결이 확정된 날로부터 3월 이내에는 다시 징계 요구를 할 수 있다(국가공무원법 제83조의2 제3항).

(5) 징계의 종류

국가공무원법에 규정된 징계의 종류에는 파면·해임·정직·감봉 및 견책에 5종이 있다(국가공무원법 제79조). 또한, 징계의 종류를 분류할 때 배제징계와 교정징계로 나눌 수 있다. 배제징계에는 파면과 해임이 있고, 교정징계에는 정직, 감봉, 견책이 있다. 경찰공무원징계령에서 말하는 중징계에는 파면·해임·정직을 말하고, 경징계란 감봉·견책을 말한다. 경찰인사행정에서 위임 징계처분 이외에도 실제 징계와 같은 목적으로 활용되고 있는 것으로는 직위해제, 좌천, 권고사직 등이 있다.

파면이란 공무원의 신분을 박탈하고 연금을 제한하여 지급하는 것을 내용으로 한다. 해임이란, 공무원의 신분을 박탈하나, 연금의 전액을 지급하는 것이다. 경찰공무원에 대한 파면의 경우, 경찰공무원관계로 파면되고 동시에 퇴직급여액의 1/4〜1/2 감액하여 지급한다.236) 그리고, 5년간 공직 재임용에 제한을 받는다.

정직은 1〜3개월의 기간 중 공무원의 신분은 보유하나 직무에 종사하지 못하고, 정직기간 중 보수의 2/3을 감하는 것을 말한다(국가공무원법 제80조 제1항). 또한, 경찰공무원이 정직을 받은 경우 집행종료일로부터 18개월이 지난 후에는 승진·승급이 가능하다.

감봉은 1〜3월간 감봉기간 중 보수의 1/3을 감하는 것을 말한다. 견책은 6개월이 지난 후에는 승진·승급이 가능하다. 전투경찰대설치법에서는 위의 5종 이외에 영창·근신을 규정하고 있다(전투경찰대설치법 제5조). 영창은 전투경찰대 또는 함정 기타의 구금장에 구금함을 말하며 그 기간은 15일 이내로 한다. 근신은 훈련 또는 교육을 받을 경우를 제외하고는 평상근무에 복무함을 금하고 일정한 장소에서 비행을 반성함을 말하며 그 기간은 15일 이내로 한다.

징계종류의 선택은 원칙적으로 징계권자의 재량적 판단에 속한다. 판례는 경찰공무원의 대표적인 징계사유로 경찰공무원이 길에서 부첩관계에 있던 여인과 싸운 행위는 파면

---

236) 재직기간이 5년 미만인 사람에 대하여는 퇴직급여액의 1/4를 지급하고, 재직기간이 5년 이상인 사람에 대하여는 1/2를 감액하여 지급한다.

처분을 받을 만한 징계사유가 된다고 판시하고 있다.237)

대판 1994. 6. 10, 94누4622

징계권자가 징계권의 행사로서 한 징계처분이 사회통념상 현저하게 타당성을 잃은 경우에는 징계권자에게 맡겨진 재량권을 남용한 것으로 위법하고, 사회통념상 현저하게 타당성을 잃었는지 여부는 구체적인 사례에 부딪혀 수행목적의 특성, 징계의 원인이 된 비위사실의 내용과 성질, 징계에 의하여 달성하려는 행정목적, 징계양정의 기준 등 여러 가지 요소를 종합하여 판단하여야 할 것이다. 특히 금품수수의 경우는 수수액수, 수수경위, 수수시기, 수수 이후, 직무에 영향을 미쳤는지 여부 등이 고려되어야 한다.

---

(6) 징계권자

징계권은 임용권에 포함되는 것이 원칙이므로 임용권자가 징계권을 행사하는 것이 원칙이지만, 법률은 이에 대하여 별도의 규정을 두고 있다. 국가공무원의 징계는 징계위원회가 설치되어 있는 소속기관의 장이 행사한다. 다만, 파면과 해임의 경우에는 각 임용권자 또는 임용권을 위임한 상급감독기관의 장이 행사한다(국가공무원법 제82조 제1항).

(7) 경찰징계위원회

경찰공무원징계위원회는 경찰공무원중앙징계위원회와 경찰공무원보통징계위원회가 있다(경찰공무원징계령 제3조 제1항). 중앙징계위원회는 경찰청 및 해양경찰청에 두고, 보통징계위원회는 경찰청 또는 해양경찰청, 지방경찰청, 해양경찰청, 경찰대학, 경찰종합학교, 중앙경찰학교, 경찰병원, 경찰서, 경찰기동대, 전투경찰대, 해양경찰서, 정비창, 경비함정 및 경찰청장 또는 해양경찰청장이 지정하는 경감이상의 경찰공무원을 장으로 하는 기관에 둔다(경찰공무원징계령 제3조 제2항).

중앙징계위원회는 국무총리 소속하에 설치하여 경무관 이상의 경찰관에 대한 징계사건의 의결은 국가공무원법에 의하여 설치되 중앙징계위원회에서 행한다. 경찰관중앙징계위원회는 총경 및 경정에 대한 징계사건을 심의·의결하며 경찰공무원중앙징계위원회는 경찰청에 둔다.

경찰공무원보통징계위원회는 경찰청, 지방경찰청, 경찰서, 기동경찰대, 전투경찰대, 기

---

237) 대판 1966. 3. 22, 선고 66누7 판결.

타 경찰청장 지정 경감 이상의 공무원을 장으로 하는 기관에 설치하며 경감 이하의 경찰공무원에 대한 징계사건을 심의·의결한다. 다만, 경찰서, 기동경찰대, 전투경찰대, 해양경찰서, 정비창, 경비함정 및 경찰청장 또는 해양경찰청장이 지정하는 경감이상의 경찰공무원에 대한 징계사건을 심의·의결한다. 그리고 보통징계위원회의 징계관할에서 제외되는 경찰공무원의 징계사건은 직근상급 경찰기관에 설치된 보통징계위원회에서 심의·의결한다.

(8) 징계의 절차

가. 징계의결의 요구

경찰기관장은 소속 경찰관이 징계사유에 해당하는 행위를 한 때, 하급기관으로부터 징계의결 요구에 대한 신청을 받을 때, 감사원이나 상급경찰기관장으로부터 징계지시를 받은 때에는, 즉시 징계위원회를 구성하여 징계요구를 하여야 한다(국가공무원법 제78조, 경찰공무원 징계령 제9조). 징계의결의 요구는 기속적이다.[238]

나. 징계위원회의 구성

경찰관중앙징계위원회는 위원장을 포함한 위원 5인 이상 7인 이하로, 경찰보통징계위원회는 위원회를 포함한 위원 3인 이상 7인 이하로 구성한다(경찰공무원징계령 제6조 제1항). 징계위원회의 위원은 징계심의대상자보다 상위계급의 경위 이상의 소속 경찰공무원 중에서 당해 경찰기관의 장이 임명한다(경찰공무원징계령 제6조 제2항). 위원장은 위원 중 최상위계급 또한 선임의 경찰공무원이 된다(경찰관징계령 제6조 제3항).

다. 징계심의대상자의 출석

징계위원회는 징계사건을 심의할 때에는 미리 당해 징계심의대상자에게 출석하도록 통지하여야 한다. 징계위원회는 징계심의대상자가 그 징계위원회에서의 진술을 위한 출석을 하지 아니할 때에는 진술포기서를 제출하게 하여 이를 기록에 첨부하고 서면심사에 의하여 징계 의결을 할 수 있다(경찰공무원징계령 제12조).

라. 심문의 진술권

(심문의 진술권)징계위원회는 출석한 지계심의대상자에게 징계사유에 해당하는 사실에

---

238) 대판 2007. 7. 12, 2006도1390.

관한 심문을 행하고 심사상 필요하다고 인정될 때에는 관계인의 출석을 요구하여 심문할 수 있다(경찰공무원징계령 제13조).

마. 징계의결기한

징계의결 요구를 받은 징계위원회는 그 요구서를 받은 날로부터 30일(국무총리 소속하의 중앙징계위원회는 60일)(공무원징계령 제9조) 이내에 징계에 관한 의결을 하여야 한다. 다만, 부득이한 사유가 있을 때에는 당해 징계의결을 요구한 자의 승인을 얻어 30일 이내에 범위 안에서 그 기간을 연장할 수 있다(경찰공무원징계령 제11조).

바. 징계의결의 통고

징계위원회가 징계의결을 한 때에는 지체 없이 징계의결서의 정본을 첨부하여 징계의결을 요구한 자에게 이를 통고하여야 한다(경찰공무원징계령 제17조).

대판 1999. 3. 26, 선고 98두4672 판결

대법원은 징계처분의 절차상의 하자와 관련하여 "피징계자가 징계위원회에 출석하여 통지절차에 대한 이의를 제기하지 아니하고 충분한 소명을 한 경우에는 그와 같은 절차상의 하자는 치유된다."고 판시하였고,239) 재심절차와 관련하여 "징계처분에 대한 재심절차는 원래의 징계절차와 함께 전부가 하나의 징계처분절차를 이루는 것으로서 그 절차의 정당성도 징계과정 전부에 관하여 판단되어야 할 것이므로, 원래의 징계과정에 절차 위반의 하자가 있더라도 재심과정에서 보완되었다면 그 절차 위반의 하자는 치유된다"고 판시한 바 있다.

사. 징계의 집행

징계의결을 요구한자는 감봉 또는 견책의 징계의결의 통보를 받은 날로부터 10일 이내에 이를 집행해야 한다. 징계의결을 요구한 자가 징계의결을 집행함에 있어서는 징계의결서의사본을 첨부한 징계처분사유설명서를 징계의결된 자에게 교부함으로써 이를 집행한다(경찰공무원징계령 제18조).

징계의결을 요구한 자는 징계위원회로부터 파면·해임 또는 정직의 의결을 통고받은 때에는 지체 없이 징계의결서의 정본을 첨부하여 당해 경찰공무원의 임용권자에게 파면·해임 또는 정직처분을 제청하되, 경무관 이상의 정직, 경정 이상의 파면 및 해임처

---

239) 대판 1995. 3. 3, 선고 94누11767 판결.

분의 제청과 총경 및 경정의 정직처분의 집행은 경찰청장 또는 해양경찰청장이 이를 행한다(경찰공무원징계령 제19조 제1항). 위의 파면 또는 해임처분의 제청을 받은 임용권자는 10일 이내에 징계의결서의 사본을 첨부한 징계분사유설명서를 징계의결이 된 자에게 교부하여야 한다(경찰공무원징계령 제19조 제2항).

아. 징계처분에 대한 구제

징계처분을 받은 자는 처분사유 설명서를 받은 날로부터 30일 이내에 행정안전부에 설치된 소청심사위원회에 심사를 청부할 수 있다(국가공무원법 제76조 제1항). 그러나 전투경찰대의 대원 중 경사 이하의 경우에는 징계처분에 불복할 경우 소청은 각기 소속에 따라 당해 전투경찰대가 소속된 상급기관에 설치된 경찰공무원보통징계위원회에서 소청심사를 한다(전투경찰대설치법 제6조).

소청위원회에 심사를 청부할 때에는 소청심사청구서에 그 사본 1통과 처분사유 설명서 또는 인사발령통지서의 사본을 첨부하여 위원회에 제출해야 한다. 소청심사위원회의 결정에 불복이 있을 때, 소청제기 후 60일이 지나도록 위원회의 결정이 없는 때에는 관할 행정법원에 행정소송을 제기할 수 있다.[240] 이 경우 피고는 경찰청장 또는 해양경찰청장이 된다(경찰공무원법 제28조).

대판 1992. 5. 26, 선고 92누206 판결

대법원은 심사청부기간 고지와 관련하여 "교육공무원에게 해임처분사실을 통지하면서 소청심사청구기간을 알리지 않았다면 행정심판법 제18조 제6항ㆍ제3항의 규정에 의하여 해임처분이 있는 날로부터 180일 이내에 소청심사청구를 할 수 있고 정당한 사유가 있을 경우에는 그 이후도 심사청구를 할 수 있다."고 판시하였다.

---

2) 변상책임

경찰공무원이 국가 또는 지방자치단체에 대하여 재산상의 손해를 발생하게 한 경우 그에 대하여 경찰공무원이 부담하는 재산상의 책임을 말한다.[241] 변상책임이 있다. 이변상책임은 관계공무원이 부담하는 재산상의 책임을 의미한다. 변상책임에는 국가배상법에 의한 변상책임과 회계관계직원 등의 변상책임의 두 가지가 있다.

---

240) 대판 2002. 7. 26, 2001두3532.
241) 홍정선, 『경찰행정법』, 박영사, 2010, 229면.

(1) 국가배상법상의 변상책임

가. 국가배상법 제2조 제2항에 의한 책임

경찰공무원이 그 직무를 집행함에 당하여 고의 또는 과실로 법령에 위반하여 타인에게 손해를 가하였을 때에는 국가는 그 손해를 배상할 책임이 있는데, 이 경우에 국가는 경찰공무원에게 고의 또는 중과실이 있을 때에는 그에게 구상할 수 있다(국가배상법 제2조 제2항).

대판 2002. 2. 22, 2001다23447

강도강간의 피해자가 제출한 팬티에 대한 국립과학수사연구소의 유전자검사결과 그 팬티에서 범인으로 지목되어 기소된 원고나 피해자의 남편과 다른 남자의 유전자형의 검출되었다는 감정결과를 검사가 공판과정에서 입수한 경우 그 감정서는 원고의 무죄를 입증할 수 있는 결정적인 증거에 해당하는데도 검사가 그 감정서를 법원에 제출하지 아니하고 은폐하였다면 검사의 그와 같은 행위는 위법하다고 보아 국가는 배상책임을 진다.

나. 국가배상법 제5조 제2항에 의한 책임

영조물의 설치·관리상의 하자로 인하여 타인에게 손해를 발생한 경우에는 국가는 피해자에게 그 손해를 배상할 책임이 있다. 그러나 경찰공무원에게 그 손해의 원인에 대한 책임이 있을 때에는 국가는 경찰공무원에게 구상할 수 있다(국가배상법 제5조 제2항).

다. 사경제적 직무행위의 경우

경찰공무원이 사경제적 직무행위(물품의 구매 등)를 행함에 당하여 고의 또는 과실로 타인에게 손해를 가하였을 때에는 국가는 사용자로서 책임을 지게 되며(국가배상법 제8조, 민법 제756조 제1항, 제2항), 당해 경찰공무원은 국가의 수상에 따르는 변상책임을 지게 된다(민법 제756조 제3항).

라. 자동차손해배상보장법에 의한 책임

경찰공무원의 자동차운행으로 인하여 다른 사람을 사망하게 하거나 부상하게 한 때는 국가는 국가배상법에 의한 책임을 지게 되고, 당해 경찰공무원은 국가의 구상에 따르는 변상 책임을 지게 된다(국가배상법 제2조, 자동차손해배상보장법 제3조).[242]

(2) 회계관계직원 등의 책임

회계관계직원 등의 책임에 관한 일반법으로 회계관계직원등의책임에관한법률이 있다. 이 법률은 국가 또는 지방자치단체 그 밖에 감사원의 감사를 받는 단체 등에 적용된다 (회계관계직원등의책임에관한법률 제1조). 주요 내용을 살펴보면 동법 제4조 제1항에서 회계관계직원은 고의 또는 중대한 과실로 법령이나 그 밖의 관계규정 및 예산에 정하여진 바를 위반하여 국가, 지방자치단체, 그 밖에 감사원의 감사를 받는 단체 등의 재산에 손해를 끼친 경우에는 변상할 책임이 있다고 규정하고 있다. 그리고 제4조 제2항에서는 현금 또는 물품을 출납·보관하는 회계관리 직원은 선량한 관리자로서의 주의를 게을리하여 그가 보관하는 현금 또는 물품이 망실되거나 훼손된 경우에는 변상할 책임이 있다고 규정하고 있다.[243)]

2. 형사책임

경찰공무원의 의무위반행위가 공무원관계의 내부의 질서에 그치지 않고 나아가 일반사회법익도 침해한 경우에 사회질서를 유지하기 위하여 형벌을 과하는 경우가 있다. 이러한 경우의 경찰공무원의 책임을 형사책임이라 한다.[244)] 협의의 형사책임에는 직무범죄로 인한 책임과 준직무범죄로 인한 책임으로 구분할 수 있고, 광의의 형사책임에는 형사법에 위반한 경우뿐만 아니라 행정형벌이 따르는 행정법규에 위반한 경우에 부담하는 책임까지 포함한다고 보겠다.[245)]

직무범은 직권을 남용하는 등 직무집행행위 그 자체가 범죄를 구성하는 경우를 말하고, 준직무범은 직무행위라고 하는 것 자체가 범죄를 구성하는 것이 아니라 경찰공무원이라는 신분상 또는 경찰공무원의 직무와 관련되기 때문에 범죄가 되는 경우를 말한다. 직무범에 해당하는 죄는 형법 제122~128조이고, 준직무범에 해당하는 죄는 형법 제129~133조 등이다. 그 밖에 각 행정법규에서 특히 공무원에 관한 범죄를 규정하고 있는 경우가 많다. 이는 일종의 행정범으로서 행정범이론이 적용된다.[246)]

---

242) 이에 관한 상세는 김남진, 공무원의 자동차운행사고와 배상책임, 고시연구, 2002. 5. 참조.
243) 대판 2006. 11. 16, 2002다74152; 대판 2002. 10. 11, 2001두3297.
244) 김동희 「행정법요론」, 박영사, 2010, 742면.
245) 홍정선, 『행정법원론(하)』, 박영사, 2009, 298면.
246) 김동복, 「경찰행정법」, 문두사, 2005, 142면.

3. 민사책임

경찰공무원의 민사책임이란 경찰공무원의 직무상 불법행위의 경우 그 경찰공무원이 피해자에 대하여 경찰공무원이 피해자인 사인에게 직접 배상책임을 부담하는 것을 말한다. 국가배상법 제2조는 공무원이 고의 또는 과실로 인한 위법행위로 인하여 타인에게 손해를 가하였을 때에는 국가 또는 지방자치단체가 배상책임을 진다고 규정하고 있지만, 피해자에 대한 공무원 개인의 민사책임에 대해서는 견해가 대립하고 있다. 대위책임설의 입장에서는 국가나 지방자치단체가 공무원을 대위하여 피해자에게 배상책임을 지고, 당해 공무원에게 고의·중과실이 존재하는 경우 국가는 공무원에게 구상할 수 있다는 견해이다. 반면에 자기책임설에 따르면 피해자는 국가나 지방자치단체 외에 가해공무원에 대하여도 선택적으로 배상을 청구할 수 있다. 절충설의 입장에서는 고의·중과실의 경우에는 국가 등의 배상책임은 대위책임이지만, 경과실에 의한 경우에는 배상책임은 자기책임의 성질을 갖는다는 견해이다.[247]

판례의 입장은 피해자의 선택적 청구를 인정한 경우[248]도 있고 부정한 경우[249]도 있으나 최근에는 절충설을 취하고 있다.

---

247) 대판 1996, 2. 15, 95다 38677.
248) 대판 1972, 10.10, 69다701.
249) 대판 1994. 4. 12. 선고 93다11807 판결; 공무원이 직무상 불법행위로 인하여 손해를 받은 사람은 국가 또는 공공단체를 상대로 손해배상을 청구할 수 있고, 이 경우 공무원에게 고의 또는 중대한 과실이 있는 때에는 국가 또는 공공단체는 그 공무원에게 구상할 수 있을 뿐, 피해자가 공무원 개인을 상대로 손해배상을 청구할 수는 없을 것이다.

제3편 경찰행정작용법

제1장 경찰관직무집행법

제1절 경찰관직무집행법의 의의

현대 법치주의국가는 국민개개인의 기본권보장을 국가존립의 기본적 전제조건으로 하고 있으며, 이러한 임무에 대하여 헌법은 국가에게 권한과 의무를 부여하고, 아울러 국가작용의 준칙으로써 그 형식과 내용의 합법성과 정당성을 요구하는 실질적 법치주의를 구축하고 있다.[1] 이러한 법치행정의 원리는 전형적인 국가의 권력작용으로 분류되는 경찰행정법상의 지배원리임은 의문의 여지가 없다. 따라서 공공의 안녕과 질서유지를 위한 위험의 방지를 위하여 요구되는 경찰권의 행사는 법률유보의 원칙에 따라 법률에 근거를 요하고 있다. 이 법률이 경찰관직무집행법이다.

경찰관직무집행법은 효율적인 경찰권 행사와 함께 경찰권 남용의 방지를 위하여 구체적인 경찰활동에 관한 사항을 규정하고 있는 가장 기본적인 법률이다.[2] 경찰관직무집행법은 경찰작용 중의 하나인 경찰상의 즉시강제에 관한 일반법으로 불심검문, 보호조치, 위험방생의 방지, 위험방지를 위한출입, 사실의 확인, 장구의 사용, 무기의 사용 등을 규정하고 있다. 이러한 내용은 국민의 기본권을 침해할 수 있는 것으로 개별적 수권조항으로 규정되어 있다. 그러나 경찰관직무집행법은 일반적 수권 조항이 인정문제, 경찰책임문제 등 경찰작용의 일반법으로서 자리매김하기에는 일정한 한계를 지니고 있다.

오늘날 급속한 사회의 변화로 국민의 생활관계가 복잡하고 다양하게 전개됨에 따라 이로부터 발생하게 되는 다양한 형태의 위해에 대응하기 위해 입법자의 인식 및 예측능력의 한계 등을 고려할 때 경찰작용의 근거로써 일반적 수권조항이 요구된다.[3] 그러나 문제가 되는 것은 일반적 수권조항에 의해 경찰권행사를 하는 경우에 광범위한 재량권의 인정을 의미한다고 볼 수밖에 없으므로 경찰권의 남용을 가져올 우려가 상당히 존재하게 된다.

---

[1] 김재호, "경찰권의 한계", 『법학연구』, 제11권 제1호, 충남대학교 법학연구소, 2000, 104면.
[2] 박균성·김재광, 『경찰행정법』, 박영사, 2010, 687면.
[3] 독일의 연방과각란트의통일경찰법모범초안(MEPoIG) 제8조 제1항은 "경찰은 제9조 내지 제24조가 경찰의 권한을 특별히 규율하지 않는 한 개별구체적인 경우에 존재하는 공공의 안전 혹은 질서에 대한 위험을 방지하기 위하여 필요한 조치를 할 수 있다."고 규정하고 있다.

제2절 경찰권 행사의 근거

Ⅰ. 법률유보의 원칙

　사회공동생활의 조화로운 질서유지를 위하여서는 국민의 권리 · 자유도 일정한 한도에서는 제한될 수 있는 것으로, 현행 헌법 제37조 제2항도 "국민의 모든 자유와 권리는…… 질서유지를 위하여 법률로써 제한할 수 있다."고 규정하고 있다. 물론 이와 같이 국민의 권리 · 자유를 제한하는 경우에도 일정한 한계가 있는바, 어떠한 경우에도 "국민의 자유와 권리의 본질적인 내용을 침해할 수 없다(제37조 제2항 후단)." 이와 같은 헌법규정에 따르면, 경찰은 사회공공의 안녕과 질서를 유지하기 위하여 국민에게 명령 · 강제 등을 하는 권력적 · 침익적 작용을 그 주된 수단으로 사용하는바, 이러한 경찰권행사에는 반드시 법률의 근거가 있어야 한다.[4] 이는 법치주의 또는 법률에 의한 행정의 원리에 따르는 당연 귀결이다.[5] 다만 현행법상 법률의 내용은 행정입법(위임명령)에 의하여 그 내용이 보완될 수 있는 것이므로 행정입법이 경찰권 행사의 근거가 될 수 있는 경우도 있다. 이 경우 법률에 의한 행정입법에의 수권은 "구체적으로 범위를 정하여" 행하여야 한다(헌법 제75조, 제95조).

---

4) 경찰권 행사의 근거법규범의 성격이 문제시된다. 오늘날과 같이 법치주의원칙이 발달된 상황에서는 이른바 임무규범(직무규범: Aufgabenzuweisungsnorm)과 권능규범(권한규범: Befugnisnorm)을 엄격히 분리하여야 하기 때문이다. 임무규범 혹은 직무규범이란 조직법상의 권한분장관계를 규율하기 위한 규범으로서 다른 행정청과의 직무한계를 설정하는 것을 목적으로 한다. 따라서 경찰법상 임무규범은 법적으로 허용되는 경찰작용의 외적 한계를 설정하는 것으로서 개인의 권리침해와 무관한 경찰작용의 한계를 규정하는 규범이다. 이에 반하여 권능규범 혹은 권한규범이란 행정청에 부여된 임무를 전제로 이의 범위 내에서 개인의 권리를 침해할 수 있는 조치를 취할 수 있는 권한을 부여하는 규범을 말한다. 권능과 권한은 임무를 전제한 것이므로 권능 및 권한에 대한 규정은 당해 사항에 대한 임무의 내용을 구체화하는 데 법적 근거로 제시될 수 있다. 즉 임무와 권능은 상이한 개념이지만, 양자는 "목적과 수단의 관계"에 있으며, 권능 및 권한에 대한 규정들은 임무의 내용을 반영한다. 그러나 역으로 임무규정으로부터 권한이 도출되지는 않는 것이 원칙이다(김동희, 『행정법Ⅱ』, 박영사, 2002, 184～185면).
5) 구체적으로는 법률유보의 범위에 관한 학설 중 어느 학설에 따르느냐에 따라 달라질 수 있을 것이지만, 경찰권의 발동과 관련하여 최소한 침해적 행정작용 내지 권력적 행정작용은 법률에 근거를 두어야 한다고 보는 데 이론이 없다고 하겠다. 비권력적 수단의 경찰권은 조직법상의 임무범위 내에서라면(임무규범에 의한 근거만 있으면), 특별한 수권규정(권능규정)이 없더라도 발동이 가능하다고 본다.

Ⅱ. 법률유보의 방식

경찰작용의 법적 근거의 방식에는 법기술상 ① 경찰법상 일반적 수권조항(개괄조항)에 의한 일반수권의 방식, ② 일반경찰법상 조항에 의한 개별수권의 방식, ③ 특별법상의 조항에 의한 개별수권의 방식이 있을 수 있다. 일반적 수권조항의 대표적인 예로는 "경찰행정청은 공적 안전이나 공적 질서를 위협하는 위험을 방지함으로써 공공이나 개인을 보호하기 위하여 법률이 정한 범위 안에서 의무에 합동한 재량으로 필요한 처분을 하여야 한다."고 규정하였던 프로이센 경찰행정(1931년) 제14조 제1항을 볼 수 있다. 우리의 현행 법제상 일반경찰법상 조항에 의한 개별수권, 특별법상의 조항에 의한 개별수권이 인정되고 있음은 의문이 없다. 일반경찰법상의 개별수권은 경찰관직무집행법 제3조 이하에서 볼 수 있다. 특별법상 개별수권은 식품위생법·공중위생법 등 여러 법률에서 찾아볼 수 있다. 이에 관하여 항을 바꾸어 살펴보기로 한다.

제3절 직무의 범위

경찰관직무집행법 제2조는 경찰관의 직무의 범위를 ① 범죄의 예방·진압 및 수사, ② 경비·요인경호 및 대간첩 작전수행, ③ 치안정보의 수집·작성 및 배포, ④ 교통의 단속과 위해의 방지, ⑤ 기타공공의 안녕과 질서의 유지로 규정하고 있다. 여기에서 열거한 내용들은 예시적 항목으로서 모두 공공의 안녕과 질서유지에 포함되는 것이라 할 수 있을 것이다. 경찰권의 분산에 관한 일반적인 규정은 두고 있지 않으나 특별법의 규정으로 특정한 위험방지에 관한 업무를 다른 행정관청에 귀속시킴으로써 경찰권의 분산을 도모하고 있다. 이하에서는 경찰관의 직무에 관하여 구체적으로 살펴보기로 한다.

대판 2004. 9. 23, 2003다49009

경찰은 범죄의 예방·진압 및 수사, 경비·요인경호 및 대간첩 작전수행, 치안정보의 수집·작성 및 배포, 교통의 단속과 위해의 방지, 기타 공공의 안녕과 질서의 유지도 직무로 하고 있고, 그 직무의 원활한 수행을 위하여 경찰관직무집행법, 형사소송법 등 관계법령에 의하여 여러 가지 권한이 부여되고 있으므로, 구체적인 직무를 수행하는 경찰관으로서는 제반 상황에 대응하여 자신에게 부여된 여러 가지 권한을 적절하게 행사하여 필요한 조치를 취할 수 있는 것이고, 그러한 권한은 일반적으로 경찰관의 전문적 판단에 기한 합리적인 재량에 위임되어 있는 것이나, 경찰관에게 권한을 부여한 취지와 목적에 비추어 볼 때 구체적인 사정에 따라 경찰관이 권한을 행사하여 필요한 조치를 취하지 아니하는 것이 현저하게 불합리하다고 인정되는 경우에는 그러한 권한의 불행사는 직무상의 의무를 위반한 것이 되어 위법하게 된다. 따라서 윤락녀들이 윤락업소에 감금된 채로 윤락을 강요받으면서 생활하고 있음을 쉽게 알 수 있는 상황이었음에도, 경찰관이 이러한 감금 및 윤락강요행위를 제지하거나 윤락업주들을 체포·수사하는 등 필요한 조치를 취하지 아니하고 오히려 업주들로부터 뇌물을 수수하며 그와 같은 행위를 방치한 것은 경찰관의 직무상 의무에 위반하여 위법하므로 이로 인한 정신적 고통에 대하여 위자료를 지급할 의무가 있다.

Ⅰ. 범죄의 예방·진압 및 수사

1. 범죄의 예방과 진압

범죄의 예방과 진압은 사법경찰작용이 아니라 행정경찰 작용으로서 범죄로 인한 공공의 안전에 대한 위험을 방지하고 이미 발생한 장해를 제거하는 활동으로서 전형적인 행정경찰작용이다.

범죄란 법률에 의해 형벌이 가해지는 행위를 말한다. 다만 범죄의 예방·진압 및 수사에 따라 각 범죄의 범위가 달라질 수 있다. 즉 예방의 경우 형법 제41조의 9가지 형벌[6] 외에 보안처분이 과해질 행위도 포함된다. 그러나 단순히 행정질서벌이 과해질 행위는 포함되지 않는다.[7] 또한 구성요건에 해당하고 위법하기만 하면 책임이 없는 경우에도 예방은 가능하다. 또한 어떠한 범죄인가가 구체적으로 특정되어 있지 않더라도 일반적으로 범죄발생이 예견, 인식될 수 있으면 예방은 가능하다.

---

6) 형법 제41조가 규정하고 있는 형벌의 종류는 사형, 징역, 금고, 자격상실, 자격정지, 벌금, 구류, 과료, 몰수이다.
7) 박균성·김재광, 『경찰행정법』, 박영사, 2010, 689면.

범죄의 진압은 구체화된 행위로 현재 발생하고 있는 상태에 대한 제지를 말한다. 따라서 구체적으로 법익이 침해가 진행되고 있는 특정한 범죄에 대해서만 진압활동을 할 수 있고, 불특정한 범죄에 대해서는 진압활동을 할 수 없다.

2. 범죄의 수사

1) 의의

수사란 범인을 발견, 확보하고 증거를 수집, 보전하며 범죄의 혐의 유무를 명백히 하여 공소의 제기 및 유지 여부를 결정하는 수사기관의 일체의 활동[8]을 말한다. 다시 말해서 범인과 범죄사실의 조사, 범인의 체포 및 증거수집으로서 형사소추를 위한 준비활동이다. 이러한 수사의 대상으로는 구성요건에 해당하고, 위법·유책이라고 공소제기의 가능성이 있는 행위만을 포함한다.

범죄 혐의를 가리는 과정에서 혐의 없음 등 불기소처분으로 종료되기도 하므로 이 경우 공소제기나 유지는 불필요하고, 한편 공소를 제기한 이후라도 진범 발견 등 공소유지 또는 취소를 위하여 보강수사를 하기도 한다. 아무튼 수사가 수사기관의 활동이라고는 하지만 이는 단순히 수사기관과 범죄자(혐의자, 피의자) 사이의 문제라기보다는 범죄자의 인권을 침해할 우려가 있다는 점에서(특히 강제수사의 허용 여부) 법원의 통제에 의한 민주적 수사의 필요성이 있다. 그러므로 수사절차는 피의자 등의 인권보장이 요청되는 영역에 있다고 할 수 있다.[9]

2) 경찰관직무집행법상 범죄수사를 위한 권한

경찰관직무집행법 제2조 제1호에서 경찰관의 직무로 범죄의 "예방·진압 및 수사"에 대해 규정하고 있다. 그리고 제3조 제1항은 "경찰관은 수상한 자 등 기타 주위의 사정을

---

[8] 그러므로 사인의 현행범체포(제212조)는 수사라 할 수 없고, 또 행정기관이 수사에 유사한 조사를 하는 수가 있더라도 이는 특정한 행정처분을 하기 위한 준비에 불과한 것으로 형사소송법의 수사와는 그 성격이 다르다.

[9] 수사기관과 피의자와 관계, 피의자의 수사상 지위, 구속영장 등의 성질 등과 관련하여 수사구조론의 문제제기가 있지만 그 논의의 실익은 피의자의 인권보장과 민주적 수사의 실천원리를 어떻게 해석하는가에 있다. 피의자는 기본적으로 수사대상(조사의 객체)으로서의 지위를 가지나 피고인에 준하는 준당사자로서의 지위를 갖는 것도 부인할 수는 없다.

합리적으로 판단하여 어떠한 죄를 범하였거나 범하려 하고 있다고 의심할 만한 상당한 이유가 있는 자 또는 이미 행하여진 범죄나 행하여지려고 하는 범죄행위에 관하여 그 사정을 안다고 인정되는 자를 정지시켜 질문할 수 있다."고 규정하고 있다. 또한 무기의 사용의 목적은 범인을 체포하는 것으로 그 과정에서 범죄수사를 위해 행하여진다. 그러나 경찰관직무집행법 제4조 보호조치, 제5조 위험발생의 방지, 제6조 범죄의 예방과 제지 제7조 위험방지를 위한 출입 등은 범죄수사의 목적으로 인정되지 않는다. 다만 법정요건 하에서 본래의 목적을 위해 행사할 때 자득한 정보에 기초한 범죄수사 활동은 허용된다.

Ⅱ. 경비·요인경호 및 대간첩작전수행

1. 경비

경비는 인명과 재산을 인위적·자연적 위해로부터 보호하기 위하여 특정한 지역, 국가시설 및 중요시설을 경계·순찰하는 것을 말한다.

2. 요인경호

요인경호는 정부의 주요 인사 등 국가·사회적으로 중요한 직책에 있거나 기밀 등을 알고 있어 보호를 요하는 자에 대한 경계와 보호를 말한다. 경호는 경찰상 즉시강제의 성질을 띠고 있다는 견해도 있으나 단순한 사실작용으로 보는 견해가 타당하다.[10]

3. 대간첩작전수행

대간첩작전수행이란 요인암살, 중요시설의 파괴, 국가기밀의 탐지·수집 등 간첩활동의 방지와 억제 그리고 간첩의 체포 등의 일련의 활동을 말한다. 대간첩작전수행을 경찰관직무집행법에 규정한 것은 우리나라의 법적 상황에 맞도록 경찰관의 직무를 확장한 것으로 볼 수 있다. 그러나 그 역할에 대해서는 군의 보조적 성격이 강하다.

---

10) 박균성·김재광, 『경찰행정법』, 박영사, 2010, 690면.

Ⅲ. 치안 정보의 수집·작성 및 배포

치안 정보의 수집·작성 및 배포는 치안에 관한 다양한 정보를 수집하고 그것을 문서화하여 일반인에게 알리는 정보활동을 의미하는 것으로 공공의 안녕과 질서를 유지하기 위한 정보에 한정되어야 할 것이다.

Ⅳ. 교통의 단속과 위해의 방지

교통의 단속은 도로에 있어서의 위험방지, 교통에 관한 안전과 원활함을 유지하기 위한 작용으로 도로에서의 차량, 보행자 등 교통의 규제, 운전면허에 관한 사무, 혈중알코올농도가 0.05퍼센트 이상의 술에 취한 상태에서의 운전금지, 교통법령 위반의 방지 및 수사 등이 이것에 해당한다. 이러한 내용과 관련된 주요 법률은 도로교통법, 교통사고처리특례법 등이 있다.

> **대판 2006. 11. 23, 2005도7034**
>
> 호흡측정기에 의한 혈중알코올농도의 측정은 장에서 흡수되어 혈액 중에 용해되어 있는 알코올이 폐를 통과하면서 증발되어 호흡공기로 배출되는 것을 측정하는 것이므로 최종 음주 시로부터 상당한 기간이 경과하지 아니하였거나 또는 트림, 구토, 치아보철, 구강청정제 사용 등으로 인하여 입안에 남아 있는 알코올, 알코올 성분이 있는 구강 내 타액, 상처 위의 혈액 등이 폐에서 배출된 호흡공기와 함께 측정될 경우는 실체 혈중알코올농도보다 수치가 높게 나타나는 수가 있어 피측정자가 물로 입 안 행구기를 하지 아니한 상태에서 한 호흡측정기에 의한 혈중알코올농도의 측정결과만으로 혈중알코올농도가 반드시 그와 같다고 단정할 수 없거나 호흡측정기에 의한 측정수치가 혈중알코올농도보다 높을 수 있다는 의심을 배제할 수 없다.

Ⅴ. 기타 공공의 안녕과 질서의 유지

기타 공공의 안녕과 질서의 유지 는 위의 내용을 포괄적으로 담고 있는 경찰관 직무의 일반적 수권이다. 이에 대한 자세한 내용은 후술한다.

제4절 개별적 수권 규정에 의한 경찰권 행사

Ⅰ. 의의

경찰권은 법치국가 내지 법치행정의 원리에 의하여 법률에 근거하여 행사하게 되는데, 일반경찰법상의 개별수권조항에 근거한 경찰권행사를 독일에서는 이른바 표준조치라고 한다. 즉 표준조치란 일반경찰법상의 개별적인 수권에 의하여 행해지는 경찰권을 의미한다. 이러한 표준조치는 경찰법상 전형적인 경찰권행사들을 유형화한 것이라고 할 수 있다.11) 현행법제로는 경찰관직무집행법 제3조 내지 제10조의4의 규정방식이 이에 해당한다. 이에 의하면, 불심검문(제3조 제1항), 보호조치(제4조), 위험발생의 방지(제5조), 범죄의 예방과 제지(제6조), 위험방지를 위한 출입(제7조), 사실의 확인(제8조)을 경찰권행사의 수권규정으로 하고 있다.

Ⅱ. 불신검문

1. 의의

불심검문이란 거동이 수상한자를 발견한 때에는 정지시켜 조사하는 행위를 말한다.12) 경찰관직무집행법 제3조가 정하고 있는 불신검문의 방법에는 제1항 질문, 제2항 동행요구, 제3항 흉기소지여부조사가 있다.

2. 불심검문의 성질

이상의 방법으로 그 목적을 달성하는 불심검문은 특히 경찰권 행사의 실효성을 위하여 행해지는 즉시강제에 해당하는지 아니면 경찰조사인지의 문제가 제기된다.

---

11) 표준조치와 같은 용어로 표준적 경찰조치, 표준적 경찰작용, 경찰조치 등이 있다(홍정선, 『경찰행정법』, 박영사, 2010, 244면).
12) 박균성, 『행정법강의』, 박영사, 2008, 1232면.

일설은 실제 질문에 있어 어느 정도의 신체적 접촉이 불가피하고 또한 소지품을 검사하며, 질문에 응하지 아니하고 달아나는 경우에는 추적하여 도주할 수 없는 정도로 신체의 일부에 물리적 실력을 가할 수 있을 것이라는 점 등에서 불심검문을 즉시강제에 가까운 작용으로 보는 견해도 있다.[13] 이러한 입장에서는 불심검문은 정보의 수집을 위한 경찰조사로 볼 수도 있으나, 이 작용은 그 자체가 경찰목적을 직접 실현하는 측면이 강하여 이를 경찰상 즉시강제로 보는 것이 보다 적절한 것이라고 한다. 그러나 불심검문을 당한 자는 답변을 강요당하지 아니하고, 동행요구를 거부할 수 있고, 또한 불심검문에서 상대방의 신체에 대한 강제력의 행사가 인정된다고 하는 경우에도 그것은 관련 정보수집에 필요한 한도에서 부수적으로만 인정될 수 있다고 할 것이고 보면, 불심검문은 이를 경찰조사로 보는 것이 타당하다 하겠다.[14]

3. 불심검문의 방법

1) 질문

경찰관은 수상한 거동 기타 주위의 사정을 합리적으로 판단하여 어떠한 죄를 범하였거나 범하려고 하고 있다고 의심할 만한 상당한 이유가 있는 자 또는 이미 행해진 범죄나 행하여지려고 하는 범죄행위에 관하여 그 사실을 안다고 인정되는 자를 정지시켜 질문을 할 수 있다(경찰관직무집행법 제3조 제1항).

불신검문은 이처럼 어떠한 죄를 범하려 하고 있다고 의심할 만한 경우와 이미 어떤 죄를 범하였다고 의심할 만한 경우를 모두 그 대상으로 하고 있는바, 전자는 위해방지를 위하여 행해지는 행정경찰작용, 그리고 후자는 범죄사실을 인지하기 위한 사법경찰작용의 성질을 가진다.[15]

경찰이 질문을 위하여 정지를 명하였는데 상대방이 이에 응하지 않거나 질문 도중에 현장을 떠나려고 하는 경우, 어느 정도의 물리력으로 이를 저지할 수 있는지의 문제가 제기된다.[16] 불심검문이 임의적 조치이고 보면, 원칙적으로 강제행위는 허용되지 아니하는 것이나, 상대방의 의사를 제압하지 않을 정도의 물리력의 행사(예: 길을 막아서는 행

---

13) 박윤흔 · 정형근, 『최신행정법강의(하)』, 박영사, 2009, 352면.
14) 김동희, 『행정법Ⅱ』, 박영사, 2002, 198면; 정하중, 『행정법 개론』, 법문사, 2010, 1104면.
15) 김남진, 『경찰행정법』, 경세원, 2004, 230면.
16) 김동희, 『행정법 요론』, 박영사, 2010, 757면.

위, 팔을 붙잡는 행위)는 경찰목적을 달성하기 위하여 필요한 최소한의 조치로서 허용된다. 물론 질문에 대하여 피검문자는 그 의사에 반하는 답변을 강요당하지 아니함은 당연하다(경찰관직무집행법 제3조 제7항).

2) 임의동행

불심검문을 함에 있어서 그 장소에서 질문을 하는 것이 당해인에게 불리하거나 교통의 방해가 된다고 인정되는 때에는 질문을 하기 위하여 부근 경찰관서에 동행할 것을 요구할 수 있다(경찰관직무집행법 제3조 제2항). 여기서 동행은 임의동행17)으로서 당해인은 경찰관의 동행요구를 거절할 수 있으며, 경찰관은 물리력을 행사할 수 없다. 대법원은 "경찰관이 임의동행요구에 응하지 않는다 하여 강제연행하려고 대상자의 양팔을 잡아끈 행위는 적법한 공무집행이라고 할 수 없으므로 그 대상자가 이러한 불법연행으로부터 벗어나기 위하여 저항한 행위는 정당한 행위라고 할 것이다."라고 판시하고 있다.

> **대판 1992. 5. 26, 91다38334**
>
> 경찰관이 임의 동행요구에 응하지 않는다 하여 강제연행하려고 대상자의 양팔을 잡아끈 행위는 적법한 공무집행이라고 할 수 없으므로 그 대상자가 이러한 불법연행으로부터 벗어나기 위하여 저항한 행위는 정당한 행위라고 할 것이고 이러한 행위에는 무슨 과실이 있다고 할 수 없다.

질문하거나 동행을 요구할 경우 경찰관은 당해인에게 자신의 신분을 표시하는 증표를 제시하면서 소속과 성명을 밝히고 그 목적과 이유를 설명하여야 하며, 동행의 경우에는 동행 장소를 밝혀야 한다(경찰관직무집행법 제3조 제4항). 특히 임의동행을 한 경우 경찰관은 당해인의 가족 또는 친지 등에게 동행한 경찰관의 신분, 동행장소, 동행목적과 이유를 고지하거나 본인으로 하여금 즉시 연락할 수 있는 기회를 부여하여야 하며, 변호인의 조력을 받을 권리가 있음을 고지하여야 한다(경찰관직무집행법 제3조 제5항). 임의동

---

17) 임의동행에서의 "임의"란 물론 강제에 대한 개념으로서 본인의 의사에 의한다는 의미지만 반드시 본인이 자발적으로 스스로 동행하고자 하는 경우에만 한정되는 것은 아니다. 내심으로 내키지 않는다고 생각하면서 마지못해 동행한 경우에도 임의라고 할 수 있는 것과 같이 결국 사회통념에 비추어 신체의 속박이나 강한 심리적 압박에 의한 자유의 구속이 있다고 할 수 있는 것과 같은 제반의 객관적 상황이 없는 한 임의라고 할 수 있다(박균성·김재광, 『경찰행정법』, 박영사, 2010, 722면).

행의 경우 경찰관은 당해인을 6시간을 초과하여 경찰관서에 머물게 할 수 없다(경찰관직무집행법 제3조 제6항). 6시간을 초과하는 경우에는 불법행위에 해당하며, 6시간을 경과하기 전이라도 동행사유가 소멸되면 즉시 내보내야 한다.

대판 1997. 8. 29, 97도1240

임의 동행은 상대방의 동의 또는 승낙을 그 요건으로 하는 것이므로 경찰관으로부터의 임의동행요구를 받은 경우 상대방은 이를 거절할 수 있을 뿐만 아니라 임의동행 후 언제든지 경찰관서에서 퇴거할 자유가 있다 할 것이고, 경찰관직무집행법 제3조 제6항이 임의동행인 경우 당해인을 6시간을 초과하여 경찰관서에 머물게 할 수 없다고 규정하고 있다고 하여 그 규정이 임의동행한자를 6시간 동안 경찰관서에 구금하는 것을 허용하는 것은 아니다.

---

3) 흉기소지여부조사

흉기소지여부조사는 거동수상자의 의복이나 휴대품을 가볍게 손으로 만지면서 혐의물품의 존부를 확인하고 흉기소지의 혐의가 있는 경우에 상대방으로 하여금 이를 제출하게 하거나 경찰관이 이를 직접 꺼내는 조사방법이다.[18]

경찰관은 질문을 할 때에 흉기의 소지여부를 조사할 수 있다(경찰관직무집행법 제3조 제3항). 이러한 흉기소지여부의 조사는 물리적 관점에서만 보면 수색에 해당하는 측면이 있는 것이 사실이다. 그러한 점에서 이러한 조사를 법관의 영장 없이 행할 수 있도록 정하고 있는 경찰관직무집행법은 헌법 제12조 제3항과의 관련에서 문제가 있다고 보는 견해도 있다.[19] 이에 대하여 흉기소지여부조사는 보통 장래의 위험발생을 예방하기 위하여 행하여지며, 범죄행위가 행하여진 후에 행하여지는 경우에도 그것은 증거물 발견목적도 있으나 기본적으로는 장차 다시 범죄가 행하여지는 것을 예방하기 위한 것이고, 또한 그것은 시간적으로 급박한 경우에 행해지는 것이라는 점에서, 당해 조사는 수색에는 해당하지 아니한다고 보는 견해가 있다.[20]

---

18) 류지태 · 박종수,『행정법 신론』, 박영사, 2010, 960면.
19) 이상규,『신행정법론(하)』, 박영사, 2000, 351면.
20) 류지태 · 박종수,『행정법 신론』, 박영사, 2010, 960면; 박윤흔 · 정형근,『최신행정법강의(하)』, 박영사, 2009, 353면.

4. 불심검문과 관련되는 문제

불심검문과 관련하여 새로이 문제가 되고 있는 사항은 자동차 검문이다. 자동차 검문이란 경찰관이 일정한 장소에서 주행하고 있는 자동차를 정지시킨 후 행하는 질문을 말한다.[21] 자동차 검문의 유형으로 문제되는 것은 경계검문과 긴급수배검문이다.

1) 경계검문

경계검문은 일반범죄의 예방과 검거를 목적으로 하는 자동차 검문으로 일반보안경찰에 해당하는 것이다. 경계검문의 근거는 경찰관직무집행법 제3조이다. 그 대상은 어떠한 죄를 범하려 하고 있다고 의심할 만한 상당한 이유가 있는 자나 행해지려고 하는 범죄행위에 관하여 그 사실을 안다고 인정되는 자이다. 이에 대한 방법은 질문으로 해야 할 것이다.

한편 경찰공무원은 교통의 안전과 위험방지를 위하여 필요하다고 인정하거나 술에 취한 상태에서 자동차 등을 운전하였다고 인정할 만한 상당한 이유가 있는 때에는 운전자가 술에 취하였는지의 여부를 호흡조사에 의하여 측정할 수 있으며, 이때 운전자는 경찰공무원의 측정에 응하여야 한다(도로교통법 제44조 제2항).[22]

2) 긴급수배검문

긴급수배검문은 특정범죄가 발생한 경우 범인의 검거와 수사정보의 수집을 목적으로 하는 검문을 말한다. 따라서 이는 전형적인 수사 활동으로서 사법경찰작용에 해당하여 형사소송법의 규율대상이 되어야 하나 아직 이에 대한 규정이 없으므로 경찰관직무집행법 제3조의 규정에서 그 근거를 찾을 수밖에 없다. 그러나 이 경우에도 자동차에 대한 압수·수색에는 법관의 영장을 필요로 하는 것이며, 긴급한 경우에라도 사후영장을 받아야 할 것이다(형사소송법 제216조 제3항).

---

21) 홍정선, 『경찰행정법』, 박영사, 2010, 257면.
22) 헌재 2004. 1. 29, 2002헌마293.

Ⅲ. 보호조치 및 긴급구호

1. 의의 및 요건

경찰관은 수상한 거동 기타 주위의 사정을 합리적으로 판단하여 다음 어느 하나에 해당함이 명백하여 응급의 구호를 요한다고 믿을 만한 상당한 이유가 있는 자를 발견한 때에는 보건의료기관 또는 공공구호기관에 긴급구호를 요청하거나 경찰관서에 보호하는 등 적당한 조치를 할 수 있다(경찰관직무집행법 제4조 제1항).

정신착란 또는 술 취한 상태로 인하여 자기 또는 타인의 생명, 신체와 재산에 위해를 미칠 우려가 있는 자와 자살을 기도하는 자, 미아, 병자, 부상자 등으로서 적당한 보호자가 없으며 응급의 구호를 요한다고 인정되는 자 등은 경찰관서에 보호하는 등 적당한 조치를 할 수 있다. 다만, 당해인이 이를 거절하는 경우에는 예외로 한다.

대판 1998. 5. 8, 97다54482

경찰관의 주취운전자의 방치가 구체적 상황 하에서 현저히 합리성을 잃어 사회적 타당성이 없는 경우에는 경찰관의 직무상 의무의 위반으로 위법하다.

대판 1998. 2. 13, 96다28578

구 윤락행위등방지법 등 관계규정에 의하더라도 요보호여자에 대한 수용보호처분은 오로지 보호지도 측에서 할 수 있도록 되어 있고, 보호지도소에서 요보호여자를 수용할 때 까지 경찰관서에서 요보호여자를 경찰서보호실에 강제로 유치할 수 있는 아무런 근거 규정이 없을 뿐만 아니라 경찰관직무집행법 제4조 제1항, 제4항의 규정에 의하면 보호실의 유치는 정신착란자, 주취자, 자살기도자 등 응급의 구호를 요하는 자를 24시간을 초과하지 아니하는 범위 내에서 경찰관사에서 보호조치하기 위한 경우에만 제한적으로 허용될 뿐이라고 할 것이어서 구 윤락행위등방지법 제7조 제1항 소정의 요보호여자에 해당한다 하더라도 그들을 경찰서 보호실에 유치하는 것은 영장주위에 위배되는 위법한 구금에 해당한다.

긴급구호요청을 받은 보건의료기관이나 공공구호기관은 정당한 이유 없이 이 긴급구호를 거절할 수 없다(경찰관직무집행법 제4조 제2항). 이 경우에 피구호자가 휴대하고 있는 무기, 흉기 등 위험을 야기할 수 있는 것으로 인정되는 물건은 경찰관서에 임시 영치

할 수 있다(경찰관직무집행법 제4조 제3항). 경찰관서에서의 보호조치는 24시간을, 그리고 임시 영치는 10일을 초과할 수 없다(경찰관직무집행법 제4조 제7항).

2. 절차

경찰관이 긴급구호나 보호조치를 한 때에는 지체 없이 이를 피구호자의 가족, 친지 기타의 연고자에게 그 사실을 통지하여야 하며, 연고자가 발견되지 아니할 때에는 피보호자를 적당한 공중보건의료기관이나 공공구호기관에 즉시 인계하여야 한다(경찰관집무집행법 제4조 제4항). 이 경우에는 즉시 그 사실을 소속 경찰서장 또는 지방해양경찰관서의 장에게 보고하여야 한다(경찰관직무집행법 제4조 제5항). 보고를 받은 소속경찰서장 또는 지방해양경찰관서의 장은 대통령령이 정하는 바에 의하여 피구호자를 인계한 사실을 지체 없이 당해 공중보건의료기관, 공공구호기관의 장 및 그 감독행정청에 통보하여야 한다.

3. 경찰관서의 보호

1) 의의

경찰관은 긴급구조를 요하는 자를 발견한 때에 경찰관서에 보호할 수 있다(경찰관직무집행법 제4조 제1항). 경찰관서에서의 보호는 보호를 요하는 사유가 소멸하기 까지, 또는 보호자나 보호기관에 인계할 때까지 일시적으로 이루어진다.

2) 보호실과 유치장

보호실은 긴급구조를 요하는 자를 보호하기 위하여 수용되는 공간이 보호실이다.
경찰관직무집행법은 보호실에 관한 규정이 없으며, 긴급구조를 요하는 자의 인권보장에 대한 규정도 없다. 입법적 불비이다.

3) 유치장

(1) 의의

유치장은 법률이 정한 절차에 따라 체포·구속되거나 신체의 자유를 제한하는 판결 또는 처분을 받은 자를 수용하기 위하여 경찰서내의 공간이다.[23] 유치장에 수용대상은 경찰의 적법절차에 따라 구속된 자, 구류형의 선고를 받은 자, 다른 수사기관에서 구속하여 입감이 의뢰된 자가 주요 대상이 될 것이다.[24] 따라서 긴급구호를 요하는 자를 유치장에 보호하는 것은 위법하다.

대판 1994. 3. 11, 93도958

경찰서에 설치되어 있는 보호실은 영장대기자나 즉결대기자 등의 도주방지와 경찰업무의 편의 등을 위한 수용시설로서 사실상 설치·운영되고 있으나 현행법상 그 설치 근거나 운영 및 규제에 관한 법령의 규정이 없고 이러한 보호실은 그 시설 및 구조에 있어 통상 철장으로 된 방으로 되어 있어 그 안에 대기하고 있는 사람들이나 그 가족들이 출입이 제한되는 등 일단 그 장소에 유치되는 사람은 그 의사에 기하지 아니하고 일정장소에 구금되는 결과가 되므로 경찰관직무집행법상 정신착란자, 주취자, 자살기도자 등 응급의 구호를 요하는 자를 24시간을 초과하지 아니하는 범위 내에서 경찰관사에서 보호조치하기 위한 경우에만 제한적으로 운영되는 경우를 제외하고는 구속영장을 발부받음이 없이 치의 자를 보호실에 유치함은 영장주의에 위배되는 위법한 구금으로서 적법한 공무수행이라고 할 수 없다.

---

(2) 수용요건 및 기간

유치장의 수용요건은 ① 법률이 정항절차에 따라 체포·구속된 자일 것, ② 신체의 자유를 제한하는 판결 또는 처분을 받은 자일 것 등이다.

수용기간은 적법한 수용기간이다. 구류판결의 경우에는 판결 직후부터 구류기간 만료일까지이고, 구속영장의 집행의 경우에는 구속영장에 명시적으로 기재된 기간이다.

---

23) 대판 1993. 9. 28, 93다17456.
24) 박균성·김재광, 『경찰행정법』, 박영사, 2010, 728면.

Ⅳ. 위험발생방지

1. 의의 및 요건

위험발생방지조치란 인명 또는 신체에 위해를 미치거나 재산에 중대한 손해를 끼칠 우려가 있는 위험한 사태에 처하여 경찰관이 행하는 일정한 작용을 말한다. 경찰관집무집행법 제5조 제1항은 이러한 위험사태를 예시하고 있는데, 즉 천재, 사변, 공작물의 손괴, 교통사고, 위험물의 폭발, 광견·분마류 등의 출현, 극단한 혼잡 등을 예시하고 있으나 여기에 국한되지 않음은 명백하다.

이러한 위험한 사태에 처하여 위험방지를 위해 필요한 조치로서 관계인에 대한 경고, 억류 및 피난조치 등을 열거하면서, 그 밖에 필요한 위험방지조치도 취할 수 있도록 규정하고 있다. 따라서 이 조항은 그 요건이나 요건 충족 시 취할 수 있는 경찰수단에 있어서 매우 광범위한 조치를 포괄하고 있음을 알 수 있다.

경찰관직무집행법 제5조는 "(보호)조치를 할 수 있다."고 규정하고 있어서, 이들 조치는 일단 재량처분으로서의 성질을 가진다. 그러나 구체적 상황과의 관련에서는 일정한 조치를 취하는 것만이 의무에 합당한 재량권행사로 인정되는 경우도 있을 수 있다(예: 재량권의 영으로의 수축이론). 재량권이 영으로 수축된 경우에는 경찰관의 부작위가 위법한 것이 되어, 경우에 따라서는 국가배상책임이 인정될 수도 있다.

대판 1998. 8. 25, 98다16890

경찰관직무집행법 제5조는 경찰관은 인명 또는 신체에 위해를 미치거나 재산에 중대한 손해를 끼칠 우려가 있는 위험한 사태가 있을 때에는 그 각 호의 조치를 취할 수 있다고 규정하여 형식상 경찰관에게 재량에 의한 직무수행권을 부여한 것처럼 되어 있으나, 경찰관에게 그러한 부여한 취지와 목적에 비추어 볼 때 구체적인 사정에 따라 경찰관이 그 권한을 행사하여 필요한 조치를 취하지 아니하는 것이 현저히 불합리하다고 인정되는 경우에는 그러한 권한의 불행사는 직무상의 의무를 위반한 것이 되어 위법하게 된다.

---

2. 절차

경찰관이 위험발생방지조치를 취한 때에는 지체 없이 이를 소속경찰관서의 장에게 보고하여야 하며(경찰관직무집행법 제5조 제3항), 보고를 받은 경찰관서의 장은 관계기관의 협조를 구하는 등 적당한 조치를 하여야 한다(경찰관직무집행법 제5조 제4항).

V. 범죄의 예방과 제지

1. 의의

경찰관은 범죄행위가 목전에 행하여지려고 하고 있다고 인정될 때에는 이를 예방하기 위하여 관계인에게 필요한 경고를 발하고, 그 행위로 인하여 인명, 신체에 위해를 미치거나 재산에 중대한 손해를 끼칠 우려가 있어 긴급을 요하는 경우에는 그 행위를 제지할수 있다(경찰관직무집행법 제6조).

2. 성질

범죄행위의 예방 그 자체도 위험방지작용으로서의 경찰작용에 해당한다. 본 조항에 따라 경찰관이 경고를 발하거나 그 행위를 제지할 수 있다. 한편 경고는 비권력적인 사실행위로서 경찰지도의 성격을 갖지만 범죄의 제지는 대인적 즉시강제의 성질을 갖는다.[25]

3. 요건

경찰관직무집행법 제6조에 의한 경찰권의 행사는 ① 목전에 행하여지려는 범죄행위를 예방하기 위하여 ② 범죄행위로 인하여 인명·신체에 위해를 미치거나 재산에 중대한 손해를 끼칠 우려가 있는 경우에 이루어진다. 여기서 목전이란 범죄행위의 실현이 급박함을 의미하고, 범죄란 근거법령을 불문하고 처벌이 예정된 모든 행위를 말한다. 행정질

---

25) 홍정선, 『경찰행정법』, 박영사, 2010, 269면.

서벌이나 제재적 행정처분의 원인이 되는 행위는 범죄에 해당하지 않는다. 예방이란 범죄의 실행을 막는 것과 범죄로 인한 피해의 발생을 방지하는 것을 의미한다. 중대한 손해란 불확정개념에 해당하므로 판단 여지가 적용될 수 있다. 제지란 물리적 강제력 등을 활용하여 범죄의 실행을 못하도록 하는 것을 말한다.[26]

대판 1990. 8. 14, 90도870

집회장소 사용승낙을 하지 않은 갑대학교 측의 집회저지 협조요청에 따라 경찰관들이 갑대학교 출입문에서 신고된 갑대학교에서의 집회에 참가하려는 자의 출입을 저지한 것은 경찰관 집무집행법 제6조의 주거침입행위에 대한 사전제지조치로 볼 수 있고, 비록 그 때문에 소정의 신고 없이 을대학교로 장소를 옮겨서 집회를 하였다 하여 그 신고 없이 한 집회가 긴급피난에 해당한다고 할 수 없다.

VI. 위험방지를 위한 출입 및 검색

1. 의의

경찰관은 경찰관직무집행법 제5조가 정하는 위해방지를 위하거나 제6조가 정하는 범죄의 예방, 제지를 위하여 일정한 장소를 출입할 수 있다. 이 경우의 출입 장소는 내용적으로 다음의 두 가지로 나뉜다.

1) 다수인이 출입하지 않는 장소에의 출입

경찰관은 위험한 상태가 발생하여 인명, 신체 또는 재산에 대한 위해가 절박한 때에는 그 위해를 방지하거나 피해자를 구조하기 위하여 부득이하다고 인정할 때에는 합리적으로 판단하여 필요한 한도 내에서 타인의 토지, 건물 또는 선차(船車) 내에 출입할 수 있다(경찰관직무집행법 제7조 제1항).

---

26) 홍정선, 『경찰행정법』, 박영사, 2010, 270면.

2) 다수인의 출입장소에의 출입

흥행장, 여관, 음식점 기타 다수인이 출입하는 장소의 관리자 또는 이에 준하는 관계인은 그 영업 또는 공개시간 내에 경찰관이 범죄의 예방 또는 인명, 신체, 재산에 대한 위해예방을 목적으로 그 장소에 출입할 것을 요구한 때에는 정당한 이유 없이 이를 거절할 수 없다(경찰관직무집행법 제7조 제2항).

경찰관은 대간첩작전 수행에 필요한 때에도 위의 장소 안을 검색할 수 있다(경찰관직무집행법 제7조 제3항).

2. 절차

경찰관이 필요한 장소에 출입할 때에는 그 신분을 표시하는 증표를 제시하여야 하며, 함부로 관계인의 정당한 업무를 방해하여서는 아니 된다(경찰관직무집행법 제7조 제4항).

Ⅶ. 사실의 확인

1. 의의

경찰관서의 장은 직무수행에 필요하다고 인정되는 상당한 이유가 있을 때에는 국가기관 또는 공사단체 등에 대하여 직무수행에 관련된 사실을 조회할 수 있다. 다만, 긴급을 요할 때에는 소속경찰관으로 하여금 현장에 출장하여 당해기관 또는 단체의 장의 협조를 얻어 그 사실을 확인하게 할 수 있다(경찰관직무집행법 제8조 제1항).

이러한 사실의 확인 등은 경찰직무를 위한 예비적 조치로서 기본권과의 관련성이 크지 않으며, 개념상 예방경찰상의 동일인확인은 형사소송상의 동일인확인과는 구분되는 것이므로 엄격한 규제가 필요한 것은 아니라고 할 수 있다.[27]

---

27) 박균성·김재광, 『경찰행정법』, 박영사, 2010, 726면.

2. 사실조회 및 직접 확인

경찰관직무집행법상 사실조회는 사람, 동산, 부동산 기타 모든 유체물 및 무체물에 대해 물어보는 것을 말한다(경찰관직무집행법 제8조 제1항). 경찰관직무집행법상 직접 확인이란 긴급을 요할 때에 경찰관서의 장의 지시에 의해 소속 경찰관이 현장에 출장하여 당해 기관 또는 단체의 장의 협조를 얻어 그 사실을 확인하는 것을 말한다(경찰관직무집행법 제8조 제1항 단서). 직접 확인은 비권력적 사실행위로서의 경찰조사에 해당한다.[28]

3. 출석요구

경찰관은 미아를 인수할 보호자의 여부, 유실물을 인수할 권리자의 여부 또는 사고로 인한 사상자를 확인하기 위하거나 행정처분을 위한 교통사고조사상의 사실을 확인하기 위하여 필요한 때에는 관계인에게 출석을 요하는 사유, 일시 및 장소를 명확히 한 출석요구서에 의하여 경찰관서에 출석할 것을 요구할 수 있다(경찰관직무집행법 제8조 제2항).

법률 규정상 출석요구가 출석의무를 부과하는 행정행위인지 아니면 단순히 사인의 협력을 구하는 사실행위인지 불분명하다. 그러나 출석요구에 응하지 않는다고 하여 이를 강제할 수 있는 수단이 없으므로 행정행위로 보기는 어렵고 사실행위로 보아야 한다.[29] 그리고 출석요구 자체가 국민에게 실질적인 위협이 될 수 있기 때문에 출석요구서의 발부는 명문의 규정이 있는 경우에 한하도록 하는 것이 옳다고 본다. 따라서 이 규정은 예시적 규정이 아니라 열거적·제한적 규정으로 보아야 한다.[30]

VIII. 위험발생의 경고

경찰관직무집행법은 경찰관은 위험한 장소에 집합한 자, 사물의 관리자에게 필요한 경고를 발할 수 있다고 규정하고 있다(경찰관직무집행법 제8조 제2항). 위험발생의 경고란 위험으로부터 피난시키거나 위험을 방지하기 위하여 필요한 예고를 하거나 주의를 주는

---

28) 최영규, 『경찰행정법』, 법영사, 2007, 286면.
29) 홍정선, 『경찰행정법』, 박영사, 2010, 277면.
30) 박균성·김재광, 『경찰행정법』, 박영사, 2010, 727면.

것을 말한다. 예컨대 경찰관은 통행인에게 붕괴위험이 있는 건물의 존재를 알려 건물 근처로 통행하지 말도록 주의를 줄 수 있다.[31]

IX. 범죄예방의 경고

경찰관직무집행법 제6조는 경찰관은 범죄가 목전에 행하여지려고 하고 있다고 인정될 때는 관계인에게 필요한 경고를 발할 수 있다고 규정하고 있다. 범죄예방의 경고란 범죄의 예방을 위하여 범죄행위로 나아가려고 하는 것을 중지하도록 통고하는 것을 말한다. 경찰관직무집행법 제5조의 위험발생의 방지의 경고와는 다르다.

경고의 대상은 관계인이다. 따라서 범죄를 행하고 있는 자, 범죄에 의해 피해를 받는 자가 주된 대상이나 이들이 보호를 요하는 자인 경우에는 그 보호자들도 경고의 대상이 될 수 있다. 그리고 장소, 건물 기타 공작물에 관련된 범죄일 경우에는 건물 등의 관리자, 소유자, 점유자 및 그 장소에 거주하는 자도 대상자가 된다.[32]

X. 경찰장비의 사용

1. 의의

경찰관은 직무수행 중 경찰장비를 사용할 있다. 다만, 인명 또는 신체에 위해를 가할 수 있는 경찰장비에 대하여는 필요한 안전교육과 안전검사를 실시하여야 한다(경찰관직무집행법 제10조 제1항). 여기서 경찰장비란 무기, 경찰장구, 최루제 및 그 발사장치, 감지기구, 해안감지기구, 통신기기, 차량, 선박, 항공기 등 경찰의 직무수행을 위하여 필요한 장치와 기구를 말한다(경찰관직무집행법 제10조 제2항). 경찰상 즉시 강제와 관련하여 무기, 경찰장구, 최루제 및 그 발사장치가 중요한 수단이 된다. 경찰장비를 임의로 개조하거나 임의의 장비를 부착하여 통상의 용법과 달리 사용함으로써 타인의 생명·신체에 위해를 주어서는 안 된다(경찰관직무집행법 제10조 제3항).

---

31) 박균성·김재광, 『경찰행정법』, 박영사, 2010, 727면.
32) 박균성·김재광, 『경찰행정법』, 박영사, 2010, 728면.

2. 경찰장구의 사용

경찰장구란 경찰관이 휴대하여 범인검거와 범죄 진압 등 직무수행에 사용하는 수갑, 포승, 경찰봉, 방패 등을 말한다(경찰관직무집행법 제10조의2 제2항). 경찰관은 현행범인의 경우와 사형, 무기 또는 장기 3년 이상의 징역이나 금고에 해당하는 죄를 범한 범인의 체포, 도주의 방지, 자기 또는 타인의 생명, 신체에 대한 방호, 공무집행에 대한 항거의 억제를 위하여 필요하다고 인정되는 상당한 이유가 있을 때에는 그 사태를 합리적으로 판단하여 필요한 한도 내에서 경찰장구를 사용할 수 있다(경찰관직무집행법 제10조제1항).

3. 분사기 등의 사용

경찰관은 경찰관직무집행법 제10조 제3항에 따라 범인의 체포 · 도주의 방지 또는 불법집회 · 시위로 인하여 자기 또는 타인의 생명 · 신체와 재산 및 공공시설안전에 대한 현저한 위해발생을 억제하기 위하여 부득이한 경우 현장책임자의 합리적인 판단으로 필요한 최소한의 범위 내에서 경찰목적을 달성하기 위하여 분사기 또는 최루탄을 사용할 수 있다. 경찰장비의사용기준등에관한규정은 분사기 · 최루탄 등을 근접분사기, 가스분사기, 가스발사총 및 최루탄 등으로 정의하고 있다.[33]

4. 무기의 사용

무기라 함은 인명 또는 신체에 위해를 가할 수 있도록 제작된 권총, 소총, 도검 등을 말한다(경찰관직무집행법 제10조의4 제2항). 입법례에 따라서는 무기를 곤봉, 리볼버, 소총, 기관총, 기관소총 그리고 수류탄으로 정의하고 있다. 경찰관은 범인의 체포, 도주의 방지, 자기 또는 타인의 생명, 신체 등에 대한 방호, 공무집행에 대한 항거의 억제를 위하여 필요하다고 인정되는 정당한 이유가 있을 때에는 그 사태를 합리적으로 판단하여 필요한 한도 내에서 무기를 사용할 수 있다.

다만 형법에 규정한 정당방위와 긴급피난에 해당하는 때 또는 아래 사항에 해당하는

---

33) 홍정선, 『경찰행정법』, 박영사, 2010, 277면.

때를 제외하고는 사람에게 위해를 주어서는 안 된다. ① 사형·무기 또는 장기 3년 이상의 징역이나 금고에 해당하는 죄를 범하거나 범하였다고 의심할 만한 충분한 이유가 있는 자가 경찰관의 직무집행에 대하여 항거하거나 도주하려 할 때 또는 제3자가 그를 도주시키려고 경찰관에게 항거할 때에 이를 방지 또는 체포하기 위하여 무기를 사용하지 아니하고는 다른 수단이 없다고 인정되는 상당한 이유가 있을 때, ② 체포·구속영장과 압수·수색영장을 집행할 때에 본인이 경찰관의 직무집행에 대하여 항거하거나 도주하려 할 때 또는 제3자가 그를 도주시키려고 경찰관에게 항거할 때에 이를 방지 또는 체포하기 위하여 무기를 사용하지 아니하고는 다른 수단이 없다고 인정되는 상당한 이유가 있을 때, ③ 범인 또는 소요행위자가 무기·흉기 등 위험한 물건을 소지하고 경찰관으로부터 3회 이상의 투기명령 또는 투항명령을 받고도 이에 불응하면서 계속 항거하여 이를 방지 또는 체포하기 위하여 무기를 사용하지 아니하고는 다른 수단이 없다고 인정되는 상당한 이유가 있을 때, ④ 대간첩작전수행에 있어 무장간첩이 경찰관의 투항명령을 받고도 이에 불응하는 경우이다.[34]

무기사용은 국민의 신체와 생명에 대한 직접적인 위해를 야기하기 때문에 엄격한 요건 하에서만 그 사용의 정당성이 인정된다. 대법원은 현행범 및 도주자 체포 시 총기사용의 요건으로 보충성원칙과 비례원칙(필요성원칙과 상당성원칙)을 요구하고 있다.

대판 1991. 9. 10, 91다19913

"경찰관 등이 공포를 발사하거나 소지한 가스총과 경찰봉을 사용하여 망인의 항거를 억제할 시간적 여유와 보충적 수단이 있었다고 보여지고, 또 부득이 총을 발사할 수밖에 없었다고 하더라도 하체부위를 향하여 발사함으로써 그 위해를 최소한도로 줄일 여지가 있었다고 보여지므로, 칼빈소총을 1회 발사하여 피해자의 왼쪽 가슴 아래 부위를 관통하여 사망케 한 경찰관의 총기사용행위는 경찰관직무집행법 제11조 소정의 총기사용한계를 벗어난 것"이라고 하였다.

---

34) 김동희, 『행정법 요론』, 박영사, 2010, 757면.

제5절 특별경찰법상의 개별적 수권규정에 근거한 경찰권

Ⅰ. 의의

위험의 방지 및 장해의 제거라는 경찰법상의 목적달성을 위한 행정권한의 발동은 일반경찰법 이외에도 수많은 특별법령에 근거하여 행하여진다. 특별법에 따른 위험방지 및 장해의 제거는 반드시 제도적 의미의 경찰에 의해서 수행되는 작용만을 의미하는 것은 아니다. 그것은 관련 주무부장관 등에 의해 수행되기도 한다. 이러한 특별법이 적용되는 한에서 있어서는 일반경찰법의 적용은 배제된다. 예컨대, 식품위생법, 공중위생관리법 등의 영업경찰법령, 건축법과 의료법, 약사법, 전염병예방법 등 보건관계법, 폐기물관리법ㆍ자연환경보전법ㆍ수질환경보전법ㆍ해양오염방지법ㆍ대기환경보전법 등 환경상의 위험방지를 위한 법령 등의 특별행정법의 모든 영역에서 경찰권행사의 근거를 개별적으로 부여하고 있는 것이 그것이다.

Ⅱ. 영업법상의 경찰규정

1. 의의

영업법상의 경찰규정은 영업행위와 관련하여 발생할 수 있는 위해방지에 관한 규정들로서 주요내용으로서는 영업허가 관련규정, 영업질서유지를 위한 개별적 제한ㆍ의무규정 및 그 위반행위에 관한 규정 등으로 나눌 수 있다. 대표적인 영업법상의 경찰규정을 보면 다음과 같다.

2. 식품위생법상의 경찰규정

식품으로 인하여 발생하는 위해를 방지하고 식품영양의 질적 향상을 도모하며, 식품에 관한 올바른 정보를 제공하여 국민의 건강 증진에 이바지함을 목적으로 '식품위생법'이 제정되어 있다. 허가에 관한 규정으로는 영업의 허가(식품위생법 제37조), 허가 등의 제한(식품위생법 제38조) 등이 있다. 영업질서유지를 위한 개별적 제한 규정으로서는 위해

식품 등의 판매 등 금지(식품위생법 제4조), 병든 동물고기 등의 판매 금지(식품위생법 제5조), 일정한 화학적 합성품의 판매 등 금지(식품위생법 제6조), 유독기구 등의 판매·사용금지(식품위생법 제8조), 영업의 질서유지 또는 선량한 풍속을 유지하기 위한 목적의 영업시간 및 영업행위의 제한(식품위생법 제43조), 시정명령(식품위생법 제71조), 폐기처분(식품위생법 제72조) 등이 있다.

3. 공중위생법상의 경찰규정

공중위생법상의 경찰규정은 공중이 이용하는 위생 접객업으로 인해 야기될 수 있는 공익상의 위해를 방지하는 규정으로서의 의미를 갖는다.

허가에 관한규정으로는 미용업자의 면허(공중위생관리법 제6조 제1항), 면허의 제한(공중위생관리법 제6조 제2항)이 있다. 영업질서 유지를 위한 개별적 제한 규정으로서는 공중위생영업자에 대한 위생관리의무(공중위생관리법 제4조), 위생지도 및 개선명령(공중위생관리법 제10조), 영업소의 폐쇄조치 규정 등이 있다.

Ⅲ. 건축법상의 경찰규정

건물의 대지·구조·설비 기준 및 용도 등을 정하여 건축물의 안전·기능·환경 및 미관을 향상시킴으로써 공공복리의 증진에 이바지함을 목적으로 '건축법'이 제정되었다. 건축법상 경찰규정으로서 허가에 관한 규정은 건축의 허가제(건축법 제11조 제1항), 건축물의 사용승인(건축법 제22조) 등이다. 건축 질서유지를 위한 개별적 제한 규정으로서는 공사현장의 위해방지조치(건축법 제28조), 토지굴착부분에 대한 위해방지조치(건축법 제44조), 기존건축물에 대한 시정명령(건축법 제81조) 등이 있다.

Ⅳ. 건강에 관한 법상의 경찰규정

1. 의료법상 경찰규정

모든 국민이 수준 높은 의료혜택을 받을 수 있도록 국민의료에 필요한 사항을 규정함으로써 국민의 건강을 보호하고 증진함을 목적으로 '의료법'이 제정되었다. 의료법상 경찰규정으로서 허가에 관한 규정은 의료인의 면허제(의료법 제5조), 세탁물처리자의 신고(의료법 제16조 제1항), 질서유지를 위한 개별적 제한 규정으로서는 무면허의료행위 등금지(의료법 제27조 제1항), 업무개시명령(의료법 제59조 제2항) 등이 있다.

2. 약사법상 경찰규정

약사에 관한 일들이 원활하게 이루어질 수 있도록 필요한 사항을 규정하여 국민보건 향상에 기여하는 것을 목적으로 '약사법'이 제정되었다. 약사법상 경찰규정으로서 허가에 관한 규정은 약사·한약사의 면허제(약사법 제3조, 제4조), 약국개설의 등록제(약사법 제20조 제2항), 의약품제조업의 허가제(약사법 제31조), 의약품 등의 수입허가(약사법 제42조 제1항) 등이고, 질서유지를 위한 개별적 제한 규정으로서는 불량의약품 등에 대한 회수·폐기명령(약사법 제71조)이 있다.

3. 전염병예방법상 경찰규정

'전염병예방법'은 전염병의 발생과 유해를 방지하여 국민보건을 향상 증진시킴을 그 목적으로 하고 있다. 전염병방지를 위한 개별적 제한으로는 강제적 건강진단(전염병예방법 제9조), 환자의 격리조치(전염병예방법 제29조), 제1군 전염병 예방조치(전염병예방법 제39조 제1항), 제1군 전염병에 관한 강제조치(전염병예방법 제42조 제2항) 등이 있다.

V. 교통에 관한 법상의 경찰규정

1. 도로교통법상의 경찰규정

도로에서 일어나는 교통상의 모든 위험과 장애를 방지하고 제거하여 안전하고 원활한 교통을 확보함을 목적으로 '도로교통법'이 제정되었다. 도로교통법상 경찰규정으로서 허가에 관한 규정은 운전면허제(도로교통법 제80조 제1항)이다. 위험방지와 관련된 경찰규정으로는 신호 또는 지시에 따를 의무(도로교통법 제80조 제1항). 통행의 금지 및 제한(도로교통법 제6조 제4항), 자동차속도의 제한(도로교통법 제17조 제2항), 어린이 보호구역의 지정 및 관리(도로교통법 제12조 제1항), 혈중알코올농도가 0.05퍼센트 이상의 술에 취한 상태에서의 운전금지(도로교통법 제44조 제1항) 등이다.

대판 2006. 11. 23, 2005도7034

호흡측정기에 의한 혈중알코올농도의 측정은 장에서 흡수되어 혈액 중에 용해되어 있는 알코올이 폐를 통과하면서 증발되어 호흡공기로 배출하는 것을 측정하는 것이므로, 최종 음주 시로부터 상당한 기간이 경과하지 아니하였거나 또는 트림, 구토, 치아보철, 구강청정제 사용 등으로 인하여 입안에 남아 있는 알코올, 알코올 성분이 남아 있는 구강 내 타액, 상처부위의 혈액 등이 폐에서 배출된 호흡공기와 함께 측정될 경우에는 실제혈중 알코올의 농도보다 수치가 높게 나타나는 수가 있어 피측정자가 물로 입 안 헹구기를 하지 아니한 상태에서 한 호흡측정기에 의한 측정결과만으로는 혈중알코올농도가 반드시 그와 같다고 단정할 수 없거나 호흡측정기에 의한 측정치수가 혈중알코올농도보다 높을 수 있다는 의심을 배제할 수 없다.

---

2. 해상교통상 경찰규정

1) 선박안전법상 경찰규정

선박의 감항성 유지 및 안전운항에 필요한 사항을 규정함으로써 국민의 생명과 재산을 보호함을 목적으로 '선박안전법'이 제정되었다. 선박안전법상 위험방지와 관련된 규정으로는 선박의 검사(선박안전법 제7~11조), 위험물의 운송(선박안전법 제41조), 고인화성 연료유 등의 사용제한(선박안전법 제44조) 등이 있다.

2) 선원법상 경찰규정

선원의 직무, 복무, 근로조건의 기준, 직업안정 및 교육·훈련에 관한 사항을 정함으로써 선내질서를 유지하고 선원의 기본적 생활을 보장·향상시키며 선원의 자질 향상을 도모함을 목적으로 '선원법'이 제정되었다. 선원법상 위험방지에 관한 경찰 규정으로는 선박위험시의 조치(선원법 제11조), 선박충돌시의 조치(선원법 제12조), 조난선박의 구조(선원법 제13조), 위험물 등에 대한 조치(선원법 제25조) 등이 있다.

Ⅵ. 환경행정법상의 경찰규정

환경행정법에 포함되는 법률은 매우 다양하므로 전부 기술하기는 어렵고 환경행정법의 대표적인 '폐기물관리법'에 한하여 검토하고자 한다.

폐기물관리법상 경찰에 관한 규정으로는 먼저 제도적 규정으로 특정폐기물처리업의 허가제(폐기물관리법 제25조), 기술관리인의 임명(폐기물관리법 제34조), 폐기물처리시설의 사후관리 이행보증금제도(폐기물관리법 제51조) 등이 있고, 위해방지를 위한 개별적 제한 규정으로는 폐기물 투기금지(폐기물관리법 제8조), 폐기물처리에 관한 조치명령(폐기물관리법 제48조), 사용종료 또는 폐쇄후의 토지이용제한(폐기물관리법 제54조) 규정 등이 있다.

제6절 경찰법상 일반적 수권

Ⅰ. 일반적 수권조항의 개념과 필요성

1. 일반적 수권조항의 개념

경찰행정법상 일반적 수권조항이란 경찰권 행사의 근거가 되는 개별적인 법률규정이 없는 경우 경찰권 행사의 일반적·보충적 근가 될 수 있도록 그 위험의 예방·진압을 위한 포괄적 내용을 규정하는 조항을 말한다.[35] 즉 그 위험의 예방·진압을 위한 법적 근거가 특별경찰법에도 없고, 일반경찰법에도 특별한 규정으로 존재하지 아니하는 경우에 최종적인 법적 근거로 적용되는 조항이다.[36] 따라서 경찰행정법상 일반적 수권조항은 구성요건을 일반조항으로 파악하는 민법이나 형법상의 일반조항과는 다르고, 일반적 요건 하에 포괄적 권한을 수권하는 조항이라고 정의할 수 있다.[37] 이러한 일반적 수권조항에 관하여 독일의 경우 통일경찰법표준안 제1조 제1항에서 "경찰은 공공의 질서와 안녕에 대한 위해를 방지할 의무를 갖는다."고 하여 경찰의 직무를 규정하고, 동법 제8조 제1항에서는 "제9조에서 제24조까지 별도로 규정된 수권조항이 적용되지 않는 한 경찰은 구체적인 경우에 존재하는 공공의 안녕과 질서에 대한 위해방지의무를 위하여 필요한 조치를 취한다."고 하여 일반적 수권조항을 규정하고 있다.

한편 우리나라는 현행 경찰작용에 관한 법률이 명시적으로 일반적 수권조항을 규정하고 있지 않음에도 불구하고 경찰법 제3조와 경찰관직무집행법 제2조 제5호 "공공의 안녕과 질서유지"라는 불확정개념에 대하여 일반적 수권조항을 인정할 것인가에 대하여 현실적 필요성에 기하여 그 논의가 전개되고 있다. 이를 크게 나누어 보면 일반적 수권조항 자체를 법치주의 관점에서 인정하지 않는 견해, 현실적으로 일반적 수권조항이 필요하지만 현행경찰법제하에서는 이를 위한 입법이 요구된다는 견해와 현행경찰법 제3조 내지 경찰관직무집행법 제2조 제5호의 임무직무조항으로부터 이를 구하는 견해 등으로 대별되고 있다.[38]

일반적 수권조항이란 경찰권행사의 근거가 되는 개별적인 법률규정이 없는 경우, 즉 개별적 수권조항이 없는 경우, 사회공공의 안녕과 질서에 대한 위해를 방지할 수 있는 근거를 포괄적으로 규정하는 조항을 말한다.

일반적 수권조항은 경찰권 행사에 관한 권한을 구체화하고 있는 것이 아니라, 일반적인 위해방지를 위하여 추상적인 내용으로 규정하고 있는 조항을 말한다. 이를 경찰권 행사근거에 관한 일반조항이라고도 한다.

---

35) 최영규, 『경찰행정법』, 법영사, 2007, 178면. 일반적 수권조항이라는 용어가 다양한 형태로 기술되고 있다. 즉 개괄조항, 일반조항, 개괄적 수권조항, 개괄수권조항 등이 그것이다. 독일에서는 일반조항(Generalklaused) 또는 일반수권(Generalermächtigung) 등으로 표현하고 있다.

36) 홍정선, 『경찰행정법』, 박영사, 2010, 261면.

37) Knemeyer, Polizei und Ordnungsrecht, 7 Aufl, München, 1998, S. 88.

38) 표명환, "경찰행정법상의 개괄적 수권조항에 관한 헌법적 고찰", 『공법학연구』, 제5권 제3호, 한국비교법학회, 2004, 220면 참조.

2. 일반적 수권조항의 필요성

이와 같은 일반적 수권조항을 규정하고 있는 것은 특히 사회, 경제, 문화, 과학기술의 발전에 따라 사회사정이나 가치관의 변화할 뿐만 아니라 입법자가 예측할 수 없는 위험의 발생가능성이 고려되고, 아울러 입법자가 이러한 사정을 고려하여 모든 경찰권행사의 요건이나 효과를 상세히 정하는 것이 불가능하다는 점에서 일반적 수권 조항의 필요성이 강조된다.

Ⅱ. 일반적 수권 조항의 내용 및 적용요건

위 독일의 연방및주의통일경찰법표준안 제8조에 따른 개괄조항의 내용 및 그 적용을 보면, 우선 동 조항에 의하여 경찰권이 행사되기 위해서는 ① 공공의 안전이나 ② 공공의 질서에 대한,39) ③ 위험이 존재하거나, 이미 ④ 장해가 발생한 경우에 허용되는 것으로 해석될 수 있다.40) 그러나 일반적 수권조항에 근거한 경찰권 행사는 개별적 수권조항이 존재하지 않는 경우에 보충적으로 이를 원용할 수 있다는 것이 일반적인 견해이다.

따라서 경찰권 행사가 문제되는 경우에 있어서는 일차적으로 개별적 수권조항의 존부가 문제시되고, 경찰권의 구체적인 내용을 규정하고 있는 개별적 수권조항이 존재하지 않는 경우 보충적으로 추상적인 내용을 규정하고 있는 일반적 수권 조항에 근거한 경찰권 행사가 요구된다. 아울러 일반적 수권 조항의 내용의 확대해석과 그에 근거한 권력남용 등은 법원의 통제대상이 된다.

---

39) 공공의 안전이란 국가의 법질서와 공공시설 및 개인이 생명·신체·재산·자유·명예 등에 대하여 어떠한 침해도 없는 상태를 말한다. 따라서 법질서 전체의 불가침성, 국가·공동체의 존립과 가능성, 개인의 법익의 불가침성 등을 그 내용으로 한다. 공공의 질서란 통상적인 사회·윤리개념상 그 준수가 사회에서의 공동생활을 위하여 불가결한 것으로 인정되는 불문규범의 총체를 말한다. 이는 가치개념의 표현으로서 공동체의 윤리·도덕을 그 대상으로 할 뿐, 법규범은 여기에 포함되지 아니한다[Friauf, Polizei-und Ordungsrecht, in:E. Schmidt-Aßmann(Hrsg.), Besonderes Verwaltungsrecht, 10. Aufl. 1995, S. 123~124].

40) 여기서 위험과 장해를 통칭하여 위해라고도 한다. 위험은 크게 구체적 위험과 추상적 위험으로 구분하는데 구체적 위험이란 구체적인 개별사안에 있어서 가까운 장래에 손해발생이 충분한 가능성이 존재하는 경우를 의미하며, 추상적 위험은 구체적 위험의 예견가능성이 있는 경우를 말한다. 개괄조항에 근거한 경찰권발도의 위험은 구체적 위험에 한정하는 것이 일반적인 견해이다. 장해란 위험이 현실적으로 발생한 상태를 말한다. 위와 같은 요건사실이 존재하느냐의 여부에 대한 판단은 재량이 아니라 판단 여지의 존부만이 문제될 수 있다.

Ⅲ. 현행법상 일반적 수권조항의 인정 여부

현행경찰관직무집행법 제2조는 경찰의 직무범위를 규정하면서, 동조 제5호에 "기타 공공의 안녕과 질서유지"를 경찰직무의 하나로서 규정하고 있다. 아울러 경찰법 제3조는 또한 "경찰은…… 기타 공공의 안녕과 질서유지를 그 임무로 한다."고 규정하고 있는바, 이들 규정을 중심으로 현행법제에의 일반적 수권조항의 인정 여부에 관하여 부정설, 전면적·일반적 수권조항 인정설, 부분적·일반적 수권조항 인정설, 유추적용설, 입법필요설 등의 학설 대립이 있다.[41]

1. 학설

우선 일반적 수권조항 그 자체를 헌법적 관점에서 부인하는 견해는 경찰권이 가지는 침익적·권력적 성격상 그 근거는 개별규정에 의하여야 하고, 일반적 수권조항과 같은 방식에 의한 수권은 법치국가원리, 특히 명확성 원칙에 반하기 때문에 허용될 수 없다는 입장이다. 즉, 우리 헌법상의 법률유보의 원칙은 수권이란 작용법상의 개별적 수권을 말한다고 한다. 또한 일반적 수권조항을 인정하게 되면 경찰권의 행사에 관하여 백지의 포괄적 재량권을 부여하는 것이 되어 경찰권의 남용으로 국민의 기본권이 침해될 우려가 크다고 주장한다.[42] 따라서 경찰관직무집행법 제2조 제5호는 직무규범에 불과하고, 수권규범이 아니라고 본다. 특히 경찰재량권의 통제에 관한 법이론 및 판례가 정립되지 못한 현재로써 일반적 수권조항을 인정하는 것은 법치행정의 원칙의 실질적 목적이 되는 국민의 기본권 보장이 위태롭게 될 수 있기 때문에 이러한 상황 하에서는 우리나라에서 일반적 수권조항을 인정하는 것은 타당하지 않다고 한다. 즉 일반적 수권조항이 법률유보의 원칙에 반드시 위배되는 것은 아니지만, 현재로서는 시기상조인바, 그것은 법규정의 미비, 재량권 행사의 이론·판례의 미정립 등으로 인해 그 남용의 위험성이 줄어든 후에 이 조항을 두어야 한다는 입장도 있다. 또한 현행 경찰관직무집행법상의 개별적 수권조항들은 경찰상의 위험에 해당하는 경우를 포괄하고 있고, 특히 제5조 제1항은 다른 규정에서 규정하고 있지 않은 공백상태를 상당부분 규율하고 있어서 실무상 일반조항의 필요성이 그리 큰 것은 아니라고 본다.[43]

---

41) 박균성, 『행정법강의』, 박영사, 2008, 1225면 참조.
42) 박윤흔, 『최신행정법강의(하)』, 박영사, 2002, 322~323면.

이에 대하여 현행법 하에서 일반적 수권조항은 인정될 수도 있고 또한 인정되어야 하지만 아직까지 우리의 입법은 이를 수용하고 있지 않다고 보는 견해가 있다.44) 즉 이 견해는 오늘날 복잡하고 다양한 사회변화에 따른 위해에 대응하기 위하여 일반적 수권조항의 필요성과 허용성을 인정하면서도 경찰관직무집행법의 규정을 수권규범이 아닌 단순한 직무규범으로 파악하고, 입법에 의해 일반적 수권조항을 도입할 필요가 있다고 한다. 이와는 달리 현행 경찰법 제3조 및 경찰관직무집행법 제2조 제5호로부터 적극적으로 일반적 수권조항을 인정하고자 하는 견해가 있다. 동 견해는 경찰법 제3조 및 경찰관직무집행법 제2조 제5호상의 "공공의 안녕과 질서유지에 관한 조항"을 수권규범으로 파악함으로써 이를 현행법상 일반적 수권조항으로 보아 개별적인 근거규정이 없을 때에는 이 조항에 근거하여 경찰권을 행사할 수 있다고 보고 있다.45) 즉 일반적 수권조항이 입법되기 전까지는 직무규정 속에 포함되어 있는 제2조 제5호를 수권규범으로서의 일반적 수권조항으로 인정하여 경찰권의 행사를 가능하게 하여야 한다고 보는 견해이다.46)

경찰관직무집행법 제2조 제5호는 독일에서의 직무규정과 권한규정이 통합된 것이고 제3조 이하에서 독일의 이른바 표준적 조치와 마찬가지로 일반적 직무·수권규정을 구체화한 것으로 충분히 볼 수 있다고 본다. 행정의 권한은 곧 국민에 대한 봉사의무를 의미하기 때문에 국민생활에 있어 구체적인 위험이 발생한 경우에도 경찰관이 개별적 법률규정이 없다는 이유로 경찰권 행사를 거부할 수 있다면 이는 국민에 대한 봉사자(헌법 제7조 제1항)로서의 책임을 회피하는 것이 되므로 경찰관직무집행법 제2조 제5호를 헌법합치적 해석에 의해 일반적 직무·수권규정으로 파악할 수 있다고 한다.47)

---

43) 김동희, 『행정법Ⅱ』, 박영사, 2002, 162면.
44) 홍정선, 『행정법특강』, 박영사, 2010, 1064면.
45) 관할구역의 주민이 허가 없이 창고를 주택으로 개축하는 것을 청원경찰이 단속한 사건을 다룬 대판 85도2448이 경찰관직무집행법 제2조 제5호를 개괄적 수건조항으로 인정하였다고 주장하는 견해(김남진, 『행정법Ⅱ』, 박영사, 2000, 201면)도 있으나 판례는 단순히 위법건축물의 단속이 청원경찰의 직무범위에 속한다는 것을 판시하였을 뿐 단속조치가 구체적으로 어떤 수권규정에 근거하고 있는지는 밝히지 않고 있다(정하중, "경찰법상의 책임", 『공법연구』, 제25집 제3호, 1997, 140면).
46) 류지태, 『행정법신론』, 신영사, 2006, 759면.
47) 박정훈·정초영, "사권보호를 위한 경찰권 발동에 관한 연구", 치안연구소, 2001, 24면. 이들은 경찰관직무집행법 제2조 제5호를 개괄적 수권조항으로 파악해야 할 필요가 있지만, 이를 부정한다면 동법 제5조 제1항이(완벽한 것은 아니지만) 제2의 개괄적 수권조항의 역할을 할 수 있다고 주장하면서, 동법 제6조를 제3의 개괄적 수권조항으로 이해하고 있다.

2. 판례

위에서 본 학설 등의 견해를 종합하여 볼 때 경찰관직무집행법 제2조 제5호의 법적 성격을 판단함에 있어서 그것이 단순한 직무규범인가, 권한규범인가의 문제로 귀결되어 진다. 이에 대하여 판례는 흔하지 않고 확립된 것이라고는 볼 수 없지만, 대법원은 "청원 경찰법 제3조는 청원경찰은 청원주와 배치된 기관, 시설 또는 사업장 등의 구역을 관할 하는 경찰서장의 감독을 받아 그 경비구역 내에 한하여 경찰관직무집행법에 의한 직무를 행한다고 정하고 있고, 한편 경찰관집무집행법 제2조에 의하면 경찰관은 범죄의 예방·진압 및 수사, 경비, 요인경호 및 대간첩작전수행, 치안정보의 수집·작성 및 배포, 교통의 단속과 위해의 방지 기타 공공의 안녕과 질서유지 등을 그 직무로 하고 있는 터이므로 경상남도 도시과 단속계원으로 근무하고 있는 청원경찰관인 공소 외 김창성 및 이성주가 원심판시와 같이 1984. 12. 29. 경상남도 양산군 장안면 임광리 115에 있는 피고인의 집에서 피고인의 형 공소 외 박무수가 허가 없이 창고를 주택으로 개축하는 것을 단속하는 것은 그들의 정당한 공무집행에 속한다."[48]라고 판시하여 경찰관직무집행법 제2조 제5호를 일반적 수권 조항으로 보고 있다.[49]

3. 검토

지금까지 일반적 수권조항의 인정 여부에 관하여 학설과 판례를 검토하였다. 논자는 일반적 수권조항에 인정 여부에 관하여 개별적 수권규정의 보충성과 기본권보장의 견지에서 일반적 수권조항을 인정하고자 한다. 다만 법규의 내용이 보통 경찰임무를 통한 불

---

48) 대판 1986. 1. 26, 85도2448.
49) PrOVGE 9, 353. 독일 경찰법상 일반적 수권조항과 관련된 대표적인 판례는 크로이쯔베르크 판결이다. 이 판결은 1882년 6월 14일 프러시아 고등법원이 베를린 경찰청장이 구체적 권한규정이 없던 당시에 프러시아 일반주법 제10조 제2항 17호에 근거하여 1879년 3월 10일 발한 명령, 즉 크로이쯔베르크 언덕 위에 있는 전승기념비에의 조망 밑 거기에서 시내를 내려다보는 조망을 반해하는 일이 없도록 주면의 토지상의 건축물의 높이를 제한하는 것을 내용으로 하는 건축금지에 관한 경찰명령에 기초하여 내인 건축불허가 처분에 대하여 법원은 "프러시아 일반주법 제10조 제2항 제17호에 따를 때 경찰은 위험방지의 권한만을 가지며, 미적인 이익을 추구할 권한은 없기 때문에 크로이쯔베르크에 있는 전승기념비에 대한 조망을 해치지 않게 하기 위하여 건축물의 고도를 제한하는 경찰명령은 무효이다."고 판시하였다. 이는 베를린 경찰청장에 의한 경찰명령은 미학적인 이유에서 발해진 것으로 복리의 증진을 목적으로 하는 것이라는 이유로 효력을 부인함으로써 그 경찰명령을 무효라고 판단한 사건이다. 이 판결의 중요한 점은 프러시아 일반주법 제10조 제2항 제17호 규정을 직무규정으로뿐만 아니라 권한에 관한 일반적 수권조항으로 승인하였다는 점이다.

확정 개념을 사용하고 있는 결과, 경찰권이 남용될 여지를 안고 있다. 그러나 경찰의 임무가 위해방지에 있는 한, 그 위해를 사전에 예측하여 그에 대비한 경찰조치를 상세히 규정한다는 것은 입법기술상 불가능하다는 현실적인 이유와 반면 법리적으로도 일반적 수권조항은 어디까지나 2차적·보충적 수권규정이며 동 조항에 입각하여 경찰권을 행사하는 경우에 적용될 법리가 충분히 발달되어 이를 통한 사법적 통제가 가능하다는 법리적인 이유로 일반적 수권조항으로 인한 경찰권 남용의 우려는 그다지 문제가 되지 않는다. 또한 일반적 수권조항을 인정할지라도 그 성질상 개별적 수권조항이 없는 경우에 한하여 보충적으로 적용되어야 할 뿐 아니라, 그 요건과 효과에 관한 준칙으로서 헌법상의 한계를 철저히 적용하여 일반적 수권조항으로 인한 경찰권의 남용이 최대한 억제되어야 한다. 그리고 만약 일반적 수권조항으로 인한 경찰권의 남용이 문제가 된다면 차라리 독일의 입법례와 같이 구체적으로 명시하는 것도 바람직하다. 그러나 일반적 수권조항을 두는 경우에도 경찰권의 무제한의 행사의 근거는 될 수 없으며, 헌법상의 일반원리 또는 기본권의 구속성 등에 의한 경찰권 행사의 한계에 관한 규율이 수반되어야 할 것이다.[50]

제7절 경찰권 행사의 한계

I. 개설

경찰권은 법령이 정하는 범위 내에서 합목적적으로 행사될 때, 적법·타당한 것으로 인정되고 관계자를 구속하는 힘을 갖는다. 이것은 법치행정의 원리상 당연한 것이다. 이와 같이 경찰권의 행사가 적법·타당한 행위로서 효과를 발생할 수 있는 한계를 경찰권의 한계라고 부른다. 경찰권의 한계를 법규상이 한계와 헌법의 일반원리 또는 행정법의 일반원칙에 의한 한계, 경찰의 일반적 한계로 나누어 아래에서 살펴보기로 한다.[51]

---

50) 고헌환, "경찰행정법상 일반적 수권조항에 의한 경찰권 행사의 헌법적 한계", 『토지공법 연구』, 제49집 2호, 2010, 369면.
51) 경찰권의 한계는 국내문헌상 일반적으로 법규상의 한계와 조리상의 한계로 나누어 검토되고 있다. 그런데 일반행정법의 법원론에서 조리를 행정법의 일반원칙으로 대체하기로 한 점에서 경찰권의 한계를 경찰행정법상의 한계로 하여 다루기로 한다.

Ⅱ. 법규상의 한계

경찰작용은 권력적인 명령·강제이므로, 경찰은 법규에 근거하고 원칙적으로 법규가 허용하는 범위 내에서만 발동할 수 있는 한계를 법규상의 한계라고 한다. 이러한 측면에서 볼 때, 경찰작용법은 경찰권행사의 근거가 되는 동시에, 다른 한편으로는 경찰권행사의 한계가 되기도 한다. 이때의 법규는 직무규정이 아니라 권한규정이어야 한다.

Ⅲ. 일반적 수권조항에 의한 경찰권 행사의 헌법적 한계

1. 개설

경찰권행사가 법률에 근거하더라도 아무런 제한 없이 이루어질 수 있는 것은 아니다. 즉 단순히 법률적 구속만으로는 충분하지 못하므로 일반적인 행정작용에 대한 법률유보 원칙의 적용보다 경찰권행사에 있어서는 더욱 엄격한 해석과 적용이 요구된다.52) 비록 경찰권행사의 법규상 근거가 존재하더라도 일정한 합리적 한계가 다시 인정되어야 한다는 것이 전통적인 행정법학의 입장이다. 이른바 일정한 합리적 한계는 경찰권행사에 관한 2차적 한계라고 불리 우는 헌법이념상, 즉 헌법의 일반원리에 의한 한계라고 할 수 있다. 이러한 헌법의 일반원리는 독일의 경우 경찰의 직무를 정한 일반적 수권조항에 의하여 경찰권이 행사되는 경우에 적용되는 법원리로 논의되어 왔지만,53) 우리나라에서는 경찰권행사의 근거에 대하여 구체적으로 명시되어 있지 않은 경우에 경찰권행사의 한계로써 적용되고 있다. 헌법상의 일반원리에 의한 한계는 우선 법규상의 한계에 이어 재량권의 남용과 일탈을 방지하는 제약요소로서 중요한 의의를 갖고 있다.

앞에서 경찰권행사의 근거로써 일반수권조항을 인정하는 논리를 피력하였다. 일반수권조항을 인정하게 되면 경찰권행사의 범위가 넓어지고 재량의 여지가 주어진다.54) 이러한

---

52) 김재호, "경찰권의 한계", 『법학연구』, 제11권 제1호, 충남대학교 법학연구소, 2000, 110면.
53) Schenke, Polizei-und Ordnungrecht, in: Steiner(Hrsg), Besonderes, Verwaltungsrecht, 4 Aufl, 1992, S. 175.
54) K. C. Davis 교수는 "경찰의 활동에 있어서 재량은 절대적으로 불가결이다. 또 경찰의 재량을 완전히 없애자는 노력은 바보 같은 짓이며, ……재량의 여지가 없는 경찰의 활동은 마치 팔, 다리, 머리가 없는 인물상과 같다."고 하였다. 또 그는 더 나아가 "국가의 전체 법체계나 통치제도에 비추어 볼 때 개인에 대한 사법의 질을 개선하기 위한 욕구를 충족시키기 위해서는 법규나 원칙보다는 재량에 따른 결정이

경찰권 행사에 대한 재량의 여지는 나아가 재량권을 일탈하여 국민의 기본권을 침해하게 되는 가능성을 남기게 된다.

헌법이 추구하는 가장 근본적인 목적은 국민의 기본권보호 의무에 있음을 천명해 볼 때 경찰권 행사의 한계는 국민의 기본권보호에 당연히 귀결된다. 이러한 헌법상 기본권보호 의무는 일반적 수권조항에 근거한 경찰재량을 한계지우는 중요한 의미를 가진다. 뿐만 아니라 일반법률 전반에 걸쳐 권력 작용의 한계가 되고 있는 헌법상 기본원리인 비례의 원칙, 적법절차의 원리, 평등의 원칙 또한 일반적 수권조항에 의한 경찰재량의 한계를 지우는 중요한 의미를 가진다. 따라서 이하에서는 경찰권 행사의 근거조항으로서의 일반적 수권조항에 대한 경찰권 행사의 한계에 관하여 경찰행정법상의 한계와는 달리 헌법적 관점에서 헌법의 일반원리인 적법절차의 원칙, 평등의 원칙, 비례의 원칙 등에 의한 한계, 그리고 기본권 구속성에 의한 한계에 관하여 검토하고자 한다.

2. 헌법상 일반원리에 의한 한계

1) 적법절차의 원칙에 의한 한계

(1) 적법절차의 의의

적법절차원리(due process of law)[55]의 기원은 1215년 영국의 마르나 카르타(Magna Charta)에서 찾을 수 있다. 즉 대헌장 제39조의 자유인은 "국법에 의하지 아니하고는 체포·구금·추방……되지 아니한다"는 말에서 비롯된다.[56] 이러한 규정이 1335년 에드워드 3세 치하의 제정법에서 "적정한 법절차에 따라" 조항에 계수되어 1628년 권리청원 제4조에서 다시 확인되었다. 그 후 적법절차원리는 미국의 수정헌법 제5조 및 제14조에서 규정하고 있고,[57] 제2차 대전 이후 독일기본법 제104조에서도 이를 규정하고 있다.

더 필요할 수 있으며"라고 하면서 경찰재량의 의미를 강조하였다. K. C. Davis, Discretionary Justice - A Preliminary Inquiry (Urban, Chicago: Univ, of illinois Press, 1971, p.216.

55) Suznne Ballex, & Chana Barron, Constitutution Law, Thom son west lego studio, 2005, p.197 refer.

56) 계희열, 『헌법학(중)』, 박영사, 2004. 301면.

57) Amendment 5, (Criminal actions-Provisions concerning-Due process of law and just compensation clauses) - /No person shall be held to answer for a capital, or otherwise infamous crime, unless on a presentment or indictment of a Grand Jury, except in cases arising in the land or naval forces, or in the Militia, when in actual service in time of war or public danger; nor shall any person be subject for the same offence to be twice put in jeopardy of life or limb; nor shall be compelled in any criminal case to be a witness against himself; nor be derived of life, liberty, or property,

우리나라에서는 1987년 헌법 개정에서 이를 채택하여 규정하게 되었다.

적법절차의 원리는 입법·행정·사법 등 모든 국가작용은 정당한 법률을 근거로 하고, 정당한 절차에 따라 발동되어야 한다는 헌법 원리를 말한다. 즉 모든 국가공권력의 행사는 절차상의 적법성뿐만 아니라, 그 근거가 되는 법률의 실체적 내용도 합리성과 정당성을 갖추어야 한다는 법리를 말한다.58)

헌법 제12조 제1항 제2문은 "누구든지…… 법률과 적법한 절차에 의하지 아니하고는 처벌·보안처분 또는 강제노역을 받지 아니한다."라고 하고, 제3항은 "체포·구속·압수 또는 수색을 할 때에는 적법한 절차에 따라 검사의 신청에 의하여 법관이 발부한 영장을 제시하여야 한다."라고 하여, 신체의 자유의 보장을 위한 절차적 보장수단으로써 적법절차의 원칙을 규정하고 있다. 즉 헌법은 처벌·보안처분 또는 강제노역에 있어서는 법률주의 외에 적법절차원리를 규정하고 있고, 영장주의에도 적법절차원리를 적용하고 있다. 현행 헌법이 명문화하고 있는 적법절차의 원칙은 단순히 입법권의 유보제한이라는 한정적인 의미에 그치는 것이 아니라, 모든 국가작용을 지배하는 독자적인 헌법의 기본원리로써 해석되어야 할 원칙이라는 점에서 입법권의 유보적 한계를 선언하는 과잉입법의 원칙과는 구별된다고 할 것이다.

(2) 적법절차의 적용대상과 범위

헌법 제12조 제1항 제2문은 "……적법한 절차에 의하지 아니하고는 처벌·보안처분 또는 강제노역을 받지 아니한다."고 규정하고, 동조 제3항은 적법절차에 의하지 않는 영장의 발부를 금지하고 있다. 이러한 규정은 적법절차의 적용대상을 열거하고 있는 것인지 아니면 예시하고 있는 것인지가 문제된다. 이에 대하여 적법절차조항은 모든 기본권

---

without process of law; nor shall private property be taken for public use without just compensation.

Amendment 14, Section 1 (Citizenship-Due process of law-Equal protection) All persons born or naturalized in the united states, and subject to the jurisdiction thereof, are citizens of the united states and of the state wherein they reside, No State shall make or enforce any law which shall abridge the privileges or immunities of citizens of the united states; nor shall any states deprive any person of life, liberty, or property, without due process of law; nor deny to person within its jurisdiction the equal protection of the laws.

58) 적법절차의 적용영역에 대한 논의는 있으나, 헌법재판소는 "헌법 제12조 제3항 본문은 동조 제1항과 함께 적법절차원리의 일반조항에 해당하는 것으로서, 형사절차상의 영역에 한정되지 않고, 입법·행정 등 국가의 모든 공권력의 작용에는 절차상의 적법성뿐만 아니라 법률의 실체적 내용도 합리성과 정당성을 갖춘 실체적인 적법성이 있어야 한다는 적법절차의 원칙을 헌법의 기본원리로 명시한 것이다(헌재 1992. 12. 24, 92헌가8; 1997. 3. 27, 96헌가11).

보장을 위하여 확대 적용될 수 없고, 헌법이 열거하고 있는 처벌·보안처분·강제노역과 영장발부에만 적용된다는 제한적 열거설[59]이 있다. 그러나 적법절차조항을 적법한 절차에 의하지 아니하고는 어느 누구도 신체적·정신적 그리고 재산상 불이익이 되는 일체의 제재(질서벌·징계벌 등을 포함)를 당하지 아니한다는 의미보다 철저한 기본권보장의 관점에서 헌법이 규정하고 있는 처벌·보안처분·강제노역 및 영장발부 등은 예시적인 것에 불과한 것으로 봄이 타당하다.[60]

헌법 제12조 제1항에서 정하고 있는 적법절차는 인신보호를 위한 형사절차에 적용되는 것임에는 의문의 여지가 없다. 이에 대하여 행정절차나 기타 절차에도 적용되는가 하는 문제가 제기된다. 헌법이 규정하고 있는 적법절차가 명시적으로는 인신의 자유를 보호하는 조항에 규정되어 있으나, 적법절차의 이념이나 원리가 법치주의 원리의 내용을 이루고 있는 일반적인 헌법원리에 해당한다.[61] 따라서 적법절차는 기본권을 제한하는 모든 절차와 입법절차, 행정절차 등 공권력의 행사, 즉 경찰권 행사와 관련된 모든 절차에도 적용된다고 할 것이다. 판례 또한 이러한 입장을 취하고 있다. 따라서 신체의 자유의 제한과 관련하여서는 적법절차의 원리에 따라 그 정당성 여부가 판단되어야 한다. 그러나 현실적으로 적법절차의 원리는 과잉금지의 원칙과 더불어 기본권제한의 정당성 판단 기준으로써 헌법재판에 적용되고 있다.[62]

---

59) 윤명선·김병묵, 『헌법체계론』, 법률계, 1997, 494면.
60) 권영성, 『헌법학원론』, 법문사, 2009, 423면; 정종섭, 『헌법학원론』, 박영사, 2007, 433면.
61) 정종섭, 『헌법학원론』, 박영사, 2007, 433면. 예컨대 정당이나 노동조합의 내부규칙에 대하여도 이를 규율하는 헌법적 원리·원칙이 된다. 그러므로 당직박탈이나 제명 등의 조치가 법적 정당성을 지니려면 최소한 통지 및 변명 내지 방어의 기회가 주어진 절차에 따라서만 그러하다고 말할 수 있다(최대권, 『헌법학강의』, 박영사, 2001, 249면).
62) 노동조합법 제46조 중 "제42조의 규정에 의한 구제명령에 위반하거나" 부분은 노동위원회의 확정되지 아니한 구제명령을 그 취소 전에 이행하지 아니한 행위를 동법 제43조 제4항 위반의 확정된 구제명령을 위반한 경우와 차별함이 없이 똑같이 2년 이하의 징역과 3,000만 원 이하의 벌금이라는 형벌을 그 제재 방법과 이행확보수단으로 선택함으로 국민의 기본권제한방법에 있어 형평을 심히 잃어 위 법률규정의 실체적 내용에 있어 그 합리성과 정당성을 더욱 결여하였다고 할 것이므로 헌법상의 적법절차원리에 반하고 과잉금지의 원칙에도 저촉된다고 할 것이다(헌재 1995. 3. 23, 92헌가14).

헌재 2003. 10. 30, 2000헌라1

헌법재판소는 '법률안 변칙처리사건'에서 "법치주의의 원리상 모든 국가기관은 헌법과 법률에 의하여 기속을 받는 것이므로 국회의 자율권도 헌법이나 법률을 위반하지 않는 범위 내에서 허용되어야 하고 따라서 국회의 의사절차나 입법절차에 헌법이나 법률의 규정을 명백히 위반한 흠이 있는 경우에도 국회가 자율권을 가진다고 할 수 없다."라고 판시하여, 국회의 입법절차도 적법절차원리의 지배를 받는다고 간접적으로 밝히고 있다.

헌재 1992. 12. 24, 92헌가8; 2001. 3. 15, 2000헌가1 등

헌법재판소는 "제12조 제1항의 처벌, 보안처분, 강제노역 등 및 제12조 제3항의 영장주의와 관련하여 각각 적법절차의 원칙을 규정하고 있지만 이는 그 대상을 한정적으로 열거하고 있는 것이 아니라 그 적용대상을 예시한 것에 불과하다고 해석하는 것이 우리의 통설이다. 다만, 현행헌법상 규정된 적법절차의 원칙을 어떻게 해석할 것인가에 대하여 표현의 차이는 있지만 대체적으로 적법절차의 원칙이 독자적인 헌법원리의 하나로 수용되고 있으며 이는 형식적인 절차뿐만 아니라 실체적인 법의 내용이 합리성과 정당성을 갖춘 것이어야 한다는 실질적 의미로 확대해석하고 있으며, 우리 헌법재판소의 판례에서도 이 적법절차의 원칙은 법률의 위헌 여부에 관한 심사기준으로서 그 적용대상을 형사소송법에 국한하지 않고 모든 국가작용, 특히 입법작용 전반에 대하여 문제된 법률의 실체적 내용이 합리성과 정당성을 갖추고 있는지 여부를 판단하는 기준으로 적용되고 있음을 보여 주고 있다."라고 판시하였다.

(3) 적법절차에 의한 한계

행정작용 중에서 경찰권 행사는 전형적인 권력형 행정행위로 국민의 재산과 신체에 침해를 가할 수 있다. 이러한 국민의 자유와 권리를 침해하는 결과를 가져올 수 있는 경찰권 행사는 적법한 절차에 의하지 아니하고는 행사할 수 없는 한계를 지닌다고 할 수 있다.

경찰작용의 전형적인 것으로는 체포·구속·수색·압수 등 헌법상의 규정 이외에도 조사, 즉시강제, 강제집행 등 국민의 신체와 재산을 침해하는 것이다. 헌법은 제12조 제1항에서 "누구든지 법률에 의하지 아니하고는 체포·구속·수색·압수를 받지 아니하며······."라고 규정하고 동조 제3항에서는 "체포·구속·압수 또는 수색을 할 때에는 적법한 절차에 따라 검사의 신청에 의하여 법관이 발부한 영장을 제시하여야 한다."고 규정하여 사전영장주의를 규정하고 있다.[63] 헌법 제12조 제1항과 제3항의 규정은 법률에

---

63) 헌법 제12조 제3항 후문에서는 "다만 현행 범인인 경우와 장기 3년 이상의 형에 해당하는 죄를 범하고 도피 또는 증거인멸의 염려가 있는 때에는 사후에 영장을 청구할 수 있다."고 규정하고 있다.

의한 경찰작용을 예시하고, 적법한 절차에 따라 경찰작용의 사전적 한계 또는 경찰작용의 요건적 한계인 영장주의를 표명한 것으로 볼 수 있다. 이는 경찰작용으로 인하여 국민의 중대한 법익을 침해하기 때문에 사전에 영장주의, 변호인의 조력을 받을 권리,[64] 적부심제도[65]를 전제로 하여 경찰작용이 이루어져야 함을 의미한다.

2) 비례원칙에 의한 한계

(1) 비례원칙의 의의

비례의 원칙(Verhältnismäβigkeit)이란 모든 국가권력 작용은 달성하려고 하는 공공의 안녕과 질서의 유지라는 필요와 사인의 권리에 대한 침해가 비례관계를 가져야 한다는 원칙을 말한다.[66]

현행 헌법은 경찰권 행사의 목적이 되는 공공의 안녕과 질서에 대한 위해 방지의 조건과 정도에 대하여 근거규정을 두고 있지 않다. 그러나 경찰권 행사는 헌법상 요구되는 국가작용임에는 의문이 없고, 법치주의원리가 적용되어야 함은 당연하다. 더구나 국민의 자유와 권리를 제한하는 경찰행정작용에 있어서는 법치주의 원리가 엄격히 적용될 것이 요구된다. 이러한 법치주의 파생원칙으로써 비례의 원칙은 경찰권행사가 침해의 정도에 비례하여 이루어져야 한다는 것으로써 헌법상의 일반원칙으로서 모든 국가작용을 구속하는 것이다.[67]

헌법상의 일반원칙으로서의 비례의 원칙[68]은 헌법적인 효력을 갖기 때문에 실정법상

---

64) 헌법 제12조 제4항에서 "누구든지 체포 또는 구속을 당한 때에는 즉시 변호인의 조력을 받을 권리를 가진다."고 규정하고 있다.
65) 헌법 제12조 제6항은 "누구든지 체포 또는 구속을 당한 때에는 적부의 심사를 법원에 청구할 권리를 가진다."라고 규정하여 체포·구속적부심사제도를 규정하고 있다. 구속 적부심사제도는 영국의 인신보호영장제도(writ of habeas corpus)에서 그 기원을 찾을 수 있고, 인신보호영장제도는 영국의 보통법에서 발전하여 영국의 인신보호법에 의하여 확립되었다(표명환, 『기본권강의』, 온누리, 2009, 268면 참조).
66) 이병철, 『행정법 강의』, 유스티니아누스, 2008, 12면.
67) 헌재 1992. 12. 24, 92헌가8 결정. "국가작용, 특히 입법 작용에 있어서의 과잉입법금지의 원칙이라 함은 국가가 국민의 기본권을 제한하는 내용의 입법 활동을 함에 있어서 준수하여야할 기본원칙 내지 입법 활동의 한계를 의미하는 것으로써, 국민의 기본권을 제한하려는 이법의 목적이 헌법 및 법률의 체제상 그 정당성이 인정되어야 하고(목적의 정당성), 그 목적의 달성을 위하여 그 방법이 효과적이고 적절하여야 하며(방법의 적절성), 입법권자가 선택한 기본권제한의 조치가 입법목적 달성을 위하여 설사 적절하더라 할지라도 가능한 한 보다 완화된 형태나 방법을 모색함으로써 기본권제한은 필요한 최소한도에 그치도록 하여야 하며(피해의 최소성), 그 입법에 의하여 보호하려는 공익과 침해되는 사익을 비교교량 할 때 보호되는 공익이 더 커야 한다(법익의 균형성)는 법치국가원리에서 당연히 파생되는 헌법상의 기본원리의 하나인 비례의 원칙을 말하는 것이고 우리 헌법은 제37조 제2항에서 입법권의 한계로서 과잉입법금지의 원칙을 명문으로 인정하고 있다.

의 규정의 유무를 불문하고 타당하다. 이 점에서 헌법상의 비례성의 원칙은 실정법상의 규정에 대하여 효력상의 우위(Geltungsvorrang)에 있다.

이러한 비례의 원칙은 독일에 있어서 경찰권의 행사에 관한 판례법으로 발전된 것으로 오늘날 각주에 경찰법상의 법원칙으로 명시되어 있다. 독일경찰모범초안 제2조 제1항에서는 "다수의 가능하고 적합한 조치가 존재하는 경우, 경찰은 개인과 공중에게 가장 적은 피해를 가할 것이라고 예견되는 조치를 취하여야 한다."고 규정하고 있고, 제2항에서는 "어떠한 조치도 그 조치를 통해 달성될 결과와 비례관계에 있지 않은 손해를 초래하여서는 아니 된다." 그리고 제3항에서는 "경찰의 조치는 그 목적이 달성될 때 혹은 목적이 달성될 수 없음이 명백할 때까지만 허용된다."고 규정하고 있다. 우리나라의 경우 헌법 제37조 제2항에서 "국민의 모든 자유와 권리는…… 필요한 경우에 한하여 법률로써 제한할 수 있으며, 제한하는 경우에도 본질적인 내용을 침해할 수 없다."고 규정함으로써 비례의 원칙을 헌법적 차원의 법원칙으로 승인하고 있다. 이 밖에 경찰관직무집행법 제1조 제2항에서 "이 법에 규정된 경찰관의 직권은 그 직무수행에 필요한 최소한의 한도에서 행사되어야 하며 이를 남용해서는 아니 된다."고 규정하고 있다. 또한 경찰법 제4조에서 "경찰은 그 직무를 수행함에 있어서 헌법과 법률에 따라 국민의 자유와 권리를 존중하고, 국민 전체에 대한 봉사자로서 공정중립을 지켜야 하며, 부여된 권한을 남용해서는 아니 된다."고 규정하여 비례의 원칙을 표명하고 있다. 이러한 비례의 원칙은 후술하는 경찰권 행사의 한계는 물론 경찰책임의 귀속 문제, 경찰책임을 부과하는 경우에 있어서 경찰권 행사의 상대방이 경찰조치의 수범자가 되면서 갖게 되는 개개의 방어이익의 보호가치를 평가하기 위해서 당해 경찰책임자의 위험야기에 기여한 정도 외에 고의 과실의 유무의 정도, 손실보상 등의 문제를 가름하는 중요한 기준이 된다.[69]

---

68) 경찰법상의 비례성의 원칙은 행정과 사법에 대하여만 구속하는 반면에 헌법원칙으로서의 비례성의 원칙은 입법권까지도 구속한다. 경찰행정상의 비례성의 원칙에 있어서는 경찰조치의 목적이 이미 법률에 의해 주어져 있는 반면에 입법권자는 헌법의 범위 내에서 원칙적으로 스스로 자신의 행위의 목적을 설정할 수 있다는 점에서도 경찰행정법상의 비례성의 원칙과 헌법상의 비례성의 원칙은 구별된다(Schnapp, Friedrich E: Die Verhältnismäβigkeit des Grundrechtseingriffs, JuS 1983, 850~855: Degenhart, Staatsrecht 1, Rn, 392 참조.)

69) 표명환, "경찰행정법상의 개괄적 수권조항에 관한 헌법적 고찰", 『공법학연구』, 제5권 제3호, 한국비교법학회, 2004, 235면.

(2) 한계

일반적 수권조항에 따른 경찰작용의 판단에 대한 재량에는 적어도 기본권을 제한하는 경우에 원칙적으로 법률의 유보를 필요로 한다는 것은 오늘날 법치국가에서 이견 없이 수용되고 있는 명제이다. 경찰행정은 기본권을 제한하거나 침해하는 행정의 전형이다. 때문에 경찰행정의 집행이야말로 자유와 권리의 보호의 관점에서 통제되고 규제되지 않으면 안 된다. 특히 인간의 존엄과 가치를 핵으로 하는 기본권은 일반적 수권조항에 근거한 경찰권행사 여부의 중요한 지침임은 의문의 여지가 없으며, 아울러 그 발동에 있어서도 평등의 원칙 및 비례의 원칙이 존중되어야 한다. 즉 일반적 수권조항에 의한 경찰권행사 여부의 판단은 평등의 원칙뿐만 아니라 비례의 원칙에 따라 행해져야 하는 것이다. 다시 말해서 이익의 형량 및 평등의 원칙을 고려하여 경찰권을 행사하는 경우에 있어서도 공공의 안녕과 질서유지를 위하여 적절한 것인가 하는 적합성의 원칙에 의해야 하며, 경찰질서법상의 조치는 동등하게 적합한 복수의 수단들 가운데 경찰명령을 받는 개인과 일반 공중에게 가장 경미한 침해를 가져오는 것으로 예견되는 것이어야 하는 필요성의 원칙에 의해야 한다.[70] 이와 같은 최소한도의 조치에도 불구하고 경찰권의 행사에 의하여 달성되는 공익이 그로 인하여 개인의 자유와 권리에 대한 침해가 보다 적을 우려가 있을 경우에는 경찰권행사가 억제되어야 한다.[71] 달리 말해서 경찰권행사에 의하여 얻어

---

[70] 이는 프로이센경찰행정법(제41조 제2항 제3문)에서 유래하지만 프로이센경찰행정법상의 규정은 '가능한 한(tunlichst)' 가장 적은 침해가 되는 수단을 선택할 것을 규정하고 있었던 반면, 오늘날의 필요성은 반드시 지켜져야 할 원칙을 의미하기 때문에 대체수단의 요청도 그만큼 중요한 의미를 갖게 되었다. 의무자가 동일한 효과가 있는 수단을 선호하고, 그것이 일반 공중에게 더 크게 피해가 되지 않는다면 관할청의 처분을 고집할 필요가 없기 때문에 명문규정이 없더라도 대체수단의 제공은 가능한 것으로 인정된다. 따라서 정당한 대체수단을 거부하는 것은 위험방지를 위한 수단 전체를 위법한 것으로 만든다. 그런데 필요성의 원칙이라는 용어의 사용과 관련하여 이는 혼돈을 불러올 수 있다는 지적이 있다. 이 견해에 따르면 넓은 의미의 비례성의 원칙의 의미에서 '필요성'이라는 개념과 경찰상의 일반적 수권조항 내지는 개별적 수권조항에 나타난 '필요한'이라는 개념은 구별되는 것이라고 한다. 예를 들어 경찰수권조항과 관련하여 개정된 통일경찰법모범초안은 그 제8조 제1항에서 "제8a조로부터 제24조까지 경찰의 권한에 대해 특별히 규정하지 아니하는 한, 경찰은 개별적인 경우에 존재하는 바의 공공의 안전과 질서에 대한 위험을 방지하기 위하여 필요한 조치(notwendige Maßnahmen)를 취할 수 있다."고 규정하고 있고 제9조 제2항에서는 "경찰은 신원의 확인을 위하여 필요한 조치(erforderliche Maßnahmen)를 취할 수 있다."고 규정하고 있는데 이 경우의 '필요한'이라는 의미는 경찰상의 조치를 통하여 추구하는 목적의 성취와 관련된 개념인 데 반해, 넓은 의미의 비례성의 원칙에 있어서 필요성이라는 개념은 경찰조치의 결과, 즉 최소한의 침해와 관련된 개념이기 때문에 필요성이라는 개념은 법규정상의 용례에 따라, 경찰조치를 통하여 추구하는 목적의 달성과 관련하여 사용하여야 한다고 한다. 이 견해는 오늘날의 의미의 '필요성'이라는 개념을 최소침해라는 용어로 개념하고 있다. 이러한 견해가 타당한 것으로 보인다. 각 주의 경찰질서 관련 법조문에서도 필요성이라는 개념을 직접 사용하고 있지는 않다(김대환, "독일 경찰행정법상 비례성의 원칙의 내용과 전개", 공법학연구, 제5권 제3호, 한국비교공법학회, 2004, 559면 참조).

[71] 독일의 많은 주의 경우에 대체수단(Austauschmittel)의 적용청구가 인정된다. 이는 프로이센경찰행정법(제41조 제2항 제3문)에서 유래하지만 프로이센경찰행정법상의 규정은 '가능한 한(tunlichst)' 가장 적은

지는 공익이 개인의 자유와 권리의 침해이익보다 클 경우에만 경찰권발동이 허용되는 것이다.

따라서 경찰권행사가 비례의 원칙에 부합되는지의 여부는 경찰권행사의 예측적 성격에도 불구하고 사법심사의 대상이 되며, 언제나 헌법상 효력을 갖는 이 원칙에 의하여 위헌의 가능성을 내포하고 있다.

3) 평등의 원칙에 의한 한계

(1) 평등의 원칙의 의의

평등의 원칙(Gleiheitssatz)이라 함은 법적용의 대상이 되는 모든 인간을 원칙적으로 공평하게 다루어야 한다는 법원칙을 의미한다.[72] 평등의 원칙은 본질적으로 동일한 것은 평등하게, 상이한 것은 불평등하게 대우함으로써 인간의 존엄과 가치 및 개성신장을 실현하고 정의를 실현하는 원리이다. 그 중심내용은 기회의 평등한 보장과 자의의 금지 및 비례원칙에의 합치성을 보장하는 것이다.[73] 평등의 원칙은 국민의 기본권 보장에 관한 우리 헌법의 최고의 원리로써 국가가 입법을 하거나 법을 해석 및 집행함에 있어 따라야 할 기준이다.[74] 즉 민주국가의 법질서를 구성하는 요소로써 헌법해석의 지침인 동시에 모든 공권력 행사의 기준이 된다. 따라서 평등의 원칙 역시 헌법상의 일반원칙으로써 모든 국가작용을 구속하게 됨에 따라 당연히 경찰권 행사의 한계가 된다.

헌법 제11조 제1항은 "모든 국민은 법 앞에 평등하다. 누구든지 성별·종교 또는 사회적 신분에 의하여 정치적·경제적·사회적·문화적 생활의 모든 영역에 있어서 차별을 받지 아니한다."고 규정함으로써 국민의 평등권을 보장하고 있는바, 이는 객관적 법질서로써 어떠한 국가 공권력의 행사로도 그 배제를 도모할 수 없는 가치질서를 의미한다. 그것은 국민의 기본권 실현에 관한 방법적 기초가 어디에 있으며 기본권 실현의 방향이 어떠하여야 하는가를 명백히 밝히고 있는 것이다.

한편 경찰권 행사 등을 포함한 행정작용에 있어서 평등의 원칙이 갖는 법적 성질에 대

침해가 되는 수단을 선택할 것을 규정하고 있었던 반면, 오늘날의 필요성은 반드시 지켜져야 할 원칙을 의미하기 때문에 대체수단의 요청도 그만큼 중요한 의미를 갖게 되었다. 의무자가 동일한 효과가 있는 수단을 선호하고, 그것이 일반 공중에게 더 크게 피해가 되지 않는다면 관할청의 처분을 고집할 필요가 없기 때문에, 명문규정이 없더라도 대체수단의 제공은 가능한 것으로 인정된다.

72) 권영성, 『헌법학원론』, 법문사, 2009, 386면.
73) 정종섭, 『헌법학원론』, 박영사, 2007, 366면.
74) 헌재 2002. 12. 28, 2001, 헌마 546; 2001. 11. 29, 99헌마494.

하여 헌법 제11조가 행정작용에도 직접적으로 적용된다고 하여 헌법 제11조 자체가 성
문법원으로서의 성질을 갖는다고 보는 견해75)와 헌법 제11조는 법 앞의 평등만을 규정
하고 있을 뿐이고 행정작용에 대하여 직접적으로 적용되는 것이 아니므로 그것을 기본이
념으로 하여 도출되는 불문법원리로 보는 견해76)가 있다. 그러나 평등의 원칙은 모든 국
가권력을 구속하는 일반법원리의 성격이 강하고 행정법상 공공부담 등에 있어서의 평등
에 대하여는 직접적으로 규정하고 있지 않으므로 후설이 타당하다고 여겨진다.

(2) 한계

평등의 원칙은 비례의 원칙과 마찬가지로 행정법 영역에도 당연히 적용되므로 모든 행
정작용에 있어서 행정주체는 상대방인 국민을 공평하게 대우하여야 한다. 이러한 평등의
원칙은 행정의 모든 분야에서 중요한 기능을 수행하고, 그 적용영역에 따라 명칭과 의미
를 달리할 수도 있으나, 특히 경찰권 행사는 국가가 우월적 입장에서 명령과 강제를 통
하여 국민의 자유와 권리를 제한하는 전형적인 권력행정작용이므로 비권력 행정작용보다
이 원칙의 적용이 더욱 강하게 요구된다 할 것이다.

그리고 평등의 원칙은 앞에서 기술한 바와 같이 자의적 차별의 금지를 의미한다는 점
에서 경찰권 행사에 의하여 형성되는 법률관계가 무조건 똑같이 취급되어야 하는 것이
아니고, 본질적으로 동일한 것을 자의적으로 불평등하게, 본질적으로 동일하지 않은 것을
자의적으로 평등하게 취급하는 것을 금지하는 것으로 볼 수 있다.77)

어쨌든 평등의 원칙은 경찰권 행사에 있어서 재량을 한계 지우는 기능을 가지고 있으
며 신뢰를 유지하고 예측가능성을 확보하게 함으로써 경찰권 행사에 따른 법률관계의 안
정 및 구체적 타당성과 실질적 정의의 확보에 기여하고 있는 것이다. 그리고 자의적 차
별의 금지를 징표로 하는 평등의 원칙에 관련하여 대법원은 "……피징계자에게 징계사
유가 있어 징계처분을 하는 경우에 어떠한 처분을 할 것인가는 원칙적으로 징계권자의
재량에 맡겨져 있는 것이므로, 그 징계처분이 위법하다고 하기 위하여서는 징계권자가
재량권을 행사하여 한 징계처분이 사회통념상 현저하게 타당성을 잃어 징계권자에게 맡
겨진 재량권을 남용한 것이라고 인정되는 경우에 한한다고 할 것이고, 그 징계처분이 사
회통념상 현저하게 타당성을 잃은 처분이라고 하려면 구체적인 사례에 따라 직무의 특성,

---

75) 홍정선, 『경찰행정법』, 박영사, 2010, 290면.
76) 박종국, 『일반행정법론』, 법지사, 2004, 112면.
77) 권영성, 『헌법학원론』, 법문사, 2009, 350면 참조.

징계의 사유가 된 비위사실이 내용과 성질 및 징계에 의하여 달하려는 목적과 이에 수반되는 제반사정을 참작하여 객관적으로 명백히 부당하다고 인정되는 경우라야 한다. …… 그리고 같은 정도의 비위를 저지른 자에 있어서도 그 직무의 특성 등에 비추어 개전의 정이 있는지 여부에 따라 징계의 종류의 선택과 양정에 있어서 차별적으로 취급하는 것은 사안의 성질에 따라 합리적 차별로서 이를 자의적 취급이라고 할 수 없는 것이어서 평등원칙 내지 형평에 반하지 아니한다 할 것이다…….”78)라고 판시하여 그 의미를 확인해 주고 있다.

결국 헌법으로부터 도출되는 평등의 원칙은 헌법적 효력을 갖는 법의 일반원칙이므로 이에 위반하는 경찰법규는 위헌이며, 비록 합법인 경우라도 그에 근거한 경찰권 행사가 이 원칙에 위반하면 위법이 되는 것도 당연하다 할 것이다.

3. 기본권의 구속성에 의한 한계

1) 개설

기본권은 개인이 누리는 주관적인 공권임과 동시에 국가의 기본적 법질서의 내용을 규정하는 객관적 규범으로서의 양면성을 지니고 있다.79) 기본권의 효력은 이러한 기본권의 양면성에 의해 논의되어 왔고 모든 법질서를 정당화시킨다는 논리를 성립시키고 있다. 즉 기본권의 구속성은 기본권이 정하는 범위 내에서의 법률의 효력을 실현시키는 구속력이 도출되며, 나아가 모든 국가권력을 구속하는 효력을 가지는 것으로 해석하고 있다. 이와 같은 기본권의 국가권력에 대한 직접적인 구속성에 대하여 헌법 제10조 후문에서 “국가는 개인이 가지는 불가침의 기본적 인권을 확인하고 이를 보장할 의무를 진다.”라고 규정하고 있다. 한편 독일 기본법은 제1조 제3항에서 “이하의 모든 기본권은 직접효력을 갖는 법으로서 입법, 행정, 사법을 구속한다.”라고 규정하여 기존권의 국가적 구속성을 인정하고 있다.

따라서 이러한 규정은 경찰행정법상 경찰작용의 기본권적 구속성을 의미함은 당연한

---

78) 대판 1999. 8. 20, 99두2611.
79) 헌법재판소는 “직업의 선택 혹은 수행의 자유는 각자의 생활의 기본적 수요를 충족시키는 방편이 되고 또한 개성신장의 바탕이 된다는 점에서 주관적 공권의 성격이 두드러진 것이기는 하나, 다른 한편으로는 국민 개개인이 선택한 직업의 수해에 의하여 국가의 사회질서와 경제 질서가 형성된다는 점에서 사회적 시장경제질서라고 하는 객관적 법질서의 구성요소이기도 하다.”라고 판시하여 기본권의 이중성을 인정하고 있다(헌재 1996. 8. 29, 94헌마113).

것으로 귀결되며, 일반적 수권조항에 의한 경찰권 행사의 중요한 판단 기준이 된다. 그리고 보호이익이 충족되었을 경우에 행사되는 경찰작용의 한계 문제 역시 기본권을 그 판단의 준칙으로 하여야만 하는 것이다. 따라서 일반적 수권조항에 의한 경찰권 행사는 헌법 제10조가 규정하고 있는 국민의 기본권 보호 의무를 고려하고, 또한 헌법 제37조 제3항이 규정하고 있는 기본권제한의 목적과 조화되는 한에서 정당화되는 것이다. 이하에서는 일반적 수권조항에 의한 경찰권 행사의 한계를 기본권 보호의무와 기본권 제한의 법리 측면에서 살펴본다.

2) 기본권보호의무에 의한 한계

기본권보호의무란 국가가 국민의 기본권을 보호하고 실현하여야 할 의무를 말하는 것으로 국가의 권력적 작용에 의해 국민의 기본권이 침해되는 관계에서 기본권보호의무에 따른 작위를 하여야 한다. 우리나라 헌법은 기본권의 구속성에 관하여 독일 기본법 제1조 제3항과 같이 명문 규정을 구고 있지 않지만, 헌법 제10조 후문에서 "국가는 개인이 가지는 불가침의 기본적 인권을 확인하고 이를 보장할 의무를 진다."라고 규정하고 있어 여기에서 기본권의 구속성을 찾을 수 있다.[80] 따라서 이러한 국가의 기본권보호의무에 모든 국가작용에 있어서 판단 여지는 좁혀지고, 또한 규제권한의 행사를 의무지울 수 있게 되며, 국가의 모든 법 분야와 단계에서 행하는 여러 형태의 개입을 기본권보호의무라는 헌법적 틀로써 구속할 수 있게 된다. 이러한 의미로 볼 때, 경찰권의 행사는 전형적인 권력적 국가작용으로서 국민의 자유와 권리가 침해되는 경우가 많음에 따라 경찰권의 행사의 한계로서 기본권보호 의무는 적절하다. 이러한 헌법상 국가의 기본권보호의무는 일반적 수권조항에 근거한 경찰재량을 한계 지우는 중요한 의미를 가진다. 즉 경찰권주체가 일반적 수권조항에 의거하여 경찰권행사에 관한 재량권, 특히 결정재량권을 가지는 경우에 있어서는 개인이 경찰권의 행사를 청구할 수 있는 공권을 가질 수는 없지만, 당해 재량권이 0(零)으로 수축되는 특수한 상황에 있어서는 경찰권의 행사가 의무가 되고, 이에 따라 개인에게 경찰권 주체에 대한 경찰개입청구권이 주어지게 된다.[81]

---

80) 허영, 『한국 헌법론』, 박영사, 2003, 243면.
81) 김남진, 『행정법Ⅱ』, 법문사, 2002, 107면; 석종현, 『행정법(하)』, 삼영사, 2005, 109면.

> **대판 2004. 9. 23, 2003다49009**
>
> 경찰은 범죄의 예방·진압 및 수사와 함께 국민의 생명·신체 및 재산의 보호 등의 기타 공공의 안녕과 질서유지도 직무로 하고 있고, 그 직무의 원활한 수행을 위하여 경찰관직무집행법·형사소송법 등 관계법령에 의하여 여러 가지 권한이 부여되고 있으므로, 구체적인 직무를 수행하는 경찰관으로서는 제반 상황에 대응하여 자신에게 부여된 여러 가지 권한을 적절하게 행사하여 필요한 조치를 취할 수 있는 것이고, 그러한 권한은 경찰관의 전문적 판단에 기한 합리적인 재량에 위임되는 것이나, 경찰관에게 권한을 부여한 취지와 목적에 비추어 볼 때 구체적인 상황에 따라 경찰관이 그 권한을 행사하여 필요한 조치를 취하지 아니하는 것이 현저하게 불합리하다고 인정되는 경우에는 그러한 권한의 불행사는 직무상의 의무를 위반하는 것이 되어 위법하게 된다.

다시 말해서 헌법상의 국가의 기본권보호의무에 의하여 일반조항상의 경찰권행사주체에게 주어진 재량의 경우에 있어서도 그 재량권이 특정의 경우 0으로 수축하여 기속행위화되고, 아울러 관계법규가 개인에 대한 보호규범(Schutznorm)의 성질을 가지게 하여 개인적 공권으로서의 경찰권발동청구권이 성립하게 된다. 특히 일반조항에 근거한 경찰권행사는 국가의 기본권보호의무에 의하여 그 부작위에 관한 재량의 한계가 주어진다. 왜냐하면 일반적 수권조항에 따른 경찰권주체의 재량권은 기본권보호의무로부터 주어지는 기본권적 이익, 즉 생명, 신체, 재산 등의 자유영역이 중요한 위협을 받고 있는 경우에 그 재량권이 0으로 수축하여 경찰권주체에 행위의무성이 도출되기 때문이다. 즉 경찰권행사가 근거법률인 일반적 수권조항의 그 행사여부에 대하여 일정한 재량을 부여하고 있더라도, 이에 대한 판단에 있어서 경찰권주체는 기본권 보호의무에 기속되어 그들의 재량권을 행사하게 되므로, 일정한 경우 "할 수 있다는 것"이 "하여야 한다는 것"으로 변화되고, 개인의 권리 측면에서 경찰권 행사를 강제할 수 있는 경찰권발동청구권이 기본권 보호 의무에 근거하여 성립됨에 따라 결국 일반적 수권조항에 따른 경찰권행사 여부는 이에 그 한계가 주어지는 것이기 때문이다. 따라서 적당한 수단을 통하여 기본권적 이익에 대한 위험의 예방이나 제거를 행하지 아니하였을 경우에는 경찰권 행사의 부작위 문제가 제기되며, 그 의무해태로 인하여 손해가 발생한 경우에는 손해배상청구권이 발생하게 된다고 하겠다.82)

---

82) 김남진, 『행정법Ⅱ』, 법문사, 2002, 276면.

대판 1971. 4. 6, 71다124

대법원은 무장공비에 의해 생명을 위협받고 있는 청년의 가족이 인근 파출소에 구원을 요청하였음에도 불구하고 경찰이 출동하지 않았음으로 인해 그 청년이 희생된 사건에서 국가배상책임을 인정하였다.

4. 기본권 제한에 의한 한계

1) 경찰권행사의 목적상의 한계

헌법 제37조 제2항은 "국민의 모든 자유와 권리는 국가안전보장·질서유지·공공복리를 위하여 필요한 경우에 한하여 법률로써 제한할 수 있지만, 제한하는 경우에도 자유와 권리의 본질적 내용을 침해할 수 없다."고 규정하여 국민의 기본권을 제한하기 위한 목적상의 한계로서 국가안전보장·질서유지·공공복리를 들고 있다. 즉 법률로써 기본권을 제한하는 경우에 세 가지 목적 이외에는 어떠한 목적을 위해서도 기본권을 제한할 수 없다.[83] 여기서 행정법상 경찰권 행사의 일반적 수권조항의"공공의 안녕과 질서유지"와 헌법상 기본권제한의 목적인 국가안전보장·질서유지·공공복리라는 한계요소와 어떠한 관련성을 가지는가를 검토할 필요가 있다. 기본권제한의 목적으로써 국가안전보장에 관하여 헌법재판소는 "국가의 존립·헌법의 기본질서의 유지 등을 포함하는 개념으로서 결국 국가의 독립·영토의 보전·헌법과 법률의 기능·헌법에 의하여 설치된 국가기관의 유지 등을 의미"한다고 판시하고 있고,[84] 질서유지에 대한 개념정의에서 논란은 있지만, 국가안전보장의 영역과 중복되는 영역을 제외한 개인의 생명·신체·헌법 및 사회질서에 대한 위험의 예방과 장애의 제거를 의미하는 것으로 해석된다.[85] 그리고 공공복리에 대하여도 많은 논란은 있지만, 헌법재판소는 공익과 공공복리를 동일시하고 있는 듯하다.

---

83) 정종섭, 『헌법학원론』, 박영사, 2007, 304면.
84) 헌재 1992. 2. 25, 89헌가104.
85) 김남진, 『행정법Ⅱ』, 법문사, 2002, 265면.

이에 따르면, 공공복리는 사적 이익보다 우월한 개개인의 공통된 이익으로 정의할 수 있을 것이다.[86] 이와 같이 정립될 수 있는 기본권제한의 목적상의 개념은 불완전하나마 일반적 수권조항인 경찰법 제3조와 경찰직무집행법 제2조 제5호에 규정하고 있는 "공공의 안녕과 질서유지"라는 보호이익을 해석하는 경우에 있어서 중요한 의미를 가지며, 경찰행정법상의 보호이익과 기본권 제한의 목적상의 개념을 조화적으로 고려하여 정의되어야 한다. 이러한 의미에서 "공공의 안녕"은 개인의 생명이나 신체 및 자유와 재산 등과 같은 개인적 이익이 침해되지 않을 뿐만 아니라 국가적 공동체의 존속과 기능을 방해받지 아니하고, 정상적으로 활동하는 상태를 의미하는 것으로 정의할 수 있다.[87] 즉 공공의 안녕은 국가적 이익뿐만 아니라, 개인적 법익도 그의 보호영역으로 하고 있는 것이다. 따라서 이러한 개념에 대한 위험이 존재하는 한에서 일반적 수권조항을 근거로 국민의 자유와 권리를 제한하는 경찰권 행사가 정당화되는 것이다. 그러나 여기에서 개인적 법익은 엄밀히 구분하여 사법적으로 보호되는 개인적 법익에 대한 위험이 동시에 공법규범, 특히 형법에 위반하게 되는 때에는 경찰개입이 허용되지만, 이와 달리 민사법원에 의한 효과적 보호가 불가능한 경우에는 잠정적으로 권리의 보전만 가능케 하는 경찰작용에 의하여 보호되는 것으로 보아야 할 것이다. 따라서 개인적 법익에 대한 경찰권행사에 의하여 보호되는 것은 그 보호가 공익상 필요한 경우에 한한다. 다시 말해서 불특정다수의 개인적 법익이 위협을 받거나 공익의 대표자에 준하는 지위에서 위협을 받는 경우에만 경찰의 개입조치에 의하여 보호되는 것이다. 또한 일반적 수권조항의 보호이익으로서 "공공질서"는 일반적으로 사회의 지배적인 가치관에 비추어 그것을 준수하는 것이 원만한 공동체생활을 위한 전제조건이 되는 법규범 이외의 규범의 총체를 의미하는 것으로써 정의할 수 있으며, 여기서는 그 보호대상으로서 법규범이 제외된다고 하겠다.[88] 법 규범

---

86) 권영성, 『헌법학원론』, 법문사, 2009, 350면.
87) 김남진, 『경찰행정법』, 경세원, 2004, 134면.

을 제외하는 이유는 그것이 앞서 본 공공의 안녕의 요소를 이루기 때문이다.

결국 경찰권행사의 근거로써 일반적 수권조항이 보호하는 목적 내지 이익에 관한 해석의 범위 및 기준은 헌법 제37조 제2항의 기본권제한의 목적상의 한계사유가 되는 것이며, 따라서 일반적 수권조항의 목적상의 요건이 완성되었는가에 관한 판단은 그 효과에 대하여 발생하는 경찰기관의 재량이 아니라, 요건에서 발생하는 경찰기관의 판단으로써[89] 그 판단의 한계는 헌법상의 원리에 귀착되는 것이라고 하겠다.

2) 내용상의 한계

헌법은 제37조 제2항은 기본권을 "제한하는 경우에도 자유와 권리의 본질적 내용을 침해할 수 없다."고 규정하여 기본권의 본질적 내용보호를 정하고 있다. 이는 기본권을 제한하는 경우에도 기본권의 본질적인 내용을 침해할 수 없게 하는 경찰권 행사의 내용상의 한계를 나타내고 있다. 다시 말해서 경찰목적을 달성하기 위하여 경찰책임자 및 비책임자의 기본권을 제한하여야 할 필요성이 아무리 크다고 하더라도 그의 기본권의 본질적 내용을 침해하여서는 아니 되는 것이다. 따라서 여기서 문제되는 것은 경찰권행사에 따라 제한되어서는 아니 되는 기본권의 영역을 어떻게 설정할 것인가라는 것이다. 이는 일반적으로 기본권의 본질적 내용을 어떻게 이해할 것인가와 관련되어지는 것으로 독일을 중심으로 많은 논의가 있었고, 국내에서도 이에 관하여 논의되고 있다.[90]

이에는 크게 개별적인 사례나 구체적인 문제로부터 독립하여 기본권 자체에 존재하는 절대적으로 확고부동한 영역, 즉 실체적인 핵심내용을 본질적 내용으로 보는 절대설[91]과 기본권의 본질적 내용을 기본권제한에 있어서 상호 경합되는 이익과 가치의 형량을 통하여 확정하는 상대설[92]로 나누어진다. 그리고 기본권의 본질적 내용은 절대설에 의하면 절대적으로 확고부동한 영역이 구체적으로 무엇을 의미하는가에 따라 이를 인간의 존엄과 가치로 보는 견해 및 그 본질적 내용을 각각의 개별기본권영역에 따라 다르게 존재한

---

88) 김남진, 『행정법Ⅱ』, 법문사, 2002, 134면.
89) 류지태, 『행정법신론』, 신영사, 2006, 737면; 김남진, 『행정법Ⅱ』, 법문사, 2002, 265면.
90) 김대환, "기본권의 본질적 내용침해금지에 관한 연구", 서울대학교 박사학위논문, 1998. 참조.
91) 독일 연방헌법재판소가 취하고 있는 태도이다.
92) 독일 연방행정재판소의 판례 중에는 기본권의 본질적 내용은 기본권에 대한 침해 시 서로 경합하는 이익과 가치의 비교에 의하여 결정되어져야 한다는 것이 있고, 이에 의하면 합하는 이익에 비하여 침해되는 권리가 큰 비중을 차지하지 못할 경우에는 이미 본질적 침해가 아니라는 것으로 연결된다. 이러한 견해에 의하면 기본법 제19조 제2항은 선언적 규정 내지 기본권의 일반의 침해에 있어 통용되는 비례원칙을 규정한 것과 마찬가지의 결과로 연결되게 된다[BVerwGE 47, 330(358)].

다는 것에서 출발하여, 개별기본권마다 존재하는 핵심영역 내지 근본적 실체라고 정의하는 견해가 있다. 상대설에 의한 개별적 사안과 관련하여 법익의 형량을 통하여 본질적 내용을 확정하는 견해는 기본권의 본질적 내용까지도 보다 높은 제한의 법익을 위하여 그 배제가 가능하게 된다. 이처럼 기본권의 본질적 내용까지도 제한법익과의 형량의 대상으로 삼음으로써 기본권제한을 통하여 추구하는 목적이 긴박하고 중대하다는 이유로 구체적인 경우에 그 기본권을 제거하는 것을 정당화할 위험이 있다는 점에서 그 타당성의 의문이 존재한다. 아울러 기본권 자체로부터 본질적 내용을 확정하려는 견해에 있어서도, 기본권은 인간의 존엄과 가치를 실현하기 위하여 독자적인 보호영역을 두고 있음을 고려할 때, 기본권제한의 한계로서의 본질적 내용은 개별기본권 각각의 영역에서의 핵심영역 내지 근본적 실체라고 함이 보다 타당하다고 하겠다. 따라서 일반적 수권조항을 근거로 하는 경찰권행사의 경우에 있어서 비록 공공의 안녕과 질서유지를 위한 목적달성의 이익이 아무리 크다고 하더라도, 특히 경찰책임자 내지 비책임자의 기본권자체의 실체적이고 핵심적인 내용을 침해하여 헌법이 보장하고 있는 기본권의 의미를 유명무실하게 하여서는 아니 된다.

헌재 1990. 9. 3, 89헌가96

헌법재판소는 "본질적 내용침해금지의 원칙에서 본질적 내용은 헌법상의 각 기본권마다 가진 특유의 내용이므로, 근로3권의 본질적인 내용도 근로3권의 핵이 되는 실질적 요소 내지 근본요소를 뜻한다고 할 것이며, 따라서 근로3권의 본질적 내용을 침해하는 경우라고 하는 것은 그 침해로 인하여 근로3권이 유명무실해지고 근로3권이 형해화되어 헌법이 근로3권을 보장하는 궁극적인 목적을 달성할 수 없게 되는 지경에 이르는 경우라고 할 것이다."라고 하고 있다.

---

3) 소결

국가가 공권력을 행사함에 있어서 국민의 자유와 권리를 보호하는 것은 사회국가의 당연한 책무이다. 아울러 공공의 안녕과 질서유지 또한 헌법적 이념이 국가에게 부여한 목표로써 효과적 실현을 위한 제도적 장치를 마련하게 하고 그에 따른 권한과 의무를 국가가 이행하도록 하고 있는 것이다. 그런데 국가가 경찰행정법상 일반적 수권조항인 공공의 안녕과 질서 유지를 위한 경찰권을 행사함에 있어서 경찰권을 일탈·남용하여 국민의 권리와 자유를 침해하는 경우가 있다. 여기에서 국민의 자유와 권리보호와 공공의 안녕과 질서유지라는 경찰목적 사이에서 갈등을 초래하고 있기 때문에 이것을 어떻게 조정할 것인가 하는 것이다. 이는 경찰권 행사에 관한 입법론과 해석론에서 중요한 과제로 대두되고 있을 뿐만 아니라, 특히 경찰권 행사의 한계와도 같은 맥락에서 그 의미를 찾을 수 있다. 그래서 지금까지 경찰행정법상의 일반수권조항인 공공의 안녕과 질서유지에 의한 경찰권 행사의 헌법적 한계를 검토하였다.

이와 같은 경찰권 행사의 한계는 일차적으로 개별적 수권조항에 근거한 개개의 조항의 해석을 통하여 그 한계가 주어지나 급속한 사회의 변화로 국민의 생활관계가 복잡하고 다양하게 전개됨에 따라 이로부터 발생하게 되는 다양한 형태의 위해에 대응한 입법자의 인식 및 예측능력의 한계 등을 고려할 때, 경찰권 행사의 근거로써 일반수권조항에 의한 헌법적 한계론은 제2차적 제약 요소로서의 중요한 의미를 가지고 있다.

헌법상 한계 논리에서의 적법절차의 원리는 입법ㆍ행정ㆍ사법 등 모든 국가작용은 정당한 법률을 근거로 하고 정당한 절차에 따라 발동되어야 한다는 한계를 부여하고 있으며, 비례의 원칙은 헌법상 보장되고 있는 기본권이 경찰권 행사로 필요한 정도를 넘어서 조금이라도 더 침해되는 일이 없도록 요구하고 있다. 기본권을 제한하는 정도와 그 제한에 의하여 실현되는 경찰목적상의 공익을 엄격하게 비교 형량하여 공익을 위하여 불가피하고 부득이 한 경우에만 경찰권의 행사를 허용해야 하는 한계를 요구하고 있으며, 평등의 원칙은 경찰권 행사에 의하여 형성되는 법률관계가 무조건 똑같이 취급되어야 하는 것이 아니고, 본질적으로 동일한 것을 자의적으로 불평등하게 본질적으로 동일하지 않은 것을 자의적으로 평등하게 취급하는 것을 금지함으로써 헌법적 한계를 부여하고 있는 것으로 볼 수 있다. 이와 같이 헌법상 일반원리에 의한 한계는 일반적으로 논의되어 온 헌법상의 일반원리에서 도출된 경찰행정법상의 일반원리로써 비례의 원칙이나 평등의 원칙도 중요하지만 모든 국가 작용을 구속하고 있는 적법절차에 의한 한계논리, 그리고 일반적 수권조항에 의한 경찰권 행사의 한계의 본질은 국가의 효율적인 기본권보장에 있음을 고려할 때 기본권의 보호 의무에 의한 한계, 기본권의 제한에 의한 한계 또한 가장 중요한 경찰권 행사 한계의 가치척도로서의 의미를 갖는다고 할 것이다.

Ⅳ. 경찰권 행사의 일반적 한계

1. 경찰소극목적의 원칙

경찰은 사회공공의 안전과 질서에 대한 위해의 방지·제거라는 개념적 정의로부터 그 목적은 소극적 목적을 위해서만 발동되는 것을 원칙으로 한다. 즉 현상유지가 경찰의 본질적 목적이며, 현상개선을 한다든지 나아가 국민의 복리증진을 한다든가 하는 것은 경찰의 목적이 아니다. 따라서 경찰이 이러한 본래의 목적을 벗어나 작용하게 되면 목적일탈 또는 권한남용으로서 위법이 된다.

2. 경찰공공의 원칙

경찰공공의 원칙이란 경찰은 다만 사회공공의 안전과 질서를 유지하기 위해서만 발동될 수 있고, 그와 직접 관련이 없는 사생활과 사주소 및 민사상의 법률관계에는 원칙적으로 관여할 수 없는 원칙을 말한다.[93]

공공의 안녕과 질서와 관계가 없는 사익의 문제는 사생활불가침의 원칙, 사주소불가침의 원칙, 민사관계불관여의 원칙으로 나누어서 다루는 것이 일반적이다.

1) 사생활불가침의 원칙

사생활불가침의 원칙이란 경찰권은 공공의 안녕과 질서에 영향이 없는 개인의 사생활 영역에는 경찰권 행사의 대상이 되지 않는다는 원칙을 말한다.[94]

무엇이 사생활인지는 사회통념에 따라 구체적으로 결정될 문제이지만, 보통 일반사회생활과 교섭이 없는 개인의 생활영역을 말한다. 다만 개인의 사생활이라고 하여도 미성년자의 음주, 끽연이나 전염병예방발생 및 만취자의 보호조치 등은 동시에 사회공공의 안녕과 질서에 영향을 미치는 경우에는 경찰행사의 대상이 된다.

---

93) 홍정선, 『경찰행정법』, 박영사, 2010, 269면.
94) 홍정선, 『경찰행정법』, 박영사, 2010, 288면.

2) 사주소불가침의 원칙

사주소불가침의 원칙이란 경찰은 원칙적으로 개인의 사주소에 대해서는 개입할 수 없음을 의미한다. 사주소란 일반사회와 직접적인 접촉이 없는 주거를 말하며, 개인의 주거용의 가택뿐만 아니라 회사, 사무소, 연구실 등도 포함된다. 그러나 경찰상 공개된 장소, 즉 흥행장, 여관, 음식점 등과 같이 개방시간동안에는 일반공중이 자유로이 출입할 수 있는 장소는 여기에서 말하는 사주소에 포함되지 않는다.[95]

사주소 내에서의 행동은 사회공공의 질서에 직접 영향을 미치지 않으므로 경찰권은 원칙적으로 그에 관여할 수 없으며, 공공장소에서는 금지된 행위(예: 나체생활)일지라도 사주소 안에서 행하질 때에는 개인의 자유에 속하는 것이 원칙이다. 다만 사주소 내의 행위라도 그것이 공도(公道)에 면하여 외부에서 공공연히 관망할 수 있는 장소(이는 직접 공중과의 접촉성이 있으므로)에서의 행위나 기타 공공의 생활에 직접 영향을 미치는 사주소 안의 행위(예: 과도한 소음－경범죄처벌법 제1조 제16호)는 경찰권발동의 대상이 된다.

3) 민사관계불간섭의 원칙

이는 개인의 재산권행사, 친족권의 행사, 민사상의 계약 등의 민사관계는 개인 사이의 사적 관계에 그치고, 그 권리의 침해나 채무의 불이행에 대하여는 사법권에 의하여 보호되므로, 경찰이 관여해서는 아니 된다는 원칙을 말한다. 다만 이러한 민사상의 법률관계라도 그것이 개인적 이해에 그치지 아니하고 사회공공의 질서에 영향을 미치는 경우에는 그 범위 안에서 경찰권의 행사의 대상이 된다. 암표 매매행위의 단속이나 청소년에 대한 술, 담배의 판매제한(청소년보호법 제26조) 등이 그 예이다.

3. 경찰책임의 원칙

모든 국민은 자신의 행위 또는 자신의 지배·보호·관리하는 자의 행위나 물건의 상태로 인하여 사회질서상 위해가 야기되지 않도록 해야 할 책임을 경찰책임이라 한다.[96]

---

95) 김남진, 『경찰행정법』, 경세원, 2005, 135면.
96) 윤양수 「행정법 개론」, 온누리, 2011, 851면.

경찰책임의 원칙이란 사회공공의 안녕과 질서에 대한 장해가 발생하거나 발생할 우려가 있는 경우, 환언하면 "경찰위반상태"가 발생하는 경우에 그러한 상태발생에 책임이 있는 자, 즉 경찰책임자에 대하여만 행사할 수 있는 원칙을 말한다.

이 원칙에 의하여 경찰책임을 지지 않는 자에 대하여는 긴급한 필요가 있는 경우 법규 상의 근거(예: 소방법 제72조, 제77조)에 의해서만 경찰권을 행사할 수 있다.

여기서 경찰책임자는 어떻게 성립되는가의 문제가 있다. 즉 당해자의 고의·과실을 요건 으로 하는가, 더 나아가 그 책임자는 자연인뿐만 아니라 법인도 포함되는가 하는 것이다.

경찰은 각 개인을 사회적 존재로서 파악하여 개인의 주관적, 내면적 심정과는 무관하 게 자기의 생활범위 안에서 발생한 객관적, 외면적 상태를 판단하여 그에 적절하게 대처 하는 것을 원칙으로 한다. 이에 따라서 경찰책임은 자기의 생활범위(자기가 지배하는 사 람 및 물건의 전체를 말한다) 안에서 객관적으로 경찰위반상태가 발생한 경우에 성립하 며, 그에 대한 주관적인 고의 내지 과실의 존부와는 관련 없이 성립한다. 또한 그가 자연 인인가 법인인가를 가리지 않고 위의 요건을 충족하면 그 자는 경찰책임을 지는 경찰책 임자가 된다. 이러한 경찰책임은 그 원인 또는 지위 등을 기준으로 하여, 행위책임과 상 태책임, 행위자책임과 지배자책임 그리고 혼합책임(다수자책임)으로 구분된다.

1) 행위책임과 상태책임

행위책임과 상태책임의 구별은 경찰책임이 원인을 기준으로 한 구별이다.

(1) 행위책임

행위책임이란 사람의 행위를 매개로 하여 경찰위반상태가 발생한 경우에 그에 대하여 지는 책임을 말한다. 행위자가 자신인지, 그가 지배하는 타인인지를 불문한다.

이러한 행위책임의 인정에는 과실유무를 불문하고, 당해 행위가 공공의 질서에 대한 위해의 원인이 되고 있다는 사실에 기하여 지는 책임이다.[97] 이에는, 도로변에서 약선전 을 하며 사람을 모으거나 또는 주유소 종업원이 정량미달의 기름을 주유하는 것 등이 해 당한다.

이 경우, 그 행위와 공공질서에의 위해사이에 어느 정도의 인과관계가 있어야 행위책

---

97) 김동희, 『행정법Ⅱ』, 박영사, 2010, 222면.

임이 인정될 수 있는지, 즉 원인제공자개념을 인정할 수 있는지에 관하여 학설의 논의가 있다.

조건설은 모든 조건은 결과에 대하여 인과성이 있다고 보는 것으로서, 이 견해에 의하면 책임의 귀속이 한없이 확대된다는 문제점이 있다.

상당인과관계설은 경찰위배발생에 있어서, 사회적으로 상당한 원인제공만이 경찰법상의 의미 있는 원인제공이라고 하는 견해이다. 이 견해는 상당한 원인인가 아닌가를 귀책사유(고의·과실)을 중요한 요소로 하여 판단하는데, 이와 같은 주관적인 요소는 경찰법상 의미가 없다는 점에서 문제가 있다.

직접원인설은 오늘날 독일의 판례와 지배적인 입장으로서 사회공공의 안전과 질서에 대한 위험 또는 장해를 직접 구체적으로 야기하는 행위만이 원인제공적이라고 한다. 즉 위험을 직접 구체적으로 야기한 자만이 책임을 진다고 보는 견해이다.[98]

(2) 상태책임

상태책임이란 물건·동물의 소유자 및 점유자 기타 관리자가 그 지배범위에 속하는 물건, 동물로 인하여 경찰위반상태가 발생한 경우에 지는 책임을 말한다. 질서장애를 발생시킨 시설이나 물건·동물 등의 질서위반 상태가 그대로 유지되는 한 그 시설·물건·동물 등이 타인에게 양도되었을 경우 상태책임은 그 양수인에게 승계될 수 있다.[99] 이 상태책임은 위험이 누구에 의하여 야기되었는지 또는 상태책임자의 고의·과실 여부를 불문하고 오로지 어떤 물건으로부터 공공의 안전 또는 질서에 위험이 발생한 경우에 성립한다. 상태책임이 성립하기 위해서도 물건의 상태와 경찰상의 위험사이에는 인과관계가 존재하여야 하며, 위험이 직접적으로 물건으로부터 발생한 경우에 상태책임 인정된다. 따라서 상태책임에 있어서, 우선 그 책임의 귀속문제는 누가 물건에 대한 실질적인 지배권 내지는 처분을 가지고 있는가의 여부가 중요한 의미를 가진다. 즉 상태책임은 일반적으로 경찰상의 위해를 발생시킨 물건에 대한 사실상의 지배자, 즉 물건을 실제로 점유하거나 보관하는 자가 우선적으로 지는바, 그것은 사실상의 지배가 물건과 그로부터 발생한 위험을 지배할 수 있다고 보기 때문이다. 사실상의 지배 상태가 적법하게 성립하였는지 또는 존재하고 있는지 여부는 상태책임의 성립에 있어서는 원칙적으로 문제되지 아니한다.

---

98) 이 견해에 의하면, 도로에 약선전을 하여 사람을 모이게 함으로써 교통장해를 일으킨 자에게는 행위책임이 귀속된다. 이에 반하여 운동장에 축구시합을 개최하였는데 흥분한 관중사이에 싸움이 벌어진 경우, 그 축구시합의 개최자에게 행위책임을 귀속시킬 수는 없다고 하겠다.
99) 대판 1986. 7. 22, 86누203.

2) 행위자책임·지배자책임

행위자책임은 자기 스스로의 행위로 경찰위반상태를 발생시킨 자가 지는 책임을 말하며, 그 행위자가 자연인인가 법인인가를 가리지 않는다. 지배자책임은 타인을 보호·감독할 지위에 있는 자(친권자·사용주 등)가 그 범위 안에서 지배자로서 피지배자의 행위로 인하여 발생한 경찰위반상태에 대하여 지는 책임을 말한다. 그 성질은 피지배자의 책임에 대한 대위책임은 아니고, 자기의 지배범위 안에서 경찰위반상태가 발생한 데에 대한 자기 책임이다.[100]

3) 혼합책임

혼합책임 내지 다수자 책임이란 경찰책임의 특수한 형태로서, 하나의 경찰위반사실이 다수인의 행위 또는 다수인이 지배하는 물건의 상태에 기인하거나, 행위책임과 상태책임의 중복에 기인한 경우의 책임을 말한다. 혼합책임은 행위책임과 상태책임 경합하는 경우와 다수인의 행위 또는 다수인의 물건이 결합하여 경찰위해를 일으킨 경우로 분류할 수 있다.

혼합책임에 관련되어 있는 각자에게 어느 정도의 경찰책임을 물을 수 있느냐의 문제는 경찰기관의 재량적 판단의해서 할 수밖에 없지만 일반적으로 보다 큰 경찰책임이 인정되거나 위해방지의 효과가 극대화될 수 있는 자에게 중한 경찰책임을 물어야 할 것이고, 행위책임과 상태책임의 중복에 기인한 경우에는 행위책임자에게 우선적으로 경찰책임을 지워야 할 것이다.[101]

4) 경찰책임의 승계

경찰책임이 다른 사람에게 이전될 수 있는가라는 문제가 제시된다. 종래 통설은 경찰책임은 행위책임이든 상태책임이든 일신적속적인 것으로 보았다. 이에 따르면, 경찰책임자에 대하여 발해진 행정행위(예: 철거명령)는 실정법상 특별한 규정이 없는 한, 승계인에 대하여는 효과가 없다. 그러나 1970년 들어 독일의 판례와 일부학설은 상태책임을 구

---

100) 김동희, 『행정법Ⅱ』, 박영사, 2010, 223면.
101) 윤양수 「행정법 개론」, 온누리, 2011, 852면.

체화시키는 행위가 물적 행위라는 관점에서 상태책임의 경우에 한하여 그 승계를 인정하고 있다. 이에 따르면, 무허가건물의 철거명령은 이를 취득한 승계인에 대하여도 그대로 효력이 있고, 따라서 새로운 철거명령 없이 대집행절차를 진행할 수 있다고 본다.[102] 그러나 이에 대하여는 승계인의 책임은 상태책임자의 책임을 승계함으로써 성립하는 것이 아니라, 그가 권리를 취득함으로써 스스로 상태책임과 관련된 구성요건을 충족시키게 되고 이에 따라 시원적으로 책임이 성립하는 것이라는 반론이 제기되고 있다. 이에 따르면, 무허가건물의 승계인에 대하여는 새로운 철거명령을 발하고 이에 근거하여 후속절차를 진행하여야 할 것이다.

5) 경찰책임의 예외

경찰권은 경찰위반사실에 대한 직접 책임자에 대하여만 발동되는 것이 원칙이다. 그러나 이에 대한 예외로서 긴급한 필요가 있는 때에는 경찰책임이 없는 자에게도 법령에 의거 경찰권이 행사될 수 있다. 이에 대한 예로서 소방법 제77조에 의한 화재현장에 있는 자에 대한 소화업무종사명령, 수난구호법 제7조 제1항[103]에 의한 수난구호업무종사명령, 경찰관직무집행법 제5조 제1항에 따라, 경찰관이 위험한 사태에 접하여 현장에 있는 자에게 필요한 조치를 하게 하는 것 등이 이에 해당한다. 이 경우 제3자에게 발생한 특별한 손실은 그에 귀책사유가 없는 한 헌법 제23조 3항 내지 소방법 제7조, 수난구호법 제24조 등에 의하여 손실보상이 지급되어야 한다.

4. 경찰비례의 원칙

경찰비례의 원칙(Verhältnismäßigkeit)이란 경찰권은 사회질서유지를 위하여 묵과할 수 없는 질서장해나 그러한 장해의 발생위험을 제거하기 위하여 필요한 경우에 최소한도로 발동할 수 있으며, 질서장해의 정도(또는 공익상질서유지의 필요성)와 개인의 자유와 권리의 제한과의 사이에 비례관계가 유지되도록 발동하여야 한다는 원칙을 말한다.[104][105]

---

102) 류지태, 『행정법신론』, 신영사, 2006, 780면.
103) 수난구호법 제7조 제1항은 "해양경찰서정 및 소방서장은 수난구호를 위하여 부득이하다고 인정될 때에는 필요한 범위 안에서 사람을 수난구호에 종사하게 하거나 선박·자동차, 다른 사람의 토지·건물 또는 기타 물건 등을 일시 사용할 수 있다. 다만 노약자·정신박약자 기타 신체장애자 등 대통령령으로 정하는 사람에 대하여는 제외한다."고 규정하고 있다.
104) 이병철, 『행정법 강의』, 유스티니아누스, 2008, 12면.

이 원칙에 의한 경찰권행사의 제한은 경찰권이 발동여부와 발동되는 경우에 있어서의 그 정도·방법 등의 두 가지 측면에서 행해지는 것이나, 어느 경우에나 비례원칙을 구성하는 3요소에 따라 통제가 행해진다.

즉 경찰권의 발동의 결정 내지 그에 의한 조치는 사회질서에 대한 위험의 예방 또는 제거에 적절한 것이어야 하고(적합성의 원칙), 당해 목적달성을 위하여 필요최소한도의 것이어야 할 뿐만 아니라(필요성의 원칙),[106] 이러한 최소한도의 조치도 그에 의하여 달성되는 공익이 그로 인하여 상대방의 자유·권리에 대한 침해보다 클 때에만 허용되는 것이다.

이는 경찰관직무집행법 제1조 제2항에 명문으로 규정하고 있으며, 아울러 헌법 제37조 제2항에도 규정되어 있다.

---

105) 경찰법상의 비례성의 원칙은 행정과 사법에 대하여만 구속하는 반면에 헌법원칙으로서의 비례성의 원칙은 입법권까지도 구속한다. 경찰행정상의 비례성의 원칙에 있어서는 경찰조치의 목적이 이미 법률에 의해 주어져 있는 반면에 입법권자는 헌법의 범위 내에서 원칙적으로 스스로 자신의 행위의 목적을 설정할 수 있다는 점에서도 경찰행정법상의 비례성의 원칙과 헌법상의 비례성의 원칙은 구별된다(Schnapp, Friedrich E: Die Verhältnismäßigkeit des Grundrechtseingriffs, JuS 1983, 850~855: Degenhart, Staatsrecht 1, Rn, 392 참조).

106) 이는 프로이센경찰행정법(제41조 제2항 제3문)에서 유래하지만 프로이센경찰행정법상의 규정은 '가능한 한(tunlichst)' 가장 적은 침해가 되는 수단을 선택할 것을 규정하고 있었던 반면, 오늘날의 필요성은 반드시 지켜져야 할 원칙을 의미하기 때문에 대체수단의 요청도 그만큼 중요한 의미를 갖게 되었다. 의무자가 동일한 효과가 있는 수단을 선호하고, 그것이 일반 공중에게 더 크게 피해가 되지 않는다면 관할청의 처분을 고집할 필요가 없기 때문에 명문규정이 없더라도 대체수단의 제공은 가능한 것으로 인정된다. 따라서 정당한 대체수단을 거부하는 것은 위험방지를 위한 수단 전체를 위법한 것으로 만든다. 그런데 필요성의 원칙이라는 용어의 사용과 관련하여 이는 혼돈을 불러올 수 있다는 지적이 있다. 이 견해에 따르면 넓은 의미의 비례성의 원칙의 의미에서 '필요성'이라는 개념과 경찰상의 일반적 수권조항 내지는 개별적 수권조항에 나타난 '필요한'이라는 개념은 구별되는 것이라고 한다. 예를 들어 경찰수권조항과 관련하여 개정된 통일경찰법모범안은 그 제8조 제1항에서 "제8a조로부터 제24조까지 경찰의 권한에 대해 특별히 규정하지 아니하는 한, 경찰은 개별적인 경우에 존재하는 바의 공공의 안전과 질서에 대한 위험을 방지하기 위하여 필요한 조치(notwendige Maßnahmen)를 취할 수 있다."고 규정하고 있고 제9조 제2항에서는 "경찰은 신원의 확인을 위하여 필요한 조치(erforderliche Maßnahmen)를 취할 수 있다."고 규정하고 있는데 이 경우의 '필요한'이라는 의미는 경찰상의 조치를 통하여 추구하는 목적의 성취와 관련된 개념인 데 반해, 넓은 의미의 비례성의 원칙에 있어서 필요성이라는 개념은 경찰조치의 결과, 즉 최소한의 침해와 관련된 개념이기 때문에 필요성이라는 개념은 법규정상의 용례에 따라, 경찰조치를 통하여 추구하는 목적의 달성과 관련하여 사용하여야 한다고 한다. 이 견해는 오늘날의 의미의 '필요성'이라는 개념을 최소침해라는 용어로 개념하고 있다. 이러한 견해가 타당한 것으로 보인다. 각 주의 경찰질서 관련 법조문에서도 필요성이라는 개념을 직접 사용하고 있지는 않다(김대환, "독일 경찰행정법상 비례성의 원칙의 내용과 전개", 공법학연구, 제5권 제3호, 한국비교공법학회, 2004, 559면 참조).

5. 경찰평등의 원칙

경찰평등의 원칙(Gleiheitssatz)이라 함은 경찰권발동에 있어서 법적용의 대상이 되는 모든 인간을 원칙적으로 공평하게 다루어야 한다는 법원칙을 의미한다.[107] 즉 헌법 제11조에 따라 상대방의 성별, 종교, 사회적 신분, 인종 등을 이유로 하는 불합리한 차별을 하여서는 아니 된다는 의미이다.

종래 평등의 원칙은 조리상의 원칙으로는 거론되지 않았던 것이나 헌법의 구체화법으로서의 행정법이라는 사고 등에 의하여 현재는 이 원칙이 헌법 제11조상의 명시적 원칙 또는 그에서 도출되는 헌법적 효력을 가지는 행정법의 일반원리로서 권력적, 침익적 작용인 경찰권행사에 있어서 중요한 제한원리로 되고 있다.

---

107) 권영성, 『헌법학원론』, 법문사, 2009, 386면.

제2장 경찰행정입법

제1절 개설

　근대 법치국가에서는 삼권분립원칙 아래서 입법기관인 국회가 법규범을 제정하는 것이 원칙이고 행정기관에 위한 규범의 정립은 삼권분립의 원칙에 위배되는 것으로 볼 수 있었다. 그러나 오늘날 사회국가의 발달로 인한 행정기능의 확대·전문화 현상은 행정의 내용을 복잡하게 만들고 여러 가지 문제를 유발하고 있음에 따라 이에 대처하기 위하여 법도 다종·다양한 내용을 가진 기술적인 입법을 제정하여야 한다는 필요성을 인식케 하고 있다. 더욱이 행정에 관한 법규범은 급격한 사회 변화에 따라 탄력적으로 대응 하기 위한 입법을 할 수 있어야 하므로 그 내용을 일일이 법률로 정하지 않아도 세부적인 사항은 비교적 쉽게 개정·개폐할 수 있는 행정기관에 의한 입법, 즉 의회의 위임에 의하여 행정기관이 실질적으로 입법권을 행사하게 되는 행정입법이 필요불가결한 것으로 인식되고 있다.

　행정입법은 행정기관이 법조의 형식으로 일반적 · 추상적 규율을 제정하는 작용 또는 그에 의하여 제정된 법규정을 의미한다. 행정입법은 실정법상의 개념이 아니라 학문상의 개념으로서, 영 · 미에서는 위임입법 · 준입법 또는 종속입법이라고 부르기도 한다. 행정주체로서의 국가에 의한 입법을 협의의 행정입법이라 하고, 이것에 지방자치단체의 자치입법을 포함시켜 광의의 행정입법이라고 한다. 여기에서 일반적이라 함은 불특정다수인을 대상으로 함을 의미하고 추상적이라 함은 불특정다수의 사건에 적용됨을 의미한다.[108] 또한 규율은 생활관계를 일방적이고 구속적으로 확인하고 형성하는 고권적 명령으로 정의된다. 행정입법이 일반적 · 추상적 규율이라는 점에서 행정주체의 개별적 · 구체적 규율로서의 행정행위와 구별된다.[109] 행정입법은 행정주체와 국민과의 관계를 규율하여 대외적 효력을 갖는 법규명령과 원칙적으로 행정기관 내부의 영역에서만 효력을 갖는 행정규칙으로 구별된다.

---

108) Wolff, Bachof, Stober, VerwR Ⅰ, 10. Aufl, 1994, S. 678.
109) 정중하,『행정법 개론』, 법문사, 2010, 126면.

Ⅰ. 경찰행정입법의 의의

행정입법 또는 위임입법이란 용어[110]는 실정법상의 용어가 아니라 학문상의 용어로 행정입법이란 문자 그대로 행정부가 위임받은 입법권을 행사하는 것으로 행정권이 일반적 · 추상적인 규범을 정립하는 작용을 의미하거나, 행정기관이 법조의 형식으로 일반적 · 추상적 규범을 정립하는 작용을 말하며, 행정기관에 의하여 정립된 일반적 · 추상적 규범자체를 행정입법이라고 한다.[111] 행정입법은 원래의 입법기관인 의회로부터 그 범위를 정하고 범위 내에서 위임받은 입법권을 행사하는 것으로 순수한 의회입법과 대비 된다고 볼 수 있다. 이러한 정의에 따르면 행정입법에는 반드시 법규성을 띠고 있는 실질적의미의 법률에 한정되지 아니하며, 법규성을 띠고 있지 않는 법규명령과 행정규칙을 포함한다.

독일에서의 행정입법의 정확한 명칭은 법규명령(Rechtsverordnung)으로 그 의미는 실질적 법규로서 의회에서 정립되는 법률의 수권을 받아 제정되며, 그러한 의미에서 위임입법권은 의회입법권으로부터 파생되어 성립되는 2차적 · 파생적인 권한으로 인식되고 있다.[112] 독일에서의 행정입법에 관한 규정은 기본법 제80조[113]에 규정되어 있으며 법규범 정립의 한계를 규정하여 법치국가의 원칙에 충실하고, 한편으로는 법규범의 수요가 의회에서만 충족될 수 없는 현실을 인정하고, 다른 한편으로는 행정부에 대하여 입법권을 위임함에 있어서 한계를 규정하고 있다.

미국에서의 행정입법은 불위임의 원칙을 고수하다가 점차 후퇴하여 불위임 원칙 완화론[114]이 대두되면서 수호론[115]과 완화론 사이에 견해가 대립되고 있다. 미국의 수정헌법

---

110) 독일에 있어서 위임이라는 의미는 일반적으로 "Delegation", "Ermächtigung", "Übertragung" 등의 용어로 사용하고 있다. 박영도, "독일의 위임입법제도에 관한 연구", 『외법논집』 제7집, 1999, 349면.

111) 박균성, 『행정법론(상)』, 박영사, 2009, 161면; 윤양수, 『행정법일반이론』, 제주대학교출판부, 2009, 193면; 남원희, "위임입법의 한계에 관한 연구", 경희대학교 석사학위논문, 2004, 7면 참조.

112) Fritz Ossenbühl, Rechtsverordnung, in: Josef Isensee/Paul Kirchhof, Handbuch des staatsrecht der BRD, Bd. Ⅲ, Heidelberg, 1988, S.388.

113) "연방정부, 연방장관 또는 주정부는 법률에 의하여 법규명령을 발하도록 수권될 수 있다. 여기서 수권의 내용, 목적 그리고 범위가 법률에 확정되어야 한다. 명령에는 법적 근거가 적시되어야 한다. 법률이 수권이 계속해서 위임될 수 있음을 상정할 때에는, 위임을 위한 법규명령의 수권이 있어야 한다(독일기본법 제80조)."
"Durch Gesetz knnen die Bundesregierung ein Bundesminister oder die Landesregierung ermchtigt werden, Rechtsverordnung zu erlassen Dabei mssen Inhalt, Zweck und Ausma der erteilten Ermchtigung im Gesetz bestimmtwerden. Die Rechsgrundlage ist in der Verordnung anzugeben. Ist durch Gesetz vorgeshen, da eine Ermchtigung weiter bertragen werden kann, so bedarf es zur bertragung der Ermchtigung einer Rechtsverordnung."

114) Davis 교수는 불위임의 원칙은 입법권의 위임을 막지 못하였으며, 행정기관이 규칙을 제정하거나 개별적인 사건에서 재량권을 행사하는 것을 통제하지 못하였고 권한의 위임에 있어서도 법률에서 기준을

은 행정입법에 관하여 아무런 규정을 두고 있지 않다.

일본에서는 권력분립하에서 행정입법을 일단 허용하지 않고 의회를 원칙적인 입법기관으로 하면서 의회로부터의 수권의 존재라는 조건하에서 행정입법을 허용하고 있다.

II. 경찰행정입법의 필요성

근대 법치국가에서는 삼권분립원칙 아래서 입법기관인 국회가 법규범을 제정하는 것이 원칙이고 행정기관에 위한 규범의 정립은 삼권분립의 원칙에 위배되는 것으로 볼 수 있었다. 그러나 오늘날 사회국가의 발달로 인한 행정기능의 확대 · 전문화 현상은 행정의 내용을 복잡하게 만들고 여러 가지 문제를 유발하고 있음에 따라 이에 대처하기 위하여 법도 다종 · 다양한 내용을 가진 기술적인 입법을 제정하여야 한다는 필요성을 인식케 하고 있다. 더욱이 행정에 관한 법규범은 급격한 사회 변화에 따라 탄력적으로 대응하기 위한 입법을 할 수 있어야 하므로 그 내용을 일일이 법률로 정하지 않아도 세부적인 사항은 비교적 쉽게 개정 · 개폐할 수 있는 행정기관에 의한 입법, 즉 의회의 위임에 의하여 행정기관이 실질적으로 입법권을 행사하게 되는 행정입법이 필요불가결한 것으로 인식되고 있다. 그러나 행정입법이 필요불가결하다고 하여도, 모든 것을 행정기관에 위임할 수는 없는 것이다.116) 행정입법은 어디까지나 헌법과 법률이 정하는 범위 내에서 인정되고 입헌주의 헌법의 기본원리인 법치주의, 국민주권주의, 의회주의 및 민주주의에서 연원하는 한계가 있을 수밖에 없다.

정하도록 확보하지 못하였다고 주장한다. 박윤흔, "미국에서의 국회입법권의 행정입법에 대한 수권의 한계", 1993, 567면.

115) City of Chicago v, Pennsylvania R, R, 41 Ⅲ. 2d, 245, 242. 우리사회의 기본적 정책은 정부에 의해서 임명된 공무원에 의하여 결정되어서는 안 되고, 국민의 대의기관에 의해서 결정되어야 한다고 하였다.

116) 국회전속적 입법사항의 위임금지가 그 것이다. 헌법이 어떠한 사항을 법률로써 정하게 한 경우 그 사항은 반드시 국회가 정해야 하며, 이를 행정부에서 정하도록 위임할 수는 없다. 위임이 금지되는 예로 죄형법정주의, 행정조직법정주의, 조세법률주의 등이 있다. 홍정선, 『행정법원론(상)』, 박영사, 2009, 188면.

제2절 법규명령

Ⅰ. 의의

법규명령이란 국가행정권이 정립하는 명령으로서 법규의 성질을 가지는 것을 말한다. 여기서 법규란 직접 국민에 대하여 구속을 가질 뿐만 아니라 행정권을 구속하는 것으로서 재판규범이 되는 성문의 법규범을 총칭하는 것을 말한다. 따라서 법규명령에 위반하는 행정청의 행위는 위법한 행위로서 무효 또는 취소의 사유가 되며, 그러한 행위로 인하여 자신의 권익이 침해된 국민은 행정쟁송을 제기하여 그 무효 확인 또는 취소를 청구하거나, 또는 손해배상소송을 통하여 그 손해의 배상을 청구할 수 있다.

Ⅱ. 종류

1. 수권의 범위·근거에 의한 분류

1) 헌법대위명령(비상명령)

헌법대위명령이란 비상사태를 수습하기 위하여 행정권이 발하는, 헌법적 효력을 가지는 독자적 명령을 말한다(예: 바이마르헌법 제48조에 기한 비상조치, 제4공화국헌법의 긴급조치, 제5공화국헌법상의 비상조치). 현행헌법은 헌법대위명령을 인정하고 있지 않다.

2) 법률대위명령

법률대위명령이란 직접 헌법에 근거하여 발해지는, 법률과 동등한 효력을 가지는 명령을 말한다. 우리나라 현행 헌법상의 긴급명령(제76조 제2항)과 헌법 제76조의 긴급제정·경제명령(제76조 제1항)이 그 예이다. 법률대위명령은 법률의 위임 없어도 제정될 수 있다는 점에서 독립명령의 일종이라 할 수 있으나, 사후에 국회의 승인을 받아야 하는 점에서 엄격한 의미의 독립명령은 아니라고 할 것이다.

3) 법률종속명령

법률종속명령이란 법률에 근거하여 발해지는 법률보다 하위의 효력을 가지는 명령을 말한다. 이에는 위임명령과 집행명령이 있다.

(1) 위임명령

위임명령은 법률 또는 상위명령이 개별적·구체적으로 범위를 정하여 위임한 사항에 관하여 규정하는 법률종속명령으로서, 위임된 범위 내에서 일정한 새로운 법규사항을 규정할 수 있다.

(2) 집행명령

집행명령은 법률의 범위 내에서 그 실시에 관한 구체적·기술적 사항을 규율하기 위하여 발하는 명령을 말한다. 새로운 국민의 권리의무에 관한 사항을 규율할 수 없기 때문에 위임명령과는 다르고 이 때문에 집행명령은 법률의 명시적 규정이 없더라도 발할 수 있으나, 새로운 법규사항을 창설하지는 못한다.

2. 발령주체에 의한 분류

1) 대통령령

대통령령은 법률에서 구체적으로 범위를 정하여 위임받은 사항(위임명령)이나, 법률을 집행하기 위하여 필요한 사항(집행명령)을 정하기 위하여 대통령이 제정하는 명령을 말한다. 일반적으로 시행령이라고 한다. 헌법 제75조에 규정되어 있다.

광의의 대통령령으로는 법률대위명령인 긴급명령, 긴급재정·경제명령을 포함한다.

2) 총리령·부령

총리령과 부령은 국무총리와 행정각부장관이 자기의 소관 사무에 관하여 상위법령의 위임에 기하거나(위임명령), 또는 직권으로 발하는 명령(집행명령)이며, 보통 시행규칙 또는 시행세칙이라고 한다.[117]

3) 중앙선거관리위원회규칙

중앙선거관리위원회규칙는 선거관리, 국민투표관리, 정당사무 또는 내부규율에 관하여 중앙선거관리위원회가 제정하는 규칙을 말한다(헌법 제114조 제6항). 이는 법규명령의 일종으로 보는 것이 통설이고 판례의 입장이다.

대판 1996. 7. 12, 96우16

공직선거관리규칙은 중앙선거관리위원회가 헌법 제114조 제6항 소정의 규칙제정권에 의하여 공직선거 및선거부정방지법에서 위임된 사항과 대통령, 국회의원 · 지방의회의원 · 지방자치단체장의 선거의 관리에 필요한 세부사항을 규정함을 목적으로 하여 제정된 법규명령이라고 할 것이다.

---

4) 감사원규칙

감사원규칙은 감사원이 감사원법 제52조에 의하여 감사절차 · 감사원의 내부규율 및 감사사무처리에 관하여 제정하는 것을 말한다. 감사원규칙은 헌법이 인정한 형식이 아니고 법률이 인정한 법형식으로서, 이를 법규명령으로 볼 것인지 또는 행정규칙으로 볼 것인지에 관한 견해가 대립되고 되고 있다.

행정규칙으로 보는 견해는 헌법상의 국회입법의 원칙에 대한 예외로서의 입법형식은 헌법 스스로 명문으로 인정하는 경우에 한하여야 한다는 것을 근거로 하여, 이와 같은 헌법의 명시적 규정이 없는 감사원규칙은 법률에 근거한 행정규칙의 일종이라고 한다.[118]

이에 대하여 법규명령으로 보는 견해는 헌법은 일정한 행정입법 형식을 인정하고 있으며, 헌법이 규정하고 있는 제75조, 제95조 및 제 114조 제6항 등은 제한적인 것이 아닌, 예시적인 규정이라고 하여, 감사원법에 근거한 감사원규칙은 법규명령의 일종이라고 한다. 이 견해가 다수설이다.[119] 최근 헌법재판소는 헌법이 인정하고 있는 위임입법의 형식은 예시적이며, 입법자가 규율의 형식도 선택할 수 있다고 판시하고,[120] 다만 기본권을 제한하는 법률이 입법위임을 하는 경우에는 대통령령, 총리령, 부령 등 법규명령에 위임

---

117) 대판 2006. 6. 27, 2003두4355.
118) 김도창, 『일반행정법』, 청운사, 2003, 311면; 홍준형, 『행정법 총론』, 한올 아카데미, 1994, 311면.
119) 김동희, 『행정법 I』, 박영사, 2009, 136면.
120) 헌재 2004. 10. 28, 99헌바91.

하는 것이 바람직하며, 법규명령과 같은 엄격한 제정 및 제정절차를 요하지 않는 행정규칙에 입법사항을 위임하는 경우에는 전문적·기술적 사항이나 경미한 사항으로 업무의 성질상 위임이 불가피한 사항에 한정되어야 하며, 그러한 사항이라고 하더라도 포괄위임금지의 원칙상 법률의 위임은 반드시 구체적·개별적으로 한정된 사항에 대하여 행해져야 한다고 판시하고 있다. 이러한 헌법재판소의 결정에 따른다면 감사원규칙뿐만 아니라 공정거래위원회규칙, 금융위원회규칙, 금융통화위원회규칙, 방송통신심의위원회심의 규정, 중앙노동위원회규칙 등도 행정입법의 한 형식으로서 법규명령의 성격을 갖는다고 할 것이다.

Ⅲ. 법규명령의 근거

법률대위명령인 긴급명령, 긴급재정·경제명령은 헌법 제76조 제1항과 제2항에서 그 근거를 찾을 수 있고 법률종속명령인 대통령령, 국무총리령, 부령의 근거는 헌법 제75조와 제95조에, 중앙선거관리위원회규칙은 헌법 제114조 제6항에서 그 근거를 정하고 있다. 그런데 위임명령으로서의 대통령령, 국무총리령, 부령은 헌법상의 일반적 근거규정에 의해서면 제정할 수 없고 개별·구체적인 상위 법령의 수권이 있을 때만에 한하여 제정할 수 있다. 그러나 법규명령 중 집행명령은 반드시 명시적 수권규정이 없더라도 발할 수 있다. 보통 집행명령의 경우, 법률에서 "본법 시행에 필요한 사항은 대통령령으로 정한다."는 조항을 두어 집행명령의 근거를 표시하지만, 이는 주의적 규정에 불과하므로, 이런 규정이 없더라도 집행명령을 발할 수 있다.

Ⅳ. 법규명령의 한계

1. 법률대위명령의 한계

대통령의 긴급명령이나 긴급재정·경제명령은 헌법규정상의 요건이 충족될 때에 발해야 한다. 즉 ① 국가의 안위에 관계되는 중대한 교전상태에 있어서, ② 국가를 보호하기 위하여 긴급한 조치가 필요하고, ③ 국회의 집회가 불가능한 때에 한하여 발할 수 있다. (헌법 제76조 제2항). 그리고 긴급재정·경제명령은 ① 내우·외환·천재·지변 또는 중대한 재정·경제상의 위기에 있어서, ② 국가의 안정보장 또는 공공의 안녕질서를 유지하기 위하여 긴급한 조치가 필요하고 ③ 국회의 집회를 기다릴 여유가 없을 때에 한하여 ④ 최소한으로 필요한 재정·경제상의 명령으로 발할 수 있다(헌법 제76조 제1항).

2. 위임명령의 한계

1) 포괄적 위임의 금지

법률의 법규명령에 대한 입법권의 위임은 일반적·포괄적이 아니라 개별적·구체적이어야 한다(헌법 제75조).

"개별적·구체적이어야 한다는 것"은, 하위법규명령으로 규정할 대상을 명백히 한정하고(대상의 한정성), 이를 규정함에 있어서 수임기관이 준수하여야 할 기준·목표·범위 등을 명확하게 제시하여야(기준의 명확성)한다는 것을 의미한다.

대판 2000. 10. 19, 98두6265

대법원은 "헌법 제75조의 규정상 대통령령으로 정할 사항에 관한 법률의 위임은 구체적으로 범위를 정하여 이루어져야 하고, 이때 구체적으로 범위를 정한다고 함은 위임의 목적·내용·범위와 그 위임에 따른 행정입법에서 준수하여야 할 목표·기준 등의 요소가 미리 규정되어 있는 것을 가리키고, 이러한 위임이 있는지 여부를 판단함에 있어서는 직접적인 위임규정의 형식과 내용 외에 당해 법률의 전반적인 체계와 취지·목적 등도 아울러 고려하여야 한다."고 판시하였다.

대판 2007. 10. 26, 2007마32·2007두8884

헌법 제75조는 대통령은 법률에서 구체적으로 범위를 정하여 위임받은 사항에 관하여 대통령령을 발할 수 있다고 규정하여 위임입법의 헌법상의 근거를 마련함과 동시에 위임은 구체적으로 범위를 정하여 하도록 하여 그 한계를 제시하고 있는데 이는 행정부에 입법을 위임하는 수권 법률의 명확성원칙에 관한 것으로서 법률의 명확성 원칙이 행정입법에 관하여 구체화된 특별규정이라고 할 수 있다.

---

2) 국회전속적 법률사항의 위임금지

헌법이 국회의 전속적인 권한으로 정하고 있는 법률사항에 대한 입법권은 행정기관에 위임할 수 없다. 헌법이 정하고 있는 법률사항으로는 국적취득요건(헌법 제2조 제1항), 재산권의 수용 및 보상(헌법 제23조 제3항), 조세의 종목과 세율(헌법 제59), 행정각부의 설치·조직·직무범위(헌법 제96조), 지방자치단체의 종류(헌법 제117조 제2항), 국군의 조직과 편성(헌법 제74조 제2항), 법관의 자격(헌법 제101조 제3항) 등이 있다.

3) 처벌규정의 위임

죄형법정주의의 원칙상 처벌규정을 명확히 위임할 수 있는지의 여부 및 그 범위가 문제시된다. 통설은 법률에서 범죄구성요건의 구체적 기준과 처벌의 상하한선을 정하여 위임하는 것은 허용된다고 한다. 헌법재판소는 죄형법정주의의 원칙상 최소한도 범죄의 구성요건의 윤곽만큼은 수권규정에서 예측될 수 있어야 한다고 한다.

대판 2000. 10. 27, 200도1007

사회현상의 복잡다기화와 국회의 전문적·기술적 능력의 한계 및 시간적 적응능력의 한계로 인하여 형사처벌에 관련된 모든 법규를 예외 없이 형식적 의미의 법률에 의하여 규정한다는 것은 사실상 불가능할 뿐만 아니라 실제에 적합하지도 아니하기 때문에, 특히 긴급한 필요가 있거나 미리 법률로써 자세히 정할 수 없는 부득이한 사정이 있는 경우에 한하여 수권법률이 구성요건의 점에서는 처벌대상인 행위가 어떠한 것인지 이를 예측할 수 있을 정도로 구체적으로 정하고 형벌의 점에서는 형벌의 종류 및 그 상한과 폭을 명확히 규정하는 것을 전제로 위임입법이 허용된다.

---

4) 재위임

재위임이란 법률에 의하여 수권된 입법권을 다시 하급 행정기관에 수권하는 것을 말한다. 이러한 재위임이 허용될 수 있는가 하는 것이다. 통설은 수임권한을 전부 다시 위임하는 것은 실질적으로 수권법의 내용을 변경하는 것을 의미하므로 허용되지 않는다고 한다. 그러나 위임받은 사항에 관하여 일반적인 사항을 규정하고, 그 세부적인 사항의 규정을 다시 하위명령에 위임하는 것은 가능하다고 본다.

3. 집행명령의 한계

집행명령은 법률 또는 상위명령을 집행하기 위하여 필요한 세부적·구체적 절차·형식 등만을 규정할 수 있다. 따라서 집행명령으로서 새로운 법규사항, 즉 국민의 권리·의무에 관한 사항을 정하는 것은 집행명령의 한계를 일탈하는 것이 된다. 예컨대 사법시험령은 사법연수원에 입소할 자를 선발하기 위한 사법시험의 시행에 대한 구체적인 방법과 절차에 대하여 규정하는 집행명령의 일종이기 때문에 새로이 법률사항을 정할 수 없다.[121]

V. 성립 및 효력발생요건

1. 성립요건

법규명령이 적법하게 성립하여 효력을 발생하기 위하여 다음의 요건을 충족시켜야 한다.

1) 주체에 관한 요건

법규명령은 대통령·국무총리·행정각부장관 등 헌법과 법률에 의하여 수권 받은 기관, 즉 정당한 권한을 가진 행정기관의 권한의 범위 내에서 제정되어야 한다.

2) 내용에 관한 요건

상위법령에 근거가 있어야 하고, 또한 상위법령이나 헌법에 저촉되어서는 아니 된다. 아울러 그 내용은 명확하고 실현 가능하여야 한다.

---

121) 대판 2007. 1. 11, 2004두10432.

3) 절차에 관한 요건

법규명령은 법정절차에 따라 제정되어야 한다. 대통령령은 법제처의 심사와 국무회의의 심의를 거쳐야 하고, 총리령과 부령은 법제처의 심사를 거쳐야 한다. 또한 심의 · 의결 · 공고 · 청문 등의 행정절차가 규정되어 있는 경우에는 이를 거쳐야 한다.

4) 형식에 관한 요건

법규명령은 법조문의 형식에 의하여야 한다. 대통령령에는 국무회의의 심의를 거친 뜻을 기재하고 대통령이 서명 · 날인하고 그 번호와 일자를 명기하여 국무총리와 관계국무위원이 부서한 전문을 붙여야 한다(법령등공포에관한법률 제7조). 총리령 및 부령은 그 번호와 일자를 명기하고 국무총리 및 각부장관이 서명한 후 직인을 찍는다(법령등공포에관한법률 제9조).

5) 공포

공포란 설립된 법규명령을 대외적으로 국민에게 알리는 행위를 말한다. 법규명령은 이를 외부에 표시함으로써 유효하게 성립된다. 공포는 관부에 게재하는 방법에 의한다. 공포일은 그 법규명령을 게제한 관보가 발행된 날을 말한다(법령등공포에관한법률 제12조).

2. 효력발생요건

법규명령은 특별한 규정이 없는 한 공포한 날로부터 20일을 경과함으로써 효력을 발생한다(법령등공포에관한법률 제13조). 국민의 권리제한 또는 의무부과와 직접 관련되는 법규명령은 특별한 사유가 있는 경우를 제외하고는 공포일로부터 적어도 30일이 경과한 날로부터 시행되도록 하여야 한다(법령등공포에관한법률 제13조의2).

3. 법규명령의 하자

법규명령이 앞에서 기술한 성립 · 효력요건을 갖추지 못한 때에는 당해 법규명령은 하자 있는 것이 된다. 법규명령에 하자가 있는 경우 그 효력에 관하여 견해가 대립되고 있다. 법규명령의 하자가 중요·명백한 경우에는 무효이고, 법규명령의 하자가 중요·명백하지 않는 경우에는 헌법 제107조 제2항상의 구체적 규범통제제도에 의해 당해 법규명령에 근거한 처분을 다투는 소송에서 선결문제로 다툴 수 있다고 보는 견해와 하자 있는 법규명령은 취소소송이 인정되고 있지 않으므로 하자 있는 법규명령은 모두 무효로 보아야 한다는 견해가 있다.122) 이에 대하여 대법원은 무효인 법규명령에 따른 행정행위의 하자가 중대·명백한 경우 그 행정행위는 무효가 된다고 하였다.123)

생각건대 법규명령은 행정청이 적법한 절차에 따라 제정하고 법규명령의 형식으로 공포 되어야 하는데 이러한 기본적 요건을 결여한 경우에는 그 법규명령은 무효가 된다고 할 것이다. 효력요건을 결한 법규명령도 당연히 효력을 발하지 못한다. 그러나 그 외의 위법한 법규명령에 대하여는 법규명령이 처분성을 갖는 예외적인 경우를 제외하고는 무효확인소송이나 취소소송을 제기하지 못하고 그 법규명령에 근거하여 이루어진 처분의 효력을 다투면서 선결문제로서만 그 법규명령의 위법 여부를 다툴 수 있으며, 선결문제로서 법원에 의해 위헌·위법으로 확인된 법규명령은 당해 사건에 대해서만 적용되지 않을 뿐이고 공식절차에 폐지되지 아니하는 한 형식적으로 유효하다 할 것이다.124)

Ⅵ. 소멸

법규명령은 상위 또는 동위의 법령에 의하여 명시적으로 폐지되거나 내용이 상충되는 새 법령의 제정·시행에 의하여 묵시적으로 폐지된다. 한시적 법규명령은 시행종기의 도래로 그 효력이 소멸된다. 또한 법규명령은 근거가 되는 상위법령이 폐지되면 그에 따라서 효력을 잃게 된다.125) 다만 근거법령이 개정되었을 경우에 개정된 법령에 따른 개정 법규명령이 새로이 제정·발효될 때까지 개정된 법령과 성질상 모순·저촉되지 않는 범위 내에서 기존 법규명령은 그 효력을 유지한다.

---

122) 정하중, 『행정법개론』, 법문사, 2010, 136면.
123) 대판 1984. 8. 21, 84다카353.
124) 윤양수 「행정법 개론」, 온누리, 2011 206면.
125) 대법원은 "법규명령의 위임근거가 되는 법률에 대하여 위헌결정이 선고되면 그 위임에 근거하여 제정된 법규명령도 원칙적으로 효력을 상실한다(대판 2001. 6. 12, 2000다18547)."고 판시하였다.

VII. 법규명령의 통제

1. 국회의 통제

1) 직접적 통제

이는 법규명령에 대한 궁극적인 동의 또는 승인권을 유보하는 방법에 의한 통제이다. 예컨대 독일의 동의권유보, 영국의 의회제출절차 또는 미국의 입법적 거부가 그 것이다.

현행 헌법은 대통령이 긴급명령, 긴급재정 · 경제명령을 발한 때에는 지체 없이 국회에 보고하여 그 승인을 얻도록 하고, 만일 승인을 얻지 못한 때에는 그때부터 효력을 상실하도록 하고 있는바, 이를 제출절차의 한 형태로 볼 수 있다.[126]

한편 국회법 제98조의2 제1항에서 중앙행정기고나의 장은 법률에서 위임한 사항이나 법률을 집행하기 위하여 필요한 사항을 규정한 대통령령 · 총리령 · 부령 · 훈령 · 예규 · 고시 등이 제정 · 개정 또는 폐지된 때에는 10일 이내에 이를 국회 소관 상임위원회에 제출하여야 한다고 규정하고 있다. 그리고 제2항에서는 상임위원회는 위원회 또는 상설 소위원회를 정기적으로 개회하여 그 소관 중앙행정기관이 제출한 대통령령 · 총리령 및 부령(훈령 · 예규 · 고시 등은 제외됨)을 검토하여 그것이 법률의 취지 또는 내용에 합치되지 아니한다고 판단되는 경우에는 소관중앙행정기관의 장에게 이를 통보할 수 있다.

2) 간접적 통제

법규명령에 대하여 국회는 예산안심의(헌법 제54조 제1항), 국정감사 · 조사(헌법 제61조), 국무총리 · 국무위원 등에 대한 질문, 국무총리 · 국무위원해임건의(헌법 제63조), 탄핵소추(헌법 제63조) 등의 방법에 의하여 이를 통제할 수 있다.

---

126) 김남진, 『행정법Ⅱ』, 법문사, 2002, 179면.

2. 행정적 통제

1) 행정 감독권에 의한 통제

행정청은 상·하의 계층적 구조를 이루고 있으며, 상급행정청은 하급행정청의 적법·타당한 권한행사와 통일성 있는 행정을 위하여 감독권을 행사할 수 있다. 따라서 상급행정청은 하급행정청의 행정입법권의 행사에 대하여 ① 그 기준과 범위를 정하고, ② 수권을 철회하거나 위법한 법규명령의 폐지를 명할 수 있으며, ③ 행정입법권의 관장에 대하여 행정청간의 분쟁이 있는 경우에 주관쟁의결정권의 행사를 통하여 주관행정청을 결정할 수 있다.

2) 절차적 통제

행정입법과정에서 행정입법안의 사전예고, 공청회·청문, 관계인의 의견진술·참고자료제출, 관계기관과의 협의 등 일정한 절차를 거치게 하여 행정입법의 적정화를 도모할 수 있다. 모든 법규명령은 사전에 법제처의 심사를 거쳐 제정되며, 대통령령은 사전에 국무회의의 심의도 거치게 된다.127)

3. 사법적 통제

1) 법원에 의한 통제

우리나라에서는 구체적 규범통제만 인정되고 있다(헌법 제107조 제2항). 즉 법규명령의 위헌·위법 여부가 구체적 사건에 대한 재판의 전제가 된 경우에 법원이 이를 심리·판단하는 선결문제 심사방식에 의한 간접적 통제만이 인정된다. 이러한 간접통제에서 법규명령의 특정 조항이 위헌·위법이어서 무효인 것으로 대법원에 의하여 확정적으로 판단되는 경우에도, 간접통제 방식에 따르는 한계로서 당해규정은 당해 사건에서 그 적용이 배제될 뿐이고, 그것이 공식절차에 의하여 폐지되지 않는 한 이 규정은 형식적으로는 여

---

127) 윤양수 「행정법 개론」, 온누리, 2011, 208면.

전히 유효한 것으로 남아 있게 된다.

그러나 위헌 또는 위법한 것으로 확정적으로 판단된 관계규정이 이후의 다른 사건에서 적용되는 것은 합리적이지 않으므로, 이러한 경우 다른 사건에서도 그 적용을 배제하고 있는 것이 실제이다. 이와 관련하여서는 당해 규정이 대법원의 판결로서 위헌·위법인 것으로서 확정된 것임을 공시할 필요가 있게 된다.

그에 따라 행정소송법은 대법원이 명령·규칙을 위헌 또는 위법인 것으로 확정한 때에는 이를 행정안전부장관에게 통보하도록 하고, 이 경우 행정안전부장관은 이를 지체 없이 관보에 게재하도록 하였다(행정소송법 제6조 제1항, 제2항). 그러나 법규명령이 직접적으로 국민의 법적 지위에 영향을 미치는 것인 때에는, 당해 법규명령에는 처분성이 인정되어 취소소송 등의 대상으로 될 수 있으며, 이 경우에는 직접적 재판통제가 가능하다.

대판 1996. 9. 20, 95누8003

조례는 통상 그 규정내용이 일반적이고 추상적이기 때문에 그 조례 자체의 유무효는 법률상의 쟁송에 해당하지 아니하므로 무효확인을 구하는 소의 대상이 될 수 없는 것이 원칙이지만, 예외적으로 조례가 구체적 집행행위의 개입이 없이도 그 자체로서 직접 국민에 대하여 구체적 효과를 발생하여 특정한 권리의무를 형성케 하는 경우에는 행정처분이 된다. 즉 조례가 집행행위의 개입 없이도 그 자체로서 직접 국민의 구체적인 권리 의무나 법적 이익에 영향을 미치는 등의 법률상 효과를 발생하는 경우 그 조례는 항고소송의 대상이 되는 행정처분에 해당하고 이러한 조례에 대한 무효확인소송을 제기할 수 있다.

---

2) 헌법재판소에 의한 통제

헌법 제107조 제2항은 명령·규칙 등의 위헌 또는 위법 여부가 재판의 전제가 된 때에는, 대법원은 "이를 최종적으로 심사할 권한을 가진다."고 규정하고 있다. 한편 헌법재판소는 헌법 제111조 제1항 제5호에 근거한 헌법재판소법 제68조 제1항에 따라 법원의 재판을 제외한 공권력의 행사 또는 불행사에 대한 헌법소원심판권을 가지고 있는데, 이 중에 법규명령의 심판권도 포함되는지에 대하여는 견해가 갈리고 있다.

(1) 적극설

이 견해는 ① 헌법 제107조 제2항은 "재판의 전제"가 된 경우에 한하여 법원의 명령·

규칙에 대한 위법·위헌심사권을 부여하고 있으므로, 명령 등이 국민의 기본권을 침해하는 경우에 그에 대한 헌법소원을 인정하는 것은 헌법 제107조 제2항에 반하는 것은 아니고, ② 헌법 제111조 제1항 제5호에 근거한 헌법재판소법 제68조 제1항의 공권력의 행사 또는 불 행사에는 명령 등도 포함된다는 점을 논거로 하여 헌법재판소도 명령·규칙에 대한 위헌심판권을 가진다고 한다.

(2) 소극설

현행헌법은 법률에 대한 위헌심사권과 명령·규칙에 대한 위법·위헌심사권을 구분하여, 전자는 헌법재판소에, 그리고 후자는 법원에 부여하고 있다고 할 것이므로, 헌법재판소는 명령·규칙에 대한 위헌심판권은 가질 수 없다고 한다.

(3) 판례

소극설이 관련 헌법규정의 자연스러운 해석으로 보이나, 헌법재판소는 법무사시행규칙에 대한 헌법소원을 인용함으로써,[128] 적극설의 입장을 취하였다.

헌법재판소는 이후에도 구체육시설의 설치·이용에 관한 법률시행규칙 제5조, 구교육법시행규칙 제71조 등에 대하여도 헌법소원의 대상성을 인정하였다. 또한 헌법재판소는 이른바 법령보충규칙에 대하여도 헌법소원의 대상성을 인정하고 있다. 즉 헌법재판소는 "법령의 직접적인 위임에 따라 수임행정기관이 그 법령을 시행하는 데 필요한 구체적인 사항을 정한 것이라면, 그 제정형식은 비록 법규명령이 아닌 고시·훈령·예규 등과 같은 행정규칙이더라도 그것이 상위법령의 위임한계를 벗어나지 아니하는 한, 상위법령과 결합하여 대외적인 구속력을 갖는 법규명령으로서 기능하게 된다고 보아야 할 것"으로서, "청구인이 법령과 예규의 관계규정으로 말미암아 직접 기본권침해를 받았다면 이에 대하여 바로 헌법소원심판을 청구할 수 있다."고 판시하였다.[129]

---

128) 헌재 1990. 10. 15, 89헌마178.
129) 헌재 1992. 6. 26, 91헌바25.

제3절 행정규칙

Ⅰ. 개념

행정규칙이라 함은 행정조직의 내부 또는 공법상 특별권력관계의 내부와 같은 행정내부관계의 조직과 활동을 규율하기 위하여 법률의 수권 없이 행정권이 정립하는 일반적·추상적 규정으로서 법규적 성질을 갖지 않는 행정규범을 말한다.

독일의 통설적 견해는 위의 전통적 행정규칙의 개념을 특별권력관계 내부에서 특별권력주체와 그 구성원의 관계를 규율하는 규범과 행정조직 내부에서의 관계를 규율하는 규범으로 나누어 정의하고 있다. 즉 전자는 특별권력관계의 구성원으로서의 사람을 그 수범자로 한 점에서, 행정조직 내부에서의 그 조직이나 업무처리의 절차·기준 등에 관한 규정인 후자와는 그 속이 다르다는 것에서 출발하여 행정규칙의 개념을 정립하고 있다.

이에 따르면, 특별권력관계내부에서 특별권력주체와 그 구성원의 관계를 규율하는 규범을 특별명령(Sonderverordnung)이라 하여, 이를 행정규칙의 범주에서 제외하고, 행정조직 내부에서의 그 조직이나 업무처리의 절차 및 기준 등에 관한 규범만을 행정규칙으로 한정하여 파악하고 있다.[130]

우리나라의 다수 견해도 독일과 같이 행정규칙에 관하여 내용적으로 특별명령을 제외한 후자의 관념에서 논의하고 있다.

이러한 의미에서의 행정규칙은 "행정조직 내부에서 법률의 수권 없이 상급 행정기관이 하급 행정기관에 대하여 그 조직이나 업무처리의 절차·기준 등에 관하여 발하는 일반적·추상적 규정"이라고 정의되고 있다.[131]

---

130) 행정규칙과 구별되는 관념으로서의 특별명령은 독일행정법에서 비교적 최근에 학설상 광의의 행정규칙에서 분리되어 그 고유한 법적 지위가 인정된 것이나, 판례상으로는 아직 일반적 승인을 받지 못하고 있다.
　　　특별명령은 특별행정법관계에서 정립되는 일반적·추상적 규정을 말하는 것으로, 이는 특별행정법관계의 구성원을 그 수범자로 하고, 그 질서나 운영문제를 규율하는 것이다. 즉 특별명령은 특별행정법관계의 구성원인 사람을 수범자로 하고, 예컨대 학생의 입학·진학·졸업 등에 관한 사항을 그 규율대상으로 하고 있는 것이다. 특별명령이 이처럼 개인의 기본적인 생활영역에 관한 사항을 규율하고 있다는 점에서 보면 그 법규성 자체는 부인할 수 없는 것이다. 이처럼 특별명령의 법규성을 원칙적으로 인정하는 한에서 그 법규성을 원칙적으로 부인하는 행정규칙의 관념과는 구별되는 것이다.
131) 김동희, 『행정법요론』, 박영사, 2010, 120면.

Ⅱ. 행정규칙의 법적 성질

1. 비법규설

1) 의의

이 견해는 행정규칙은 법규가 아니라는 견해로서, 종래의 통설이었다. 행정규칙의 법규성을 부인하는 동 견해는 전통적인 법규개념이나 특별권력관계론에 그 근거를 두고 있다. 즉 법규는 인격주체상호간의 사회적 한계 또는 의사의 범위를 정하는 규범으로 보거나, 법규를 국가에 의한 시민의 자유와 재산을 침해할 수 있는 수권규범이라는 근거를 제시하고 있다.

2) 행정규칙과 법규명령의 차이점

(1) 권력적 기초

행정규칙은 상급행정기관의 하급행정기관에 대한 감독권 또는 특별권력관계의 특별권력에 근거하여 제정되므로 법률의 수권이 필요 없다. 그러나 법규명령은 일반통치권에 기초하여 제정되고 법률의 근거가 있어야 한다는 점에서 행정규칙과 구별된다.

(2) 규율대상과 범위

행정규칙의 제정주체는 그것에 구속되지 아니하고, 그 상대방인 하급기관만이 구속된다(일면적 구속성). 이에 반해, 법규명령은 제정주체와 그 상대방인 국민을 다 같이 구속하는 양면적 구속성을 가진다는 점에서 행정규칙과 구별된다.

3) 행정규칙위반의 효과

행정규칙은 행정조직의 내부에서만 효력이 있으므로 행정청이 행정규칙에 위반하는 행정처분을 하더라도 그 처분이 위법한 것은 아니고, 행정규칙에 따랐다고 해서 적법한 것으로 되지는 않는다. 따라서 국민은 행정규칙에 위반한 처분으로 어떠한 불이익을 받더라도 그것을 위법한 것이라 주장하여 행정소송을 제기할 수도 없다. 그러나 행정규칙은 공무원에 대해서는 구속력을 가지므로 그에 위반하는 처분을 행한 공무원은 특별권력관계의 내부에서 직무상의 의무위반을 이유로 징계책임 등을 진다.

법규명령에 위반되는 행위는 위법하며, 그 행위의 위법을 이유로 행정소송을 제기할 수 있다. 요컨대, 비법규성을 가지고 있는 행정규칙은 ① 법률의 유보(수권)가 필요하지 않고, ② 행정조직의 기관이나 구성원만을 직접 규율대상으로 하며, ③ 대국민과의 관계에서 재판규범이 되지 않으며, ④ 공무원이 행정규칙을 위반하는 경우 징계원인이 된다.

2. 법규설

1) 행정규칙 내부법규설

이 견해는 법규개념을 특정한 역사적 · 정치적 상황을 전제함이 없이 법이론적으로 정립하여야 한다고 하고, 공법 영역에서의 법규는 공권력의 행사 및 공공사무처리의 근거와 구속력 있는 준칙을 정하여 주는 규범이라고 한다.[132] 이는 전통적인 법규개념보다 법규개념을 넓게 파악함으로써 행정규칙의 법규성을 인정하고자 하는 견해이다.[133]

2) 준법규설

준법규설은 행정규칙은 원칙적으로 법규성이 없으나(내부효), 예외적으로 평등원칙 또는 신뢰보호원칙을 매개로 하여 외부적 효력(대외적 · 대국민적 효력)을 가진다는 견해이다.

3) 특별명령법규설

이 견해는 행정규칙을 종래의 특별권력관계 내부에서 권력복종자의 지위 · 이용관계 등을 규율하기 위하여 상급행정청이 정립하는 규범인 특별명령과 행정조직 내부에서 그

---

132) Laband나 Anschütz 등에 의하여 정립된 전통적인 법규개념은 과거 독일의 입헌군주제를 전제로 하였다. 이에 따르면, 법규는 인격주체 간의 기능적 한계 내지 의사의 범위를 설정하는 규범이라고 하거나, 또는 법규를 국가로 하여금 시민의 자유와 재산을 침해할 수 있도록 하는 수권규범이라고 한다.
133) 한견우, 『현대행정법강의』, 신영사, 2008, 413면 참조.

하급기관의 조직·행위를 규율하기 위하여 정립하는 협의의 행정규칙을 구분하여 특별권력관계의 복종자를 수범자로 하는 특별명령에 대해서만 법규성을 인정하고자 하는 견해이다.

4) 유형설

이는 모든 행정규칙에 대하여 일률적으로 그 법적 성질을 말할 수는 없으며, 행정규칙의 유형별로 법규성을 갖는 것도 있고 갖지 못하는 것도 있다는 견해이다.

이러한 견해에서는 법규성을 인정할 수 있는 행정규칙으로서 일정한 조직규칙이나, 일정한 경우의 규범구체화규칙, 행정청에 판단 여지가 인정되는 불확정개념에 관한 규범해석규칙 등을 들기도 한다.

3. 판례의 입장

판례는 행정규칙의 법규성 여부에 관하여 원칙적으로 법규성을 부인하고 있다.[134] 그러나 예외적으로 법령의 구체적 위임에 근거하여 법령의 내용을 보충하는 사항을 규정한 행정규칙(법률보충적 행정규칙)과 법령의 구체적 위임 없이 상위법령의 집행을 위한 절차 등 집행명령으로 정해질 수 있는 사항을 규정한 행정규칙에 대하여 그 법규성을 인정하고 있다.[135]

4. 검토

행정규칙의 법규성문제는 획일적으로 볼 것이 아니라, 행정규칙의 유형에 따라 정하는 것이 타당하다. 특히 행정규칙의 법규성 여부의 판단의 중심된 기준은 국민의 기본권과의 관련성이 되어야 할 것이다.

---

134) 대판 1983. 6. 14, 83누54; 1994. 8. 9, 94누3414.
135) 대판 1984. 9. 11, 82누166; 1994. 2. 8, 93누111.

Ⅲ. 행정규칙의 종류

1. 형식에 의한 분류

1) 훈령

훈령은 상급행정청이 하급행정청에 대하여 장기간에 걸쳐 그 권한 행사를 일반적으로 지휘하기 위하여 발하는 명령이다.

2) 지시

지시는 상급행정청이 직권 또는 하급기관의 문의에 의하여 하급행정기관에 대하여 개별적·구체적으로 발하는 명령이다. 따라서 지시는 일반적·추상적 규율인 행정규칙에 해당하지 않고 단순한 직무명령에 해당한다.[136)]

3) 예규

예규는 상급행정청이 하급행정기관에 대하여 행정사무의 통일을 기하기 위하여 반복적 행정사무의 처리기준을 제시하는 문서이다.

4) 일일명령

일일명령은 상급행정청이 하급행정기관에 대하여 출장·특근·각종의 휴가 등 일일업무에 관한 명령이다. 이 경우에도 그의 내용이 일반성·추상성을 갖지 않는 경우에는 행정규칙이 아니라 단순한 직무명령에 해당될 것이다.

---

136) 홍정선, 『행정법특강』, 박영사, 2010, 153면 참조.

5) 고시

고시란 행정청이 법령이 정하는 바에 따라 일정한 사항을 일반인에게 알리는 행위를 말한다(사무관리규정시행규칙 제3조 제3호). 공고 또는 공시라고 표현되는 고시의 법적 성격 내지 효력은 고시의 내용에 의하여 결정된다.[137] 고시가 상위법령의 수권에 따라 제정되어 외부적 효력을 갖는 일반적·추상적 규율인 경우에는 법규명령에 해당하나(예: 물가안정에관한법률 제2조 제4항에 근거한 최고가격고시) 상위법령의 수권 없이 제정되어 내부적 효력을 갖는 일반적·추상적 규율인 경우에는 행정규칙의 성격을 갖는다.

대판 2001. 2. 24, 99두11141

시장지배적지위남용행위의유형및기준(공정거래위원회 고시 제1997-12호)의 규정들은 구 독점규제및공정거래에관한법률 제3조 제2항의 위임에 따라 동법 제3조의2 제1항 제2호의 내용을 보충하는 이른바 법률보충적 행정규칙으로서 법규명령으로서의 효력을 갖는다.

---

2. 내용을 기준으로 한 분류

1) 조직규칙

행정조직 내에서 그의 내부적 권한분배, 사무처리절차 등에 관하여 규율하는 규칙을 말한다. 정부조직법은 중앙행정기관 및 그 보조기관 등의 설치와 직무범위를 법률과 대통령령으로 정하도록 하고 있어 조직규칙에 의한 규율범위는 한정되어 있다.

2) 행위지도규칙(근무규칙)

(1) 규범해석규칙

규범해석규칙(법령해석규칙)은 법규의 적용, 특히 법규상 불확정개념의 적용에 있어 상급행정청이 하급행정청의 법령해석을 통일시키고, 그 적용방향을 확정함으로써 행정의

---

137) 대판 2007. 6. 14, 2004두619.

합리화를 기하기 위하여 법규정의 의미내용에 관하여 발하는 행정규칙을 말한다. 규범해석규칙은 원칙적으로 법규성을 갖지 못하나, 규범해석규칙이 불확정개념에 관한 것이고 그 불확정개념의 해석에 있어서 행정청에게 판단 여지가 인정되는 경우에는 당해 해석규칙은 대외적 구속력을 가질 수 있을 것이다.[138]

(2) 재량준칙

재량준칙은 상급행정청이 하급행정청의 재량권행사에 관한 기준을 정하여 주는 행정규칙을 말한다. 실무에 있어서 재량준칙은 훈령 또는 예규의 형식으로 정해진다. 재량준칙은 재량권행사의 통일을 도모하고 평등한 법집행확보, 자의적 재량권행사방지, 행정에 대한 예측가능성확보, 공무원의 사무처리부담경감 등의 기능을 한다.

이와 같은 행정규칙으로서의 재량준칙에 대하여 헌법재판소는 평등의 원칙과 신뢰보호의 원칙이 적용되기 때문에 대외적 구속력을 가진다고 판시하였다.

헌재 2001. 5. 31, 99헌마31 ; 1990. 9. 3, 90헌마13

이 결정에서 헌법재판소는 "이른바 행정규칙은 일반적으로 행정조직 내부에서만 효력을 가지는 것이고 대외적인 구속력을 갖는 것이 아니다. 다만, 행정규칙이 법령의 규정에 의하여 행정관청에 법령의 구체적 내용을 보충할 권한을 부여한 경우, 또는 재량권행사의 준칙인 규칙이 그 정한 바에 따라 되풀이 시행되어 행정관행이 이룩되게 되면 평등의 원칙이나 신뢰보호의 원칙에 따라 행정기관은 그 상대방에 대한 관계에서 규칙에 따라야 할 자기구속을 당하는 경우에는 대외적 구속력을 가지게 된다."고 하였다.

---

(3) 간소화지침

간소화지침은 상급행정청이 하급행정기관의 대량적 행정처분에 있어서 획일적인 기준을 정하여 주는 행정규칙이다.

(4) 법률대위규칙

법률유보의 원칙이 적용되지 않는 영역에서 법률이 전혀 없거나 또는 불충분한 경우에

---

138) 윤양수 「행정법 개론」, 온누리, 2011, 194면.

관련 법률이 정하여지기 까지 하급행정기관의 행위 통제적 기능을 하는 규칙을 의미한다.139)

법률대위규칙은 법률상 어떠한 행정의 기준도 존재하지 않는 경우에 행정의 기준을 처음으로 설정하는 점에서 재량준칙과 구별되지만, 이 규칙도 재량준칙과 같이 행정의 자율권이 부여된 영역에서 행정권 행사의 기준을 정하는 것인 점에서 재량준칙과 본질적으로 다른 것은 아니라고 할 수 있다.

(5) 규범구체화규칙

규범구체화규칙이란 원자력이나 환경과 같이 고도의 전문성·기술성을 가지는 법률이 그 전문성·기술성으로 인하여 그 내용을 구체화하지 못하고 그것을 사실상 행정기관에 맡긴 경우에, 행정기관이 법률의 명시적인 위임 없이 법률의 시행을 위하여 그 규율내용을 구체화하기 위하여 제정하는 행정규칙을 말한다.140)

규범구체화규칙은 독일 행정법원의 빌(Wyhl) 판결에서 처음 등장하였다. 즉, 원자력법 제12조 제2호에서 정하고 있는 발전용원자로설치허가의 요건인 "방사성물질 등에 의한 인체·물건·공공의 재해방지에 지장이 없을 경우"를 구체화한 연방내무부장관의 행정규칙인 "방사선피해에 관한 일반적 산정기준"에 대하여 대외적 효력을 인정함으로써 규범구체화행정규칙이 학설·판례상 논의되게 되었다.

규범구체화행정규칙의 특징은 법률의 직접적·명시적 위임에 의하지 않고, 행정규칙의 형식을 취하면서도 일정한 경우에 외부효를 가진다는 것이다. 이러한 점에서 법령의 위임에 근거하여 제정되는 법령보충적 행정규칙과 다르다고 할 수 있다.141)

이러한 점에서 보면, 관계법령의 명시적 위임에 근거하지 아니한 규범구체화에 대하여 외부효를 인정하는 것은 국민의 권리와 의무에 관하여는 법률에 근거 내지 명시적 위임을 규정하고 있는 헌법 제75조 규정, 즉 법률유보와 행정기관의 명령제정권의 헌법적 한계를 고려할 때 이는 헌법에 반하는 것이 된다. 따라서 행정규칙형식의 규범구체화행정규칙은 허용되지 않는다고 할 것이며, 이는 단지 법규명령의 범주에 포함되는 것으로 이해하는 것이 바람직하다.

---

139) 정중하, 『행정법개론』, 법문사, 2010, 148면.
140) 윤양수 「행정법 개론」, 온누리, 2011, 196면.
141) 대판 2001. 7. 27, 2000두3849.

3) 영조물규칙

영조물규칙이란 영조물의 관리청이 영조물기관의 조직이나 영조물의 관리·이용관계 등을 규율하기 위하여 제정하는 행정규칙을 말한다. 국립대학학칙·국립도서관 규칙 등이 그 예이다. 영조물 규칙은 영조물의 내부관계를 규율하는 것이지만 영조물의 사용에 관한 규칙은 대외적 관계에 영향을 미친다.

3. 입법의 형식과 내용에 따른 분류

1) 법규명령형식을 취하는 행정규칙

법규명령형식의 행정규칙이란 그 형식은 법규명령으로 되어 있지만, 그 실질적 내용이 행정규칙인 규범, 즉 규정의 형식은 법규명령으로 되어 있으나, 행정규칙으로 정하여질 내용을 규정하고 있는 규범을 말한다. 이러한 규범의 성질과 효력에 대하여 학설의 대립이 있다. 즉 이를 행정규칙으로 볼 것인가(소극설) 아니면 법규로 볼 것인가(적극설)의 대립이 그것이다.

(1) 소극설(실질설)

이 견해는 법규명령의 형식을 취하고 있더라도 그 내용이 일반국민을 구속하지 못하고 행정조직 내부에서만 효력을 가질 때에는 행정규칙으로서의 성질이 변하지 않는다는 견해이다.

(2) 적극설(형식설)

이 견해는 법규란 국민과 국가를 다 같이 구속하는 일반적 구속력을 의미하므로 법규 형식의 행정규칙을 그 형식에 기초하여 법규로 보아야 한다는 견해이다.
적극설이 다수를 이루고 있지만, 판례는 소극설의 입장이다.

대판 1995. 10. 17, 94누1481

대법원은 규정형식상 부령인 시행규칙 또는 지방자치단체의 규칙으로 정한 행정처분의 기준은 행정처분 등에 관한 사무처리 기준과 처분절차 등 행정청 내의 사무처리준칙을 규정한 것에 불과하므로 행정조직내부에 있어서의 행정명령의 성격을 지닐 뿐 대외적으로 국민이나 법원을 구속하는 힘이 없고, 그 처분이 위 규칙에 위배되는 것이라고 하더라도 위법의 문제는 생기지 아니하고 또 위 규칙에서 정한 기준에 적합하다 하여 바로 그 처분이 적합한 것이라고 할 수 없으며, 그 처분의 적법 여부는 위 규칙에 적합한지의 여부에 따라 판단할 것이 아니고 관계법령의 규정 및 그 취지에 적합한 것인지의 여부에 따라 개별적·구체적으로 판단하여야 한다고 일관되게 판시하고 있다.

2) 행정규칙형식을 취하는 법규명령(법률보충규칙)

행정규칙형식을 취하는 법규명령이란 규정의 형식이 고시, 훈령 등의 행정규칙 형식을 갖추고 있으나, 그 실질내용은 국민의 권리·의무에 관한 사항을 규율하고 있는 행정규범을 말한다.

이러한 개념의 행정규칙형식을 취하는 법규명령의 성질에 대하여 다수학설과 판례는 그 내용에 기초하여 이를 법규명령으로 보고 있다.

대판 1987. 9. 29, 86누484

대법원은 "행정규칙의 형식을 취하는 법규명령인 '국세청훈령인 재산제세조사사무처리규정(훈령 980호)'은 소득법시행령의 위임에 따라 그 규정의 내용을 보충하는 기능을 가지면서 그와 결합하여 대외적인 구속력이 있는 법규명령으로서의 효력을 가지는 것이어서 그 내용이 위 법령의 위임한계를 벗어난 것이라는 등의 특별한 사정이 없는 한 무효라고 볼 수 없다."라고 판시하고 있다.

Ⅳ. 행정규칙의 근거와 한계

1. 근거

행정규칙은 원칙적으로 대외적 구속력을 가지는 법규가 아니고, 상급 행정청의 법령상의 직무권한 내에서 발해지는 것이기 때문에, 반드시 상위법령의 수권을 요하지 아니하며, 특정 행정목적을 달성하기 위하여 상급행정청의 직무권한의 범위 내에서 재량 또는 판단 여지가 인정된 경우에 제정할 수 있다.

2. 한계

행정규칙은 법령 및 상급감독청의 행정규칙에 저촉되지 않고, 행정청의 권한 내에서 특정행정목적의 달성을 위하여 필요한 범위 내에서 제정하여야 한다.[142]

행정규칙으로는 법령에 예정하지 아니한 국민의 권리·의무에 관한 사항을 새로이 정할 수 없다. 행정규칙으로 국민의 권리·의무에 관한 사항을 새로이 정하기 위해서는 반드시 법령의 구체적·개별적 위임이 있어야 하며, 법령의 명시적 위임에 근거하여 제정된 법령보충적 행정규칙은 법규로서의 효력을 가진다.

V. 행정규칙의 성립과 효력요건

1. 성립요건

1) 주체

행정규칙은 행정규칙을 발할 수 있는 정당한 권한이 있는 상급행정청이 상위법령에 반하지 않는 가능하고 명백한 내용으로 소정의 절차와 형식에 따라 정립함으로써 성립한다.[143]

2) 내용

행정규칙은 법령 또는 상위행정규칙 위배되지 아니하고, 특정한 행정목적에 적합하고 명확하며 실현 가능한 내용이어야 한다.

---

142) 대판 2005. 4. 28, 2004두8910.
143) 장태주, 『행정법개론』, 법문사, 2010, 372면.

3) 절차

행정규칙의 성립을 위하여 거쳐야 하는 일반적 절차규정은 없으나, 상급기관의 승인
등 특별한 절차를 거쳐야 할 규정이 있으며, 그에 따라야 한다. 예컨대 대통령령 및 국무
총리령의 제정은 "법제에 관한 사무"의 하나로서 법제처의 심사를 거치게 하고 있으며,
아울러 각원·부·처·청의 장의 훈령에 대해서도 법제처의 사전 또는 사후의 통제절차
를 거치게 하고 있다(법제업무운용규정 제28조).

2. 효력발생요건

행정규칙은 법규명령의 경우와 같은 공포를 필요로 하지 아니한다. 따라서 법령에 특
별한 규정이 있는 경우를 제외하고는 수명기관에 도달함으로써 효력이 발생한다(정부공
문서규정 시행규칙 제5조 제2항). 대통령훈령과 국무총리훈령은 관보에 게재하도록 하고
있으나, 그러나 이것이 발효요건은 아니다.

VI. 행정규칙의 효력 및 소멸

1. 효력

1) 내부적 효력

행정규칙은 행정조직 내부 또는 특별권력관계의 구성원인 특수한 신분관계에 있는 자
에 대하여 구속력을 가지는데, 이를 행정규칙의 내부적 효력 또는 대내적 효력이라고 한
다. 따라서 행정규칙을 위반한 행정기관의 구성원은 징계책임을 지게 된다.

2) 외부적 효력

행정규칙의 외부적 효력이란 행정조직 외부에 있는 사인이나 법원에 대하여 미치는 법

적 구속력을 말하는데, 이를 대외적 구속력이라고 하기도 한다.

행정규칙은 외부적 효력을 발생하지 않는 것이 원칙이다. 그러나 행정규칙이 하급행정기관을 구속함으로 인하여 공무원이 재량준칙이나 법령해석규칙에 따라 직무를 처리하게 되며, 그 결과 행정조직 밖에 있는 국민에게도 간접적인 효력을 갖게 된다. 또한 공무원의 대내적인 행정규칙 위반행위가 형사책임을 발생시키거나 또는 국민에 대한 손해배상책임을 성립시키는 경우도 행정규칙이 국민에게 간접적인 영향을 미치는 경우이다.

2. 소멸

일단 유효하게 성립된 행정규칙은 폐지되거나 종기 또는 해제조건의 성취 등으로써 효력을 상실한다. 그러나 행정규칙은 법규명령과 달리 법령의 근거를 요하지 않기 때문에 법령보충적 행정규칙을 제외하고는 행정규칙 제정의 근거가 되었던 법령이 소멸된 경우에도 그 효력이 당연히 소멸되지는 않는다.

Ⅶ. 행정규칙의 통제

1. 국회에 의한 통제

중앙행정기관의 장은 법률에서 위임한 사항이나 법률을 집행하기 위하여 필요한 사항을 규정한 법규명령·행정규칙을 제정·개정 또는 폐지된 때에는 10일 이내에 국회 소관 상임위원회에 제출하고, 소관 상임위원회는 제출된 법규명령의 내용이 위법하다고 판단되는 경우에 소관 중앙행정기관의 장에게 그 내용을 통보할 수 있으며, 중앙행정기관의 장은 통보받은 내용에 대한 처리계획과 그 결과를 지체 없이 소관 상임위원회에 보고하게 되어 있다(국회법 제98조의2).

2. 행정적 통제

상급기관의 지휘·감독권에 기한 통제로서, 상급행정청이 훈령권을 행사하여 하급행정청에 대하여 행정입법의 기준·방향·범위 등을 지시할 수 있고, 상급행정청이 하급행정청에 대하여 행정입법에 대한 수권을 철회하거나 위법한 법규명령·행정규칙의 폐지나 시정을 명하는 등의 통제를 할 수 있다.

3. 사법적 통제

1) 행정소송에 의한 통제 여부

행정규칙이 직접적으로 국민의 권리·의무에 변동을 가져오는 성질의 것인 때, 예컨대 처분적 행정규칙인 경우에 이를 행정소송법상의 처분으로 보아 이에 대해서 취소소송 또는 무효 등 확인소송에 의한 통제방식이 적용될 수 있는가 하는 것이다.

대법원은 행정규칙에 대하여 국민에 대한 법적 효력을 부인하고 있음에 따라, 원칙적으로 이러한 통제의 가능성은 없고,[144] 다만 행정규칙 자체에 의한 국민의 권익침해가 인정되고, 국민이 행정규칙 자체를 직접 다투지 않고는 구제받을 수 없는 특별한 사정이 있는 경우에는 당해 행정규칙을 행정소송법상의 처분으로 보아 행정쟁송을 제기할 수 있다.[145]

2) 구체적 규범통제 대상성 여부

행정규칙이 그 선결문제 심리에 의한 간접적 통제의 대상이 될 있는가? 판례는 행정규칙의 국민에 대한 법적 효력, 즉 그 법규성이 부인되고 있는 사실과 관련해서 보면, 행정규칙의 무효 여부에 대한 선결문제 심리라는 간접통제방식도 부인된다고 본다. 그러나 행정규칙이 예외적으로 법령의 위임에 기하여 제정되는 위임명령으로서의 성질을 갖고 있는 경우, 그에 대하여는 일반 법규명령의 경우와 마찬가지로 선결문제 심리에 의한 간접통제가 가능한 것임은 물론이다.

---

144) 대판 1994. 9. 10, 94두33.
145) 장태주, 『행정법개론』, 법문사, 2010, 376면; 대판 2003. 10. 9, 2003무23.

제4절 행정입법의 한계설정과 기준

Ⅰ. 행정입법의 한계설정의 필요성

행정입법은 기술한 바와 같이 현대 행정국가에 있어 효율적 행정을 위하여 필요불가결한 것이나 행정입법을 제정함에 있어서는 다음과 같은 한계설정의 필요성의 요인들이 있다. 첫째, 행정입법의 남용가능성이다. 우리나라는 헌법 제52조의 규정에 의하여 정부는 법률안 제출권이 있음으로 인하여, 정부는 법률안을 제출할 때 위임을 수권하는 조항을 법률안에 규정하고 그 후 국회에서 법률안이 의결되면 행정기관 편의대로 위임명령을 제정하여 시행할 위험성이 높다. 또한 모법에서 범위와 기준을 정한 경우 행정입법은 법률이 정한 범위 내에서 제정·시행되어야 할 것이나, 전문적 법률지식의 부족, 행정편의주의의 발생 등으로 법률에서 정한 범위를 벗어난 행정입법을 제정·시행하는 경우가 적지 않다.

둘째, 행정기관이 행정입법을 제정함에 있어서 입법재량 통제의 필요이다. 행정이 보다 전문화되어 감에 따라 수권 법률에 대하여 의회에서 구체적인 기준을 규정하기가 어려워지고 행정기관에 보다 많은 입법재량이 부여될 수밖에 없는바, 이에 대한 적절한 통제가 없다면 이는 사실상 백지위임과 같은 결과를 초래하게 될 것이다. 특히 규제행정 분야에서의 행정입법은 관계되는 이익형량이 적절히 반영되어 제정되어야 함에도 행정적인 편의만을 생각하여 이러한 이익교량이 이루어지지 못하고 있는 점은 큰 문제로 지적되고 있다.

셋째, 의회주의 또는 민주주의의 위기에 관한 문제이다. 입법은 국민의 대표기관인 의회에서 이루어져야 하는 것이 입헌주의의 기본사상이나 종래 의회가 정한 기준 하에 행정기관이 세칙적 사항을 규정하던 입법권의 위임형태에서 오늘날은 골격기법의 형태로 위임할 뿐만 아니라 주요 정책에 관한 것까지 아무런 기준 없이 위임하는 것이 일반화되어 있다.146) 또한 정당정치의 발달로 입법부와 행정부가 정당을 매개로 연결되어 의원내각제 하에서는 의회 다수당이 행정부를 구성하므로 행정부의 의사가 의회에서도 그대로 통과되게 되지만, 대통령제 하에서는 여당소속 국회의원을 통하여 행정부의 의사가 입법화되게 되는바, 이를 통하여 수권조항을 설정하고 넓은 범위의 위임을 인정하며 중요 정

---

146) 김동희, 『행정법Ⅰ』, 박영사, 2003, 132면.

책을 행정기관에 위임토록 하고 있는 것이 현실이다. 이렇게 된다면 본질적 입법기관이 자 국민의 대표기관으로서의 의회의 기능은 심각한 손상을 입게 되는 것이며, 이는 의회 주의의 위기이자 민주주의의 위기인 것이다.

넷째, 권력분립의 해체의 위험이다. 오늘날 의회와 행정부는 상호 견제의 관계가 아니라 정당을 통하여 사실상 통합되어 있으며, 여당 지도부의 권위로 정부에서 제한한 법률 안은 의회에서 그대로 통과되고 있으며, 법률의 형식을 빌려 의회는 광범위한 정책결정 권한을 행정기관에 넘기고, 행정기관은 통제받지 아니하는 권한을 행사하게 된다. 이와 같이 실질적 입법권이 행정기관에 의해서 행사되고 이에 대한 통제가 이루어지지 않는다면, 의회와 행정부 간에 권력의 분립을 전제로 상호 견제와 균형 속에서 국민의 인권보장을 목적으로 하는 권력분립의 이념은 몰각될 수밖에 없다. 따라서 행정입법의 한계의 기준을 설정할 필요가 있다.

II. 행정입법 한계의 기준

1. 개설

헌법은 제75조에서 "법률에서 구체적으로 범위를 정하여 위임받은 사항"에 관하여 대통령을 발할 수 있는 권한과 제95조에서는 "소관 사무에 관하여 법률이나 대통령령의 위임"에 의하여 총리령 또는 부령을 발할 수 있는 권한을 부여하고 있다. 헌법 제75조와 제95조는 행정입법의 한계에 관한 일반적 기준으로 이해된다. 이에 따른 행정입법의 한계는 특정적 수권의 원칙, 즉 범위 한정적·구체적 위임의 원칙에 의한 한계라 할 수 있다.[147]

행정입법의 한계는 일반론적으로 도출되는 법치국가원칙 또는 법치행정의 원리를 구성하는 요소인 법률의 유보와 헌법이 반드시 법률로 정하도록 규정한 사항, 즉 전속적 입법사항에 의해서 이루어지고 있다. 그러나 이러한 원칙만으로 문제가 해결되는 것이 아니고 그 원칙의 구체적인 의미와 적용방법을 규명하는 것이 더욱 중요하다. 따라서 여기에서는 행정입법의 범위와 한계에 관하여 수권 법률이 얼마나 구체적으로 이를 규정하여야 하는지, 그리고 구체성 여부를 판단할 기준은 무엇인지에 관하여 우리나라 헌법 제75

---

147) 홍준형, 『행정법총론』, 한올아카데미, 2001, 371면.

조를 검토하고 다음으로 구체적 한계설정기준에 관한 이론과 판례를 고찰하고자 한다.

2. 행정입법 한계에 대한 접근

1) 행정입법 한계의 문제

(1) 기준의 문제로 보는 방법

의회에서 행정기관에 입법권을 위임할 때 수권 법률에 행정기관이 따라야 할 기준을 제시함으로써 백지위임을 방지하고 나아가 행정기관의 자의를 통제함으로써 위임입법의 한계를 설정해 줄 수 있다. 여기에서 기준이 어느 정도로 구체적이고 명확하여야 하는지의 문제가 제기된다.

(2) 법률전속적 규율사항의 문제로 보는 방법

행정입법을 위임함에 있어서 구체적이고 명확하여야 하는지의 문제 외에 특정한 경우는 행정입법 불위임 원칙에 의하여 본래의 입법기관인 의회가 법률로써 정하도록 하고 아예 행정기관에 위임하지 못하도록 하는 것이다. 중요한 정책 결정이나 국민의 기본권에 관련된 사항은 국민의 대표기관인 의회에서 스스로 결정하도록 요구함으로써 행정입법의 한계를 설정하고자 하는 새로운 시도이다.[148]

행정입법의 한계를 설정할 수 있는 가장 근본적인 방법은, 의회에서 수권법률을 제정할 때 의회의 정책목표를 선언하고 아울러 행정기관이 이 정책목표를 집행함에 있어서 준수하여야 할 지침을 정해 두는 것이다. 독일 기본법 제80조 제1항 제2문의 소위 명확성 조항과 미국의 기준론은 모두 이러한 고려 하에서 탄생한 것이다. 여기에서는 행정기관이 따라야 할 기준을 수권 법률에서 어느 정도로 구체적으로 명확히 하여야 하는지를 살펴보고자 한다.

---

148) 법률전속적 규율사항은 의회유보와는 큰 차이가 없는 내용으로 독일 연방헌법재판소의 판례에 의하여 전개된 것으로 본질성이론과 관련되어 발전된 개념이다. Michael Kloepfer, "Der Vorbehalt des Gesetzes im Wandel", JZ, 1984, S. 687.

3. 헌법 제75조의 해석

우리 헌법은 제75조에서 대통령에게 "법률에서 구체적으로 범위를 정하여 위임받은 사항"에 대하여 대통령령을 발할 수 있는 권한과 제95조에서 국무총리 또는 행정 각부의 장관에게 "소관 사무에 관하여 법률이나 대통령령의 위임"에 의하여 총리령 또는 부령을 발할 수 있는 권한을 부여하고 있다.149) 여기서 헌법 제75조는 행정입법의 근거를 부여하는 한편 "구체적으로 범위를 정하여" 위임하도록 규제함으로써 행정입법의 한계를 설정하고 있는 것이다. 헌법 제75조에서 규정하고 있는 "구체적으로"와 "범위를 정하여"의 의미를 우리나라 학설과 판례는 일괄적 · 포괄적 위임금지를 뜻한다고 새기고 있으나 이의 구체적 기준 및 내용을 명확하게 일의적으로 밝혀 주는 문헌이나 판례는 없다. 여기서 구체적으로와 '범위를 정하여'란 의미는 행정입법의 범위를 일탈하지 않기 위해서는 법률에 근거가 있고 위임의 내용 · 목적 및 범위가 구체적이고 명확하게 규정되어야 함을 뜻한다. 그러나 일률적으로 정하기는 어렵다.150)

따라서 법률에서 구체적으로 범위를 정하여는 구체적 위임의 원칙을 선언한 것으로 보이나, 과연 어느 정도로 구체적으로 범위를 정하여야 하는지, 그것의 당부를 판단할 기준은 무엇인지에 관하여 분명한 지침을 제시하고 있지는 않으므로 학설과 판례로 그 내용을 구체화시켜야 할 것이다.

1) 헌법 제75조 해석에 관한 학설

헌법 제75조에서 규정하고 있는 "구체적으로'와 '범위를 정하여"에 대한 이 문제를 비교적 논급하고 있는 문헌을 살펴보면 양자를 구분하여 논의하는 경우와 양자를 구분하지 않고 논하는 경우로 나누어진다.

"구체적으로"와 "범위를 정하여"를 다른 개념으로 보는 견해의 대표적 학자로는 김도창 교수를 들 수 있는데 그는 '구체적으로'라는 어구가 '범위를 정하여'라는 어구를 내용

---

149) 최광률 변호사는 헌법 제75조를 위임이법의 한계를 규정한 대표적 규정이나 제95조는 총리령 및 부령에 대한 근거규정이나 위임이법의 한계까지 규정하고 있지는 아니하다고 한다. 최광률, "농지전용에 관한 위임명령의 한계", 『행정판례연구』, 박영사, 2002, 10면.

150) 우리 헌법 제75조에서 대통령에게 "법률에서 구체적으로 범위를 정하여라는 개념들은 그 의미와 내용이 다의적 · 상대적이어서 해석의 여지를 남기는 불확정개념에 해당한다. 홍준형, "행정법상불확정개념과 판단 여지의 한계 – 최근 독일에서의 판례 및 이론 동향을 중심으로", 『행정논총』, 서울대학교 행정대학원, 제33권 제1호, 1995, 79~113면.

적으로 한정하는 것으로 보고 있다.[151] 양자를 구분하지 않고 합하여 행정입법의 한계를 설정한 것이라고 보는 견해는 구체적으로와 범위를 정하여가 별개의 개념이 아니라 한꺼번에 위임의 한계를 설정한 것으로 보고 있다.[152] 또한 대상의 한정성과 기준의 명확성을 포함하는 개념으로 파악하는 견해는 헌법 제75조는 개별적·구체적 위임이어야 한다는 뜻이며, 개별적·구체적 위임을 위하여 수권 법률에서 첫째, 위임명령으로 정할 대상을 특정사항으로 한정하여야 하고(대상의 한정성), 둘째, 그 대상에 대하여 위임명령을 행함에 있어 행정기관을 지도 또는 제약하기 위한 목표, 기준, 고려하여야 할 요소 등을 명확하게 지시하여야 하고, 기준의 명확성의 요건을 갖추어야 한다고 하고 있다.[153]

홍준현 교수는 '구체적으로 범위를 정하여'의 의미를 '대상의 한정성'과 '기준의 명확성'으로 파악하고 있으며, 나아가 개개의 수권 법률들이 과연 대상의 한정성과 기준의 구체성을 충족시키고 있는지를 판단하기 위한 준거는 헌법상 권력분립의 원리에 의한 국회입법의 원칙에서 찾아야 한다고 주장한다. 즉, 국회의 입법책무를 사실상 무의미하게 만들거나 실질적으로 침해하는 결과를 초래하여서는 아니 된다는 헌법적 제약을 구체화하기 위하여 수권 법률에서 대상을 한정하고 기준을 구체화하여야 하는 것이며, 따라서 기본적이고 중요한 정책결정을 행정부에게 이양하거나 전가하는 결과를 초래하는 수권규정은 위헌이라고 보아야 할 것이라고 지적하고 있다.

홍준형 교수는 무엇이 기본적이고 중요한 정책결정사항인가 하는 문제를 판단하는 준거로서, 첫째 국민에 대한 영향, 둘째 규율대상의 국가·사회적 중대성, 셋째 행정입법에 대한 절차적 규율 여하·수임자의 민주적 정당성·조직형태, 넷째 수임기관의 준수와 사법심사 및 국민의 통제를 가능케 할 예측가능성의 확보 여부, 다섯째 현실적·입법기술적 곤란성 등을 들고 있다.[154]

결론적으로 헌법 제75조가 행정입법의 일반적 한계기준으로서 "구체적으로'와 '범위를 정하여"라고 규정한 것은 수권 법률의 존재가 필요하며, 추상적·일반적이어서는 아니 된다는 뜻이며, 일괄적 또는 포괄적이어서는 아니 되며, 위임의 기준은 명확해야 한다는 것을 의미한다.[155]

---

151) 김도창, 『일반행정법론(상)』, 청운사, 1998, 314면.
152) 김남진, 『행정법』, 법문사, 2002, 168면; 박윤흔, 『최신행정법강의(상)』, 박영사, 2002, 218면.
153) 김도창, 『일반행정법론(상)』, 청운사, 1998, 314면.
154) 홍준형, 『행정법총론』, 한올아카데미, 2001, 383~385면.
155) 김철용, 『행정법 I』, 박영사, 2007, 144면.

2) 헌법재판소의 결정에 대한 해석

(1) 위임의 구체성·명확성

헌법재판소는 헌법 제75조에서 말하는 "법률에서 구체적인 범위를 정하여 위임받는 사항"이란 "법률에 이미 대통령령으로 규정될 내용 및 범위의 기본사항이 구체적으로 규정되어 있어서 누구라도 당해 법률로부터 대통령령에 규정될 내용의 기본적 윤곽을 예측할 수 있어야 함을 의미한다."고 판시하고 있다.156) 이러한 일반적인 판시는 구체적으로 3가지 관점에서 논의되고 있다. 즉 입법자 자신에 대한 기준과, 일반 국민에 대한 기준, 행정부에 대한 기준이 그것이다. 이들 관점들은 서로 중복되기도 하는 내용을 지니지만, 입법자, 수범자, 법집행자에 대한 관점에서 행정입법의 헌법상 한계문제를 접근하고 있는 점이 특색이다. 헌법재판소는 3가지 관점 중 어느 하나 혹은 복수의 관점을 위헌의 논거로 구성하여 왔다.

(2) 입법자에 대한 기준

이는 법률의 위임이 구체적, 개별적으로 한정된 사항에 대하여 행하여져야 한다는 것이다. 이를 "위임의 명확성"이라고 한다.157) 무엇이 구체적·개별적인 것인지는 적극적으로 논의되기 어렵다. 다만 소극적인 측면에서 이러이러 한다면 구체적, 개별적인 것으로 보기 어렵다는 사후적 판당이 가능하여, 이러한 네거티브 방식이 위헌론의 논거형식이 되고 있다. 판례 중에는 "합리적인 법률해석을 통하여 수권법률에 표현된 입법자의 객관화된 의사, 즉 위임의 내용, 목적과 정도가 밝혀질 수 있다면 행정입법의 한계를 일탈한 것이 아니다."라고 한 것도 있다.158)

가. 판단기준
㉮ 수권법률 기준
위임의 구체성, 개별성은 법률 자체를 기준으로 하며, 시행령의 내용을 보고 사후적으

---

156) 헌재 1996. 8. 29, 95헌바36, 판례집 8-2, 90, 99.
157) 헌법 제75조는 행정부에 입법을 위임하는 수권법률의 명확성 원칙에 관한 것으로서, 법률의 명확성 원칙이 행정입법에 관하여 구체화된 특별규정이라고 할 수 있다. 헌재 1999. 4. 29, 94헌바37, 판례집 11-1, 289, 325~326면.
158) 헌재 1994. 7. 29, 93헌가12, 판례집 6-2, 53, 61-62; 995. 11. 30, 91헌바 등, 판례집 7-2, 562, 592.

로 법률의 해당 위임조항의 불명확성을 따지는 것이 아니다. 그러므로 아무리 시행령이 구체적, 개별적으로 명확하게 규정되어 있다고 하더라도, 모법이 불명확하다면 행정입법의 한계를 초과한 것이다. 다음과 같은 판시가 이를 반영한다. "행정입법을 허용하는 경우에 있어서도 법률에 의한 수권에 의거한 명령의 내용이 어떠한 것이 될 수 있을 것인가를 국민에게 예측 가능한 것임을 요구하는 것으로서 그것은 법규명령에 의하여 비로소 정립되는 것이 아니라 그보다 먼저 그 수권법률의 내용으로부터 예견 가능하여야 하는 것을 의미하는 것이다."159)

㉯ 당해 법률의 관련규정

판례는 위임의 구체성, 개별성 판단이 관련된 규정을 통하여 긍정적으로 이루어질 수 있다고 한다. 즉 해당 위임조항 자체에서 위임의 구체적 범위를 명확히 규정하고 있지 않다고 하더라고 "당해법률의 전반적 체계와 관련규정에 비추어 위임조항의 내재적인 위임의 범위나 한계를 객관적으로 분명히 확정할 수 있다면 이를 일반적이고 포괄적인 백지위임에 해당하는 것으로 볼 수는 없다."고 한다. 이는 현실적으로 모든 입법에 위임조항 자체가 구체적, 개별적으로 규정되기 어렵다는 것을 반영하는 것이고, 당해 법률의 다른 규정이나 관련 조항들의 전반적 체계를 통하여 입법자의 위임의도 내지 위임범위가 객관적으로 드러날 수 있다면 위임의 한계를 준수한 것으로 본다는 것이다.

문제는 당해 법률이 아니라 다른 법률에 의하여 당해 법률 조항의 명확성이 보충될 수 있다면 이를 합헌적인 것으로 볼 것인가이다. 통상 다른 법률에 의한 그러한 해석 가능성까지 인정한다면 포괄위임금지의 법리를 지나치게 완화하는 것이 되므로 부적절한 것이나, 직업관계에 대한 기준설정의 경우 다른 법률에서 구체적으로 정할 수 있으므로, 예외가 허용되어야 할 것이다.160)

㉰ 기본권 제한 정도에 따른 기준

행정입법의 구체성, 명확성의 요구 정도는 그 규율대상의 종류와 성격에 따라 달라질 것이지만, 특히 처벌법규나 조세법규 등 국민의 기본권을 직접적으로 제한하거나 침해할 소지가 있는 법규에서는 구체성, 명확성의 요구가 강화되어 그 위임의 요건과 범위가 일반적인 급부행정법규의 경우보다 더 엄격하게 제한적으로 규정되어야 한다.161)

---

159) 헌재 1993. 5. 13, 92헌마80, 판례집 5-1, 365, 379-380.
160) 그러한 취지의 판례로는, 헌재 2002. 6. 27, 2000헌가10, 판례집 14-1, 465, 571-572.
161) 헌재 1991. 2. 11, 90헌가27 결정; 1994. 7. 29, 92헌바49.

이러한 경우는 세법에 있어서도 마찬가지이다. 조세법률주의의 이념에 비추어 국민의 재산권을 직접적으로 제한하거나 침해하는 내용의 조세법률에 있어서는 일반적인 급부행정법규에서와는 달리, 그 위임의 요건과 범위가 보다 엄격하고 제한적으로 규정되어야 한다.162)

형사법 분야는 가장 엄격한 행정입법 형태가 요구된다. 판례는 "범죄와 형벌에 관한 사항에 있어서도 행정입법의 근거와 한계에 관한 헌법 제75조는 적용되는 것이고, 다만 법률에 의한 처벌법규의 위임은, 헌법이 특히 인권을 최대한 보장하기 위하여 죄형법정주의와 적법절차를 규정하고, 법률에 의한 처벌을 강조하고 있는 기본권보장 우위사항에 비추어 바람직하지 못한 일이므로, 그 요건과 범위가 보다 엄격하게 제한적으로 적용되어야 한다.163)

⑭ 규율대상에 따른 고려

판례는 규율대상이 지극히 다양하거나 수시고 변화하는 성질의 것일 때에는 위임의 구체성, 명확성의 요건이 완화될 수 있는 것으로 보고 있다.164) 특히 다양한 사실관계를 규율하거나 사실관계가 수시고 변화될 것이 예상될 때에는 명확성의 요건이 완화될 수밖에 없다고 한 바 있다.165)

(3) 국민에 대한 기준: 예측가능성

헌법에 대한 최종해석권자인 헌법재판소는 헌법 제75조의 "구체적으로 범위를 정하여"의 의미에 관하여 이는 백지위임의 금지166) 내지 일반적·포괄적 위임의 금지167)를 의미하는 것으로 해석하고 있다. 헌법재판소는 "구체적으로"와 "범위를 정하여"의 자구 자체에서 행정입법의 범위와 한계에 관한 헌법적 기준을 도출하려는 시도는 별도로 하지

---

162) 헌재 1994. 7. 29, 92헌바49 등, 판례집 6-2, 64, 101; 1995. 11. 30, 93헌바32, 판례집 7-2, 598, 607.
163) 헌재 1991. 7. 8, 91헌가4, 판례집 3, 336, 341. 구체적으로, 처벌법규의 위임을 하기 위하여는 첫째, 특히 긴급한 필요가 있거나 미리 법률로써 자세히 정할 수 없는 부득이한 사정이 있는 경우에 한정되어야 하며, 둘째, 이러한 경우에도 법률에서 범죄의 구성요건은 처벌대상행위가 어떠한 것일 것이라고 예측할 수 있을 정도로 구체적으로 정하고, 셋째, 형벌의 종류 및 그 상한과 폭을 명백히 규정하여야 하되, 위임입법의 위와 같은 예측가능성의 유무를 판단함에 있어서는 당해 특정 조항 하나만을 가지고 판단할 것이 아니고 관련 법조항 전체를 유지적·체계적으로 종합하여 판단하여야 한다고 본다.
164) 헌재 1991. 2. 11, 92헌가27 결정; 1994. 7. 29, 92헌바49.
165) 헌재 1991. 2. 11, 90헌가27, 판례집 3, 11, 29-30.
166) 헌재1998. 2. 27, 95헌바59.
167) 헌재1997. 9. 25, 96헌바46·47 병합.

않고, 대신 헌법 제75조가 요구하는 행정입법의 구체성·명확성은 위임에 따라 제정될 위임명령의 내용 및 위임의 범위에 대하여 그 대강을 예측할 수 있는 가능성, 즉 "예측가능성"이라고 이해하고 있다.

일반 국민에게 있어서는 과연 모법의 위임규정을 보고 하위법으로 제정될 내용의 기본적 윤곽이 예측될 수 있는지가 중요한 기준이 된다. 만일 법률에 의하여 이미 대통령령으로 규정될 내용 및 범위의 기본사항이 구체적으로 규정되어 있어 누구라도 당해 법률로부터 대통령령에 규정될 내용의 기본적 윤곽을 예측할 수 있으면 위헌이 아니다.[168] 즉 법률이 어떤 사항에 관하여 대통령령에 위임할 경우에는 국민이 장래 대통령령으로 규정될 내용을 일일이 예견할 수 없다고 할지라도 적어도 그 기본적 윤곽만은 예견할 수 있도록 기본적인 사항들에 관하여 법률에 구체적으로 규정하여야 한다.

그 판단기준에 있어서 입법자에 대한 관점에서 언급된 것이 여기서도 고려된다. 즉 그 "예측가능성"의 유무는 당해 특정조항 하나만을 가지고 판단할 것이 아니고 관련 법조항 전체를 유기적·체계적으로 종합 판단하여야 하며, 각 대상법률의 성질 내지 위임된 사항의 성질에 따라 구체적·개별적으로 검토되어야 한다.[169]

가. 예측가능성의 공식

헌법재판소는 일관되게 헌법 제75조의 "법률에서 구체적으로 범위를 정하여 위임받은 사항"의 의미를 법치주의와 연결하여, "법률에 이미 대통령령으로 규정될 내용 및 범위의 기본사항이 구체적으로 규정되어 있어서 누구라도 당해 법률로부터 대통령령에 규정될 내용의 대강을 예측할 수 있어야 한다는 것"으로 해석하고 있다.[170]

헌법재판소는 처벌법규의 위임에 대하여는 예측가능성의 공식에 다시 까다로운 기준을 덧붙이고 있다. 즉, 처벌법규의 위임은 특히 긴급한 필요가 있거나 미리 법률로써 자세히 정할 수 없는 부득이한 경우에 한정되어야 하고, 이러한 경우일지라도 법률에서 범죄의 구성요건은 처벌대상행위가 어떠한 것일 거라고 이를 예측할 수 있을 정도로 구체적으로 정하고 형벌의 종류 및 그 상한과 폭을 명백히 규정하여야 한다고 결정하고 있다.[171]

---

168) 헌재 1994. 6. 30, 93헌가15 등, 판례집 6-1, 576, 588-589; 1996. 8. 29, 94헌마113, 판례집 8-2, 141, 164.
169) 헌재 1999. 2. 25, 97헌바63; 2001. 1. 18, 98헌바75 등.
170) 헌재1993. 5. 13, 92헌마80.
171) 헌재 1991. 7. 8, 91헌가4.

나. 예측가능성의 요구정도

헌법재판소에 따르면 수권 법률에 규정되어야 할 예측가능성(또는 위임의 구체성)의 요구 정도는 규제대상의 종류와 성질에 따라 달라진다. 국민의 기본권을 직접적으로 제한하거나 침해할 소지가 있는 처벌법규, 조세법규 등에서는 위임의 요건과 범위가 보다 엄격하게 제한적으로 규정되어야 하나, 일반적인 급부행정의 경우, 경제분야에서 규율대상이 지극히 다양하거나 수시로 변화하는 성질의 것인 경우에는 위임의 구체성과 명확성 요건이 완화되어 해석될 수 있다고 한다.[172] 한편 규율의 수범자들이 일반인이 아닌 특정분야의 직업을 가진 사람들 또는 전문가들인 경우에는 위임의 구체성, 명확성의 요건이 완화되어 해석될 수 있다고 한다.[173]

다. 예측가능성 판단근거

헌법재판소는 사후에 수권 법률에서 이러한 예측가능성 유무를 판단함에 있어서는, 당해 특정조항 하나만을 가지고 판단할 것이 아니고, 수권규정과 관계있는 조항, 수권법률 전체의 취지, 입법목적의 유기적·체계적 해석을 통하여 종합 판단하여야 하며, 각 대상 법률의 성질에 따라 구체적·개별적으로 검토하여야 한다고 한다.[174]

(4) 법집행자에 대한 기준

국민의 자유와 권리에 관한 사항을 행정부가 포괄위임으로 말미암아 자의적으로 입법할 수 있다고 한다면 이는 행정입법의 한계를 벗어난 것이며, 법치주의 근간을 훼손하는 것이 된다. 즉 대통령을 포함한 행정권의 자의적 행정입법권 행사로 기본권이 침해될 여지를 모법이 주고 있다면 이는 행정입법의 한계를 규정한 헌법의 취지에 반한다.[175] 그러므로 법률의 위임은 구체적이고 개별적으로 한정된 사항에 대하여 행해져야 한다. 만일 일반적이고 포괄적인 위임을 한다면 이는 사실상 입법권을 백지위임하는 것이나 다름없어 의회입법의 원칙이나 법치주의를 부인하는 것이 되고 행정권의 부당한 자의와 지나친 재량 행사를 가능케 하여 기본권에 대한 침해를 초래할 위험이 있는 것이다.[176]

---

172) 헌재 1991. 2. 11, 90헌가27; 1995. 11. 30, 95헌바12·17 병합.
173) 헌재 1994. 6. 30, 93헌가15·16·17.
174) 헌재1996. 10. 31, 93헌바4.
175) 헌재 1995. 11. 30, 91헌바1 등, 판례집 7-2, 562, 593~594면.
176) 헌재 1996. 8. 29, 95헌바36, 판례집 8-2, 90, 99.

4. 독일의 기준론

1) 독일의 명확성론

(1) 독일기본법 제80조 제1항 제2문

독일기본법은 바이마르헌법과 제3제국 하에 있어서 수권법체제에 대한 반성[177]으로써 행정입법의 요건을 제80조 제1항에서 행정입법을 제정하는 권한을 위임받은 경우 법률로서 위임된 권한의 내용·목적 및 범위를 명확히 할 것을 규정하였다. Klein은 행정입법의 한계에 관하여 구조적 한계로서 내재적 한계와 기본법 제80조 제1항의 수권의 내용·범위가 명확해야 한다는 규정에서 찾고 있다.[178]

독일은 정당 간의 대립, 정당이기주의 등으로 다수에 의한 정책결정 합의에 실패하였던 바이마르 공화국 의회의 무능을 결국 법규명령에 대한 백지위임으로 문제를 해결하려 했고, 이것은 나치라는 전체국가를 출현하게 하였다. 이에 대한 역사적 반성에서 의회가 책임을 회피하는 것을 막고 책임 있는 기관임을 스스로 인식하게 하기 위한 예방책으로 강구된 것이 독일기본법 제80조 제1항 제2문이다. 즉, 제2차 세계대전 후 독일을 점령한 미군정 당국은 구 제국법 하의 법규명령 발령을 위한 주 정부의 권한에 관한 포고를 발령하여 점령지역 하의 주 정부들에 대해, 미 연방대법원의 행정입법에 대한 기본원리를 의회가 입법권을 위임할 수는 있지만, 중요한 사항은 어떠한 경우에도 의회에 의하여 독자적으로 결정되어야 하는 반면, 상대적으로 중요하지 않은 경우에는 의회가 일반조항(general provisions)을 제정하고 나머지는 그러한 일반규정 하에서 자세한 사항을 보충할 수 있는(fill-up the details) 지위에 위임시킬 수 있다. 1825년 Wayman v. Southard 사건에서 마샬대법원장의 판단을 법규명령 위임에 관한 주 헌법 제정 시 채택하도록 요구하였고, 이에 따라 각 주 및 연방 헌법에 법규명령 위임을 제한하는 조항이 채택되었다.

(2) 연방 헌법재판소의 '내용, 목적, 범위'에 대한 해석

독일기본법 제80조 제1항 제2문에서 수권의 내용, 목적 그리고 범위가 법률에 확정되

---

177) Diter Wilke, in: Hermann Mangoldt/Friedrich Klein, Grundgesetz Kommentar Bd, Ⅲ, München 1985, S.1906.
178) 박영도, "독일의 위임입법제도에 관한 연구", 『외법논집』 제7집, 1999, 15면.

어야 한다고 규정하고 있는 것은 수권의 명확성을 요구한 것이라고 할 수 있다. 이하에 서는 수권의 명확성의 의미는 무엇인지, 명확성은 어느 정도로 요구되는지, 명확성은 어떻게 파악될 수 있는지에 관하여 독일 연방헌법재판소의 판례의 내용을 살펴보면 다음과 같다.

가. 명확성의 의미

위임의 한계로서 직접적으로 문제가 되는 것은 독일기본법 제80조 제1항의 "수권의 내용, 목적 및 범위가 명확하여야 한다."는 규정으로서 통상 명확성조항(Bestimmtheitklausel) 이라 부르는 부분의 해석이다. 이 명확성조항이 규정된 취지는 위임의 내용, 목적 및 범위에 명확성의 요건을 부과함으로써 명령의 내용을 법률과 결부시켜 입법부의 통제 하에 두는 것이었다.[179] 그러나 실제문제로서 명확성조항은 일의적으로 해석할 수 있을 정도로 명확하지 아니하다. 원래 부여된 권한의 내용, 목적 및 범위란 각각의 명확성의 기준을 설정하는 것도, 명확성에도 단계가 있으므로 결코 용이하지 않다. 특히 법률과 명령에 의하여 규정되는 내용이 점차 복잡다기하게 되고 있는 만큼 더욱 곤란하다. 결국 수권의 내용, 목적 및 범위의 명확성여부의 판단은 사례별로 결정하지 않을 수 없다. 이 명확성 조항의 해석에 관하여는 연방헌법재판소의 판결이 좋은 시사를 제공하고 있어서 그에 관해 검토하는 것이 중요하다. 연방헌법재판소는 초기단계에서 명확성조항의 해석에 관한 몇 가지 정식을 도출하였다. 우선 첫째, 자기결정방식(Selbstentscheidungsformel)이라고 부르는 것으로서 입법자는 어떠한 문제가 법규명령에 의하여 규율되어야 하며, 규율이 어떠한 목표를 위한 것이어야 하는가, 그 한계는 어디까지인가 하는 것을 자기 스스로 결정하여야 한다는 것이다.[180] 둘째는 프로그램정식(Programmformel)이며, 그것은 법률 자체로부터 입법부가 어떠한 프로그램을 달성하려고 하는가를 알 수 있어야 한다는 것이다. 이는 행정청이 법규명령 정립과정에서 현실화시켜야 할 사항을 법률에서 알아낼 수 있도록 하여야 한다는 것이다.[181] 셋째는 예견가능성정식(Vorhersehbarkeitsformel)이다. 그 법률 자체로부터 입법부가 어떠한 프로그램을 달성하려고 하는가를 알 수 있어야 한다는 것이다. 이는 행정기관이 법규명령 정립과정에서 현실화시켜야 할 사항을 법률에서 알아낼 수 있도록 하여야 한다는 것이다. 즉 수권에 의거하여 발해지는 명령이 어떠한

---

179) Ulrich M.Gassner, Parlarmentsvorbehalt und Bestimntheits-grundsatz, DÖV 1996, S18f.
180) BVerfGE 14, 251.
181) BVerfGE 20, 270.

내용을 가질 수 있는가라는 점이 예견되지 않는 때에는 필요한 한정이 결여되어 있다는 것이다.182)

나. 명확성의 요구 정도

행정입법의 정립에 필요한 명확성의 정도는 규율대상 영역이나, 국민의 권리·의무 침해 여부 및 정도에 따라 달라지는 것이다. 법률에 의한 수권에 필요한 명확성의 정도는 일반적으로 확정되어지는 것이 아니다. 규율되어지는 구체적 영역의 특성에 따라, 특히 기본권과 관련되는 정도 및 행정에 수권되는 행위의 종류와 강도에 따라 달라지는 것이며, 수익적 행위에 대한 수권 법률상의 명확성 정도는 침해수권의 경우보다는 적다. 따라서 벌칙규정의 수권과 조세규정의 수권에 대하여는 더욱 엄격한 명확성이 요구된다.

연방헌법재판소는 수권 법률이 명확성조항에 합치되고 있는가의 여부에 관하여 지금까지 상당수의 판결을 내리고 있으나, 초기단계에서는 위에 언급한 명확성조항의 해석에 관한 정식을 도출하여 상당히 엄격하게 해석하고 약반수의 법률을 이 명확성조항에 위반하는 것으로서 위헌판결을 내렸다. 그러나 1970년대 이후에는 위헌판결이 나오지 않고 있다. 그 이유는 명확성조항의 해석이 완화되었기 때문이다. 그 점은 제80조 제1항의 제2명제인 "법률로써 위임된 권한의 내용, 목적 및 범위를 확정하여야 한다."라는 문언의 해석의 변천 가운데 특징적으로 나타난다. 연방헌법재판소는 당초는 "원칙적으로 명시적으로 어떻든 이론의 여지가 없는 명백성으로서" 그 법률 중에 규정되어 있지 않으면 안 된다.183)라고 엄격히 해석하였으나, 수권의 내용, 목적 및 범위에 관한 규정 그 자체가 아니라 그 법률의 다른 규정에서부터 명확히 되면 족하다고 완화하여 해석하고, 나아가서는 법률의 규정 가운데 명시적으로 규정될 필요는 없고 그 법률 전체의 해석을 통하여 그것이 명확히 되면 족하다고 확대하였다.184) 때로는 당해 법률의 범주를 넘어서 다른 법률 또는 국제법인 조약에 비추어 의미를 연관시켜 명확성의 근거를 구하는 방향으로 일탈하고 있다.185) 이러한 명문의 헌법규정에 저촉하는 확장해석에 대하여는 시민이 그 법률의 수권에 의거하여 어떠한 내용의 명령이 발해지는가를 예측할 수 없다고 강력하게 비판받고 있다.186)

---

182) BVerfGE 18, 61.
183) BVerfGE 2, 334f; 7, 303.
184) BVerfGE 28, 85.
185) BVerfGE 19, 31.
186) 특히 D. Jesch는 연방헌법재판소 자신이 명언한 예견가능성의 요구와 양립할 수 있는가를 문제시한다. 수권의 내용 등에 관하여 해석이 성립할 수 있는가를 문제시한다. 수권의 내용 등에 관하여 다양한 해

연방헌법재판소는 이와 같이 명확성조항의 해석을 현저히 완화하였으나 최근에 이르러 통일적인 명확성의 기준을 추구하는 것을 단념하고 그에 대신하여 명확성의 기준에 단계를 부여하여 세분화하고 있는 경향을 나타내고 있다. 그 단계별 세분화의 기준은 제80조 제1항과 기본법전체와의 관계로부터 발생한다. 즉 명령에 의한 규제에 관련된 사항의 헌법적 가치 내지 지위의 중요성 여하에 의하고 있다. 환언하면 기본권에의 관련성을 기준으로 명확성의 정도를 세분화하는 것이다.187) 구체적으로는 일정의 특수한 기본권에 대한 규제는 명령이 아니라 오로지 형식적 법률에 의해서 행하여야 한다. 그 이외의 영역에서 문제가 되는 기본권의 중요성이 높아지면 높아질수록 요구되는 명확성의 기준은 엄격하며 수권의 내용, 목적 및 범위는 엄격하게 규정되어야 한다. 그와는 반대로 기본권의 비본질적인 침해가 문제가 되는 경우에는 명확성의 기준은 완화된다. 다른 한편 수권의 내용, 목적 및 범위에 관하여 어디까지 엄격하게 규정하는 것이 가능한가라는 것은 법·기술적인 관점에서 명확성의 단계를 설정하는 것이 중요하다. 구체적으로는 첫째, 다양하고 급속한 경제적·사회적·기술적 변화에 대응하여 신속하게 법제정을 하는 것이 요구되나 의회의 입법절차로서는 그것을 실현할 수 없는 영역이 존재할 것 둘째, 규제가 장소적, 시간적, 기술적으로 세분화되어 있어서 국가에게 본질적인 문제를 결정하여야 하는 의회에는 시간적 여유가 없을 것 셋째, 법 기술적인 이유에서 수권의 내용, 목적 및 범위에 관하여 의회가 엄격히 규정할 수 있는가라는 규범정립가능성의 문제가 명확성의 단계에 중요한 요인이 된다. 여하튼 오늘날에는 획일적이고 확정적인 기준이 되는 한계는 존재하지 않으므로 위임의 한계에 관한 이론을 구축하는 데 이들 고찰은 대단히 참고가 된다.188).

(2) 본질성 이론과 위임의 명확성

본질성 이론이란 국가의 기본적인 결정에 관해서는 의회가 법률로써 규정해야 한다는 것을 말한다.189) 법률유보의 근거에 관한 침해유보론, 즉 국민의 자유와 재산 등 일정한

석이 성립할 수 있는 것이며, 최종적으로는 재판소에 의하여 올바른 해석이 확정되더라도 그동안에는 정립되는 법규명령에 대한 국민의 예견가능성은 존재하지 않게 된다고 비판한다. Dietrich Jesch, Gesetz und Verwaltung, Tübingen 1961, S.215f. 또한 K. Hesse는 수권의 내용등에 해석을 행정기관에게 맡겨버림으로써 의회의 책임강화라는 기본법 제80조 제1항 제2문의 취지에 반하게 될 우려가 있다고 한다. 또한 이것은 법률제정자의 수권을 구체화하는 의무를 면하게 할 위험이 있으며, 수권의 내용 등의 문제가 행정기관의 해석에 맡겨져 버린다면 기본법 제80조 제1항 제2문의 임무가 올바르게 이해될 수 없게 된다고 한다. Konrad Hesse, Grundzüge des Verfassungsrechts der BRD, 12 Aufl., Heidelberg 1980, S.212f.

187) BVerfGE 48, 222.
188) 박영도, "독일의 위임입법제도에 관한 연구", 『외법논집』 제7집, 1999 15~19면.

특별히 중요한 대상에 대한 침해에만 법률의 유보가 필요하다는 이론 및 현대복리국가에서의 침해개념의 확대, 민주주의 사상의 강조 등을 근거로 모든 행정활동은 법률의 유보가 있어야 한다는 전부유보론에 대한 비판이 제기되면서, 새로운 시도로서 중요사항유보론 또는 본질성론이 등장하게 되었다. 본질성론은 규율대상이 공동체에 대하여 중요한 혹은 본질적인 사항인가를 기준으로 법률유보의 여부를 판단하여야 한다는 것이다.

1972년 독일 연방헌법재판소는 대학입학정원판결[190]에서 "절대적 입학제한명령의 요건 및 선발기준에 관한 본질적인 결정은 입법자 스스로 하지 않으면 안 된다."라고 판시하였는바 Oppermann이 "본질적"이라는 말에 착안하여 입법자가 모든 본질적인 결정은 법률에 의해 행하여야 한다는 원칙을 본질성론이라 명명한 것이다.[191]

법률의 내용이 규율대상의 중요성과 본질성에 의하여 특징될 수 있다는 사고는 이미 독일의 1848년 3월 혁명 이전의 헌법의 지배적인 사고이었고,[192] 50년대의 헌법재판소의 판례에서도[193] 찾아볼 수 있으나 70년대에 들어와서야 비로소 본격적인 의미를 가지기 시작하였다.

본질성론은 어떠한 경우에 법률상의 근거를 필요로 하는가에 대한 기준을 제공해 줄 뿐만 아니라, 어떠한 사항들에 대하여 어떠한 범위에서 입법자가 형식적 법률에 의해 직접 규율해야 하고, 행정부에 위임할 수 없는가에 대하여도 기준을 제공해 준다. 이러한 의미는 본질적인 것 중의 본질적인 것은 입법자가 직접 규율해야 한다는 것이다.

본질성론의 인정근거 로서 독일 연방헌법재판소는 본질적이란 기본권의 실현을 위하여 본질적인 것을 의미한다고 하여 기본권관련성의 개념을 제시하고 있다.[194] 즉 기본권적 중요성이 본질적인 것을 파악하는 중요한 기준인 것이다. 따라서 사안이 당사자의 기본권실현에 미치는 효과가 중대할수록 입법자가 스스로 정해야 하며, 보다 명확하게 규율해야 한다. 그리고 명확성 기준으로서의 본질성론은 독일기본법 제80조 제1항이 요구하

---

189) 김철용 외, "위임이법의 한계에 관한 연구", 『헌법재판연구』, 헌법재판소, 1996, 207∼213면.
190) BVerfGE 33, 303.
191) 김향기, "법률유보이론과 법학의 문제", 『김계한 교수 회갑 기념논문』, 박영사, 1996, 340면.
192) 독일의 헌법사에서 법치국가원칙과 민주주의 원칙은 서로 다르게 실현되고 강조되었으며 두 원칙 중에서 더 큰 비중을 두는가에 따라 법률유보의 내용과 범위가 달라졌다. 1848년 3월 혁명 이전 헌법의 헌법학에서는 민주주의적 참여요소가 법률유보의 중심적 내용을 이루었기 때문에 이미 그 당시 사안의 중요성의 기준이 법률의 개념을 확정하는 결정적인 역할을 하였다 위 기준이 오늘날 다시금 연방헌법재판소의 본질성 이론을 통하여 부활하였다고 할 수 있다. 그러나 후기 입헌주의적 헌법학에서 민주주의적 요소는 법치국가적 요소에 의하여 약화되었고, 행정청의 국민의 권리를 침해하는 경우 수권의 근거가 필요하다는 침해유보의 관점에서 법률유보의 핵심을 이루었다.
193) BVerfGE 7, 282, 301.
194) BVerfGE 34, 165, 192f ; 40, 237, 249.

는 명확성의 기준을 제시해 줄 수 있다. 즉 본질성론에 의하면 규율대상의 중요도 내지 본질적인 정도에 따라 위임의 명확성 정도에 대한 요구도 달라진다는 것이다. 어떤 사항이 본질적인 것일수록 입법자의 규범에 대한 서술은 그만큼 더 명확해지지 않으면 아니 된다. 본질성 내지 중요성의 판단기준을 기본권 관련성에서 찾으므로 결국 위임명령의 명확성 정도는 그 규율내용의 기본권 관련성에 따라 달라져야 한다. 당해 규정이 관계인의 법적 지위를 현저히 침해한다면 수권의 명확성 정도에 대한 요건도 그만큼 엄격하여야 할 것이다. 당해 규율 내용이 기본권 행사를 적게 침해하는 규율영역의 경우에는 수권규정의 명확성 정도도 완화될 것이다.

5. 미국의 기준론

1) 권력분립원칙과 위임입법 필요성의 조화

엄격한 권력분립 사항의 기초 위에서 성립한 미국 헌법에 있어서, "의회의 입법권을 행정부에 위임한다는 것은 어떠한 논리로도 허용될 수 없으며, 또한 보통법의 법리에도 어긋나는 것 위임받은 권한은 다시 위임할 수 없다."는 법언은 영미법의 대리인법의 원칙이다. 국민 전체가 모든 국가권력의 위임자이며, 국가기관은 단지 국민의 수탁자에 불과하다고 볼 때, 의회가 자신에게 위탁된 입법권을 스스로 행사하지 않고 대통령 혹은 사법부에 양도하는 것은 위 보통법의 법 원리에 위반된다고 보는 것이다. 그러나 19세기에 국가생활의 실제는 행정부에 입법권을 위임하지 아니하고는 국가가 제대로 운영되어 나갈 수가 없는 상황이 되었다. 이러한 헌법사항과 현실의 필요성 간의 간격을 메우기 위해 연방대법원의 판례에 의하여 나타난 법이론이 입법권 비위임론(non-delegation doctrine)이다.

미국 연방대법원은 헌법의 권력분립원칙과 위임입법의 현실적 필요성을 조화시키기 위하여 위임입법의 허용가능성 및 그 한계에 대한 다음과 같은 획기적인 판결들을 내놓았다. 1825년 Wayman v. Southard 사건에서 마샬 대법원장은 의회의 입법권을 행정부에 위임할 수 있다는 이론을 다음과 같이 밝히고 있다. 즉, 중요한 문제는 의회에 의해 결정되어야 하나, 상대적으로 중요하지 않은 경우에는 의회는 일반규정만을 제정하고 나머지는 행정기관으로 하여금 그러한 일반규정 하에 자세한 사항을 보충하도록 위임할 수 있다. 그리고 의회가 법률 속에 자신의 의지를 담아 위임한다면 이는 입법권의 위임이 아니라 의회의 의지의 집행을 위임하는 것에 불과하다고 하였다.

한편 1911년 U.S. v. Grimaud 사건[195]에서 연방대법원은 의회가 주요한 정책결정을 하고, 행정기관에 대하여 "빈틈을 채우는 정책결정(interstitial policymaking)"을 위임할 수 있다고 판시하였다. 또한 1941년 Opp Cotton Mills v. Administrator of Wage and Hour Division 사건에서 연방대법원은, 입법기능의 본질적인 부분은 의회가 개별 법률의 목표와 의도를 선언하고, 이 선언 속에서 활동목표를 달성하는 방법이 확정되며, 이 방법 속에서 행정기관에 의해 내려져야 하는 판단 척도의 기준이 정해지는 데 있다고 판시하였다.

의회가 법률을 제정하면서, 행정기관이 의회의 입법의지를 집행함에 있어서 따라야 할 기준을 설정하였다면, 이는 헌법적 의미에서는 또 하나의 입법기능의 수행이지 입법권의 위임이라고 볼 수 없다는 것이다. 따라서 연방대법원의 판례에 의하면, 이러한 기준은 특정되어, 행정기관에 무제한의 권한이 위임되지 않아야 하고, 또한 정책과 기준에 의해 행정이 규율해야 하는 영역이 정확하게 규정되어 있어서, 의회ㆍ법원ㆍ국민이 판단하기에 집행권이 입법적 의지와 잘 일치하고 있는가 하는 것이 명확하여야 한다는 것이다. 만약 법률에 정해진 지침과 기준이 이러한 통제에 충분하지 못하면, 이는 바로 위헌적 위임이 된다는 것이다.

2) 보장책(Safeguard) 이론

데이비스 교수는 의회가 수권 법률에 기준을 명시하여 행정기관에 위임하고, 법원은 사법심사를 통하여 행정기관의 기준 준수 여부를 감시함으로써 행정기관의 자의를 통제할 수 있다는 종래의 입법권 비위임론은 그동안의 경험을 통하여 볼 때, 행정입법의 통제를 위한 방법으로서는 완전히 실패하였다고 하면서, 새로운 행정입법 통제방법으로서 다음과 같은 보장책이론을 제시하고 있다.

첫째, 오늘날 정부의 업무영역이 더 확대되고 복잡해짐에 따라, 행정기관에 대한 입법권 위임의 필요성도 증대하고 있는바, 종래와 같이 수권 법률에 의미 있는 기준 제시를 요구하는 것에서 탈피하여 다소 모호한 기준도 합법적인 것으로 인정되어야 하며, 다만 이에 대한 통제는 보장책, 즉 행정절차, 입법적 통제, 사법적 통제에 의하여 이루어지는 것이 바람직하다.

---

195) U.S v, Grimaud , 220 U.S 506, 521.

둘째, 수권 법률에서 의미 있는 기준이 제시되지 못하더라도, 이에 대하여 행정기관에서 규칙제정(rulemaking)을 통하여 재량권 행사를 제한하고 지도하는 데 효과적이며 훌륭한 행정기준을 입안한다면 이는 수권 법률의 기준보다는 더 중요하고 훌륭한 것이다. 따라서 법원은 의회가 기준 없이 위임하였더라도 행정부가 충분한 행정기준을 제정하였다면 이러한 위임은 유효한 것으로 판단하여야 한다.

3) Command and Control 원칙

독일을 비롯한 대륙법계 국가들이 법률유보의 범위에 관한 기준을 이론적으로 정립하려는 것과는 달리 미국에서는 의회와 행정부의 관계, 보다 구체적으로는 의회가 행정부에 행정입법권을 위임함에 있어 구체적 기준을 어떻게 설정할 것인가의 문제, 이른바 위임의 원칙을 설정하려고 노력하였다. 최근까지 판례를 통하여 위임원칙으로 인용되어 오던 것이 이른바 "명령과 통제원칙(Command and Control Doctrine)"이다. 그러나 이 원칙은 다음과 같은 문제점이 학계를 중심으로 제기되고 있다.

명령과 통제원칙은 규제자가 피규제 공동체의 행위를 통제하려는 노력이다. 예컨대 환경오염물질의 통제기술과 얼마만큼의 배출량을 허용할 것인가를 구체적으로 규제하는 것을 말한다. 이러한 규제는 대기오염물질을 방출하는 모든 산업에 다 적합하여야 한다. Command and Control하에서는 의회나 규제자는 피규제공동체 전체가 해야 할 일과 어떻게 해야 할 것인가를 일목요연하게 규정하여야 한다.196) 또한 Command and Control 원칙은 기술혁신을 저해한다. 규제자가 특정한 배출여과장치의 사용을 강제한다면, 기업은 보다 효과적이고 경제적인 새로운 여과장치의 개발을 위해 투자와 노력을 하지 않을 것이다. 이러한 경직성을 완화하기 위해 의회는 종종 피규제자에게 관련기준을 충족하는 최적의 통제기술에 대한 제안의 길을 열어 놓았다. 만약 행정청이 이들의 제안하는 기술을 즉시 사용할 수 있도록 허락한다면 기업들은 최소의 비용으로 최적의 효과를 얻을 수 있는 기술의 개발에 노력할 것이며, 이러한 기술이 개발되면 다른 기업들도 이를 채택할 것이다. 그러나 이러한 규제방식에도 문제는 있다. 불행히도 이 같은 기술적 기준이 오히려 당국의 이러한 의지를 저하시킬 수 있다. 예컨대 환경오염물질을 더욱 완벽하게 정화하여 기준보다 훨씬 적게 오염물질을 배출하는 장치는 개발되어도 비용이 많이 든다면

---

196) Timothy A. Wilkins and Terrell E. Hunt, 'Agency Direction and Advance in Regulatory Theory: Flexiable Agency Relationship', George Washington Law Review, April 1995 vol, 63. No. 4, p.483.

기업들을 기준에 거의 육박하는 수준의 장치로서 만족할 것이며, 비용을 더 들여서까지 좋은 장치의 사용을 꺼릴 것이다. 결국 기준을 정한 법률이나 명령이 오히려 더 나은 방법을 저해할 수도 있다. 한 마디로 Command and Control 원칙의 문제점은 비용의 비효율성(cost-ineffective)과 발전의 전해성(progress-deterring)으로 요약된다.[197]

Ⅲ. 소결

오늘날 행정부는 급속도로 변화하고 있는 현실에 대응하기 위하여 사실상 국민생활과 밀접한 관련이 있는 입법을 행정기관에서 실질적으로 결정하고 있는바, 국민의 기본권에 관련된 중요한 사항, 국가·사회의 중요한 정책이 모두 대통령령·부령 등 행정입법을 통하여 결정되어 왔다. 이러한 점은 행정입법의 범람을 초래하고 국회의 기능을 무색케 하고 있다.

그러나 다행히도 헌법재판소 출범 이후 행정입법의 한계를 문제 삼는 많은 결정을 함으로써 최근 행정부 제출 입법안에서 이러한 문제점이 상당히 시정되어 가고 있음은 바람직한 현상이다.

지금까지 행정입법의 범위와 한계에 관하여 수권 법률이 얼마나 구체적으로 이를 규정하여야 하는지, 그리고 구체성 여부를 판단할 기준은 무엇인지에 관하여 헌법 제75조, 헌법재판소의 결정 과 미국과 독일의 법리를 고찰하였다. 따라서 본문에서 기술한 행정입법 한계의 기준에 대한 법리를 정리해 보면 행정입법의 위임은 첫째, 행정입법의 구체성, 명확성의 요구 정도는 그 규율대상의 종류와 성격에 따라 달라질 것이지만, 특히 처벌법규나 조세법규 등 국민의 기본권을 직접적으로 제한하거나 침해할 소지가 있는 법규에서는 구체성, 명확성의 요구가 강화되어 그 위임의 요건과 범위가 일반적인 급부행정 법규의 경우보다 더 엄격하게 제한적으로 규정되어야 한다. 둘째, 수권법률의 내용으로부터 예견 가능하여야 하는 것, 즉 법률이 어떤 사항에 관하여 대통령령에 위임할 경우에는 국민이 장래 대통령령으로 규정될 내용을 일일이 예견할 수 없다고 할지라도 적어도 그 기본적 윤곽만은 예견할 수 있도록 기본적인 사항들에 관하여 법률에 구체적으로 규정하여야 한다. 셋째, 법률의 위임은 구체적이고 명확해야 하며, 개별적으로 한정된 사항에 대하여 행해져야 한다.

---

197) Timothy A. Wilkins and Terrell E. Hunt, op. cit., p.485.

그러나 독일과 미국의 예에서 살펴본 바대로 행정입법은 현대행정국가의 문제점 해결을 위하여 탄생한 것으로 기준의 명확성을 엄격하게 요구하는 것만으로는 부족하고, 법치주의와 의회주의, 민주주의 헌법원칙을 유지하면서도 한편으로는 유연한 행정활동을 보장해 주어야 하는 기능도 동시에 수행하여야 한다는 점을 유념할 필요가 있다. 독일 연방헌법재판소 판례는 종전의 엄격한 명확성 요구에서 점차 완화하는 방향으로 나아가고 있고, 미국 연방대법원 판례도 이러한 추세에 있음을 알 수 있다. 또한 데이비스 교수의 보장책 이론도 이러한 측면에서 음미해 볼 가치가 있다고 본다.

독일의 명확성이론은 획일적이고 확정적인 기준이 되는 한계는 존재하지 않으므로 위임의 한계에 관한 이론을 구축하는 데 이들 고찰은 시사하는 바가 크다.

마지막으로 행정입법의 한계의 기준에 관한 문제는 법치주의, 의회주의, 민주주의 법원칙의 확립과 행정의 유연성 확보를 조화시켜야 하는 현대 행정법학의 과제의 하나로서 이론적 측면만이 아니라 행정입법의 효율적인 측면을 고려하여 우리의 법 현실에 맞는 바람직한 방향으로 법리를 발전시켜 나가야 할 것이다.

제3장 경찰상 행정행위

제1절 경찰상 행정행위의 개념

I. 경찰상 행정행위의 개념요소

경찰상 행정행위라 함은 경찰행정청이 법 아래에서 구체적 사실에 대한 법집행으로서 행하는 권력적 단독행위인 공법행위이다.[198] 행정행위(Verwaitungsakt)라는 개념[199]은 학문상의 필요에 의해 만들어진 강학상 개념이며, 실정법 또는 실무상의 개념은 아니다. 실무상으로는 "처분" 또는 "행정처분" 이외에도 인가·허가·결정·재결이라는 명칭이 사용되고 있다. 학설은 행정행위의 관념을 최협의로 파악하고 있다. 이러한 행정행위는 행정심판법·행정소송법 또는 행정절차법에서 사용되고 있는 "처분" 관념과 대체적으로 일치한다. 그러나 처분은 권력적 사실행위도 포함하고 있어 행정행위보다 넓은 의미로 볼 수 있다.[200]

행정행위라는 개념을 개념적 요소로 나누어 설명하면 다음과 같다.

① 경찰상 행정행위는 경찰행정청이 행하는 행위이다. 행정행위는 행정청이 국민에 대하여 행하는 행위라는 점에서 사인의 공법행위와 구별된다. 경찰행정청은 경찰행정주체의 행정의사를 결정·표시할 수 있는 권한을 가진 행정기관을 의미한다. 그런데 행정행위를 행하는 주체로서의 경찰행정청은 실질적·기능적 의미의 개념이며, 본래의 행정청으로부터 권한위임을 받은 보조기관이나 공무수탁사인도 행정청의 지위에 설 수 있다. 교통신호기에 의한 교통신호는 경찰행정청이 작성한 프로그램에 의거하여 행하여지는 점에서 경찰행정청이 행하는 행정행위의 일종으로 볼 수 있다.[201]

---

198) 장태주, 『행정법개론』, 법문사, 2010, 180면; 박균성·김재광, 『경찰행정법』, 박영사, 2010, 220면.
199) 본래 행정행위(Verwaitungsakt)라는 개념은 독립된 행정재판제도를 가진 혁명후의 프랑스에서 정립된 것이나 19세기 중엽 독일에 도입되어 오토마이어(O. Mayer)에 의해 완성되었다(장태주, 『행정법 개론』, 법문사, 2010, 179면).
200) 김동희, 『행정법 요론』, 박영사, 2010, 177면.

② 경찰상 행정행위는 공법상의 행위이다. 따라서 경찰행정청이 행하는 물품구입 등 사법적 효과를 야기하는 사법행위는 경찰상 행정행위가 아니다.

③ 경찰상 행정행위는 사실행위가 아니고 법적 행위이다. 법적행위란 외부적으로 직접적인 법 효과를 의도하는 의사표시를 뜻한다.

④ 경찰상 행정행위는 구체적 사실에 관한 법집행작용이다. 달리 말하면 구체적인 법적 효과를 가져오는 행위이다. 그러나 일반처분과 같이 특정할 수 있는 수많은 개별적 사실들을 경찰상 행정행위의 개념 하에 묶어서 규율할 수도 있다.

⑤ 경찰상 행정행위는 권력적 단독 행위이다. 비권력적인 공법상 계약 및 공법상 합동행위는 행정행위가 아니다. 소극적인 형태를 취하는 거부처분도 행정행위이다. 권력적작용이므로 비권력적 작용과도 구분된다.

Ⅱ. 경찰상 행정행위의 특수성

경찰상 행정행위는 공권력의 발동으로서의 행정청의 권력적 단독행위인 까닭에, 민법상의 법률행위와는 구별되는 다음의 특질을 가지고 있다. 법적합성, 공정성, 존속력, 권리구제수단의 특수성이 그것이다. 이에 대하여는 앞에서 기술하였다.

제2절 경찰상 행정행위의 종류

Ⅰ. 주체를 기준으로 한 분류

경찰상 행정행위는 그 주체를 기준으로 하여, ① 국가에 의한 행정행위(예: 국세부과처분이나 징집처분 등), ② 지방자치단체에 의한 행정행위(지방세부과처분이나, 호적신고수리 등), ③ 공무수탁사인에 의한 행정행위(예: 항해 중인 선박에서 선장의 처분 등) 등으로 분류할 수 있다.

---

201) 윤양수 「행정법 개론」, 온누리, 2011, 218면.

Ⅱ. 법률효과의 발생 원인에 따른 분류

1. 의의

행정행위는 법률효과의 발생 원인에 따라 법률행위적 행정행위와 준법률행위적 행정행위로 분류할 수 있다. 법률행위적 행정행위란 의사표시를 요소로 하고, 그 효과도 의사표시의 내용에 따라 정해지는 행정행위를 말한다. 이와 달리 준법률행위적 행정행위는 의사표시 이외의 정신작용(인식·판단 등)을 요소로 하고, 그 효과는 행위자의 의사와 관계없이 직접 법령이 정하는 바에 따라 정해지는 행위를 말한다. 법률행위적 행정행위는 다시 명령적 행정행위와 형성적 행정행위로 분류되고, 준법률적 행정행위는 확인·공증·통지·수리로 구분된다.[202)

2. 구별의 실익

양 개념을 구별하는 것은 법률행위적 행정행위와 달리 준법률행위적 행정행위는 행정청의 의사 작용에 따라 법률효과가 발생하는 것이 아니므로, 행정청의 판단의 여지(재량권)가 인정될 여지가 없다는 점에서 실익이 있다. 법률행위적 행정행위에는 부관을 붙일 수 있는 데 반해, 준법률행위적 행정행위는 부관을 붙일 수 없다는 점에서 구별실익이 있다. 이러한 것에서 양 개념의 구별실익을 찾는 것이 통설적 입장이다.

그러나 이와 같은 양자의 구별에 대하여 의문이 제기되고 있다. 즉 법률행위적 행정행위에서 의사라는 것은 법치행정에 기한 법에서 구체화된 객관적인 행정목적의 실현을 위한 의사이지 행정기관(공무원) 개인의 심리적 의사는 아니라 점에서, 민법상의 법률행위 개념을 도입하는 것은 정당하지 않다고 한다. 그렇지만 법치행정에 기한 행정행위에 있어서도 행정청에 일정한 판단권이 부여되는 경우가 있고, 이 영역에서는 행정청의 판단권 내에서 그의 의사내용에 따라 법적 효과가 발생한다는 점을 고려한다면, 법률행위적 행정행위와 준법률행위적 행정행위를 구별하는 것이 타당하다고 할 것이다.

---

202) 류지태·박종수, 『행정법신론』, 박영사, 2010, 170면 참조.

Ⅲ. 법적 효과의 성질을 기준으로 한 분류

1. 의의

행정행위가 관계자에 대하여 갖는 법적효과의 성질에 따라 수익적 행위·침익적 행위·복효적 행위로 구분할 수 있다.

수익적 행정행위란 그 법적 효과가 권리·이익을 내용으로 하는 행위를 말한다. 예컨대 허가·면제 또는 침익적 행위의 철회 등이 이에 해당한다. 침익적 행정행위란 그 법적 효과가 법적 불이익(권리제한 및 의무부과 등)을 내용으로 하는 행위를 말한다. 예컨대 수익적 행정행위의 취소·철회, 건물의 철거명령, 과세처분 등이 이에 해당한다. 복효적 행정행위란 그 법적 효과가 수익적인 것과 침익적인 것의 이중적인 것을 내용으로 하는 행위를 말한다. 이는 다시 그 이중의 효과가 동일인에게 귀속하는 경우(예: 부담부 허가처분)와 이중효과가 상이한 자에게 분리되는 경우로 구분하여 전자를 이중효적 행정행위라고 하고, 그 상대방은 침익적인 효과에 한하여 취소소송 등에 의하여 그 취소를 구할 수 있다. 그리고 후자를 제3자효적 행정행위라고 한다. 행정법학에서의 복효적 행정행위는 후자에 한하여 논해지고 있는 것이 일반적이다. 상대방에게 건축허가·주유소허가 등을 한 결과 제3자(인근주민·기존업자)에게 불이익이 생기거나 또는 공해공장의 설치허가로 그 인근주민에게 재산 또는 건강상의 피해가 발생한 경우 등이 제3자효적 행정행위의 전형적인 형태이며, 오늘날에 이에 대한 보호조치의 강구가 중요한 문제로 등장하고 있다.

2. 구별의 실익

이와 같은 구별은 행정의 법률적합성의 원칙과 관련하여 의미를 갖는다. 즉 동 원칙의 내용인 법률우위의 원칙은 모든 행정에게 당연히 적용되어 할 것이나, 법률유보의 원칙은 적어도 침익적 행위에 있어서만 제한 없이 적용되어야 한다는 점에서 보면, 이상의 구별의 실익이 존재하는 것이다. 마찬가지로 제3자효 있는 행정행위에 있어서도 침익적인 면과 관련하여서는 법적 근거가 요구되는 것이다.

3. 복효적 행정행위

1) 의의

복효적 행정행위는 하나의 행정행위가 동일인에게 수익의 효과와 부담적 효과가 함께 발생하거나 한 사람에게는 수익적 효과가 발생하고 다른 사람에게는 부담적 효과가 발생하는 경우를 말한다. 특히 후자를 제3자효 행정행위하고도 한다.[203]

전통적인 행정법학은 주로 행정행위의 상대방과 관련하여 논의·구성되어 왔으나, 오늘날에는 행정행위의 상대방 외에 제3자의 이익의 보호문제가 중요한 논의의 대상이 되고 있다. 이는 현대행정의 특성상 많은 행정행위가 제3자와도 관련성을 가진다는 것에 기인하는 것이다. 복효적 행정행위는 판례상 건축법이나 환경법상의 이웃소송(隣人訴訟), 자동차운수사업법상 경업자소송 등에서 찾아볼 수 있다.

복효적 행정행위는 복수의 이해관계자를 갖는다는 점, 사익과 공익의 조화뿐만 아니라 사익과 사익의 조화도 중요한 문제가 된다는 특징을 갖는다. 이하에서 이론상·실정법상 나타나고 있는 여러 특징을 살펴보기로 한다.

2) 행정실체법상의 특징

제3자의 권익보호를 위해 제3자효 있는 행위와 관련하여 제3자의 공권이 성립하기도 하고(예: 주거지역에서 연탄공장설립을 허가하는 경우, 이웃한 주민에게 인정되는 환경권 등), 행정개입청구권(예: 폐기물을 무단으로 폐기하는 업자로 인해 고통을 받는 이웃 주민이 환경행정청에 폐기물제거를 명할 것을 구하는 권리)의 인정이 일반적으로 주장되기도 하고, 제3자의 권리보호를 위해 제3자효 있는 행정행위의 취소나 철회가 제한되기도 한다.

3) 행정절차상의 특징

제3자의 권익보호를 위해 제3자효 있는 행위와 관련하여 ① 제3자에게 사전절차로서 의견 제출의 기회가 보장되고(행정절차법 제21조, 제27조), ② 행정청이 인·허가처분을

---

203) 장태주, 『행정법개론』, 법문사, 2010, 216면.

함에 있어서 제3자인 이웃주민의 동의가 요구되기도 한다.

4) 행정심판법상의 특징

제3자의 권익보호를 위해 제3자효 있는 행위와 관련하여 제3자는 심판청구인적격을 가지며(행정심판법 제9조), 이해관계 있는 심판에 참여할 수 있으며(행정심판법 제16조 제1항, 제2항), 행정심판청구기간의 제한의 적용을 받으며(행정심판법 제18조 제3항), ④ 집행정지를 신청할 수 있고(행정심판법 제21조 제2항), 불복고지의 신청권도 갖는다(행정심판법 제42조 제2항).

5) 행정소송법상의 특징

행정심판의 청구인이나 행정소송의 원고가 될 수 있는 것은 당해 처분이나 부작위의 직접상대방뿐만 아니라 제3자라도 당해 행정심판이나 행정소송을 제기할 법률상 이익이 있으면 된다(행정심판법 제13조). 제3자의 권익보호를 위해 제3자효 있는 행위와 관련하여 제3자는 원고적격을 가지며(행정소송법 제12조), 이해관계 있는 소송에 참가할 수 있으며(행정소송법 제16조 제1항, 제3항), 경우에 따라서는 행정심판전치의 적용을 받으며(행정소송법 제18조, 제38조 제2항), 제소 시에는 집행정지결정을 신청할 수 있으며(행정소송법 제23조 제2항), 재심청구권도 갖는다(행정소송법 제31조 제1항). 그리고 처분 등을 취소하는 확정판결은 제3자에 대하여도 효력이 있다(행정소송법 제31조 제1항).

Ⅳ. 상대방의 협력을 요건으로 하는지의 여부에 따른 분류

1. 의의

상대방의 협력을 요건(유효요건 또는 적법요건)으로 하는지의 여부에 따라, 이를 요건으로 하는 행위를 쌍방적 행정행위 또는 협력을 요하는 행정행위라고 하고, 이를 요하지 않고 행정청이 직권으로 발하는 행위를 단독적 행정행위 또는 독립적 행정행위라 한다. 예컨대 쌍방적 행정행위에는 허가·인가·특허와 같이 상대방의 신청을 요하는 행정행위와 공무원임명 등과 같은 동의를 요하는 행정행위가 있다.

2. 공법상 계약과의 구별

계약은 상호 간의 의사의 합치로 성립되는 것이지만, 쌍방적 행정행위는 의사의 합치가 아니다. 즉 쌍방적 행정행위에 있어서 상대방의 신청 또는 동의라는 의사표시가 있기는 하나, 그 법률관계의 내용은 법규에 기한 행정청의 결정에 의하여 일방적으로 결정된다는 점에서, 그것은 공법상 계약과는 구별된다. 다시 말해서 쌍방적 행정행위에 있어서의 상대방의 의사는 그것이 행하여지기 위한 요건이기는 하나, 당해 행위가 행정청과 상대방의 의사의 합치에 의하여 성립하는 것이 아니므로 양자는 구별된다.

Ⅴ. 행정행위성립에 일정한 형식을 요하는가의 여부에 따른 분류

1. 의의

행정행위의 성립에 일정한 형식을 요하는가의 여부에 따라 요식행위와 불요식행위로 구분할 수 있다. 성립에 일정한 형식이 요건으로 되어 있는 행위를 요식행위라고 하고, 그러하지 않는 행위를 불요식행위라 한다.

2. 요식행위의 원칙

행정절차법은 요식행위를 원칙으로 하고 있다. 즉 행정청이 처분을 하는 때에는 다른 법령 등에 특별한 규정이 있는 경우를 제외하고는 문서로 하여야 하다(행정절차법 제24조). 다만, 신속을 요하거나 사인이 경미한 경우에는 구술 기타 방법으로 할 수 있으며, 이 경우 당사자의 요청이 있는 때에는 지체 없이 처분에 관한 문서를 교부하여야 한다(행정절차법 제24조 단서). 그 밖에 개별 법률이 규정하고 있는 요식행위의 예로 행정심판의 재결(행정심판법 제35조), 대집행의 계고(행정심판법 제3조), 납세의 고지(국세징수법 제9조) 등이 있다.

3. 원칙위반의 효과

요식행위에서 요구되는 형식이 결여되면 위법의 문제기 생기고, 경우에 따라 무효 또는 취소할 수 있는 행위가 된다.

대판 1989. 11. 10, 88누7996

동 판결에 대법원은 "납세고지서에 과세연도, 세목, 세액 및 그 산출근거, 납부기한과 장소 등의 명시를 요구한 국세징수법 제9조나 과세표준과 세액계산명세서의 첨부를 명한 상속세법 제25조의2, 같은 법 시행령 제19조 제1항 등의 규정은 단순한 세무행정상의 편의를 위한 훈시규정이 아니라, 조세법률주의의 원칙에 따라 과세관청의 자의를 배제하고 신중하고도 합리적인 과세처분을 하게 함으로써 조세행정의 공정을 기함과 아울러 납세의무자에게 부과처분의 내용을 자세히 알려 주어 이에 대한 불복여부의 판정과 불복신청의 편의를 주려는 데 그 근본취지가 있는 강행규정으로 보아야 하므로 납세고지서에 세액산출근거 등의 기재사항이 누락되었거나 과세표준과 세액의 계산명세서가 첨부되지 않았다면 적법한 납세의 고지라고 볼 수 없다."고 판시하고 있다.

Ⅵ. 구체적 사실과의 관련성(일반처분)

일반처분이란 구체적 사실과 관련하여 불특정 다수인을 대상으로 하여 발하여지는 행정청의 단독적·권력적 규율행위를 말한다. 이 행위는 그 규율의 수범자가 불특정 다수인이라는 점에서 일반적이나 그 규율대상이 시간, 공간 등의 관점에서 특정된다는 점에서는 구체적인 성격을 가진다.204) 이러한 일반처분에 대하여 당해 처분은 일반적 구체성을 띠고 있다고 보아 집행행위와 입법행위의 중간영역에 속하는 것으로 보는 견해도 있으나, 다수는 행정행위의 한 유형으로 보고 있다.205) 판례 또한 이와 같은 입장을 취하고 있다.

일반적 처분은 구체적 사안과 관련하여 일반적 기준에 따라 결정되거나 결정될 수 있는 자를 대상으로 하여 발해지는 대인적 일반처분과 물건에 대한 규율을 내용으로 하는 물적 일반처분으로 분류할 수 있다. 전자로는 특정일, 특정시간 및 특정장소에서의 집회

---

204) 윤양수 「행정법 개론」, 온누리, 2011, 227면.
205) 한견우, 『현대행정법 강의』, 신영사, 2008, 178면.

행위의 금지조치 및 일정지역에서의 일정시간 이후의 통행금지 등이 적절한 예가 될 것이다. 후자에는 공물로서의 도로의 공용개시행위나 도로의 일정구역에 설치되는 속도제한 또는 일방통행금지표지판 등이 그 예에 해당할 것이다.

Ⅶ. 법에 기속 정도에 따른 분류

행정행위는 법률에 근거가 있어야 하고, 또한 그에 적합하여야 한다. 그러나 행정행위가 법에 기속되는 정도는 근거법의 규정내용에 따라 차이가 있는 것이다. 근거법이 행위의 요건·내용을 엄격하게 규정하고 있는 경우에는 행정청은 이를 적용할 따름이고 독자적 판단의 여지는 없는바, 이러한 행위를 기속행위라고 한다. 그러나 당해 행위의 요건·내용에 관한 근거법의 규정방식에 따라서는 행정청에 일정한 한도의 재량권, 즉 독자적 판단권이 인정되는 경우가 있는바, 이를 기속행위라 한다. 이와 같은 양자의 구별을 항을 달리하여 구체적으로 검토한다.

제3절 기속행위와 재량행위

Ⅰ. 기속행위와 재량행위의 개념

행정행위는 법률에 의한 행정의 원리를 엄격히 해석하여야 한다. 즉 법치행정의 원리가 요구된다. 그러나 오늘날 행정은 환경변화에 따라 질적·양적으로 확대되고 다양화되어 있어서 모든 경우에 법률에 행위요건을 일의적으로 규정하는 것은 불가능하기 때문에 일의적·확정적이지 못한 행정행위 규정에 대하여 행정기관의 독자적인 판단권을 인정하는 것이 바람직한 경우도 있다. 따라서 법률이 행정기관에 행정행위를 할 것인지 또는 어느 행정행위를 할 것인지에 대하여 독자적인 판단을 부여하고 있는 경우가 적지 않다.[206]

기속행위란 법규가 어떠한 행위를 할 것인가의 여부, 행위를 하는 경우 어떠한 행위를 할 것인가에 대하여 일의적·확정적으로 규정함으로써 행정청은 법이 정한 바를 기계적으

---

206) 김동희, 『행정법 요론』, 박영사, 2010, 194면.

로 집행하도록 되어 있는 경우를 말한다. 반면에 재량행위란 법률이 행정청에 그 요건의 판단 또는 효과의 결정에 있어 다수의 가능한 대안 가운데서 선택할 수 있도록 허용함으로써 독자적 판단권을 인정하고 있는 경우를 말한다.

Ⅱ. 기속행위와 재량행위의 구별실익

1. 재판통제의 범위와 방식

1) 행정소송사항과의 관계

현행 행정소송법은 "위법한 행정처분"만을 행정소송의 대상으로 하고 재량행위는 일탈·남용이 없는 한 행정소송의 대상에서 제외시키고 있다. 따라서 행정소송의 대상의 한계를 정하기 위해 재량행위와 기속행위를 구별할 필요가 있다. 이와 관련하여 대법원은 기속행위와 재량행위가 사법심사 방식에 있어서도 차이가 있음을 밝히고 있다.[207]

2) 통제방식

재량행위는 그 일탈·남용이 있는 경우에만 재판통제의 대상이 된다는 점에서 그에 대한 재판통제의 범위는 기속행위에 대한 것보다 제한되어 있다.

기속행위에 있어서는 그 법규에 대한 원칙적인 기속성으로 인하여 법원이 사실인정과 관련법규의 해석·적용을 통하여 일정한 결론을 도출한 후 그 결론에 비추어 행정청이 한 판단의 적법여부를 독자적 입장에서 판정하는 방식에 의한다.

이와 달리 재량행위의 경우에는 행정청의 재량에 기한 공익판단의 여지를 감안하여 법원은 독자의 결론을 도출함이 없이 당해 행위에 재량권의 일탈·남용이 있는지 여부만을 심사하게 되는바, 이러한 재량권의 일탈·남용 여부에 대한 심사는 사실오인, 비례·평등원칙위배, 당해 행위의 목적위반이나 동기의 부정유무 등을 판단대상으로 한다.

---

207) 대판 2001. 2. 9, 98두17593.

2. 부관의 가부

행정처분을 함에 있어서 재량권이 부여되어 있는 경우 행정청은 법률효과를 제한하는 의미에서 부관을 붙일 수 있다. 이에 대하여 기속행위인 경우는 근거법에 의하여 요건을 충족시키기 때문에 당연히 해야 할 기속성을 갖고 있으므로 기속행위에는 부관을 붙일 수 없다. 그러나 재량행위뿐만 아니라 기속행위에 대해서도 부관을 붙일 수 있다고 보는 견해도 있다.208) 이에 따르면 예외적으로 법률의 규정에 의해 서 가능성이 허용되었거나 행정행위의 법률상의 전제조건의 충족을 보장하기 위한 경우에는 부관을 붙일 수 있다고 한다.209) 한편 독일의 행정절차법은 기속행위에도 그 발령에 필요한 일부요건의 충족을 위한 부관은 허용된다고 규정하고 있다(독일행정절차법 제36조 제1항).210)

Ⅲ. 기속행위와 재량행위의 구별기준

1. 요건재량설

이 견해는 행정행위의 요건에 대한 사실인정과 인정사실의 요건해당 여부에 대한 판단에서 행정청의 독자적 판단권으로서의 재량이 존재한다고 한다. 즉 법치행정에 따라 행정법규를 집행하는 행정청은 먼저 근거법령을 찾아서 어떤 법률요건들을 규정하고 있는가를 살펴보아, 법률요건을 아주 철저하게 규정하고 있는 경우에는 행정청의 독자적 판단권이 허용되지 않는 기속행위성이 인정되며, 그렇지 않고 행정청의 판단이나 선택의 여지를 어느 정도 남겨 둔 경우는 재량성이 인정된다는 견해이다. 이 견해는 요건이 공백규정이거나 종국목적(공익)만을 두고 있는 경우, 법령이 처분요건은 규정하지 않고 처분권한만을 부여하고 있는 경우, 비록 처분요건이 보다 한정적으로 규정되어 있을지라도, 불확정개념으로써 규정되어 있는 경우 등에는 재량이 인정된다고 본다.

동 견해는 법률문제인 요건인정을 재량문제로 오인하고 있다는 점에서 많은 비판이 가해지고 있으며, 현재 이 견해를 취하는 학자는 찾아보기 어렵다.

---

208) 석종현, 『행정법(상)』, 삼영사, 2005, 293면.
209) 류지태·박종수, 『행정법신론』, 박영사, 2010, 74면.
210) 김동희, 『행정법 요론』, 박영사, 2010, 197면.

2. 효과재량설

효과재량설은 재량이 행정행위의 요건인정에서가 아니라 법률효과의 선택에 있다고 보는 견해이다. 이 견해는 기속행위와 재량행위의 구별을 행정객체의 입장에서 시도하고 있다. 즉 행정객체의 측면에서 행정행위의 효과의 성질이 국민의 권리·의무에 어떠한 작용을 하는가에 따라 재량행위 여부를 결정하려는 견해이다. 그에 따라 ① 국민의 권리를 제한하거나 의무를 부과하는 행위(침익적 행정행위)는 기속행위이고, 그와 달리 ② 국민의 권리·의무와 관계없는 행위이거나, ③ 국민에게 새로운 권리를 설정하거나 기타이익을 부여하는 행위(수익적 행정행위)를 재량행위로 본다.211) 행위재량설 또는 요건재량설이라고도 한다.212)

이 견해는 연혁적 관점에서 재판통제에서 전적으로 제외되는 자유재량행위의 범위를 축소할 수 있는 이론적 기초를 제공하였다는 점에서, 마찬가지로 요건재량설에 비하여 행정청의 재량개념을 축소하여 재량행위의 통제를 확대하였다는 점에서 긍정적으로 평가되었다. 그러나 오늘날에 있어서 급부행정영역에서 그 주를 이루는 수익적 행정행위에 있어서 행정행위가 기속되는 경우가 다수 등장하고 있으며, 또한 이 영역에서 효과재량설을 고집하면, 지나치게 행정의 재량권을 넓게 인정하여 사회국가원리실현에 역기능적인 측면이 존재한다는 점 등에서 보면 문제점이 있다.

3. 개별법률에 따른 구별

기속행위와 재량행위의 구별은 법치행정의 원리에 따라 일의적으로 그 요건 또는 효과에서 구할 것이 아니라 관련행정법규의 표현에서 찾아야 하는 것이 타당하다.

그러나 법률의 규정이 당해 처분에 대하여 재량권을 부여하고 있는지 여부가 명확하지 않는 경우가 적지 않은 바, 이러한 경우에는 당해 행위의 성질(수익 및 침익적 행정행위 여부), 헌법상의 기본권과의 관련성 등을 동시에 고려하여야 한다.

이에 따라서 행정법규가 그 처분요건에 관하여 일의적·구체적으로 규정하면서 또한 그에 따른 처분내용에 관하여도 판단의 여지없이 획일적으로 규정하고 있는 경우는 기속행위가 될 것이다. 그러나 법률이 그 요건규정에 있어서 불확정개념을 규정하고 있거나

---

211) 대판 2005. 4. 28, 2004두8910; 2007. 5. 10, 2005두3315.
212) 장태주, 『행정법개론』, 법문사, 2010, 90면.

효과규정에서 있어 "필요한 처분을 할 수 있다"든가, "처분을 할 권한을 가진다"는 식으로 규정하고 있는 경우가 적지 않다. 이러한 경우, 행정청에 재량권, 즉 일정한 독자적 판단권이 인정된다고 볼 것인가의 문제가 제기된다. 이 경우에는 다음의 요건규정과 효과규정의 내용을 기준으로 하여 당해행위를 구별하는 것이 타당하다.

1) 효과규정에서의 기속행위와 재량행위

재량행위가 법적으로 허용되는 다수의 행위 중에서 행정청에 그 선택권이 부여되어 있는 행위라는 점에서, 법률이 그 효과규정에서 "필요한 처분을 할 수 있다."고 규정하고 있는 경우에는, 행정청에 행위 여부에 대하여 독자적 판단권이 부여되어 잇는 것으로 판단될 수 있다. 이 원칙은 요건규정이 공백규정 또는 불확정개념으로 되어 있는 경우뿐만 아니라, 처분요건 자체는 구체적으로 규정되어 있는 경우에도 적용된다고 할 것이다.

그러나 당해 처분의 성질, 특히 헌법상의 기본권과의 관련에서는 근거법상 "처분할 수 있다."고 규정되어 있는 경우에도, 그것은 다만 처분권한의 소재를 규정하고 있는 데 그치고 당해 처분 자체는 기속행위로 보아야 할 경우도 있다. 예컨대 영업허가(주점이나 숙박업 등)의 경우가 대표적이다. 즉 관계 법률이 영업허가에 관한 일정 요건을 규정하면서, 주무부장관은 이상의 요건을 구비한 신청에 대하여는 "허가할 수 있다."고 규정하고 있더라도, 이 경우 허가요건이 구비된 때에는 주무부장관은 허가를 하여야 할 기속을 받는다고 본다. 예컨대 주점영업 등은 헌법상의 영업의 자유에 따라 자유로이 영위할 수 있는 것이나, 경찰·보건 등의 견지에서 그 행사가 일정한 제한을 두고 있는 것에 불과하므로, 관계법상의 허가요건이 충족되어 있는 경우에는 이미 그러한 제한규정에 저촉되지 않는다는 것을 의미한다. 그럼에도 불구하고 영업허가를 하지 않는다면, 그것은 부당하게 헌법상의 기본권인 영업의 자유를 침해하는 것으로서 허용되지 않는다고 보아야 한다.[213]

법률이 명시적으로 행정청에게 복수 행위 중에서의 선택권을 부여하고 있는 경우에는, 당해 행위가 재량행위임은 물론이다. 예컨대 여객자동차운수사업법 제76조가 그에 해당하는 것으로, 동조는 동법에 위반한 업체에 대하여 국토해양부장관은 6월 이하의 영업정지에 처하거나, 면허의 일부 또는 전부를 취소할 수 있다고 규정하고 있는 바, 이 경우 영업정지를 할 것인가 또는 면허를 취소할 것인가는 원칙적으로 국토해양부장관의 재량

---

213) 김동희, 『행정법 요론』, 박영사, 2010, 199면.

적 판단에 속하는 것으로, 국토해양부장관은 구체적 사안에 따라 영업정지 또는 취소처분을 할 수 있는 것이다.

2) 요건규정에서의 기속행위와 재량행위

(1) 공백규정

공백규정이란 법률상 처분의 요건에 관하여는 전혀 규정하지 않고, 단지 처분권한만을 규정하고 있는 경우를 말한다. 당해규정에 의한 행위는 원칙적으로 재량행위이다. 이에는 종국목적(공익목적)만이 규정되어 있는 경우에도 마찬가지인 것으로, 공익목적은 행정의 내재적 목적이기 때문이다.214)

(2) 불확정개념

가. 불확정개념의 의의

불확정개념(unbestimmter Rechtsbegriff)이란 공공의 안녕과 질서 · 중대한 사유 · 경관침해의 우려 · 교통의 안전과 원활성 등의 용어와 같이, 그 의미내용이 일의적인 것이 아니라 다의적인 것이어서 진정한 의미내용의 확정이 구체적 상황에 따라 그때그때 판단되어지는 개념을 말한다. 이와 같은 불확정개념이 행정법규에 도입되는 이유는 ① 현대행정의 다양성에 따라 그 모든 경우를 구체적으로 법률에 규정한다는 것이 입법기술상 불가능하며, ② 행정상황에 신속하게 대처하기 위한 필요성 등이 존재하기 때문이다.

나. 불확정개념의 종류

종래에는 불확정개념을 경험적 개념과 규범적 개념으로 구분된다.215) 경험적 개념이란 주간 · 야간 · 쓰레기 · 음료수 등이 개념과 같이 지각할 수 있고, 경험할 수 있는 대상과 관련된 개념이나, 규범적 개념이란 공공복리 · 중대한 위험 · 경관의 침해 우려 · 교통의 안전과 원활성 등의 개념과 같이 주관적 요소 · 주관적 평가 등의 가치충족을 통해 파악되는 개념이라고 하였다.

그러나 오늘날 이와 같은 양자의 구분이 반드시 가능한지에 대하여 의문이 제기되고

---

214) 김동희,『행정법 요론』, 박영사, 2010, 199면.
215) 한견우,『현대행정법 강의』, 신영사, 2008, 194면.

있으며, 또한 한편으로 규범의 해석상 양자를 달리 취급할 특별한 이유가 있는 것인지에 대하여도 의문이 제기되고 있다.

종래 이러한 불확정개념을 경험적 개념과 규범적 개념으로 구분하였던 취지는 사법심사 대상의 폭을 넓히기 위한 것이었다는 것에서 찾고 있다. 즉 규범적 개념의 경우에는 사법심사가 비교적 어려울지라도 경험적 개념의 경우에는 사법심사의 대상이 되어야 함을 주장하기 위한 데 있었다고 볼 수 있다.

다. 법개념으로서의 불확정개념

독일의 경우에 과거에는 재량과 판단 여지 사이에 구분이 없었으며 판단의 여지를 재량의 한 형태로 보았으나,216) 오늘날에는 더 구체적으로 대략 1950년대 이후 일반적으로 양자를 동일시하지 않는 것이 지배적 견해이다.217) 이러한 변화는 과거에는 재량은 다수의 행위 사이에서, 그리고 구성요건에 대한 많은 판단 사이에서 고유한 형량에 따라 선택할 수 있는 법에 근거한 고권주체의 능력으로 이해된 데 대하여, 오늘날에서는 법치국가원리상 구성요건의 해석문제는 재량문제일 수 없다는 것에서 기인되는 것이다.218) 아울러 불확정개념은 그 개념의 법적 내용의 파악인 데 대하여, 요건재량은 법률규정의 이형적 형식에 의한다는 점에서도 이러한 변화의 근거를 찾을 수도 있을 것이다.

따라서 입법자가 불확정개념을 사용하여 구성요건을 정하였을 때, 구체적 상황 하에서 그 의미는 다의적인 것이 아니고, 법률의 의미에서 하나의 정당한 의미만이 있을 뿐인 법적 문제이다. 물론 어느 것이 정당한 것인가는 어려운 문제이나, 그것은 별개의 문제이다. 요컨대 불확정개념의 해석은 다수의 행위 중에서의 선택이 아니라, 사실관계의 평가를 통해 법률이 의도하는 정당한 하나의 결정을 발견하기 위한 인식작용이다.

라. 불확정개념과 사법심사
㉮ 사법심사의 대상

불확정개념의 해석·적용은 특정한 사실관계가 요건에 해당하는가의 여부에 대한 인

---

216) Wallerath, Allgemeines Verwaltungsrecht, S. 132.
217) Giemulla/Jaworsky/Müller-Uri, Verwaltungsrecht, Rn. 85; Scholz, Allgemeines Verwaltungsrecht, 1984, S. 82.
218) 법치국가원리상 규범의 구성요건은 객관적인 것으로서 요건충족의 판단은 예견 가능해야 하므로 요건 면에서 재량을 부여한다는 것은 법치국가원리에 반한다는 점에서 양자의 구별근거를 찾고 있다. 즉 요건이 법률에서 정해지든 위임명령에서 정해지든 요건 자체가 예견 불가능하면 법치국가에서의 법이라 할 수 없다는 것이다. 홍정선, 「행정법원론 (상)」, 박영사, 2005, 265면.

식의 문제로서의 법적 문제이기 때문에 그것은 원칙적으로 사법심사의 대상이 되어야 한다. 그러나 구체적인 경우에 무엇이 하나이 정당한 해석인가와 관련하여 어려운 문제가 생긴다. 왜냐하면 동일한 불확정개념을 적용함에 있어 법을 적용하는 기관마다 서로 다른 결정을 할 수도 있기 때문이다. 이 때문에 행정기관에 대해 불확정개념의 해석·적용시 어느 정도 자유로운 판단의 여지를 인정할 것인가의 문제가 생긴다. 다시 말해서 불확정개념의 의미내용은 법원이 최종적으로 결정하는 것이 원칙이지만, 예외적으로 행정청도 최종적인 결정자가 될 수 있는가의 문제가 생긴다. 이와 관련하여 판단 여지의 문제가 제기된다.

  ㈏ 판단여지설
  불확정개념의 적용에는 하나의 정당한 결론만이 있는 것이고, 불확정개념은 당연히 사법심사의 대상이지만, 불확정개념과 관련하여 사법심사가 되지 아니하는 행정청의 평가영역·결정영역이 있고, 법원은 다만 행정청이 그 영역의 한계를 준수하였는가의 여부만을 심사할 뿐이라는 견해가 있다(판단여지설). 그러한 한계영역을 판단 여지라 부른다. 다른 한편, 이를 한계영역에서의 결정이 대체 가능한 범위 내의 것이라면 사법통제가 제한된다고도 하고(대체성설), 그러한 한계영역에서 행정청은 평가의 특권을 갖는다고도 한다(평가특권설). 219)
  이상의 판단여지설은 입법자가 불확정개념의 사용을 통해 행정청에게 자기책임에 따른 결정을 하도록 하고, 그 결정이 다만 제한적으로 사법심사를 받도록 하는 것인데, 그 논거로 다음을 들고 있다. 즉 판단여지설은 ① 불확정개념은 상이한 평가가 가능하다는 점, ② 규범논리적 근거에서 하나의 정당한 해결책만이 있는 것은 아니라는 점, ③ 행정청은 많은 전문지식 및 경험을 보유하며, 구체적인 행정문제에 보다 접근되어 있다는 점, ④ 어떠한 결정은 대체할 수도 반복할 수도 없다는 점, ⑤ 고유한 국가권력으로서 행정권에도 사법에 대응하여 고유한 책임영역이 주어져야 한다는 점을 논거로 한다.220)

  ㈐ 적용영역
  독일의 판례상 인정된 판단 여지로는 ① 시험평가결정(예: 고등학교 졸업시험, 사법시

---

219) 일반적으로 독일의 예에 따라 판단여지설의 용어를 사용하고 있다. 이하에서도 판단여지설이라는 용어를 사용한다.
220) 불확정개념의 해석과 관련한 독일에서의 대표적인 이론전개로는 1. Bachof와 판단여지, 2. Ule와 대체성설, 3. Wolff와 평가특권설 등을 들 수 있다.

험, 의사시험 등 국가시험), ② 학교영역에서 시험유사의 결정(예: 유급결정, 특별교육필요성심사결정), ③ 공무원법상 평가(예: 상관에 의한 부하공무원의 근무평가, 시보공무원평가, 공무원임용 시 적성 및 능력평가 등), ④ 전문가와 이익대표자로 구성되는 독립위원회의 결정(예: 인사평가위원회의 평가, 청소년유해도서의 해당여부의 평가 등), ⑤ 특히 환경법과 경제법영역에서 미래의 사실관계에 대한 고려 하에서의 예측적 결정과 위험의 평가(예: 예측적 결정의 경우로서 택시사업지원자의 기능능력과 택시신규허가를 통한 공공의 교통상의 이익의 침해에 대한 평가, 위험의 평가의 경우로 원자력작업장 운영 시의 위협에 대한 사전대비의 평가), ⑥ 특히 행정정책적인 종류의 불확정개념과 관련한 결정(예: 공무원의 전보를 위해 근무상의 필요성을 평가하기 위한 기준으로서의 행정청의 인사계획) 등을 볼 수 있다. 앞의 ①②③은 비대체적 결정의 영역에서, ④는 구속적 가치의 평가영역에서, ⑤는 예측적 결정의 영역에서, ⑥은 형성적 결정의 영역에서 인정되는 판단 여지로 분류·정리하기도 한다.

㉔ 판단 여지의 한계(사법통제의 밀도)

판단 여지가 존재하는 경우에도 ① 판단기관이 적법하게 구성되었는가, ② 절차규정이 준수되었는가, ③ 정당한 사실관계에서 출발하였는가, ④ 일반적으로 승인된 평가의 척도(예: 평등원칙)가 침해되지 않았는가의 여부는 사법심사의 대상이 된다는 것이 판단여지설의 내용이기도 하다. 판단여지설은 시험결정과 관련하여서는 이 외에도 ⑤ 평가척도가 정당한 것으로 이해되었으며, 또한 적용되었는가, ⑥ 시험관이 사안과는 거리가 먼 형량을 하였는가의 여부도 아울러 사법심사의 대상의 된다는 입장이다.[221]

㉕ 독일과 우리나라의 입장

독일의 경우에 판단여지설을 지지하는 입장이 현대에 있어서 지배적이다. 그러나 기본법 제19조 제4항에서 나오는 포괄적 권리보호의 요구와 관련하여 행정처분은 사실상의 관점이나 법적 관점에서 완전히 사법심사에 놓여야 한며, 제한적으로 심사되는 판단 여지를 부인하는 견해도 없지 아니하다. 독일판례는 판단 여지를 앞에서 본 것처럼 다만 예외적으로만 인정하고 있다. 우리나라의 경우에는 이에 관한 학설이 나뉘고 있지만, 판단 여지를 인정하는 견해도 적지 않다. 판례는 판단 여지를 재량문제로 보고 있다.[222]

---

221) Ossenbühl, in:Erichen(Hrsg.), Allgemeines Verwaltungsrecht, § 10, Rn. 35.
222) 대판 2007. 2. 8, 2006두13886; 2007. 12. 13, 2005다66770.

제4절 경찰상 행정행위의 내용

행정행위는 그 법률효과의 발생 원인을 기준으로 하여 법률행위적 행정행위와 준법률행위적 행정행위로 나눌 수 있다. 여기서 법률행위적 행정행위는 그 상대방에 대한 법률효과의 내용에 따라 명령적 행위와 형성적 행위로 나눌 수 있다. 또한 준법률행위적 행정행위도 그 법률효과의 내용에 따라 확인행위 · 공증행위 · 통지행위 및 수리행위로 나눌 수 있다.

Ⅰ. 법률행위적 행정행위

경찰작용이란 경찰기관(협의의 행정경찰포함)이 사회공공의 안녕과 질서의 유지를 위하여 행하는 일체의 작용을 말한다. 이러한 경찰작용에는 권력적 작용과 비권력적 작용(행정지도 · 공법상 계약 등)이 있지만, 권력적 작용이 그 중심을 이룬다. 경찰작용의 행위형식으로서 대표적인 것으로는 경찰하명, 경찰허가, 경찰강제가 있다.

1. 경찰하명

경찰하명이란 공공의 안녕과 질서를 유지하기 위하여 일반통치권에 의거하여 개인에게 일정한 작위 · 부작위 · 수인 · 급부의 의무를 명하는 행정행위를 말한다.223) 즉 경찰하명은 통치권에 기하여 개인에게 일정한 의무를 부과하는 고권적 작용이므로 법률의 근거를 요하는 것은 당연하며, 그 법률의 성질에 따라 크게 법규하명과 협의의 경찰하명(처분하명)으로 나눌 수 있다.

---

223) 윤양수 「행정법 개론」, 온누리, 2011, 243면; 김동희, 『행정법Ⅱ』, 박영사, 2010, 229면.

1) 경찰하명의 형식

(1) 법규하명

법규하명이란 처분법규에 의하여 일정한 경찰의무가 부과되는 경우를 말한다.[224]

여기서 처분법규란 행정행위를 매개로 하지 않고 법규의 규정 그 자체에 직접 국민에게 구체적인 의무를 발생시키는 법규를 말한다. 이러한 처분법규에 의한 경찰하명으로는 청소년보호법 제26조에 의한 청소년에 대한 유해약물판매금지, 도로교통법에 의한 음주운전 금지 등에서 볼 수 있다. 이러한 처분법규는 그 법규형식에도 불구하고, 실질적으로는 행정처분으로서의 성질을 가지고 있는 것이므로, 처분법규의 성질을 가지는 법규명령의 규정은 항고소송의 대상이 된다.[225]

(2) 협의의 경찰하명(처분하명)

이와 달리 일반적 의미의 경찰하명은 행정행위로서의 경찰하명을 뜻하며, 이는 법령에 의거하여 질서유지목적을 위하여 경찰이 일정한 의무를 과하는 행정행위를 말한다.

행정행위로서의 경찰하명은 특정에 대하여 개별적으로 행하여지는 경우가 많으나, 불특정다수인에 대하여 행해지는 일반처분으로의 경찰하명도 있다(예: 전염병발생지역의 출입금지, 위험한 도로의 통행금지 등).[226]

2) 경찰하명의 종류

경찰하명은 그 주체면에서 보면, 보통경찰청(경찰청장, 경찰서장 등)에 의한 경찰하명과 협의의 행정경찰청(예: 식품위생행정청, 산림행정청, 건축행정청)에 의한 경찰하명으로 분류할 수 있다. 그 내용면에서 작위·부작위·수인·급부하명으로 나누어진다.

---

224) 경찰하명에 대하여 법규하명을 포함하지 않는 견해도 있다. 정중하, 『행정법 개론』, 법문사, 2010, 1126면; 윤양수, 『행정법 개론』, 제주대학교출판부, 2011, 854면.
225) 대법원은 "법령의 효력을 가진 명령이라도 그 효력이 다른 행정행위를 기다릴 것 없이 직접적으로 또 현저히 그 자체로써 국민의 권리훼손 기타 이익침해의 결과를 발생케 하는 성질의 것이라면 행정소송법상 처분으로 보아야 할 것이요, 따라서 그에 관한 이해관계자는 그 구체적 관계사실과 이유를 주장하여 그 명령의 취소를 법원에 구할 수 있을 것이다(대판 1954. 8. 19, 53행사37)."라고 판시하고 있다.
226) 김동희, 『행정법Ⅱ』, 박영사, 2010, 232면.

(1) 작위하명

적극적으로 어떠한 행위를 행할 의무를 명하는 경찰하명을 말한다. 작위하명에는 특정에 대하여 행하여지는 것(예: 화재위험물의 제거명령, 신고 등)과 불특정다수인에 대하여 행해지는 것(예: 일정 도로상의 차량우회명령)이 있다.

(2) 부작위하명

소극적으로 어떠한 행위를 행하지 아니할 의무를 명하는 경찰하명으로서, 이를 경찰금지라고도 한다. 경찰금지는 여러 기준에 따라 분류될 수 있는 것으로 ① 효력을 기준으로 하여서는 절대적 금지(예: 부패식품판매금지, 마약판매금지 등)와 궁극적 허가를 유보한 상대적 금지(예: 음식점 경영, 건축 등)로, ② 인적 범위를 기준으로 하여서는 불특정다수에 대한 금지(예: 일정 도로의 통행금지 등)와 일정 업무에 종사하는 자, 일정 지위에 있는 자 등 특정인에 대한 개별금지(예: 운전면허 없는 자의 운전금지)로, ③ 모든 상황에서 적용되는가 아니면 특수한 상황 하에서만 적용되는가에 따라 무조건금지와 일정조건하금지(예: 정당한 이유 없이, 필요한 때 등)로 나눌 수 있다.

(3) 수인하명

경찰권에 의하여 자기의 신체, 재산, 가택에 대한 사실상의 침해를 감수하고 그에 저항하지 않을 의무를 명하는 경찰하명을 말한다. 예컨대 가택수색에 대한 수인의무 부과 등이 이에 해당한다.

(4) 급부명령

금전 또는 물품의 급부의무를 명하는 행위로서, 경찰작용이 특정인을 위하여 행하여지거나 특정인을 위하여 필요한 경우에 관계인에 수수료 등의 납부를 명하는 경찰하명을 말한다.

3) 경찰하명의 요건

경찰하명은 정당한 권한을 가진 경찰행정청이 발령하여야 하며, 경찰행정청이 처분을 할 때에는 문서로 하여야 한다(경찰관직무집행법 제3조, 제7조). 또한 헌법 제37조 제2항이 정하는 법률의 유보 원리에 의해 법률에 근거하고, 그 주체·내용·절차·형식면에서 행정행위로서의 요건을 갖추어야 하며, 경찰권행사를 제약하는 헌법적 원리에 조화되어야 한다. 경찰하명은 원칙적으로 경찰책임이 있는 자에게 발해져야 하며, 상대방에게 도달되어야 한다.[227]

4) 경찰하명의 효과

(1) 경찰의무의 발생

경찰하명은 그 수명자에 대하여 하명의 내용인 작위·부작위·수인·급부의 의무를 지게 하는 효과를 발생한다. 따라서 경찰하명은 상대방에게 일정한 의무를 부과하여 개인의 자연적 자유를 제한한다는 점에서 법률상의 능력이나 법률행위의 효력을 설정·변경·소멸시키는 형성적 행위와 구별된다. 그러므로 경찰하명의 위반행위는 처벌의 대상은 되지만, 어떠한 행위가 경찰하명에 위반하였기 때문에 당연히 사법상의 효력이 부인되는 것은 아니 되게 된다. 그러나 경찰의무이행의 간접적 효과로서 권리 등의 설정·제한·박탈이나 법률행위의 발생·소멸 및 법인의 해산 등의 결과가 야기되는 경우도 있을 수 있다. 예컨대 경찰하명으로 우편금지품을 명령한 결과, 우편금지품을 몰수하여 소유권이 국가에 귀속되는 경우, 또는 경찰하명으로 마약매매를 금지한 결과 이를 업으로 하는 법인에 대한 영업금지의 결과 법인이 해산되는 경우 등이 이에 해당한다.

또한 경찰하명은 원칙적으로 경찰권의 주체인 국가에 대한 수명자의 경찰의무를 발생시키며, 수명자의 제3자에 대한 의무를 발생시키는 것은 아니다(예: 의료법 제16조에 의한 의사의 진료의무).[228] 따라서 수명자가 경찰 의무를 이행하지 않는 경우에는 국가는 경찰하명의 확보수단으로 강제집행이나 경찰벌을 과할 수 있으나, 제3자가 수명자에 대하여 경찰 의무이행을 청구하거나 그 의무불이행을 불법행위 또는 채무불이행이라고 하여 손해배상 등을 청구할 수는 없다. 즉 경찰하명의 효과가 제3자에게 주어지는 이익은 반사적 이익에 불과하다.

---

227) 윤양수 「행정법 개론」, 온누리, 2011, 855면.
228) 김동희, 『행정법Ⅱ』, 박영사, 2010, 232면.

5) 경찰하명의 효과의 범위

(1) 인적 범위

가. 대인적 하명

특정인의 주관적 사정에 따라 행해지는 명령을 대인적 경찰하명이라고 하고, 법규경찰
하명의 경우에는 그 대상이 불특정다수인이 되는 것이나, 협의의 경찰하명의 경우에는
그 대상이 특정인이 되는 경우가 보통이다(예: 건축사에 대한 업무정지처분).

나. 대물적 하명

상대방의 주관적 사정에 의한 것이 아니라 특정물건이나 시설 등 물적사정에 중점을
두고 행해지는 경찰하명을 말한다. 이로부터 나타나는 효과는 상대방에 국한되지 아니하
고, 그 물건 또는 시설의 양수인 및 승계인 등에도 미친다. 위법한 건축물의 철거, 개축
등의 명령(건축법 제69조 제1항)이 그 예이다.

다. 혼합적 하명

경찰하명이 인적, 물적 사정을 모두 감안하여 행하여지는 경찰하명을 말한다. 이 경우
에 효과의 범위는 어느 요소에 보다 중점이 두어졌는가에 따라 구체적으로 판단되어야
할 것이나, 그 상대방에 국한되는 것이 보통이며, 그 효과의 이전성 여부는 관계법령의
합리적 해석에 의하여 구체적으로 판단해야 할 것이다.

(2) 지역적 범위

경찰하명의 효과가 미치는 지역적 범위는 다른 행정처분에 있어서와 마찬가지로 당해
처분청의 관할구역 내에 그치는 것이 원칙이나, 법령의 규정에 의하여 또는 그 처분의
성질상(예: 운전면허정지처분) 그 효과가 관할 구역밖에 미치는 경우도 있다.

6) 경찰하명의 위반

경찰하명의 위반은 경찰 의무를 이행하지 않는 경우 또는 위반으로 나타나며, 경찰의
무의 불이행에 대하여는 경찰상의 강제집행에 의하여 그 의무이행을 확보할 수 있고, 경

찰의무의 위반에 대하여는 경찰벌이 과해질 수 있다.[229]

우리나라에서는 경찰상의 강제집행수단으로서는 대체적 작위의무의 불이행에 대한 대집행과 금전급부의무의 불이행에 대한 강제징수만이 일반적 수단으로 인정되고 있다. 그 이외의 경찰상의 의무에 대하여는 그 의무위반에 대하여 경찰법을 과하도록 규정하고 있다. 후자의 경우에는 경찰의무의 위반에 대하여 경찰법이 과하여질 것이라는 심리적 압박에 의하여 간접적으로 당해 경찰의무의 이행을 확보하고자 하는 것에 의미가 있다.

7) 경찰하명에 대한 구제수단

(1) 위법한 경찰하명에 대한 구제

경찰공무원이 경찰하명을 행함에 있어서 고의 또는 과실로 법령에 위반하였을 경우, 그로부터 권익을 침해받은 자는 행정심판, 행정소송 및 국가배상법에 의한 손해배상청구의 길이 주어지고 있으며, 아울러 헌법소원의 형식으로 그 구제절차가 마련되어 있다. 손해배상과 관련하여 당해 공무원에게 고의 또는 중대한 과실이 존재하는 경우 국가 또는 지방자치단체는 그 공무원에게 구상할 수 있다(국가배상법 제2조 제2항).

대판 1996. 2. 15, 95다38677

대법원은 "공무원이 직무수행 중 불법행위로 타인에게 손해를 입힌 경우에는 국가 등이 국가배상책임을 부담하는 외에 공무원 개인도 고의 또는 중과실이 있는 경우에는 불법행위로 인한 손해배상책임을 진다고 할 것이다."

---

(2) 적법한 경찰하명에 대한 구제

경찰하명이 관계 법률의 근거에 의하여 적법하게 행해진 경우에 있어서도 수명자에게 과중한 재산 등의 손실을 입혔거나 경찰책임이 없는 자에게 손실이 발생하였을 경우, 그 피해자는 관계법률(예: 수난구호법 제24조)이 정하는 바에 따라 행정상 손실보상을 청구할 수 있다. 어떤 적법한 경찰처분으로 인하여 재산상의 손실을 입었으나, 당해 근거법에 손실보상에 관한 규정이 없는 경우, 직접 헌법 제23조 제3항에 근거하여 손실보상을 청

---

229) 정중하, 『행정법개론』, 법문사, 2010, 1129면.

구할 수 있는가라는 문제에 대하여 많은 논의가 있다.

2. 경찰허가

1) 의의 및 성질

(1) 의의

경찰허가란 경찰법규에 의한 상대적 금지를 특정한 경우에 해제하여 적법하게 특정행위를 할 수 있게 하여 주는 경찰상의 행정행위이다. 실정법상으로는 허가라는 용어 외에 면허, 특허, 확인 등 여러 가지 용어가 사용되기도 한다.[230]

경찰허가의 대상은 상대적 금지사항에 관한 해제이다. 경찰금지에는 절대적 금지(예: 살인금지 등)와 상대적 금지로 구분되는데, 여기서 상대적 금지란 그 대상인 행위 그 자체가 직접 사회공공의 안전과 질서에 대한 장해 또는 그 험이 있는 것(경찰위반사실)은 아니나, 그 내용상 행위자, 행위의 방법, 장소 및 시기에 따라서 경찰위반사실을 구성하는 것으로 인정되는 때에 부과하는 금지를 말한다.

경찰허가의 대상은 이와 같은 상대적 금지를 그 대상으로 하고, 절대적 금지는 그 대상이 되지 아니한다. 따라서 경찰허가는 관계법규가 당해 행위를 일반적으로 금지함과 동시에 당해 행위가 사회적 장해를 발생시키지 않고, 적법하게 행하여 질 수 있는 조건을 규정하여 그러한 조건하에서만 당해 행위를 허용하는 것을 말한다.

환언하면 당해 행위의 자유로운 행사가 관계법이 공익상의 견지에서 부과하는 제한사유에 반하지 않아 사회공공의 안전과 질서에 대한 장해가 되지 않는다고 판단되는 때에는 소관경찰기관은 상대방에 대하여 관계법상이 상대적 금지를 해제하여 당해 행위를 적법하게 행할 수 있도록 하여 주게 되는데 이것이 경찰이다.

(2) 성질

경찰허가는 법률상의 권리를 설정하는 형성적 행정행위가 아니므로 반사적 이익에 불과하다. 그런데 경찰허가는 제한되었던 자연적 자유 내지 헌법상의 기본권을 회복시키는 명령적 행위로서 관계법상의 경찰허가요건을 다 갖추어 경찰허가를 신청하였을 경우, 허

---

[230] 김동희, 『행정법Ⅱ』, 박영사, 2010, 234면.

가권을 가진 행정청이 그 허가를 거부함은 국민의 헌법상의 자유권을 부당하게 제한하는 것으로서 허용되지 않는다고 볼 수 있으므로 따라서 경찰허가는 기속행위의 성질을 가진다. 다만 실정법상 경찰허가의 요건이 불확정개념으로 규정되어 있고, 그것이 경찰행정기관의 전문적·기술적 판단을 요하는 것이며, 경찰행정기관이 행한 불확정개념의 해석·적용을 법원이 존중하여 그에 대한 사법적 통제를 하지 않는 경우에는 그 한도에서 당해 경찰허가는 재량행위의 성질을 가지는 것으로 볼 수 있다.[231]

> **대판 2003. 3. 24. 97누12532**
>
> 식품위생법상 일반음식점허가는 성질상 일반적 금지의 해제에 불과하므로 허가권자는 허가신청이 법에서 정한 요건을 구비한 때에는 허가하여야 하고, 관계법령에서 정하는 제한사유 외에 공공복리 등의 사유를 들어 허가신청을 거부할 수는 없고 이러한 법리는 일반음식점 허가사항의 변경허가에 관하여도 마찬가지이다.

2) 경찰허가의 형식

경찰허가는 원칙적으로 개인의 신청에 기하여 행정처분의 형식으로 행하여지는데, 서면으로 행하여지는 것이 보통이다. 그러나 관계법규가 특별한 형식을 규정하고 있는 경우도 마찬가지이다(예: 운전면허증의 교부). 허가는 반드시 행정처분의 형식으로 행하여진다는 점에서 법규의 형식으로도 행하여질 수 있는 경찰하명과 다르다. 경찰허가는 상대방의 신청에 의하여 행하여지는 것이 원칙이다. 그러나 예외적으로 경찰허가가 직권에 의하여 불특정다수인에 대하여 행하여지는 경우도 있다(예: 통행금지의 해제, 특정외래품의 수입금지의 일반적 해제).

3) 경찰허가의 효과

(1) 경찰금지의 해제

경찰허가는 상대적인 경찰금지를 해제하여 상대방에게 일정한 행위를 적법하게 행할 수 있게 하는 것에 그치며, 그 자체로서는 상대방에게 새로운 권리·능력을 설정하여 주

---

231) 윤양수 「행정법 개론」, 온누리, 2011, 856면.

는 것이 아니다.232) 즉 경찰허가에 해당하는 각종의 영업허가(음식점영업허가 등)의 경우, 그 허가에 의하여 새로운 영업권이 설정되는 것이 아니고, 헌법상의 영업의 자유권을 적법하게 행사할 수 있는 지위가 회복되는 데 그치는 것이다. 따라서 경찰허가는 자연적 자유를 회복해주는 행정행위이라는 측면에서 일반적으로 허가처분을 받은 자의 이익을 단지 반사적 이익으로 일반적으로 보았다.

대판 1983. 9. 13, 83누211

공중목욕장업경영허가는 경찰금지의 해제로 인한 영업자유의 회복인 것이며, 공중목욕장의 신규허가로 기히 허가를 받은 목욕장업에 사실상 손해가 있더라도 그 불이익은 신허가처분의 단순한 사실상의 반사적 효과에 불과하고, 권리침해라고 할 수 없다.

가. 경찰허가와 타 법률관계

경찰허가는 경찰상의 금지만 해제하여 줄 뿐이고, 타 법률상의 제한까지 해제하여 주는 것은 아니다. 예컨대 공무원이 음식점 영업에 대한 경찰허가를 받은 경우에도 국가공무원법(제64조 제1항) 또는 지방공무원법(제56조 제1항)상의 영리업무금지규정에 의한 제한으로 인하여 당해 영업에 종사하지 못하는 것이 그것이다.

나. 경찰허가와 법률행위의 효력

경찰금지는 그 대상이 법률행위인 경우에도 경찰목적을 위한 사실상의 관점에서 이를 금지하는 것이다. 따라서 허가대상인 행위를 허가를 받지 않고 하더라도, 그것은 경찰법규에 위반된 것으로 경찰상의 강제집행이나 경찰벌의 대상은 될지언정 그 사법상의 효력에는 아무 영향이 없는 것이 원칙이다(예: 무허가 음식점의 영업행위).

---

232) 대판 2002. 4. 26, 2000다16350. 종래의 학설에 따르면 경찰허가는 일반적 금지를 해제하여 상대방이 적법하게 특정한 행위를 할 수 있는 자연적 자유의 회복에 그친다고 한다. 따라서 경찰허가에 의하여 상대방이 얻는 이익은 반사적 이익에 지나지 않는다고 한다(정중하, 『행정법개론』, 법문사, 2010, 1133면).

4) 경찰허가의 효과의 범위

(1) 인적 범위

가. 대인적 허가

전문지식, 기능 등 개인의 주관적 사정을 기준으로 하여 행하여지는 경찰허가는 특정인의 주관적 사정을 고려하여 행하여지는 것이므로, 그 효과는 허가를 받은 자에 국한되고 이전 또는 상속될 수 없다(예: 의사면허, 운전면허).

나. 대물적 허가

대물적 경찰허가는 그 허가대상인 물건 구조, 성질, 설비 등의 객관적 사정을 기준으로 하여 행하여지는 경찰허가의 효과는 물건의 양수인·상속인에 대하여 미친다(예: 건축허가). 판례는 허가철회사유까지 이전된다고 하나[233] 허가의 효과의 승계부분에서 설명한 바와 같이 허가 철회시유 자체의 승계는 원칙적으로 부인된다고 할 것이다.[234]

다. 혼합적 허가

혼합적 허가는 경찰허가가 인적요소와 물적 요소를 동시에 고려하여 행하여지는 허가를 말한다(예: 총포 등 판매업허가). 이 허가에 있어서는 그 이전이나 상속에 대하여는 경찰관청의 허가를 받도록 규정하고 있는 경우도 있다. 이 경우에 허가관청의 심사대상은 양수인이나 상속인의 인적 사항 즉 인적요소의 적부에 한정되어야 할 것이다.

(2) 지역적 범위

경찰허가의 효과는 원칙적으로 당해 경찰관청의 관할구역 내에 한정된다. 따라서 중앙관청에 의한 허가는 전국에, 지방관청의 허가는 그 관할지역 내에 그 효과가 미치게 된다. 그러나 법령에 규정이 있는 경우, 또는 허가의 대상인 행위가 성질상 허가관청의 관할구역 내에 한정시킬 것이 아닌 것(예: 자동차운전면허)인 때에는 허가관청의 관할구역 밖에까지 미치게 된다.

---

233) 대판 2003. 10. 23, 2003두8005.
234) 정중하, 『행정법개론』, 법문사, 2010, 1134면.

3. 면제

면제라 함은 법령에 의하여 일반적으로 부과되어 있는 작위의무·급부의무 등을 특정한 경우에 해제하는 행정행위를 말한다. 해제되는 의무의 대상에 있어서 부작위 의무를 해제하는 허가와 구별된다. 그러나 그 밖의 점에 있어서는 허가와 성질이 유사하다고 할 수 있다.[235)

Ⅱ. 형성적 행정행위

형성적 행정행위란 행정청이 특정의 상대방에게 일정한 권리·능력(권리능력·행위능력), 기타 포괄적 법률관계를 발생·변경·소멸시키는 행위를 말한다. 형성적 행정행위는 직접 상대방을 위하여 권리·능력, 기타 법적 지위를 발생·변경·소멸시키는 행위와 타인을 위하여 그 행위의 효력을 보충·완성하거나 또는 타인을 대신하여 행하는 행위로 나누어진다. 형성적 행정행위에는 특허, 인가, 대리행위가 있다.

1. 특허

1) 의의

넓은 의미로 특허란 특정인에 대하여 새로운 권리·능력 또는 포괄적인 법률관계를 설정하거나 변경 또는 탈권하는 행정행위를 말한다. 형성적 행정행위 중에서 행정청이 특정인에게 권리를 설정하여 주는 행위를 좁은 의미의 특허라 한다. 실정법상으로 면허·허가 등으로 불린다.[236) 현재로서 권리능력이나 행위능력이 법률에 직접근거 하지 않고 행정행위에 근거하여 주어지는 예는 찾아보기는 어렵다, 포괄적 법률관계 설정행위란 법률관계를 포괄적으로 설정하는 행위를 말한다(예: 경찰공무원 임명행위).[237)

---

235) 류지태·박종수, 『행정법신론』, 박영사, 2010, 173면.
236) 대판 2002. 10. 25, 2002두5936.
237) 홍정선, 『경찰행정법』, 박영사, 2010, 338면.

2) 성질

특허는 상대방에게 권리를 설정하여 주는 행위이므로 형성적 행위이다. 특허는 허가와는 달리 상대방이 본래 가지고 있지 않았던 권리 등을 새롭게 설정하여 준다. 특허에 있어서는 공익목적의 효과적인 달성을 고려하여야 하므로 원칙상 재량행위로 본다.[238]

3) 효과

특허는 상대방에게 권리를 발생시킨다. 권리는 공권인 것이 보통이나, 사권(예: 광업허가에 의한 광업권)인 경우도 있다. 일신전속적인 것인 경우에는 이전성이 없으나, 대물적인 것인 경우에는 자유로이 또는 일정한 제한(예: 행정청의 신고 또는 그 승인)하에 이전될 수 있다.

2. 인가

1) 의의

인가는 제3자의 법률행위를 보충하여 그 법률적 효력을 완성시켜 주는 행정행위를 말한다.[239] 인가는 공익과 관련 있는 행위에 공익의 실현자로서 행정주체의 간섭을 허용함으로써 그 행위의 효력발생을 행정주체의 의사에 종속시키는 제도이다. 인가제도는 사법상의 후견제도에 비유될 수 있는 인가는 효력요건인 점에서 허가와 다르다.[240]

2) 성질

인가는 인가의 대상이 되는 기본행위의 효력을 완성시켜 주는 행위인 점에서 형성적 행정행위이다. 인가는 신청에 따라 기본행위의 효력을 완성시켜주는 보충적 행위이다. 인가는 법률행위의 효력요건이다. 따라서 무인가행위는 원칙적으로 무효이다.

---

238) 대판 2002. 1. 22, 2001두8414.
239) 대판 2000. 9. 5, 99두1854.
240) 대판 1991. 6. 25, 90누5184.

3) 대상

인가는 당해 행위의 유효요건이므로, 그 대상은 법률행위에 한정되는 것(사실행위제외)이나, 그에는 공법적 행위(예: 공공조합의 정관변경)와 사법적 행위(예: 비영리법인설립 등)가 있다.

4) 신청 및 수정인가의 문제

인가는 항상 신청에 의하여 행해진다. 인가는 제3자의 법률행위에 동의함으로써 그 법률적 효력을 완성하는 행위라는 점에서, 행정청은 그 인가여부만을 소극적으로 결정하는 데 그친다. 따라서 행정주체가 그 법률행위의 내용을 수정하여 인가하려고 하는 경우에는 법률의 명시적 근거가 있어야 한다.[241]

5) 인가와 기본적 법률행위의 효력관계

기본적 법률행위가 불성립 또는 무효인 경우는 인가가 있다 하여 그 법률행위가 유효한 것은 아니다. 적법·유효하게 성립된 기본적 법률행위가 사후에 실효되면, 인가도 당연히 효력을 상실한다. 인가행위 자체는 적법한 것이나 기본적 법률행위에 하자가 있는 경우에는 그 하자를 이유로 기본행위의 효력을 다툴 수는 있으나, 인가행위의 무효 확인 또는 취소를 청구할 수는 없다.[242]

6) 요인가행위를 인가받지 않고 한 경우

인가를 받아야 할 행위를 인가 없이 행한 경우에는, 인가는 유효요건이므로, 당해 행위는 무효로 되나, 행정청은 이 경우 상대방에 대하여 행정 강제 또는 행정제재를 과할 수는 없는 것이 원칙이다.

---

241) 김동희, 『행정법 요론』, 박영사, 2010, 218면.
242) 대판 1996. 5. 16, 95누4810.

3. 공법상 대리

공법상 대리란 타인이 해야 할 행위를 행정주체가 대신 행하고, 그 행위가 본인이 행한 것과 같은 법적 효과를 발생하는 행정행위를 말한다.

공법상 대리에는, 행정주체가 공익적·감독적 견지에서 공공단체·특허기업자 등을 대신하여 행하는 행위(감독청에 의한 공법인의 정관작성 임원임명), 당사자 사이의 협의불성립의 경우에 국가가 대신하여 행하는 재정(토지수용재결), 행정주체가 행정작용의 실효성을 확보하기 위하여 행하는 행위(조세체납처분으로서의 공매행위) 등이 있다.[243]

Ⅲ. 준법률행위적 행정행위

준법률행위적 행정행위란 행정청의 효과의사 이외의 정신작용, 즉 판단·인식·관념 등을 요소로 하고, 법률적 효과는 행정청의 의사표시에 따른 것이 아니라 법규의 규정에 따라 발생하는 행정행위를 말한다. 이에는 확인, 공증, 통지, 수리 등이 있다.

1. 확인

1) 의의

확인은 특정한 사실 또는 법률관계에 관하여 의문이 있는 경우에 공적 권위로써 그 존부 또는 정부를 판단(인정·확정·선언)하는 행위를 말한다. 즉 확인은 기존의 사실 또는 법률관계를 유권적으로 확정하는 행위이다. 예컨대 당선인의 결정, 행정심판의 재결, 발명권 특허, 교과서검인정 등이 이에 해당한다. 확인은 실정법상 재결·결정·사정·검정 등의 용어가 혼용되고 있다.[244]

---

243) 김동희, 『행정법 요론』, 박영사, 2010, 219면.
244) 장태주, 『행정법개론』, 법문사, 2010, 209면.

2) 성질

확인은 특정의 사실 또는 법률관계의 존부 또는 정부에 관한 분쟁을 공적 권위로써 판단·확정하는 행위로 준사법적 행위의 성질을 가진다. 확인은 새로운 법률효과를 형성하는 것이 아니라, 이미 존재하고 있는 사실 또는 법률관계의 정부 등에 대한 판단을 표시하는 준법률행위적 행정행위이다.

확인은 단순한 판단작용이므로, 일정한 사실 또는 법률관계의 존부 또는 정당성이 객관적으로 확정되는 경우, 행정청은 확인을 하여야 할 기속을 받는 기속행위이다.

확인은 그 형식에 있어서 항상 구체적인 처분의 형식으로 행해지고 일정한 형식이 요구되므로 요식행위인 것이 보통이다.[245]

확인은 행정청의 판단에 법률상 일정한 법적 효과가 결부되는 것이라는 점에서, 그에는 부관을 붙일 수 없다.

대판 1992. 4. 10, 91누5358

준공검사처분은 건축허가를 받아 건축한 건물이 건축허가사항대로 건축행정목적에 적합한가의 여부를 확인하고, 준공검사필증을 교부하여 줌으로써 허가받은 자로 하여금 건축한 물건을 사용·수익할 수 있게 하는 법률효과를 발생시키는 것이므로 허가관청은 특단의 사정이 없는 한 건축허가내용대로 완공된 건축물의 준공을 거부할 수 없다.

---

3) 종류

확인은 행정 분야에 따라 조직법상 확인(당선인의 결정·국가시험합격자 결정 등), 급부행정법상 확인(도로구역결정·발명특허), 재정법상 확인(소득금액결정 등), 쟁송법상 확인(행정심판재결 등)으로 나누어진다.

4) 법적 효과

확인은 그 공통적 효과로써 유권적으로 확정한 것을 임의로 변경할 수 없는 불가쟁력

---

245) 류지태·박종수, 『행정법신론』, 박영사, 2010, 175면.

이 발생한다. 이러한 공통적 효과 외에 구체적인 효과는 개개 법률이 정하는 바에 따라 다르다. 이는 확인의 효과가 행정청의 의사가 아니라 법률의 규정에 따라 발생하는 것이라는 점에서 기인한 것이다.

2. 공증

1) 의의

특정한 사실 또는 법률관계의 존부를 공적으로 증명하는 행정행위를 말한다. 각종의 부동산 등기, 선거인명부에의 등재, 토지대장에의 등재,[246] 회의록 의사록 등에의 기재, 허가증·면허증·영수증의 교부 등이 그 예이다. 공증은 효과의사표시도 아니고 단순히 공적인 인식을 증명하는 행위이다.[247]

2) 법적 효과

공증이 있게 되면 그에 대한 반증이 있을 때까지는 공적 증거력을 가진다. 반증이 있으면 공증행위의 취소 없이 공적 증거력이 번복된다. 공증행위는 공적 증거력의 발생 이외에 법규정에 의해 개개의 공증행위의 효과는 개별 법규가 정하는 바에 따른다.

3. 통지

1) 의의와 성질

통지란 특정인 또는 불특정 다수인에게 특정한 사실을 알리는 행위를 말한다. 통지행위는 그 자체가 독립된 행정행위인 것으로서, 이미 성립된 행정행위의 효력발생요건에 불과한 공포·교부 또는 송달과는 구별된다. 불특정 다수인에 대한 통지를 고시·공고·공시라고 흔히 부른다. 일반적으로 행정기관이 사인에게 어떠한 사실을 알리는 것에는 사실행위인 통지와 행정행위인 통지가 있다. 사실행위인 통지는 행정기관의 홍보를 위한

---

246) 대판 2004. 4. 22, 2003두9015.
247) 장태주, 『행정법개론』, 법문사, 2010, 210면.

각종 정보제공 등과 같이 행정기관의 행위이긴 하나 법률효과가 발생하지 아니한다. 이에 비하여 행정행위인 통지는 사실행위인 통지에 일정한 법률효과를 부여하고 있는 행위를 말한다.[248] 통설과 판례는 일정한 법적 효과가 수반되는 통지만을 준법률행위적 행정행위의 하나로 보고 있다.[249]

2) 종류

(1) 관념의 통지

이는 어떤 객관적 사실에 대한 관념을 알리는 행위로서 공고, 귀하의 고시, 토지수용에 있어서 사업인정의 고시 등이 이에 해당한다.

(2) 의사의 통지

이는 일정한 효과의 발생을 의욕 하는 효과의사 이외의 의사를 통지하는 행위로서 대집행의 계고, 납세독촉 등이 이에 해당한다.

3) 효과

통지의 효과는 행위자의 의사의 내용에 따라 발생하는 것이 아니고, 통지라는 행정청의 작용에 법률이 일정한 법적 효과를 결부시킨 것에 불과하다. 법률상 행정청의 통지행위에 어떠한 법률효과도 결부되지 아니하는 경우가 있는바, 그것은 사실행위일 뿐 여기서 말하는 통지에는 해당하지 않는다.

4. 수리

1) 의의

수리란 타인의 행위를 유효한 행위로 받아들이는 행위를 말한다. 수리는 단순한 사실

---

248) 대판 2006. 4. 20, 2002두1878.
249) 대판 2003. 11. 14, 2001두8742.

인 도달 또는 접수와는 달리, 행정청이 타인의 행위를 유효한 행우로 판단하여 수령하는 수동적 의사행위이다. 예컨대 각종 신고서 및 행정심판서 등의 수리가 이에 해당한다. 수리는 형식적 요건을 갖춘 경우에만 수리되고, 형식적 요건을 결한 경우 행정청은 보정명령을 내리고 보정되지 아니한 경우에는 수리거부, 즉 각하된다. 이때 보정명령의 성질은 보정되지 않을 경우 수리를 거부한다는 의사의 통지에 해당한다.

수리는 행정기관의 수동적 의사행위로서 타인의 행위를 유효한 행위라고 판단하여 받아들이는 인식표시행위이고[250] 독립적인 행정행위라는 점에서 단순한 사실행위인 도달이나 접수와는 다르다.[251] 행정기관은 법적 요건을 갖춘 사인의 신고 등을 수리하여야 하므로 수리는 기속행위에 속한다.[252]

2) 효과

수리의 효과는 개별법규가 정하는 바에 따르는데, 사법상의 효과가 발생하는 경우(혼인신고의 수리)도 있고, 행정청의 의무를 발생시키는 경우(행정심판청구의 수리)와 같이 공법적 효과를 발생하는 때도 있다.

제5절 경찰상 행정행위의 성립과 효력

I. 행정행위의 성립요건과 효력요건

1. 의의

행정행위는 성립요건과 효력요건을 갖추어야만 적법·유효한 행위로서 완전한 효력을 발생한다. 행정행위의 근거법은 당해 행위의 요건(권한·형식·내용 등)을 규정하기는 하나, 이들 규정이 당해 처분의 적법·효력요건의 전부를 규정하고 있는 것은 아니다. 일반적으로 행정행위는 법과 공익에 적합하여야 하고, 또한 합리적 이성 또는 법의 내재

---

250) 대판 2005. 12. 23, 2005두3554.
251) 윤양수 「행정법 개론」, 온누리, 2011, 260면.
252) 대판 1984. 12. 11, 84도2108.

적 논리에 배치되지 않아야 한다. 여기서 말하는 법에는 성문법뿐만 아니라 불문법도 포함됨은 물론이다.

우리 법체계에서 행정행위의 성립요건에 관하여 규정하고 있는 실정법규정은 없다. 따라서 행정행위의 성립·효력요건은 주로 판례에 의해 구체화되고, 학설에 의하여 일반화되고 있다.

2. 성립요건

1) 내부적 성립요건

행정행위가 유효하게 성립하기 위해서는 관계 법규에 특별한 요건이 정해진 경우에 그 요건을 모두 다 갖추고, 다음과 같은 일반적인 내부적 성립요건도 갖추어야 한다. 즉 주체면에서 정당한 권한을 가진 행정청이 권한 내의 행위에 대하여 정상적인 의사에 기한 행위를 행하여야 한다. 내용면에서 행정행위가 법과 공익에 적합하고 법적으로나 사실상으로 실현 가능하며,[253] 절차면에서 적법한 절차를 거쳐서 행해져야 한다.[254] 형식면에서 법이 일정한 형식을 갖출 것을 요구하고 있는 요식행위는 문서, 기타 법정형식을 갖추어야 한다.[255]

2) 외부적 성립요건

행정행위는 행정결정의 외부에 대한 표시행위이므로, 행정 내부에서의 결정이 있는 것만으로는 아직 행정행위가 성립하였다고 할 수 없고, 외부에 표시되어야 비로소 성립한다. 행정행위는 일단 성립하면 그것이 상대방에 도달되지 않은 경우에도 행정청은 이유 없이 취소·변경할 수 없게 되는 구속을 받는다.

---

253) 대판 2006. 4. 14, 2005두15151.
254) 대판 2004. 7. 8, 2004두7146.
255) 윤양수 「행정법 개론」, 온누리, 2011, 270면.

3. 효력발생요건

행정행위가 성립요건을 갖추면 적법하게 성립되고 그 성립과 동시에 효력을 발생하지만, 상대방에게의 고지를 요하는 행정행위에 있어서는 상대방에게 고지(통지)하여야 효력을 발생한다. 행정절차법은 제1장 제4절에서 통지, 즉 송달에 관하여 규정하고 있다. 통지(송달)는 우편·교부 등의 방법에 의하되, 송달받을 자의 주소·거소·영업소 또는 사무소로 한다. 다만 대표자 또는 대리인에 대한 송달은 그의 주소 등으로 할 수 있다(행정절차법 제14조 제1항) 아울러 행정청은 신속을 요하는 등 필요하다고 인정하는 경우에는, 전신·무사전송 또는 전화에 의한 방법으로 송달할 수 있다(행정절차법 제14조 제2항).

우편에 의한 송달의 경우에는 상대방에의 도달을 입증하여야 하므로, 등기우편 등의 방법에 의하여야 할 것이다. 교부에 의한 송달은 송달받을 자로부터 수령확인서를 받고 문서를 교부함으로써 행한다(행정절차법 제14조 제3항).

송달은 다른 법령 등에 특별한 규정이 있는 경우를 제외하고는, 송달받을 자에게 도달함으로써 그 효력이 발생한다(행정절차법 제15조 제1항). 이 경우의 도달은 객관적으로 상대방이 요지할 수 있는 상태에 두는 것을 말하며, 상대방이 현실적으로 수령하여 요지할 것을 요하지 않는다.

상대방이 불특정다수인인 경우이거나 상대방의 주소 및 거소가 불분명한 경우에는 게시판·관보·공보 또는 일간신문 등에의 공고의 방법에 의한다(행정절차법 제14조 제4항). 이 경우에는 다른 법령 등에 특별한 규정이 없는 한 공고 후, 14일이 경과하면 도달한 것으로 보아 효력이 발생한다(행정절차법 제15조 제2항).

컴퓨터 등 정보처리능력을 가진 장치에 의하여 전자적인 형태로 작성, 송·수신되는 전자문서는 수신자의 컴퓨터 파일에 기록된 때에 그 효력을 발생한다(사무관리규정 제8조 제2항).

Ⅱ. 경찰상 행정행위의 효력

1. 구속력

행정행위는 적법요건을 갖추면 해위의 내용에 따른 법적 효과를 발생시키고 당사자를 구속하는 힘을 갖는다. 이를 행정행위의 구속력이라 한다. 예컨대 운전면허가 취소되면 운전을 할 수 없게 된다. 구속력은 통상 행정행위의 성립·발효와 동시에 발생하고 취소나 철회가 있기까지 지속한다. 처분청도 그 행위를 취소하거나 철회하지 않는 한 행위의 내용에 구속된다. 행정행위의 발령은 일방적인 것이나 내용상의 구속력은 쌍방적이다.[256]

2. 공정력

행정행위의 공정력이란 행정행위가 중대·명백한 흠을 지녀 당연 무효가 되지 않는 한, 그 성립에 흠이 있더라도 권한 있는 기관에 의하여 취소될 때까지는 누구든지 그 행정행위의 구속력을 부인하지 못하게 하는 효력을 말한다. 이는 행정행위에 이의가 있는 상대방은 법령이 정하는 바에 따라 행정쟁송을 제기하여 그 효력을 다툴 수 있게 되어 있는 현행 행정쟁송제도의 반사적 효과로서 인정되어 지는 것이라 할 수 있다.[257]

3. 존속력

행정행위의 효력이 발생하면 그 행위를 근거로 하여 많은 법률관계가 형성된다. 그러므로 행정행위를 취소·변경하지 않는 것이 바람직하다. 이와 같이 행정행위의 존속을 제도화한 개념이 존속력이다. 존속력에는 불가쟁력과 불가변력이 있다.

불가쟁력이란 행정행위는 쟁송기간이 경과하거나 쟁송수단을 모두 거친 경우에는 상대방 또는 이해관계인은 더 이상 행정행위의 효력을 다툴 수 없게 되는 것을 말한다. 불가쟁력은 형식적 존속력 또는 형식적 확장력이라고도 불린다.

행정행위의 불가변력은 행정행위가 효력이 발생하면 일정한 경우에 행정청자신도 직권으로 자유로이 취소·변경·철회할 수 없는 효력을 말하는 것으로 실질적 존속력, 실질적 확장력이라고도 한다.[258]

4. 강제력

강제력에는 자력집행력과 제재력이 있다. 자력집행력이란 행정행위로 명령되거나 금지

---

256) 홍정선, 『경찰행정법』, 박영사, 2010, 344면.
257) 윤양수 「행정법 개론」, 온누리, 2011, 272면.
258) 장태주, 『행정법 개론』, 법문사, 2010, 264~265면.

된 의무를 불이행하는 경우 행정청의 법원의 도움이 없이 스스로 강제력에 의해 직접의무의 내용을 실현할 수 있고, 또한 상대방에게 그것을 수인하도록 요구할 수 있는 힘을 말한다. 제재력이란 행정행위에 부과된 의무를 위반하는 경우 행정벌을 부과할 수 있는 힘을 말한다. 물론 강제력의 행사에는 법률상 근거를 요한다. 따라서 강제력을 행정행위에 고유한 효력으로 보기는 어렵다.259)

제6절 경찰상 행정행위의 하자

Ⅰ. 행정행위 하자의 의의

행정행위의 하자(흠)라 함은 행정행위가 적법·유효하게 성립하기 위한 요건을 갖추지 못한 것을 말하며, 이처럼 행정행위의 성립·발효요건이 결여된 행정행위를 위법한 행정행위, 즉 하자 있는 행정행위라 한다.260) 하자 있는 행정행위의 유형으로는 성문법령 및 불문법원리에 위반된 위법행위와 재량행위에 있어서 공익에 가장 합당한 것으로는 볼 수 없는 처분, 즉 부당한 행위가 있다. 행정행위의 하자의 형태로는 무효원인인 하자, 취소원인인 하자, 무효·취소원인이 되지 않는 하자가 있다.

Ⅱ. 행정행위의 무효와 취소

1. 개설

하자 있는 행정행위는 그 효과면에서 통설·판례에 의하면 무효인 행위와 취소할 수 있는 행위로 나누어진다. 무효인 행정행위는, 외관상으로는 행정행위로서 존재하나 처음부터 전혀 법적 효과를 발생하지 아니하는 행위로서, 다른 행정청이나 법원은 물론이고 사인도 그 독자적 판단과 책임 하에서 그 무효임을 단정할 수 있는 행위를 말한다. 행정

---

259) 홍정선, 『경찰행정법』, 박영사, 2010, 344면.
260) 정중하, 『행정법개론』, 법문사, 2010, 270면.

행위의 성립요건을 갖추지 못함으로써 행정행위로서 인정될 수 없는 행정행위 부존재[261]와는 다르다. 이에 비하여 취소할 수 있는 행정행위는 그 성립에 흠이 있음에도 불구하고 일단 유효한 행위로 통용되는 것으로서, 다른 국가기관 또는 국민은 그에 기속되고, 행정쟁송 또는 직권에 의하여 취소됨으로써 비로소 그 효력을 상실하는 행위를 말한다.[262]

2. 무효와 취소의 구별기준

무효와 취소의 구별에 관한 학설로서 논리적 견해(법률요건에 위반한 행위는 무효), 개념론적 견해[능력규정(무효)과 명령규정, 강행규정(무효)과 비강행규정], 목적론적 견해(전체로서의 취지·목적 고려), 기능론적 견해(행정쟁송제도의 취지·목적에 따라), 그리고 중대·명백설이 있다. 오늘날에서 있어서는 중대·명백설이 통설 및 판례의 입장이다.[263] 이에 따르면, 행정행위의 하자가 중대한 법규의 위반이고 또한 그것이 외관상 명백한 것인 때에는 무효이고, 그에 이르지 않는 것인 때에는 취소할 수 있는 행위라고 한다. 이를 외견상일견명백설이라고도 한다.

3. 무효와 취소의 구별실익

1) 행정소송형태

취소할 수 있는 행정행위에 대해서는 취소소송에 의하고, 무효인 행정행위에 대하여는 원칙적으로 무효등확인소송을 제기할 수 있으며, 무효선언을 구하는 의미에서의 취소소송을 제기하여 무효확인을 받을 수 있다.

---

261) 행정행위의 부존재는 행정행위가 그 성립요건의 중요한 요소를 결여함으로써 행정행위라고 볼 수 있는 외형상의 존재가 없는 경우를 말한다. 이러한 부존재에 해당하는 것으로 ① 행정기관이 아닌 것이 명백한 사인의 행위, ② 행정기관의 행위라도 행정발동으로 볼 수 없는 행위, ③ 행정기관 내부의 의사결정이 있을 뿐 외부에 표시되지 않는 행위 등이다(장태주, 『행정법 개론』, 법문사, 2010, 270면).
262) 김동희, 『행정법 요론』, 박영사, 2010, 249면.
263) 대판 2007. 6. 14, 2004두619.

2) 불가쟁력의 인정 여부

무효인 행정행위는 처음부터 그 효력이 인정되지 아니하므로, 언제나 다툴 수 있다 따라서 무효인 행정행위는 불가쟁력이 발생하지 않으나, 취소할 수 있는 행정행위는 불가쟁력이 발생한다.

3) 선결문제

무효인 행정행위는 공정력이 인정되지 않기 때문에 민사소송에서 그 선결문제로 무효확인을 받을 수 있으나, 취소할 수 있는 행정행위는 민사소송에서 그 선결문제로 효력을 부인할 수 없다.

4) 사정재결·사정판결

사정재결·사정판결제도는 위법한 처분에 의하여 조성된 상황이 공공복리와 관련을 가지는 경우 이를 취소하는 것이 현저히 공공복리에 반한다고 인정되는 경우에 예외적으로 그 효력을 존속시키기 위한 제도이다.[264]

공익보호의 견지에서 인정되는 사정재결 및 사정판결제도는 성질상 취소할 수 있는 행정행위에 대하여서만 인정되고 무효인 행정행위에 대해서는 인정되지 아니한다.

5) 하자(위법성)의 승계

둘 이상의 행정행위가 단계적으로 이루어지는 경우, 선행행위에 무효사유가 있는 때 그 하자는 후행행위에 승계되지만, 선행행위에 취소사유가 있는 때에는 원칙적으로 선행행위와 후행행위가 하나의 행정목적을 실현하기 위한 경우에 한하여 하자가 승계된다(통설).

---

264) 김동희,『행정법 요론』, 박영사, 2010, 254면. 행정소송법 제28조 제1항은 "원고의 청구가 이유 있다고 인정하는 경우에도 그 처분이나 재결을 취소하는 것이 현저히 공공복리에 적합하지 아니하다고 인정하는 때에는 법원은 원고의 청구를 기각할 수 있다."고 규정하고 있다.

6) 하자의 치유·전환

행정행위의 요건의 사후 보완을 통해 행정행위의 하자를 치유하는 것은 원칙적으로 취소할 수 있는 행정행위에 대해서만 인정되고, 무효인 행정행위는 일정한 요건 하에서 유효인 다른 행정행위로 전환될 수 있을 뿐이다.[265]

Ⅲ. 하자의 승계

1. 의의

일정한 행정목적을 위하여 둘 이상의 행정행위가 단계적으로 연속하여 행해지는 경우에, 선행행위의 하자를 후에 행해진 행정행위(후행행위)의 위법사유로서 주장할 수 있는가 하는 문제가 있는바, 이것이 하자의 승계문제이다.

이와 같은 하자의 승계문제는 선행행위에 불가쟁력이 발생하여 그 효력을 더 이상 다툴 수 없게 된 경우에도, 하자의 승계가 인정되는 경우에는 그 행위(선행행위)의 위법을 이유로 후행행위의 효력을 다툴 수 있게 된다는 점에서 이론의 실익이 있다.

2. 승계의 인정 여부

선행행위와 후행행위가 서로 결합하여 하나의 법적 효과를 완성하는 것인 때에는 위법성의 승계가 인정되어, 선행처분이 위법하면 후행처분도 위법한 것으로 본다.

이에 관한 예로서는 조세체납처분에 있어 독촉·압류·매각·충당의 각 행위 사이 또는 행정대집행에 있어 계고·대집행영장의 통지·대집행·대집행비용의 납부명령의 각 행위 사이 등이 이에 해당한다.

이에 반해서 양자가 서로 독립하여 개별의 효과를 목적으로 하는 것인 때에는 선행처분이 무효가 아닌 한 그 위법성은 후행처분에 승계되지 않는다.

이에 대한 대표적인 예로서 위법한 건물의 철거명령과 대집행의 계고처분 사이에는 위

---

265) 윤양수 「행정법 개론」, 온누리, 2011, 284면.

법성의 승계가 인정되지 아니한다고 보고 있는 것이다. 왜냐하면, 철거명령은 그 상대방에 철거의무를 부과하여 자주적으로 이를 이행시키는 것을 목적으로 하는 데 대하여, 대집행은 행정청이 의무자에 대신하여 그 의무의 내용을 강제적으로 실현하는 것을 그 목적으로 하는 것으로서 양자는 행정목적을 달리하기 때문이다.

그러나 선행처분이 당연 무효인 경우는 이를 전제로 하여 행해지는 후행처분은 정당한 처분사유가 없는 처분으로서 위법한 처분이 되는 것이므로, 이 경우는 하자의 승계를 논할 필요도 없이 원칙적으로 그 무효를 주장할 수 있을 것이다.

대판 1994. 1. 25, 93누8542

선행행위와 후행행위가 서로 독립하여 별개의 효과를 발생하는 경우에는 승계되지 않는 것이 원칙적이다. 그러나 최근 선행행위와 후행행위가 별개의 법률효과를 목적으로 하더라도 대법원은 이에 대한 예외를 인정하여, 쟁송기간이 도과한 개별공시지가 결정의 위법을 이유로 그에 기초하여 부과된 양도소득세 부과처분의 취소를 구한 사건에서 행정청의 후행처분의 위법을 주장할 수 없도록 하는 것이 관계인에게 수인의 한도를 넘어서는 불이익을 강요하게 될 경우에는 수인한도의 법리상 예외적으로 하자의 승계를 인정한 바 있다.

Ⅳ. 행정행위의 하자의 치유와 전환

1. 개설

행정행위의 성립에 하자가 있는 경우에는 그 하자의 정도에 따라, 무효로 되거나 또는 취소할 수 있음이 법치국가적 원칙이다. 그러나 이러한 행정행위의 하자론의 예외로서 그 성립에 하자가 있는 위법한 행정행위라 할지라도 적법한 행정행위로서 그 효력을 유지시키는 법리가 인정되고 있는바, 이것이 하자의 치유와 전환의 이론이다.

판례는 하자의 치유와 전환의 이론적 근거로서 행정행위의 무용한 반복을 피하고 당사자의 법적 안정성을 위함을 들고 있고, 이를 허용하는 때에도 국민의 권리와 이익을 침해하지 않는 범위에서 구체적 사정에 따라 합목적적으로 인정하여야 한다고 하고 있다.266)

---

266) 하자 있는 행정행위의 치유나 전환은 행정행위의 성질이나 법치주의의 관점에서 볼 때 원칙적으로 허용될 수 없는 것이지만, 행정행위의 무용한 반복을 피하고 당사자의 법적 안정성을 위해 이를 허용하는

2. 하자의 치유

1) 의의

하자의 치유라 함은 행정행위가 성립 당시에 하자가 있기는 하지만, 사후에 그 요건이 보완(추완)된 경우에, 당해 행위를 하자 없는, 즉 적법한 행위로 취급하는 것을 말한다. 통설은 이러한 하자의 치유는 취소할 수 있는 행정행위에만 인정되는 것으로 본다.

2) 치유사유

치유가 인정될 수 있는 경우로서는, ① 요건의 사유보완(예: 필요한 신청서의 사후제출 또는 보완 등), ② 이른바 사실상 공무원의 이론이 적용되는 경우, 즉 공무원 또는 행정청의 자격이 없는 자의 처분 등에 대하여 일정한 경우 행정질서의 안정과 계속성의 보장의 관점에서 이를 적법 · 유효한 행위로 취급하는 경우, ③ 하자 있는 행정행위의 장기간 방치에 따른 행정행위의 내용실현, ④ 취소할 수 없는 공공복리의 필요를 일반적으로 들고 있다. 그러나 ③④의 경우는 엄격한 의미에서 보면, 치유사유가 아니라 취소(직권취소 또는 쟁송취소)의 제한사유라고 보는 것이 타당하다. 이 외에도 그 하자가 경미하여 취소할 만한 성질의 것은 아니라고 판단되는 경우도 이를 하자의 치유의 경우에 포함시키고자 하는 견해도 있으나, 이 또한 엄격한 의미에서 취소의 제한사유로 보아야 할 것이다.

실제 하자의 치유가 문제되거나 인정되는 것은 형식 · 절차상의 하자가 처분 후에 추완된 경우이다.

일반적으로 하자의 치유의 인정 여부는 위법성의 정도, 그 위반법규의 취지 · 목적 및 당해 행정행위(침익적 · 수익적 또는 복효적 행위)에 의하여 형성되는 이익 상황 등을 구체적으로 검토한 후에, 법치주의원칙을 희생시킬 만한 다른 법적 가치의 존부 및 그 경우에 침해될 수 있는 공익이나 기타 이익의 내용을 비교형량하여 결정하여야 할 것이다. 이러한 관점에서 하자가 비교적 경미하고 또는 제3자의 기존의 이익이 존재하는 경우에는 치유를 인정할 여지가 있다 할 것이나, 그러하지 않은 경우에는 법률에 의한 행정의

때에도 국민의 권리와 이익을 침해하지 않는 범위에서 구체적 사정에 따라 합목적적으로 인정해야 할 것이다(대판 1983. 7. 26, 82누420).

원리상 그 치유를 안이 하게 인정하여서는 아니 될 것이다.

3. 하자 있는 행정행위의 전환

1) 의의

하자 있는 행정행위의 전환이라 함은 행정행위가 원래의 행정행위로서는 위법한 것으로서 취소할 수 있거나 무효인 행위이나, 이를 다른 행정행위로 보면 그 요건이 충족되는 경우에, 그러한 다른 행정행위로 보아 유효한 행위로 취급하는 것을 말한다. 무효인 행정행위의 전환만을 인정하는 것이 통설적 입장이다.

치유는 흠 있는 행정행위가 본래의 행정행위로서 적법한 행위로 취급되는 것인 데 대하여, 전환은 본래의 행정행위가 아니고 다른 행정행위로서 유효한 행위로 되는 점에서 차이가 있다.[267]

2) 인정근거

이와 같은 하자 있는 행정행위의 전환이론은 공공복리의 실현이나, 행정행위의 불필요한 반복을 피하려는 행정경제적 고려 및 당사자의 법적 안정성의 보장 등에서 그 이론적 근거를 찾을 수 있을 것이다.[268]

3) 요건

하자 있는 행정행위가 유효한 행위로의 전환이 인정되기 위해서는, ① 양 행정행위사이에 요건·목적·효과에 있어 실질적 공통성이 있고, ② 원처분이 전환되는 행위로서의 성립·발효요건을 갖추고 있어야 하며, ③ 하자 있는 행정행위를 한 행정청의 의도에 반하지 않아야 하며, ④ 당사자에게 원처분의 경우보다 불이익을 부과하는 것이 아니어야 하며, ⑤ 제3자의 이익을 침해하는 것이 아니어야 한다.[269]

---

267) 김동희,『행정법 요론』, 박영사, 2010, 260면.
268) 대판 1983. 7. 26, 82누420.
269) 김동희,『행정법 요론』, 박영사, 2010, 249면.

4) 효과

하자 있는 행정행위의 전환은 새로운 행정행위를 인정하는 것이므로, 그 전환에 불복할 경우 이해관계인은 행정쟁송을 제기하여 다툴 수 있다.

제7절 경찰상 행정행위의 취소

Ⅰ. 행정행위 취소의 의의

1. 개념

행정행위의 취소라 함은 그 성립에 흠이 있음에도 불구하고 일단 유효하게 성립한 행정행위를 그 성립상의 하자를 이유로 권한 있는 기관이 그 효력의 전부 또는 일부를 원칙적으로 기왕에 소급하여 상실시키는 행위를 말한다. 이러한 의미의 취소에는 직권취소와 쟁송취소가 있다.

2. 직권취소와 쟁송취소

직권취소와 쟁송취소는 모두 행정행위의 성립상의 흠을 이유로 그 효력을 상실시키는 형성적 행위라는 점에서는 공통성이 있다. 그러나 양자 사이에는 그 형식·절차·내용·이익 상황 등에 있어 여러 가지 차이가 있다.

1) 취소권자

직권취소의 취소권자는 직무상 취소할 수 있는 자, 즉 행정청(처분청·감독청)이고, 쟁송취소의 취소권자는 행정청(재결청) 또는 법원이다.

2) 취소의 목적

직권취소는 행정행위를 그 성립상의 하자를 이유로 행정청이 스스로의 발의에 의하여 취소하는 것으로서, 그 목적은 행정의 적법상태를 회복시킴과 동시에 적극적·장래 지향적으로 행정목적을 실현하는 데 있다.

이에 대하여 쟁송취소는 위법·부당한 행정행위로 인하여 그 권리·이익의 침해를 받은 자에 의한 쟁송(행정심판·행정소송)의 제기에 의하여 권한 있는 기관이 당해 행위의 효력을 소멸시키는 것이다. 쟁송취소는 위법한 행정행위의 효력을 소멸시킴으로써, 위법상태를 시정하여 행정의 적법상태를 확보하고, 위법한 행정행위에 의하여 침해된 국민의 권리·이익을 구제하는 데에 그 목적이 있다.

3) 취소의 절차

직권취소는 종래 개별법에서 달리 정하고 있지 아니한 특별한 절차를 요하지 아니한다고 보았으나, 1996년 12월에 제정된 행정절차에 관한 일반법인 행정절차법은 불이익한 처분에 대하여는 의견제출 절차를 거치도록 규정하고 있다(행정절차법 제22조 제3항). 이에 따라 직권취소가 불이익한 처분을 내용으로 하는 경우에는 정식절차인 청문절차와 약식절차인 의견제출 절차에 의하여야 한다. 이에 대하여 쟁송절차는 행정심판법·행정소송법 등의 쟁송절차에 의하여야 한다.

4) 취소의 대상

직권취소는 주로 수익적 행정행위를 그 대상으로 한다. 이에 대하여 쟁송취소는 침익적 행정행위가 그 대상이 된다. 특히 복효적 행정행위에 있어서는 제3자의 쟁송제기에 의해서도 이를 취소할 수 있는바, 이는 복효적 행정행위가 그 상대방에 대하여는 수익적 성격을 가지나 제3자에 대하여는 침익적 행위로서의 성질을 가지는 것이기 때문이다.

5) 취소의 내용

직권취소의 경우에는 그 권한 있는 기관은 행정행위를 취소 또는 변경할 수 있다고 할

수 있을 것이고, 행정심판에 의한 취소에 있어서도 행정심판이 본질적으로 행정의 자율
적 통제제도로서의 의미를 가진다는 점에서 마찬가지로 행정행위의 적극적 변경이 허용
된다고 할 것이다. 그러나 행정소송에 의한 취소의 경우에는 그 성질상 적극적 변경은
허용되지 않는다고 함이 일반적이다.270)

6) 취소기간

직권취소의 경우에는 원칙적으로 기간상의 제한이 없다. 그러나 직권취소의 경우에도
실권의 법리에 따르면 실질적인 기간의 제한을 받는다. 이에 대하여 쟁송취소에 있어서
는 쟁송제기기간상의 제한을 받는다(행정심판법 제18조, 행정소송법 제20조).

7) 취소의 효과

직권취소에 있어서는 상대방의 신뢰보호와의 관계에서 그 소급효가 제한되는 경우가
있을 수 있으나, 쟁송취소의 경우에 있어서는 행정행위의 위법상태를 시정하여 행정의
적법 상태로 회복시키는 것을 목적으로 하는 것이므로, 취소의 효과는 당연히 기왕에 소
급한다.
또한 쟁송취소에 있어서는 불가변력이 인정되나, 직권취소에 있어서는 관계법상 특별
한 절차가 규정되어 있지 않는 한, 원칙적으로 불가변력은 인정되지 않는다.

Ⅱ. 행정행위의 직권취소

1. 의의

행정행위의 직권취소라 함은, 일단 유효하게 성립한 행정행위를 그 성립상의 하자를
이유로 권한 있는 행정기관이 그 효력을 원칙적으로 기왕에 소급하여 상실시키는 별개의
행정행위를 말한다.

---

270) 장태주, 『행정법개론』, 법문사, 2010, 303면.

2. 취소권

1) 근거

행정행위의 근거법이 당해 행위가 위법하게 되는 경우를 상정하여 그 직권취소에 관한 명시적 규정을 두고 있는 경우는 거의 없다. 그런데 직권취소는 주로 수익적 행정행위를 대상으로 한다는 점을 고려한다면, 그 취소는 상대방의 권익을 침해한다는 점에서 그에 관한 명시적 법적 근거가 필요하다는 견해가 있다(침해유보설). 그러나 법치주의, 보다 구체적으로는 행정의 법률적합성원칙의 관점에서 보면, 행정청에도 별도의 명시적 근거규정이 없이도 위법한 행정작용을 스스로 시정할 수 있는 권한이 있다고 봄이 타당하다.271)

2) 취소권자

처분청이 취소권을 가지는 점에 대해서는 의문이 없다. 이에 반하여 감독청도 명문의 규정이 없는 경우 취소권을 가지는가에 대하여는 견해가 나누어지고 있다.

(1) 적극설

이 견해에 의하면, 감독청에 의한 취소는 하급행정청의 위법한 행정행위를 시정하는 행정의 자율적 통제수단이므로, 취소권은 감독권에 당연히 포함되어 있다고 본다. 다만 철회권이 감독청에 인정되지 않는 것은 철회의 경우 새로운 후발적 사정과 관련하여 그 행위를 존속시킬 것인지의 여부를 판단하는 것은 성질상 새로운 행정행위를 하는 것과 같으므로, 그 판단권은 처분청만이 가져야 하는 것이기 때문이라고 한다.

(2) 소극설

이 견해에 의하면, 감독청은 법률에 명시적 규정이 없는 한 처분청에 대한 당해 행위의 취소명령권만을 가진다고 본다. 그것은 하급행정청의 처분을 감독청이 취소하는 것은 일종의 대집행적 성질을 가지는 것이고, 취소는 훈령과 달리 대외적 효력이 있는 것이

---

271) 대법원은 "행정행위를 한 처분청은 그 행위에 하자가 있는 경우에는 별도의 법적 근거가 없더라도 스스로 이를 취소할 수 있다(대판 1986. 2. 25, 85누664)."고 판시하고 있다.

기 때문이라고 한다.

(3) 사견

생각건대, 행정조직법상 상급행정청이 감독권의 일환으로서 하급행정청의 위법한 행위를 시정할 수 있는 권한을 가지는 것이라면, 이러한 권한의 내용을 단순히 위법한 행위의 시정명령에 그치는 것이라고 보아야 할 이유는 없다고 본다.

그 자체 행정의 자율적 통제수단으로서의 의미도 가지는 행정심판상의 취소심판에 있어 처분청의 상급행정청인 재결청이 가지는 취소권은 실체법상 상급행정청에도 취소권이 있음을 전제로 하여 인정된 것이라고 보아야 할 것이다.

3. 취소사유

취소사유에 관하여는 관계법에서 명문의 규정을 두고 있는 경우도 있으나, 그러한 규정이 없는 경우에도 무효원인에 이르지 않는 행정행위의 하자가 있으면 일반적 취소사유가 된다. 즉 내용적으로 단순한 위법(실정법·불문법원리 위반) 또는 부당이 취소사유가 된다. 이와 관련하여 몇 가지 특별한 문제가 되는 경우를 살펴본다.

행정청의 착오로 위법한 수익적 처분이 행해진 경우는, 상대방의 신뢰보호의 견지에서 그 취소는 허용되지 않거나 제한된다 할 것이다.272) 사기·강박·착오에 기한 것인 때에는 상대방의 신뢰보호의 문제는 제기되지 않는 것이므로, 행정청은 당해 처분을 취소할 수 있고, 또한 그 취소의 효과도 기왕에 소급한다. 행정행위의 부당도 취소원인으로서 인정된다. 그러나 부당한 행정행위는 내용적으로는 적법한 행위라는 점에서, 수익적 행정행위에 대한 상대방의 신뢰보호가 인정되는 한에서는, 부당을 이유로 하는 취소는 허용되지 아니한다 할 것이다.

4. 취소권의 제한

행정행위의 직권취소에 있어서는 수익적 행정행위와 침익적 행정행위는 그 이익 상황을 달리하는 것으로서, 직권취소의 제한의 문제는 기본적으로 취소의 경우에 제기되는

---

272) 대판 1991. 4. 12, 90누9260.

것이다.

1) 수익적 행정행위의 취소

(1) 기본적 제한사유: 법적 안정성 및 신뢰보호원칙에 의한 제한

행정행위의 직권취소는 법률적합성 원칙에 따른 요청과 신뢰보호의 원칙에 따른 요청을 구체적으로 비교형량하여 취소 여부를 결정하여야 한다.[273]

이러한 법치국가의 양대원리의 구체적 비교형량에 있어서는 행정행위의 성질이나 구체적 상황 등에 따라, ① 직권취소가 허용되지 않는 경우(신뢰보호원칙에 따른 당해 행위 존속요청이 공익상의 요청에 따른 직권취소의 필요보다 더 큰 경우), ② 취소자체는 허용되나 그에 따르는 손실의 보상이 요청되는 경우, 또는 ③ 단순히 취소의 효과만이 제한되는 경우 등이 상정될 수 있다.

(2) 기타 제한사유

이 밖에 행정행위의 취소의 제한 사유로 위법한 행정행위의 치유 · 전환이 인정되는 경우 및 형식 · 절차상의 하자가 경미하여 행정행위의 실체적인 내용에 영향이 없는 경우, 인가 등과 같이 사인의 법률행위를 완성시켜 주는 행위는 취소가 제한된다.

(3) 실권의 법리

취소권자가 상당히 장기간에 걸쳐 그 권한을 행사하지 아니한 결과, 장차 당해 행위는 취소되지 않을 것이라는 신뢰가 형성된 경우에는 그 취소권은 상실된다고 할 것이다. 독일행정절차법은 이러한 법리를 명문화하여, 행정청은 행정행위의 취소를 정당화하는 사

---

273) 법적 안정성 및 신뢰보호의 원칙에 기한 취소권제한이론의 전개에 관하여 다음과 같이 설명될 수 있다. 전통적으로는 행정의 법률적합성의 원칙에 따라 하자 있는 행정행위는 행정청이 자유로이 취소할 수 있는 것으로 인정되고 있었다(법률적합성에 의한 취소자유원칙). 그러나 1950년대 후반부터 독일에서는 판례를 중심으로 하여 신뢰보호의 원칙에 기한 이익형량의 원리에 따라 종래의 취소자유의 원칙은 취소제한의 원칙으로 전환되었다. 다만 이에 대하여 프로스트호프는 신뢰보호의 원칙에 기한 취소권의 제한은 법치주의의 원리에 반한다고 보아, 판례의 태도를 정면으로 비판한 바 있다. 그러나 통설에 의하면 헌법상의 법치주의는 법률적합성 원리와 법적 안정성 원리를 동위적 · 동가치적인 구성요소로 하는 것으로서, 신뢰보호의 원칙은 후자에서 도출되는 것으로 보고 있다(김동희, 『행정법 요론』, 박영사, 2010, 265면).

실을 안 날로부터 1년이 경과한 뒤에는 취소할 수 없다고 규정하고 있다(동법 제48조 제4항). 이러한 실권의 법리는 신뢰보호의 원칙을 기초로 하는 것이다.

(4) 쟁송절차를 거쳐 행하여지는 준사법적 행위

쟁송절차를 거쳐 행하여지는 준사법적 행위(행정심판의 재결 등)나 일정한 확인행위(예: 당선인결정·국가시험합격자결정 등)에는 불가변력이 발생하므로, 그 한도에서는 취소가 허용되지 않거나 제한을 받는다.

2) 침익적 행정행위의 취소

침익적 행정행위의 취소에 있어서는 수익적 행정행위의 경우와 같은 신뢰보호원칙에 의한 제한은 적용되지 아니한다. 따라서 침익적 행정행위의 경우는 그 취소 여부는 원칙적으로 취소권자의 재량에 따라 결정된다고 보고 있다. 그러나 침익적 행정행위의 취소의 경우에 있어서도 복효적 행정행위에서의 공공복리 및 제3자의 이익의 보호의 견지에서 취소가 제한되는 경우가 상정될 수 있다.

3) 취소의 절차

직권취소에 대하여는 근거법에서 그 절차를 규정하고 있는 경우가 많으나, 그러한 규정이 없는 경우에는 행정절차법이 정한 절차에 의한다(행정절차법 제21조, 제22조). 절차를 강조하는 이유는 직권취소는 수익적 행정행위를 주 대상으로 하는 침익적 처분의 성질을 가지기 때문이다.

4) 취소의 효과

쟁송취소가 그 성질상 소급효가 원칙이다. 그런데 쟁송취소의 경우에 행정행의 하자가 당사자의 귀책사유로 인하여 생긴 경우를 제외하고는 당사자에게 불이익하게 소급되지 아니하고 장래에 향해서만 행정행위의 효력이 소멸된다는 견해가 있다.[274]

---

274) 김동희, 『행정법 요론』, 박영사, 2010, 267면.

그러나 쟁송취소의 대상이 되는 것은 주로 침익적 행정행위이므로 그러한 경우는 예외적인 것으로 볼 수 있을 것이다. 직권취소에 있어서 취소의 효과는 그 소급여부를 일률적으로 말할 수 없고, 구체적인 이익형량에 따라 결정하여야 한다고 본다(다수설). 즉 행정행위의 효과가 일시적인가 아니면 계속적인가를 고려해야 하며, 취소를 요구하는 이유가 이미 완결된 법률관계까지도 제거시켜야 하는 것인지 여부, 당해 행정행위의 존속에 대한 당사자의 신뢰 여부 등 구체적 사항을 고려하여 직권취소의 효과의 소급 여부를 결정해야 할 것이다.275)

5) 취소의 취소

취소의 취소문제는 행정행위를 직권으로 취소한 후에, 그 취소행위에 하자가 있음을 이유로 하여 이를 다시 취소하여 원행정행위를 소생시킬 수 있겠는가 하는 것 이다.

(1) 취소에 무효사유인 하자가 있는 경우

이 경우 행정행위로서의 당해 취소행위는 처음부터 효력을 발생하지 아니하므로, 원행정행위는 그대로 존속한다.

(2) 취소에 단순취소사유인 하자가 있는 경우

가. 소극설

이 견해에 따르면, 행정행위는 취소에 의하여 그 효력이 확정적으로 소멸되는바, 법령상 명문의 규정이 없는 경우에는 재취소에 의하여 그 효력을 소생시킬 수는 없는 것이므로, 원행정행위를 소생시키기 위하여 같은 내용의 행정행위를 다시 할 수밖에 없다고 한다.

나. 적극설

이 견해에 따르면, 취소도 행정행위이므로, 하자의 일반론에 따라 그에 하자가 있는 때에는 이를 취소하여 원행정행위를 다시 소생시킬 수 있다고 한다. 적극설이 타당하다(통설). 그러나 판례는 적극설을 취하기도 하고,276) 소극설의 입장277)을 취하기도 하였다.

---

275) 윤양수 「행정법 개론」, 온누리, 2011, 305면; 장태주, 『행정법개론』, 법문사, 2010, 308면.

이러한 판례의 입장은 원행정처분이 수익적인 경우에는 적극설을 취하고, 침익적인 경우는 소극설을 취한 것으로 보는 것이 타당하다.

제8절 경찰상 행정행위의 철회

Ⅰ. 의의

행정행위의 철회라 함은 하자 없이 유효하게 성립한 행정행위에 대하여 사후에 그 행정행위의 효력을 존속시킬 수 없는 새로운 사정의 발생을 이유로 장래에 향해 그 행정행위의 효력을 소멸시키는 독립된 행정행위를 말한다. 철회는 실정법에서 취소라는 용어로 사용됨이 보통이다.[278] 그러나 철회는 행정행위의 성립상의 하자를 그 원인으로 하는 취소와 달리 사후에 발생한 새로운 사유를 그 원인으로 한다는 점에서 구별된다.[279]

Ⅱ. 철회권자

행정행위의 철회는 원칙적으로 처분청만이 할 수 있으며, 상급행정청(감독청)은 법률에 특별한 규정이 없는 한 직접 당해 행위를 철회할 수는 없다. 처분청만이 철회권을 갖는 이유로는 철회는 그 자체가 원처분의 효력을 없게 하는 새로운 행정행위의 성질을 갖는다는 점, 감독청은 법률에 특별한 규정이 없는 한 피감독청의 권한에 대한 대집행의 권한이 없다는 점을 들 수 있다.[280]

---

276) 대판 1992. 1. 21, 96누340.
277) 대판 2006. 3. 28, 2004두5317; 2002. 5. 28, 2001두9653.
278) 장태주, 『행정법개론』, 법문사, 2010, 312면.
279) 대판 2006. 5. 11, 2003다37969.
280) 정중하, 『행정법개론』, 법문사, 2010, 309면.

Ⅲ. 철회권의 근거 및 철회사유

1. 철회의 근거

철회에 관하여는 독일의 경우 제2차 대전 전까지는 철회자유의 원칙이 지배하고 있었다. 그러나 수익적 행정행위의 철회는 기존의 권리·이익을 소멸시키는 침익적 행정행위의 성질을 가지는 것이므로, 현재는 철회권의 근거의 문제가 제기되고 있다.

1) 적극설(근거 필요설)

이 견해는 철회에도 법률의 근거를 요한다고 본다. 그 논거로서는 수익적 행정행위의 철회는 적법하게 성립한 상대방의 권리·이익을 침해하는 것이므로, 위법한 행정행위의 취소와는 달리 법률의 근거가 필요하고, 특히 허가·특허 등의 행정행위는 기본권의 구체화행위로서의 성질을 가지는 까닭에, 그 철회는 기본권침해를 결과하는 것이므로 철회에 있어서도 당연히 법률의 근거를 요한다고 본다.

2) 소극설(근거불요설)

이 견해에 따르면, 행정행위의 철회는 행정행위를 존속시키기 어려운 새로운 사정과의 관련해서 고려되는 것이고 보면, 행정의 법률적합성이나 공익적합성, 새로운 사정에 대한 적응요청 등을 고려할 때, 철회에도 반드시 법적 근거가 있어야 한다는 견해는 타당하지 않다고 한다. 소극설이 타당하다.281) 즉 행정행위의 권한을 부여하는 규정은 동시에 그 철회의 권한도 부여한 것으로 볼 수 있고, 또한 철회원인의 발생 시에 본래의 행정행위를 했더라면, 그것은 하자 있는 행정행위가 되었을 것이며, 나아가 권리구제로서 철회에 대하여 쟁송제기가 가능하기 때문이다.

---

281) 대판 2004. 7. 22, 2003두7606; 대판 1992.1.17, 91누3130. "처분 당시에 그 행정처분에 별다른 하자가 없었고 또 그 처분 후에 이를 취소할 별도의 법적 근거가 없다 하더라도 원래의 처분을 그대로 존속시킬 필요가 없게 된 사정변경이 생겼거나 또는 중대한 공익상의 필요가 발생한 경우에는 별개의 행정행위로 이를 철회하거나 변경할 수 있다고 보아야 할 것이다."라고 하여, 소극설을 취하고 있다.

3) 검토

기본권보호를 목적으로 하는 실질적 법치국가에서 개인의 기본권 침해에 해당하는 철회권의 행사는 법적 근거 없이는 허용될 수 없을 것이다. 따라서 행정행위의 철회로 인하여 기본권의 침해되지 않도록 독일행정절차법 제49조와 같이 법적 근거와 철회사유를 법제화하는 것이 바람직할 것이다.[282]

2. 철회의 사유

법령에 규정된 철회사유가 발생한 때(예: 도로상황의 변경으로 인한 도로점용허가 철회), 부관으로서 철회권이 유보된 경우에 그 사유가 발생한 때, 상대방이 행정행위에 수반되는 법정의무 또는 부관에 의한 의무를 위반하거나 이행하지 않은 경우(가장 일반적인 철회사유), 일정한 시기까지 행사할 수 있는 권리행사를 하지 않거나 사업을 착수하지 않는 경우, 행정행위의 내용인 사업·목적의 달성이 불가능함이 판명된 경우, 사정변경으로 인하여 행정행위의 존속이 공익상 중대한 장애가 되는 경우이다.

3. 철회의 제한

1) 수익적 행정행위의 철회의 제한사유

수익적 행정행위의 철회는 법률적합성·행정목적실현과 같은 공익을 위하여 행하지만, 그로 인하여 상대방의 법적 안정성 내지 신뢰보호 등이 침해될 수도 있다. 따라서 수익적 행정행위의 철회는 철회하여야만 하는 공익상의 필요 또는 제3자의 이익보호와 상대방의 이익을 비교형량하여 결정하여야 한다.

2) 침익적 행정행위의 철회의 제한사유

하명 등의 철회와 같이 부담적 행정행위의 철회는 원칙적으로 상대방에 대해서는 그 행사의 제한을 받지 아니한다.

---

282) 정중하, 『행정법개론』, 법문사, 2010, 310면.

그러나 복효적 행정행위의 경우에는 철회로 인하여 제3자의 이익이 침해될 수 있는바, 철회가 제한된다. 따라서 이 경우의 철회여부는 철회에 의하여 달성하고자 하는 공익과 그로 인하여 침해되는 제3자의 이익을 구체적으로 비교형량하여 결정되어야 한다.

3) 기타 철회권의 제한사유

(1) 불가변력

확인행위 등과 같이 불가변력을 발생하는 행위에 대해서는 철회가 제한된다.

(2) 실권의 법리

철회사유가 발생한 경우에도 행정청이 일정한 기간 철회권을 행사하지 않은 경우, 신뢰보호의 견지에서 행정청은 그 행위를 철회할 수 없다.

Ⅳ. 철회의 절차

행정행위의 철회절차에 관하여 명시적 규정을 두고 있는 경우에는 그에 따라야 하고, 명시적 규정을 두고 있지 아니한 경우에는 행정절차법에 의하여 행하여야 한다.

수익적 행정행위의 철회는 그 자체가 침익적 처분이 되므로, 그 철회를 함에 있어서 처분청은 행정절차법에 정한 바에 따라 상대방의 권익보호 및 철회의 공정성확보를 위해 당사자에게 철회의 사전통지를 하여야 하고, 의견절차를 거쳐야 하며, 철회의 이유를 제시하여야 할 것이다(행정절차법 제21조, 제22조).[283]

Ⅴ. 철회의 효과

처음부터 적법행위였던 것을 행정행위성립후의 새로운 사유발생으로 인하여 철회하는 것이므로 철회의 효과는 언제나 장래에 향해서만 발생한다. 철회의 부수적 효과로서 원

---

283) 윤양수 「행정법 개론」, 온누리, 2011, 305면.

상회복·시설개수명령 등이 있을 수 있는바, 이 경우에는 법적 근거가 필요하다. 상대방의 귀책사유에 의한 경우를 제외하고는 수익적 행정행위의 철회로 인하여 개인이 받는 재산상 손실에 대하여는 관계 법률의 규정에 따라 손실보상을 청구할 수 있다.

VI. 철회의 취소

행정행위의 철회에 중대하고 명백한 하자가 있어 당연 무효인 경우에는 철회는 없었던 것이 된다. 행정행위 철회 자체에 취소원인인 하자가 있는 경우에는 절회도 행정행위이므로 행정행위의 하자에 관한 일반원리에 따라 그 철회의 취소가 가능하다.[284]

제9절 경찰상 행정행위의 실효

I. 의의

행정행위의 실효란 유효한 행정행위의 효력이 일정한 사실의 발생으로 장래에 향하여 그 효력이 소멸되는 것을 말한다.[285] 실효는 일단 유효한 행정행위의 효력이 소멸되는 것인 점에서 무효와 부존재와 다르고, 하자와는 전혀 관계가 없으며 실효사유가 발생한 때부터 장래에 향하여 효력이 소멸된다는 점에서 무효와 구별된다. 또한 일정한 사실의 발생에 의하여 당연히 그 효력을 소멸한다는 점에서 행정기관의 의사행위를 필요로 하는 취소·철회와도 구별된다.[286]

II. 실효의 사유

실효사유로서는 행정행위의 목적물의 소멸, 상대방의 사망, 행정행위의 목적의 달성,

---

284) 윤양수 「행정법 개론」, 온누리, 2011, 305면.
285) 대판 2001. 11. 13, 2000두1706.
286) 정중하, 『행정법개론』, 법문사, 2010, 316면.

행정행위의 부관으로서의 해제조건의 성취 또는 종기의 도래 등을 들 수 있다. 다만 종기에 관한 한 지속적 행정행위로서의 허가 등에 부가된 기한이 지나치게 단기인 때에는 그것은 당해 행위의 유효기간이 아니라 허가 조건을 재고하기 위한 갱신기간으로 보아야 하는 경우도 있다.[287]

Ⅲ. 실효의 효과

실효사유가 발생하면 당해 행정행위는 행정청의 별도의 행위 없이도 그 때부터 당연히 효력이 소멸된다.

Ⅳ. 실효의 주장

행정행위의 실효는 누구나(행정청·사인) 이를 자유로이 주장할 수 있으나, 해제조건의 성취 또는 당해 행정행위의 목적의 성취 등에 대하여 의문이 있어서 행정청과 사인 사이에 견해가 대립하는 수가 있다. 이러한 경우 관계인은 그로 인한 법적 불안상태의 제거를 위하여 실효 또는 유효확인소송을 제기하여(행정소송법 제4조 제2호), 당해 행위의 실효 또는 유효의 확인을 받을 수 있을 것이다.

제10절 경찰상 행정행위의 부관

Ⅰ. 개념

행정행위의 부관이라 함은 행정행위의 효과를 제한하거나 부가적 의무를 부과하기 위하여 행정행위의 주된 내용에 부가하는 부대적 규율을 말한다. 행정행위의 부관은 학문상 개념이며 오히려 조건으로 표시하고 있다. 행정청의 의사결정에 의하여 붙여지는 것

---

287) 김동희, 『행정법 요론』, 박영사, 2010, 274면.

이므로 법령의 규정에 의하여 직접 부가된 법정부관(예: 자동차검사의 유효기간을 정한 자동차관리법시행규칙)과 구별된다.

Ⅱ. 부관의 기능

1. 순기능

1) 행정의 탄력성 부여

예컨대 요건의 일부가 충족되지 않은 허가신청이 있는 경우 요건을 구비할 것을 부관의 대상으로 하여 허가를 할 수 있으므로 부관은 행정에 탄력성을 부여한다.

2) 절차적 비용의 절감

신청을 거부하여 그에 대한 재신청과 재심사를 하는 것보다 부관을 붙여 허가를 발급하는 것이 절차경제, 즉 시간과 노력을 절약할 수 있게 해 준다.

3) 공익 및 제3자의 보호

예컨대 건축허가에 부관을 붙임으로써 환경보호를 도모할 수 있고(공익보호기능), 이해관계가 복잡하게 얽히는 계획행정영역에 있어서는 제3자의 권익침해를 방지하기 위하여 부관을 활용할 수 있다.

4) 공재정의 확보

수익적 행정행위를 발급함에 있어서(예: 인가, 허가 등) 사용료·점용료 등의 납부를 부관으로 함으로써 공재정의 확보를 도모할 수 있다.

2. 역기능

행정편의주의에 따라 부관을 붙이거나 남용하는 경우에는 상대방에게 불이익을 주게 된다.

Ⅲ. 부관의 종류

1. 조건

조건은 행정행위의 효력을 그 발생이 불확실한 장래의 사실에 의존하게 하는 행정청의 의사표시를 말한다. 조건에는 그 성취에 의하여 행정행위의 효과가 비로소 발생하는 정지조건(도로의 완공을 조건으로 하는 여객자동차운수사업면허)과 행정행위의 발령에 의하여 효력은 발생하나 조건의 성취에 의하여 행정행위의 효력이 상실되는 경우의 해제조건(일정한 기간 내에 공사에 착수할 것을 조건으로 하는 공유수면매립면허)이 있다.

2. 기한

기한이란 행정행위의 효과의 발생 또는 소멸을 도래 확실한 장래의 사실에 의존하게 하는 행정청의 의사표시를 말한다. 이에는 다시 시기와 종기가 있고, 사실이나 시간도래가 확정된 기한인 확정기한과 현재로서는 시점을 확정할 수 없으나 도래할 것은 확실한 불확정기한으로 분류할 수 있다.[288] 기한은 당해 사실의 도래가 확실하다는 점에서 사건의 발생 자체가 불확실한 조건과 구별된다.

---

288) 류지태·박종수, 『행정법신론』, 박영사, 2010, 248면.

3. 부담

1) 의의

(1) 개념

부담은 행정행위의 주된 내용에 부가하여 그 상대방에게 작위·부작위·급부·수인을 명하는 행정청의 의사표시를 말한다. 주로 수익적 행정행위에 붙여진다. 예컨대 영업허가를 하면서 각종 준수의무를 명하는 것, 도로·하천의 점용허가를 하면서 점용료 또는 사용료의 납부를 명하는 것, 건축허가를 하면서 각종의 부담을 명하는 것 등이 이에 해당한다.

(2) 조건과의 구별

부담은 정지조건과 구별된다. 정지조건부 행정행위는 조건이 성취되기 전까지 그 효력이 정지되고 있는 것이나, 부담부 행정행위는 처음부터 완전히 효력을 발생하고, 다만 그와 관련하여 상대방에게 일정한 의무가 부과되고 있다는 점에서 구별된다. 또한 부담은 해제조건과 구별된다. 해제조건부 행정행위는 조건성취에 의하여 당연히 그 효력을 상실하는 데 대하여, 부담부 행정행위는 상대방이 그 의무를 이행하지 않는 경우에도 당연히 그 효력이 상실되는 것은 아니고, 행정청이 그 의무불이행을 이유로 당해 행정행위를 철회하거나, 행정상 강제집행 또는 일정한 제재를 과한다는 점에서 구별된다.[289]

2) 성질

부담은 다른 부관들과는 달리 행정행위의 효력발생 또는 소멸과 직결되는 것이 아니어서 부담의 불이행이 있다고 하더라도 행정행위의 효력이 당연히 소멸하는 것은 아니다. 부담에 대해서는 행정행위의 구성요소가 아니라 그 자체가 하나의 행정행위로서 행정쟁송의 대상이 된다.

---

289) 대판 2000. 2. 11, 98누7527.

3) 행정행위의 하자와 부담의 효력

부담은 주된 행정행위에 의존하는 것이기 때문에 주된 행위가 무효이면 부담도 무효가 된다.

4. 철회권의 유보

철회권의 유보는 행정행위의 주된 내용에 부가하여 일정한 경우에 당해 행위를 철회할 수 있는 권한을 유보하는 행정청의 의사표시를 말한다. 취소권의 유보라 부르기도 한다. 철회권의 유보가 법규에서 직접 규정되기도 한다(도로교통법 제93조 제2항).

5. 법률효과의 일부배제

이는 행정행위의 주된 내용에 부가하여 그 법적 효과 발생의 일부를 배제하는 행정청의 의사표시를 말한다.

법률효과의 일부배제는 부관이 아니라 행정행위의 효과의 내용적 제한으로 보아야 한다는 견해도 있지만, 다수설은 법률효과일부배제를 부관의 일종으로 보면서 법령의 근거가 있는 경우에 한하여 붙일 수 있는 것으로 보고 있다.

Ⅳ. 부관의 가능성과 한계

1. 부관의 가능성

개별법률에 명문의 규정이 없는 경우 부관의 가능성과 관련하여 판례와 전통적인 견해는 부관이 행정행위의 효과를 제한하기 위해 주된 의사표시에 부가되는 종된 의사표시라는 전제하에 부관은 법률행위적 행정행위에만 붙일 수 있고, 준법률행위적 행정행위에는 붙일 수 없으며,290) 법률행위적 행정행위의 경우에도 재량행위에 만 부관을 붙일 수 있고, 기속재량행위에는 붙일 수 없다.

대판 2004. 3. 25, 2003두12837

재량행위에 있어서는 관계법령에 명시적인 금지규정이 없는 한 행정목적을 달성하기 위하여 조건이나 기한 부담 등의 부관을 붙일 수 있고, 그 부관의 내용이 이행 가능하고 비례의 원칙 및 평등의 원칙에 적합하여 행정처분의 본질적 효력을 저해하지 아니하는 이상 위법하다고 할 수 없다.

---

2. 사후부관의 가능성

일단 행정행위를 발한 후에, 그에 다시 부관을 붙일 수 있는가에 대하여는 견해가 나뉘고 있다.

1) 부정설

부관은 주된 행정행위에 부가된 종된 것이므로 그의 독자적 존재를 인정할 수 없고 사후에 부가하는 것은 부관의 부종성에 반하므로 사후에 부관을 따로 붙일 수 없다.291)

---

290) 대판 1975. 8. 29, 75누23.
291) 장태주, 『행정법 개론』, 법문사, 2010, 236면.

2) 제한적 긍정설

판례 및 통설의 입장이다. 이 견해는 사후에 부관을 붙이는 것은 당해 행위를 철회하고 새로운 부관부 행정행위를 하는 것과 같으므로 원칙적으로 인정되지 않지만, 법령에 그 근거가 있거나, 상대방의 동의가 있거나, 또는 부담이 유보되어 있는 경우에는 가능하다고 본다.

판례는 원칙적으로 위의 사유에 의한 사후부관이 허용된다고 보며, 그 외에도 사정변경으로 인하여 당초에 부관을 부가한 목적을 달성할 수 없게 된 경우에도 그 목적달성에 필요한 범위에서는 사후부관이 예외적으로 허용된다고 보고 있다.292)

3. 부관의 한계

부관의 한계는 행정행위에 부관을 붙이는 경우에 어느 정도까지 부관을 붙일 수 있는가의 문제이다. 법률이 부관의 내용에 대하여 일정한 한계를 규정하고 있는 경우, 그 한계를 넘어서는 부관을 붙여서는 아니 된다. 그리고 부관은 법령에 적합하여야 하고, 사실상으로나 법상으로 가능한 것이어야 한다. 부관의 내용은 명확히 하여야 하고 행정법상의 일반원칙에 위배되지 않아야 한다.293)

4. 부관의 하자

부관상의 하자가 중대하고도 명백하면 그 부관은 무효가 된다. 그렇지 않은 경우에는 취소할 수 있는 것이 된다. 무효인 부관이 기본행위의 효력에 미치는 영향과 관련하여 원칙적으로 부관만 무효가 되어 전체로서는 부관 없는 행정행위가 된다.

---

292) 대판 1997. 5. 30, 97누2627.
293) 홍정선, 『경찰행정법』, 박영사, 2010, 356면.

V. 위법한 부관에 대한 쟁송문제

1. 부관의 독립쟁송가능성

부관은 행정행위의 주된 내용에 부가된 부수적 규율이라는 점에서 일반적으로 부관 그 자체를 행정쟁송의 대상으로 할 수 없다고 할 것이다.[294] 따라서 위법한 부관을 쟁송으로 다투기 위해서는 부관부 행정행위를 쟁송의 대상으로 할 수밖에 없을 것이다.

이 경우는 형식적으로는 부관부 행정행위 자체가 취소소송의 대상이 되나, 내용적으로는 행정행위의 일부취소로서의 부관만의 취소를 구하는 소송이 될 것이다(부진정일부취소소송). 행정소송법은 취소소송을 '행정청의 위법한 처분 등을 취소 또는 변경하는 소송'으로 정의하고 있는바(행정소송법 제4조 제1호), 여기서의 변경은 당해 처분의 일부취소의 의미로 보는 것이 일반적 견해이므로, 취소소송으로서는 형식적으로는 당해 처분을 취소소송의 대상으로 하면서도 내용적으로 부관만의 취소를 구하는 부진정일부취소소송이 허용된다고 본다.

부담의 경우에는 형식적으로는 본체인 행정행위에 부가되어 있으나, 그 자체 독자적 규율성·처분성이 인정되어 그 자체로 행정쟁송의 대상이 될 수 있다고 보는 것이 학설·판례의 입장이다.[295]

부담은 이처럼 그 자체를 독자적 취소소송의 대상으로 할 수 있다는 점에서, 다른 부관에 대한 취소소송을 부진정일부취소소송이라고 하는 데 대하여, 부담에 대한 취소소송은 진정일부취소소송이라고 한다.

2. 부관의 독립취소가능성

본안심리의 결과 부관에 흠이 있다고 인정되는 경우에 법원이 부관만을 취소할 수 있는지에 대해서는 다음과 같은 견해가 있다. ① 부관만의 취소를 전면적으로 인정하는 견해, ② 주된 행정행위가 기속행위인 경우에만 부관만의 취소를 인정하는 견해, ③ 부관이 주된 행정행위의 중요요소가 아닌 경우에는 부관만의 취소를 인정하지만 중요요소인

---

294) 판례도 "행정소송의 대상은 행정처분 그 자체이지 부관이 아니다."라고 하고 있다(대판 1970. 9. 17, 70누98).
295) 대판 2001. 6. 15, 99두509.

경우에는 부관부행정행위 전체를 취소하여야 한다는 견해이다. 결론적으로 부관이 행정행위의 본질적 요소인지의 여부에 따라 구체적으로 결정함이 타당하다. 즉 ③의 견해가 타당하다. 판례 또한 이 입장을 취하고 있다.296)

296) 대판 1985. 7. 9, 84누604.

제4장 경찰행정상 사실행위와 행정지도

제1절 경찰행정상 사실행위

Ⅰ. 의의 및 종류

1. 의의

경찰행정법상 사실행위란 행정주체가 행하는 행위 중에서 일정한 법률효과의 발생을 직접 목적으로 하는 것이 아니라, 사실상의 결과나 상태변화를 목적으로 하여 행하는 일체의 행위를 말한다. 행정상의 사실행위는 사실상의 결과발생을 목적으로 하는 행위인 점에서 특정한 법률효과의 발생을 목적으로 하는 법적 행위와 구별된다. 경찰행정법상 사실행위의 예로는 교통안전시설의 설치·관리, 도로상의 방치물의 제거, 경찰지도, 대집행의 행위, 즉시강제 등이 있다.[297]

2. 종류

1) 물리적 사실행위와 정신적 사실행위

인간의 의사 작용의 포함여부에 따라 정신적 사실행위는 일정한 의사 작용을 요소로 하는 사실행위이고 물리적 사실행위는 오로지 사실상의 결과발생만을 의도한 물리적 행위를 말한다.

---

297) 박균성·김재광, 『경찰행정법』, 박영사, 2010, 303면.

2) 권력적 사실행위와 비권력적 사실행위

권력적 사실행위는 공권력의 행사로 행하는 사실행위를 뜻하며, 전염병환자의 강제격리나 위법한 관세물품의 영치행위 등이 그 예이다. 행정심판법과 행정소송법은 행정쟁송의 대상이 되는 처분을 행정청이 행하는 구체적 사실에 관한 법집행으로서의 공권력의 행사 또는 그 거부, 그 밖에 이에 준하는 행정작용이라고 정의하고 있는데, 권력적 사실행위는 이들 "법률상의 처분"에 해당되며, 따라서 취소심판이나 취소소송의 대상이 될 수 있다는 것이 다수설의 견해이다.[298]

비권력적 사실행위는 공권력의 행사와 무관한 사실행위로서[299] 오물수거, 행정지도나 공물의 유지·관리 등이 그 예이다. 비권력 사실행위에 대하여는 그 처분성을 부인하는 것이 판례의 입장이다.[300]

3) 집행적 사실행위와 단독적 사실행위

행정상 사실행위가 일정한 법령 또는 행정행위의 집행으로 이루어지는 것인지의 여부에 따른 구분이다. 집행적 사실행위는 일정한 행정행위는 일정한 행정행위 또는 법령의 집행수단으로서 이루어지는 사실행위이고, 독립적 사실행위는 그 자체로서 독립적인 의미를 가지는 사실행위를 말한다.

4) 공법적 사실행위와 사법적 사실행위

법의 규율을 받는 사실행위 중 공법의 규율을 받는 사실행위는 공법적 사실행위이고, 사법적 규율을 받는 사실행위는 사법적 사실행위이다. 이러한 분류는 행정구제 방법과 관련하여 중요한 의미를 가지는데 사법적 사실행위는 민사소송의 대상이 된다.

---

298) 김철용, 『행정법 I』, 박영사, 2007, 316~317면.
299) 헌재 2001. 10. 25, 2001헌마113.
300) 대판 1993. 10. 26, 93누6331.

5) 내부적 사실행위와 외부적 사실행위

내부적 사실행위는 행정기관의 행정조직 내부에서 행하는 사실행위로서 문서작성, 자료의 정리 등 행정결정을 위한 준비행위 등이 그 예이다. 외부적 사실행위는 대외적으로 사인과의 관계에서 행하는 사실행위로서 오물수거, 도로포장, 공원정리 등이 그 예이다.

Ⅱ. 경찰상 사실실행위의 법적 근거와 한계

1. 법적 근거

경찰상 사실행위는 직접적인 법적효과를 발생하지 않는 행위이므로 법적 근거가 필요 없는 경우가 많다. 그러나 행정청이 일정한 사실행위를 적법하게 하기 위해서는 조직법적 근거가 있어야 함은 다른 행정작용과 마찬가지이다. 문제는 그 외에 작용법적 근거가 필요로 하는가이다. 그러나 적어도 개인의 신체 · 자유 · 재산에 직접적인 침해를 야기할 수 있는 사실행위는 작용법상의 근거가 필요하다.

2. 한계

사실행위는 법령에 위반되어서는 아니 되며, 법령의 근거 하에서도 필요한 한도에서 행해져야 한다. 또한 그 밖에도 평등의 원칙, 신뢰보호의 원칙 등 행정법의 일반원칙을 준수해야 한다.[301]

---

301) 류지태 · 박종수, 『행정법 신론』, 2010, 230면.

Ⅲ. 경찰상 사실행위에 대한 권리보호

1. 행정쟁송

강제철거와 같은 권력적 사실행위는 집행행위라는 사실행위의 요소와 수인하명이라는 법적 행위의 요소가 결합되어 있는바, 법적 요소로 인해 행정심판과 행정소송의 대상이 된다. 그러나 행정실제상 권력적 사실행위는 단기간에 종료되는 것이 일반적이며, 권력적 사실행위가 종료된다면, 그 이후에는 권리보호가 필요 없게 된다. 따라서 권력적 사실행위 종료 후에 제소 되면 각하판결을 받게 된다. 한편 비권력적 사실행위의 경우에는 법적 행위의 요소를 찾아보기 어려우므로 행정심판이나 행정소송의 대상이 안 된다.[302]

2. 결과제거청구권

경찰행정상 사실행위로 인해 위법한 사실상태가 발생된 경우, 예컨대 경찰이 위법하게 물건을 압수한 경우에는 적법한 상태로의 원상회복과 관련하여 결과제거청구권이 발생한다. 소송상 결과제거청구권은 공법상의 당사자소송에 의해 이루어진다.

3. 손해배상

위법한 경찰행정상 사실행위로 인하여 사인이 피해를 입게 되면, 피해자는 그 사실행위가 사법적 사실행위인 경우에는 민법 제750조 등에 따라 손해배상을 청구할 수 있고, 공법적 사실행위인 경우에는 국가배상법 제2조, 제5조에 따라 손해배상을 청구할 수 있을 것이다.

4. 손실보상

만약 적법한 경찰행정상 사실행위로 사인이 손실을 입게 되고 그 손실이 특별한 희생에 해당하는 경우에 그 사인은 보상을 청구할 있다. 다만 보상에 관하여 명문 규정이 없

---

302) 홍정선, 『경찰행정법』, 박영사, 2010, 378면.

는 경우 문제가 될 수 있으나 손실보상법론상의 간접효력설에 근거하여 보상을 청구할 수 있을 것이다.[303]

제2절 경찰 행정지도

Ⅰ. 행정지도의 의의

행정지도는 행정기관이 그 의도하는 바를 실현하기 위하여 행정객체에 대하여 자발적인 협력을 구하는 행위로서 흔히 비권력적 사실행위에 해당한다고 설명되고 있다.[304] 행정지도는 현대 행정활동의 영역이 광범위해지고 그 기능도 마찬가지로 다양해졌기 때문에 기존에 논의되어 왔던 행정의 행위형식과는 구별이 되는 개념이 등장하였다. 1998년부터 시행된 행정절차법은 행정지도에 대하여 제2조 제2호에서 "행정기관이 그 소관사무의 범위 안에서 일정한 행정목적을 실현하기 위하여 특정인에게 일정한 행위를 하거나 하지 아니하도록 지도·권고·조언 등을 하는 행정작용"이라고 정의하고 있다.

Ⅱ. 행정지도의 기능과 유형

1. 행정지도의 유용성

행정지도는 빠르게 변화하는 현대행정의 흐름에 있어서 신축적이고 탄력적으로 기민하게 대처할 수 있으며, 상호 협력을 토대로 법적 분쟁을 사전에 예방할 수 있다.[305] 특히 경제분야에 있어서 최신의 지식·기술·정보를 제공함으로써 국민의 활동을 바람직한 방향으로 유도 및 조장하여 나갈 수 있다.[306] 뿐만 아니라 행정지도는 행정행위에 비하여 법령상의 근거가 강력하게 요구되지 않고, 또한 재량의 범위가 넓게 형성될 수 있기 때문에 행정의 효율성과 편의성의 측면을 기할 수 있다. 전술한 바와 같이 행정주체와

---

303) 홍정선, 『경찰행정법』, 박영사, 2010, 378면.
304) 김동희, 『행정법Ⅰ』, 박영사, 2010, 199면.
305) 김철용, 『행정법Ⅰ』, 박영사, 2010, 331면.
306) 김동희, 『행정법Ⅰ』, 박영사, 2010, 202면.

행정객체 양 당사자의 관계에서 법률적으로 갈등을 초래하는 것보다 양자 간의 상호 협력을 통하여 합의를 이끌어내는 것이 바람직하게 여겨졌던 우리나라의 전통에 있어서도 행정지도는 장점을 가진다고 할 수 있겠다.

2. 행정지도의 기능

행정지도는 국가의 정책이나 각종의 계획의 목표달성을 위한 수단으로 활용될 수 있으며, 인·허가에 있어서 전단계로서 보조수단으로, 감독행정에 있어서는 예방적 기능을 담당하기도 하고, 경제영역과 관련하여서는 조정기능을 하기도 하며, 기금 및 보조금 등에 의한 보호조성을 위하여 사용되기도 한다.307)

3. 행정지도의 유형

1) 조성적 행정지도

영농지도, 경영지도, 생활개선지도 등과 같이 다양한 분야에 있어서 국민에 대해 행정권이 의도하는 일정한 목표와 관련하여 기술 및 정보를 제공하는 것을 말한다.

2) 조정적 행정지도

기업구조조정, 계열화권고, 노사분쟁 알선·조정 등과 같이 각종 이해관계와 관련하여 갈등이나 분쟁을 해결하기 위하여 행해지는 행정지도를 말한다.

3) 규제적 행정지도

가격인하권고, 불법건축물 철거·개수권고 등과 같이 공공복리 또는 질서유지에 반하는 행위를 구속력이 있는 행정행위에 의하지 않고 이를 제거하거나 억제시키기 위하여 특정 사인에 대하여 권고하는 행위를 말한다.

---

307) 김성원, "행정지도에 관한 소고",『공법학연구』제6권 제1호, 한국비교공법학회, 2005, 416~418면.

Ⅲ. 행정지도의 법적 성격

1. 행정지도의 비권력적 성격

행정지도의 법적 성격에 관하여는 간략히 전술하였던 바와 같이 대체적으로 비권력적 사실행위로 보고 있다. 행정청의 작용이 공권력의 행사로서 행하여졌다면 권력적 성격을 갖는 것이지만, 행정지도는 행정행위나 행정상강제와 같이 이를 따를 의무가 없기 때문에 이를 위반하거나 거부하였다고 하여 제재를 가할 수 없다.

행정절차법 제48조 제1항에서 "행정지도는 그 목적달성에 필요한 최소한도에 그쳐야 하며, 행정지도의 상대방의 의사에 반하여 부당하게 강요하여서는 아니 된다.", 동조 제2항에서 "행정기관은 행정지도의 상대방이 행정지도에 따르지 아니하였다는 것을 이유로 불이익한 조치를 하여서는 아니 된다."라고 하여 행정지도의 원칙을 정하고 있다. 따라서 행정절차법상의 규정에 따라 행정지도는 법적 구속력이 없는 비권력적 성격을 가지고 있다는 사실을 파악할 수 있다.

2. 행정의 행위형식론에 있어서의 행정지도

1) 행정의 행위형식론

행정의 행위형식론이란 행정이 수행하고 있는 다양한 행정작용들에 대한 법적 성격을 유형화하여 파악하는 것이다. 흔히 행정의 행위형식에 관하여 행정입법, 행정행위, 행정계약, 사실행위로 분류하는 것이 기본적이다.[308]

2) 사실행위로서의 행정지도

흔히 행정지도를 사실행위로 보는 것은 행정지도가 법적 질서를 변동시키지 않기 때문이다. 행정법상의 사실행위(Realakte)란 일정한 법률효과의 발생을 목적으로 하는 것이

---

[308] 행정계획을 독자적인 행위형식으로 다루는 경우도 있다. 이에 관하여는 박균성, 『행정법강의』, 박영사, 2010, 197면. 그러나 행정계획은 개별계획의 성질에 따라 판단하는 것이 바람직해 보인다. 개별계획은 그 성질에 따라 행정입법, 행정행위, 사실행위의 행위형식에 의해 가능하며, 경우에 따라서는 행정계약의 형식에 의하여 실현될 수도 있다.

아니라, 직접적으로는 사실상의 결과만을 가져오는 행정주체의 행위형식의 전체를 말한다.[309] 즉, 행정의 행위형식 중에서 행정행위와 사실행위를 구별하는 기준은 법적 효과의 발생을 수반하는가의 여부에 있는 것인데, 행정지도는 행정기관이 권고 등의 다양한 방식에 의해 국민을 일정한 방향으로 유도하는 것에 불과하기 때문에 새로운 법적효과를 발생시키지는 않기 때문에 행정행위와는 구별이 된다. 또한 행정계약은 행정법관계의 양 당사자 쌍방 간의 의사의 합치가 존재하여야 하는데, 행정지도는 행정객체에 대한 행정주체의 일방적인 행위에 해당하기 때문에 행정계약과도 구별이 된다. 개별적·구체적 행위에 해당하는 행정지도가 일반적·추상적 규범을 정립하는 작용인 행정입법과 구별되는 것은 물론이다.

3. 소결

행정지도는 비권력적 성질을 갖는 사실행위에 해당한다. 그러나 기존에 사실행위에 대한 연구는 권력적 사실행위에 대해 집중되어 있었던 것이 사실이었다. 이는 취소소송의 대상 여부와 관련하여 연구가 진행되었다는 것에 연유한다. 흔히 권력적 사실행위의 경우에는 취소소송의 대상이 되는 것으로, 비권력적 사실행위의 경우에는 대상이 되지 않는 것으로 설명하고 있다.[310] 그러나 행정지도에는 특히 경제규제와 관련하여 사실상 권력적인 요소를 가지고 있는 경우가 존재함에도 불구하고, 행정구제의 측면에서 공백의 요소로 남게 된다. 이에 관련하여서는 후술하기로 한다.

Ⅳ. 행정지도의 법적 근거와 한계

1. 법적 근거에 대한 논의

행정지도에 있어서 행정조직법적 근거가 필요한 것은 당연한 것이나, 행정작용법적 근거에 대해서는 논란이 있다. 다만, 행정지도의 목적이 새로운 행정수요에 기민하게 대응하여 행정책임을 수행하려는 데에 있으므로 행정지도에 일일이 행정작용법적 근거가 필

---

309) 김동희, 『행정법Ⅰ』, 박영사, 2010, 194면.
310) 김철용, 『행정법Ⅰ』, 박영사, 2010, 327면.

요하다고 하면 행정지도의 기능이 발휘될 수 없기 때문에 법적근거가 필요하지 않다는 것이 지배적인 견해이다.[311] 그러나 법률유보원칙과 관련하여 규제적 행정지도의 경우에는 반드시 행정작용법적 근거가 요구되어야 할 것이다.[312] 그러나 이에 대하여 행정지도가 상대방의 의사에 반하여 사실상 강제된다면 이는 행정절차법 제48조 제1항 소정의 임의성원칙에 반하는 것으로서 위법이기 때문에, 굳이 작용법적 근거가 필요하지 않다는 견해가 있다.[313] 그러나 앞서 설명하였듯이 우리나라의 전통적인 행정현실에 비추어서 행정지도는 사실상 구속력을 갖는 경우가 있기 때문에, 조정적·규제적 행정지도의 경우에는 법적 근거에 의해 발하여지는 것이 법률유보원칙에 적합해 보인다.[314]

2. 행정지도의 한계

1) 행정절차법상 한계

(1) 행정지도의 원칙

행정절차법 제48조는 제1항과 제2항에서 행정지도의 원칙에 대해 규정하고 있는데,[315] 행정기관이 국민에 대하여 행정지도를 발하는 경우에는 과잉금지원칙이 적용되고, 이를 강요하는 것도 허용되지 않으며, 또한 상대방이 행정지도를 따르지 않은 경우에 불리한 조치를 하게 되면 위법한 행위가 된다. 또한 동법 제50조[316]에 따라 행정지도를 받은 행

---

311) 김철용, 『행정법Ⅰ』, 박영사, 2010, 332면.
312) 규제적 행정지도뿐만 아니라 조정적 행정지도까지 법적 근거가 요구된다고 하는 견해에 대해서는 류지태, 『행정법신론』, 신영사, 2006, 275면.
313) 이원우, "통신시장에 대한 규제법리의 특징과 행정지도에 의한 통신사업자간 요금관련 합의의 경쟁법 적용 제외", 『행정법연구』 제13호, 행정법이론실무연구학회, 2005, 163~164면.
314) 그러나 행정지도에 대한 법적 근거에 대하여 엄격하게 해석할 필요는 없어 보인다. 법률에 행정지도에 관한 직접적인 규정을 두지 않더라도, 행정지도의 성격이 본질적으로 임의적 성격을 갖기 때문에 넓은 의미에서 간접적인 규정을 통하여서도 행정지도를 발할 수 있다고 해석하는 것이 바람직해 보인다. 예를 들어 방송통신위원회의 설치 및 운영에 관한 법률 제2조는 제1항에서 "방송통신위원회는 방송과 통신 이용자의 복지 및 보편적 서비스의 실현을 위하여 노력하여야 한다.", 제2항에서 "방송통신위원회는 방송·통신 기술과 서비스의 발전을 장려하며 공정한 경쟁환경의 조성을 위하여 노력하여야 한다.", 제3항에서 "방송통신위원회는 방송통신사업이 공공의 이익에 부합될 수 있도록 필요한 대책을 마련하여야 한다."라고 하고 있는데, 본 조항에 관련된 업무에 있어서 방송통신위원회가 행정지도를 발할 수 있는 것으로 봄이 옳다.
315) 제48조(행정지도의 원칙) ① 행정지도는 그 목적달성에 필요한 최소한도에 그쳐야 하며, 행정지도의 상대방의 의사에 반하여 부당하게 강요하여서는 아니 된다.
② 행정기관은 행정지도의 상대방이 행정지도에 따르지 아니하였다는 것을 이유로 불이익한 조치를 하여서는 아니 된다.

정객체는 방식과 내용 등에 대해 의견 제출을 할 수 있다.

(2) 행정지도의 방식

동법 제49조 제1항과 제2항에서는 행정지도의 방식에 대해 규정하고 있는데,[317] 행정기관은 행정지도를 발하는 데 있어서 명확성을 기하여야 하며, 실명에 따라 행하여야 한다. 또한 서면교부청구에 대한 절차를 두고 있어 책임소재를 명확히 하고, 차후 발생할 수 있는 분쟁을 방지하는 수단이 될 수 있다.

한편 동법 제51조[318]는 다수인에 대한 행정지도에 있어서 그 공통사항을 공표하도록 하여 행정지도의 명확성과 공평성을 기하고자 한다.

2) 작용법상 한계

(1) 행정지도의 주체와 객체

행정지도는 조직법상 당해 행정기관의 소관사무의 범위 내에서 행하여져야 하며, 다른 행정기관의 권한에 속하는 사항에 관하여 행하여진 행정지도는 위법하다.[319] 대법원은 "관광농원의 개발 사업에 관한 농림수산부장관의 행정지도 사항을 담고 있는 '농어촌 관광소득원 개발사업 추진요령'에서 관광농원의 내방객을 위한 부대편의시설의 하나로서 숙박용도의 방갈로를 설치할 수 있다고 되어 있었고, 또 소관 행정당국에서 위 방갈로 시설의 이용료 징수문제와 관련하여 위와 같은 방갈로 시설에 대하여는 숙박업허가를 내줄 수 없다고 하면서 보건사회부장관이 시달한 '민박업소 지도관리 지침'에 의거하여 시장, 군수의 행정지도를 받아 영업하면 된다는 답변내용의 통보를 한 바 있었다고 하더라도, 이러한 사정만으로는 피고인이 당국의 허가를 받지 않고도 위 방갈로 시설을 이용하

---

316) 제50조(의견제출) 행정지도의 상대방은 당해 행정지도의 방식 · 내용 등에 관하여 행정기관에 의견제출을 할 수 있다.
317) 제49조(행정지도의 방식) ① 행정지도를 행하는 자는 그 상대방에게 당해 행정지도의 취지 · 내용 및 신분을 밝혀야 한다.
　② 행정지도가 구술로 이루어지는 경우에 상대방이 제1항의 사항을 기재한 서면의 교부를 요구하는 때에는 당해 행정지도를 행하는 자는 직무수행에 특별한 지장이 없는 한 이를 교부하여야 한다.
318) 제51조(다수인을 대상으로 하는 행정지도) 행정기관이 같은 행정목적을 실현하기 위하여 많은 상대방에게 행정지도를 하고자 하는 때에는 특별한 사정이 없는 한 행정지도에 공통적인 내용이 되는 사항을 공표하여야 한다.
319) 김동희, 『행정법 I』, 박영사, 2010, 205면.

여 숙박업을 적법하게 할 수 있는 것으로 오인한 데에 정당한 이유가 있다고 볼 수는 없다 할 것이다."라고 판시하여,320) 다른 행정청의 처분권한에 속하는 사항에 대하여 이루어진 행정지도에 대하여 정당화될 수 없음을 밝히고 있다. 다만, 주의해야 할 점은 행정지도를 발할 수 있는 주체는 행정청이 아니라 행정기관이라는 것이다. 행정청은 행정에 관한 의사를 결정하여 표시할 권한을 가진 기관이며, 행정기관은 행정사무를 행사하는 모든 기관으로서 행정청의 모든 보조기관은 행정기관으로서의 법적 지위를 가진다. 국민에 대하여 직접적인 명령·강제 등을 행하는 행정행위는 행정청만이 발할 수 있지만, 행정지도는 행정청이 아닌 행정기관이 행할 수 있다.321)

한편, 행정기관 상하에서 이루어지는 권고, 경고, 지도, 의견 등은 행정조직법상 내부에 대한 감독권에 불과하기 때문에 행정작용법상의 행정지도라고 할 수 없다. 행정지도의 객체는 행정객체가 되어야 하며, 특정인이 되어야 하기 때문에 행정입법과 같은 일반적인 규율이 될 수 없다.

(2) 법률적합성 원칙과 행정법의 일반원칙

행정지도는 일정한 행정목적을 실현하기 위하여 발하여지는데, 그 목적과 부합하지 않는 행정지도를 발할 수는 없다. 또한 이와 같은 행정목적은 적법한 것이어야 한다. 대법원은 "토지의 매매대금을 허위로 신고하고 계약을 체결하였다면 이는 계약예정금액에 대하여 허위의 신고를 하고 토지 등의 거래계약을 체결한 것으로서 구 국토이용관리법 (1993. 8. 5. 법률 제4572호로 개정되기 전의 것) 제33조 제4호에 해당한다고 할 것이고, 행정관청이 국토이용관리법 소정의 토지거래계약신고에 관하여 공시된 기준시가를 기준으로 매매가격을 신고하도록 행정지도를 하여 그에 따라 허위신고를 한 것이라 하더라도 이와 같은 행정지도는 법에 어긋나는 것으로서 그와 같은 행정지도나 관행에 따라 허위신고행위에 이르렀다고 하여도 이것만 가지고서는 그 범법행위가 정당화될 수 없다."고 판시하여,322) 위법한 행정목적에 따른 행정지도가 정당화될 수 없음을 밝히고 있다.

행정지도가 법률적합성의 원칙에 따라 헌법과 법령을 위반하여서는 아니 되고, 또한 행정법의 일반원칙을 위반하는 것도 허용되지 않는다. 즉, 비례의 원칙, 평등의 원칙 등이 준수되어야 한다.

---

320) 대판 1993. 11. 26, 선고 93도2281 판결.
321) 오준근, "행정지도에 관한 절차법적 고찰", 『공법연구』 제26집 제1호, 한국공법학회, 1998, 211면.
322) 대판 1994. 6. 14, 선고 93도3247 판결.

(3) 본질상의 한계

행정지도는 그 본질상 비권력적 작용에 해당하기 때문에 행정기관이 행정지도를 하였다는 사실만으로 법적 구속력을 발생시키지 못한다. 대법원은 "행정관청이 건축허가 시에 도로의 폭에 대하여 행정지도를 하였다는 점만으로는 건축법시행령 제64조 제1항 소정의 도로지정이 있었던 것으로 볼 수 없다."라고 판시하여,[323] 이를 명확하게 하고 있다.

V. 행정지도와 행정구제

1. 항고소송

행정지도가 항고소송의 대상이 되기 위해서는 처분성이 인정되어야 한다.[324] 행정소송법 제2조 제1항 제1호에 따르면 처분은 "행정청이 행하는 구체적 사실에 관한 법집행으로서의 공권력의 행사 또는 그 거부와 그 밖에 이에 준하는 행정작용"으로 정의되는바, 비권력적 성격을 갖는 행정지도는 항고소송의 대상이 될 수 없다. 대법원 판례 역시 "항고소송의 대상이 되는 행정처분이라 함은 행정청의 공법상의 행위로서 특정사항에 대하여 법규에 의한 권리의 설정 또는 의무의 부담을 명하거나 기타 법률상 효과를 발생하게 하는 등 국민의 구체적인 권리의무에 직접적 변동을 초래하는 행위를 말하는 것이고, 행정권 내부에서의 행위나 알선, 권유, 사실상의 통지 등과 같이 상대방 또는 기타 관계자들의 법률상 지위에 직접적인 법률적 변동을 일으키지 아니하는 행위 등은 항고소송의 대상이 될 수 없다 할 것인바 건축법 제69조 제2항, 제3항의 규정 취지에 비추어 보면, 이 사건 회신은 한전에 대하여 원고에 대한 전기 공급을 하지 말아 줄 것을 요청하는 권고적 성격의 행위에 불과한 것으로서 한전이나 특정인의 법률상 지위에 직접적인 법률적 변동을 가져오는 것은 아니므로 이를 가리켜 항고소송의 대상이 되는 행정처분이라고 볼 수는 없다고 할 것이다."라고 판시한바,[325] 행정지도의 처분성을 부인하고 있다. 이는 행정지도가 비권력적 행위로서 어떠한 법적 효과도 발생시키지 않으며, 그 성격이 임의성에 있기 때문에 행정지도의 상대방은 당해 행정지도가 위법하다고 판단되는 경우에는 이

---

323) 대판 1991. 12. 13, 선고 91누1776 판결.
324) 행정소송법 제19조에 따르면 취소소송의 대상을 "처분 등"으로 하고 있다.
325) 대판 1995. 11. 21, 선고 95누9099 판결.

를 따르지 않으면 된다.

그러나 계속성·강제성을 띠는 규제적·조정적 행정지도는 권력적 사실행위로서 권력행위의 부분은 처분에 해당할 것이나,[326] 엄격한 의미에서는 권력적인 성격을 갖는 행정지도는 본질상 더 이상 행정지도라고 보기 어렵다.

2. 당사자소송

당사자소송은 공법상 법률관계를 확정시키기 위한 관한 소송인데, 행정기관이 행정지도에 따르도록 회유하기 위하여 현실적인 반대급부를 약속한 경우에는 행정계약의 법리 또는 확약의 법리가 적용되어 실질적 당사자소송의 대상이 될 여지가 있지만,[327] 행정지도는 임의적 성격을 갖기 때문에 이 역시 엄격한 의미에서 행정지도에 해당한다고 하기는 어렵다.

3. 국가배상

행정기관이 발한 행정지도를 신뢰한 국민이 이로 인하여 손해를 입은 경우에는 국가배상을 통하여 그 손해를 구제받아야 할 것이다. 행정지도에 대한 국가배상이 인정되기 위해서는 국가배상법 제2조에서 규정하고 있는 국가배상의 요건을 충족시켜야 할 것이다. 따라서 당해 행정지도는 공무원의 직무행위로서 고의 또는 과실로 법령을 위반하여 손해를 야기하여야 한다. 공무원의 직무행위에 대하여는 그 행위가 권력적 행위가 아닌 행정지도와 같이 비권력적 행위인 경우에도 그 요건을 충족시킨다. 대법원 역시 "국가배상청구의 요건인 공무원의 직무에는 권력적 작용만이 아니라 비권력적 작용도 포함되며 단지 행정주체가 사경제주체로서 하는 활동만 제외된다."라고 하고 있다.[328] 위법한 행정지도가 공무원의 고의 또는 과실에 의해 발하여진 경우에 논란이 되는 것은 행정지도와 당사자의 손해 사이에 인과관계가 인정되어야 한다는 데 있다. 행정지도를 따름으로 인해 상대방이 손해를 입은 경우에 국가 등에 손해의 배상책임을 청구하기 위해서는 행정지도와 손해 사이에 상당인과관계가 있어야 하는데, 행정지도에 대해서는 상대방에게 행동선택

---

326) 이광윤, 『신행정법론』, 법문사, 2007, 124면.
327) 이광윤, 『신행정법론』, 법문사, 2007, 125면.
328) 대판 2001. 1. 5, 98다39060 판결.

의 임의성이 있어서 그의 자유로운 판단에 따라 손해의 발생가능성을 인식하면서도 위법한 행정지도에 따랐기 때문에 원칙적으로 상당인과관계를 차단하는 것으로 보거나,[329) 행정지도가 상대방의 동의를 구하므로 "동의는 불법행위의 성립을 조각한다."는 법원칙에 의하여 인과관계가 인정되기가 현실적으로 어렵다.[330) 물론 현행 국가배상법이 공무원의 고의 또는 과실을 요건으로 하고 있고, 국가책임의 본질이 자기책임에 있음에도 불구하고 이를 주관적 요소로 파악하는 경우에는 현실적으로 이를 입증하기가 곤란하다는 문제가 있다. 뿐만 아니라 국가배상법상 배상책임이 인정되는 위법한 행위에는 작위뿐만 아니라 부작위의 경우도 포함되지만, 행정지도는 행정기관의 재량에 의한 행위이고, 또한 임의성을 바탕으로 하기 때문에 작위의무를 발생시킨다고 보기 어렵다.[331) 따라서 행정지도의 부작위에 대한 국가배상 역시 현실적으로 어려워 보인다.

4. 손실보상

적법한 행정지도에 따라 상대방에게 손실이 발생한 경우에는 손실보상이 문제가 될 수 있는데, 행정지도는 비권력적 행위에 해당하기 때문에 공권력의 행사와 관련성이 없고, 또한 손실을 입은 국민은 구속력이 없는 행정기관의 행위를 자유의사에 따라 승낙한 것이기 때문에 현실적으로 손실보상의 가능성은 없다고 하겠다.

5. 헌법소원

공권력의 행사 또는 불행사에 의해 기본권이 침해된 국민은 헌법소원의 "보충성의 원칙"[332)에 따라 최후의 단계로써 헌법소원을 제기할 수 있는데, 행정지도의 경우에는 비구속적 작용이기 때문에 공권력의 작용에 해당하지 않아 원칙적으로 헌법소원의 대상이 될 수 없다. 그러나 당해 행정지도가 그 한계를 넘어 위법한 경우, 즉 계속성·강제성을

---

329) 이순자, "행정지도와 사후권리구제 방안에 관한 연구", 『토지공법연구』 제43집 제2호, 한국토지공법연구, 2009, 695~696면.
330) 이광윤, 『신행정법론』, 법문사, 2007, 125면.
331) 행정지도의 부작위에 대한 국가배상과 관련하여 일본에서 논의가 있는데, 자세히는 김상태, "행정지도와 국가배상 – 일본에서의 논의를 중심으로–", 『행정법연구 제22호』, 한국행정법연구소, 2008, 93~97면.
332) 헌법재판소법 제68조 제1항은 "공권력의 행사 또는 불행사로 인하여 헌법상 보장된 기본권을 침해받은 자는 법원의 재판을 제외하고는 헌법재판소에 헌법소원심판을 청구할 수 있다. 다만, 다른 법률에 구제절차가 있는 경우에는 그 절차를 모두 거친 후가 아니면 청구할 수 없다."라고 규정하고 있다.

띠는 규제적·조정적 행정지도는 권력적 사실행위의 성격을 갖게 된다면 헌법소원의 대상이 될 수 있다. 헌법재판소는 "재무부장관이 제일은행장에 대하여 한 국제그룹의 해체 준비착수지시와 언론발표 지시는 상급관청의 하급관청에 대한 지시가 아님은 물론 동 은행에 대한 임의적 협력을 기대하여 행하는 비권력적 권고·조언 등의 단순한 행정지도로서의 한계를 넘어선 것이고, 이와 같은 공권력의 개입은 주거래 은행으로 하여금 공권력에 순응하여 제3자 인수식의 국제그룹 해체라는 결과를 사실상 실현시키는 행위라고 할 것으로, 이와 같은 유형의 행위는 형식적으로는 사법인인 주거래 은행의 행위였다는 점에서 행정행위는 될 수 없더라도 그 실질이 공권력의 힘으로 재벌기업의 해체라는 사태 변동을 일으키는 경우인 점에서 일종의 권력적 사실행위로서 헌법소원의 대상이 되는 공권력의 행사에 해당한다."라고 결정하였으며,333) 또한 이후에도 "교육인적자원부장관의 대학총장들에 대한 이 사건 학칙시정요구는 고등교육법 제6조 제2항, 동법시행령 제4조 제3항에 따른 것으로서 그 법적 성격은 대학총장의 임의적인 협력을 통하여 사실상의 효과를 발생시키는 행정지도의 일종이지만, 그에 따르지 않을 경우 일정한 불이익조치를 예정하고 있어 사실상 상대방에게 그에 따를 의무를 부과하는 것과 다를 바 없으므로 단순한 행정지도로서의 한계를 넘어 규제적·구속적 성격을 상당히 강하게 갖는 것으로서 헌법소원의 대상이 되는 공권력의 행사라고 볼 수 있다."라고 하여,334) 같은 취지의 결정을 내린 바 있다.

---

333) 헌재 1993. 7. 29, 선고 89헌마31 전원재판부 결정.
334) 헌법재판소 2003. 6. 26, 선고 2002헌마337, 2003헌마7·8(병합) 전원재판부 결정.

제5장 경찰행정절차법

제1절 경찰행정절차의 일반론

I. 행정절차의 개념

행정절차(Verwaltungsverfahren)의 개념은 아직 학문적으로 확립된 定說이 없으나, 보통 그 개념을 넓은 의미와 좁은 의미로 나누어 설명하고 있는 것이 일반적이다.

1. 광의의 행정절차의 개념

넓은 의미에서 행정절차의 개념은 행정권의 발동인 행정작용을 행함에 있어 거치는 법적 절차를 말하는 것으로 정의된다. 이러한 개념의 행정절차는 입법권의 작용에 있어서의 입법절차, 사법권의 작용에 있어서의 사법절차에 대응하는 개념이다.

넓은 의미의 행정절차에는 사전절차인 제1차적 행정절차(일반행정절차라고 한다), 집행절차(행정강제 및 행정벌), 사후절차인 행정불복절차 그 밖에 행정권에 관련 있는 모든 절차를 말한다.335) 즉 사전절차로서의 행정입법·행정처분·행정계획·공법상 계약에 관한 절차와, 사후절차로서의 행정심판절차와 행정집행절차(행정강제·행정벌 등) 등이 이에 포함된다.

2. 협의의 행정절차의 개념

좁은 의미의 행정절차는 행정실체법에 대한 행정절차법이란 개념으로 쓰인다. 즉 민법 및 상법에 민사절차법, 형법에 대한 형사절차법과 같은 실체법에 대응하는 개념으로 쓰인다.336) 이에 따르면, 행정절차는 행정절차 중 행정청의 제1차적 행정권행사의 절차, 즉

---

335) 박윤흔·정형근, 『최신행정법강의(상)』, 박영사, 2009, 408면.
336) 박윤흔·정형근, 『최신행정법강의(상)』, 박영사, 2009, 408면.

행정행위나 행정입법 또는 행정계획을 확정하거나 공법상 계약을 체결함에 있어서 거치는 대외적 사전절차로서 정의될 수 있다. 예컨대 어떠한 자에 대하여 행정청이 자동차운전면허를 취소하려고 하는 경우에 그 취소사유를 규정한 법규는 행정실체법이고, 그러한 취소사유가 발생한 경우에 취소를 하기 위하여 거쳐야 할 절차를 정한 법이 행정절차법이다. 그러므로 여기에서는 행정권 행사가 있은 후의 집행절차인 행정강제 및 행정벌 절차와 사후구제절차인 행정쟁송 절차는 제외된다.337) 일반적으로 행정절차는 좁은 의미로 사용되고 있다.

Ⅱ. 행정절차의 필요성

1. 행정의 민주화

종래 행정의 상대방은 단순한 행정객체로만 파악하여, 행정의 의사결정과정에 이해관계인이 참여한다는 것은 상상하기 어려웠다. 그러나 국민주권국가하에서의 국민은 더 이상 수동적인 행정객체의 지위에 그치지 아니하고, 능동적으로 행정주체의 의사 결정과정에 직접 참가할 수 있는 지위까지 인정받음으로써 행정의 민주화에 기여하고 있다. 현행 행정절차법 또한 그 목적으로서 "이 법은 행정절차에 관한 공통적인 사항을 규정하여 국민의 행정참여를 도모함으로써……."라고 규정하여(행정절차법 제1조) 행정의 민주화를 지향하고 있다.

2. 행정작용의 적정화

행정절차제도에 따라 행정의 의사결정과정에 이해관계인이 참여하여 참고자료를 제출하거나 의견을 개진함으로써 행정청이 인식하지 못했던 사실이나 잘못된 인식이 바로잡아지고 공익과 사익간의 이해가 사전에 조정되어 행정의 적법·타당성이 확보됨으로써 행정의 적정화가 이루어지게 된다.

---

337) 유상현, 『행정법Ⅰ』, 형설출판사, 2003, 408면.

3. 행정의 능률화

행정절차는 종국적 처분에 앞서 상대방에 대한 고지·청문·의견진술 등의 절차를 거쳐야 하는 것이라는 점에서 행정의 능률성을 저해하는 것으로 생각되기도 한다.

그러나 상대방의 참여하에 행하여진 행정권의 행사는 상대방의 협력을 얻어 집행도 용이하게 된다는 점에서, 장기적으로 보면, 행정에 대한 신뢰도를 높이고 행정의 능률화에도 도움이 된다.

4. 효과적인 권익구제

종래 실질적 법치주의 사상에 의하면, 행정권의 행사는 실체법적으로 그 요건·효과 등을 엄격히 규율한 후 이에 위반 시 적절한 사후적 구제수단만을 완비하면 국민의 권익구제에 충분한 것으로 인식하였었다. 그러나 현대 사회국가 하에서는 행정의 영향력이 매우 커졌기 때문에 일단 침해된 국민의 권익을 사후에 회복시키는 것보다는, 처음부터 이해관계인의 절차적 참여를 통하여 행정의 적법·타당성을 보장하여 권익침해의 가능성을 사전에 봉쇄해 버리는 것이 국민의 권익보호에 더 효율적이라는 점에 착안하여 사전적 구제제도로서의 행정절차의 중요성이 강조되고 있다.

Ⅲ. 행정절차의 입법례

행정절차의 법리는 원래 영국에서 판례법을 통하여 확립된 기본적 법리인 자연적 정의와 미국에서의 적법절차에 기초하여 발전한 것이다. 영·미 법계의 이러한 행정절차는 행정의 적정화를 도모하기 위한 고려에서 성립한 것이었다.

그러나 대륙법계에서는 처음에는 행정의 능률성을 저해한다는 지배적 인식에 따라 이를 소홀히 하다가, 점차로 사전에 국민의 자유와 권리를 절차적으로 보장한다는 의미가 강조됨으로써 각국에서 입법화되게 되었다.

1. 영국의 행정절차법제

영국은 전통적으로 보통법(common law)의 기본원리를 이루고 있는 자연적 정의에 입각한 행정절차를 통하여 19세기 이래 행정권의 활동을 규제하여 왔던바, 이러한 행정절차의 기본원리인 "자연적 정의"는 모든 국가권력의 적정한 행사의 필수적 원칙으로서, ① "누구도 자기에 관계되는 사건의 재판관이 될 수 없다."는 편견배제의 원칙과 ② "누구도 청문 없이는 불이익을 받지 아니한다." 또는 "쌍방 모두에 청문의 기회가 주어져야 한다."는 쌍방청문의 원칙이라는 두 가지 원칙으로 구성되어 있다.338)

자연적 정의의 제1원칙인 편견배제의 원칙은 그 사건에 이해관계가 있어 편견에 의한 판단을 할 우려가 있는 경우에 대한 것이다. 이에 있어서는 진실로 편견이 개재할 우려가 있었던가의 문제보다는, 합리적인 인간의 관점에서 보아 편견이 개재할 수 있었을 것으로 의심될 만한 것인가의 여부가 중요한 의미를 가진다.

제2원칙인 쌍방청문의 원칙은 행정결정에 의하여 불이익을 받을 수 있는 이해관계인에게는 사전에 충분한 청문의 기회가 보장되어야 하고, 청문과정에 제출될 주장과 증거를 살핀 후에만 종국적인 행정결정 또는 처분이 행해져야 한다는 것이다. 이러한 원칙은 행정작용에 대한 사법적 통제에 중요한 근거가 되었다. 이와 같이 판례법적으로 발달해 온 행정절차제도는 1958년 "행정심판소및심사에관한법률(The Tribunals and Inquiries Act)"의 제정으로써 제도적으로 확립되었다.

2. 미국의 행정절차법제

미국수정헌법 제5조는 "누구도 적법절차(due process of law)에 의하지 아니하고는 자유 또는 재산을 박탈당하지 아니한다."고 규정하고 있는바, 미국의 행정절차법은 바로 이 조항에 의거하여 정립·발전하였다. 적법절차의 헌법적 요청은 행정절차의 분야에서는 공청한 청문 및 이에 관한 적절한 사전고지를 그 본질적 내용으로 한다. 이를 구체화한 행정절차법이 1946년에 제정되었고, 이후 동법은 1967년 합중국법전(U.S. Code)에 흡수 규정되었다.

---

338) 김동희, 『행정법 요론』, 박영사, 2010, 276면.

3. 독일의 행정절차법제

독일은 원래 '법치행정의 원리'하에 법률에 근거한 행정권행사와 그에 대한 국민의 권익을 보장하기 위한 사후구제제도가 마련되어 있다면 법치주의가 구현되는 것으로 보았다. 즉 영미에서와 같은 권리의 절차적 보장이라는 관념은 법치주의의 요소로 보지 아니하였다. 그러나 제2차 대전 후 사법절차를 통한 권리구제에 대한 실망(소송의 장기화, 완성된 사실로 인한 원상복구의 어려움 등), 권리의 절차적 실현에 대한 재인식 등의 이유로 행정절차법에 관심이 집중되었고, 마침내 1976년 5월 25일 연방행정절차법(Verwaltungsverfahrensgesetz des Bundes)이 제정되어 1977년 1월 1일부터 시행되고 있다. 독일연방행정절차법은 ① 정식절차(고지 · 청문 · 구두변론 · 결정), ② 비정식절차, ③ 계획확정절차, ④ 권리구제절차, ⑤ 대량절차 외에도 행정절차에 밀접히 관계되는 실체법규정으로서 행정행위(예컨대 행정행위의 개념 · 행정행위의 성립과 효력 · 행정행위의 취소 · 행정행위의 철회 등 공법상 계약에 관한 규정을 포함하고 있다.[339]

제2절 행정절차의 법적 근거

Ⅰ. 헌법적 근거

우리 헌법은 미국수정헌법 제5조 및 제14조과 같은 적법절차조항을 규정하고 있지는 않다. 그러나 헌법 제12조 제1항은 "누구든지…… 법률과 적법한 절차에 의하지 아니하고는 처벌 · 보안처분 또는 강제노역을 받지 아니한다."고 규정하고 있는바, 동조의 적법절차조항이 형사사법절차에만 적용되는가 또는 질서벌 · 집행벌 등 신체의 자유를 제한하는 행정벌에도 적용되는가, 또는 나아가 널리 국민의 자유 · 권리를 제한하는 행정처분에도 적용되는가의 문제가 제기된다.

이에 대하여 대부분의 헌법학자들은 현대 행정국가에서는 행정권에 의한 기본권의 침해가능성이 증대되고 있으므로 행정절차에 대해서도 헌법 제12조의 적법절차원리가 적용되어야 한다고 보고 있다.[340] 행정법학자들도 그 다수는 헌법 제12조의 규정이 직접적으

---

339) 장태주, 『행정법 개론』, 법문사, 2010, 450면.

로는 형사사법권의 발동에 관한 조항이라고 할 것이지만, 그 취지는 행정절차에도 유추 적용될 수 있는 것이라고 한다.341) 헌법재판소 또한 "헌법 제12조 제3항 본문은 동조 제 1항과 함께 적법절차의 원리의 일반조항에 해당하는 것으로서, 형사절차상의 적법성뿐만 아니라 법률의 실체적 내용도 합리성과 정당성을 갖춘 실체적인 적법성이 있어야 한다는 적법절차의 원칙을 헌법의 기본원리로 명시한 것이다."라고 판시하여,342) 헌법 제12조상 의 적법절차의 원리가 행정절차에도 적용되는 헌법적 원리임을 선언하고 있다. 이러한 해석에 따라 행정작용에는 절차상의 적법성뿐만 아니라 법률의 실체적 내용도 합리성과 정당성을 갖춘 실체적인 적법성이 있어야 한다.

Ⅱ. 개별법적 근거

행정절차법의 입법화는 사전절차로서의 통지나 청문을 규정하는 등을 규정하고 있는 개별법규에서 그 근거를 볼 수 있다. 예컨대 도로교통법·식품위생법 등의 법령에서 운 전면허취소·식품영업허가취소 등에 있어서 반드시 상대방에게 통지하고 의견을 듣거나 청문을 한 경우에 결정하도록 하고 있는 규정이 그것이다. 또한 수익적 행정처분절차와 관련하여 "민원사무처리에 관한 법률"에서의 민원사무처리절차와 고충민원의 처리절차를 규정하고 있는 것에서도 볼 수 있다.

제3절 행정절차법의 기본구조와 적용범위

Ⅰ. 행정절차법의 기본구조

행정절차법은 처분절차, 신고절차, 행정상입법예고 절차, 행정예고절차 행정지도절차를 규율대상으로 하고 있다. 그중에서 처분절차가 중심적 내용을 이루고 있다. 침해적 처분 절차로는 사전 통지, 의견청취를 규정하고 있다. 침해적 처분의 경우에 일반적인 의경청

---

340) 권영성, 『헌법학원론』, 법문사, 2009, 421면.
341) 홍정선, 『행정법특강』, 박영사, 2010, 363면 이하 참조.
342) 헌재 1992. 12. 24, 92헌마78.

취절차로 약식청문절차인 의견 제출을 인정하고 있을 뿐 정식청문이나 공청회는 개별법에서 인정된 경우 또는 행정청이 필요하다고 인정하는 경우에만 인정되는 것으로 하고 있다.

수익적 처분에 관하여는 처분의 신청, 처분의 처리기간에 관하여 일반적인 규정을 두고 있다. 현행 행정절차법은 행정계획의 확정절차, 행정조사절차 및 행정계약 절차는 규정하고 있지 않다. 다만 행정계획도 행정예고의 대상이 되며, 행정계획이 입법의 형식을 띠는 경우에는 행정상 입법예고절차가 적용되고 행정처분의 성질을 띠는 경우에는 처분절차가 적용된다.343)

Ⅱ. 행정절차법의 적용범위

행정절차법 제3조는 동법이 규율하는 사항으로서의 처분·신고·행정상 입법예고 및 행정예고·행정지도의 절차에 관하여 다른 법률에 특별한 규정이 있는 경우 외에는 이 법이 적용된다고 규정하고 있다. 즉 처분·신고·행정상 입법예고 및 행정예고·행정지초에 관하여는 행정절차법이 일반법임을 규정하고 있다. 뿐만 아니라 동법의 규율사항에 대하여, 조례에 관하여 특별한 규정을 두고 있지 않으므로, 국법으로서의 행정절차법은 지방자치단체의 사무에도 적용된다. 그러나 지방자치단체는 그 사무의 집행과 관련하여 필요한 때에는 일반법으로서의 행정절차법과는 다른 내용의 행정절차에 관한 조례를 제정할 수도 있다고 할 것이다.

행정절차법은 행정절차에 관한 일반법이므로, 이에 관한 특별법이 있는 경우에는 그 법이 우선하여 적용되는 것임은 물론이다. 이 경우 특별법에서 어떠한 내용의 규정을 둘 것인가는 원칙적으로 입법자의 재량에 속하는 문제이다. 그러나 그 경우에도 일반법으로서의 행정절차법과 다른 규정을 두어야 하는 합리적 이유가 인정되어야 할 것이며, 또한 행정절차에 관한 헌법상의 이념이 적정하게 고려되어야 할 것이다.344)

---

343) 박균성·김재광, 『경찰행정법』, 박영사, 2010, 359면.
344) 홍정선, 『행정법특강』, 박영사, 2010, 363면 이하 참조.

제4절 행정절차법의 내용

Ⅰ. 행정절차법의 구성

현행행정절차법은 제1장 총칙(제1절 목적·정의 및 적용범위 등, 제2절 행정청의 관할 및 협조, 제3절 당사자 등, 제4절 송달 및 기간·기한의 특례), 제2장 처분(제1절 통칙, 제2절 의견제출 및 청문, 제3절 공청회), 제3장 신고, 제4장 행정상 입법예고, 제5장 행정예고, 제6장 행정지도, 제7장 보칙 등 총 7개장 총 54개조 및 부칙 2개조로 구성되어 있다.

동법은 절차법으로서 충실하면서도 매우 제한된 것이나마 행정에 있어서의 신의성실 및 신뢰보호의 원칙(제4조)과 행정작용상의 투명성의 원칙(제5조), 행정지도의 원칙(제48조) 등 실체법적 원칙을 함께 규정하여 절차법의 실효성을 높일 수 있게 하고 있다.

Ⅱ. 행정청의 관할 및 협조

1. 행정청의 관할

행정절차법 제6조는 행정청의 관할에 관하여 규정하고 있다. 제1항에서는 행정청이 그 관할에 속하지 아니하는 사안을 접수하였거나 이송 받은 경우에는 지체 없이 이를 관할 행정청에 이송하여야 하고 그 사실을 신청인에게 통지하여야 한다고 규정하고 있다. 또한 동조 제2항에서는 행정청의 관할이 분명하지 아니하는 경우에는 당해 행정청을 공통으로 감독하는 상급행정청이 그 관할을 결정하며, 공통으로 감독하는 상급행정청이 없는 경우에는 각 상급행정청의 협의로 그 관할을 결정한다고 규정하고 있다.

2. 행정청 간의 협조

행정절차법 제7조는 행정청은 행정의 원활한 수행을 위하여 서로 협조하여야 한다고 하여, 행정청 간의 협조를 규정하고 있다.

3. 행정청 간의 응원

행정절차법 제8조는 행정청 간의 행정응원에 관하여 규정하고 있다. 즉 행정청은 다음 하나에 해당하는 경우에는 다른 행정청에 행정응원을 요청할 수 있으며, 이때에는 당해 직무를 직접 응원할 수 있는 행정청에 요청하여야 한다.

① 법령 등의 이유로 독자적인 직무수행이 어려운 경우, ② 인원·장비의 부족 등 사실상의 이유로 독자적인 직무수행이 어려운 경우, ③ 다른 행정청에 소속되어 있는 전문기관의 협조가 필요한 경우, ④ 다른 행정청이 관리하고 있는 문서(전자문서를 포함한다)·통계 등 행정자료가 직무수행을 위하여 필요한 경우, ⑤ 다른 행정청의 응원을 받아 처리하는 것이 보다 능률적이고 경제적인 경우.

행정응원을 요청받은 행정청은 ① 다른 행정청이 보다 능률적이거나 경제적으로 응원할 수 있는 명백한 이유가 있는 경우, ② 행정응원으로 인하여 고유의 직무수행이 현저히 지장받을 것으로 인정되는 명백한 이유가 있는 경우에는 이를 거부할 수 있다(행정절차법 제8조 제2항). 이 경우에는 그 사유를 응원을 요청한 행정청에게 통지하여야 한다(행정절차법 제8조 제4항).

행정응원을 위하여 파견된 직원은 응원을 요청한 행정청의 지휘·감독을 받는다. 다만, 당해 직원의 복무에 관하여 다른 법령 등에 특별한 규정이 있는 경우에는 그에 의한다(행정절차법 제8조 제5항).

행정응원에 소요되는 비용은 응원을 요청한 행정청이 부담하며, 그 부담금액 및 부담방법은 응원을 요청한 행정청과 응원을 행하는 행정청이 협의하여 결정한다(행정절차법 제8조 제6항).

Ⅲ. 행정절차의 당사자 등

1. 당사자 등의 자격

행정절차법 제9조는 당사자 등의 자격에 관하여 규정하고 있다. 동조가 규정하고 있는 당사자 등이라 함은 행정청의 처분에 대하여 직접 그 상대가 되는 당사자와 행정청이 직권 또는 신청에 의하여 행정절차에 참여하게 한 이해관계인을 말한다. 행정절차에 있어서 당사자 등이 될 수 있는 자는 ① 자연인, ② 법인 또는 법인 아닌 사단이나 재단, ③ 기타 다른 법령 등에 의하여 권리의무의 주체가 될 수 있는 자 등이다.

2. 지위의 승계

행정절차법 제10조는 당사자 등의 지위승계에 대하여 규정하고 있다. 당사자 등이 사망하였을 때의 상속인과 다른 법령 등에 의하여 당사자 등의 권리 또는 이익을 승계한 자는 당사자 등의 지위를 승계한다(행정절차법 제10조 제1항). 당사자 등의 지위를 승계한 자는 행정청에 그 사실을 통지하여야 한다(행정절차법 제10조 제3항). 이와 같은 통지가 있을 때까지 사망자에 대하여 행정청이 행한 통지는 당사자 등의 지위를 승계한 자에게도 효력이 있다(행정절차법 제10조 제5항).

당사자 등인 법인 등이 합병한 때에는 합병 후 존속하는 법인 등이나 합병 후 새로 설립된 법인 등이 당사자 등의 지위를 승계한다(행정절차법 제10조 제2항).

당사자 등의 지위를 승계한 법인 등은 행정청에 그 사실을 통지하여야 한다(제3항). 이와 같은 통지가 있을 때까지 합병전의 법인 등에 대하여 행정청이 행한 통지는 당사자 등의 지위를 승계한 자에게도 효력이 있다(행정절차법 제10조 제5항).

처분에 관한 권리 또는 이익을 사실상 양수한 자는 행정청의 승인을 얻어 당사자 등의 지위를 승계할 수 있다(행정절차법 제10조 제4항). 당사자 등의 지위를 승계하고자 하는 자는 행정청에 서면으로 지위승계의 승인을 신청하여야 하며, 행정청은 그와 같은 신청을 받은 때에는 지체 없이 승인 여부를 결정하여 신청인에게 통지하여야 한다(행정절차법 제4조).

3. 당사자 등의 대표자

행정절차법 제11조는 다수의 당사자 등이 공동으로 행정절차에 관한 행위를 하는 때에는 대표자를 선정할 수 있다고 규정하고 있다(행정절차법 제11조 제1항). 동조에 따라 당사자 등이 대표자를 선정한 때에는 지체 없이 그 사실을 행정청에 서면으로 통지하여야 한다(행정절차법 제13조).

선임된 대표자는 각각 당사자 등을 위하여 행정절차에 관한 모든 행위를 할 수 있다. 다만, 행정절차를 끝맺는 행위에 있어서는 당사자 등의 동의를 얻어야 한다(행정절차법

제11조 제4항). 이 경우 대표자는 다른 당사자 등의 동의를 입증하는 서류를 첨부하여 행정청에 문서로 통지하여야 한다(행정절차법 시행령 제5조). 대표자가 다수인 경우 그중 1인에 대한 행정청의 행위는 모든 당사자 등에게 효력이 있다. 다만, 행정청의 통지는 대표자 모두에게 행하여야 그 효력이 있다(행정절차법 제11조 제6항).

4. 대리인

1) 대리인의 선임

당사자 등은 ① 당사자 등의 배우자·직계존속·비속 또는 형제자매, ② 당사자 등이 법인인 경우 그 임원 또는 직원, ③ 변호사, ④ 행정청 또는 청문주재자(청문에 경우에 한한다)의 허가를 받은 자, ⑤ 법령 등에 의하여 당해 사안에 대하여 대리인이 될 수 있는 자를 대리인으로 선임할 수 있다(행정절차법 제12조). 당사자 등은 대리인을 선임한 때에는 지체 없이 그 사실을 행정청에 서면으로 통지하여야 하며, 또한 대리인을 변경 또는 해임하는 경우에도 그 사실을 서면으로 통지하여야 한다(행정절차 제13조).

2) 대리인의 권한

대리인은 각각 그를 대리인으로 선정한 당사자 등을 위하여 행정절차에 관한 모든 행위를 할 수 있다. 다만, 행정절차를 끝맺는 행위에 있어서는 당사자 등의 동의를 얻어야 한다(행정절차법 제12조 제2항). 이 경우 대리자는 다른 당사자 등의 동의를 입증하는 서류를 첨부하여 행정청에 서면으로 통지하여야 한다(행정절차법 시행령 제6조 제2항).

다수의 대리인이 있는 경우 그중 1인에 대한 행정청의 행위는 모든 당사자 등에게 효력이 있다. 다만, 행정청의 통지는 대리인 모두에게 행하여야 그 효력이 있다(행정절차법 제12조 제2항, 제11조 제6항).

5. 이해관계인

행정절차에 참여하고자 하는 이해관계인은 행정청에게 참여대상인 절차와 참여이유를 기재한 서면으로 참여를 신청하여야 한다. 행정청은 이해관계인의 참여신청을 받은 때에는 지체 없이 참여 여부를 결정하여 신청인에게 통지하여야 한다(행정절차법 시행령 제3조).

Ⅳ. 송달 및 기간

1. 송달

1) 원칙적인 송달방법

송달은 우편·교부 또는 정보통신망 이용 등의 방법에 의하여 송달받을 자(대표자 또는 대리인 포함)의 주소·거소·영업소·사무소 또는 전자우편주소로 한다. 다만, 송달받을 자가 동의하는 경우에는 그를 만나는 장소에서 송달할 수 있다(행정절차법 제14조 제1항). 행정청은 송달하는 문서의 명칭, 송달받는 자의 성명 또는 명칭, 발송방법 및 발송연월일을 확인할 수 있는 기록을 보존하여야 한다(행정절차법 제14조 제5항).

행정청은 법령에서 고지서·통지서 등의 종이문서로 고지·통지 등을 하도록 규정하고 있는 경우에도 본인이 원하는 때에는 이를 전자공문서로 고지·통지 등을 할 수 있고, 이 경우 당해 법령에서 정한 절차에 의하여 고지·통지 등을 한 것으로 본다.[345]

또한 당사자가 민원사항 등을 전자문서로 신청 등을 한 경우에 행정청은 그 처리결과를 전자공문서로 통지 등을 할 수 있다. 이 경우 행정청은 그 처리결과를 전자공문서로 통지 등을 할 수 있다. 이 경우 행정청은 인터넷을 통하여 미리 민원사항 등 또는 통지 등의 종류와 처리결과를 국민에게 공표하여야 한다(전자정부법 제36조 제1항, 제2항).

2) 교부에 의한 송달

교부에 의한 송달은 수령확인서를 받고 문서를 교부함으로써 행하며, 송달하는 장소에서 송달받을 자를 만나지 못한 때에는 그 사무원·피용자 또는 동거자로서 사리를 분별할 지능이 있는 자에게 이를 교부할 수 있다(행정절차법 제14조 제2항).

---

345) 여기서 전자문서라 함은 컴퓨터 등 정보처리능력을 가진 장치에 의하여 전자적인 형태로 작성되어 송신·수신 또는 저장된 정보를 말한다(행정절차법 제2조 제8호).

3) 정보통신망을 이용한 송달

정보통신망을 이용한 송달은 송달받을 자가 동의하는 경우에 한하며, 이 경우 송달받을 자는 송달받을 전자우편주소 등을 지정하여야 한다(행정절차법 제14조 제3항).

4) 공고에 의한 송달

공고에 의한 송달은 송달받을 자의 주소 등을 통상의 방법으로 확인할 수 없는 경우 또는 송달이 불가능한 경우에는 송달받을 자가 알기 쉽도록 관보·공보게시판·일간신문 중 하나 이상에 공고하고 인터넷에도 공고하여야 한다(행정절차법 제14조 제4항).

5) 송달의 효력발생

송달은 다른 법령 등에 특별한 규정이 있는 경우를 제외하고는 송달받을 자에게 도달됨으로써 그 효력이 발생한다(행정절차법 제15조 제1항).

정보통신망을 이용하여 전자문서로 송달하는 경우에는 송달받을 자가 지정한 컴퓨터 등에 입력된 때에 도달된 것으로 본다(행정절차법 제15조 제2항).

공고에 의한 송달의 경우는 다른 법령에 특별한 규정이 있는 경우를 제외하고는 공고일로부터 14일이 경과한 때에 그 효력이 발생한다. 다만, 긴급히 시행하여야 할 특별한 사유가 있어 효력발생시기를 달리 정하여 공고한 경우에는 그에 의한다(행정절차법 제15조 제3항).

2. 기간 및 기한의 특례

천재지변 기타 당사자 등의 책임 없는 사유로 기간 및 기한을 지킬 수 없는 경우에는 그 사유가 끝나는 날까지 기간의 진행이 정지된다(행정절차법 제16조 제1항).

외국에 거주 또는 체류하는 자에 대한 기간 및 기한은 행정청이 그 우편이나 통신에 소요되는 일수를 감안하여 정하여야 한다(행정절차법 제16조 제2항).

제5절 행정절차의 종류

행정절차법은 행정절차의 종류에 관하여 제2장 내지 제6장에 규정하고 있는바, 그 종류를 ① 처분절차, ② 신고절차, ③ 행정상 입법예고절차, ④ 행정예고절차, ⑤ 행정지도절차 등으로 구분하고 있다.

Ⅰ. 처분절차

행정절차법은 처분절차를 크게 ① 신청에 의한 처분(수익적 처분)의 절차와 ② 부담적 처분의 절차로 구분하고, 양자의 성립에 있어 처분기준의 설정·공표·처분의 방식에 대해서는 공통사항으로 규정하고 있다. 여기서 "처분"이라 함은 행정청이 행하는 구체적 사실에 관한 법집행으로서의 공권력의 행사 또는 거부와 그 밖에 이에 준하여 행정작용을 말한다.

1. 공통사항

1) 처분기준의 설정·공표

행정절차법은 행정청의 자의적인 권한 행사를 방지하고 관련처분에 대한 상대방의 예측가능성을 부여하기 위하여 행정절차법 제20조에서 행정청의 처분기준의 설정·공표의무를 규정하고 있다. 동조에 따라 행정청은 처분의 심사에 필요한 기준을 가능한 한 구체적으로 정하여 이를 공표하여야 한다. 다만, 당해 처분의 성질상 그것이 현저히 곤란하거나 또는 공익상의 이유가 인정될 때에는 행정청은 이를 공표하지 아니할 수 있다. 이들 당사자 등은 공표된 처분기준이 불명확한 경우 당해 행정청에 대하여 그 해석 또는 설명을 요구할 수 있으며, 이 경우 당해 행정청은 특별한 사정이 없는 한 이에 응하여야 한다(행정절차법 제20조 제3항).

2) 처분의 방식: 문서주의

행정법 이론상으로는 문서에 의한 처분과 구두에 의한 처분이 모두 인정되고 있다.[346] 그러나 행정절차법은 문서주의원칙을 취하여 개별법에 특별한 규정이 있는 경우를 제외하고는 처분은 문서로써 하도록 하고 있다. 다만 신속을 요하거나 사안이 경미한 경우에는 구술 기타의 방법으로 할 수 있으나, 이러한 경우에도 당사자의 신청이 있는 때에는 행정청은 관계문서를 교부하여야 한다(행정절차법 제24조 제1항). 행정절차법이 처분의 방식으로서 문서주의 원칙을 취하고 있는 것은 처분내용의 명확성의 확보나 그 존부에 관한 다툼의 방지 등에 그 주된 동기가 있는 것으로 본다. 아울러 행정절차법은 처분을 행하는 문서에는 그 처분청 및 담당자의 소속·성명과 전화번호를 기재하여야 한다고 규정하여(행정절차법 제24조 제2항), 처분에 있어서의 행정실명제를 도입하고 있다.

3) 처분의 이유제시

행정청은 처분을 하는 때에는 당사자에게 그 근거와 이유를 제시하여야 한다(동법 제23조 제1항). 동조의 처분의 이유 제시는 처분의 신중성, 공정성을 보장하고 또한 상대방은 제시된 이유에 기초하여 당해 처분에 대한 궁극적 쟁송절차에 있어 논거를 구체적으로 제시할 수 있게 된다는 점 등에 비추어, 행정절차의 중요한 요소를 구성하는 것이다. 동조의 이유제시원칙에 대한 예외로서 행정절차법 제23조 제1항에서 다음의 사항을 규정하고 있다.

① 신청내용을 모두 그대로 인정하는 처분인 경우, ② 단순반복적인 처분 또는 경미한 처분으로서 당사자가 그 이유를 명백히 알 수 있는 경우, ③ 긴급을 요하는 경우 등이 그것이다. 그러나 위 ②와 ③의 경우에 처분 후 당사자가 요청하는 경우에는 그 근거와 이유를 제시하여야 한다.[347]

4) 처분내용의 정정

행정청은 처분에 오기·오산 기타 이에 준하는 명백한 잘못이 있는 때에는 직권 또는

---

346) 김동희, 『행정법 요론』, 박영사, 2010, 287면.
347) 대판 2004. 5. 28, 2004두961.

신청에 의하여 지체 없이 정정하고 이를 당사자에게 통지하여야 한다(행정절차법 제25조). 처분내용상 이러한 오기·오산 등이 있는 경우에는 당해 행위는 형식적으로는 하자 있는 처분인 것임은 물론이다. 그러나 그것이 행정청이나 당사자 양자에게 모두 단순한 기재 또는 계산상의 오류임이 명백하고, 그 실질적 내용에 대하여는 다툼이 없는 경우라면 이러한 의미의 형식적 하자를 이유로 당해 처분을 취소하는 것은 불합리하거나 또는 불필요하다고 할 것이다. 따라서 행정절차법은 이러한 의미의 오기·오산 등의 명백한 오류가 있는 경우에는, 상대방의 신청이 있는 경우는 물론이고, 그러하지 아니한 경우에도 행정청이 직권으로 이를 시정할 수 있도록 규정하고 있다.

5) 불복신청의 고지

행정청이 처분을 하는 때에는 당사자에게 그 처분에 관하여 행정심판을 제기할 수 있는지의 여부, 기타 불복을 할 수 있는지 여부, 청구절차 및 청구기간 기타 필요한 사항을 알려야 한다(행정절차법 제26조).

2. 신청에 의한 처분(수익적 처분)의 절차

행정절차법상 신청에 의한 처분절차는 신청→신청의 심사→처분의 결정의 구조를 취하고 있다.

1) 적용대상

행정절차법은 신청에 의한 처분절차의 적용범위와 관련하여, 이러한 처분절차는 행정청이 상대방의 신청에 대하여 처분의무(신청에 따른 처분 및 처분청에 대한 처분)가 있는 경우, 환언하면 신청인이 당해 처분에 대하여 신청권이 있는 경우에 한정되는 것인지 여부에 대하여 명시적으로 규정하고 있지 않다. 그러나 행정절차법상 행정청의 당해 신청에 대한 접수보류·접수거부의 금지, 당해 신청에 대한 행정청의 처리기간의 설정·공포의무, 거부처분에 대한 이유제시의무 등을 고려하면, 신청에 의한 처분절차가 적용되는 것은 당해 처분에 대하여 사인에게 신청권이 있는 경우에 한정된다고 보는 것이 타당할 것으로 본다.348)

2) 신청

사인의 허가 · 인가 등의 신청은 원칙적으로 문서로 행하여야 하며, 이와 관련하여 행정청은 신청에 필요한 구비서류, 제출기관, 처리기간 기타 필요한 사항을 게시하거나 이에 대한 편람을 비치하여 열람하도록 하여야 한다(행정절차법 제17조 제1항, 제2항).

신청에 있어서 개별법에 특별한 규정이 있거나 당해 행정 처분의 성질상 그것이 허용되지 않는 경우를 제외하고는, 신청인은 처분 전까지는 신청의 내용을 보완하거나 수정 변경 또는 취하할 수 있다(행정절차법 제17조 제8항).

3) 행정청의 절차상의 의무

행정절차법은 신청인의 편의나 그 권리 · 이익의 보호 또는 처분의 공정성 · 투명성 및 신뢰성 보장의 견지에서, 행정청에 일정한 행위의무를 부과하고 있는데 그것은 다음과 같다.

(1) 신청의 접수의무

행정청은 신청이 있는 때에는 개별법에 특별한 규정이 있는 경우를 제외하고는 그 접수를 보류하거나 거부할 수 없으며, 신청을 접수한 경우에는 원칙적으로 신청인에게 접수증을 교부하여야 한다(행정절차법 제17조 제3항). 행정청은 신청에 구비서류미비 등 흠결이 있는 경우에는 그에 필요한 상당한 기간을 정하여 신청인에게 그 보정 또는 보완을 요청하여야 하는바, 이 경우 신청인이 당해 기간 내에 신청 서류의 보완 또는 보정을 하지 아니할 때에는 행정청은 그 이유를 명시하여 신청서류를 반려할 수 있다(행정절차법 제17조 제4항, 제5항). 여기서의 신청 서류의 반려란 내용적으로는 형식상의 흠결을 이유로 신청의 거부(각하)를 의미하는 것이다.

(2) 처분기준의 설정 · 공표

사인의 허가 · 인가 등의 신청과 관련하여서 행정청은 그 처분에 필요한 기준을 설정 · 공표하여야 한다.

---

348) 김동희, 『행정법 요론』, 박영사, 2010, 289면.

(3) 처리기간의 설정·공표

　행정절차법은 신청인의 편의를 도모하고 신청에 대한 처분의 처리지연으로 인한 신청인의 불이익을 방지하기 위하여 행정청의 처리기간의 설정·공표의무를 규정하고 있다. 즉 행정청은 처분에 소요되는 기간을 종류별로 미리 정하고 공표하여야 하며(행정절차법 제19조 제1항), 상대방의 신청에 대하여 부득이한 사유로 처리기간 내에 처리하기 곤란한 경우에 당해 처분의 처리기간의 범위 내에서 1회에 한하여 그 기간을 연장할 수 있다.349) 행정청이 처리기간을 연장할 때에는 처리기간의 연장사유와 처리예정기한을 지체없이 신청인에게 통지하여야 한다(행정절차법 제19조 제2항, 제3항).

　만약 행정청이 정당한 처리기간 내에 처리하지 아니한 때에는 신청인은 당해 행정청 또는 그 감독행정청에 대하여 신속한 처리를 요청할 수 있다(행정절차법 제19조 제4항).

(4) 공청회

　행정절차법 제22조는 행정청은 ① 관계법에서 공청회를 개최하도록 하고 있는 경우, ② 당해 처분의 영향이 광범위하여 널리 의견을 수렴할 필요가 있다고 인정되는 경우에는 공청회를 개최한다고 규정하고 있다(행정절차법 제22조 제2항). 행정절차법은 기본적으로 행정청과 상대방과의 이면적 관계에 입각하고 있는 데 대하여, 제22조는 제3자의 이익도 배려하고 있다는 점에서 이 규정은 특히 유의할 만한 것이다. 그러나 동조는 제3자로부터 정보를 널리 수집하여 처분의 적정성을 확보하려는 것을 그 기본적 내용으로 하는 것이고, 주민 참가를 정면으로 인정하는 것은 아니라고 본다. 행정절차법은 이외에도 행정상 입법예고 및 행정예고 절차와 관련하여 행정청은 공청회를 개회할 수 있다고 규정하고 있는바(행정절차법 제45조, 제47조), 이러한 경우의 공청회는 기본적으로 주민 참가나 행정의 민주화의 이념에 입각한 것으로 볼 수 있다.

---

349) 신청의 처리기간에 산입하지 아니하는 기간에 관하여 행정절차법 시행령 제11조는 다음을 규정하고 있다. ① 신청서의 보완에 소요되는 기간(보완을 위하여 신청서를 신청인에게 발송한 날과 보완되어 행정청에 도달한 날을 포함한다), ② 접수·경유·협의 및 처리하는 기관이 각각 상당히 떨어져 있는 경우 문서의 이송에 소요되는 기간, ③ 법 제11조 제2항의 규정에 의하여 대표자를 선정하는 데 소요되는 기간, ④ 당해 처분과 관련하여 의견청취가 실시되는 경우에 그에 소요되는 기간, ⑤ 행정안전부령이 정하는 선행사무의 완결을 조건으로 하는 경우에 그에 소요되는 기간.

(5) 거부처분의 이유제시

상대방의 신청을 거부(일부 또는 전부거부)하는 경우에는, 행정청은 그 근거 및 이유를 제시하여야 한다.

3. 침익적 처분의 절차

1) 의의

행정절차에 있어서의 적정절차는 침익적 처분에 대한 국민의 권리 · 이익의 절차적 보호를 그 출발점으로 하고 있다. 따라서 처분의 통지 및 청문을 비롯한 행정절차의 여러 원칙은 바로 이러한 침익적 처분에 전형적으로 적용된다. 여기서 침익적 처분은 당사자에게 의무를 부과하거나 당사자의 권익을 침해하는 처분을 말한다(행정절차법 제21조 제1항). 따라서 그 상대방이 불특정적인 경우(일반처분)은 여기서의 침익적 처분에 해당하지 않는다.

2) 처분의 사전통지

(1) 의의

처분의 통지란 당사자에게 의무를 과하거나 권익을 제한하는 처분을 하기 전에 당사자 등에게 일정한 사항 등을 통지하는 것을 말한다(행정절차법 제21조 제1항).

(2) 사전통지의 내용

행정절차법은 사전통지의 내용에 관하여 행정절차법 제21조 제1항에 규정하고 있다. 즉 행정청이 당사자에게 의무를 과하거나 권익을 제한하는 처분을 하는 경우에 미리 당사자에게 통지하여야 할 사항으로서 ① 처분의 제목, ② 당사자의 성명 또는 명칭과 주소, ③ 처분하고자 하는 원인이 되는 사실과 처분의 내용 및 법적 근거, ④ 제3호에 대하여 의견을 제출할 수 있다는 뜻과 의견을 제출하지 아니하는 경우의 처리방법, ⑤ 의견 제출기관의 명칭과 주소, ⑥ 의견 제출기한 및 ⑦ 기타 필요한 사항 등을 규정하고 있다. 그와 달리 동조 제4항은 ① 공공의 안전 또는 복리를 위하여 긴급히 처분을 할 필요가 있는 경우, ② 법령 등에서 요구된 자격이 없거나 없어지게 되면 반드시 일정한 처분을 하여야 하는 경우에 그 자격이 없거나 없어지게 된 사실이 법원의 재판 등에 의하여 객관적으로 증명된 때, ③ 당해 처분의 성질상 의견청취가 현저히 곤란하거나 명백히 불필요하다고 인정될 만한 상당한 이유가 있는 경우에는 사전통지를 아니할 수 있다고 규정하고 있다.

(3) 의견청취

행정절차법은 행정청이 처분을 함에 있어서 ① 다른 법령 등에서 청문을 실시하도록 규정하고 있는 경우, ② 행정청이 필요하다고 인정하는 경우에는 청문을 실시한다고 규정하고 있다(행정절차법 제22조 제1항). 동조의 청문절차는 행정처분의 사유에 대하여 청문의 상대방에게 변명의 기회와 유리한 자료를 제출할 기회를 부여함으로써 위법사유의 시정가능성을 고려하고 처분의 신중과 적정을 기하려는 것이 그 취지이다.

아울러 행정절차법은 행정청이 처분을 함에 있어서 ① 다른 법령 등에서 공청회를 개최하도록 규정하고 있는 경우, ② 당해 처분의 영향이 광범위 하여 널리 의견을 수렴할 필요가 있다고 행정청이 인정하는 경우에는 공청회를 개최한다고 규정하고 있다(행정절차법 제22조 제2항). 그러나 행정청이 당사자에게 의무를 과하거나 권익을 제한하는 처분을 함에 있어서 청문의 실시나 공청회의 개최를 하지 아니하는 경우에는 당사자에게 의견 제출의 기회를 주어야 한다(행정절차법 제22조 제3항).[350]

그러나 처분의 사전통지를 아니할 수 있는 경우에 해당하는 경우와 당사자가 의견진술의 기회를 포기한다는 뜻을 명백히 표시한 경우에는 의견청취를 아니할 수 있다(행정절차법 제22조 제4항). 당사자가 의견진술의 기회를 포기한 때에는 의견진술포기서 또는 이에 준하는 서류를 행정청에게 제출하여야 한다(행정절차법 시행령 제14조).

---

350) 행정절차법상의 청문이란 행정청이 어떠한 처분을 하기에 앞서 당사자 등의 의견을 직접 듣고 증거를 조사하는 절차를 말한다(동법 제2조 제5호). 즉 행정작용의 당사자인 시민이 당해 행정작용에 대하여 통지를 받고, 이에 대해서 자신의 증거를 제출하고 진술할 권리를 갖는 것을 말한다. 공청회는 행정청이 공개적 토론을 통하여 어떠한 행정작용에 대하여 당사자 등, 전문지식과 경험을 가진 자 기타 일반인으로부터 의견을 널리 수렴하는 절차를 말한다(동법 제2조 제5호, 제6호). 즉 공청회는 특정사항에 대하여 발표자와 이해관계인들이 서로 질문과 답변을 통하여 행정결정을 위해 필요로 하는 의사를 형성하는 절차를 말한다. 이는 청문과 달리 공청사항에 대하여 이해관계 없는 사람도 참가가 가능하다는 특색이 있으며, 그 사항으로는 중요한 국가시책·국토계획·입법안 등 그 대상이 광범위하다. 이를 통하여 다수의 의견을 수렴하여 사전적으로 이해관계를 조정하고자 하는 데 그 의의가 있다.

(4) 처분의 방식

행정청이 부담적 처분을 하는 때에는 신청에 의한 처분과 마찬가지로 서면주의가 적용되며, 처분의 근거와 이유를 제시하여야 하며, 불복신청에 대하여 고지하여야 한다. 아울러 처분에 오기·오산 기타 이에 준하는 명백한 잘못이 있는 때에는 직권 또는 신청에 의하여 지체 없이 정정하고 이를 당사자에게 통지하여야 한다(행정절차법 제25조).

Ⅱ. 신고절차

1. 신고의 의의 및 행정청의 의무

신고란 행정청에 대하여 일정한 사항을 통지하는 행위로서 법령 등이 정하는 바에 따라 당해 통지가 의무로 되어 있는 작용을 말한다. 이와 같은 신고는 자기 완결적 행위로써 그것이 적법한 요건을 갖추어 신고되어, 행정청에 도달하면 효력을 발생하는 것이 원칙이다. 즉 통지의 법적 의무를 완수한 것이 된다.

신고를 관장하는 행정청은 신고에 필요한 구비서류와 접수기관 기타 법령 등에 의한 신고에 필요한 사항을 게시(인터넷 등을 통한 게시도 포함)하거나 이에 대한 편람을 비치하여 누구나 열람할 수 있도록 하여야 한다(행정절차법 제40조 제1항).

2. 적용대상

행정절차법 제40조상의 신고절차의 적용범위는 당사자 등의 신고에 대하여 행정청에 내용적 또는 구체적 요건에 대한 심사권한이 없는 경우에 한정된다. 그러나 관계법상 신고라는 용어가 사용되고 있음에도 불구하고, 관련규정의 내용상 그 수리여부에 대하여 행정청에 실질적 심사권이 인정되고 있는 경우가 적지 아니하다.351) 이처럼 사인의 신고에 대한 수리에 있어 행정청의 실질적 심사권이 인정되는 경우에는 당해 수리행위는 내용적으로는 허가 내지 특허의 성격을 가지는 경우도 있다.352) 행정절차법은 실정법상의

---

351) 예컨대 건축주명의변경신고나 온천발견자의 신고 등이 대표적이다.
352) 대법원은 "식품위생법 제25조 제3항에 의한 영업양도에 따른 지위승계신고를 수리하는 허가관청의 행위는 단순히 양도·양수인 사이에 이미 발생한 사법상의 사업양도의 법률효과에 의하여 양수인이 그

이러한 현상을 감안하여 동법상의 신고절차가 적용되는 신고는 "법령 등에서 행정청에 대하여 일정한 사항을 통지함으로써 의무가 끝나는 신고"로 한정하고 있다. 이러한 동법상의 한정적 규정에도 불구하고, 실제 이 규정의 적용에 있어서는 관계법상의 신고의 의미나 그 법제의 해석과 관련하여 적지 않는 문제가 제기될 것으로 보인다.

3. 행정청의 형식상의 흠의 보완요구 및 반려결정

행정청은 상대방의 신고서에 형식상의 흠이 있는 때에는 지체 없이 상당한 기간을 정하여 그 보완을 요구하여야 하고, 신고인이 이 기간 내에 보완을 하지 아니하는 경우에는, 그 이유를 명시하여 당해 신고서를 되돌려 보내야 한다(행정절차법 제40조 제3항, 제4항). 이 경우 행정청의 반려행위는 거부처분의 성질을 가진다고 할 것이다.

4. 신고의 효과

행정절차법 제40조 제2항에 의하여 신고는 형식상의 요건이 충족되어 있는 한, 그 신고서가 행정청에 도달한 때에 당사자 등에 부과되어 있는 신고의무는 이행된 것으로 본다. 여기서 동조가 정하고 있는 형식상의 요건을 충족한 경우라 함은 ① 신고서의 기재사항에 흠이 없을 것, ② 필요한 구비서류가 첨부되어 있을 것, ③ 기타 법령 등에 규정된 형식상의 요건에 적합할 것을 말한다.

Ⅲ. 행정상 입법예고절차

1. 행정상 입법예고의 의의

행정입법은 국민의 일상생활에 대하여 규제하거나 국민에게 의무를 과하는 것을 내용으로 하는 것이 보통이다. 따라서 행정입법에 대하여 예고하여 국민에게 의견 제출의 기회를 부여하는 것은 행정입법에 따른 공사익 간의 갈등을 사전에 조정할 수 있는 제도적

영업을 승계하였다는 사실의 신고를 접수하는 행위에 그치는 것이 아니라, 영업허가자의 변경이라는 법률효과를 발생시키는 행위라고 할 것이다(대판 1995. 2. 24, 94누9146)."라고 판시하였다.

장치로서 기능할 수 있다는 점에서 그 의의가 있다.

2. 적용범위(대상)

행정절차법은 국민의 권리 · 의무 또는 일상생활과 밀접한 관련이 있는 법령을 제정 · 개정 또는 폐지하고자 할 때에는 당해 입법안을 마련한 행정청으로 하여금 이를 예고하도록 하고 있다(행정절차법 제41조 제1항). 여기서 법령 등에는 법률과 국가행정권에 의한 입법과 자치법규가 그에 포함되는 점에는 다툼이 없으나 대법원 규칙, 중앙선거관리위원회규칙 등도 포함되는가에 대하여는 적극설[353]과 소극설[354]로 견해가 나누어지고 있다. 그러나 입법의 내용이 국민의 권리 · 의무 또는 일상생활과 관련이 없는 경우, 입법이 긴급을 요하는 경우, 상위법령 등의 단순한 집행을 위한 경우, 예고함이 공익에 현저히 불리한 영향을 미치는 경우, 입법내용의 성질 그 밖의 사유로 예고의 필요가 없거나 곤란하다고 판단되는 경우에는 입법예고를 하지 아니할 수 있다(행정절차법 제41조 제2항). 다만 법제처장은 입법예고를 하지 아니한 법령안의 심사요청을 받은 경우에 적당하다고 판단할 때에는 당해 행정청에 대하여 입법예고를 권고하거나 직접 예고할 수 있다(행정절차법 제41조 제3항).

3. 입법예고방법 및 기간

소관행정청은 입법안의 취지, 주요내용 또는 전문을 관보 · 공보나 인터넷 · 신문 · 방송 등의 방법으로 공고한다(행정절차법 제42조 제1항). 아울러 필요하다고 인정되는 단체 등에 대하여 예고사항을 통지할 수 있다(행정절차법 제42조 제2항). 입법예고기간은 예고할 때 정하되, 특별한 사정이 없는 한 20일 이상으로 한다(행정절차법 제42조 제3항).

4. 의견제출 및 처리

예고된 입법안에 대하여는 누구든지 의견을 제출할 수 있다. 이와 관련하여 행정청은 입법안을 예고할 때 의견접수기관 · 의견 제출기간 기타 필요한 사항을 공고하여야 한다

---

353) 김철용, 『행정법 I』, 박영사, 2008, 405면.
354) 심현정, "입법예고제도에 대한 국민의견조사결과", 『법제』, 2001, 107면.

(행정절차법 제44조 제1항, 제2항).

　행정청은 당해 입법안에 대하여 제출된 의견에 대하여는 특별한 사정이 없는 한 이를 존중하여 처리하여야 하며, 제출자에게 그 처리결과를 통보하여야 한다(행정절차법 제44조 제3항, 제4항).

5. 공청회

　행정청은 입법안에 관하여 공청회를 개최할 수 있다(행정절차법 제45조). 이 경우의 공청회에 관하여는 처분에 대한 공청회의 관련 규정을 준용한다.

Ⅳ. 행정예고절차

1. 행정예고의 의의

　행정절차법은 행정에 대한 예측가능성의 확보 및 국민의 행정에의 참여와 행정시책에 대한 이해를 도모하기 위하여 국민생활에 매우 중요한 의미를 가지는 일정한 행정시책에 대하여는 이를 미리 예고하도록 하고 있다(행정절차법 제46조 제1항). 이는 국민생활에 중요한 의미를 가지는 행정시책에 대하여 국민의 예측가능성과 행정시책에 대한 참여 및 이해를 도모하기 위한 것이다.[355]

2. 행정예고의 적용범위(대상)

　행정청은 ① 국민생활에 매우 큰 영향을 주는 사항, ② 다수 국민의 이해가 상충되는 사항, ③ 다수 국민에게 불편이나 부담을 주는 사항, ④ 기타 널리 국민의 의견수렴이 필요한 사항에 대한 정책제도 및 계획을 수립·시행 또는 변경하는 경우에는 미리 이를 예고하여야 한다. 다만, 예고로 인하여 공공의 안전 또는 복리를 해할 우려가 있거나 기타 예고하기 곤란한 특별한 사유가 있는 경우에는 예고하지 아니할 수 있다(행정절차법

---

355) 장태주, 『행정법개론』, 법문사, 2010, 483면.

제46조 제1항). 예고기간은 특별한 사정이 없는 한 20일 이상이어야 한다(행정절차법제46조 제3항).

3. 행정예고의 방법, 의견제출 및 처리, 공청회 등

행정청은 행정예고의 취지, 주요내용 또는 전문을 관보·공보나 신문·방송, 컴퓨터통신 등의 방법으로 널리 공고하여야 한다(행정절차법 제47조, 제42조 제1항). 행정청은 행정예고를 하는 경우에 필요하다고 인정되는 단체 등에 대하여 예고사항을 통지할 수 있다(행정절차법 제47조, 제42조 제2항).

누구든지 행정예고에 대하여 그 의견을 제출할 수 있으며, 제출된 의견의 경우, 특별한 사유가 없는 이를 존중하여 처리하여야 한다(행정절차법 제47조, 제44조 제3항, 제4항). 아울러 필요한 경우에 공청회를 개최할 수 있다(행정절차법 제47조, 제45조 제1항).

V. 행정지도절차

1. 행정지도의 의의

행정지도는 행정기관이 그 소관사무의 범위 안에서 일정한 행정목적을 실현하기 위하여 특정인에게 일정한 행위를 하거나 하지 아니하도록 지도·권고·조언 등을 하는 행정작용을 말한다(행정절차법 제2조 제3호). 이러한 개념의 행정지도는 오늘날 매우 다양한 행정분야에서 널리 사용되고 있는 것으로서, 다양한 행정수용에 신속하게 대응하고 행정운영의 탄력성을 확보하며, 국민과의 협조에 의하여 행정목적을 달성할 수 있는 등 여러 가지 장점을 가진 행정수단의 하나이다.

그러나 행정지도는 타면에서는 실질적으로 규제적 작용을 하거나 그 내용이나 책임소재 등이 명확하지 않는 경우가 적지 않다는 등의 문제점이 있는 것도 사실이다. 행정지도의 이러한 문제점을 감안하여, 행정절차법은 행정지도에 관한 기본원칙을 규정함과 아울러 행정지도의 명확성·투명성 또는 평등성확보 등의 관점에서 4개 조항에 걸쳐 이에 관하여 규정하고 있다.

2. 행정지도의 원칙

1) 과잉금지의 원칙 및 임의성의 원칙

행정지도는 그 목적달성에 필요한 최소한도에 그쳐야 하고, 또한 그 상대방의 의사에 반하여 부당하게 강요되어서는 아니 된다(행정절차법 제48조 제1항).

2) 불이익조치금지의 원칙

행정기관은 상대방이 행정지도에 따르지 아니하였다는 것을 이유로 불이익한 조치를 하여서는 아니 된다(행정절차법 제48조 제2항).

3. 행정지도의 방식

행정지도는 앞에서 기술하였듯이 그 책임소재나 내용의 불명확성이 그 하나의 기본적 문제점으로 지적되고 있다. 이러한 점을 고려하여 행정절차법은 행정지도를 행하는 자는 그 상대방에게 행정지도의 취지·내용 및 신분을 밝히도록 하여 행정지도에 있어서의 명확성의 원칙을 규정함과 동시에 행정지도실명제를 도입하고 있다(행정절차법 제49조 제1항).

또한 같은 관점에서 동법은 구술로 행정지도가 행해진 경우, 상대방이 행정지도의 취지·내용 및 신분을 기재한 서면의 교부를 요구하는 때에는 당해 행정지도를 행하는 자는 직무수행에 특별한 지장이 없는 한 이를 교부하도록 하고 있다(동법 제49조 제2항).

4. 의견제출

행정절차법 제50조는 행정지도의 상대방은 당해 행정지도의 방식·내용 등에 관하여 행정기관에 의견 제출을 할 수 있다고 규정하고 있다. 행정지도는 상대방의 임의적 협력을 기대하여 행하는 비권력적 사실행위임에도 불구하고, 그것이 실질적으로는 일방적 규제적 수단으로 변질되어 사용되는 경우도 없지 않다. 동조는 이러한 잘못된 행정지도의 부당성을 밝히고 이를 시정하려는 데에 그 기본적 목적이 있는 것으로 보인다.

5. 다수인을 대상으로 하는 행정지도

행정절차법은 동일한 행정목적을 실현하기 위하여 다수인에게 행정지도를 하고자 하는 경우에는, 행정지도의 명확성과 공평성확보의 관점에서 이들 행정지도에 공통적인 내용이 되는 사항을 공표하도록 하고 있다(행정절차법 제51조).

제6절 행정절차 하자의 효과와 하자의 치유

I. 행정절차 하자의 의의

절차하자(Verfahrensfehler)는 법령에서 규정한 소정의 행정절차를 거치지 아니한 위법을 말한다. 예컨대 법이 정한 청문을 실시하지 않는 경우, 청문을 통지하지 않았거나 청문주재자의 선정에 흠이 있어 청문의 공정한 진행에 문제가 있는 경우, 당사자 등의 의견진술·증거제출기회를 부당하게 제한하거나 봉쇄함으로써 청문이 불공정·불충분하게 진행된 경우 등을 말한다.

II. 행정절차 하자의 효과

절차하자를 지닌 처분의 효력을 무효로 규정하는 경우도 있으나(국공법 제13조 제2항), 행정절차법은 절차에 위반한 처분의 법적 효과에 관하여 아무런 규정을 두고 있지 않다. 따라서 절차상의 하자가 실체법상의 행정행위의 효력에 어떠한 영향을 미치게 되는지가 문제되며, 학설은 소극설(위법부정설), 적극설(위법긍정설)로 나뉘고 있다.

1. 학설

1) 소극설

이 견해는 처분에 실체적 하자가 존재하지 아니하는 한 절차적 하자의 존재만으로는 당해 처분이 위법하게 되는 것이 아니라고 하는 입장이다.[356] 동 견해는 그 논거로서, ① 행정행위의 절차규정은 실체법적으로 적정한 행정결정을 확보하기 위한 수단인 점에서 그 본질적 기능이 있고, ② 실체법상으로 적법함이 명백한 이상 절차만의 흠을 이유로 쟁송을 제기하여 당해 행정행위가 취소된다 하더라도 행정청은 다시 적법한 절차를 거쳐서 동일한 행위를 반복할 것이므로 단지 절차상의 흠만을 이유로 당해 행정행위를 취소하는 것은 공연한 시간·노력·비용을 낭비하게 되어 소송경제상 바람직하지 않으며, 개인이 취소소송을 제기하여 절차위반을 공격하는 것은 절차가 준수되었더라면 자기에게 유리한 행정판단이 행해질 것을 기대하기 때문인데 그 기대가 실현되는가의 여부는 실체법수준의 이론에서 결말이 나는 것이므로 개인이 절차하자를 내걸 필요가 없게 된다는 점[357]을 들고 있다.

2) 적극설

이 견해는 처분에 절차적 하자가 존재하는 경우에는 실체적 하자가 존재하지 아니하는 경우에도 당해 처분의 무효사유 또는 취소사유가 된다는 입장이다.[358]

동 견해는 그 논거로서, ① 절차규정 내지 절차에 관한 법원리는 실체적 규정의 적정성을 담보하기 위한 것이고 보면, 적정한 결정은 적법한 절차에 따라서만 행해져야 하는 것이 법치국가적 요청에 부합하고, ② 적법한 절차를 거침으로써 행정청의 사실인정이나 결정에 실질적인 차이가 있을 수 있으므로 적법한 절차를 거쳐 다시 처분하는 경우에 반드시 동일한 결론에 도달한다고 볼 수 없으며, ③ 행정소송법 제30조 제3항에서 "제2항의 규정은 신청에 따른 처분이 절차의 위법을 이유로 취소되는 경우에 준용된다."고 규

---

356) 김동희, "절차상 하자 있는 행정행위의 효력", 『고시연구』, 1998, 114면; 김남진, 행정절차법상의 하자의 효과, 『고시연구』, 1997, 36면.
357) 김남진, "행정절차법상의 하자의 효과", 『고시연구』, 1997, 36면.
358) 김철용, "절차하자의 법적 효과", 『법정고시』, 1998, 4면; 최송화, "절차상 흠 있는 행정행위의 효과", 『고시계』, 1995, 37면.

정하고 있는 것은 절차상의 위법만을 이유로도 행정행위를 취소하는 판결을 할 수 있음을 전제로 한 것이라는 점을 들고 있다.

아울러 동 견해는 어떠한 경우에 처분의 무효사유가 되고, 또 어떠한 경우에 처분의 취소사유가 되는지의 문제에 대하여, 절차를 정한 취지·목적이 상호 대립되는 당사자 간의 이해를 조정함을 목적으로 하는 경우 또는 이해관계인의 권리·이익의 보호를 목적으로 하는 경우에는 그와 같은 절차를 결하는 때에는 그 절차에 중대하고 명백한 하자가 있는 것이 되어 당해 처분의 무효사유가 되며, 절차의 취지·목적이 단순히 행정의 적정·원활한 운영을 위하는 등 행정상의 편의에 있을 때에는 그와 같은 절차를 결하는 행정행위는 반드시 무효가 되지 않는 것으로 보고 있다.359)

2. 판례

대법원은 여러 판례에서 절차하자의 실체법적 위법성을 긍정하고 그 하자가 당해 처분의 취소사유가 되는 것으로 보고 있다.360) 대표적으로 "식품위생법 제64조, 같은 법 시행령 제37조 제1항 소정의 청문절차를 전혀 거치지 아니하거나 거쳤다고 하여도 그 절차적 요건을 제대로 준수하지 아니한 경우에는 가사 영업정지사유 등 위 법 제58조 등 소정사유가 인정된다고 하더라도 그 처분은 위법하여 취소를 면할 수 없다."고 한 판시361)에서 이를 확인할 수 있다.

Ⅲ. 행정절차 하자의 치유

1. 하자 치유의 의의

일반적으로 행정행위의 하자의 치유란, 행정행위의 성립 당시에는 하자, 즉 요건불비가 있어 위법하지만, 사후에 그 요건이 추완되는 경우 등에는 당해 행위를 적법한 행위로 취급하는 것을 말한다. 이러한 행정행위의 하자의 치유의 법리가 절차상 하자 있는

---

359) 석종현, 『행정법(상)』, 삼영사, 2005, 556면.
360) 대판 1983. 6. 14, 83누143; 1994. 4. 12, 93누16666.
361) 대판 1984. 5. 9, 84누116.

행정행위의 경우에도 적용되는가의 문제가 있다. 이와 관련하여 유의하여야 할 것은, 행정행위의 하자의 치유는 그 하자가 취소사유인 경우에만 인정되고, 무효사유인 경우에는 인정되지 않는 것으로 이는 절차상의 하자의 치유의 경우에도 적용된다는 것이다.

2. 학설

1) 긍정설

이 견해는 행정행위의 절차나 형식에 하자가 있는 경우 그 절차 및 형식의 사후충족을 통해서 또는 당해 절차가 수행하는 권리보호기능의 의미가 상실되지 않는 한도에서는 행정작용의 능률적 수행을 위하여 하자의 치유를 긍정하는 입장이다.362)

예컨대 동 견해는 법이 정한 청문절차를 실시하지 않았거나 불충분하게 행한 경우에 사후에 청문유사절차를 행하였거나 사후에 그 요건을 보완한 경우와, 청문통지가 없었거나 법이 정한 통지기간보다 짧게 통지하였으나 당사자 등이 청문에 참여하여 의견진술 등의 기회를 가진 경우 등을 통하여 절차상의 하자가 치유되는 것으로 본다. 동 견해는 그 논거로서, 행정처분의 무용한 반복을 피하고, 당사자의 법적 생활안정을 기하기 위해 국민의 권리와 이익을 침해하지 않는 범위 내에서 구체적 사정에 따라 합목적적으로 절차하자의 치유를 인정하여야 한다는 것을 들고 있다.

2) 부정설

이 견해는 절차상의 위법은 이를 행정소송법 제30조 제3항의 취소소송의 대상으로 하고 있지 않다는 점에 근거하여 실체법상의 하자치유의 법리를 절차상의 하자에 적용하는 것을 부정하는 입장이다. 즉 실체법상 하자치유는 취소소송이 되는 취소하자인데, 행정절차상의 하자는 그 대상이 아니라는 점에 근거하고 있다.

또한 절차하자를 독자적인 하자로 인정하고, 행정절차, 특히 이유부기는 행정청의 판단을 신중하게 하도록 한다는 기능에서 볼 때에는 그 치유를 쉽게 인정할 수 없다는 점에 근거하여 부인하기도 한다.

---

362) 류지태 · 박종수, 『행정법신론』, 박영사, 2010, 449면, 312면.

3. 판례

대법원은 절차상의 하자의 치유를 대체로 긍정하고 있는 경향에 있다. 즉 청문절차에 있어서의 하자의 치유에 대하여 "행정청이 식품위생법상의 청문절차를 이행함에 있어 소정의 청문서 도달기간을 지키지 아니하였다면 이는 청문의 절차적 요건을 준수하지 아니한 것이므로 이를 바탕으로 한 행정처분은 일단 위법하다고 보아야 할 것이지만, 이러한 청문제도의 취지는 처분으로 말미암아 불이익을 받게 될 영업자에게 미리 변명과 유리한 자료를 제출할 기회를 부여함으로써 부당한 권리침해를 예방하려는 데에 있는 것임을 고려하여 볼 때, 가령 행정청이 청문서 도달기간을 다소 어겼다 하더라도 영업자가 이에 대하여 이의하지 아니한 채 스스로 청문일에 출석하여 그 의견을 진술하고 변명하는 등 방어의 기회를 충분히 가졌다면 청문서 도달기간을 준수하지 아니한 하자는 치유되었다고 봄이 상당하다."고 판시하였다.363)

다른 한편 대법원은 이유부기의 하자의 치유에 대하여는 "행정행위가 이루어진 당초에 그 행정행위 위법사유가 되는 하자가 사후의 추완행위 또는 어떤 사정에 의하여 보완되었을 경우에는 행정행위의 무용한 반복을 피하고 당사자의 법적 생활안정을 기한다는 입장에서는 이 하자는 치유되고 당초의 위법한 행정행위가 적법·유효한 행정행위로 전환될 수 있다고 할 것이나, 행정행위의 성질이나 법치주의의 관점에서 볼 하자 있는 행정행위의 치유는 원칙적으로 허용될 수 없는 것일 뿐만 아니라 이를 허용하는 경우에도 국민의 권리와 이익을 침해하지 않는 범위에서 구체적 사정에 따라 합목적적으로 가려야 한다고 할 것인바…… 이 치유를 허용하려면 적어도 처분에 대한 불복 여부의 결정 및 불복신청에 편의를 줄 수 있는 상당한 기간 내에 하여야 할 것이다."라고 판시하였다.364) 후자의 대법원판시는 하자의 치유가능성을 인정하면서도 그 범위를 한정하여, 행정심판이 제기된 후에 있어서의 이유부기의 하자의 치유를 부정하고 있다.

---

363) 대판 1992. 10. 23, 92누2844.
364) 대판 1983. 7. 26, 82누420.

제6장 경찰행정의 실효성 확보수단

제1절 개설

경찰은 공공의 안녕과 질서를 그 직무로 한다. 이와 같은 직무를 경찰은 스스로의 힘으로 혹은 경찰의무자 하명을 통해서 수행하며, 긴급한 경우에는 경찰의무자가 아닌 제3자에 대한 하명(의무부과)을 통해서도 수행한다.

경찰의무자가 자진하여 혹은 하명에 따라 그 의무를 이행하면 경찰목적은 달성된다. 그러나 경찰의무자가 그 의무를 이행하지 않는 경우 및 자발적인 의무이행을 기대하기 어려운 경우도 있으므로 법은 그 경찰의무의 이행확보수단을 마련하고 있다. 경찰강제(경찰상의 강제집행, 즉시강제), 경찰벌(간접적 의무이행확보수단) 등이 그의 대표적 수단이다. 그 밖에도 과징금 등 새로운 종류의 의무이행확보수단이 활용되는 경향에 있다.

제2절 경찰행정상 강제집행

Ⅰ. 강제집행의 의의와 근거

1. 강제집행의 의의

경찰행정상 강제집행이란 법령 또는 그에 기한 처분에 의하여 과하여진 행정법상의 의무의 불이행에 대하여 경찰행정기관이 의무자의 신체 또는 재산 등에 실력을 가하여 그 의무를 이행시키거나 이행된 것과 같은 상태를 실현하는 작용을 말한다.365)

---

365) 행정강제에는 행정상 강제집행과 행정상즉시강제가 있다. 행정상 강제집행은 행정법상의 의무불이행을 전제로 하여 이 의무의 이행을 강제하는 것인 데 반하여, 행정상 즉시강제는 급박한 상황 하에서 의무를 명할 수 없는 경우에 행하여지는 행정강제로서 행정법상의 의무의행을 전제로 하지 않는다는 점에서 양자는 구분된다(박균성·김재광, 『경찰행정법』, 박영사, 2010, 321면).

통설은 경찰행정상 강제집행은 권력적 사실행위로서의 성질을 지니고 있다. 이와 같은 점에서 법적 행위와 구별되고, 비권력적 사실행위와도 구별된다. 행정상 강제집행은 사전에 부과된 의무에 존재 및 의무불이행을 전제로 하는 점에서, 의무의 부과나 그 불이행을 전제로 하지 아니하는 행정상 즉시강제와 구별되며, 장래에 향하여 의무의 이행을 강제하기 위한 수단이라는 점에서 과거의 의무위반에 대한 제재로서 과하여지는 것이고 심리적 강제에 의하여 간접적으로 의무이행을 확보한다는 점에서 행정벌과 구별되고, 행정기관이 스스로의 힘으로 강제 집행하는 자력강제인 점에서, 사법기관의 힘으로 강제 집행하는 타력강제인 민사상의 강제집행과 구별된다.

2. 강제집행의 근거

과거에는 명령권은 동시에 강제권을 포함한다고 보고 있었으므로 법령에 행정상 강제집행의 근거가 되는 일정한 규정이 있는 경우에는 별도의 법적 근거가 없어도 그 의무를 강제집행할 수 있는 것으로 보았다. 그러나 오늘날의 통설은 행정상 의무를 명하는 행위와 그 의무를 강제적으로 실현하는 행위는 별개의 행정작용이기 때문에 행정상 강제집행을 하기 위해서는 별도의 법적 근거가 있어야 하는 것으로 보고 있으며, 통설이다. 우리나라의 강제집행의 근거법으로서는 일반법으로서 행정대집행법과 국세징수법이 있으며, 그 밖에 단행법으로서 출입국관리법 등이 있다.366)

Ⅱ. 강제집행의 수단

행정상 강제집행의 수단으로는 일반적으로 행정상 대집행, 행정상 강제징수, 직접강제, 집행벌(이행강제금)이 있는데, 이러한 강제집행의 수단 중 대집행과 강제징수가 일반적으로 많이 활용되고 있다.

---

366) 김동희, 『행정법 요론』, 박영사, 2010, 330면.

1. 대집행

1) 의의와 근거

대집행이란 대체적 작위의무를 이행하지 않은 경우에 행정청이 의무자가 행할 의무를 스스로 행하거나, 또는 제3자로 하여금 이를 행하게 하고, 그 비용을 의무자로부터 징수하는 작용을 말한다(행정대집행법 제2조). 현재 금전급부의무를 제외한 행정상 의무에 대한 일반적 강제수단으로 대집행만이 인정되고 있다.

대집행의 근거가 되는 법률은 일반법으로서 행정대집행법이 있고, 개별법으로서 공익사업을위한토지등의취득및보상에관한법률 등이 있다.

2) 대집행권자

대집행의 권한은 당초에 의무를 명하는 행정행위를 행한 행정청(처분청)이 갖는다(행정대집행법 제2조). 그러나 대집행의 실행행위는 처분청이 직접 할 수도 있고, 제3자에게 대행시킬 수도 있다. 대부분 대집행의 실행행위는 불법주차하고 있는 자동차의 견인, 불법건축물의 철거 등과 같이 제3자에게 위탁하여 그 업무를 대행시키고 있다.

3) 대집행의 대상

대집행은 대체적 작위의무를 이행하지 않은 경우에 한정된다. 대체적 작위의무란 타인이 행하더라도 의무자가 스스로 이행한 것과 동일한 상태를 실현할 수 있는 성질의 작위의무를 말한다.367) 따라서 부작위 · 수인의무는 물론이고, 작위의무라도 타인이 대신하여 행할 수 없는 의무인 예방접종 · 신체검사 · 건강진단 등을 받을 의무 그리고 증인으로 출석할 의무, 퇴거의무 등 일신전속적인 비대체적 작위의무는 대집행의 대상이 되지 않는다.

---

367) 대판 1996. 6. 28, 96누4374.

4) 대집행의 요건

대집행의 요건으로서는 의무자의 대체적 작위의무불이행이 있고, 다른 수단으로써는 그 의무의 이행을 확보하기 곤란하며,[368] 그 의무불이행을 그 대로 방치함으로 인하여 심히 공익을 해치는 것으로 인정되어야 한다(행정대집행법 제2조). 이상의 요건이 충족된 경우에 처분청은 대집행을 할 것인지의 여부에 대하여 "행정청은…… 대집행을 할 수 있다."는 규정으로 보아 재량권을 가진다는 견해도 있으나,[369] 다수설은 요건이 충족되면 기속행위로 보아 처분청이 대집행을 하여야 할 의무를 진다고 한다.

5) 행정상 대집행의 절차

(1) 대집행의 계고

계고는 의무의행을 최고함과 동시에 일정한 기한까지 그 의무가 이행되지 않을 경우에는 대집행을 한다는 말을 문서로 통지하는 것을 말한다. 행정청이 대집행을 하려면 의무자에게 상당한 이행 기간을 정하여 그 기간 내에 의무를 이행하지 아니할 경우에는 대집행을 한다는 뜻을 미리 문서로써 알려야 한다(행정대집행법 제3조 제1항). 대집행의 계고는 의무의 이행을 최고함과 아울러 기한 내에 의무를 이행하지 않을 경우에 대집행을 할 뜻을 알려 주는 행위인 점에서 준법률행위적 행정행위인 통지에 해당한다고 보는 것이 통설적 견해이며, 판례의 입장이다.[370]

계고를 하는 경우에는 이행할 의무의 내용을 구체적으로 특정한 문서에 의하여야 한다.
여기서 상당한 이행기간이란 사회통념상 의무의 이행에 적요한 기간이며, 대집행의 요건은 원칙적으로 계고 시에 충족되어야 한다.[371] 대집행을 하기 위해서는 원칙적으로 계고를 하여야 하지만 비상시 또는 절박한 경우에 대집행의 급속한 실시를 요하여 그 절차를 거칠 여유가 없을 때에는 계고를 생략할 수 있다(행정대집행법 제3조 제3항).

---

368) 대판 1989. 3. 28, 87누930.
369) 장태주, 『행정법개론』, 법문사, 2010, 523면.
370) 대판 1996. 10. 31, 66누25.
371) 대판 1996. 10. 11, 96누10020.

(2) 대집행영장에 의한 통지

의무자가 계고를 받고도 지정된 기한까지 의무를 이행하지 아니할 경우에, 처분청은 대집행영장으로써 대집행을 할 시기, 대집행을 실행하기 위하여 파견되는 집행책임자의 성명과 대집행 비용의 개산액을 의무자에게 통지하여야 한다(행정대집행법 제3조 제2항). 이 통지도 비상시 또는 위험이 절박한 경우에 대집행의 급속한 실시가 요구되어 통지절차를 거칠 여유가 없는 때에는 생략할 수 있다(행정대집행법 제3조 제3항).

(3) 대집행의 실행

대집행의 실행은 사실행위로서 물리적인 실력을 가하여 의무가 이행된 것과 같은 상태를 실현하는 작용을 말한다. 대집행은 대집행영장에 기재된 시기에 대집행책임자에 의하여 실행된다. 대집행책임자는 그가 집행책임자라는 것을 표시한 증표를 휴대하여 이해관계인에게 제시하여야 한다(행정대집행법 제4조). 대집행의 실행은 사실작용이며, 이는 법률에 의거한 행정상 의무의 강제수단이기 때문에 의무자는 이를 수인할 의무를 진다. 실제로는 의무자가 수인하지 않고 저항하는 경우가 적지 않다. 이러한 저항에 대하여 독일행정법은 실력에 의한 배제를 규정하고 있으나 우리나라 행정법은 규정하고 있지 않다.[372]

(4) 비용징수

대집행에 소요된 일체의 비용은 관계 행정청이 원래의 의무자로부터 징수하는데, 비용의 징수는 그 금액과 납부기일을 정하여 문서로써 납부를 명하고(행정대집행법 제5조), 의무자가 납기일 내에 납부하지 않을 때에는 국세징수법의 규정에 따라 강제징수할 수 있다(행정대집행법 제6조 제1항).

6) 대집행에 대한 구제

대집행에 대하여 불복이 있는 자는 당해 행정청 또는 직급상급행정청에 행정심판 또는 행정소송을 제기할 수 있다. 행정대집행법 제7조는 "대집행에 대하여는 행정심판을 제기

---

372) 김동희, 『행정법 요론』, 박영사, 2010, 334면.

할 수 있다."라고 규정하고, 행정대집행법 제8조는 "전조의 규정은 법원에 대한 출소의 권리를 방해하지 아니한다."라고 규정하고 있다.

대집행의 계고나 대집행영장에 의한 통지는 각각 독자적 의의를 가지는 준법률행위적 행정행위이므로 그를 대상으로 하여 취소소송을 제기하여 다툴 수 있다. 의무를 명하는 당초의 처분이 위법인 경우에는 그 처분이 당연 무효가 아닌 이상 그 취소를 구하는 행정쟁송을 제기하여 다투어야 하며, 그러한 절차를 거치지 아니하고 후행행위인 계고처분에 선행행위의 위법을 주장하지 못한다고 할 것이다.[373] 그리고 대집행 비용산정의 위법을 이유로 하는 대집행비용부과처분의 취소·변경을 구하는 행정쟁송도 제기할 수 있다.

대집행의 실행은 일반적으로 단기간에 이루어지며, 대집행 실행 후의 대집행취소의 소는 소익이 부정되므로 대집행의 실행이 종료된 후에는 대집행의 취소를 구하는 행정쟁송을 제기할 수 없고, 대집행의 위법을 이유로 하는 손해배상 또는 원상회복의 청구만을 할 수 있을 것이다. 대집행의 실행이 종료된 후에라도 대집행의 취소로 회복될 법률상의 이익이 있는 경우에는 예외적으로 그 취소를 구하는 행정쟁송을 제기할 수 있다.(행정심판법 제12조 제1항, 행정소송법 제12조)

2. 강제징수

1) 의의

강제징수란 행정법상의 금전급부의무를 이행하지 않은 경우에 관계 행정청이 의무자인 재산에 실력을 가하여 그 의무가 이행된 것과 같은 상태를 실현하는 작용을 말한다. 행정상 강제징수는 국세징수법에 의한 국세징수와 그 밖에 각 개별법이 정하는 바에 의한다.

2) 절차

(1) 독촉

독촉은 의무자에게 의무이행을 최고하고, 그 기한까지 의무를 이행하지 않을 때에는 체납처분을 할 것을 예고하는 통지행위이다. 준법률행위적 행정행위로 보는 것이 일반적

---

373) 대판 1998. 9. 8, 97누20502.

이다. 독촉은 체납처분의 전제조건이고, 공법상 금전채권에 대한 소멸시효의 진행을 중단시키는 요인이 되기도 한다.

국세징수법에 의하면, 국세를 납기까지 완납하지 않은 경우 세무서장 등은 납기 경과 후 10일 이내에 납세의무자에게는 독촉장을(국세징수법 제23조 제1항), 납세자가 납세의무를 이행할 수 없는 경우에 납세자에 갈음하여 납세의무를 지는 제2차 납세의무자에게는 납부최고서를 각각 발부하여야 하며(국세징수법 제23조 제2항), 이들 경우 납부기한은 발부일부터 20일 이내이다(국세징수법 제23조 제3항).

국세를 납부기일까지 납부하지 아니한 때에는 행정청은 그 기일이 지난날로부터 체납세액의 100분의 3에 상당하는 가산금을 징수하고(국세징수법 제21조), 납기경과 매 1月마다 체납세액의 1,000분의 12에 상당하는 중가산금을 위의 가산금에 가산하여 징수하나, 중가산금을 가산하여 징수하는 기간은 60개월을 초과하지 못한다(국세징수법 제22조). 다만, 체납된 국세의 납세고지서별세목별 세액이 100만 원 미만인 경우에는 중가산금을 징수하지 아니한다(국세징수법 제22조 제2항).

(2) 체납처분

체납처분은 독촉장에 의해 지정한 납부기한까지 의무의행을 하지 않은 경우에 의무자의 재산을 압류·매각·청산하는 강제절차이다. 즉 조세 기타 공법상의 금전채권의 강제집행절차를 의미하는데, 재산압류·매각·청산의 3단계로 행하여진다.

가. 재산압류

재산압류는 체납처분의 제1단계절차로서 금전급부의무자가 독촉을 받고도 기한까지 의무를 이행하지 않은 경우에 관계 행정청이 의무자의 재산에 대하여 사실상·법률상의 처분을 금지시키고 그것을 확보하는 강제보전행위이다.[374] 국세징수법 제24조 제1항에 의하면, 납세의무자가 독촉장 또는 납부최고서를 받고도 지정된 기한까지 국세와 가산금을 완납하지 아니한 때, 기타 법정사유가 있을 때에 세무공무원이 재산압류를 행하게 되어 있다.

압류대상인 재산은 납세의무자의 소유인 금전적 가치가 있고 양도성이 모든 재산이다. 동산·부동산·무체재산권을 불문한다.[375] 그러나 국세징수법은 체납자의 최저생활의 보장, 수학의 계속, 국민보건의 유지, 생업의 유지, 사회보장제도의 확보 등의 견지에

---

374) 대판 1990. 10. 16, 89누5706.
375) 장태주, 『행정법개론』, 법문사, 2010, 52면.

서 일정한 재산에 대하여는 압류를 금지 또는 제한하고 있다(국세징수법 제31~33조). 압류가 허용된 여러 재산 중에서 압류할 재산을 정하는 것은 행정청의 재량에 속한다고 할 것이나, 가급적 체납금액과 압류재산의 가격 사이에 균형이 유지되도록 하여야 할 것이다. 압류재산이 체납금액에 비하여 상당히 고가의 것인 때에는 그것만으로 곧 압류가 무효로 되지는 않으나, 과잉압류로서 위법이 될 수 있다.

재산압류의 기본적 효력은 압류재산의 법률상·사실상의 처분을 금지시키는 데 있다. 질권이 설정된 재산이 압류되면 질권자의 질물인도의무가 생긴다(국세징수법 제34조). 그 밖에 시효중단의 효력과 우선징수의 효력 등이 압류에 의하여 발생된다. 압류의 효력은 재판상의 가압류·가처분 또는 체납자의 사망이나 법인합병으로 영향을 받지 아니한다(국세징수법 제35~37조). 납세의무자의 체납액의 납부 기타 일정한 사유가 있을 때에 세무서장은 압류를 해제하여야 한다(국세징수법 제53조, 제54조).

압류하고자 하는 재산이 이미 다른 기관의 체납처분에 의하여 압류되어 있을 때에는 그 집행기관에 대하여 교부청구와 참가압류를 할 수 있다. 여기서 교부청구란 이미 다른 국세의 체납으로 체납처분을 받은 때 강제환가절차가 개시된 경우에 그 집행기관에 대하여 체납세액과 체납처분비의 교부를 청구하여 그 강제환가절차에서 배당받는 제도를 말한다(국세징수법 제56조). 참가압류란 압류하고자 하는 재산이 이미 다른 집행기관의 체납처분에 의하여 압류되어 있는 재산인 경우에 교부청구에 갈음하여 그 압류에 참가하는 제도를 말한다(국세징수법 제57조). 교부청구 외에 참가압류제도를 인정한 이유는 교부청구에 의하는 경우에 이미 압류한 집행기관이 압류를 해제하면 교부청구도 효력이 상실되는 결함을 보완하기 위해서이다.

나. 압류재산의 매각

압류된 재산은 통화를 제외하고는 매각하여 금전으로 환가하여야 하며, 매각은 입찰이나 경매의 방법으로 공매에 붙이는 것이 원칙이나(국세징수법 제61조, 제67조) 예외적으로 수의계약에 의하는 경우도 있다(국세징수법 제62조). 체납자는 압류재산을 매수하지 못한다. 공매결정의 법적 성질에 관하여 판례는 그것을 공법상의 행정처분으로 보고 있다. 압류재산을 공매할 때에는 체납자 등에게 공매통지를 하여야 하는데, 이는 공매의 절차적 요건이라 할 것이다.376) 매각은 세무서장이 행하나, 한국자산관리공사에 대행시킬 수도 있다(국세징수법 제61조).

---

376) 대판 2008. 11. 20, 2007두18154.

다. 청산

청산이란 매각대금 등 체납처분절차로 획득한 금전에 대하여 조세 기타 공과금, 담보 채권 및 체납자에게 배분하는 행정작용을 말한다. 이를 배분이라고도 한다.

세무서장은 압류재산의 매각대금이 국세·가산금과 체납처분비 기타의 채권의 총액에 부족한 때에는 민법 기타 법령에 의하여 배분할 순위와 금액을 정하여 배분한다(국세징수법 제81조 제4항). 국세관계채권에 배분함에 있어서는 체납처분비·국세·가산금의 순으로 배분한다(국세징수법 제4조). 세무서장이 체납처분에 의하여 수령한 금전을 배분할 때에는 배분계산서를 작성하고 이를 체납자에게 교부하여야 한다. 이 경우 매각대금의 배분대상자는 세무서장이 배분계산서를 작성하기 전까지 배분요구를 하여야 한다(국세징수법 제83조 제1항). 체납처분은 세무서장이 배분계산서를 작성함으로써 종결된다(국세징수법 제83조 제2항).

(3) 체납처분의 중지 및 결손 처분

체납처분의 목적물인 총재산의 추산가격이 체납처분비에 충당하고 나머지가 생길 여지가 없는 때에는 체납처분을 중지하여야 한다(국세징수법 제85조 제1항). 세무서장은 ① 체납처분이 종결되고 체납액이 충당된 배분금액이 그 체납액에 부족한 때, ② 체납처분을 중지한 때, ③ 국제징수권의 소멸시효가 완성된 때, ④ 대통령령이 정하는 바에 의하여 징수할 가망이 없다고 인정되는 때 등에는 결손처분을 할 수 있고(국세징수법 제86조 제1항), 이로써 납세의무는 소멸한다. 세무서장은 결손처분을 한 후 압류할 수 있는 다른 재산을 발견할 때에는 지체 없이 그 결손처분을 취소하고 체납처분을 하여야 한다(국세징수법 제86조 제2항).[377]

3) 행정상 강제징수에 대한 불복

독촉·체납처분이 위법·부당하다고 인정되는 경우 즉 행정상의 강제징수에 대하여 이의가 있는 자는 각 개별법이 정하는 바에 따라 불복신청을 할 수 있고, 개별법상 그러한 불복신청에 관한 규정이 없는 때에는 행정심판법과 행정소송법에 의한 행정쟁송을 제기하여 그 효력을 다툴 수 있다.

---

377) 대판 1994. 6. 28, 94다8686.

국세기본법 제7장은 세법에 의한 처분 또는 부작위로 인한 권익침해에 대한 쟁송절차로서 심사청구 및 심판청구에 관한 특별한 절차를 규정하고 있다. 또한 국세기본법은 국세징수법에 의한 심사청구 또는 심판청구와 그에 대한결정을 거치지 아니하면 행정소송을 제기할 수 없도록 하고 있다(국세기본법 제56조 제2항).

3. 직접강제

1) 의의

직접강제란 행정상 의무의 불이행이 있는 경우에 관계 행정기관이 직접 의무자의 신체 또는 재산에 실력을 가하여 의무자가 의무를 이행한 것과 같은 상태를 실현하는 작용을 말한다. 예컨대, 강제로, 예방접종을 실시하는 행위, 무허가 영업소를 폐쇄조치하는 행위 등이 이에 해당한다.[378]

직접강제는 의무를 전제로 하는 점에서 이를 전제로 하지 않고 목전의 급박한 위해 등을 제거하기 위하여 행하여지는 행정상 즉시강제와 구별되고, 의무자의 신체나 재산에 실력을 가하여 직접의무가 이행된 상태를 실현하는 점에서 집행벌과 구별된다. 또한 직접강제는 재산에 대하여 행하여지는 경우에도 행정법규위반상태에 있는 재산 자체에 실력을 가하여 그 위법상태를 배제하는 것인 점에서, 금전급부의무의 강제수단인 재산의 압류 · 공매 등과 구별된다. 직접강제는 작위의무 · 부작위의무 · 수인의무의 불이행의 경우에 할 수 있으나, 직접강제는 강제집행수단 중에서 가장 강력한 수단이고 국민의 기본권을 침해할 가능성이 높기 때문에 과잉금지원칙 하에서 강제집행의 최후수단으로 그리고 필요한 최소한의 범위 내에서 활용되어야 할 것이다.

2) 근거 · 절차 · 불복

직접강제의 근거에 관한 일반법은 없으며, 식품위생법 · 공중위생관리법 등의 개별법에서 직접강제가 한정적으로 인정되고 있다.[379] 직접강제의 절차에 관하여 법률에 특별한 규정이 있을 때에는 그에 의하며, 그러한 규정이 없는 경우 직접강제가 처분에 해당하는

---

378) 장태주, 『행정법개론』, 법문사, 2010, 535면; 김동희, 『행정법 요론』, 박영사, 2010, 337면.
379) 대판 2001. 2. 23, 99두6002.

때에는 행정절차법상의 처분절차를 밟아야 한다.

　직접강제에 대하여 불복하는 자는 행정쟁송을 제기할 수 있으며, 요건이 갖추어진 경우에는 행정상 손해배상청구나 공법상 결과제거(원상회복)청구도 가능하다.

4. 집행벌(이행강제금)

1) 집행벌의 의의

　집행벌은 부작위의무 또는 대체적·비대체적 작위의무를 이행하지 않는 경우 행정청이 일정한 기간 내에 의무를 이행하지 않으면 일정액의 금전적 부담을 과할 뜻을 의무자에게 예고함으로써 심리적 압박을 가하여 의무자로 하여금 스스로 의무를 이행하게 하는 행정상 강제집행의 수단을 말한다.[380)]

　집행벌은 의무자에게 심리적 압박을 가하여 장래에 향하여 의무를 강제적으로 이행시키기 위한 수단인 점에서, 과거의 의무위반에 대한 제재수단인 행정벌과 구별된다. 그리하여 집행벌은 원칙적으로 의무자가 의무를 이행할 때까지 반복하여 부과할 수 있으나, 행정벌은 하나의 의무위반에 대하여 반복하여 과하지 못한다.

헌재 2004. 2. 26, 2001헌바80·84·102·103, 2002헌바26(병합)

전통적으로 행정대집행은 대체적 작위의무에 대한 강제집행수단으로, 이행강제금은 부작위의무나 비대체적 작위의무에 대한 강제집행수단으로 이해되어 왔으나, 이는 이행강제금제도의 본질에서 오는 제약은 아니며, 이행강제금은 대체적 작위의무의 위반에 대하여도 부과될 수 있다. 현행 건축법상 위법건축물에 대한 이행강제수단으로 대집행과 이행강제금이 인정되고 있는데, 양 제도는 각각의 장·단점이 있으므로 행정청은 개별사건에 있어서 위반내용, 위반자의 시정의지 등을 감안하여 대집행과 이행강제금을 선택적으로 활용할 수 있으며, 이처럼 그 합리적인 재량에 의해 선택하여 활용하는 이상 중첩적인 제재에 해당한다고 볼 수 없다. 건축법 제78조에 의한 무허가 건축행위에 대한 형사처벌과 건축법 제83조(현행법 제80조) 제1항에 의한 시정명령 위반에 대한 이행강제금의 부과는 그 처벌 내지 제재대상이 되는 기본적 사실관계로서의 행위를 달리하며, 또한 그 보호법익과 목적에서도 차이가 있으므로 헌법 제13조 제1항이 금지하는 이중처벌에 해당한다고 할 수 없다.

---

380) 이행강제금을 "집행벌"이라고도 표현하나 이행강제금은 행정벌이 아닌 강제집행의 수단인 만큼 집행벌이라는 표현은 타당하지 않다는 주장도 있다(장태주, 『행정법개론』, 법문사, 2010, 531면).

집행벌은 일정한 금액의 부과라는 심리적 압박에 의하여 장래에 향하여 행정상 의무이행을 확보하려는 것이므로, 그 의무의 이행이 있기까지는 반복적으로 부과할 수 있는 것이기는 하나, 그것은 원칙적으로 법정최고액의 한도 내에서만 허용된다.381)

2) 법적 근거 및 부과절차

집행벌에 관한 일반법은 없고 건축법(제80조)이나 농지법(제62조)등의 개별법에서 이를 규정하고 있다. 그 대표적인 것으로 건축법 제80조에 규정하고 있는 이행강제금을 들 수 있다. 이 규정에 따라 건축허가권자는 건축법에 위반한 건축물에 대하여 그 시정명령을 받은 후 그 기한 내에 이를 이행하지 아니한 건축주 등에 대하여 그 이행에 필요한 상당한 기간을 정하여 그 기한까지 시정명령을 이행하지 아니하는 경우에는 그 위반 내용에 따라 이를 부과·징수한다는 뜻을 미리 문서로서 계고하여야 한다(건축법 제80조 제2항). 그리고 이행강제금의 납부기간 내에 의무자가 이의를 제기하지 않고 이행강제금을 납부하지 아니하는 때에는 지방세체납처분의 예에 따라 징수하도록 규정하고 있다.

3) 이행강제금에 대한 불복

이행강제금의 부과에 대한 불복절차에는 과태료 불복절차유형과 일반행정쟁송절차와 같은 과징금 불복절차유형이 있다. 건축법상의 이행강제금에 대한 불복제도는 2005. 11. 8. 건축법개정 전에는 전자의 유형에 속했으나,382) 현재는 후자의 유형에 속한다고 할 수 있으며, 현행 건축법상의 이행강제금 부과는 행정소송의 대상이 되는 처분으로 볼 것이다.

---

381) 대판 2002. 8. 16, 2002마1022.
382) 대판 2000. 9. 22, 2000두5722.

제3절 경찰행정상 즉시강제

Ⅰ. 즉시강제의 의의와 성질

1. 의의

즉시강제란 현재 긴박한 장해를 예방 또는 제거하여야 할 필요가 있으나 미리 의무를 명할 시간적 여부가 없을 때에, 상대방의 의무불이행을 전제로 하지 아니하고 경찰기관이 직접 개인의 신체 또는 재산에 실력을 가하여 경찰상 필요한 상태를 실현하는 작용을 말한다.[383] 이에 관하여는 개별법에서 구체적인 규정을 두고 있는 외에, 경찰관직무집행법이 일반적으로 규정하고 있다. 예컨대 경찰관직무집행법상의 불심검문, 임의동행요구, 보호조치, 긴급구호, 위험발생방지조치, 범죄의 예방제지 등과 식품위생법상의 창고, 판매소 등에의 출입 및 검사 등이 여기에 해당한다.

행정상 즉시강제와 행정상 강제집행은 실력으로 행정상 필요한 상태를 실현하는 사실행위하는 점에서는 서로 같다. 그러나 양자는 실력발동의 원인과 성질이 서로 다르다. 즉, 행정상 강제집행은 사전에 부과된 의무의 불이행을 전제로 하지만, 행정상 즉시강제는 사전에 부과된 의무 자체가 존재하지 아니하고, 따라서 그 불이행을 전제로 하지 않으며, 의무를 부과하는 행위와 그 의무를 강제로 실현시키는 작용이 결합되어 동시에 행하여진다. 이 점에서 행정상 즉시강제는 한층 예측가능성과 법적 안정성을 침해할 수 있는 작용이라 하겠다.

2. 성질

행정상 즉시강제는 권력적 사실행위이다. 이 점에서 행정상의 강제집행과 같다. 그러나 행정행위 등과 같은 법적 행위와 구별되며, 행정지도 등의 비권력적 사실행위와도 구별된다. 그런데 행정상 즉시강제도 강제작용인 이상 의무가 전제되지 않을 수 없다는 견지에서, 즉시강제는 그 근거법령에 의하여 직접·간접으로 부과된 추상적 의무를 전제로 하여, 그 의무를 구체적으로 확정함과 동시에 의무를 과하는 행정행위와 그 의무의 내용

---

383) 김동희, 『행정법Ⅱ』, 박영사, 2010, 216면; 윤양수 「행정법 개론」, 온누리, 2011, 402면.

을 실현시키는 사실행위가 결합된 것으로 볼 수 있다.

행정상 즉시강제는 일정한 행정목적을 직접적·종국적으로 실현시키는 작용인 점에서, 행정작용을 위한 자료를 얻기 위한 예비적·보조적 수단으로서의 성질을 갖는 행정조사와 구별된다.

Ⅱ. 즉시강제의 근거와 한계

1. 근거

즉시강제의 이론적 근거는 독일에서 경찰행정의 분야를 중심으로 국가의 긴급권이론에 두었다. 즉 국가는 공공의 안녕과 질서유지에 급박한 위해가 존재하는 경우에 자연법적인 자기 보존의 원리에 의하여 공공의 안녕과 질서를 유지하기 위한 긴급권이 국가에 인정된다고 보았다.384) 행정상 즉시강제는 사전에 의무를 부과함이 없이 행정기관이 개인의 신체·재산 등에 실력을 가하여 행정상 필요한 상태를 실현시키는 행정작용으로서, 법치국가에서는 극히 예외적 작용이기 때문에 엄격한 법적 근거가 있어야 한다. 그러나 현재는 즉시강제에 관한 일반법은 존재하지 않는다. 경찰공무원이 수행하는 경찰작용 영역에서는 행정상 즉시강제의 근거를 규정하고 있는 일반 법률로는 경찰관직무집행법이 있으며,385) 개별법으로는 도로교통법·소방기본법·마약류관리에관한법률·식품위생법·전염병예방법 등이 있다.386)

2. 한계

행정상 즉시강제는 법령의 규정을 엄격히 적용하여야 하고 그 내용이 법령에 적합해야 한다. 그리고 행정법상의 일정한 조리상의 제한을 받는다. 즉, 행정상 즉시강제는 묵과할 수 없는 위해의 현존 또는 위해발생의 확실성이 있어야 하며 다른 수단으로는 행정목적 달성이 불가능하고(보충성의 원리), 즉시강제와 당해 행정상 필요와의 사이에 정당한 균

---

384) 장태주, 『행정법개론』, 법문사, 2010, 542면.
385) 박윤흔·정형근, 『최신행정법강의(하)』, 박영사, 2009, 349면.
386) 홍정선, 『경찰행정법』, 박영사, 2010, 435면.

형이 유지되어야 하며(비례성의 원리), 적극적인 행정목적을 위해서가 아니라 소극적으로 사회공공의 안녕과 질서유지를 위하여 필요한 범위 내에서만(소극성의 원리) 행정기관이 이를 행할 수 있는 것이다.

Ⅲ. 즉시강제의 수단

즉시강제의 수단으로는 그 대상에 따라 대인적·대물적·대가택 즉시강제로 나누어진다. 그리고 그 근거법에 따라 경찰관직무집행법상의 즉시강제와 각 개별법상의 즉시강제로 나눌 수 있다.

1. 대인적 즉시강제

대인적 즉시강제는 사람의 신체에 실력을 가하여 행정상 필요한 상태를 실현하는 행정작용이다. 경찰관직무집행법이 규정한 대인적 강제수단으로서는 불심검문, 보호조치, 위험발생방지조치로서의 억류·피난, 범죄의 예방·제지, 경찰장구 사용, 분사기 사용, 무기사용 등이 있고, 각 개별법상의 대인적 즉시강제로서, 전염병예방법상의 강제격리, 마약관리에 관한 법률상의 마약류중독자 치료보호, 출입국관리법상의 불법체류외국인 보호 등이 있다.

2. 대물적 즉시강제

대물적 즉시강제는 시설이나 물건에 실력을 가하여 행정상 필요한 상태를 실현하는 작용이다. 경찰관직무집행법상의 대물적 즉시강제는 무기 등 물건의 임시영치, 위험방생방지조치 등이 있고, 각 개별법상의 대물적 즉시강제로서는 소방기본법상의 강제처분, 민방위기본법상의 응급조치, 식품위생법상의 물건의 수거·폐기·압류, 청소년보호법상의 청소년 유해매체물의 수거·파기 등이다.

3. 대가택 즉시강제

대가택 즉시강제는 점유자나 소유자의 의사에 관계없이 타인의 건물, 영업소 등에실력을 가하여 필요한 상태를 실현하는 작용이다. 경찰관 직무직행법상의 대가택 즉시강제로는 위험방지를 위한 가택출입, 식품위생법상의 영업장소 등에의 출입·검사, 조세범처벌절차법상의 수색·압수 등이 그 예이다. 개별법상의 대가택 즉시강제로는 임검·검사·수색 등이 있다.

그런데 종래에 대가택 즉시강제로 인식되었던 것의 대부분이 오늘날에는 행정조사의 영역에 포함하여 고찰되고 있다.

Ⅳ. 즉시강제와 영장

행정상 즉시강제는 개인의 신체의 구속을 구속하고 주거의 침해 등이 이루어지므로, 헌법 제12조 제3항 및 제16조에 따라 영장주의가 행정상 즉시강제에도 그대로 적용되는지가 문제된다. 이에 관한 학설로는 영장불요설·영장필요설·절충설·개별설 등이 있는데, 이와 같은 학설 중 절충설은 국민의 기본권보장을 위해 인정되는 헌법상의 영장주의가 형사사법권의 행사뿐만 아니라 행정상 즉시강제권의 행사에도 적용되어야 하지만, 즉시강제 중에서 행정목적의 달성을 위하여 불가피하다고 인정할 만한 합리적인 이유가 있는 특별한 경우에 예외적으로 영장주의가 적용되지 않는다고 보는 것이 통설적 견해이며, 판례의 입장이다.387)

Ⅴ. 즉시강제에 대한 구제

1. 적법한 즉시강제에 대한 구제

행정상 즉시강제가 적법하게 행하여졌으나 그로 말미암아 귀책사유 없는 개인에게 수

---

387) 헌재 2002. 10. 31, 2000헌가12; 장태주,『행정법개론』, 법문사, 2010, 545면; 김동희,『행정법 요론』, 박영사, 2010, 351면.

인의 한도를 넘은 특별한 희생이 야기된 때에는, 법률의 규정에 의하여, 행정상 손실보상 청구를 할 수 있다. 적법한 즉시강제에 대한 손실보상을 규정하고 있는 예로는 소방기본법·방조제관리법 등을 들 수 있다.

2. 위법한 즉시강제에 대한 구제

1) 인신보호제도

인신보호제도는 위법한 행정처분 또는 사인에 의한 시설에의 수용으로 인하여 부당하게 인신의 자유를 제한당하고 있는 개인이 관할 법원에 구제를 청구하고 법원의 결정으로 피수용자의 수용 등을 해제하는 제도를 말한다.

위법한 행정처분 또는 사인에 의한 수용시설에의 수용으로 인하여 부당하게 인신의 자유를 제한당하고 있는 개인의 구제절차의 관한 법으로서, 인신보호법이 제정·시행(2008. 6. 22 시행)되고 있다. 인신보호법은 피수용자에 대한 수용이 위법하게 개시되거나 적법하게 수용된 후 그 사유가 소멸되었음에도 불구하고 계속 수용되어 있는 때에는 피수용자나 그 법정대리인·후견인·배우자·직계혈족·형제자매·동거인·고용주는 인신보호법이 정하는 바에 따라 법원에 구제를 청구할 수 있고(인신보호법 제3조), 구제청구사건을 심리한 법원이 그 청구가 이유 있다고 인정되는 때에 결정으로 피수용자의 수용을 즉시 해제할 것을 명하도록 규정하고 있다(인신보호법 제13조 제1항).

2) 행정쟁송

행정심판법 또는 행정소송법은 "처분"을 "행정청이 행하는 구체적 사실에 관한 법집행으로서의 공권력의 행사······ 그 밖에 이에 준하는 작용"으로 정의하고 있다. 이러한 처분에는 권력적 사실행위도 포함된다고 보는 것이 일반적이므로 위법 또는 부당한 즉시강제로 인하여 법률상 이익을 침해당한 자는 행정심판이나 행정소송을 제기할 수 있다. 그러나 즉시강제는 보통 단기간에 종료되는 것이므로, 즉시강제가 행하여진 후에 그 취소·변경을 구하는 행정쟁송을 제기하는 것은 소의 이익이 없을 것이고, 즉시강제가 비교적 장기에 걸치는 계속적인 것일 때(예: 강제격리, 강제수용, 물건의 영치 등)에는 소의 이익이 있다고 할 것이다. 다만, 즉시강제가 종료된 경우에도 그 취소로써 회복되는 법률상 이익이 있는 경우에는 행정쟁송의 제기가 가능하다.

3) 행정상 손해배상

위법한 즉시강제로 인하여 신체 또는 재산상의 손해를 입은 피해자는 국가배상법에 따라 국가 또는 지방자치단체에 대하여 행정상 손해배상을 청구할 수 있다. 이 경우 당해 공무원도 일정한 요건 아래 변상책임을 지게 된다. 행정상 손해배상청구제도는 실제에 있어서 위법한 즉시강제에 대한가장 적절한 구제수단이라고 할 수 있다.

4) 자력구제

공무원의 즉시강제가 위법하게 행해진 경우 자력구제가 인정된다. 즉, 위법한 즉시강제에 대하여는 정당방위가 가능하고, 정당방위로 인정되는 범위 내에서 위법한 즉시강제에 대한 자력구제행위는 공무집행방해죄를 구성하지 않는다는 것이 판례의 입장이다.[388]

5) 공법상 결과제거청구권

위법한 즉시강제로 인하여 권리침해상태가 계속되고 있는 경우 상대방은 행정주체에 대하여 위법상태를 제거하여 줄 것을 청구할 수 있는 결과제거청구권을 갖는다.

6) 기타

위법한 즉시강제에 대한 시정·방지 수단으로는 행정청의 직권에 의한 취소·정지, 관계 공무원의 형사책임·징계책임의 추궁, 청원 등의 방법도 있다.

---

388) 대판 1992. 2. 1, 91도2797.

제4절 경찰 행정조사

I. 의의

경찰행정조사란 경찰행정기관이 정책을 결정하거나 경찰행정상 필요한 자료나 정보를 수집하기 위하여 현장조사·문서열람 등을 하거나 조사대상자에게 자료제출요구 및 출석·진술요구를 행하는 일체의 행정작용을 의미한다.389) 행정조사는 행정상 즉시강제의 일환으로 파악되어 왔으나 양자는 그 목적과 내용을 달리한다. 행정상 즉시강제는 직접 개인의 신체 또는 재산에 실력을 행사하여 직접 행정상 필요한 구체적인 결과를 실현시키는 것을 목적으로 하지만, 행정조사는 그 자체가 행정상 필요한 구체적인 결과를 실현시키는 것이 아니고, 행정에 필요한 자료의 수집을 위하여 행하여진다. 또한 행정상 즉시강제는 상황이 급박성이 개념요소가 되지만 행정조사는 급박성이 요소가 되지 않는다. 그리고 행정조사는 비권력적인 행위와 법적 행위를 포함한다는 점에서도 행정상 즉시강제와 구별된다.390)

II. 법적 성질

행정조사는 행정상 필요한 정보나 자료를 얻기 위한 행정작용으로 개인의 권리관계에 변동을 가져오는 데 목적이 있는 것이 아니라 앞으로의 실효성확보를 위한 예비적·보조적 수단으로서의 의미를 갖는다.

행정조사는 행정기관에 의한 조사활동인 점에서 입법기관, 사법기관에 의한 조사활동과 구별된다. 또한 직접적으로 법적 효과가 발생하지 아니하는 사실행위인 점에서 법적 행정행위와 구별된다.

---

389) 장태주, 『행정법 개론』, 법문사, 2010, 583면.
390) 박균성·김재광, 『경찰행정법』, 박영사, 2010, 314면.

Ⅲ. 법적 근거와 한계

1. 법적 근거

권력적 행정조사는 국민의 자유와 권리, 재산에 대한 제한을 가하는 것이므로 법률수권이 필요하다. 행정조사에 관한 근거법으로는 일반법인 행정조사기본법이 있고, 개별법으로는 경찰관직무집행법이 있다. 또한 개인정보의 수집에는 당사자의 동의 또는 법률의 수권이 필요하다고 본다.

비권력적 행정조사는 조사대상자의 자발적인 협조를 얻어 실시하므로 법률의 수권 없이도 할 수 있다. 다만 비권력적 행정조사의 경우에도 행정기관의 조직법적 권한의 범위에서 이루어져야 한다.

2. 한계

1) 경찰행정법 일반원칙에 의한 한계

경찰행정조사는 법령 및 행정법상의 일반원칙에 위반되지 않는 범위에서만 허용된다. 즉 모든 행정조사는 법률이 정하는 범위 안에서(합법성의 원칙), 행정목적의 범위에서(합목적성의 원칙), 행정목적 달성을 위해 적절하고 합리적이며, 필요한 최소한도에서 행해져야 하며(비례의 원칙), 권력적 행정조사인 경우에는 다른 방법으로 자료의 효과적인 수집이 어렵다고 인정되는 경우에 한하여 행하여져야 한다(보충성의 원칙).

2) 절차적 한계

(1) 행정절차법의 적용 여부

행정조사에 행정절차법이 적용되는가. 행정절차법에는 에와 관련하여 명문 규정이 없다. 따라서 행정조사에는 행정절차법이 적용되지 않는다. 다만 행정조사행정행위의 형식을 취한 경우 및 사실행위의 형식을 취한 경우에도 시실행위의 행정조사가 행정절차법 제2조 제2항의 처분에 해당하는 경우에는 동법상의 처분절차에 관한 규정이 적용된다.391) 그리고 행정조사는 적법한 절차에 따라 행해져야 한다. 행정조사기본법은 조사의 사전통지, 조사의 연기신청, 제3자에 대한 보충조사, 의견제출, 조사권행사의 제한, 조사 결과의 통지 등 행정조사에 관한 절차를 규정하고 있다.

(2) 영장주의 적용 여부

경찰행정조사를 위해 압수 수색이 필요한 경우에 명문의 규정이 없는 경우에도 영장주의가 적용될 것인가 하는 문제가 제기된다. 이에 대하여 적극설, 소극설, 절충설의 견해가 대립되나 절충설이 지배적인 견해이다.392) 절충설에는 행정조사도 압수 및 수색 시에는 원칙적으로 영장주의가 적용되어야 하나 긴급한 경우 등 영장을 기다려서는 행정조사의 목적을 달성할 수 없을 때에는 영장이 요구되지 않는다고 보는 원칙적 긍정설, 행정조사에 영장주의가 적용될지 여부는 행정조사의 성격, 조사의 필요성, 기타의 권익보호제도의 존재 등을 고려하여 개별적으로 결정해야 한다는 개별적 검토설이 있다.393)

대판 1976. 11. 9, 76도2703

공무집행방해죄에 의한 보고의 대상은 공무원의 적법한 직무의 집행이라야 한다는 것인바 본건의 경우 세관공무원이 밀수품을 싣고 왔다는 정보에 의하여 정박 중인 선박에 대하여 수색을 하려면 선박 소유자 또는 점유자의 승낙을 얻거나 법관의 압수 수색 영장을 발부받거나 또는 관세법 제212조 제1항 후단에 의하여 긴급을 요하는 경우에 한하여 수색압수를 하고 영장의 교부를 받아야 할 것이다.

---

3) 진술거부권과의 관계

진술거부권은 헌법 제12조 제2항에 규정되어 있는 권리로서 행정조사를 위한 질문에도 적용되는가 하는 것이 문제가 된다. 이에 대해서는 형사권과 행정권의 발동 모두 공권력의 발동이므로 행정조사를 위한 질문에도 적용된다는 견해가 있으나 헌법 제12조 제2항은 형사절차상의 진술거부권을 인정한 것이므로 행정조사의 상대방은 진술거부권은 갖지 못한다.394)

---

391) 장태주,『행정법 개론』, 법문사, 2010, 586면.
392) 홍정선,『경찰행정법』, 박영사, 2010, 453면.
393) 박균성·김재광,『경찰행정법』, 박영사, 2010, 316면.
394) 장태주,『행정법 개론』, 법문사, 2010, 587면.

4) 실력행사의 문제

행정조사기본법은 조사 조사대상자가 행정조사에 대하여 거부 또는 저항할 경우에 조사원이 어떻게 대처할 것인지에 관하여 규정하고 있지 않다. 따라서 가택출입이나, 시료 채취·검사·수거 등과 같은 권력적 행정조사에 관하여 상대방이 거부·저항하는 경우에 관계공무원이 실력을 행사하여 그것을 강행할 수 있는지가 문제된다. 이러한 경우에 구체적인 행정조사의 근거를 규정한 개별 법률이 행정조사 거부자에 대한 불이익처분이나 벌칙규정을 두고 있는 취지를 감안하여 벌칙 등에 의해 간접적으로 강제할 수 있을 뿐 직접적인 실력행사는 허용되지 않는다고 보는 것이 다수설의 견해이다.

5) 행정조사에 대한 구제

적법한 행정조사가 행해졌다 하더라도 그로 인하여 상대방이 귀책사유 없이 사회적 제약을 넘는 특별한 희생을 입은 경우에는 행정상 손실보상이 이루어져야 할 것이다. 다만 검사를 위한 식품의 일부 수거와 같이 상대방의 손실이 경미하여 특별한 희생으로 볼 수 없는 경우에는 손실보상을 요하지 않는다.

위법한 행정조사에 대하여는 행정심판·행정소송의 제기와 행정상 손해배상이나 원상회복의 청구 및 정당방위가 가능하며, 위법한 행정조사로 인하여 기본권을 침해받은 경우에는 헌법소원을 제기할 수 있다. 또한 간접적인 권리구제수단으로 감독기관에 의한 취소·정지관계공무원에 대한 징계요구 등이 있다.395)

---

395) 윤양수 「행정법 개론」, 온누리, 2011, 410면.

제5절 경찰행정벌

Ⅰ. 경찰행정벌의 의의·근거·종류

1. 행정벌의 의의

경찰행정벌이란 행정법상 의무위반에 대하여 행정주체가 일반통치권에 근거하여 과하는 제재로서의 벌을 말하며, 행정벌이 과하여지는 의무위반행위(자)를 행정범이라 한다. 행정벌은 직접적으로는 과거의 의무위반에 대한 제재를 목적으로 하는 것이지만, 간접적으로는 의무자에게 심리적 압박을 가하여 의무의 이행을 확보하는 것이라는 점에서, 행정상 강제집행의 보완 내지는 대체수단으로서의 의미를 갖는 행정의 실효성확보수단이라 할 수 있다.

행정벌은 귀책사유가 있는 자에게 법규에 의거하여 행해지는 불이익처분(침익적 행정행위)과는 성질이 다른 것이며, 따라서 행정벌과 행정처분의 병과는 가능하다.[396]

2. 타 개념과의 구별

행정벌은 일정한 행정상의 의무위반에 대한 제재로서 과해지는 벌이며, 그 목적이나 대상 및 권력적 기초 등에서 징계벌·집행벌·형사벌과 구별된다.

1) 징계벌과의 구별

징계벌은 특별행정법관계에서 그 내부질서를 유지하기 위하여 질서 문란자에게 과해지는 제재임에 비하여, 행정벌은 행정법규의 실효성을 확보하기 위하여 일반통치권에 의거하여 행정상 의무위반자에게 과해지는 제재이다. 양자는 처벌의 목적과 권력적 기초 등에서 차이가 있어서 징계벌과 행정벌을 병과할 수 있으며, 일사부재리의 원칙에 어긋나지 않는다.

---

396) 김동희, 『행정법 요론』, 박영사, 2010, 782면.

2) 집행벌과의 구별

집행벌은 행정상 의무의 불이행에 대하여 장래에 향하여 의무이행을 확보하기 위하여 과해지는 금전부담으로서 행정상 강제집행의 수단이나, 행정벌은 과거의 행정상 의무위반에 대하여 과해지는 벌이다. 그러나 양자 모두 제재를 과함으로써 의무자에 대한 심리적 압박을 가하여 행정상 의무이행을 도모할 수 있는 점에서는 공통성이 있다. 행정벌과 집행벌은 각기 그 목적을 달리하므로 경우에 따라서는 그 병과가 가능하다.

3) 형사벌과의 구별

행정벌에는 행정형벌과 행정질서벌이 있다. 행정형벌은 형사벌과 유사한 것으로 모두 형벌을 그 제재로서 과하는 것이라는 점에서 공통점이 있다. 그럼에도 불구하고 구별의 여부와 기준에 대하여 견해가 대립되고 있다. 부정적인 입장은 형사벌이나 행정형벌이 모두제재로서 형벌이 과하여지는 점에서 양자는 차이가 없다는 견해이고, 긍정적인 입장은 그 구별의 기준에 관하여 피침해이익의 성질을 기준으로 하는 견해와 피침해규범의 성질을 기준으로 하는 견해로 나누어진다. 피침해이익의 성질을 기준으로 하는 견해는 형사범이 법익침해로서의 위법행위인데 대하여 행정범은 반행정적 행위로 보아 차이가 있다고 한다. 피침해규범의 성질을 기준으로 하는 견해는 형사범이 반윤리성·반사회성이 인식될 수 있는 행위인데 대하여 행정범은 국가의 명령·금지의 위반됨으로써 법적 비난의 대상이 되는 행위라는 점에서 차이가 있다고 보는 견해이다. 그리하여 형사벌과 행정벌(정확히는 행정형벌)은 제재로서 형법상의 刑을 과하는 공통성이 있으며, 그 구별은 시대의 도덕관념 및 사회상황에 따라 변화될 수 있는 것으로 봐야 할 것이다.[397]

3. 근거

행정벌도 처벌의 일종으로 형사벌과 다르지 않아 죄형법정주의에 따라 법률에 근거가 있어야 한다. 그런데 법률이 아닌 법규명령이나 조례로써 행정벌을 과할 수 있는 근거를 정할 수 있는지가 문제될 수 있다.

법규명령은 법률의 위임에 의거하여 행정벌의 근거를 정할 수 있지만, 이 경우 법률이

---

397) 류지태·박종수,『행정법신론』, 박영사, 2010, 387면.

행정벌에 관한 사항을 법규명령으로 정하도록 위임하고 있어서 일반적·포괄적 위임은 허용되지 않고, 처벌대상인 행위와 행정벌의 최고한도 등에 대하여 구체적으로 범위를 정하여 위임하여야 한다(헌법 제75조).

또한 지방자치법은 지방자치단체가 조례로써, 조례위반행위에 대하여 1천만 원 이하의 과태료의 벌칙을 정할 수 있도록 하고(지방자치법 제27조 제1항), 사기 기타 부정한 수단으로 사용료·수수료·분담금의 징수를 면한 자에 대하여는 그 징수를 면한 액의 5배 이내의 과태료에, 공공시설을 부정사용한 자에 대하여는 50만 원 이하의 과태료에 처하는 규정을 정할 수 있도록 하고 있다(지방자치법 제139조 제2항). 따라서 행정벌의 근거법이 될 수 있는 것은 법률·법규명령·조례 등이다.

4. 행정벌의 종류

행정벌은 처벌의 대상에 따라 경찰벌·재정벌·군정벌·규제벌·공기업벌 등으로 나눌 수 있으며, 처벌의 내용에 따라 행정형벌과 행정질서벌(조례에 의한 과태료 포함)로 구분할 수 있다.[398]

II. 경찰행정형벌

1. 의의

행정형벌이란 행정상의 의무위반에 대한 제재로 형법 제41조에 규정되고 있는 형벌을 과하는 것을 말한다. 형법 제41조가 규정하고 있는 형벌의 종류는 사형·징역·금고·자격상실·자격정지·벌금·구류·과료·몰수가 있다.

---

398) 류지태·박종수, 『행정법신론』, 박영사, 2010, 387면 이하 참조.

2. 행정형벌의 특수성

1) 행정형벌에 대한 형법총칙의 적용원칙

형법은 제8조에서 "본법 총칙은 타 법령에 정한 죄에 적용한다. 단, 그 법령에 특별한 규정이 있는 때에는 예외로 한다."라고 규정하고 있다. 이는 행정형벌에는 특별한 규정이 있는 경우를 제외하고는 원칙적으로 적용됨을 의미하고 있다. 과벌절차는 형사소송절차에 의하나 예외적으로 즉결심판절차 또는 통고처분절차에 의하는 경우도 있다. 여기에 "특별한 규정"의 의미에 관하여 ① 성문의 규정에 한정한다고 보는 견해, ② 성문상의 규정은 물론이고 법령의 취지나 목적, 행위의 성질을 고려하여 조리상 형법총칙의 규정이 배제된 것으로 본다는 견해, ③ 당해 규정 자체의 해석상 형벌의 범위를 축소한다든가 형법을 감하는 경우는 죄형법정주의원칙에 반하지 않으므로 허용될 수 있다는 견해로 나뉘어 있다. ③설이 통설이며 판례의 입장이다.399)

2) 행정형벌에 관한 특칙

위에서 살펴본 바와 같이 형법 제8조는 행정형벌에는 특별한 규정이 있는 경우를 제외하고는 원칙적으로 적용됨을 의미하고 있다. 행정형벌에 대하여 형법총칙의 적용이 배제될 수 있는 경우는 다음과 같은 것들이다.

(1) 범의

형사범이나 행정범의 성립에 있어서는 원칙적으로 고의가 있음을 요건으로 하고(형법 제13조), 과실만 있는 행위는 특별히 법률에 규정이 있을 때에 처벌할 수 있다(형법 제14조). 즉, 행정범의 고의와 과실에 대해서는 원칙적으로 형법총칙이 그대로 적용된다. 또한 고의의 성립에 있어서 행위자에게 범죄사실의 인식 외에 위법성의 인식가능성이 필요한 것도 형사범이나 행정범에 공통하다고 하겠다.400)

다만, 행정범은 행정법규에 의하여 비로소 반사회성이 인정되고, 그 행정법규는 수시

---

399) 대판 1965. 6. 29, 65도1.
400) 대판 1999. 5. 22, 91도2525.

로 개폐될 수 있기 때문에, 행정범의 성립에 있어서 행위자의 위법성 인식 가능성이 없는 경우도 있을 것이다. 따라서 형법 제16조의 "자기의 행위가 법령의 의하여 죄가 되지 아니하는 것으로 오인한 행위는 그 오인에 정당한 이유가 있는 때에 한하여 벌하지 아니한다."는 규정이 행정범에 대하여 언제나 적용될 수는 없을 것이다.[401]

(2) 법인의 책임

형법상 법인은 범죄능력을 가지지 아니하므로, 형사법규는 법인에 대하여 형벌을 과하는 경우는 없다. 그러나 행정법규는 법인의 대표자·대리인·사용인 기타 종업원이 그 법인의 업무에 관하여 행정법상의 의무를 위반한 경우에 그 행위자를 벌하는 외에 법인에 대하여도 재산형을 과할 것을 규정하는 경우가 있다(문화재보호법 제117조, 소방기본법 제55조). 지방자치단체 등 공공단체도 양벌규정의 적용대상이 되는 법인에 해당하는 경우가 있다.[402]

(3) 타인의 비행에 대한 책임

형사벌의 경우에는 범죄를 범한 자만을 처벌하고 그 이외의 자를 처벌하는 경우는 없으나 행정형벌에 있어서는 행위자 이외의 자를 벌하는 경우가 있다. 관계법규에 양벌규정을 두어 행위자 이외의 사업주도 처벌하거나, 미성년자·금치산자의 행정법규위반행위에 대하여 법정대리인을 처벌하는 것 등이 그 예이다. 이 경우 사업주 또는 법정대리인의 책임은 대위책임 또는 무과실 책임이 아니라 자기의 감독·보호 범위 내에 있는 자가 법령을 위반하지 않도록 주의·감독해야 할 의무를 태만히 한 것에 대한 과실 책임이요 자기책임이다.[403]

(4) 책임능력

형법은 14세가 되지 아니한 형사미성년자의 행위를 벌하지 않으며, 심신장애자 및 농아자의 행위는 벌하지 않거나 형을 감경하도록 규정하고 있다(형법 제9~11조). 이들 규정은 행정범에도 원칙적으로 적용된다. 다만, 행정법규 중에는 이들 형법규정의 적용을 배제

---

401) 윤양수「행정법 개론」, 온누리, 2011, 413면.
402) 장태주, 『행정법 개론』, 법문사, 2010, 553면.
403) 대판 2006. 2. 24, 2005도7673.

또는 제한하는 규정을 두고 있는 경우가 있다(예: 담배사업법 제31조, 관세법 제278조).

(5) 공범

행정범에 있어서는 공범에 관한 형법규정 중 공동정범(형법 제30조)·교사범(형법 제31조)·종범(형법 제32조) 등에 관한 규정의 적용을 배제하는 경우가 있고(선박법 제39조), 교사범을 정범으로 처벌하도록 하고 있는 규정도 있다(근로기준법 제115조). 또한 종범감경규정(형법 제32조 제2항)의 적용을 배제한 경우(담배사업법 제31조)도 있다. 그런데 행정법에 대한 형법상의 공범에 관한 규정의 적용과 관련하여, 행정법규에 명문의 규정이 없는 경우에, 행정상 의무가 일반인에게 과하여진 것이면 형법상의 공범에 관한 규정이 적용될 것이나, 행정상 의무가 의무자가 아닌 자가 위반행위에 참가한 때에 처벌할 수 있는지에 관해서 견해가 나뉜다. 이러한 경우 행정범에 대하여도 형법상의 공범에 관한 규정을 적용할 수 있는 것으로 보는 견해는 의무가 없는 자라도 의무자에게 의무를 위반하도록 교사·방조하는 것은 사회·윤리적으로 비난을 마땅한 것이며, 이를 처벌하는 것이 단속 목적상으로도 합리적이므로 共犯에 관한 형법규정의 적용을 배제할 수 없다고 한다. 한편 위와 같은 경우 소극적인 입장은 행정범이 행정상의무를 위반하는 죄이므로, 의무자가 아닌 자가 이를 교사·방조하여도 그 자에게 공범의 책임을 지우지 않는 것이 행정형벌의 특수성으로 보아 당연하다는 이유로, 공범에 관한 형법규정의 적용을 배제할 수 있다고 한다. 이 설이 다수설이다.[404]

3. 행정형벌의 과벌절차

행정형벌은 형사소송법이 정하는 바에 따라 법원의 선고에 의하여 과하는 것이 원칙이다. 그러나 다음과 같은 예외적 절차로서 통고처분과 즉결 심판 등이 인정되고 있다.

1) 통고처분

현행법상 조세범·관세범·출입국사범·교통사범 등에 대하여는 대한 벌금·과료 등의 행정형벌에 관한 예외적 과벌절차로서 통고처분제도가 있다. 통고처분은 정식재판에

---

[404] 박윤흔·정형근, 『최신행정법강의(하)』, 박영사, 2009, 349면; 장태주, 『행정법 개론』, 법문사, 2010, 553면; 김동희, 『행정법 요론』, 박영사, 2010, 376면.

갈음하여 절차의 간이·신속을 도모하기 위하여 행정청이 일정한 벌금 또는 과료 등에 상당하는 금액의 납부를 명하는 준사법적 행정행위이다(조세범처벌절차법 제9조 제1항, 관세법 제311조 제1항, 출입국관리법 제102조 제1항, 도로교통법 제163조 제1항).

헌재 2003. 10. 30, 2002헌마275

통고처분의 상대방이 범칙금을 납부하지 아니하여 즉결심판, 나아가 정식재판의 절차로 진행되었다면 당초의 통고처분은 그 효력을 상실한다 할 것이므로, 이미 효력을 상실한 통고처분의 취소를 구하는 헌법소원은 권리보호의 이익이 없어 부적법하다. 도로교통법상의 통고처분은 처분을 받은 당사자의 임의의 승복을 발효요건으로 하고 있으며, 행정공무원에 의하여 발하여지는 것이지만, 통고처분에 따르지 않고자 하는 당사자에게는 정식재판의 절차가 보장되어 있다. 통고처분제도는 경미한 교통법규 위반자로 하여금 형사처벌절차에 수반되는 심리적 불안, 시간과 비용의 소모, 명예와 신용의 훼손 등의 여러 불이익을 당하지 않고 범칙금 납부로써 위반행위에 대한 제재를 신속·간편하게 종결할 수 있게 하여 주며, 교통법규 위반행위가 홍수를 이루고 있는 현실에서 행정공무원에 의한 전문적이고 신속한 사건처리를 가능하게 하고, 검찰 및 법원의 과중한 업무 부담을 덜어 준다. 또한 통고처분제도는 형벌의 비범죄화 정신에 접근하는 제도이다. 이러한 점들을 종합할 때, 통고처분 제도의 근거규정인 도로교통법 제118조 본문이 적법절차원칙이나 사법권을 법원에 둔 권력분립원칙에 위배된다거나, 재판청구권을 침해하는 것이라 할 수 없다.

통고처분에 따른 이행이 있으면 일사부재리의 원칙이 적용되어 다시 소추하지 못하나, 통고처분을 받은 자가 기한(조세범인 경우 15일, 관세범·출입국사범·교통사범인 경우 10일) 내에 그 통고내용을 이행하지 않으면 통고처분은 당연히 효력이 상실된다. 이때 당해 행정청의 고발에 의하여 형사소송절차로 이행된다(조세범처벌법 제12조, 관세법 제316조).[405] 따라서 통고처분 자체에 대하여는 불복이 있더라도 행정쟁송으로 다툴 수 없다.

대판 2002. 11. 22, 2001도849

범칙금의 통고 및 납부 등에 관한 규정들의 내용과 취지 등에 비추어 볼 때, 범칙자가 경찰서장으로부터 범칙행위를 하였음을 이유로 범칙금의 통고를 받고 납부기간 내에 그 범칙금을 납부한 경우, 범칙금의 납부에 확정판결에 준하는 효력이 인정됨에 따라 다시 벌받지 아니하게 되는 행위사실은 범칙금 통고의 이유에 기재된 당해 범칙행위 자체 및 그 범칙행위와 동일성이 인정되는 범칙행위에 한정된다고 해석함이 상당하다.

---

405) 대판 2007. 5. 11, 2001도849.

2) 즉결심판

즉결심판은 20만 원 이하의 벌금이나 구류 또는 과료에 처할 범죄사건에 대하여 경찰서장 또는 해양경찰서장의 청구에 의하여 법원이 즉결심판에 관한 절차법이 정하는 바에 따라 처리하는 절차이다. 즉결심판에 의하여 과해진 형벌은 경찰서장 또는 해양경찰서장에 의하여 집행된다. 즉결심판에 불복이 있는 피고인은 즉결심판의 선고·고지를 받은 날부터 7일 이내에 정식재판청구서를 경찰서장 또는 해양경찰서장에게 제출하여야 하며, 이 청구서를 받은 서장은 지체 없이 판사에게 이를 송부하여야 한다(즉결심판에관한절차법 제14조 제1항). 즉결심판은 정식재판의 청구에 의한 판결이 있는 때에는 그 효력을 잃는다(즉결심판에관한절차법 제15조).

Ⅲ. 행정질서벌

행정질서벌은 형법 제41조에서 규정하고 있는 형벌의 종류에 해당되지 않는 과태료를 과하는 행정벌이다. 행정질서벌은 행정법규 위반행위가 직접 행정목적을 침해하는 것이 아니라 간접적으로 행정상의 질서에 장해를 줄 위험성이 있는 단순한 의무태만의 경우에 과하여지는 것이 보통이다. 예컨대, 신고·보고·등록·장부비치 등의 행정상 의무의 태만행위에 대하여 과태료를 과하는 것이다.

행정질서벌과 행정벌은 모두 행정벌이므로 동일 행정범에 대하여 양자를 병과 할 수는 없다고 할 것이다. 그러나 법규위반사실의 동일성이 인정되지 않는 경우에는 행정질서벌인 과태료와 행정형벌의 병과가 가능하다고 하겠다.

또한 행정질서벌과 형사벌은 그 목적·성격을 달리하므로, 행정질서벌과 형사벌이 병과되어도 일사부재리의 원칙에 반하지 않는다는 것이 판례의 입장이다.[406]

한편 헌법재판소는 이와 관련하여 행정법규 위반행위에 대하여 행정형벌을 과할 것인가, 아니면 행정질서벌을 과할 것인가에 대하여 기본적으로 입법재량에 속하는 문제로 보고 있다.[407]

---

406) 대판 1989. 6. 13, 88도1983.
407) 헌재 1994. 4. 28, 91헌마14.

행정질서벌은 형법총칙의 규정이 적용되지 않고 그 과벌절차는 개별법에 특별한 규정이 없는 한 질서위반행위규제법이 정하는 바에 의한다.

제6절 새로운 의무이행확보수단

오늘날 행정현상이 다양해지고 내용과 기능이 확대·강화됨에 따라 전통적 의무이행확보수단이 부적절하거나 미흡한 경우가 빈번히 발생하고 있다. 따라서 전통적인 의무이행수단을 보완하기 위한 관허사업의 제한과 수익적 행정행위의 철회·정지, 과징금·가산금 부과 등의 금전상의 제재, 공급거부, 위반사실의 공표 등 새로운 방법들이 등장하고 있다. 이러한 새로운 의무이행 확보수단들은 직접적인 행정상 제재수단들이면서, 간접적으로 행정상 의무의 강제하는 효과를 가져다준다. 그런데 이들 새로운 의무이행확보수단들의 등장은 행정법규의 실효성확보 강화라는 측면과 함께 국민의 기본권 보장의 약화라는 문제를 야기할 수 있으므로 신중한 검토가 요청된다.

I. 관허사업의 제한과 수익적 행정행위의 철회·정지

관허사업의 제한이란 행정상의 의무를 위반 또는 불이행한 자에 대하여 관계 행정청이 허가·인가 등을 거부하거나, 이미 부여된 허가 등을 취소 또는 효력을 정지시킴으로써 간접적으로 이무의 이행을 확보하는 것을 말한다. 관허사업의 제한에서 제한되는 관허사업은 의무위반과 직접 관련된 관허사업인 경우가 있고, 의무위반과 직접 관련이 없는 일반적인 관허사업인 경우도 있다. 인·허가 등의 거부·취소·정지 등은 법령상의 근거규정이 있거나 철회권의 유보 또는 상대방의 동의가 있어야 한다.

II. 과징금·가산금 부과 등 금전상의 제재

행정법상의 의무위반에 대하여 위반자에게 행정청이 부과·징수함으로써 간접적으로 행정상의 의무를 이행케 하는 수단으로서의 금전적 제재이다. 그 이행 수단으로 과징금·부과금·범칙금·가산금·가산세 부과 등이 있다.

금전상의 제재는 그 직접목적이 행정법규 위반자에 대한 제재인 점에서 장래에 향하여 의무를 이행시키기 위한 집행벌과 구별되며, 또한 제재의 내용이 형법상의 형벌이나 과태료가 아닌 점에서 행정벌과 구별된다.

1. 과징금·부과금·범칙금

1) 과징금

과징금 제도가 처음 도입된 것은 1980년 말 독점규제및공정거래에관한법률이다. 이후 도시가스사업법및주차장법 등 40여 개의 법률에 규정되어 있으나 법적 성격은 정확히 말하기가 어렵다.

과징금이란 일정한 행정법상의 의무를 위반하거나 이행하지 않은 자에 대하여 그 위반행위로써 얻은 경제적 이익을 박탈하기 위하여 부과되거나 또는 사업의 취소·정지에 갈음하여 부과되는 금전적 부담을 말한다. 다만, 세법에 근거한 금전적 부담은 제외된다.

과징금은 행정벌에 해당하는 벌금·과태료와 내용적으로 동일하지만 위반행위로 인한 경제적 이익의 환수, 행정행위의 형식으로 부과되고, 그에 대한 권리구제는 취소소송에 의한다는 점에서 행정벌과는 다른 독자적인 것이다.[408]

---

408) 장태주, 『행정법 개론』, 법문사, 2010, 567~568면.

과징금의 부과에는 법률의 근거가 있어야 한다. 과징금은 소관 행정청이 부과하며, 납부하지 않을 경우 국세 또는 지방세 체납처분의 예에 따라 징수한다. 과징금의 부과행위는 행정행위이므로 이에 불복할 경우 행정쟁송을 제기할 수 있다. 그런데 법이 정한 한도액을 초과한 과징금부과처분의 취소소송에서 처분의 위법이 확인된 경우 법원은 한도액을 초과한 부분만을 취소할 수 없고 과징금부과처분 전부를 취소해야 한다는 것이 판례의 입장이다.409)

2) 부과금

부과금이란 어떤 사업을 추진하기 위하여 필요한 경비를 다수의 관계자(의무위반자)로부터 징수하는 금전적 부담을 의미한다. 주로 환경관련 법률에서 인정되고 있다. 부과금의 대표적인 예로는 1981년에 제정된 환경보전법에 처음으로 도입된 배출부과금이다. 이는 배출허용기준을 초과하여 오염물질을 배출한 사업자 및 배출시설의 허가를 받지 아니하고 배출시설을 설치·변경한 자 대해 배출부과금을 부과·징수하는 것이다. 부과금은 행정상의 의무위반에 대한 금전적 제재로서의 성질을 갖는 점에서 과징금의 일종이라 할 수 있으나, 부과금은 일반적 국고수입으로 귀속되지 않고 특정목적(예: 대기오염방지사업)을 위해 사용되는 점에서 일반의 과징금과 다른 면이 있다.

---

409) 대판 1998. 4. 10, 98두2270.

3) 범칙금

범칙금은 도로교통법 등을 위반한 자가 통고처분에 의하여 납부하는 금전을 말한다. 이 제도는 도로교통법을 위반한 자에게 일정한 금액의 범칙금 납부를 통고하고 통고를 받은 자가 기간 내에 납부할 때에는 처벌절차가 종료되지만 납부하지 않을 경우에는 형사절차가 진행된다.

도로교통법 제156조 각 호 또는 제157조 각 호의 죄(20만 원 이하의 벌금이나 구류 또는 과료에 처해지는 죄)에 해당하는 위반행위를 범칙행위로, 범칙행위를 행한 일정한 범칙자가 납부하여야 할 금전을 범칙금으로 규정하고(도로교통법 제162조 제1항, 제3항), 범칙금은 통고처분에 의하여 부과ㆍ징수할 수 있도록 규정하고 있다(도로교통법 제163조).

2. 가산금 · 가산세

가산금은 행정상 금전급부의무의 불이행에 대한 제재로서 과하는 금전부담이다. 가산금은 금전급부의무의 이행을 확보하기 위한 간접적 강제수단이며, 명령적 행정행위이다.

현행법상 가산금의 예로는 국세징수법에 규정하는 것으로서, 체납세액에 일정액(체납국세의 3%)을 과하는 가산금(국세징수법 제21조)과, 체납된 국세를 납부하지 아니한 때에 납부기한이 지난 날부터 매 1월이 지날 때마다(최장 60개월 한도) 체납국세액의 1천분의 12에 상당하는 금액을 가산하여 징수하는 중가산금(국세징수법 제22조 제1항) 등을 들 수 있다.410)

가산금의 일종인 가산세는 세법이 규정하는 의무의 성실한 이행을 확보하기 위하여 그 세법에 의하여 산출된 세액에 가산하여 징수하는 금액으로서 가산금을 제외한 것을 의미하는데, 기장불성실행위 또는 신고불성실행위 등에 대하여 과하는 가산세가 그 예이다(소득세법 제115조 등).

---

410) 대판 2006. 3, 9, 2004다31074.

Ⅲ. 공급거부

공급거부란 행정상 의무를 위반한 자 또는 불이행한 자에 대하여 일정한 행정상의 서비스나 재화의 공급을 거부하는 행위를 말한다.[411] 행정주체에 의하여 공급되는 각종 서비스나 재화의 공급은 오늘날 국민생활에 불가결하다는 점에서 그 공급의 거부는 매우 강력한 의무이행확보수단이 되고 있다 국민의 권익에 중대한 영향을 미치는 침익적 행정조치인 공급거부는 법률의 근거가 있는 경우에만 할 수 있으며, 법률이 공급거부를 인정하는 경우에도 이행되어야 하는 상대방의 의무와 공급이 거부되는 급부 사이에는 충분한 실질적 관련이 있고, 공급거부를 인정할 합리적 사유가 있는 경우에 한하여, 부당결부금지원칙·과잉금지원칙 등과 같은 행정법의 일반원칙상의 한계 내에서 공급거부가 가능할 것으로 봐야 할 것이다. 이러한 공급거부의 요건이 충족되지 아니한 경우에 행하는 공급거부는 부당결부금지원칙 등에 위배되는 위법한 행위가 될 것이다.

전기·수도 등의 위법한 공급거부에 대하여 당해 급부의 형식에 따라 공법적 형식인 경우에는 행정쟁송, 사법적 형식인 경우에는 민사소송을 제기할 수 있다.

Ⅳ. 위반사실의 공표

위반사실의 공표란 행정법상 의무위반·불이행에 대하여 행정청이 의무위반자의 명단이나 의무위반사실 등을 일반에게 공표하여 명예나 신용을 실추시키는 제재로서, 행정법상의 의무이행을 간접적으로 강제하기 위한 수단이 된다. 조세의 고액체납자의 명단 사업명의 공시나 공해배출업소의 명단공개 등이 그 예이다.[412]

---

411) 류지태·박종수, 『행정법신론』, 박영사, 2010, 402면.
412) 김동희, 『행정법요론』, 박영사, 2010, 346면.

헌재 2003. 6. 26, 2002헌가14

신상공개제도는 범죄자 본인을 처벌하려는 것이 아니라, 현존하는 성폭력위험으로부터 사회공동체를 지키려는 인식을 제고함과 동시에 일반인들이 청소년 성매수 등 범죄의 충동으로부터 자신을 제어하도록 하기 위하여 도입된 것으로서, 이를 통하여 달성하고자 하는 '청소년의 성보호'라는 목적은 우리 사회에 있어서 가장 중요한 공익의 하나라고 할 것이다. 이에 비하여 청소년 성매수자의 일반적 인격권과 사생활의 비밀의 자유가 제한되는 정도를 살펴보면, 법(청소년의성보호에관한법률) 제20조 제2항은 '성명·연령·직업 등의 신상과 범죄사실의 요지'를 공개하도록 규정하고 있는바, 이는 이미 공개된 형사재판에서 유죄가 확정된 형사판결이라는 공적 기록의 내용 중 일부를 국가가 공익 목적으로 공개하는 것으로, 공개된 형사재판에서 밝혀진 범죄인들의 신상과 전과를 일반인이 알게 된다고 하여 그들의 인격권 내지 사생활의 비밀을 침해하는 것이라고 단정하기는 어렵다. 또한 신상과 범죄사실이 공개되는 범죄인들은 이미 국가의 형벌권 행사로 인하여 해당 기본권의 제한 여지를 일반인보다는 더 넓게 받고 있다. 청소년 성매수 범죄자들이 자신의 신상과 범죄사실이 공개됨으로써 수치심을 느끼고 명예가 훼손된다고 하더라도 그 보장 정도에 있어서 일반인과는 차이를 둘 수밖에 없어, 그들의 인격권과 사생활의 비밀의 자유도 그것이 본질적인 부분이 아닌 한 넓게 제한될 여지가 있다. 그렇다면 청소년 성매수자의 일반적 인격권과 사생활의 비밀의 자유가 제한되는 정도가 청소년 성보호라는 공익적 요청에 비해 크다고 할 수 없으므로 결국 법 제20조 제2항 제1호의 신상공개는 해당 범죄인들의 일반적 인격권, 사생활의 비밀의 자유를 과잉금지의 원칙에 위배하여 침해한 것이라 할 수 없다.

이러한 공표제도에 관하여 처음에는 법적 근거 없이 행하여진 경우가 많았다. 그러나 최근에는 독점규제및공정거래에관한법률, 자원의절약과재활용촉진에관한법률, 식품위생법 등에서 공표제도에 관하여 규정하고 있다.

위반사실의 공표는 그 위반행위 및 위반자에 대한 간접적·심리적 강제에 의하여 의무이행을 확보하려는 것이나 그 자체로서는 아무런 법적 효과도 발생하지 않고, 관계자의 권리·의무에 변동을 가져오는 것도 아닌 사실행위에 불과하다. 그러나 위반사실의 공표는 실제로 상대방에게 신용훼손과 경제적 손실을 줄 뿐만 아니라 상대방의 인격권을 침해하는 측면이 있기 때문에 법률의 근거가 필요하며, 법률의 범위 내에서도 공표의 필요성과 상대방의 프라이버시권 간의 이익형량을 하여야 하는 등 일정한 조리 상의 한계가 있다고 하겠다.

위반사실의 공표 자체에 위법성이 있을 경우, 그에 대한 구제수단으로서, 그 공표에 대한 취소소송이 가능한지에 대하여는, ① 위법한 공표행위에 대하여 다른 적절한 구제수단이 없는 경우에는 공표행위도 공권력의 행사에 준하는 작용으로 보아 그 처분성을 인정하여 취소소송의 대상이 될 수 있는 것으로 보는 견해와, ② 공표는 그 자체로서 아무런 법적 효과를 발생하지 않는 사실행위에 지나지 않기 때문에 처분성을 인정할 수 없으며, 따라서 취소소송의 대상이 되지 않는 것으로 보는 견해가 있다. 생각건대 공표가 단순한 정보제공의 성격을 넘어서 명예훼손의 성격을 갖는다면 처분성을 인정하는 것이 타당하다. 따라서 위법한 공표행위에 의하여 명예신용 등의 침해를 받은 자는 국가배상법에 따라 행정상 손해배상을 청구할 수 있고, 민법 제764조에 근거하여 정정공고와 같은 명예회복을 위한 적당한 처분을 청구할 수 있을 것이다. 또한 위법한 공표를 행한 공무원에 대하여는 형법상의 명예훼손죄나 피의사실공표죄 또는 공무상 비밀누설죄를 범한 것인지를 가리고 그 책임을 물을 것을 요구할 수도 있을 것이다.

대판 1999. 1. 26, 97다10215 · 10222

담당 검사가 피의자가 피의사실을 강력히 부인하고 있음에도 불구하고 추가 보강수사를 하지 않은 채, 참고인들의 불확실한 진술만을 근거로 피의자의 범행동기나 그가 유출한 회사기밀의 내용 및 경쟁업체 관계자들에 대한 향후 수사확대방향 등에 관하여 상세히 언급함으로써, 마치 피의자의 범행이 확정된 듯한 표현을 사용하여 각 언론사의 기자들을 상대로 언론에 의한 보도를 전제로 피의사실을 공표한 경우, 피의사실 공표행위의 위법성이 조각되지 않는다.

제4편 경찰행정구제법

제1장 경찰행정구제법 일반

제1절 경찰행정구제의 의의

행정구제제도는 기본권보장을 핵심으로 하는 실질적 법치국가를 실현하기 위한 제도적 장치이다. 행정구제는 행정권의 행사로 발생한 국민의 권익의 침해에 대하여 당해 국민의 청구에 따라 일정한 국가기관이 행하는 구제를 총칭하는 개념이다.

위법 혹은 부당한 행정에 의해서 국민의 권리·이익이 침해된 경우에 당해 국민을 구제할 수 있는 제도가 필요함은 당연하다. 그리고 적법한 행정행위라 할지라도 귀책사유 없이 특별한 희생이 발생한 경우에도 이에 대한 구제제도가 필요하게 된다.

이러한 구제제도는 위법한 행정에 의해 침해된 권익의 구제제도로는 행정쟁송, 헌법소원, 국가배상청구, 공법상결과제거청구, 국민고충처리제도가 있으며, 적법한 행정에 의해 침해된 권익의 구제제도로는 행정상 손실보상이 있다.[1] 이에 대하여 구체적으로 정리하면 구제란 어떤 형태로든 자기에게 유리한 해결을 구하는 것을 말하는데 여기에는 공권력행사에 대하여 다투는 것과 공권력행사의 결과에 대한 보상을 받는 것이다. 전자를 행정쟁송, 후자를 손실전보라고 한다.[2]

제2절 경찰행정구제의 수단과 방법

행정구제의 구체적인 수단과 방법은 행정활동의 내용과 형식에 따라 달라진다. 행정구제 방법에는 원상회복과 금전에 의한 보상이 있다. 예컨대 위법한 범칙금 부가 처분을 통하여 개인의 권익을 침해하는 경우에는 범칙금 부가처분을 취소함으로써 피해자의 지위를 원상으로 회복하는 것이 실질적인 구제방법이다. 그러나 원상회복이 되지 않는 경우에는 행정상 손해전보를 통한 구제가 가능하다.

---

1) 박균성·김재광, 『경찰행정법』, 박영사, 2010, 419면; 장태주, 『행정법 개론』, 법문사, 2010, 593면.
2) 강경선·이계수, 『행정법 I』, 한국방송통신대학교 출판부, 2010, 286면.

제3절 경찰행정구제의 유형

행정구제제도는 크게 사전적 구제제도와 사후적 구제제도로 나눌 수 있다. 오늘날 현대국가에 있어서의 사인에 대한 권익침해의 가능성이 나날이 높아지면서 사후적 행정구제로서는 충분하지 못하다는 비판과 국회에 의한 행정통제의 강화, 행정결정을 하기 전의 국민·주민의 참가, 사전절차로서의 행정절차 등 사전적 행정구제의 필요성이 높아지고 있다.[3]

경찰상 사전적 구제제도의 유형에는 청원, 옴브즈맨 제도, 행정절차, 행정청에 의한 직권시정, 정당방위 등이 있다. 이 중에서 정당방위는 사법적인 자기구제에 불과하고, 행정청에 의한 직권시정은 행정의 자기통제를 위한 제도이기 때문에 시정의 보장이 어려운 점에서 구제수단으로는 적합하지 못하다. 사후적 구제제도로는 손해전보와 행정쟁송이 이 있다. 손해전보는 손해배상과 손실보상으로 나누어지고, 행정쟁송은 행정심판과 행정소송으로 나누어진다. 사후적 행정구제제도로서 행정쟁송제도 외에 헌법소송이 있다. 특히 헌법소원심판과 행정소송의 관계는 중요하다. 헌법소원심판은 법원의 재판을 대상으로 할 수 없다는 제한이 있고, 또한 다른 법률에 구제절차가 있으면, 먼저 그 절차를 모두 거쳐야 한다는 보충성을 요인으로 한다. 공권력의 행사 중 처분에 해당하는 것은 행정소송 중 항고소송을 제기하여야 하지만, 처분이 아닌 행정작용에 대하여는 헌법소원심판이 행정구제제도로서 가능하다.[4]

여기서는 사전적 구제제도인 청원, 민원처리제도, 옴브즈맨 제도를 중심으로 살펴보기로 한다. 다만 청원, 옴브즈맨 제도는 사전적 구제이면서도 경우에 따라서는 사후구제적 기능을 하는 경우도 있다.

---

3) 김철용, 『행정법 I』, 박영사, 2010, 474면.
4) 대판 2008. 10. 6, 2005헌마1005.

Ⅰ. 청원

1. 청원의 의의 및 법적 성질

1) 의의

청원은 국민이 국가에 대하여 불만 또는 희망을 개진하고 시정을 구하는 것을 말하며, 이는 기본권의 하나로서 모든 국민에게 보정되어 있다. 즉, 헌법 제26조 제1항은 "모든 국민은 법률이 정하는 바에 의하여 국가기관에 문서로 청원할 권리를 가진다."라고 규정하고 있다.

청원에 관한 일반법으로는 청원법이 있고, 특별법으로는 국회법(제116~119조)과 지방자치법(제65~68조)이 있다. 다만, 헌법이 청원에 대한 국가의 수리·심사의무만을 규정하고 있어 그의 행정구제적 의의가 희박한 것으로 생각될 수도 있다. 그러나 청원에 관한 일반법인 청원법은 제9조 제4항에서 "모든 관서는…… 청원을 수리하여 성실·공정·신속히 심사처리하고 그 결과를 청원인에게 통지하여야 한다."고 규정하여 청원이 가지는 행정구제적 의의를 강화하고 있다.[5]

2) 법적 성질

청원권에 관하여 자유권설, 청구권설, 참정권설, 자유권과 청구권의 이중적 성질설, 참정과과 청구권의 이중적 성질설 등으로 나누어진다.

생각건대, 청원권은 소극적 측면에서는 청원의 자유를 보장하는 것이고 적극적인 측면에서는 국가기관에 대하여 일정한 국가적 행위를 요구할 수 있는 청구권이므로 자유권과 청구권의 성격을 아울러 가지는 복합적 성격의 권리로 보아야 한다.[6]

2. 청원사항

청원은 피해의 규제, 공무원의 비위의 시정 또는 공무원에대한 징계나 처벌의 요구,

---

5) 석종현, 「일반행정법(상)」, 삼영사, 2005, 591면.
6) 김동복, 「경찰행정법」, 문두사, 2005, 243면.

법률·명령·규칙의 제정·개정 또는 폐지, 공공의 제도 또는 시설의 운영, 기타 공공기관의 권한에 속하는 사항에 대하여 할 수 있다. 다만, 청원의 내용이 재판에 간섭하는 것이거나 국가원수를 모독하는 것과 타인을 모해할 목적으로 허위의 사실을 적시하여 청원한 것인 때에는 당해 관서는 이를 수리하지 아니한다.

청원의 경우 그 대상이 될 국가작용의 적법성·위법성·부당성 여부를 불문하며, 또한 당해 국가작용이 이미 행하여진 것이거나 현재 행하여지고 있는 것이거나 아직 행하여지지 아니한 것인가의 여부도 불문한다. 또한 청원의 대상이 될 국가작용으로 인하여 권리 또는 이익의 침해가 발생하였건 발생하지 아니하였건 불문한다.

3. 청원절차

1) 청원인

청원인은 자기의 권리·이익을 침해당한 자는 물론이고, 그 외에 국가에 대하여 불만 또는 희망을 개진하고 시정을 요구하고자 하는 자는 누구나 할 수 있다.

2) 청원기간

청원기간에는 제한이 없다. 해정쟁송의 경우, 행정심판기간이나 제소기간이 경과되면 불가쟁력을 발생하게 되어 쟁송을 제기하지 못하나, 청원은 불가쟁력을 발생한 처분에 대하여도 할 수 있다.

3) 청원의 방법

청원방법은 청원인의 성명·직업 및 주소 또는 거소를 기재하고 서명날인한 문서로 하여야 한다. 다수인의 공동청원인 때에는 그 처리결과의 통지를 받을 3인 이하의 대표자를 선임하여 이를 청원서에 표시하여야 한다. 청원서에는 청원의 이유와 취지를 명시하고 필요한 경우에는 서류 기타의 참고자료를 첨부하여야 한다(청원법 제6조).

4) 청원제출의 기관

국가 또는 공공단체의 기관에 대하여 청원할 수 있으나, 청원서는 청원사항을 주관하는 행정기관에 제출하되 어떤 처분 또는 처분의 시정을 요구하는 청원서는 처분청에 제출하여야 한다(청원법 제7조 제1항).

중앙관서에 대한 처분 또는 처분의 시정요구를 내용으로 하는 청원서는 직접 그 관서에 제출하여야 한다(청원법 제7조 제2항). 특히 공무원의 비위의 시정 또는 공무원에 대한 징계나 처벌을 요구하는 청원서는 직접 그를 처리할 권한 있는 관서에 제출하여야 한다(청원법 제7조 제3항). 이와 같은 청원서를 접수한 관서가 그 주관에 속하지 아니한다고 인정할 때에는 이를 주관관서에 이송하여야 하며, 상급관서가 청원서를 접수한 때에는 이를 직접 처분청에 이송하여야 한다(청원법 제9조 제1항, 제2항).

5) 청원서의 처리

처분청이 청원서를 수리하거나 이송을 받은 때에는 그로부터 10일 이내에 필요한 보고서 기타의 참고서류를 첨부하여 제1차 상급관청에 제출하여야 하나, 청원을 수리하여 처분을 시정할 때에는 그러하지 아니한다(청원법 제9조 제3항).

그러나 모든 관서는 청원을 수리하면 이를 성실·공정·신속히 심사·처리하고, 그 결과를 청원인에게 통지하여야 한다. 이 경우 통지의 형식에 아무런 법적 기속이 없으며, 그 내용에 관하여도 구속력·공정력 등의 효력이 인정되지 않는다. 청원에 대한 심사 및 통지의무는 재판청구권 및 기타 준사법적인 구제청구와 그 성질을 달리하므로 이러한 의무는 청원을 수리한 국가기관이 이를 성실, 공정 신속히 심사·처리하여 그 결과를 청원인에게 통지하는 이상의 의무를 지는 것은 아니다.

6) 청원의 제한

청원은 청원사항에 대하여 청원절차에 따라 허용되는 것이나, 이중청원과 모해를 내용으로 하는 것은 허용되지 않는다(청원법 제8조, 제11조).

Ⅱ. 옴부즈맨 제도

1. 옴부즈맨의 의의

옴부즈맨이라는 용어는 스웨덴어로 본래는 모든 종류의 대리·대표를 표기하는 말이나 법적으로는 의회에서 임명되나 의회로부터는 광범위한 독립성을 부여받은 의회의 감시인으로서 개개 국민의 권리를 보호하는 역할을 하는 자로 이해되고 있다.

이는 스웨덴·덴마크 등 북미제국에서 민원처리를 위한 비정규적인 구제수단으로 부각되고 있다. 우리의 경우 '옴부즈맨' 제도는 인정되지 않고 있으나 실정법에서 규정한 미원처리기관(정부민원상담실·지방자치단체의 시민상담실)이나 '민원사무처리에관한법률(1997. 8. 22. 법률 제5369호)'에 의하여 설치하는 민원실, 행정상담위원, 고충민원처리제도의 임무는 그 기능면에서 '옴부즈맨' 제도에 가까운 것이라 할 수 있다.[7]

2. 옴부즈맨의 기능 및 특성

1) 옴부즈맨의 기능

옴부즈맨은 의회에 의하여 임명되어 재판관 및 행정관의 법령준수 여부를 감시하며 부당한 행정작용에 대한 민원이 제기되거나 또는 직권에 의하여 공무원의 직무집행을 조사하고 그 결과 필요하다고 인정되는 경우에는 관계기관에 시정하도록 권고하는 것을 주된 임무로 하는 기관이다.

옴부즈맨 제도는 행정권의 확대와 다양화 및 재량권의 증가에 따라 생긴 권리보호의 사각지대에 대하여 의회의 개입을 통하여 종래의 행정구제제도의 결함을 보완함으로써 권리보호의 기회를 확대하려는 것이라 할 수 있다.

2) 옴부즈맨의 특성

옴부즈맨의 기능에서 오는 특성은 다음과 같이 요약할 수 있다. 옴부즈맨은 의회가 임

---

7) 김성수, 『일반 행정법』, 홍문사, 2010, 595면.

명하는 입법부 소속의 공무원이다. 옴부즈맨은 법원이나 처분행정청과는 달리 행정작용을 취소하거나 변경하지 못하며 법원이나 행정청에 대한 직접적인 감독기관이 아니다. 따라서 옴부즈맨은 민원 또는 직권조사의 결과 행정작용의 위법성을 발견하는 때에는 관계기관에 대하여 당해 행정작용의 취소나 변경을 권고할 수 있을 뿐이다. 옴부즈맨은 민원의 제기가 없는 경우에도 직권으로 공무원의 직무집행을 조사할 수 있다. 바로 이점에서 옴부즈맨 제도는 행정구제제도의 결함을 보완하는 사전구제수단으로서 의의가 있다고 할 수 있다.

옴부즈맨은 그 업무처리를 함에 있어서 고정된 절차가 있는 것이 아니기 때문에 행정작용에 대한 민원을 매우 저렴한 비용으로 신속하게 처리할 수 있다.

옴부즈맨 제도의 기능은 시민보호로부터 보다 나은 공공행정의 촉진으로 중점을 옮겨가고 있다.

3. 옴부즈맨 제도의 평가

옴부즈맨 제도는 종래의 사후적 행정구제제도에 비하여 시민의 접근이 용이함은 물론 신속하고 적은 비용으로 업무를 신축성 있게 처리할 수 있으며 경우에 따라서는 사전구제적 기능을 할 수 있다는 장점이 있다.

그러나 최근에는 옴부즈맨 제도가 종래의 시민보호를 위한 기능보다는 오히려 보다 나은 공공행정의 촉진을 위한 수단으로 그 기능이 변질되고 있다. 이는 종래의 행정구제제도가 지닌 결함을 보완시키게 되는 옴부즈맨 제도의 기능이 크게 감소하게 된 것을 의미하게 된다. 따라서 행정작용을 취소 · 변경을 할 수 있는 권한도 없고 법원이나 행정청에 대한 직접적인 감독권도 행사할 수 없는 옴부즈맨 제도는 결국 기존의 타 기관 또는 타 제도와 기능중복으로 옥상옥일 뿐이라는 비판을 면하기 어렵다.[8]

4. 우리나라의 옴부즈맨 제도

우리나라의 경우 옴부즈맨 제도는 인정하지 않고 있으나 그 기능면에서 그에 가까운 민원처리제도와 고충민원처리제도가 있다.

---

[8] 김동복, 「경찰행정법」, 문두사, 2005, 246면.

1) 민원처리제도

(1) 의의

민원처리제도는 주로 시민의 권리이익의 보호·구제를 위한 것인 동시에 행정의 민주적 통제를 위한 것이라 할 수 있다. 여기서 민원사무는 민원인이 행정기관에 대하여 처분 등 특정한 행위를 요구하는 사항에 관한 사무를 말한다. 민원처리기관은 행정작용으로 인하여 불이익을 받은 개인으로부터 신청을 받아 관계기관에 대하여 적정한 구제조치를 권고거나 알선하게 된다.

(2) 민원처리제도의 기능

민원처리제도는 행정구제라는 측면에서 보면 법적인 쟁송에 친숙하지 않은 불평·불만이라든가 법적 쟁송이 가능할지라도 현실적으로는 많은 노력·비용·시간을 요하기 때문에 그대로 방임되어 버리기 쉬운 행정에 대한 요구를 간이·신속하게 해결할 것이 기대되고 있는 경우에 사실상 행정구제제도로서의 효과를 발휘할 수 있는 것이다.

(3) 민원처리기관

현행법상 주요한 민원처리기관으로서는 감사원, 정부합동민원실, 법무부 법무실, 민원사무처리에관한법률(1997. 8. 22. 법률 제5369호) 제11조의 규정에 의하여 행정기관에 설치하는 민원실 등이 있는데 이러한 민원처리기관은 옴부즈맨에 가까운 제도에 해당한다.

가. 행정기관의 민원처리

민원의 신청은 문서로 하여야 하는 것이 원칙이나 구술·전화·전신·모사전송 또는 컴퓨터통신으로 할 수 있다.(민원사무처리에관한법률 제4조 제1항). 민원사무를 처리함에 있어서는 민원1회방문처리제가 적용된다. 행정안전부장관은 민원인의 편의를 위하여 관계법령에 규정되어 있는 민원사항의 처리기관·처리기간·구비서류·처리절차·신청방법 등에 관한 사항을 종합한 민원사무처리기준표를 작성하여 매년 관보에 고시하여야 한다.(민원사무처리에관한법률 제9조 제1항).

행정기관은 민원인이 신청한 민원사항에 대한 처리결과를 민원인에게 문서로 통지하되 민원인이 신청한 민원사항을 거부하거나 민원사항의 실현이 불가능하다고 인정할 때에는 그 이유를 함께 통지하여야 한다.

나. 감사원의 민원처리

헌법기관인 감사원은 직권 또는 이해관계인의 심사청구(감사원법 제43조)에 의거하여 각급 해당기관의 직무감찰을 시행하고 감찰의 결과 하자나 행정상의 모순을 발견한 때에는 관계기관에 대하여 그 시정이나 개선을 요구할 수 있는 외에도 관계자의 문책요구나 고발조치를 취할 수 있다(감사원법 제32조, 제35조).

2) 고충민원처리제도

고충민원은 민원사항 중 행정기관의 위법·부당하거나 소극적인 처분(사실행위·부작위를 포함한다) 및 불합리한 행정제도로 인하여 국민의 권리를 침해하거나 국민에게 불편·부담을 주는 사항에 관한 민원을 말한다(민원사무처리에관한법률 제2조 제3호). 국민고충처리위원회는 고충민원 등을 접수·상담하고 이를 조사·처리하며 행정기관의 민원사무처리상황을 감사함으로써 국민의 권익을 보호하기 위하여 국무총리 소속하에 설치되는 기관이다(민원사무처리에관한법률 제14조).[9] 이는 행정과 관련된 국민의 불편과 부담을 줄이고 지속적인 행정개선을 도모함으로써 국민의 권익을 보호하고 공정한 행정운영을 도모하고자 하는 제도이다. 이를 위한 기관으로서는 국민권익위원회와 시민고충처리위원회가 운영되고 있다. 국민권익위원회는 고충민원의 처리와 이에 관련된 불합리한 행정제도를 개선하고, 부패의 발생을 예방하며 부패행위를 효율적으로 구제하도록 하기 위하여 설치된 기관이며, 시민고충처리위원회는 지방자치단체 및 그 소속기관에 대한 고충민원의 처리와 이에 관련된 제도개선을 위하여 설치된 기관을 말한다.[10]

---

9) 고충민원에 관하여는 감사원·국무총리비서실이나 기타 행정기관도 그에 제출된 민원사항을 처리하고 있는바, 이들 기관에 의한 민원사항의 처리도 국민의 권익구제제도로서 일정한 한도의 기능수행을 하고 있다. 그러나 국민의 권익제도에 있어 가장 중요한 기능을 수행하고 있는 것은 국민권익위원회다.(김동희, 『행정법 요론』, 박영사, 2010, 382면).
10) 류지태·박종수, 『행정법신론』, 박영사, 2010, 452면.

제2장 경찰행정상 손해전보

제1절 경찰행정상 손해배상

Ⅰ. 경찰행정상 손해배상의 의의

경찰행정상 손해배상이란, 공무원의 위법한 직무집행이나 공공의 영조물의 설치·관리의 흠으로 인하여 개인에게 재산상의 손해가 발생한 경우에 국가 또는 지방자치단체가 그 손해를 배상하는 것을 말한다.[11] 행정상 손해배상도 행위의 위법성과 과실을 성립요건으로 하고 있다는 점에서 민법상의 불법행위책임과 공통성이 있다. 그러나 행정상 손해배상은 국가나 지방자치단체의 잘못된 작용에 의하여 개인에게 야기된 손해를 전보하는 것이며, 국가 또는 지방자치단체 등의 배상책임이 공행정작용 기타의 공권력행사에 기인하는 점에서 국가 등의 사경제적 작용으로 인한 민사상의 손해배상과 차이가 있다.[12] 일반적으로 근대 초기까지도 주권면책사상(sovereign immunity, the king can do no wrong)에 의하여 공무원의 직무상 위법행위로 인하여 타인에게 재산상의 피해가 발생하여도 국가가 그 책임을 지지 않고 공무원 자신이 개인적인 민사책임을 지는 것이 일반적이었다. 이러한 국가책임의 배제는 주권면책의 사상과, 애당초 위법한 행위는 국가의 귀속될 수 없는 것이고 그에 대한 책임은 관리가 져야 한다는 사고가 바탕에 깔려 있었다. 그러나 이러한 국가무책임의 원칙은 정의·공평의 이념에 배치되는 것임은 물론이다.[13]

19세기 후반 이후에 프랑스에서 1873년의 블랑꼬(blaco)판결을 계기로 국가배상책임제도가 채택된 것을 필두로 하여, 독일의 바이마르헌법(1919년)과 본기본법(bonner grundgesetz, 1946년), 영국의 국왕소추법(the crown proceedings act, 1947년), 미국의 연방불법행위청구권법(the federal tort claims act, 1946년) 등에서 국가의 손해배상책임이 인정되기에 이르렀고, 오늘날 세계 각국에서는 국가배상책임을 인정하는 행정상 손해배상제도를 정착시키고 있다.

---

11) 윤양수「행정법 개론」, 온누리, 2011, 443면.
12) 대판 1999. 6. 22, 99다7008.
13) 김동희,『행정법 요론』, 박영사, 2010, 382면.

Ⅱ. 우리나라의 경찰행정상 손해배상제도

1. 국가배상책임의 헌법적 근거

헌법 제29조 제1항에서 "공무원의 직무상 불법행위로 손해를 받은 국민은 법률이 정하는 바에 의하여 국가 또는 공공단체에 정당한 배상을 청구할 수 있다. 이 경우 공무원 자신의 책임은 면제되지 아니한다."고 규정함으로써, 공무원의 불법행위로 인하여 야기된 손해에 대한 국가배상청구권을 국민의 기본권의 하나로서 보장하고 있다.[14]

2. 국가배상법

1) 국가배상법의 지위

국가배상법은 국가나 지방자치단체의 손해배상책임과 배상기준·배상절차 등을 규정하고 있다. 국가배상법은 공무원의 직무상 위법행위로 인한 손해와 공공의 영조물의 설치·관리의 흠[하자(瑕疵)]으로 인한 손해에 대한 국가·지방자치단체의 배상책임을 규정한 일반법이 라고 할 수 있다. 그런데 국가배상법 제8조는 "국가나 지방자치단체의 손해배상 책임에 관하여는 이 法에 규정된 사항 외에는 민법에 따른다. 다만, 민법 외의 법률에 다른 규정이 있을 때에는 그 규정에 따른다."고 정하고 있다. 이 규정에 따라 특별법이 있으면 그 규정에 의하고, 특별법이 없으면, 국가배상법이 적용되며, 국가배상법에 특별한 규정이 없는 사항은 민법의 규정에 의한다.[15]

2) 국가배상법의 성격

경찰행정상 손해배상제도를 규정한 국가배상법의 성격에 관하여는, 종래부터 동법을 공법으로 보는 견해와, 민법에 대한 특별법으로서의 사법으로 보는 견해가 대립하고 있는데, 이는 곧 국가배상책임의 성질이 공법상의 책임인지 사법상의 책임인지, 그리고 동법에 근거한 배상청구권이 공법상의 청구권인지 사법상의 청구권인지의 문제와 상호 관

---

14) 윤양수 「행정법 개론」, 온누리, 2011, 444면.
15) 김동희, 『행정법 요론』, 박영사, 2010, 381면.

련되는 것이다.

국가배상법의 성격에 관한 공법설은 공행정작용으로 인한 손해배상을 규율하는 국가배상법은 사경제작용을 규율하는 민법과는 근본적으로 성격을 달리하므로, 민법과 국가배상법 사이에는 일반법과 특별법의 관계가 성립될 수 없다고 보며, 공법과 사법의 이원적 체계를 인정하는 이상, 공법적 원인에 의하여 발생한 손해에 대한 배상을 규율하는 국가배상법은 성질상 公法에 속한다는 것으로서, 우리나라의 통설적 견해이다. 사법설은 국가배상제도가 公法에 특유한 제도가 아니라 민법상의 일반 불법행위책임의 한 유형에 지나지 않고, 국가배상법이 민법규정의 준용에 관해 명문으로 규정하고 있는 점 등에 비추어 볼 때, 국가배상법은 민법의 특별법적 성격을 가지며 따라서 사법에 속한다는 견해이다.16)

3) 소결

국가배상법은 공권력작용(공법관계에서의 공무원의 직무집행)이나 공공영조물 관리과정에서 발생한 손해의 배상책임, 즉 공법적 원인에 의하여 발생한 손해배상책임에 관하여 규정한 법이고, 이 경우의 배상책임은 행정처분 등 공행정작용의 평가와 직결되어 있는 점, 행정소송법이 '행정청의 처분 등을 원인으로 하는 법률관계에 관한 소송, 그 밖에 공법상의 법률관계에 관한 소송'을 당사자소송으로 명시하고 있는 점, 국가배상사건을 민사사건으로 하는 경우 동일한 행정작용을 청구원인으로 하는 항고소송과의 사이에 재판관할의 이원화를 가져오는 절차상의 불편이 있고, 관련청구의 병합에도 지장이 있는 점 등을 고려할 때, 국가배상법을 公法으로 보는 것이 타당하며, 따라서 동법에 근거한 배상청구권은 공권으로 봐야 할 것이다. 그렇지만, 우리나라 법원의 소송실무에 있어서는 위의 사법설에 입각하여 국가배상청구사건을 사법상 청구사건으로 보아 민사소송으로 다루고 있다.

---

16) 김철수, 『헌법학개론』, 박영사, 2008, 578면.

Ⅲ. 공무원의 위법한 직무행위로 인한 손해배상

국가배상법 제2조 제1항은 "국가나 지방자치단체는 공무원 또는 공무를 위탁받은 사인(이하 공무원이라 한다)이 직무를 집행하면서 고의 또는 과실로 법령을 위반하여 타인에게 손해를 입히거나, 자동차 손해배상보장법에 따라 손해배상의 책임이 있을 때에는 이 법에 따라 그 손해를 배상하여야 한다. 다만, 군인군무원·경찰공무원 또는 향토예비군대원이 전투·훈련 등 직무집행과 관련하여 전사·순직하거나 공상(公傷)을 입은 경우에 본인이나 그 유족이 다른 법령에 따라 재해보상금·유족연금·상이연금 등의 보상을 지급받을 수 있을 때에는 이 법 및 민법에 따른 손해배상을 청구할 수 없다."고 규정하고 있으며, 동조 제2항은 "제1항 본문의 경우에 공무원에게 고의 또는 중대한 과실이 있으면 국가나 지방자치단체는 그 공무원에게 구상할 수 있다."고 규정하고 있다.

1. 배상책임의 요건

국가 또는 지방자치가 공무원의 위법한 직무행위로 인하여 발생한 손해에 대한 배상책임이 성립되기 위해서는, ① 그 가해 행위가 공무원의 행위일 것 ② 그 행위가 직무를 집행하면서 행하여졌을 것, ③ 그 행위가 위법할 것 ④ 그 행위가 공무원의 고의나 과실에 기한 것일 것, ⑤ 타인에게 손해가 발생하였을 것 등의 요건이 충족되어야 한다.[17]

1) 공무원

국가 또는 지방자치단체 등이 배상책임을 지는 손해는 공무원이 직무를 집행하면서 타인에게 발생시킨 것이어야 한다. 여기서의 공무원은 국가공무원·지방공무원은 물론 법률 원인에 의해 공무를 위탁받아 처리하는 자까지 포함하여, 모든 공무를 담당하는 자를 의미한다.[18] 그런데 손해를 발생시키고 배상책임을 지는 공무원은 반드시 특정되어야 하는 것은 아니다. 판례도 시위대에 대한 전투경찰에 의한 최루탄 발사로 인한 사망의 경우에도 국가배상책임이 성립한다.[19]

---

17) 김동희, 『행정법 요론』, 박영사, 2010, 393면.
18) 윤양수 「행정법 개론」, 온누리, 2011, 443면; 김철용, 『행정법Ⅰ』, 박영사, 2010, 487면.
19) 대판 1995. 11. 10, 95다23897.

2) 직무행위

(1) 직무행위의 범위

국가배상법 제2조 제1항 중 "공무원이 직무를 집행하면서"에서의 직무의 범위에 관하여는 3가지 견해가 대립되고 있다. 공무원의 권력작용만을 뜻한다는 협의설, 권력작용과 비권력적 공행정작용을 포함한다는 광의설, 사경제적 작용까지 포함한다는 최광의설 등이 있으나, 이 중 광의설이 다수설이며, 판례의 입장이다.[20]

공무원의 직무행위의 내용에는 원칙적으로 작위·부작위 또는 법률행위·사실행위 등 국가의 입법·행정·사법의 모든 작용이 포함된다. 다만, 통치행위는 사법심사의 대상에서 제외되므로 국가배상법상의 직무행위에 포함되지 않는다고 할 것이다.

(2) 직무행위의 내용

국가의 입법 작용 중 법률제정의 위법성을 이유로 하는 경우에는, 입법자(국회의원)가 국가배상법상의 공무원에 해당하고 입법행위도 국가배상법상의 집무행위에 속하지만, ① 입법자의 법제정행위는 공익을 위한 것이지 직접 개개 국민을 위한 것이 아니며, ② 법

---

20) 대판 2004. 4. 9, 2002다10691.

률이 사후에 위헌이라는 판단을 받았다 하더라도 어떤 법률의 위헌 여부는 사전에 쉽게 판단될 수 없으므로 그 법률을 제정한 국회의원의 법령위반이나 고의·과실 등의 인정에 어려움이 있으므로, 현실적으로 입법상의 불법에 대한 국가배상책임을 인정하기가 쉽지 않을 것이다. 또한 입법부작위(마땅히 입법하여야 할 것을 입법하지 않은 경우)에 대하여는 특정 법률을 제정할 의무가 헌법에 의하여 국회에 부여되어 있는 경우에만 국가배상법상 위법성이 인정될 수 있고 입법자가 광범한 입법형성의 자유를 갖는 점을 고려하면, 그에 대한 손해배상책임의 인정도 어려울 수밖에 없다.

대판 2008. 5. 29, 2004다33469

우리 헌법이 채택하고 있는 의회민주주의하에서 국회는 다원적 의견이나 갖가지 이익을 반영시킨 토론과정을 거쳐 다수결의 원리에 따라 통일적인 국가의사를 형성하는 역할을 담당하는 국가기관으로서 그 과정에 참여한 국회의원은 입법에 관하여 원칙적으로 국민 전체에 대한 관계에서 정치적 책임을 질 뿐 국민 개개인의 권리에 대응하여 법적 의무를 지는 것은 아니므로, 국회의원의 입법행위는 그 입법 내용이 헌법의 문언에 명백히 위배됨에도 불구하고 국회가 굳이 당해 입법을 한 것과 같은 특수한 경우가 아닌 한 국가배상법 제2조 제1항 소정의 위법행위에 해당한다고 볼 수 없고, 같은 맥락에서 국가가 일정한 사항에 관하여 헌법에 의하여 부과되는 구체적인 입법의무를 부담하고 있음에도 불구하고 그 입법에 필요한 상당한 기간이 경과하도록 고의 또는 과실로 이러한 입법의무를 이행하지 아니하는 등 극히 예외적인 사정이 인정되는 사안에 한정하여 국가배상법 소정의 배상책임이 인정될 수 있으며, 위와 같은 구체적인 입법의무 자체가 인정되지 않는 경우에는 애당초 부작위로 인한 불법행위가 성립할 여지가 없다.

사법작용상의 불법행위, 즉 위법한 재판행위로 인하여 타인에게 손해를 발생케 한 경우의 국가배상책임의 인정에도 어려움이 있다. 이는 법관이 국가공무원이고 재판행위가 국가배상법상의 직무행위에 속하긴 하지만, 재판작용에 대해서는 항소·상고·재심 등 특별한 구제수단이 마련되어 있고, 판결이 확정된 경우에는 기판력이 발생하여 더 이상 그 판결의 효력을 다툴 수 없는 것인데, 만일 이미 확정된 판결의 잘못을 이유로 한 국가배상책임을 인정한다면 수소법원이 문제된 판결에 있어서 법관의 위법행위 및 고의·과실이 있는지 여부를 심사하여야 하고, 이것이 판결의 기판력을 해지는 것이 되기 때문이다.

사후에 위헌으로 판정된 법률을 행정기관이 집행함으로써 타인에게 손해를 발생시킨 경우에도 행정기관은 법률의 위헌 여부를 심사할 수 없으므로, 법률의 위헌성이 명백하지 않은 한 공무원에게 고의나 과실이 있다고 할 수 없어서, 국가배상책임을 인정하기가 어려울 것이다.

타인에게 손해를 발생시킨 공무원의 행위가 공무원의 직무행위에 해당되는지의 여부를 판단함에 있어서는 공무원이 주관적으로 직무행위의 의사를 가졌는지 또는 정당한 권한 내의 것인지 여부와 관계없이 객관적으로 직무행위의 외형을 갖추고 있으면 직무행위로 보아야 할 것이다.

3) 직무의 집행

국가배상법 제2조 제1항에 규정하고 있는 "공무원이 직무를 집행하면서"는 민법 제56조상의 "사무집행에 관하여"와 같은 뜻으로 공무원의 직무행위 자체는 물론, 객관적으로 직무의 범위 내에 속하는 행위라고 인정되거나, 공무원의 직무와 밀접하게 관련된 행위라고 인정되는 경우도 포함된다.[21] 그러나 가택수색 중인 공무원이 귀중품을 절도하는 행위나 세무공무원이 재산압류 시에 재산을 절취하는 행위, 경찰공무원이 도박장의 판돈을 착복하는 행위 등은 비록 직무집행 중에 이루어진 것이라 하더라도 공무원의 직무집행과 실질적으로 구별되어지는 행위이므로, 그에 대하여는 공무원의 개인의 민사상·형사상의 책임이 인정될 뿐이고 국가배상책임은 성립하지 않는다.[22]

4) 직무행위의 위법성

(1) 고의·과실

국가배상법 제2조의 공무원의 직무행위로 인한 국가나 지방자치단체의 배상책임은 공무원의 고의 또는 과실에 의하여 손해를 발생시킨 것일 때에 인정된다. 이는 국가배상법이 원칙적으로 과실책임주의에 근거하고 있음을 보여 주고 있다.

고의란 자기의 행위로 인하여 일정한 결과가 발생할 것을 인식하면서 그 결과를 용인하면서 심리상태를 뜻하고, 과실이란 자기의 행위로 인한 일정한 경과의 발생을 부주의로 인식하지 못하고 그 행위를 하는 심리상태를 말한다. 과실은 그 정도에 따라 중과실과 경과실로 나눌 수 있다. 판례는 과실의 해석과 관련하여 민법상 불법행위책임과 마찬가지로 추상적 경과실로 본다. 추상적 경과실이란 과실 여부를 공무원의 개인적 심리상태로 파악하되 주위의무를 평균적 주의위무로 파악하는 것을 말한다.[23]

여기서 공무원의 고의·과실의 의미에 대하여 대위책임설과 자기책임설이 서로 다르게 파악하고 있다. 대위책임설은 고의·과실에 대하여 따라서 과실은 통상인으로서의 주의의무를 게을리 한 경우라 하겠다. 이에 반하여 자기 책임설은 고의·과실을 공무원 개인의 주관적 인식의 유무로서가 아니라 국가 또는 지방자치단체의 자기책임을 결정하는 데에 필요한 공무운영에 있어서의 객관적인 흠의 존재로 본다. 그런데 대위책임설에 따를 경우에 국가배상책임의 성립 여부가 가해 공무원의 주관적 요소에 좌우될 수 있으므로 피해자에 대한 불공평한 구제가 이루어질 수 있고, 고의·과실을 엄격하게 해석할 때에 피해자가 구제를 받기 어려워질 수도 있다. 또한 행정활동이 비대화·복잡화·전문화

---

21) 박균성·김재광, 『경찰행정법』, 박영사, 2010, 429면 참조.
22) 윤양수 「행정법 개론」, 온누리, 2011, 450면.
23) 장태주, 『행정법 개론』, 법문사, 2010, 610면.

되고 있는 오늘날의 상황에서 위법행위를 행한 공무원 개개인의 판단능력이나 인식능력에 차이가 있을 수 있음을 고려할 때, 공무원의 과실의 입증을 피해자에게 맡기는 것은 피해자에게 지나친 부담을 안겨 주는 결과가 된다.[24]

그리하여 공무원의 과실을 완화하려는 견해들이 나타나고 있다. 여기에는 과실을 공무원의 위법행위로 인한 국가작용의 흠이라는 정도로 완화시키려는 견해, 피해자 측에서 공무원의 위법한 직무행위로 인하여 손해가 발생하였음을 입증하면 일단 공무원에게 과실이 있는 것으로 추정하고 배상책임을 져야 할 국가나 지방자치단체 측에서 입증을 통해 그 추정을 번복하지 못하는 한 배상책임을 지도록 해야 한다는 과실의 일응추정이론 (prima facie) 등과, 과실을 공무원 개인의 심리적 상태로 보지 아니하고 공무원의 직무상 요구되는 일반적인 식견이나 객관적인(공무원들에게 통상적으로 요구되는) 주의의무에 위반되는 상태로 보는 판례의 입장이 있다.

대판 2001. 2. 9, 98다52988

법령에 대한 해석이 복잡 미묘하여 워낙 어렵고, 이에 대한 학설·판례조차 귀일되어 있지 않는 등의 특별한 사정이 없는 한, 일반적으로 공무원이 관계법규를 알지 못하거나 필요한 지식을 갖추지 못하고 법규의 해석을 그르쳐 행정처분을 하였다면 그가 법률전문가가 아닌 행정직 공무원이라고 하여 과실이 없다고는 할 수 없다.

고의·과실의 입증책임은 원고인 피해자 측에 있다고 하는 것이 일반론이나, 가해공무원의 고의·과실의 존재를 입증하는 것은 매우 어려운 일이다. 따라서 입증부담을 경감시키고, 권리구제를 용이하게 하기 위하여 일응추정의 법리를 원용하여야 한다.

(2) 법령위반

공무원의 가해 행위는 법령에 위반한 것이어야 한다. 법령의 위반이라는 의미에 관하여는 성문법원과 불문법원을 비롯하여 행정법의 일반원칙의 위반을 의미하는 견해외[25] 성문법원과 불문법원뿐만 아니라 널리 행위가 객관적으로 정당성을 결여하거나 현저하게

---

24) 윤양수 「행정법 개론」, 온누리, 2011, 451면.
25) 김성수 교수는 여기에 대하여 공무원의 직무행위가 필요한 법적 근거를 결여하거나 법령에서 규정한 내용에 저촉되는 것뿐만 아니라 행정법의 일반원칙으로서의 평등의 원칙, 신뢰보호의 원칙, 비례의 원칙 등을 위반하는 경우를 말하고 있다(김성수, 『일반 행정법』, 홍문사, 2010, 635면).

불합리하다고 인정되는 경우의 위반을 의미하는 견해가 있다.[26) 판례는 후자의 견해를 취하고 있다.

대판 2004. 9. 23, 2003다49009

경찰은 범죄의 예방·진압 및 수사와 함께 국민의 생명·신체 및 재산의 보호 등과 기타 공공의 안녕과 질서유지도 직무로 하고 있고, 그 직무의 원활한 수행을 위하여 경찰관직무집행법, 형사소송법 등 관계 법령에 의하여 여러 가지 권한이 부여되어 있으므로, 구체적인 직무를 수행하는 경찰관으로서는 제반 상황에 대응하여 자신에게 부여된 여러 가지 권한을 적절하게 행사하여 필요한 조치를 취할 수 있는 것이고, 그러한 권한은 일반적으로 경찰관의 전문적 판단에 기한 합리적인 재량에 위임되어 있는 것이나, 경찰관에게 권한을 부여한 취지와 목적에 비추어 볼 때 구체적인 사정에 따라 경찰관이 그 권한을 행사하여 필요한 조치를 취하지 아니하는 것이 현저하게 불합리하다고 인정되는 경우에는, 그러한 권한의 불행사는 직무상의 의무를 위반한 것이 되어 위법하게 된다. 윤락녀들이 윤락업소에 감금된 채로 윤락을 강요받으면서 생활하고 있음을 쉽게 알 수 있는 상황이었음에도, 경찰관이 이러한 감금 및 윤락강요행위를 제지하거나 윤락업주들을 체포·수사하는 등 필요한 조치를 취하지 아니하고 오히려 업주들로부터 뇌물을 수수하며 그와 같은 행위를 방치한 것은 경찰관의 직무상 의무에 위반하여 위법하므로 국가는 이로 인한 정신적 고통에 대하여 위자료를 지급할 의무가 있다.

그리고 위법성은 공무원의 적극적인 행위뿐만 아니라 부작위에 의해서도 주어진다.

공무원의 부작위의 위법성을 인정하기 위하 여는 국민 또는 주민에 대한 공무원의 작위의무가 존재하여야 하는데, 오늘날 "재량권의 영으로의 수축이론"과 행정개입청구권이론이 등장하고 종래 반사적 이익으로 보았던 것이 점차 공권화 내지 법적 보호이익화되고 있으므로, 공무원이 국민에 대하여 작위의무를 지는 경우도 늘어나고 있다고 하겠다. 대법원은 공무원의 직무상 의무가 전적으로 또는 부수적으로 사회구성원 개인의 안전과 이익을 보호하기 위하여 부과된 것이라면, 공무원이 그와 같은 직무상 의무를 위반하는 것은 위법이 된다고 판시하였다.

---

26) 정하중, 『행정법개론』, 법문사, 2010, 528면.

> **대판 2001. 4. 24, 2000다57856**
>
> 공무원의 부작위로 인한 국가배상책임을 인정하기 위하여는 공무원의 작위로 인한 국가배상책임을 인정하는 경우와 마찬가지로 '공무원이 그 직무를 집행함에 당하여 고의 또는 과실로 법령에 위반하여 타인에게 손해를 가한 때'라고 하는 국가배상법 제2조 제1항의 요건이 충족되어야 할 것인바, 여기서 '법령에 위반하여'라고 하는 것이 엄격하게 형식적 의미의 법령에 명시적으로 공무원의 작위의무가 규정되어 있는데도 이를 위반하는 경우만을 의미하는 것은 아니고, 국민의 생명·신체·재산 등에 대하여 절박하고 중대한 위험상태가 발생하였거나 발행할 우려가 있어서 국민의 생명·신체·재산 등을 보호하는 것을 본래적 사명으로 하는 국가가 초법규적·일차적으로 그 위험 배제에 나서지 아니하면 국민의 생명·신체·재산 등을 보호할 수 없는 경우에는, 형식적 의미의 법령에 근거가 없더라도 국가나 관련 공무원에 대하여 그러한 위험을 배제할 작위의무를 인정할 수 있을 것이나, 그와 같은 절박하고 중대한 위험 상태가 발행하였거나 발생할 우려가 있는 경우가 아닌 한, 원칙적으로 공무원이 관련 법령대로만 직무를 수행하였다면 그와 같은 공무원의 부작위를 가지고 '고의 또는 과실로 법령에 위반'하였다고 할 수는 없을 것이므로, 공무원의 부작위로 인한 국가배상책임을 인정할 것인지 여부가 문제되는 경우에 관련 공무원에 대하여 작위의무를 명하는 법령의 규정이 없다면 공무원의 부작위로 인하여 침해된 국민의 법인 또는 국민에게 발행한 손해가 어느 정도 심각하고 절박한 것인지, 관련 공무원이 그와 같은 결과를 예견하여 그 결과를 회피하기 위한 조피를 취할 수 있는 가능성이 있는지 등을 종합적으로 고려하여 판단하여야 한다.

한편 재량행위에서의 재량권의 일탈·남용도 법령위반이 된다. 법령위반의 여부를 판단함에 있어서는, 공무원의 행위로 인하여 국민의 권리가 침해된 이상 그 결과를 정당화할 만한 다른 사유가 없는 한 그 행위의 위법성이 인정되는 것으로 보는 결과위법설도 있으나, 공무원의 가해행위 그 자체에 착안하여 그 행위가 법규범에 합치하고 있는가의 여부에 따라 위법성의 유무를 판단해야 한다는 행위위법설이 다수설이며, 판례의 입장이다.

> **대판 2000. 11. 10, 2000다26807**
>
> 국가배상책임은 공무원의 직무집행이 법령에 위반한 것임을 요건으로 하는 것으로서, 공무원의 직무집행이 법령이 정한 요건과 절차에 따라 이루어진 것이라면 특별한 사정이 없는 한 이는 법령에 적합한 것이고, 그 과정에서 개인의 권리가 침해되는 일이 생긴다고 하여 그 법령적합성이 곧바로 부정되는 것은 아니다. 경찰관은 수상한 거동 기타 주위의 사정을 합리적으로 판단하여 어떠한 죄를 범하였거나 범하려 하고 있다고 의심할 만한 상당한 이유가 있는 자 또는 이미 행하여진 범죄나 행하여지려고 하는 범죄행위에 관하여 그 사실을 안다고 인정되는 자를 정지시켜 질문할 수 있고, 또 범죄를 실행중이거나 실행 직후인 자는 현행범인으로, 누구임을 물음에 대하여 도망하려 하는 자는 준현행범인으로 각 체포할 수 있으며, 이와 같은 정지 조치나 질문 또는 체포 직무의 수행을 위하여 필요한 경우에는 대상자를 추적할 수도 있으므로, 경찰관이 교통법규 등을 위반하고 도주하는 차량을 순찰차로 추적하는 직무를 집행하는 중에 그 도주차량의 주행에 의하여 제3자가 손해를 입었다고 하더라도, 그 추적이 당해 직무 목적을 수행하는 데에 불필요하다거나 또는 도주차량의 도주의 태양 및 도로교통상황 등으로부터 예측되는 피해발생의 구체적 위험성의 유무 및 내용에 비추어 추적의 개시·계속 혹은 추적의 방법이 상당하지 않다는 등의 특별한 사정이 없는 한 그 추적행위를 위법하다고 할 수는 없다.

가. 선결문제로서의 위법성 판단

국가배상사건은 실무상 민사사건으로 다루어진다. 따라서 행정행위의 위법을 이유로 국가배상청구소송을 민사법원에 제기함에 있어서 당해 행정행위가 무효가 아닌 경우에 미리 그 행정행위의 취소의 판결을 얻을 필요가 있는지에 대하여는, 민사법원이 행정행위의 효력을 직접 부인할 수는 없으나 국가배상책임의 인정 여부를 가리기 위하여 선결문제로서 행정행위의 위법성을 심사할 수 있다고 할 것이므로, 미리 행정소송을 제기하여 그 행정행위의 취소판결을 얻을 필요가 없다는 것이 다수설 및 판례의 견해이다.[27]

나. 국가배상법상의 법령위반과 취소소송에서의 위법성의 문제

국가배상법상의 위법성과 취소소송에서의 위법성의 관계에 대하여 상대적 위법성설과 동일위법성설이 대립하고 있다. 국가배상법상의 법령위반행위를 처분에 한정하는 경우에는 국가배상법상의 위법성과 취소소송에서의 위법성을 같은 것으로 보는 동일위법성설과 국가배상소송과 취소소송의 목적·기능이 다르기 때문에 양자의 범위를 다른 것으로 보는 상대적 위법성설이 있다.

상대적 위법성설과 동일위법성설이 같은 것인지에 관하여는 국가배상법상의 법령위반

---

27) 대판 1992. 4. 28, 91누13441.

의 내용이 가해행위의 성질에 따라 일률적인 것이 아니기 때문에, 국가배상법상의 위법성은 취소소송에서의 위법성의 관념보다 넓은 의미의 것이 될 수 있고, 양자를 단순 대비할 수는 없을 것이다. 그러나 이 문제는 처분의 취소를 구하는 취소소송이 제기되어 판결이 확정된 후에 그 처분으로 인한 국가배상청구소송이 제기된 경우에, 취소소송판결의 기판력이 후소인 국가배상청구소송에 미치는지의 문제로 연계되는데, 이에 관하여 판례는 취소소송에서의 위법성과 공무원의 고의나 과실을 전제로 하는 국가배상소송에서의 위법성의 범위가 다르기 때문에 전소인 취소소송판결의 기판력은 후소인 국가배상청구소송에 미치지 않는다는 기판력부정설을 취하고 있다.[28]

5) 타인의 손해 발생

국가 또는 지방자치단체가 배상책임을 지기 위하 여는 국가배상법 제2조 제1항의 규정하고 있는 타인에게 손해가 발생되어야 하는 요건을 충족하여야 한다. 여기서 타인이란 가해자인 공무원 과 그의 직무상의 위법행위에 가담한 자 이외의 모든 자를 가리키며, 자연인·법인을 가리지 않는다. 그러나 국가배상법 제2조 제1항의 규정에 의하여 피해자가 군인·군무원·경찰공무원·향토예비군대원으로서 전투·훈련 등 직무집행과 관련하여 전사·순직하거나 공상을 입은 경우에, 본인이나 그 유족이 다른 법령에 따라 재해보상금·유족연금·상이연금 등의 보상을 지급받을 수 있을 때에는, 국가배상법 및 민법에 따른 손해배상을 청구할 수 없다[29]고 규정하고 있다. 손해란 법익침해로 인한 불이익을 말하며, 반사적 이익의 침해는 포함되지 않는다.[30] 손해는 재산적비·재산적 손해, 정신적·적극적·소극적인 모든 손해를 포함한다.[31] 타인에게 발생한 손해는 공무원의 직무상 위법행위와 상당인과관계가 있는 것이어야 한다.[32] 여기서 상당인과관계란 사회생활상의 경험법칙상 어떤 원인이 있으면 어떤 결과가 발생하는 것이 일반적이라고 생각되는, 상호 관련된 원인가 결과의 관계를 말한다. 상당인과관계의 유무 판단에 있어서는 일반적인 결과발생의 개연성은 물론 직무행위의 목적이나 가해행위의 태양 및 피해의 정도 등을 종합적으로 고려하여야 한다.

---

28) 대판 2000. 5. 12, 99다70600; 대판 2004. 6. 11, 2002다33789.
29) 헌재 2001. 2. 22, 2000헌바38.
30) 박균성·김재광, 『경찰행정법』, 박영사, 2010, 441면 참조.
31) 류지태·박종수, 『행정법신론』, 박영사, 2010, 478면; 정하중, 『행정법개론』, 법문사, 2010, 534면.
32) 대판 2006. 4. 14, 2003다41746.

대판 2009. 7. 23, 2006다81325

우편역무종사자가 내용증명우편물을 배달하는 과정에서 구우편법 관계 법령에서 정한 직무규정을 위반하였다고 하더라도, 우편역무종사자가 발송인 등과 제3자와의 거래관계의 내용을 인식하고 그 내용증명우편물을 배달하지 아니할 경우 그 거래관계의 성립·이행·소멸이 방해되어 발송인 등에게 손해가 발생할 수 있다는 점을 알았거나 알 수 있었다는 등의 특별한 사정이 없는 한, 그 직무상 의무 위반과 내용증명우편물에 기재된 의사표시가 도달되지 않거나 그 도달에 대한 증명기능이 발휘되지 못함으로써 발송인 등이 제3자와 맺은 거래관계의 성립·이행·소멸 등과 관련하여 입게 된 손해 사이에는 상당인과관계가 있다고 볼 수 없다.

2. 손해배상액

1) 배상액의 범위

공무원이 직무상불법행위로 손해를 입은 국민은 헌법 제29조 제1항에 따라 "정당한 배상"을 청구할 수 있다. 여기서의 "정당한 배상"은 민법상의 일반 불법행위로 인한 손해배상의 경우와 같이 가해행위와 상당인가관계에 있는 모든 손해를 정당한 가격으로 환산하여 배상하는 것이라고 할 수 있다. 그런데 국가배상법 제3조는 생명·신체의 침해에 대한 손해배상액 산정기준과 물건의 멸실·훼손으로 인한 손해배상의 기준을 정하고, 그 밖의 손해에 대하여는 공무원의 불법행위와 상당한 인과관계가 있는 범위에서 배상하도록 하고 있다. 여기서 타인을 사망하게 한 경우, 타인의 신체에 해를 입힌 경우, 타인의 물건을 멸실·훼손하게 한 경우로 나누어 설명한다.

(1) 타인을 사망하게 한 경우

타인을 사망하게 한 경우(타인의 신체에 해를 입혀 그로 인하여 사망하게 한 경우 포함)에는 피해자의 유족에게 사망 당시(신체의 해를 입고 그로 인하여 사망한 경우에는 신체에 해를 입은 당시)의 월급액이나 월실수입액 또는 평균임금액에 장래의 취업가능기간을 곱한 금액의 유족배상과, 대통령령으로 정하는 장례비를 기준으로 배상한다(국가배상법 제3조 제1항).

(2) 타인의 신체에 해를 입힌 경우

타인의 신체에 해를 입힌 경우'에는 피해자에게 ① 필요한 요약을 하거나 이를 대신할 요양비와, ② 그 요양으로 인하여 월급액이나 월실수액 또는 평균임금의 수입에 손실이 있는 경우 요양기간 중 그 손실액의 휴업배상과, ③ 피해자가 완치 후 신체에 장해가 있는 경우 그 장애로 인한 노동력 상실 정도에 따라 피해를 입은 당시의 월급액이나 월실수입액 또는 평균임금에 장래의 취업가능기간을 곱한 금액의 장해배상을 기준으로 배상한다(국가배상법 제3조 제2항).

(3) 타인의 물건을 멸실·훼손하게 한 경우

타인의 물건을 멸실·훼손한 경우에는 피해자에게 피해를 입은 당시의 그 물건의 교환가액 또는 필요한 수리를 하거나 이를 대신할 수리비와, 그 수리로 인하여 수입에 손실이 있는 경우 수리기간 중 그 손실액의 휴업배상을 기준으로 배상한다(국가배상법 제3조 제3항).

2) 배상 기준

국가배상법 제3조의 배상기준에 관해서는 손해배상액산정의 기준에 불과하며, 구체적 사안에 따라서 증감할 수도 있다고 보는 기준액설과, 손해배상액의 상한을 정한 것으로 보는 한정액설 있다. 그런데 국가배상법상의 배상기준규정을 제한규정으로 볼 경우에는 민법에 의한 배상보다 피해자에게 불리한 결과로 될 수 있고, 이는 정당한 배상을 규정한 헌법 제29조에 반하게 되므로, 위의 기준액설이 타당하며 판례의 입장이기도 하다.[33]

국가배상법은 "사망하거나 신체의 해를 입은 피해자의 직계존속·직계비속 및 배우자, 신체의 해나 그 밖의 해를 입은 피해자에게는 대통령령으로 정하는 기준 내에서 피해자의 사회적 지위, 과실의 정도, 생계 상태, 손해배상액등을 고려하여 그 정신적 고통에 대한 위자료를 배상"하도록 규정하고 있다(국가배상법 제3조 제5항).

한편, 피해자가 손해를 입은 동시에 이익을 얻은 경우에는 손해배상액에서 그 이익에 상당하는 금액을 공제하도록 하고 있다(국가배상법 제3조의2). 그러나 손해를 배상하는 제도와는 그 취지나 목적을 달리하는 다른 법규에 의하여 지급되는 금액은 손해배상액에

---

33) 대판 1970. 1. 29, 69다1203.

서 공제할 수 없다.

3. 손해배상청구권의 양도·압류금지 등

생명·신체의 침해로 인한 국가배상을 받을 권리는 양도하거나 압류하지 못한다(국가배상법 제4조). 손해배상청구권은 재산권이므로 법적 성질면에서는 양도나 압류가 금지되어야 할 것은 아니나, 신체의 침해를 받은 자나 유족을 보호하기 위한 사회보장적 견지에서 그 양도·압류가 금지되고 있다.

한편, 배상청구권의 소멸시효에 관하여는 국가배상법에서는 특별히 규정하고 있지 않으므로 민법 제766조의 규정이 적용되어 피해자나 법정대리인의 손해 및 그 가해자를 안 날부터 3년이 지나면 손해배상청구권은 시효로 소멸한다.[34] 여기서 손해를 안 것이라 함은 단순히 손해발생사실을 안 것만으로는 부족하고 그 손해가 공무원의 위법행위로 인하여 발생한 것까지도 알았음을 요하는 것이며, 이 같은 손해를 안 시기에 관한 입증책임은 시효의 이익을 주장하는 자에게 있다. 그런데 국가배상법은 손해배상청구소송을 제기하기 전에 배상심의회에 배상신청을 할 수도 있도록 하였는바, 배상심의회에 대한 손해배상금지급신청은 시효중단사유로 볼 수 있으며, 그 신청에 대한 배상심의회의 결정이 있은 때부터 다시 소멸시효기간이 진행된다 할 것이다.[35]

---

34) 대판 2003. 11. 28, 2002다72156.
35) 윤양수 「행정법 개론」, 온누리, 2011, 460면.

4. 배상책임

1) 배상책임자

헌법 제29조 제1항의 규정에 의하여 배상책임자를 '국가 또는 공공단체'로 넓게 규정하고 있다. 그러나 국가배상법은 국가배상법 제2조 제1항에 의하여 "국가나 지방자치단체"로 한정하여 공공단체의 배상책임은 민법의 규정에 맡기고 있다. 이러한 점과 관련하여 국가배상법 제제2조 제1항의 규정은 헌법 제29조의 취지에 반하지 않은가 하는 문제가 제기될 수 있다. 이에 대하여는 헌법 제29조 제항이 '공무원'의 직무상 불법행위로 인한 손해배상에 관하여 규정한 것이고, 공무원이 소속하고 있는 행정주체는 국가와 지방자치단체라는 점을 감안하면, 국가배상법이 손해배상책임자를 국가와 지방자치단체로만 한정한 것이 헌법에 어긋나는 것은 아니라고 보아지며, 따라서 지방자치단체 이외의 공공단체(공공조합 · 영조물법인 등)의 배상책임은 민법에 의하여 인정할 수밖에 없다고 할 것이다.

위법행위를 행한 공무원의 선임 · 감독주체와 봉급 · 급여 기타의 비용을 부담하는 주체가 같지 않을 때에는 비용부담주체도 배상책임을 지며(국가배상법 제6조 제1항), 피해자는 위 양자 중 선택적으로 손해배상청구를 할 수 있다.

이 경우에 손해를 배상한 자는 내부관계에서 그 손해를 배살할 책임이 있는 자에게 구상할 수 있다(국가배상법 제6조 제2항). 여기서 내부관계에서 손해를 배상할 책임이 있는 자, 즉 궁극적인 배상책임자는 공무원의 선임 · 감독을 맡은 자라고 할 것이다(관리주체설). 이는 공무원의 선임 · 감독을 맡은 자가 공무원의 직무상 위법행위로 인한 손해를 방지할 수 있는 위치에 있기 때문에다. 이와 관련하여 국가 또는 광역지방자치단체의 사무가 기초지방자치단체의 장에게 기관 위임된 경우에, 기초지방자치단체장은 국가 또는 광역지방자치단체의 산하 행정기관의 지위에서 그 사무를 처리하는 것이므로, 기초지방자치단체장이나 그를 보조하는 공무원이 그 위임받은 사무를 처리함에 있어서 위법행위로 타인에게 손해를 가한 경우에는 원칙적으로 그 사무의 귀속주체인 국가 또는 광역지방자치단체가 일차적인 배상책임을 진다고 할 것이다.[36]

---

36) 대판 1991. 12. 24, 91다34097.

2) 손해배상책임의 성질

국가배상법 제2조에 의하여 국가 또는 지방자치단체가 배상책임의 성질에 대하여는 견해가 대립되어 있다.

(1) 대위책임설

대위책임설은 국가 또는 지방자치단체가 지는 배상책임의 성질을 행위자인 공무원 자신이 져야할 책임을 대신하여 지는 대위책임으로 보는 견해이다.[37] 이 학설의 논거로서는 국가배상법이 국가나 지방자치단체가 피해자의 손해를 배상한 후에 공무원에게 구상권을 행사할 수 있게 하고 있고, 공무원의 위법한 행위는 국가 등의 기관으로서의 행위로 볼 수 없다는 것이다. 이 밖에 배상능력이 충분한 국가 등을 배상책임자로 하는 것이 피해자에게도 유리하다는 점고, 행정의 원활한 수행에 대한 배려, 공무원에 대한 경고 내지 응징기능 등도 대위책임설의 논거가 되고 있다. 따라서 대위책임설의 입장에서는 그 논리적 귀결로서 국민에 대한 공무원의 책임을 부정하고 국가의 구상권 행사는 긍정하게 된다. 이와 같은 대위책임설은 과거 독일뿐만 아니라 우리나라에서도 다수의 학자들이 지지하고 있다.[38]

(2) 자기책임설

자기책임설은 국가 배상책임은 공무원의 책임을 대신하여 국가가 지는 것이 아니라, 국가나 지방자치단체가 직접 부담하는 자기책임이라는 견해이다. 이 학설의 논거로서는 국가 등은 그의 기관 구성원인 공무원을 통하여 행위하고 공무원의 행위의 효과가 위법 여부에 관계없이 국가 등에 귀속되는 것이므로 국가들이 직접 책임을 지는 것이라도 한다. 이 견해에서는 국가 등의 배상책임을 국민에 대하여 손해를 발생시킬 위험성이 있는 공무집행의 권한을 특정 공무원에게 수권한 것에 대하여 지는 일종의 위험책임으로 이해하고 있다. 그리하여 공무원의 고의·과실은 위법한 국가작용의 발생 원인을 객관적으로 평가하여 국가의 책임범위를 정하기 위한 기준이며, 국가 등의 귀책사유가 될 수 있는 공무운영상의 흠의 발생이라고 하는 객관적 사정으로 본다. 이 견해를 취할 때에는, 결국

---

37) 김철용,『행정법 I 』, 박영사, 2010, 505면.
38) 홍정선,「행정법특강」, 박영사, ,2010, 520면. ; 박윤흔,『행정법강의(상)』, 박영사, 2002, 665면.

공무원의 행위가 위법하기만 하면 무과실인 경우에도 국가 등이 책임을 져야 하는 무과실책임 인정될 수 있는 것이다.

우리나라에서 과거에는 대위책임설이 통설이었다고 할 수 있으나, 현재에는 자기책임설이 다수설이 되고 있다.[39]

(3) 절충설

절충설은 프랑스법상의 "과실의 중첩" 이론의 영향으로 형성된 것으로 공무원의 고의 또는 중과실에 의한 행위는 국가 등의 기관의 행위로서의 성질을 가지지 못하므로 그로 인한 손해배상책임은 대위책임이고, 공무원의 경과실에 의한 행위는 기관행위로 볼 수 있으므로 그로 인한 손해배상책임은 국가 등의 자기책임으로 보는 견해이다. 이러한 견해는 국가배상법 제2조 제2항이 공무원에게 고의 또는 중과실이 있는 경우에는 국가 등의 구상권을 인정하고, 공무원에게 경과실이 있는 경우에는 국가 등의 구상권을 인정하지 않는 것을 논거로 한다. 최근의 판례는 이 설을 취하고 있다.[40]

(4) 피해자의 선택적 배상청구 문제

헌법 제29조 제1항 본문은 "공무원의 직무상 불법행위로 손해를 받은 국민은 법률이 정하는 바에 의하여 국가 또는 공공단체에게 배상을 청구할 수 있다."고 하고 그 단서에서 "이 경우 공무원 자신의 책임은 면제되지 아니한다."고 규정하고 있기 때문에 공무원의 직무상 위법행위로 인하여 피해를 입은 자가 국가나 지방자치단체에 대해서뿐만 아니라 가해공무원에 대하여도 직접적으로 배상청구를 할 수 있는지에 관하여 문제가 제기되고 있다. 이에 대하여 서로 다른 견해가 있다.

가. 선택적 청구 긍정론

피해자는 그의 선택에 따라 국가 또는 지방자치단체와 가해공무원 중 선택적으로 배상청구를 할 수 있다는 견해이다. 그 논거로서 ① 가해행위는 국가의 행위인 동시에 공무원 자신의 행위이기도 한 점, ② 헌법 제29조 제1항 단서가 "공무원 자신의 책임은 면제되지 아니한다."고 규정하고 있는 점, ③ 공무원의 직접책임을 부인하면 공무원의 책

---

39) 김철용, 「행정법 Ⅰ」, 박영사, 2010, 450면.
40) 대판 1996. 2. 15, 95다38677; 김동희, 『행정법 요론』, 박영사, 2010, 410면.

임의식이 박약해지게 되는 점, ④ 국가에게나 공무원에게나 선택적으로 배상청구를 할 수 있도록 하는 것이 피해자의 권익구제에 유리한 점 등을 든다.

나. 선택적 청구 부정론

피해자는 국가나 지방자치단체에 대해서만 배상청구를 할 수 있을 뿐 가해자인 공무원에게 직접 배상책임을 물을 수 없다는 견해이다. 대위책임설의 입장에서 취하는 견해이다. 이 견해의 논거로서 ① 국가나 지방자치단체의 배상으로 피해자의 구제는 충분하다는 점, ② "공무원 자신의 책임은 면제되지 아니한다."는 헌법규정은 공무원이 국가 등의 구상에 응할 책임을 면하지 못함을 의미하는 것으로 보아야 하며, ③ 피해자가 공무원에게도 직접 책임을 물을 수 있다면 공무원은 경과실의 경우에도 책임을 져야 하는데, 이는 국가 등이 손해를 배상한 경우에 공무원에게 경과실만 있을 때에는 공무원에 대하여 구상권을 행사하지 못하게 되어 있는 국가배상법 규정과 조화되지 않는 점 등을 든다.

다. 절충설

절충설은 공무원의 고의나 중과실의 책임은 원칙적으로 공무원 개인의 책임이지만 당해 행위가 직무 행위로서 외형을 갖추고 있으면, 피해자의 구제를 위하여 피해자와의 관계에서는 국가가 자기책임을 지는 것이므로 피해자는 선택권을 가진다는 견해이다. 즉 공무원의 고의·중과실인 경우에는 피해자의 선택적 배상청구를 긍정하고, 경과실의 경우에는 피해자의 선택적 배상청구를 부정한다.

판례는 과거에 피해자의 선택적 배상청구를 인정한 경우도 있고 부정한 경우도 있으나, 최근에는 절충설을 취하고 있다.

대판 2003. 12. 26, 2003다13307

헌법 제29조 제1항 본문과 단서 및 국가배상법 제2조를 그 입법취지에 조화되도록 해석하면, 공무원이 직무수행 중 불법행위로 타인에게 손해를 입힌 경우에 국가나 지방자치단체가 국가배상책임을 부담하는 외에 공무원 개인도 고의 또는 중과실이 있는 경우에는 불법행위로 인한 손해배상책임을 지지만, 공무원에게 경과실이 있을 뿐인 경우에는 공무원 개인은 불법행위로 인한 손해배상책임을 부담하지 아니한다.

---

5. 손해배상의 청구절차

1) 배상심의회에 의한 배상결정

(1) 임의적 결정전치주의

구 국가배상법 제9조는 피해자가 배상심의회의 배상금지급 또는 기각의 결정을 받은 후에만 법원에 손해배상청구의 소를 제기할 수 있도록 하는 결정전치주의를 채택하고 있었다. 그러나 이러한 결정전치주의는 손해배상청구의 궁극적 목적인 피해구제를 지연시키는 문제점도 내포하고 있었다. 따라서 현행 국가배상법은 제9조에서는 "이 법에 따른 손해배상의 소송은 배상심의회에 배상신청을 하지 아니하고도 제기할 수 있다."고 규정하여, 종전의 결정전치주의를 임의적인 것으로 변경하였다.[41] 그러므로 국가 등의 행정작용으로 인하여 손해를 입은 국민은 그 선택에 따라 배상심의회의 배상결정을 거쳐 손해배상청구소송을 제기할 수도 있고, 곧바로 손해배상청구소송을 제기할 수도 있다.

(2) 배상심의회

배상심의회는 일종의 행정위원회적 성격을 가진 합의제 행정청으로서 국가나 지방자치단체에 대한 배상신청사건을 심의하기 위하여 설치된 기관이다.

배상심의회로는 법무부에 본부심의회가 있고, 군인이나 군무원이 타인에게 입힌 손해에 대한 배상신청사건을 심의하기 위하여 국방부에 특별심의회가 설치되어 있다(국가배상법 제10조 제1항). 또한 본부심의회 소속으로 고등검찰청 소재지에는 고등검찰청에, 그 외의 지역에는 지방검찰청에 地區심의회가 있으며, 특별심의회 소속으로 일정 군부대에 지구심의회가 있다(국가배상법 제10조 제2항, 국가배상법 시행령 제8조).

각 지구심의회는 그 관할에 속하는 국가나 지방자치단체에 대한 배상신청사건을 심의·처리하며(국가배상법 제11조 제2항), 배상신청사건을 심의한 결과 배상금의 개산액(槪算額)이 5천만 원 이상인 사건이나 기타 대통령령이 본부심의회 또는 특별심의회에서 심의·결정하도록 한 사건에 해당한다고 인정될 때에는 지체 없이 사건기록에 심의결과를 첨부하여 본부심의회 또는 특별심의회에 송부하여야 한다(국가배상법 제13조 제6항, 국가배상법 시행령 제20조).

---

41) 김철용, 『행정법 I』, 박영사, 2010, 511면.

본부심의회와 특별심의회는 지구심의회로부터 송부받은 사건과 재심신청사건, 그 밖에 법령에 따라 그 소관에 소가는 사항을 심의·처리한다(국가배상법 제11조 제1항).

(3) 결정절차

국가배상법에 의한 손해배상청구소송은 배상심의회에 배상신청을 하지 아니하고도 제기할 수 있지만(국가배상법 제9조), 피해자가 배상심의회를 통하여 배상금의 지급을 받고자 할 경우에는 그 주소지·소재지 또는 배상원인발생지를 관할하는 地區심의회에 배상신청을 하여야 한다(국가배상법 제12조 제1항).

지구심의회는 배상신청을 받으면 지체 없이 증인신문·감정·검증 등 증거조사를 한 후 그 심의를 거쳐 4주일 이내에 배상금지급이나 기각 또는 각하의 결정을 하여야 하며(국가배상법 제13조 제1항), 그 결정을 한 날부터 1주일 이내에 그 결정정본을 신청인에게 송달하여야 한다(국가배상법 제14조 제1항).

지구심의회에서 배상신청이 기각 또는 각하된 경우에, 신청인은 결정정본이 송달된 날부터 2주일 이내에 그 심의회를 거쳐 본부심의회나 특별심의회에 재심을 신청을 할 수 있다. 본부심의회나 특별심의회는 재심신청사건에 대하여 심의를 거쳐 4주일 이내에 다시 배상결정을 하여야 하며, 그 결정 후 1주일 이내에 결정정본을 신청인에게 송달하여야 한다(국가배상법 제15조의2).

(4) 배상결정의 효력

배상심의회의 배상결정은 신청인의 동의가 있어야 효력이 발생한다. 심의회의 결정에 동의하는 신청인은 지체 없이 그 결정에 대한 동의서를 첨부하여 국가나 지방자치단체에 배상금 지급을 청구하여야 한다(국가배상법 제15조 제1항). 배상결정을 받은 신청인이 배상금 지급의 청구를 하지 아니하거나 지방자치단체가 대통령령이 정하는 기간(2주일)내에 배상금을 지급하지 아니하면 그 결정에 동의하지 아니한 것으로 본다(국가배상법 제15조 제3항). 그런데 과거에 국가배상법 제16조는 "심의회의 배상결정은 신청인이 동의하거나 지방자치단체가 배상금을 지급한 때에는 민사소송법의 규정에 의한 재판상의 화해가 성립된 것으로 본다."고 규정하고 있었다. 그러나 헌법재판소는 이 규정이 신청인의 재판청구권을 과도하게 제한하는 것이어서 위헌이라고 판시하였고[42], 그에 따라 위의

---

42) 헌재 1995. 5. 25, 91헌가7.

국가배상법 제16조는 삭제되었다.

그러므로 신청인은 배상심의회의 배상결정에 동의하여 배상금을 수령한 후에도 손해배상청구소송을 제기하여 증액청구를 할 수 있다고 할 것이며, 배상심의회의 배상결정은 종국적인 효력을 갖지 못하게 되었다.

2) 사법절차에 의한 손해배상

(1) 일반절차

행정상 손해배상의 청구소송은 이론상으로는 공법상의 당사자소송으로 되어야 할 것이지만, 현재 우리나라의 소송실무에 있어서는 민사소송으로 취급되고 있다. 그런데 이러한 상황에서 위법한 처분으로 인하여 발생한 손해에 대하여 먼저 그 위법한 처분의 취소를 구하는 행정소송을 제기하지 않고 바로 국가나 지방자치단체에 대한 손해배상청구소송을 제기할 수 있느냐의 문제가 제기될 수 있으나, 이에 대하여는 위법한 처분의 취소판결을 먼저 얻지 않고도 손해배상청구소송을 제기할 수 있다는 것이 판례의 입장이다.[43]

(2) 특별절차

특별절차의 의미는 청구소송을 당해 행정작용에 대한 취소소송과 병합하여 제기하는 것이다. 이러한 경우의 손해배상소송절차는 통상의 민사소송절차와는 다른 특별절차라고 할 수 있다. 즉, 위법한 처분 등의 취소나 무효확인 등을 구하는 항고소송과 당해 위법처분 등으로 인하여 발생한 손해의 배상을 청구하는 소송이 각각 다른 법원에 계속되어 있는 경우에, 손해배상청구소송이 계속된 법원이 상당하다고 인정하는 때에는 당사자의 신청 또는 직권에 의하여 손해배상청구소송을 항고소송이 계속된 법원으로 이송할 수 있는 바(행정소송법 제10조 제1항, 제38조 제1항, 제2항), 이러한 경우에 행정소송절차로 행정상 손해배상청구사건이 해결될 수 있다.

---

43) 대판 1972. 4. 28, 72다337.

6. 군인 등에 대한 특례

1) 이중배상금지의 원칙

국가배상법 제2조 제1항 단서는 군인·군무원·경찰공무원 등 특별한 신분을 가진 공무원에 대한 국가배상청구권에 대한 제한 규정으로 이중배상청구를 배제하고 있다. 이 규정은 1967년 국가배상법에 도입된 이후 2005년 부분적 개정이 이루어졌다.[44]

국가배상법 제2조 제1항 단서에 의하면, 피해자가 "군인·군무원·경찰공무원·향토예비군대원으로서 전투·훈련 등 직무집행과 관련하여 전사·순직하거나 공상을 입은 경우에, 본인이나 그 유족이 다른 법령에 따라 재해보상금·유족연금·상이연금 등의 보상을 지급받을 수 있을 때에는, 국가배상법 및 민법에 따른 손해배상을 청구할 수 없다."고 규정하여[45] 특별히 위험성이 높은 직무에 종사하는 자에 대하여 국가가 별도의 보상제도를 마련하고 있는 경우에 이중의 배상청구는 할 수 없게 되어 있다.

2) 위험성의 문제

군인·군무원·경찰공무원 등에게 국가배상청구권을 제한하는 특례는 위험성이 매우 높은 직무에 종사하는 공무원이 그 직무집행과 관련하여 받은 손해에 대해서는 사회보장적 성격의 보상금·연금 등에 의하여 구제되고 있으므로, 그와 별도로 국가배상청구권을 인정하는 것은 이중배상금지의 원칙에 반한다는 것을 논거로 한다. 그러나 이에 대해서는, 사회보장적 성격을 갖는 보상금·연금 등과 불법행위책임의 성질을 갖는 국가배상은 그 목적·성질이 다르기 때문에 양자를 모두 인정하여도 이중배상에 해당하는 것이 아니라는 견해가 학설의 대세이며, 같은 입장에서 판례도 국가배상법 제2조 제1항 단서의 적용대상을 축소하고 있다.

3) 공동불법행위 문제

민간인과 공무원의 공동불법행위에 의하여 군인 등에게 손해를 발생케 한 경우에는 원칙적으로 민간인과 국가가 부진정연대채무를 부담하게 되므로, 이 경우 피해자가 군인이

---

44) 장태주, 『행정법개론』, 법문사, 2010, 634면.
45) 헌재 2001. 2. 22, 2000헌바38.

국가에 대해서는 배상청구를 할 수 없지만 민간인에 대해서는 손해의 전부에 대한 배상청구를 할 수 있는 것이고, 민간인이 피해자인 군인에게 손해의 전부를 배상하였다면 공동불법행위자인 공무원의 귀책부분에 대해 국가에 구상권을 행사할 수 있다고 할 것이다.

대판 2001. 2. 15, 96다42420

헌법 제29조 제2항, 국가배상법 제2조 제1항 단서의 입법 취지를 관철하기 위하여는, 국가배상법 제2조 제1항 단서가 적용되는 공무원의 직무상 불법행위로 인하여 직무집행과 관련하여 피해를 입은 군인 등에 대하여 위 불법행위에 관련된 일반국민이 공동불법행위책임, 사용자책임, 자동차운행자책임 등에 의하여 그 손해로 자신의 귀책부분을 넘어서 배상한 경우에도, 국가 등은 피해 군인 등에 대한 국가배상책임을 면할 뿐만 아니라, 나아가 민간인에 대한 국가의 귀책비율에 따른 구상의무도 부담하지 않는다고 하여야 할 것이다. 그러나 위와 같은 경우, 민간인은 여전히 공동불법행위자 등이라는 이유로 피해 군인 등의 손해 전부를 배상할 책임을 부담하도록 하면서 국가 등에 대하여는 귀책비율에 따른 구상을 청구할 수 없도록 한다면, 공무원의 직무활동으로 빚어지는 이익의 귀속주체인 국가 등과 민간인과의 관계에서 원래는 국가 등이 부담하여야 할 손해까지 민간인이 부담하는 부당한 결과가 될 것이고, 이는 위 헌법과 국가배상법의 규정에 의하여도 정당화될 수 없다고 할 것이다.

Ⅳ. 영조물의 설치·관리의 흠으로 인한 손해배상

1. 개설

국가배상법 제5조 제1항은 "도로·하천, 그 밖의 공공의 영조물의 설치나 관리에 하자가 있기 때문에 타인에게 손해를 발생하게 하였을 때에는 국가나 지방자치단체는 그 손해를 배상하여야 한다. 이 경우 제2조 제1항 단서, 제3조 및 제3조의2를 준용한다. 제1항을 적용할 때 손해의 원인에 대하여 책임을 질 자가 따로 있으면 국가나 지방자치단체는 그 자에게 구상할 수 있다."고 규정하고 있다.

본 규정은 민법 제758조의 공작물의 설치·보존의 하자로 인한 배상책임에 상응하는 것이나 점유자의 면책조항이 없다는 점과 그 대상이 공작물보다 넓은 데서 차이가 있다. 다수의 학설과 판례는 영조물의 설치·관리를 담당하는 공무원의 고의·과실의 유무를 불문한다는 점에서 직무상 불법행위로 인한 배상책임과는 달리 무과실책임으로 보고 있다.[46]

2. 배상책임의 요건

국가배상법 제5조에 의한 영조물의 설치·관리의 흠으로 인한 손해의 배상 책임이 성립하기 위하여는 "공공의 영조물의 설치" 또는 "관리의 하자"로 인하여 타인에게 손해가 발생하였을 것을 요한다. 손해의 발생, 영조물의 설치 또는 관리의 하자와 손해발생 사이의 인과관계는 민법상 불법행위책임에 있어서의 그것과 같다.[47] 단 점유자의 면책규정을 두고 있지 않고 그 대상이 공작물에 한정되지 않는다는 점에서 차이가 있다.[48]

1) 공공의 영조물

국가배상법 제5조상의 공공의 영조물이란 행정주체에 의하여 공공목적에 제공된 유체물, 즉 학문상의 공물을 말한다. 따라서 인공공물·자연공물을 불문한다. 그리고 부동산뿐만 아니라 동산·동물(예: 경찰견 등)을 모두 포함한다. 그러나 국가나 지방자치단체의 소유에 속하는 유체물이라도 공적목적에 제공된 공물이 아닌 일반재산(잡종재산)은 국가배상법의 적용을 받지 않고 민법상의 배상책임의 대상이 된다.

2) 설치·관리의 하자(흠)

(1) 의의

영조물의 설치·관리의 하자란 영조물이 통상적으로 갖추어야 할 안전성을 결여하고 있는 것을 의미한다. 문제는 통상적으로 갖추어야 할 안전성이란 무엇인가 하는 것이다. 영조물의 설치·관리의 하자 의미를 어떻게 파악하느냐에 따라 국가배상법 제2조의 책임과 제5조의 책임의 경합 여부가 달라진다. 그 판단기준에 관하여는 객관설·주관설(관리의무위반설), 위법·무과실책임설, 절충설 등이 있다.

---

46) 정하중, 『행정법 개론』, 법문사, 2010, 550~551면.
47) 박균성·김재광, 『경찰행정법』, 박영사, 2010, 447면.
48) 김동희, 『행정법 요론』, 박영사, 2010, 412면.

(2) 학설·판례

객관설에 따르면, 설치·관리의 하자란 객관적으로 보아 영조물의 설치·유지·보관·수선 또는 관리 등에 불완전한 점이 있어서 사회통념상 일반적으로 갖추어야 할 물적 안정성을 결여하고 있는 상태를 말하며, 그 흠의 인정에는 설치·관리자의 과실 유무가 문제되지 않는다고 한다. 그러나 관리의무위반설은 국가배상법 제5조에 의한 국가배상책임이 성립하기 위해서는 객관적으로 영조물에 하자가 발생하였다는 것만으로는 부족하고, 하자가 발행한데 대한 설치·관리자의 주관적 귀책사유(관리의무위반)가 있어야 한다고 하다. 객관설이 다수설이다.

판례는 전형적인 객관설도 아니고, 주관설도 아닌 그 중간의 입장을 취하고 있다.[49] 그런데 주관설은 어떤 경우에 안전관리의무 또는 안전 확보 의무의 위반이 되는지가 불명하고, 영조물의 관리주체 측이 관리의무위반을 부인할 경우 피해자가 관리의무위반을 입증하여야만 배상을 받을 수 있게 되어 피해자의권리구제가 어려워지는 문제점이 있다고 하겠다.

영조물의 설치·관리상의 흠의 인정 여부는 그 영조물의 구조, 용법, 이용상황과 본래의 이용목적 등 제반사정과 물적 결함의 위치·형상 등을 종합하여 사회통념에 따라 개별적·구체적으로 판단하여야 할 것이다.[50]

흠의 발생원인은 자연력에 의한 것이든 인력에 의한 것이든 불문하며, 위의 객관설에 입장에서 관리자의 고의·과실의 유무도 불문하는 것이 타당하다고 할 것이므로, 영조물의 설치·관리의 흠으로 인한 손해배상책임은 기본적으로 무과실책임이라 할 수 있다. 그런데 무과실책임이 아니라고 보는 판례도 있다.[51]

영조물이 통상의 안전성을 갖추고 있는 이상 천재지변(예: 지진, 낙뢰 등)등과 같은 불가항력에 의하여 하자가 발생한 경우에는 국가배상책임은 인정되지 않는다는 것이 통설이다. 한편, 천재지변에 의한 것이라 하더라도, 공무원의 과실 또는 영조물의 하자가 경합하여 그러한 사고가 발생하였다면 국가배상책임이 인정된다는 것이 판례의 입장이다.[52]

국가나 지방자치단체의 재정상의 제약으로 인하여 영조물이 갖추어야 할 안전성을 확보하지 못한 경우에도 국가 등의 배상책임이 면제되는 것은 아니며, 재정사의 제약문제는 영조물의 안전성의 요구에 대한 판단에 있어서 참작 사유가 될 뿐이다.

---

49) 대판 2001. 7. 27, 2000다56822.
50) 대판 2007. 9. 21, 2005다65678.
51) 대판 1997. 4. 22, 97다3194.
52) 대판 2001. 2. 23, 99다61316.

(3) 하자의 입증책임

영조물의 설치·관리의 하자의 입증책임을 누가 부담하느냐의 문제에 관하여는 원고 책임설과 피고책임설이 있으나, 영조물의 설치·관리에 하자가 있다는 것은 배상책임의 적극적 요건이므로 그의 입증책임은 원칙적으로 원고에게 있다고 할 것이다. 그러나 원고부담원칙을 일관하는 것은 피해자에게 가혹하며 형평에도 반하는 것이므로 국가배상법 제2조 제1항의 고의·과실의 입증책임과 마찬가지로 일응추정의 법리가 적용되어야 할 것이다. 즉, 영조물로 인하여 손해가 발생하면 일단하자의 존재가 추정되고, 영조물의 관리자가 그 설치·관리에 하자가 없었음을 입증하지 못하는 한, 국가 등의 배상책임이 인정되어야 할 것이다.

3) 손해의 발생

국가배상법 제5조에 의한 영조물의 설치·관리의 하자로 인하여 국가 등의 배상책임이 인정되려면 타인에게 손해가 발생하여야 하며 상당한 인과관계가 있어야 한다. 여기서의 타인에는 영조물의 설치·관리자인 공무원 개인도 포함될 수 있지만, 국가배상법 제2조 제1항 단서 규정이 영조물의 설치·관리의 하자로 인한 손해배상의 경우에도 준용되므로, 군인·군무원·경찰공무원 또는 향토예비군대원은 일정한 경우에 타인에서 제외된다. 손해는 재산적 손해이든 비재산적 손해이든, 또는 적극적 손해이든 소극적 손해이든 불문하며, 그 손해와 영조물의 설치·관리의 하자 사이에 상당인과관계가 있어야한다(국가배상법 제5조 제1항).

영조물의 설치·관리의 하자와 손해발생 사이에 상당인과관계가 있는 한 자연현상 또는 제3자나 피해자의 행위가 그 손해의 원인으로 가세(家勢)되었더라도 행정주체의 손해배상책임은 성립한다.

2. 배상액

국가 등의 영조물의 설치·관리의 하자와 상당인과관계가 있는 모든 손해를 배상하여야 한다.[53] 그러나 배상액의 산정기준에서 국가배상법 제5조 제1항의 후단은 국가배상법

---

53) 김동희, 『행정법 요론』, 박영사, 2010, 417면; 김철용, 『행정법Ⅰ』, 박영사, 2010, 519면.

제3조의2 배상기준을 준용하도록 하고 있다. 그리하여 국가나 지방자치단체는 원칙적으로 영조물의 설치·관리의 하자와 상당인과관계가 있는 범위 내의 모든 손해를 배상하려야 하는데, 생명·신체를 침해한 경우와 물건을 멸실·훼손한 경우에는 일정한 배상기준이 정해져 있다(국가배상법 제3조).

피해자가 손해를 입은 동시에 이익을 얻은 경우에는 손해배상액에서 그 이익에 상당하는 금액을 공제하여야 한다(국가배상법 제5조 제1항). 국가배상법은 공무원의 직무상 위법행위로 인하여 타인의 생명·신체를 침해한 경우에 있어서만 위자료배상을 규정하고 있지만(국가배상법 제3조 제5항), 영조물의 설치·관리상의 흠으로 인해 손해가 발생한 경우에도 피해자의 위자료 청구권이 인정될 수 있다는 것이 판례의 입장이다.[54]

3. 배상책임자

영조물의 관리주체인 국가나 지방자치단체는 배상책임을 진다. 영조물의 설치·관리를 맡은 자와 영조물의 설치·관리의 비용을 부담하는 자가 동일하지 아니한 경우에는 그 비용부담자도 손해배상책임이 있으며(국가배상법 제6조 제1항),[55] 피해자는 영조물의 관리주체와 비용부담자에 대하여 선택적으로 손해배상청구를 할 수 있다. 이 경우 피해자에게 손해를 배상한 자는 내부관계에서 그 손해를 배상할 책임이 있는 자에게 변상청구를 할 수 있다(국가배상법 제6조 제2항). 이는 영조물의 설치·관리자와 비용부담자가 다를 경우의 구상문제이다.

이와 관련하여 행정주체가 가지는 영조물의 설치·관리에 관한 권한이 다른 행정주체의 기관에게 위임된 경우에 누가 배상책임을 지는지가 문제된다. 판례에 의하면, 지방자치단체의 장의 교통신호기 설치·관리에 관한 권한이 경찰서장 등에게 위임된 경우에 경찰서장 등은 지방자치단체의 산하 행정기관의 지위에서 그 사무를 처리하는 것이므로, 신호기의 하자로 인한 배상책임은 그 사무의 귀속주체인 지방자치단체가 부담한다고 하였으며, 이러한 경우에 교통신호기를 관리하는 경찰관들에 대한 봉급을 부담하는 국가도 국가배상법 제6조 제1항에 의한 배상책임을 진다고 하였다.[56]

---

54) 대판 1992. 9. 22, 92다30139.
55) 영조물의 설치·관리를 맡은 자와 영조물의 설치·관리의 비용을 부담하는 자가 동일하지 아니한 경우에는 궁극적인 배상책임자가 될 것인지에 관하여 국가배상법 제2조에서와 같이 관리주체설, 비용부담자설, 기여도설이 대립되고 있으나 관리주체설이 다수설의 입장이다(김철용, 『행정법Ⅰ』, 박영사, 2010, 520면).
56) 대판 1999. 6. 25, 99다11120.

4. 구상권

영조물의 설치·관리의 흠으로 인하여 발생한 손해를 국가나 지방자치단체가 배상 하였는데, 손해의 발생을 야기한 자가 즉 손해의 원인에 대하여 책임을 따로 있을 경우에 국가나 지방자치단체는 그 자에 대하여 구상할 수 있다(국가배상법 제5조 제2항). 이 경우 공무원에 대한 구상권 행사는 국가배상법 제2조와의 균형을 고려하여, 영조물의 하자 발생에 있어 공무원에게 고의 또는 중과실이 있는 경우에 한정되는 것으로 보는 것이 다수설의 견해이다.

5. 손해배상의 청구절차

영조물의 설치·관리의 흠으로 인한 손해배상의 청구절차는 국가배상법 제2조 공무원의 위법한 직무행위로 인한 손해배상의 청구절차와 같다. 그런데 공무원의 고의·과실과 영조물의 설치·관리의 하자가 경합하여 손해를 발생한 경우에는 국가배상법 제2조와 제5조의 요건을 동시에 충족시키므로, 피해자는 선택에 의해서 손해배상을 청구할 수 있다.

V. 경찰행정상의 결과제거청구권

1. 의의와 성질

1) 결과제거청구권의 의의

결과제거청구권(Folgenbeseitigungsanspruch)이란 위법한 행정작용으로 인하여 피해자에게 불이익한 위법상태가 야기된 경우에 그 위법 상태를 제거하여 원래의 상태로 회복하여 줄 것을 국가 등 행정주체에 대하여 청구하는 권리를 말한다. 이는 위법한 행정작용으로 인하여 권리는 침해받고 있는 자가 그 침해행위 이전의 상태로의 원상회복을 청구할 수 있는 권리로서, 공법상의 원상회복청구권 또는 위법한 행정작용으로 인한 방해배제청구권이라고도 한다.[57]

결과제거청구권은 독일행정법에서 학설과 판례에 의하여 정립된 것으로 금전배상 또는 보상만을 그 대상으로 하는 국가배상제도, 수용유사적 및 수용적 침해제도에 의하여 구제되지 못하는 영역에서 개인의 권리구제에 크게 기여하는 법제도이다.[58]

공법상의 결과제거청구권은 금전적 배상을 내용으로 하는 손해배상청구권과는 달리, 행정작용으로 인하여 야기된 위법한 결과의 제거, 즉 당해 행정작용에 의하여 변경된 상태를 제거하여 그 이전 상태로의 원상회복을 목적으로 하는 것이다. 그리고 공무원의 위법한 직무집행으로 인한 손해배상청구에 있어서는 행정작용이 위법할 뿐만 아니라 공무원의 고의 · 과실이 있어야 하는데, 공법상의 결과제거청구권은 위법한 행정작용의 결과로서 남아 있는 상태로 인하여 법률상 이익이 침해되고 있기만 하면 행정주체 측의 고의 · 과실의 유무에 관계없이 성립될 수 있다. 따라서 공법상의 결과제거청구권은 행정상 손해배상청구권과 구별된다.

한편, 공법상의 결과제거청구권은 원상회복을 그 내용으로 하는 점에서 금전적 보상을 그 내용으로 하는 손실보상청구권과 구별되나, 만일 결과제거청구권도 예외적으로 부차적 결과로서 금전적 보상이 문제되는 경우에는 양자 간에 청구권 경합의 문제가 발생할 수 있다.

2) 결과제거청구권의 성질

공법상의 결과제거청구권은 공법적 권리이나 그 내용에 있어서는 민법상의 물권적 청구권으로서의 소유물반환 · 방해제거청구권과 유사한 면이 있다. 그러나 이 청구권은 공무원의 위법한 명예훼손적 발언의 취소를 구하는 권리 등도 포함하는 점에서 물권적 청구권과는 성질을 달리한다고 할 것이다.[59] 이와 관련하여 독일의 학설은 결과제거청구권을 공법상의 방해제거청구권으로 보는 견해와 손해배상청구권의 한 형태인 원상회복청구권으로 보는 견해로 대립되어 왔으나 다수설은 원상회복청구권으로 보고 있다. 우리나라는 독일과 달리 국가배상법에서 금전배상주의를 원칙으로 하고 있다. 따라서 결과제거청구권을 실무화하는 경우 원상회복청구권을 그 내용으로 한다면 실정법에 위배되기 때문에 법률이 개정되지 않는 한 방해배제청구권의 성격을 갖는다는 것이 타당하다.[60] 그런

---

57) 김철용, 『행정법 I 』, 박영사, 2010, 522면.
58) 정하중, 『행정법 개론』, 법문사, 2010, 607면.
59) 김동희, 『행정법 요론』, 박영사, 2010, 448면.
60) 정하중, 『행정법 개론』, 법문사, 2010, 608면.

데 공법상의 결과제거청구권을 사권으로 보는 견해가 있다. 이 견해는 결과제거청구권의 발생 원인이 반드시 공권력의 행사와 관계되는 것만이 아니고, 이 청구권 자체가 아무런 법적 권원 없는 행위로 야기된 물권적 침해상태의 제거를 도모하는 권리인 것이므로 따로 공법의 규율대상으로 삼아야 할 합리적인 이유가 없으며, 사인 상호 간에 있어서의 동일한 법률관계의 경우와 같이 취급하는 것이 타당하다며, 민법 제213조의 소유물반환청구권, 제214조의 소유물방해제거청구권 등을 직접 적용할 것을 제안하고 있다.[61]

그러나 다수설은 공법상의 결과제거청구권이 행정주체의 행정작용으로 인한 침해가 있는 경우에 인정될 수 있는 것이므로, 이를 공권으로 보고 있다. 이 견해에서는 공법상의 결과제거청구권에 관한 소송은 행정청의 처분 등을 원인으로 하는 법률관계에 관한 소송인 공법상의 당사자소송이 될 것이라고 한다.

2. 근거와 성립요건

1) 근거

우리나라는 공법상의 결과제거청구권의 법적 근거에 관하여 학자에 따라 견해를 달리하고 있지만 일반적으로 헌법상의 법치국가원리(헌법 제107조 등)와 기본권규정(헌법 제10조, 제11조, 제23조, 제29조 등), 그리고 민법 제213조의 소유물반환청구권규정 및 제214조의 소유권방해제거청구권규정의 유추적용 등을 들 수 있다.

2) 성립요건

공법상의 결과제거청구권이 성립되기 위해서는, ① 공행정작용에 의하여 위법상태가 발생하고, ② 재산권 등의 권리에 대하여 ③ 타인의 권리 또는 법률상 이익에 대한 침해가 있고, ④ 그 위법한 침해상태가 지속되고 있어야 하며, ④ 침해 이전의 상태로의 회복이 사실상으로나 법적으로 가능하고, ⑤ 행정청에 기대가능성이 있어야 한다. 원상회복에 너무 과다한 비용이 드는 경우에는 기대가능성이 없다고 할 것이다. 위법상태가 적법하게 된 경우에는 결과제거청구권을 행사할 수 없다.

개인의 권리 등에 대한 침해상태는 행정주체의 적극적 행위에 의하여 발생함이 원칙이다.

---

61) 이상규, 『신행정법론(상)』, 법문사, 1994, 626면.

(1) 침해행위

공법상 결과제거청구권은 행정주체의 공행정작용으로 인하여 타인의 반사적 이익 내지 사실상의 이익의 침해가 아니라 보호받을 가치가 있을 권리 내지 법률상 이익이 침해된 것이라야 한다. 여기서 공행정작용은 법적행위로서 행정행위 또는 사실행위를 가리지 않는다. 그리고 여기서의 권리 내지 법률상 이익에는 재산권뿐만 아니라 명예 등과 같은 정신적인 것도 포함되며, 그 침해상태가 결과제거청구권 행가 당시에 존속하고 있어야 한다.

(2) 위법행위

공법상의 결과제거청구권의 요건으로서의 위법성은 침해행위의 위법성을 의미하는 것이 아니라 결과의 위법성을 의미하는 것이므로, 침해행위(공행정작용) 자체가 적법하여도 기간의 경과나 해제조건의 성취 등과 같은 사정의 변화에 의하여 사후에 위법한 결과가 발생된 경우에는 결과제거청구권의 대상이 될 수 있다. 한편, 위법한 침해상태가 발생한 데 대한 가해자의 고의·과실 등의 주관적 요건은 필요한 것이 아니다. 위법하지만 무효 정도에 이르지 않은 행정행위, 즉 취소할 수 있는 행정행위에 의하여 침해상태가 발생한 경우에는 위법한 행정행위의 취소 후에 또는 당해 행정행위의 취소청구와 병합하여 결과(침해상태)제거청구를 하여야 할 것이다.

공법상의 결과제거청구권은 원상태 또는 그와 동가치의 상태로의 회복이 기대 가능한 경우에 인정될 수 있으며, 원상회복에 너무 과다한 비용이 들 경우에는 결과제거의 기대 가능성이 없기 때문에 행정상 손해배상이나 손실보상의 방법으로 문제를 해결할 수밖에 없을 것이다.

3. 내용과 쟁송절차

1) 내용

결과제거청구권은 행정작용으로 인하여 야기된 위법한 결과를 제거하여 원래 상태로의 회복, 즉 원상회복을 목적으로 하는 것이다. 이 청구권은 행정청의 침해행위에 대한 소극적인 방어권과는 달리, 예컨대 위법하게 설치된 시설의 철거나 공무원의 명예훼손적인 발언의 취소 등과 같이, 행정청의 적극적인 행위를 구하는 권리이다.

이 청구권은 행정작용으로 인해 야기된 직접적 결과인 위법상태의 제거를 그 내용으로 하며, 간접적인 결과, 특히 제3자의 개입을 통해 야기된 부수적 결과의 제거는 청구할 수 없다.

위법한 결과를 제거할 의무를 지는 자는 그러한 결과를 야기한 국가·지방자치단체 등 행정주체이거나 공익사업시행자·공무수탁사인 등이다. 위법한 상태의 발생에 대하여 피해자에게도 과실이 있는 경우에 민법상의 과실상계에 관한 규정이 준용된다는 것이 통설이다. 따라서 피해자의 과실의 정도에 따라 결과제거청구권이 수축될 수 있다. 공법상의 결과제거청구권은 금전적 구제를 포함하지 않지만, 만일 원상회복을 통하여 피해가 충분히 구제되지 않은 경우에는 별도로 손해배상 등을 청구할 수 있다.

2) 쟁송절차

결과제거청구권을 공법상의 권리로 보는 한, 이에 관한 쟁송절차는 행정소송의 일종인 당사자소송에 의하여야 할 것이다. 이를 독자적으로 제기할 수도 있고, 처분의 관련소송으로서 처분 등의 취소소송과 병합하여 제기할 수 있다.62) 한편 배제청구의 대상인 위법상태가 위법한 처분 등을 원인으로 하는 것인 때에는 그 원인이 된 위법한 처분 등의 취소청구소송에 병합하여 위법상태의 제거를 청구할 수도 있다(행정소송법 제10조 제1항, 제2항).

제2절 경찰행정상 손실보상

Ⅰ. 손실보상제도의 의의

행정상 손실보상제도란 국가나 지방자치단체가 공공의 필요에 응하기 위한 적법한 공권력 행사로 인해 사인의 재산권에 특별한 희생을 가한 경우에 재산권 보장과 공적부담

---

62) 김동희, 『행정법 요론』, 박영사, 2010, 450면.

앞의 평등이라는 견지에서 그 사인에게 조절적인 보상을 해 주는 제도를 말한다.[63]

손실보상은 행정상의 공권력행사에 의한 손실보상만을 의미하기 때문에 헌법 제28조의 형사책임은 제외된다. 그리고 재산권의 손실을 보상하는 것이기 때문에 사람의 신체·생명에 대한 침해의 보상은 포함되지 않으며, 재산권의 특별한 희생에 대한 것이므로 조세와 같은 일반적 부담이나 재산권 그 자체에 내재하는 사회적 제약에 대해서는 손실보상의 문제가 생기지 않는다. 공용수용에 있어서의 손실보상은 행정상 손실보상의 법리를 그 기축으로 하는바, 행정상 손실보상이란 국가 또는 공공단체의 공공필요에 의한 적법한 공권력행사에 의한 국민의 재산권에 가해진 특별한 희생에 대하여 전체적인 평등부담의 견지에서 행하는 금전적 보상을 말한다.[64]

행정상 손실보상의 개념요소는 다음과 같다.

첫째, 손실보상은 공권력의 행사에 따른 손실의 보상이다. 이 점에서 손실보상은 국가 또는 공공단체가 공공용지의 임의매수에 따른 대가의 지불이나 사법상 계약에 있어서의 공공용지의 취득에 대하여는 수용절차가 가능하고, 손실보상기준에 의해 행해지고 있으므로 지불되는 대가는 실질적으로 손실보상에 가깝다고 본다.

둘째, 손실보상은 적법행위에 의거한 손실의 보상이다. 이 점에서 위법한 공권력 행사에 따른 손해배상제도와 구별된다. 즉, 손해배상제도는 국가의 위법한 가해행위의 결과 국민에게 손실을 발생시키는 것이 인정될 때 손실의 발생을 정당화하기 위한 조건으로서 손실의 보전이 필요하게 된다. 그러나 손해배상과 손실보상제도를 가해행위의 위법·적법으로 구별하는 데 대하여 양 제도의 접근·융합현상을 근거로 손실보상에 있어 침해행위의 적법성이 반드시 구별의 기준이 되지 않는다는 견해도 나타나고 있다. 따라서 행위의 적법성을 손실보상의 본질적인 요소로 보아야 하는가에 대한 의문이 제기되고 있다.

셋째, 손실보상은 재산상의 손실을 전보하는 제도이다. 그러므로 사람의 생명이나 신체에 대한 침해의 대상을 포함하지 않는다. 따라서 형사보상, 예방접종사고에 따른 보상과 같은 사람의 자유나 신체에 대한 침해는 보상을 조건으로 침해가 허용되는 것이 아니므로 손실보상에서 제외된다고 보고 있다.

넷째, 손실보상은 적법한 공권력의 행사에 의해 직접으로 가해진 손실의 보전이다. 따라서 직접 재산권이 박탈된다거나 그 행사가 제한되는 것이 아니고 대규모적인 공공사업의 시행 등에 의해 간접적으로 영향을 받아 그 결과 피해를 받는 일이 있어도 손실보상

63) 홍정선, 『행정법 특강』, 박영사, 2011, 511면.
64) 윤양수 「행정법 개론」, 온누리, 2011, 481면; 박종국, 『일반행정법론』, 법지사, 2004, 683면; 田辺愛壹, 『損失補償制度』, 淸文社, 2003, p.6 참조.

의 대상으로는 되지 않는다. 이와 같이 제3자가 입는 간접적 손실에 대하여는 구 공공용지의취득및손실보상에관한특례법의 소수잔존자 보상제도에 의거 행정조치의 형태로서 일정한 보상금이 지불되게 되어 있으나, 이는 손실보상제도가 예정하고 있지 않은 손실에 대해 소위 정책적 견지에서 인정되는 것이다.65)

다섯째, 손실보상은 특별한 희생에 대한 공평부담의 견지에서 행해지는 조절적 보상이다.66) 즉, 손실보상은 공공을 위해 특정한 사유재산에 대해 가해지는 특별·우연의 손실을 전체의 부담으로 조절하기 위한 제도이다. 따라서 국민의 일반적인 부담이나 재산권 그 자체에 내재하는 사회적 제약에 대하여는 손실보상의 문제가 발생하지 않는다.67) 그러나 전염병독에 오염된 건물의 처분에 의한 손실보상68)과 같이 재산권 그 자체에 내재하는 사회적 구속성으로 인정되는 경우에도 일정한 정책적 견지에서 행하는 보상은 손실보상과 구별된다.

Ⅱ. 손실보상의 근거

1. 이론적 근거

헌법상의 보상규정은 공공필요에 의한 재산권의 침해에 대하여 정당한 보상을 규정하고 있을 따름이고, 왜 손실보상을 요하는가 하는 손실보상의 합리적 근거를 나타내고 있지는 않다. 그렇다고 손실보상제도의 목적이나 이론적 근거를 설명하고 있는 판례도 거의 없는 실정이다. 따라서 합리적 근거는 별도로 찾지 않으면 아니 되는데 이에 대하여는 견해가 나누어지고 있다.

손실보상의 이론적 근거로는 재산권보장, 평등부담의 원칙, 생활권보장 등이 고려되고 있으며, 일반적으로는 재산권보장, 평등부담의 원칙에서 찾고 있다. 그러나 이에 못지않게 사인에게 가하여진 특별한 희생을 부담의 사회화를 통하여 조절함으로써 평등부담의 실현, 공익과 사익의 조절, 법률생활의 안정을 가하는 데 있다고 보는 특별희생설이 있다. 특별희생은 평등부담의 원칙과 같은 내용으로 파악할 수 있는 것이라 생각된다. 최근

---

65) 이는 개인의 재산권침해에 대한 보상이라기보다는 생존보장으로서의 의미를 갖는다.
66) 小林博志, 『行政法講義』, 成文堂, 2004. p.231.
67) 윤양수, 『행정법개론』, 제주대학교출판부, 2011, 482면.
68) 전염병예방법 제54조.

그 밖에 생활권보장의 원칙을 근거로 하는 학설이 나타나고 있다.

1) 재산권 보장설

손실보상제도의 존재이유 내지 합리적인 근거는 무엇보다도 재산권보장에서 찾아볼 수 있다. 자본주의국가에서 사유재산제도는 그 존립의 기초이고, 이를 바탕으로 발전해가고 있다. 프랑스 인권선언 제17조의 규정 이래 우리 헌법 제23조 등은 사유재산제도와 함께 재산권을 보장하는 규정을 두고 있으며, 공용침해의 규정과 함께 양자를 조절하는 원리로서 정당한 보상을 규정하고 있다.

사유재산제도와 근대 주권국가는 동전의 양면이라고까지 일컬어지고 있다. 주권국가에서는 적법한 공권력의 발동인 공용수용과 재산권보장의 조정을 위해 적법행위에 의거한 손실보상의 관념이 필요하였다. 이와 더불어, 근대국가의 성립이전에 국가권력의 한계로써 소위, 기득권의 침해에 대한 보상은 이론상 당연히 손해배상이었다고 하는 점도 있다.

이와 같이 자본재로서의 기능을 갖는 사유재산에 대해 보상이 수반되지 않는 침해는 자본주의 존립의 터전을 박탈하는 것이 되고, 나아가 법적 생활의 안정을 해치는 것이 된다. 사회공공을 위해 특정한 재산권을 침해하고 이로 인해 특정인에게 손해를 가져오게 한 때는 이를 본인이 부담으로 돌려야 할 이유가 없는 한, 손실보상을 함으로써 재산가치의 보장과 재산권보장의 실질을 유지하는 것이 요청되는 것이다.

그러나 재산권보장은 사회적 구속성의 요청으로 그 한계가 있음은 말할 나위가 없다. 따라서 손실보상이란 오로지 재산권이라는 개인권리의 본질적인 내용의 침해에 대한 대상이라는 의미를 지니게 된다.

2) 평등부담설

손실보상의 근거로써 두 번째로 들 수 있는 것은 부담의 공평 내지는 평등부담의 원칙이다. 앞에서 살펴본 특별희생설은 이에 포함된다고 할 수 있다. 사회공공을 위해 특정한 개인에게 재산상의 손실을 초래한 경우, 그것을 개인의 부담으로만 돌리는 것은 근대 헌법의 기본원칙의 하나인 평등원칙에 반한다. 손실보상은 이와 같이 불평등하게 가해진 손실을 전체의 부담으로 전가하는 법적 기술이라고도 일컬어지고 있다. 손실보상을 평균적 보상 혹은 조절적 보상이라 불리는 것도 이런 까닭에서이다.

이와 같이 손실보상제도는 일면에서 공공필요를 위한 사유재산권의 침해를 불가피한 것으로 인정하면서, 다른 일면에서 침해된 사유재산권이 사회적 한계를 넘는 특별한 희생에 해당되는 경우, 이를 공평부담의 견지에서 조절을 행하는 것이다. 역사적으로 보더라도 공용수용이론의 창설자로 불리고 있는 "그로티우스" 이전의 중세부터 재산수용에는 정당한 근거와 보상이 요청되었으며, 이미 16세기 초에 이러한 제도가 확립되었다. 따라서 사유재산제는 근대적인 공용수용제도와 정당한 보상의 관념에 있어 중요한 의의를 갖는 것이라 하더라도 모든 보상의 근거와 범위를 설명할 만큼 의의를 갖는 것은 아니라고 말한다. 오히려 보상의 여부나 범위에 대한 전체적인 척도가 부담의 공평 내지는 평등원칙이며, 사유재산제도나 개인의 재산권보장은 이에 부가되는 것에 불과한 것으로 보는 것이다.

3) 생활권 보장설

손실보상제도는 최근에 이르러 재산권보장·평등부담의 원칙에 더하여 생활권보장에 적합한 근거를 찾고 있는 견해가 나타나고 있다. 부담의 공평이 보상의 여부를 결정하는 요소이고 재산권도 이에 의거하여야 한다고 하면, 여기에서 요소로 되어야 할 것이 재산권에 한정 하는 문제에 이르게 된다. 이러한 의문에서 출발하여 실제상·이론상 강하게 주장되고 있는 것이 생활권보장이다.

손실보상은 등가적인 금전보상을 제공함으로써 종전과 같은 생활을 계속할 수 있음을 전제로 하고 있으나, 그것으로 생활을 영위하기 어렵게 되거나 생활 기반마저 위협을 받게 되는 경우가 있다. 이는 특히, 경제적 상황과 지역구조에 대폭적인 변화를 가져오는 대규모의 공익사업에서 그 예를 찾아볼 수 있으며, 이로 인해 많은 사회·경제적 문제가 야기된다. 따라서 이러한 경우 보상은 생활수단의 보호를 위해 재산권보장뿐만 아니라 생활권의 보장까지 고려하지 않을 수 없게 된다. 그러나 이를 헌법상의 원리로 파악할 경우 생활권보장을 헌법 제23조 제3항의 정당한 보상의 범위 내에 포함하여 통일적으로 파악할 수 있는가 하는 문제가 발생하게 된다. 아무튼 재산권이란 19세기 개인의 자유와 재산 조항이 나타내는 바와 같이 포괄적 자유의 물질적 측면, 내지 생존적 기반을 나타내는 것으로 보고 있다. 이러한 기준에 의하게 되면 재산권보장에 생활권보장의 취지를 포함시키는 것도 가능하다고 볼 수 있다. 따라서 생활권보장도 엄연히 손실보상의 근거로서 기능을 한다고 말할 수 있을 것이다.

2. 실정법적 근거

손실보상은 보통 공용수용이나 공용제한에 따른 재산권침해에 대하여 공평부담의 견지에서 이익을 조절하기 위한 보편적 정의의 요청이다. 헌법은 제23조 제3항에서 "공공필요에 의한 재산권의 수용·사용 또는 제한 및 그에 대한 보상은 법률로써 하되 정당한 보상을 지급하여야 한다."고 규정하여 재산권의 수용·사용·제한과 보상에 대한 일반원칙을 규정하고 있다.[69] 따라서 재산권의 침해와 보상은 반드시 법률에 근거를 두고 행해져야 함을 밝히고 있다. 헌법의 규정에 따라 국민의 재산권을 침해하는 행위는 형식적 법률에 근거를 두어야 하지만 손실보상의 기준과 방법 등에 관하여 규정한 일반법은 없고 각 개별법으로서의 공익사업을위한토지등의취득및보상에관한법률(이하 "공특법"이라 한다), 도로법, 하천법, 산림법, 도시및주거환경정비법, 국토의계획및이용에관한법률 등에서 이를 규정하고 있다.[70]

1) 관련 학설

보상에 관하여 법률상 근거가 명확하면, 그 이상으로 헌법상의 근거를 문제로 할 필요는 없다. 그러나 법률상의 보상규정이 없거나 명확하지 않을 경우에, 직접 헌법상의 규정에 의거하여 보상을 청구할 수 있는가가 문제이다. 이에 대하여 종래 학설은 헌법 제23조 제3항은 입법지침에 지나지 않는다는 설, 보상규정을 정하지 않은 법률은 위헌무효라는 설, 직접 헌법 제23조 제3항을 근거로 손실보상의 청구를 할 수 있다는 설로 나누어져 있었다. 현행 헌법상의 보상규정에 대하여 학설은 일치된 견해를 보이고 있지 않다. 이하에서는 학설의 대립과 장단점에 대하여 살펴보도록 한다.

---

69) 독일은 보상에 관한 실정법적 근거로 독일연방헌법 제14조 및 연방건설법전 제85조에서 제122조, 특히 국방과 관련된 공익사업에 따른 수용에 대한 보상은 토지조달법에서 규정하고 있고, 일본은 일본헌법 제29조 제3항과 토지수용법 제6장에서 규정하고 있다. 프랑스는 손실보상에 대하여 헌법이 직접적으로 규정하고 있지 않으나 프랑스 인권선언 제17조를 근거로 프랑스 민법전 제545조에 규정하고 있다. 영국은 손실보상 및 그 전제가 되는 토지의 수용에 관한 통일적인 법전이 존재하지 아니한다. 이에 관한 현행의 제정법으로서는 토지보상법(the Land Compensation Acts), 강제구입법(the compulsory Acts), 토지취득법(the Acquisition Acts), 계획 및 보상법(the Planning and Compensation Acts), 주택법(the Housing Acts) 등에서 규정하고 있다.
70) 대판 1966. 10. 18, 66다715.

(1) 방침규정설

국민이 직접 헌법의 규정에 의하여 권리를 행사할 수 있는 것이 아니라, 헌법의 법리에 따른 법률에 의하여 비로소 권리·의무가 발생한다는 데 근거를 두고 있다. 따라서 손실보상에 관한 헌법규정은 입법에 대한 방침규정으로서, 행정권이 적법하게 사유재산을 침해한 경우에 이 헌법규정에 의하여 직접 행정권에게 손실보상의무가 성립하는 것이 아니고, 손실보상에 관하여 법률에 명시규정이 있어야 비로소 성립하는 것이다. 그러므로 공용침해를 규정하는 법률에 보상규정이 없더라도 위헌이 아니며, 본래 입법자는 보상규정이 없으면 보상청구권도 없다고 생각하는 것이라는 주장도 있다.[71]

방침규정설은 프로그램규정설이라고도 불리어지고 있으며, 이 설을 취하는 학자는 찾아보기 드물다. 이 학설의 특징은 헌법의 손실보상조항이 단순히 사유재산권의 보호를 선언한 것에 불과하다고 보며, 법의 침묵은 손실보상을 인정하지 않는 것으로 해석하는 데 있다고 볼 수 있다.

(2) 위헌무효설

위헌무효설은 위헌설, 또는 입법자에 대한 직접효력설[72]이라고도 하며, 헌법상의 손실보상규정은 입법권을 기속하는 것으로 보상규정이 없는 공용침해는 위헌무효라는 것이다. 독일연방헌법 제14조 제3항 제2문은 "공용수용은 보상의 방법과 정도를 규정하는 법률에 의해서만, 또한 법률의 근거에 위해서만 행해진다."고 규정하고 있어, 보상을 요하는데 보상규정을 두지 않으면 그 법률은 위헌무효로 효력을 발생하지 않는 것으로 새겨진다. 따라서 직접 헌법에 의거하여 보상을 요구할 수 없는 위헌무효설의 입법화로 해석할 수 있다. 위헌무효설을 취하는 견해는 헌법 제23조 제3항이 재산권의 수용·사용 또는 제한의 경우 정당한 보상을 당연한 것으로 전제한 다음 그 보상의 구체적인 기준과 방법은 법률로 정하도록 유보하고 있기 때문에 재산권의 침해를 규정하면서 보상규정을 두지 않는 것은 위헌이라는 것이다.

따라서 법률의 근거 없이 손실보상청구권은 구체화될 수 없으며 행사할 수도 없다고 본다. 이와 같이 피해자는 법률의 근거 없이 재산권의 침해를 당했을 때는 침해행위의 무효확인이나, 행정상 손해배상, 또는 원상회복을 청구할 수 있는 것으로 보고 있다. 또

---

71) 김동희, 『행정법 I』, 박영사, 2010, 559면.
72) 류지태·박종수, 『행정법 신론』, 박영사, 2010, 525면.

한 손실보상은 법률유보사항이기 때문에 그 기준·방법·절차 등은 법률이 직접 규정함을 요하고 명령에 백지위임하는 것은 위헌이라 한다.[73]

(3) 직접효력설

직접효력설은 국민에 대한 직접효력설이라고도 하며, 손실보상은 법률에 명시적 규정을 요하지 않고 직접 헌법규정에 의하여 피해자에게 손실보상청구권이 발생한다는 것이다. 공용침해에 관한 법률이나 이에 의거한 행위가 보상규정[74]을 두지 않았다 하여 바로 위헌무효라 해석할 것이 아니라, 이것이 일반적으로 당연히 수인해야 할 범위를 넘고 특정인에게 특별한 희생을 과한 것인 때에는, 헌법의 보상규정을 직접 근거로 하여 손실보상을 청구할 수 있다고 보는 견해이다. 이러한 주장의 논거로는 논리적으로 보상규정을 결하는 재산청구권 규제입법의 위헌성은 재산권을 규제하는 점에 있는 것이 아니라, 보상규정이 존재하지 않는다고 하는 입법의 불비에 있으므로 규제입법 전체를 위헌으로 볼 수 없다는 것이다.[75] 실체에 있어 보상규정을 결하는 재산권의 제한이 위헌무효로 되면, 공익상 필요한 재산권의 규제가 방해되어 현실에 맞지 않는 결과를 초래하게 된다고 한다. 따라서 재산권의 제한에 대한 보상에 있어서 보상의 내용은 규제되는 재산의 가치에 따라 객관적으로 확정될 수 있는 것이기 때문에 입법부에 의한 보상규정의 제정을 기다릴 것 없이 법원에서 보상내용을 결정할 수 있다는 것이다. 이와 유사한 견해로 오늘날 사회국가를 지향하여 재산권의 사회성이 고조되고 있는 시점에 있어서 보상 없는 재산권의 제한도 가능하다는 주장이 있다.[76] 이와는 달리 헌법 제23조 제3항에서는 보상 자체는 필수적인 것으로 하고, 단지 그 기준과 방법을 법률에 위임하고 있으며, 동조 제1항에서는 사유재산제도를 보장하고 있으므로 보상청구권 자체는 직접 효력을 갖는다는 주장도 있다.[77] 또한 현행 헌법의 규정에서 미루어 볼 때 법률이 적극적으로 보상을 하지 않는다는 뜻으로 보상규정을 두지 아니한 때에는 위헌무효이나, 당해 법률이 보상을 배

---

73) 김도창, 『행정법(상)』, 청운사, 1998, 600면.

74) 제3공화국 헌법 제20조 제3항은 미국헌법수정 제5조 및 일본국헌법 제29조 제3항 등의 예에 따라 "공공 필요에 의한 재산권의 수용·사용 또는 제한은 법률로써 하되 정당한 보상을 지급하여야 한다."고 규정함으로써, 손실보상을 법률에 유보하는 태도를 지양하고 그 자체로서 실정법적 규정형식을 취하여 직접효력설의 태도를 밑받침하였다고 한다. 이상규, 『행정법(상)』, 법문사, 2000, 574면; 이에 따라 대법원도 직접효력설로 판례변경을 하였다(대판 1967. 11. 2, 67다1334).

75) 最高裁判所 1968. 11. 27(형집, 제22권 12호, p.1402).

76) 그러나 이 경우에도 재산권의 제한이 일반적이고 본질적이 아닌 경우에 한정하여 보고 있으며, 그 예로서 개발제한구역의 지정 주거지역에서의 고층건물의 건축금지를 든다.

77) 김철수, 『헌법학 개론』, 박영사, 2006, 612면.

제하는 것이 아닌 한 위헌무효로 단정할 수 없으며, 직접 헌법규정에 의거하여 보상을 청구할 수 있다고 보는 견해도 있다.[78] 이 경우에 보상의 청구는 헌법 제23조 제3항에 근거하여 행할 수 있는 것이 아니라, 동조 제1항 전단의 재산권보장조항 및 제11조 평등원칙에 근거하여 행할 수 있으며,[79] 직접효력설과 구분하여 제3설이라고도 부르고 있다.[80] 이와 같이 직접효력설을 채택할 때 특히, 재산권의 공용침해와 사회적 구속성의 구분이 명확하여야 함은 말할 나위 없다.

(4) 유추적용설

유추적용설[81]은 법률이 공용침해 등의 재산권을 규정하면서 손실보상에 관하여 아무런 규정을 두고 있지 아니한 경우에 헌법 제23조 제1항과 제11조에 근거하고 헌법 제23조 제3항과 관계규정의 유추적용을 통하여 보상을 청구할 수 있다는 견해이다.[82] 이는 수용유사침해 및 수용적 침해의 법리에 기하여 문제를 해결하려는 주장으로서 위법 및 무과실, 무의욕적 공용침해에 대한 보상과 국가배상은 그 성립요건·범위 등에서 구별된다는 것을 그 배경으로 하고 있다. 즉, 유추적용설은 수용유사침해 등의 법리에 입각하여 보상규정이 없는 관계 법률에 기한 개인의 재산권침해가 위법한 것이라는 전제하에서 위법한 재산권 침해는 헌법 제23조 제1항의 재산권보장의 규정과 헌법 제11조의 평등원칙을 그 이념적 배경으로 하고 헌법 제23조 제3항과 관련 법규의 유추적용에 의하여 구제될 수 있다고 보는 것이다.[83]

---

78) 안용교, 『한국헌법』, 『고시연구사』, 1989, 498면.
79) 안용교, 『한국헌법』, 『고시연구사』, 1989, 493면; 석종현, 『행정법(상)』, 삼영사, 2005, 663면.
80) 김남진, 『행정법』, 법문사, 2002, 543면.
81) 이를 간접효력규정설이라고도 한다. 또한 수용유사침해설이라고도 한다. 박종국, 『일반행정법론』, 법지사, 2004, 686면.
82) 윤양수 「행정법 개론」, 온누리, 2011, 488면; 석종현, 『행정법(상)』, 삼영사, 2005, 697면.
83) 서원우 교수는 재산권의 제한은 그 목적과 태양이 다양하기 때문에 사전적으로 구체적인 재산권제한의 정도를 예측할 수 없는 경우가 많고 따라서 보상규정을 반드시 재산권제한의 불가분적으로 규정할 수 없는 것이며 보상규정이 없다고 해서 당연히 그것을 위헌무효라 할 수 없고 구체적·개별적으로 침해의 정도를 규제의 목적이나 범위 등과 관련시켜 검토함으로써 보상의 여부를 결정하여야 하며 공익사업을위한토지등의취득및보상에관한법률 등 관계 법률을 유추하여 직접손실보상을 청구할 수 있는 것으로 본다. 서원우, 『전환기의 행정법이론』, 박영사, 1997, 874면.

2) 판례

(1) 대법원

판례는 법률에 보상규정이 없는 경우에 경계이론에 입각하여 관련규정의 유추해석이 가능한 경우에는 유추해석을 통해 손실보상을 인정하기도 하며,[84] 관련규정이 없는 경우에도 손실보상을 인정하기도 하지만 경우에 따라서는 법규에 보상규정이 없을 경우에 공적 목적을 위한 것임에도 손실보상 대신 불법행위로 처리하기도 하였다.[85] 문화방송주식의 강제증여사건에서 대법원은 보상책임을 부인하였지만 유추적용설에서 주장되는 수용유사적 침해보상의 개념을 처음으로 언급하면서 판단을 유보한 것이 주목할 만하다.[86] 여기서 유추적용설의 입장에서 판결한 대법원 판례를 소개하면 다음과 같다.

① 공공사업의 시행결과 그 공공사업의 시행이 사업시행 지역 밖에 미치는 간접손실에 관하여 그 피해자와 사업시행자 사이에 협의가 이루어지지 아니하고, 그 보상에 관한 명문의 근거법령이 없는 경우라고 하더라도 헌법 제23조 제3항의 규정에 따라 국민의 재산권을 침해하는 행위 그 자체는 반드시 형식적 법률에 근거하여야 하며, 토지수용법 등의 개별 법률에서 공익사업에 필요한 재산권침해의 근거와 아울러 그로 인한 손실보상 규정을 두고 있는 점, 공공용지의취득및손실보상에관한특례법 제3조 제1항은 "공공사업을 위한 토지 등의 취득 또는 사용으로 인하여 토지 등의 소유자가 입은 손실은 사업시행자가 이를 보상하여야 한다."고 규정하고, 같은 법 시행규칙 제23조 2 내지 7에서 "공공사업시행지구 밖에 위치한 영업과 공작물 등에 관한 간접손실에 대하여도 일정한 조건 하에서 이를 보상하도록" 규정하고 있는 점에 비추어 공공사업의 시행으로 인하여 그러한 손실이 발생하리라는 것을 쉽게 예견할 수 있고, 그 손실의 범위도 구체적으로 이를 특정할 수 있는 경우라면 그 손실의 보상에 관하여 공공용지의취득및손실보상에관한특례법 시행규칙의 관련 규정 등을 유추적용할 수 있다고 해석함이 상당하다. 간접적인 손실이라고 하더라도 당연히 수인하여야 할 재산권에 대한 제한의 범위를 넘어 영업상의 재산이익을 본질적으로 침해하는 특별한 희생에 해당되고, 공익사업으로 인하여 이와 같은 영업 손실이 발생한다는 것을 상당히 확실하게 예측할 수 있었고, 그 손실의 범위도 구

---

84) 대판 1972. 11. 28, 72다1597. 토지구획 정리사업으로 말미암아 본 건 토지에 대한 환지를 교부하지 않고 그 소유권을 상계한데 대한 본 건과 같은 경우에 손실을 보상하여야 한다는 규정이 본법에 없다 하더라도 이는 법리상 그 손실을 보상하여야 할 것이다.
85) 대판 1966. 10. 18, 66다1715.
86) 대판 1993. 10. 26, 93다6409; 홍정선, 『행정법특강』, 박영사, 2006, 502면.

체적으로 확정할 수 있을 때에는 그 수입손실은 헌법 제23조 제3항에 규정한 손실보상의 대상이 되고, 그 손실보상에 관하여 법령에 직접적인 보상규정이 없더라도 공공용지의취득및손실보상에관한특례법 시행규칙의 규정을 유추적용하여 그에 관한 보상을 인정하는 것이 타당하다.[87)]

② 행정주체의 행정행위를 신뢰하여 그에 따라 재산출연이나 비용지출 등의 행위를 한자가 그 후에 공공필요에 의하여 수립된 적법한 행정계획으로 인하여 재산권행사가 제한되고 이로 인한 공공사업의 시행결과 공공사업시행지구 밖에서 발생한 간접손실에 대하여 그 피해자와 사업시행자 사이에 협의가 이루어지지 아니하고, 그 보상에 관한 명문의 근거 규정이 없는 경우라 하더라도, 헌법 제23조 제3항 및 구 토지수용법 등의 개별 법률의 규정, 구 공공용지의취득및손실보상에관한특례법 제3조 제1항 및 동법 시행규칙 제23조의 2 내지 7 등의 규정 취지에 비추어 보면, 공공사업의 시행으로 인하여 그러한 손실이 발생하리라는 것을 쉽게 예견할 수 있고, 그 손실이 범위도 구체적으로 이를 특정할 수 있는 경우에는 그 손실의 보상에 관하여 구 공공용지의취득및손실보상에관한특례법 시행규칙의 규정을 유추적용할 수 있다.[88)]

(2) 헌법재판소

손실보상규정이 없는 법률에 의한 재산권침해의 보상 여부와 관련하여 분리이론에 따른 헌법재판소의 결정은 대표적으로 개발제한구역지정의 결정, 도시계획시설 장기미집행 결정을 들 수 있다.

가. 개발제한구역의 지정결정[89)]

헌법재판소는 개발제한구역의 지정으로 말미암아 일부 토지소유자에게 사회적 제약의 범위를 넘는 가혹한 부담이 발생하는 예외적 경우에 대하여 보상규정을 두지 않은 것에 위헌성이 있는 것이고, 보상의 구체적 기준과 방법은 헌법재판소가 결정할 성질의 것이 아니라 입법형성권을 가진 입법자가 결정할 사항이라고 하면서 "입법자는 보상입법을 하여 위헌적 상태를 제거할 의무가 있고, 토지소유자는 보상입법을 기다려 그에 따른 권리행사를 할 수 있을 뿐 개발제한구역의 지정이나 그에 따른 재산권의 제한 그 자체의 효

---

87) 대판 1999. 10. 8, 99다27231.
88) 대판 2004. 9. 23, 2004다25581.
89) 헌재 1998. 12. 24, 89헌마214 · 90헌바16 · 97헌바78(병합).

력을 다툴 수 없다.", 또한 "개발제한구역의 지정으로 인하여 토지를 종래의 목적으로도 사용할 수 없거나 또는 더 이상 법적으로 허용된 토지이용의 방법이 없기 때문에 실질적으로 토지의 이용·사용·수익의 길이 없는 경우에는 토지소유자가 수인해야하는 사회적 제약의 한계를 넘는 것으로 보고, 종래의 지목과 토지현화에 의한 이용방법에 따른 토지의 사용도 할 수 없거나 실질적으로 사용·수익을 전혀 할 수 없는 예외적인 경우에도 아무런 보상 없이 이를 감수하도록 하고 있는 한 비례의 원칙에 위반하여 당해 토지소유자의 재산권을 과도하게 침해하는 것으로 헌법에 위반된다."고 하였다.

이와 같은 헌법재판소의 개발제한구역의 지정 결정요지는 결국 재산권에 대한 사회적 제약도 한계가 있으며, 그 한계를 벗어나는 경우에 보상을 하여야 하지만 손실보상에 대하여는 입법자가 보상입법을 하고, 그 보상입법에 근거하여 보상을 받을 수 있다는 것을 의미한다. 그런데 입법자가 보상입법을 함에 있어 보상규정을 두지 아니하거나 손실을 완화할 수 있는 제도를 제대로 보완하지 아니한다면, 그 보상입법은 다시 위헌이 될 것이지만 위헌입법에 의한 재산권침해에 대해서는 구제를 보장해 주지 못하는 문제가 생긴다. 이 경우 보상규정 없는 법률에 근거한 재산권침해에 대하여 손실보상을 받기 위해서 그 근거법률에 대하여 위헌소송을 제기하여 헌법불합치결정을 받아내더라도 보상입법이 제정되어야만 보상을 받을 수 있게 되는 것이다.[90]

나. 도시계획시설 장기미집행결정

헌법재판소의 이 결정 역시 공용제한으로 인한 손실에 대하여 사회적 제약의 범위를 넘는 수용적 효과를 인정하고 그에 대한 국가나 지방자치단체의 보상의무를 판시하고 있다. 헌법재판소는 "토지재산권이 강화된 사회적 의무와 도시계획의 필요성이란 공익에 비추어 일정한 기간까지는 토지소유자가 도시계획시설 결정의 집행지연으로 인한 재산권의 제한을 수인해야 하지만 일정기간이 지난 뒤에는 입법자가 보상규정의 제정을 통하여 과도한 부담에 대한 보상을 하도록 함으로써 도시계획시설결정에 관한 집행계획은 비로소 헌법상의 재산권보장과 조화될 수 있다."고 보면서 "어떠한 경우라도 토지의 사적이용권이 배제된 상태에서 토지소유자로 하여금 10년 이상을 아무런 보상 없이 수인하도록 하는 것은 공익실현의 관점에서도 정당화될 수 없는 과도한 제한으로서 헌법상의 재산권보장에 위배된다고 보아야 한다."고 판시하였다.

---

90) 석종현, 『손실보상법론』, 삼영사, 2005, 100면.

(3) 검토

이상에서 손실보상에 대한 헌법적 근거가 되는 헌법 제23조 제3항과 관련하여 보상규정을 두지 아니한 재산권침해와 관련하여 손실보상에 관한 종래의 방침규정설, 직접효력설, 위헌무효설에 더하여 유추적용설까지 학설과 판례를 살펴보았다.

방침규정설은 위에서 본 손실보상의 이론적 근거인 정의·공평의 원칙과 사유재산제도를 보장한 우리헌법의 원칙, 그리고 헌법 제23조 제3항의 규정에 비추어 타당하지 못하다 할 것이다. 즉, 헌법 제23조 제3항의 규정 또한 보상한다는 것을 당연한 전제로 하여 오직 보상의 내용만을 법률로 정한다는 의미로 보며, 보상 여부까지 법률에 위임하였다고 볼 수 없다는 것이다.

직접효력설은 헌법 제23조 제3항의 문리적 해석에 의하면 공용침해나 그 보상은 법률상 근거가 있어야 한다는 결론에 이르게 되고, 따라서 동조항의 규정내용과 관련해서는 직접효력설의 주장은 무리가 있다고 할 수 있다.[91]

위헌무효설은 일단 논리의 일관성을 갖고 있으나, 국가배상법상의 배상책임의 성립요건을 충족할 수 있는지가 의문이다. 위헌인 법률에 기한 공용침해이므로 그 행위가 위법한 것은 틀림없다. 그러나 공무원의 과실이 인정될 수 있는지에 대해 국가배상법 제2조의 해석상 과실을 주관적으로 파악하는 한 이를 부정할 수밖에 없다. 즉, 법률을 집행하는 공무원은 법령심사권이 없으므로 성실하고 평균적인 공무원의 주의력으로 판단하여야 할 때 공무원의 과실은 없다 할 것이다. 이에 대하여 이 견해를 취하는 입장에서는 과실요건을 완화하여 적용한다면 해결할 수 있다고 하거나,[92] 과실과 위법성의 융합이론에 의하여 문제해결을 시도하려고 하고 있으나 과실의 객관화를 시도한다 하더라도 주관적 요소를 어느 정도 고려하지 않을 수 없다고 할 것이므로, 이 경우에 공무원의 과실을 인정하기 어렵다는 점이 문제로 지적되고 있다.

유추적용설에 대하여는 그 결론이 어디까지나 헌법 제23조 제3항에 의한 직접적 손실보상청구권의 성립을 전재할 때에만 가능한 것이며, 관계규정의 유추해석 또한 실정법이 허용할 때에만 가능하다는 비판을 받을 수 있다. 그리고 유추적용설은 독일에서의 수용유사침해법리의 근거인 관습법으로서의 희생보상청구권이 우리나라에서는 인정되지 않아 수용유사침해의 법리가 인정될 수 없고, 그 법리를 받아들인 유추적용설은 문제가 있는 것으로 본다. 그러나 희생보상청구권은 관습법 자체가 아니라, 그것이 함축하고 있는 희

---

91) 윤양수『행정법 개론』, 온누리, 2011, 488면; 김동희, 『행정법요론』, 박영사, 2010, 426면.
92) 류지태·박종수,『행정법신론』, 박영사, 2010, 523면.

생보상의 법리인 것이므로 우리의 경우에도 판례법으로 그와 같은 희생보상의 법리가 형성될 수도 있을 것이다. 따라서 손해전보제도로써 해소할 수 없는 권리구제의 공백을 수용유사침해의 법리와 유추적용설을 통해 보완해 나가는 것이 바람직하다.

그리고 생각하건대 유추적용설의 견해와 입장을 같이하면서도 재산권의 제한에 대한 보상규정을 두고 있지 않는 경우가 많으며, 이에 대한 보상 여부의 판단은 사법부에 의하여 결정되기 때문에 차라리 절차의 맥락을 같이하는 입장에서라면 입법권자의 입법부작위에 대한 헌법소원을 통해 해결하는 방법도 바람직하다고 생각한다.[93] 즉, 재산권을 수용·사용·제한하는 법률이 손실보상에 관한 규정을 두지 않은 경우 특별희생을 받았다고 주장하는 자는 헌법재판소에 입법부작위위헌확인의 심판청구를 하여 그 확인결정, 또는 헌법불합치 결정을 받게 되면 그에 따른 입법에 의하여 손실보상을 받을 수 있다고 생각한다.

한편, 헌법재판소의 개발제한구역지정의 결정 또는 도시계획시설 장기미집행결정 은 사회적 제약과 손실보상을 요하는 제한의 구별기준을 제시하고 보상을 요하는 재산권제한임에도 보상규정을 두지 않는 경우 손실보상청구권의 인정 여부 및 위헌 여부에 대하여 결정을 하였다는 점에서 그 의의를 찾을 수 있다. 이러한 헌법재판소의 결정은 독일의 분리이론에 따른 것으로 손실보상을 요하는 재산권제한에 대한 손실보상청구권의 근거에 대해서는 보상입법으로 정하도록 함으로써 손실보상청구권의 근거와 관련하여 앞에서 주장하는 학설들을 무의미하게 만들어 버렸다.[94] 즉 보상규정이 없는 경우의 재산권 침해가 수인의 한도를 넘는 경우 피해자는 헌법 제23조 제3항의 적용에 관한 학설을 근거로 손실보상을 청구할 수 없고, 보상입법을 기다려 그 보상입법에 따라 손실보상청구권을 행사할 수 있게 되는 것이다.

헌법재판소의 결정은 분리이론에 따른 결정으로 피해자가 손실보상청구권을 행사하기 위하여 보상입법의 제정을 기다려야 하고, 구체적인사건에 법률을 적용하여 해결하는 것이 그 임무가 아닌 헌법재판소의 기능적 한계를 고려해볼 때 경계이론에 따라 권리구제의 공백을 법원이 수용유사적 침해의 법리를 승인함으로써 이를 판례법으로 확립시켜야 한다.

---

93) 물론 당해법률에서 직접적인 보상규정이 없더라도 관련규정의 유추적용을 통해 보상이 가능하면 이는 보상규정이 결여된 경우라고 보기 어려울 것이다. 다만 이때의 유추적용은 기술한 내용의 수용유사침해 이론의 도입을 주장하는 유추적용설과는 다르다.

94) 석종현, 『손실보상법론』, 삼영사, 2005, 99면.

3) 재산권보장 체계에 있어서의 경계이론과 분리이론

(1) 경계이론(Schwellentheorie)

종래 독일 연방대법원은 보상의무 없는 사회적 구속성과 공용수용은 재산권제한의 한 유형이라는 것에서 출발하여 사회적 구속성과 공용수용을 그 제한의 강도 내지 정도에 따른 제한의 강약에 따라 구분하였다.[95] 이에 따르면, 공용수용은 사회적 구속성의 범위를 넘는 재산권에 대한 제한으로써 이 경우 보상이 주어지는 제한의 유형이라고 하고, 이와는 달리 보상의무 없는 사회적 구속성은 재산권자의 수인한도의 범위를 넘지 않는 범위 내에서의 재산권의 제한 형식이라고 하였다.[96] 따라서 연방대법원은 사회구속성과 공용수용을 하나의 재산권 제한의 형식으로 파악하고, 그 제한의 강도에 따라 양자를 구분함으로써 이들의 경계를 확정하는 것이 가장 핵심적인 문제로 귀착되었다. 이러한 의미에서 독일 연방대법원이 취하였던 양자의 구별이론을 경계이론이라고 한다.[97]

1981년 연방헌법재판소의 "자갈채취결정"[98] 이 있기까지 연방대법원은 경계이론을 근거로 하여 사회적 구속성과 공용수용을 구분하였고, 이에 따라 보상의 필요성을 판단하였다. 즉, 연방대법원은 재산권의 사회적 구속성을 넘어서 특별희생에 해당하는 모든 재산권 침해를 수용으로 파악함으로써 헌법상의 수용개념을 확대시켰다. 따라서 연방대법원의 수용개념은 도로, 철도, 항만, 공항공사 등 구체적인 공익목적을 위하여 국가가 의도적으로 개인의 재산권적 지위를 전면적, 또는 부분적으로 박탈하는 것을 내용으로 하

---

95) BGHZ 6, 270; 30,338.
96) BGHZ 6. 270(279 f);30, 338 (341).
97) 표명환, "독일공법상의 수용과 보상", 『토지공법연구』 제17집, 2003, 117면.
98) BVerfGE 58, 300. 자갈채취판결은 자신의 토지 위에 영업에 적하하게 자갈채굴작업을 운영하고 있던 원고가 자신의 토지가 상수도시설의 보호영역에 위치하고 있었고 지하수를 위태롭게 하는 것이 우려된다는 이유로 자갈채취 작업의 진행을 위해 요구되는 수법상의 허가신청이 거부되었다. 원고는 이러한 거부처분에 대하여 상급행정청에 이의제기를 하였으나 효과 없이 기각되자, 행정소송을 제기하지 않고 바로 연방통상법원의 종전 판결에 근거하여 수용적 침해로 인한 보상을 요구하였다. 연방통상법원은 수관리법 제11조 제3항의 규정의 해석을 통해 보상 없이 지하수 이용을 배제하는 것은 독일기본법 제100조 제1항(구체적 규범통제)에 근거 위법이라 보고 헌법재판소에 위헌법률심판을 하기에 이르렀다. 연방헌법재판소는 이에 대하여 이해관계자는 이 경우 법률상 보상규정의 흠결로 보상을 요구할 수 없고 다만 행정법원에 수용처분의 취소를 구할 수 있다고 판시 하였다. 나아가 연방헌법재판소는 만약 수용행위가 이미 불가쟁력을 발생한 경우에는 그 보상소송은 효력을 상실한다고 결정하였다. 또한 연방헌법재판소는 취소와 보상의 양자의 선택권은 존재하지 않는다는 결정을 내렸다. 이러한 결정에 따르면 수용처분의 취소를 다투지 아니하고 곧바로 보상을 청구할 수 없다는 것이다. 또한 통상법원의 권한은 이에 상응해서 기본법 제14조 제3항 제4문에 따라 법률상 규정된 보상이 보장되는지 여부의 판단에만 제한되고 법률상 수용침해에 대한 보상근거를 인정할 권한이 없다고 판시하고 있다.

는 협의 또는 고전적 의미의 수용뿐만 아니라, 수용유사침해, 수용적침해의 다양한 형태를 포함하였다.[99)

그 핵심적 내용은 입법자가 보상에 관한 규정을 두지 않는 경우에도 그것이 수용에 해당한다고 판단되는 경우, 혹은 재산권의 내용을 규정한 경우라 할지라도 재산권제한의 한계를 넘어서 수용과 유사한 이른바, 수용적 효과가 있는 때는 법원이 독자적으로 직접 보상에 관한 결정을 할 수 있다는 것이다. 결국 보상이 필요 없는 재산권의 내용규정과 보상이 필수불가결한 수용을 서로 다른 재산권 규율법제로 볼 수 없고, 또한 입법자의 법제형식 선택이 그 자체로 최종 확정되는 것이 아니라, 특별희생 혹은 중대성 등의 기준에 따라 평가되는 그 제한의 질에 따라 법원에 의해 재평가될 수 있다는 것이다.[100) 즉, 입법자가 보상에 관한 규정을 두지 않은 경우에도 재산권의 제한이 수용적 효과가 있다면, 법원이 독자적으로 직접 보상에 관한 결정을 할 수 있다는 것이며, 그와는 반대로 국민의 입장에서는 위헌적 법률을 근거로 한 행정청의 처분이나 법률 그 자체에 대해서만 대항해야 하는 것은 아니고, 위헌적인 법률과 행정처분을 수인하고 대신 사후적으로 보상을 요구할 수 있게 된다.

경계이론에 의하면, 사회적 구속성과 공용수용은 별개의 제도가 아니라 재산권침해의 정도의 차이로서 재산권 제한의 정도에 의하여 사회적 구속성과 공용수용이 구분된다. 즉, 사회적 구속성이나 공용수용 모두 재산권에 대한 제한을 의미하나, 사회적 구속성은 공용수용보다 재산권에 대한 침해가 적은 경우로서 보상 없이 감수해야 하는 반면, 공용수용은 재산권의 사회적 구속성의 범주를 넘어서는 것으로서 보상을 필요로 하는 재산권에 대한 침해를 의미한다.

따라서 보상을 요하지 않는 사회적 구속성은 재산권제한의 효과가 일정한 강도를 넘음으로써 자동적으로 보상을 요하는 공용수용으로 전환된다. 결국, 이 이론의 핵심은 보상을 요하는 수용과 보상을 요하지 않는 사회적 구속성 간의 경계설정의 문제, 즉 보상의 무가 시작되는 경계선을 찾는 문제이다.

(2) 분리이론(Trennungstheorie)

이 이론은 독일 연방헌법재판소의 위와 같은 법리를 부인하고, 재산권자에게 과도한

---

99) 한수웅, "재산권의 내용을 새로이 형성하는 법규정의 헌법적 문제", 『저스티스』, 제32권 제2호, 한국법학원, 1999, 29면.
100) 이덕연, "보상 없는 재산권 제한의 한계에 관한 연구", 『헌법재판연구』, 제9권, 헌법재판소, 1997, 37면.

부담을 주는 내용 및 한계규정도 수용으로 전환되지 않고 위헌적 내용 및 한계규정으로 남는다는 입장을 취하여 재산관련 법률을 ① 재산권의 내용과 한계를 규정하는 법률, ② 직접적으로 공용수용을 규정하거나 특정요건 하에서 행정행위를 통한 공용수용을 인정하는 법률, ③ 기본법 제14조 제1항 제2문에 따른 재산권의 내용과 한계규정의 범위를 넘었으나 공용수용을 예견하지 않아 보상규정을 포함하지 않는 법률의 세 가지 경우로 나누었다. ③의 경우 이러한 법률은 위헌이며 그에 의한 침해에 대하여 구제가 인정되나 연방대법원의 판례와는 달리 피해자가 재산권침해의 취소청구와 보상 중 어느 한쪽을 선택할 수 있는 권리가 있는 것은 아니라 하였다. 즉, 그 법률은 위헌이고, 따라서 이에 기한 수용적 처분도 위법이나 보상규정이 없으므로 보상은 청구할 수 없고, 그 수용적 행위의 취소를 행정법원에 청구할 수 있을 뿐이라 하였다. 이에 따라 종래 재산권의 사회적 구속성·공용수용은 사실상 수용에 해당하나 보상규정이 결여되어 위법인 경우라는 3원적 체계를 구성하게 되었다. 그 뒤 연방대법원은 종래의 입장을 버리고 연방헌법재판소의 분리이론을 따르고 있다.

다시 말해 경계이론, 또는 전환이론(Umschlangtheorie)[101]이라 불리는 연방대법원의 전통적 구별이론은 기본법 제14조 제1항 제2문의 내용 및 한계규정 내지 제2항의 사회적 구속성과 수용을 침해의 정도에 따라 구별하는 데 비하여 연방헌법재판소는 재산권의 내용 및 한계규정과 수용을 전혀 다른 기능을 수행하는 제도로 이해하였다. 내용 및 한계규정을 규정행위라 한다면 수용은 박탈행위라 할 수 있다. 말하자면, 형태와 목적설정에 의해 수용 여부가 결정되는 것이지 재산권침해의 정도와 질이 이를 결정하는 것이 아니라는 것이다. 이러한 연방헌법재판소의 분리이론은 재산관련 입법에 대한 입법자의 판단의 존중과 재산권보장에 있어 가치보장보다 존속보장이 우선한다는 점, 그리고 헌법재판소의 법률의 위헌여부에 대한 독자적 심사권에 기하여 위헌적 재산권침해를 규정하는 법률에 대해 일반법원이 보상판결을 통해 해결하는 것은 허용되지 않는다는 점 등을 고려한 이론이라 할 수 있다.[102]

이 이론은 재산권보장의 인적 측면을 전면적으로 수용하여 재산권이론을 재구성 하고 나온 입장이다. 종래의 재산권이론에 따르면, 사유재산제도보장과 존속보장이 각각 같은 동전의 양면 같은 관계에 있는 재산권보장의 객관법적·주관법적인 측면인 것으로 보고,

---

101) 사회적 구속성의 범위를 넘는 재산권의 침해는 곧 수용이라고 보는 견해를 Böhmer는 전환이론이라고 부른다. Böhmer, Die rechtsgeschichtlichen Gundlagen der Abgrenzungsproblematik von Sozialbindung und Enteignung, Der Staat 1985, S. 167.
102) 김문현, 『경제질서와 재산권』, 법원사, 2000, 337~339면.

공용수용 시 재산권보장의 내용이 존속보장에서 가치보장으로 전환되는 것으로 보았는데 분리이론은 이러한 재산권이론 체계를 완전히 새롭게 변화시켰다. 즉, 제도보장과 존속보장을 별개의 독립된 보장범주로 보는 입장에서 존속보장은 재산권의 보호영역에 해당되고 제도보장은 존속보장의 제한에 대한 한계 이른바 한계의 경계(Schranken-Schranken)에 해당하는 것으로 이해하였다. 또한 재산권의 존속보장과 가치보장을 완전히 단절된 상이한 차원의 보장으로 보는 입장에서 새롭게 재산권 조항을 해석하였다.103) 분리이론에 따르면, 재산권이론 체계상 수용은 특정한 법적 지위를 박탈하는 데 지향되어 있는 고권적 조치이고, 재산권의 내용규정은 장래에 대한 재산권자의 권리와 의무를 확정하는 것으로 별개의 재산권 법제인 것이다. 말하자면, 재산권의 내용규정이 이른바 수용적 효과를 초래한다고 해서 그것이 수용으로 전환되는 것은 아니라는 것이다. 재산권의 내용규정은 일반적이고 추상적인 형식으로 재산권내용, 즉 재산권자의 권리와 의무를 새롭게 정의하는 것을 뜻하는 데 반해 수용은 이미 설정된 객관적인 재산권적 상태에 따라 그 자체로서 헌법상 재산권으로 보장되는 구체적이고 개인적인 법적 지위를 박탈하는 것으로 본다. 따라서 매우 중요한 의미를 갖는 경제적 사용이 제한되는 경우에 그에 따른 손해에 대한 재정적 전보가 보장되고 재산권자가 그것을 받아들이면 합헌적인 보상의무가 있는 내용규정으로 정리되는 것이고, 그렇지 못한 경우에는 허용되지 않는 재산권제한, 즉 위헌적인 재산권침해로 정리되는 것이다. 그리고 비례의 원칙, 평등원칙, 신뢰보호원칙 등에 위반되는 내용규정은 수용으로 전환되는 것은 아니지만 그 위헌성은 보상규정을 통해서 제거될 수 있는데 이러한 경우 내용규정은 보상을 요하는 내용규정이 된다. 우리나라 헌법 제23조 제3항의 수용의 경우 보상은 국가에 의한 재산권박탈의 결과이지만 헌법 제23조 제1항의 내용규정에 있어서의 보상은 재산권의 내용을 합헌적으로 규율하기 위한 조건이자 구성요소이다.104)

(3) 검토

앞에서 살펴본 바와 같이 경계이론과 분리이론은 재산권의 사회적 구속성과 공용수용을 구분함에 있어서 기본적 이론으로서 재산권의 보장과 침해의 한계를 정립하는 데 획기적으로 공헌한 이론임에는 틀림이 없다. 그러나 분리이론은 독일기본법 제14조 제3항

---

103) 이덕연, "보상 없는 재산권 제한의 한계에 관한 연구", 『헌법재판연구』, 제9권, 헌법재판소, 1997, 32면.
104) 한수웅, "재산권의 내용을 새로이 형성하는 법규정의 헌법적 문제", 『저스티스』, 제32권 제2호, 한국법학원, 1999, 34면.

이 공용수용의 경우에만 불가분적 보상을 규정했음에도 불구하고 연방대법원이 이를 확대해석하여 사용·제한의 경우에까지 보상을 명하던 경향에 대하여 연방헌법재판소의 자갈채취사건결정 이후 다시 수용으로 축소 해석해야 하는 상황에서 재산권의 사용·제한에 대한 보상을 설명하기 위해 등장했던 어디까지나 독일법상의 필요에 의해서 나왔던 이론일 뿐이다. 중요한 것은 국민의 권익구제에 더 효과적인 방향이 어느 것이냐 하는 것이다. 재산권을 제약하는 법에 대한 위헌 판단 가능성이 큰 분리이론이 인권신장에 기여한다고 생각할 수도 있겠으나, 효과적인 구제차원에서는 회의적이다. 그리고 개인입장에서 선택권을 행사할 수도 있겠으나 법원이 개별적인 사안에 합리적인 조정을 할 수도 없고 다시 구체적인 입법개선을 기다려야 한다는 것은 그것이 과연 재산권보호를 강화한다고 보아야 할 것인지 의문이 든다. 논리적으로도 분리이론은 보상청구권을 구체적 권리가 아닌 추상적 권리로 만들어 버린다고 생각된다. 독일기본법은 제14조 제3항에서 수용만을 규정하고 있으므로 양자를 구별하는 관점이 타당하다고 할 수 있으나, 우리나라의 경우 헌법 제23조 제3항이 재산권의 수용뿐만 아니라 사용·제한까지 규정하고 있으므로 독일의 분리이론을 그대로 채용하는 것은 문제가 있다고 생각된다. 이러한 의문의 제기에 대한 반론으로는 수용에는 재산권 전부의 박탈만이 아니라 재산권의 지위와 일부 박탈이 포함되기 때문에 근본적인 차이가 없다는 견해[105]와 우리나라 헌법의 표현은 수용의 형태를 구체적으로 열거한 것으로 우리나라 헌법이 제한을 규정한 것은 제한을 통하여 사실상 부분적 권리의 박탈이 이루어지는 경우를 포함시키려는 견해[106]가 있다. 그러나 해석을 무리하게 확장해서 독일이론에 결부시키는 것보다 우리나라 법리를 그대로 해석하는 데 충실해야 한다고 생각한다. 그리고 보상의 필요성 여부에 따라 재산권소유자의 개인적인 입장에서 고려할 때 입법권자의 입법형성권에 재량적 의미를 담고 있는 분리이론보다 재산권침해의 수인한도를 넘어서면 수용으로 보아 보상을 해야 하는 경계이론과 견해를 같이한다.

105) 김광수, "개발제한구역의 지정과 보상 문제", 『행정법연구』, 제7호, 행정법이론실무학회, 2001, 318면.
106) 한수웅, "재산권의 내용을 새로이 형성하는 법규정의 헌법적 문제", 『저스티스』, 제32권 제2호, 한국법학원, 1999, 35면.

Ⅲ. 손실보상의 기준

1. 개설

손실보상의 범위를 침해된 재산 가치에 대하여 어느 정도로 할 것인가에 대해서는 각국의 입법태도와 헌법을 뒷받침하는 사회 윤리적 가치관의 차이에 따라 상이하다. 현행 헌법 제23조 제3항은 "공공필요에 의한 재산권의 수용·사용 또는 제한 및 그에 대한 보상은 법률로써 하되, 정당한 보상을 지급하여야 한다."고 규정하여 정당보상의 원칙을 취하면서 구체적인 보상액의 산출기준을 법률에 유보하였다. 따라서 헌법상의 정당보상의 원칙이 무엇을 의미하는지가 문제되나, 이에 대하여 학설은 일반적으로 완전보상설과 상당보상설 및 절충설이 대립되고 있다.

2. 학설

1) 완전보상설

완전보상의 관념은 미국 연방수정헌법 제5조의 "정당한 보상" 조항의 해석을 중심으로 미국에서 발전된 이론이다. 완전보상설은 손실보상은 피침해 재산이 갖는 재산적 가치를 충분하고 완전하게 보상(vollständige Entschädigung)하는 것이라야 한다는 입장이다.[107] 이 설은 다시 보통 발생되는 손실의 전부를 보상하는 것이어야 하며, 부대적 손실을 포함한다고 보는 입장과 손실보상은 재산권에 대응하는 것이므로 피침해 재산의 시가·거래 가격에 의한 객관적 가치를 완전히 보상하는 것이어야 하나 부대적 손실은 포함되지 않는다는 입장으로 나누어진다. 완전보상의 관념은 미국 연방수정헌법 제5조의 정당한 보상 조항의 해석을 중심으로 발전된 것이다. 완전보상은 재산권의 객관적 가치의 보상은 물론 그 보상의 시기·반복 등에 어떠한 제한을 두어서는 아니 되는 것을 의미하는 완전한 보상이어야 한다. 즉, 피침해 재산권의 객관적 가치의 손실뿐만 아니라 부대적 손실에 대해서도 보상하여야 하는 것이다.

---

107) 김동희, 『행정법요론』, 박영사, 2010, 428면; 박윤흔, 『최신행정법강의(하)』, 박영사, 2002, 723면; 이상규, 『행정법(상)』, 범문사, 2000, 656면.

2) 상당보상설

상당보상설은 침해된 재산권에 대하여 사회통념에 비추어 타당성 내지 합리적인 보상이면 된다는 견해이다.[108] 상당보상설(angemessene Entschädigung)의 내용에 대해서는 견해가 나누어지는데, 완전보상을 상회하거나 하회할 수도 있다는 견해와 사회통념에 비추어 객관적으로 타당성이 인정되는 것이면 완전보상을 하회하여도 무방하다고 보는 견해 등이 그것이다. 이 설은 재산권의 사회적 의무성을 바탕으로 한 사회·정책적 배려에 의한 것이라 할 수 있다. 바이마르헌법 제153조는 "소유권은 의무를 수반한다."고 규정함으로써 재산권의 의무성을 선언하여 상당보상의 원칙을 채택하였고, 이는 독일기본법 제14조 제3항 제3단에서 "공익과 관계자 이익의 정당한 형량에 의한 보상"이라는 표현으로 계승되고 있다.

3) 절충설

절충설은 개인의 재산권에 대한 개별적·우연적 침해에 대해서는 피해자가 입은 모든 손실을 보상해 주는 완전보상이어야 한다는 것을 원칙으로 하면서도, 공익상의 합리적 사유가 있거나 공익과 사익을 조정하는 견지에서 완전보상을 하회할 수도 있고, 또한 생활보상까지 해 주어야 하는 경우도 있다고 본다.[109]

절충설은 농지개혁의 예에서 보듯이 현존 재산법질서를 변혁하는 목적의 재산권침해와 전 국토의 효율적 이용을 위해 행해지고 있는 토지이용계획에 의한 재산권침해 및 전쟁 기타 국가의 위기에 처해 개인의 재산을 증발하는 경우에는, 완전보상을 하회할 수 있는 것으로 본다. 그러나 댐건설로 인해 전 부락이 몰수되어 원래의 거주지를 떠나 다른 지역에서 새롭게 생활을 재건해야만 하는 경우에 있어서는 그 생활기반의 재건까지 보상의 내용이 되는 것으로 본다.[110]

---

108) 김남진, 『행정법 I』, 법문사, 2003, 557면; 김성수, 『개별행정법』, 법문사, 2004, 625면.
109) 유해웅, "토지이용계획제한과 손실보상", 건국대학교 대학원 박사학위 논문, 1990, 120면; 박평준, "공용수용에 대한 손실보상", 『월간감정평가사』, 2004, 51면.
110) 일본학자들이 취하는 절충설은 완전한 보상을 요하는 경우와 상당한 보상으로써 충분한 경우를 나누고 있다. 즉, 작은 재산의 침해나 기존의 재산법질서의 범위 안에서의 개별적인 재산권침해행위는 완전한 보상을 요하지만, 큰 재산의 침해나 기존의 재산법질서를 구성하는 어떤 재산권에 대한 사회적 평가가 변화되어 그 권리관계의 변혁을 목적으로 행하여지는 재산권침해행위는 상당한 보상을 하면 된다는 것이다. 박윤흔, 『최신행정법강의(하)』, 박영사, 2002, 762면.

3. 판례

1) 헌법재판소

헌법재판소는 헌법 제23조 제3항의 규정에 의한 "정당한 보상"에 대하여 다음과 같이 판시하고 있다.

① 헌법이 규정한 정당한 보상이란 손실보상의 원인이 되는 재산권의 침해가 기존의 법질서 안에서 개인의 재산권에 대한 개별적인 침해인 경우에는, 그 손실보상은 원칙적으로 피수용 재산의 객관적인 재산 가치를 완전하게 보상하는 것이어야 한다는 완전보상을 뜻하는 것으로서 보상금액뿐만 아니라, 보상의 시기나 방법 등에 있어서도 어떠한 제한을 두어서는 아니 된다는 것을 의미한다.[111]

② 헌법 제23조 제3항에서 규정한 정당한 보상이란 원칙적으로 피수용 재산의 객관적인 재산 가치를 완전하게 보상하여야 한다는 완전보상을 뜻하는 것이다. 그러나 공익사업의 시행으로 지가가 상승하여 발생하는 개발이익은 궁극적으로는 국민 모두에게 귀속되어야 할 성질의 것이며, 개발이익은 피수용 토지의 객관적 가치 내지 피수용자의 손실이라고는 볼 수 없다. 국토이용관리법 제29조 제5항을 포함하여 제29조 제6항에 의하여 평가된 기준지가는 그 평가의 기준이나 절차로 미루어 대상 토지가 대상지역공고일 당시 갖는 객관적 가치를 평가하기 위한 것으로 볼 수 없고, 토지수용법 제46조 제2항이 들고 있는 시점보정의 방법은 보정결과의 적정성에 흠을 남길 만큼 중요한 기준이 누락되었다거나 적절치 아니한 기준을 적용한 것으로 판단되지 않는다.

따라서 토지수용법 제46조 제2항의 보상액을 산정함에 있어 개발이익을 배제하고, 기준지가의 고시일 이후 시점보정을 인근토지의 가격변동률과 도매물가상승률 등에 의하여 행하도록 규정한 것은 헌법 제23조 제3항에 규정한 정당보상의 원리에 위배되는 것은 아니다.[112]

2) 대법원

① 헌법 제23조 제3항의 규정은 보상청구권의 근거에 관해서뿐만 아니라, 보상의 기

---

111) 헌재 1990. 6. 25, 89헌마107.
112) 헌재 1991. 2. 11, 90헌바17·18.

준과 방법에 관하여서도 법률의 규정에 유보하고 있는 것으로 보아야 하고 토지수용법과 지가공시법의 규정들은 바로 헌법에서 유보하고 있는 법률의 규정들로 보아야 할 것이다. 그리고 "정당한 보상"이라 함은 원칙적으로 피수용재산의 객관적인 재산 가치를 완전하게 보상하여야 한다는 완전보상을 뜻하는 것이라 할 것이나, 투기적인 거래에 의하여 형성되는 가격은 정상적인 객관적 재산 가치로 볼 수 없으므로 이를 배제한다고 하여 완전보상의 원칙에 어긋나는 것은 아니다.[113]

② 당해 수용사업의 시행으로 인한 개발이익은 수용대상토지의 수용 당시의 객관적 가치에 포함되지 아니하는 것이므로 수용대상토지에 대한 손실보상액을 산정함에 있어서 구 토지수용법(1991. 12. 31. 법률 제4483호로 개정되기 전의 것) 제46조 제2항에 의하여 손실보상액 산정의 기준이 되는 지가공시및토지등의평가에관한법률에 의한 공시지가에 당해 수용사업의 시행으로 인한 개발이익이 포함되어 있을 경우 그 공시지가에서 그러한 개발이익을 배제한 다음 이를 기준으로 하여 손실보상액을 평가하고, 반대로 그 공시지가가 당해 수용사업의 시행으로 지가가 동결된 관계로 개발이익을 배제한 자연적 지가상승분도 반영하지 못한 경우에는, 그 자연적 지가상승률을 산출하여 이를 기타 사항으로 참작하여 손실보상액을 평가하는 것이 정당한 보상의 원리에 합당하다.[114]

4. 검토

우리나라 헌법은 건국이후 보상의 범위에 관한 표현을 "상당보상", "정당보상", 그리고 법률에 유보하는 형식을 취해 왔으며, 상당보상의 입장과 정당보상의 입장으로 나누어지는 것으로 파악할 수 있다. 그러나 현행 헌법이 보상의 범위에 대하여 표현을 달리함으로써 실질적 차이를 두려고 한 것은 아니며 발생한 손실은 완전 보상하는 입장을 취하고 있었다고 보는 견해도 있다.[115]

현행 헌법은 제23조 제3항에서 정당한 보상의 지급을 명시하고 있으며 구체적인 보상기준을 법률에 유보하고 있어 보상기준에 관한 해석이 학자에 따라 다르게 되는 것은 당연한 귀결이다. 현행 헌법상 정당보상의 원칙은 완전보상설을 취한 것이라 할 수 있으

---

113) 대판 1993. 7. 13, 93누2131.
114) 대판 1993. 7. 27, 92누11084; 대판 1993. 7. 13, 93누227; 대판 1993. 3. 9, 92누9531.
115) 그 이유로서 헌법규정의 차이에도 불구하고 토지의 수용과 보상에 관한 일반법이라 할 수 있는 토지보상법은 일관되게 재결당시의 가격에 의한 보상, 즉 완전보상을 하도록 한 것을 들고 있다. 박윤흔, 『최신행정법강의(하)』, 박영사, 2002, 466면.

며116) 이에 따라 손실보상은 침해된 재산권의 객관적 가치의 보상은 물론 그 보상의 시기·방법 등에 제한이 없는 완전한 보상이어야 한다. 즉, 침해되는 재산권의 객관적 가치의 손실과 부대적 손실에 대해서도 보상하여야 한다는 완전보상설과 견해를 같이한다.

따라서 헌법상의 보상기준의 문제는 추상적·일반적으로 판단하기보다는 오히려 현실적 상황에 있어서의 제반사정 예컨대, 재산권의 종류, 침해의 목적·요건·절차·방법·효과 등과의 관련 하에서 구체적·개별적으로 판단되어야 하는 것이라 할 수 있다.117) 그리고 보상기준이 구체적으로 명시되지 아니한 것은 입법형성권자의 의지에 따라 다를 수 있다는 것을 암시하므로 실질적인 보상은 입법형성을 기준으로 해석해서는 안 되며, 재산권을 침해당하는 자를 중심으로 한 보상기준이 마련되어야 한다고 생각한다. 이와 같은 취지에서 고려한다면 보상의 대상인 일반적인 재산권 보상을 포함하여 정신적 보상, 생활보상, 이주대책 등 전반적인 사항을 고려하여 상당한 부분을 초과하더라도 피수용자가 만족할 만한 완전보상을 하여야 한다.

Ⅳ. 손실보상의 원칙과 내용

1. 손실보상의 원칙

1) 사업시행자보상원칙

공익사업에 필요한 토지 등의 취득 또는 사용으로 인하여 토지소유자, 관계인이 입은 손실은 사업시행자가 보상하여야 한다.

---

116) 헌재 1995. 4. 20, 93헌바20·66; 94헌바4·9; 95헌바6(종합).
117) 유재성, "토지재산권의 사회적 구속성과 손실보상에 관한 연구", 충남대학교 대학원 박사학위 논문, 1992, 119면.

사업시행자보상원칙은 수용권의 주체에 관하여 사업시행자 수용권설에 따른 것으로 보상할 자는 손실의 원인행위를 한 자가 되어야 하기 때문에 실정법에 의하여 사업시행자에게 주어진 수용권의 행사는 바로 그 손실의 원인이 되므로 당연히 사업시행자가 손실보상을 하여야 한다는 원칙이다. 보상업무를 지방자치단체 등에 위탁하는 경우에도 궁극적인 보상책임은 사업시행자가 져야 한다.

2) 사전보상원칙

사업시행자는 당해 공익사업을 위한 공사에 착수하기 이전에 토지 소유자 및 관계인에 대하여 보상액의 전액을 지급하여야 한다. 다만 천재지변시의 사용의 시급을 요하는 토지의 사용, 또는 토지소유자 및 관계인이 승낙이 있을 때에는 그러하지 아니하다(공특법 제42조 제1항, 제2항).

이러한 사전보상의 원칙은 피수용자를 보호하기 위한 것으로 그 시기까지 보상금을 지급·공탁하지 않으면 재결은 그 효력을 상실한다. 이 경우 사업시행자는 재결의 효력이 상실됨으로 인하여 피수용자가 입은 손실을 보상하여야 한다. 대법원판례는 기업자가 관할 토지수용위원회에서 재결된 보상금을 그 수용시기까지 지급 또는 공탁하지 않으면 그 보상금에 대한 후급약정이 있다든가 또는 보상금액에 대해서만 다툰다거나 하는 특별한 사정이 없는 한 그 수용재결은 전부 효력을 상실하므로, 수용대상 토지를 점유 사용함은 불법점유로 되어 그 손해를 배상하여야 한다고 한다.[118]

---

118) 대판 1970. 11. 30, 70다2171.

3) 현금보상의 원칙

금전은 자유로운 유통이 보장되고 객관적인 가치의 변동이 적을 뿐만 아니라, 일반적인 사회현실에서 볼 때 누구나 다 선호하는 것으로서 완전성을 확보하기 쉬운 보상방법이라는 점에서 현금 지급의 원칙이다.

손실보상은 다른 법률에 특별한 규정이 있는 경우를 제외하고는 현금으로 지급하여야 한다(공특법 제63조 제1항). 다만, 예외적으로 일정한 경우에 토지보상[119], 물건보상[120] 및 채권보상이 허용되고 있다.[121]

4) 개인별 보상원칙

손실보상은 토지소유자 또는 관계인에게 개인별로 행하여야 한다. 다만 개인별로 보상액을 산정할 수 없는 때에는 그러하지 아니하다(공특법 제64조).

---

119) 공익사업을위한토지등의취득및보상에관한법률 제63조 제1항에서 "손실보상은 다른 법률에 특별한 규정이 있는 경우를 제외하고는 현금으로 지급하여야 한다. 다만, 토지소유자가 원하는 경우로서 사업시행자가 해당 공익사업의 합리적인 토지이용계획과 사업계획 등을 고려하여 토지로 보상이 가능한 경우에는 토지소유자가 받을 보상금 중 본문에 따른 현금 또는 제6항 및 제7항에 따른 채권으로 보상 받는 금액을 제외한 부분에 대하여 다음 각 호에서 정하는 기준과 절차에 따라 그 공익사업의 시행으로 조성한 토지로 보상할 수 있다."고 규정하고 있다.

120) 도시및주거환경정비법 제40조 제4항에서 현물보상에 관하여 "대지 또는 건축물을 현물 보상하는 경우에 공익사업을위한토지등의취득및보상에관한법률 제42조의 규정에도 불구하고, 제52조의 규정에 의한 준공인가 이후에 그 현물보상을 할 수 있다."고 규정하고 있다.

121) 공익사업을위한토지등의취득및보상에관한법률 제63조 제2항; 다음에 해당하는 경우에는 현금보상의 원칙에도 불구하고 당해사업시행자가 발행하는 채권으로 지급할 수 있다. ① 토지소유자 또는 관계인이 원하는 경우 ② 사업인정을 받은 사업에 있어서 부재부동산 소유자의 토지에 대한 보상금이 3천만 원을 초과하는 경우로서 그 초과하는 금액에 대하여 보상하는 경우, 특히 토지의 투기가 우려되는 지역으로서 특정지역 안에서 다음의 어느 하나에 해당하는 공익사업을 시행하는 자 중 특정 정부 투자기관 및 공공단체는 위의 채권지급 의 규정에도 불구하고 위 ②의 부재부동산소유자의 토지에 대한 보상금 중 대통령이 정하는 1억 원 이상의 일정 금액을 초과하는 부분에 대하여는 당해 사업시행자가 발행하는 채권으로 지급하여야 한다. 한편 채권으로 지급하는 경우 채권의 상환 기한은 5년을 넘지 아니하는 범위 안에서 정하여야 하며, 그 이율은 3년 만기 정기예금 이자율로 한다(당해 계산기간 중에 그 이자율이 변동되거나 은행에 따라 이자율이 다른 경우에 적용할 이자율은 그해 1월1일 현재 은행법에 의하여 설립된 금융기관 중 전국을 영업구역으로 하는 은행의 적용하는 이자율을 평균한 이자율로 함). 그리고 예외적으로 법률이 정하는 바에 의하여, 도시개발사업에서의 환지의 제공 등과 같이 수용 또는 사용할 물건에 갈음하는 물건으로 보상하는 현물보상의 방법에 의하는 경우도 있다(도시및주거환경정비법 제40조 제4항).

대판 2000. 1. 28, 97누11720

토지수용법 제45조 제2항은 수용 또는 사용함으로 인한 보상은 피보상자의 개인별로 산정할 수 없을 때를 제외하고는 피보상자에게 개인별로 하여야 한다고 규정하고 있으므로, 보상은 수용 또는 사용의 대상이 되는 물건별로 하는 것이 아니라 피보상자의 개인별로 행하여지는 것이라고 할 것이어서 피보상자는 수용 대상 물건 중 전부 또는 일부에 관하여 불복이 있을 경우 그 불복의 사유를 주장하여 행정소송을 제기할 수 있다.

보상액을 개인별로 산정한다 함은 대상토지 위에 소유권 이외의 지상권·지역권·전세권·저당권 등이 설정되어 있는 경우 토지소유자 및 각 권리자별로 보상액을 산정하여야 한다는 의미이다.[122] 이는 대상 토지위에 소유권 이외의 담보물권이 설정되어 있는 경우에 토지와 그 권리에 대한 보상금을 일괄되게 결정하여 토지소유자에게 지급하고, 다른 권리자는 다시 토지소유자로부터 지급 받도록 한다면 관계인의 권리보호에 지장이 있기 때문이다. 그리고 담보물권의 목적물이 수용의 대상이 된 경우에 채무자가 받을 보상금에 대하여 물상대위를 인정하고 있다(공특법 제47조). 이 경우 개인별 보상원칙에 대한 예외가 된다.

5) 일괄보상원칙

사업시행자는 동일한 사업지역 안에 보상시기를 달리하는 동일인 소유의 토지 등이 다수 있는 경우 토지소유자, 또는 관계인의 요구가 있는 때에는 일괄하여 보상금을 지급하여야 한다.[123]

6) 사업시행이익과의 상계금지원칙

사업시행자는 동일한 토지소유자에 속하는 일단의 토지의 일부를 취득 또는 사용하는 경우 당해 공익사업의 시행으로 인하여 잔여지의 가격이 증가하거나 그 밖의 이익이 발생한 때에도 그 이익을 그 취득 또는 사용으로 인한 손실과 상계할 수 없다(공특법 제66조).

---

122) 이선영, 『토지공법과 보상법론』, 법문사, 1997, 217면.
123) 공익사업을위한토지등의취득및보상에관한법률; 이를 대위주의(代位主意)라 한다. 석종현, 『일반행정법(상)』, 삼영사, 2005, 18면.

이 규정은 수용의 대상에 포함되지 않은 토지와 보상금은 직접적 관계가 없다는 이유, 그리고 잔여지의 개발이익 등은 개발이익환수의 방법을 적용하여야 할 사항이라는 이유 등을 고려하여124) 민사법상의 손익 상계적 발상을 배제한 것이다.

7) 시가보상원칙

공익사업을위한토지등의취득및보상에관한법률의 보상액의 가격시점(보상액 산정의 기준이 되는 시점)에 관한 규정에서, "보상액의 산정은 협의에 의한 경우에는 협의성립 당시의 가격을, 재결에 의한 경우에는 수용 또는 사용의 재결 당시의 가격을 기준으로 한다."라고 규정하고 있는데(공특법 제67조 제1항), 이는 시가보상원칙을 정한 것으로 볼 수 있다.

8) 개발이익배제원칙

보상액의 산정에 있어서 당해 공익사업으로 인하여 토지 등의 가격에 변동이 있는 때에는 이를 고려하지 아니한다(공특법 제67조 제2항). 이러한 규정은 정당한 보상이 결코 당해 공익사업으로 인한 지가상승분, 즉 개발이익까지 포함하는 것으로 볼 필요는 없다고 보는 것이다. 공익사업을위한토지등의취득및보상에관한법률에서는 이외에 보상액 산정에 있어서 당해 공익사업으로 인하여 토지 등의 가격이 변동이 있을 때에는 이를 고려하지 않는다는 개발이익배제원칙을 명문화하는 한편, 대법원판례의 입장에 따라 개발이익의 배제를 더욱 구체화하였다.125) 이와 같이 개발이익배제원칙을 확고히 하고 있으나 정당한 보상과 관련하여 문제의 소지가 있으므로 이에 관하여 구체적으로 후술하고자 한다.

9) 감정평가업자 평가원칙

사업시행자는 토지 등에 대한 보상액을 산정하고자 하는 경우에는 부동산가격공시및감

---

124) 유해웅, 『수용보상법론』, 경록사, 1997, 312면.
125) 대판 1995. 11. 7, 94누13725. 택지개발의 시행을 위하여 용도지역이 경지지역에서 도시지역으로 변경된 토지들에 대하여 그 이후 이 사업을 시행하기 위하여 이를 수용하였다면, 표준지의 산정이나 지가변동률의 적용 등 그 보상액 재결을 위한 평가를 함에 있어서는 용도지역의 변경을 고려함이 없이 평가하여야 할 것이다.

정평가에관한법률에 의한 감정평가업자 2인 이상에게 토지 등의 평가를 의뢰하여야 한다. 다만, 사업시행자가 국토해양부령이 정하는 기준에 따라 직접 보상액을 산정할 수 있는 때에는 그러하지 아니하다(공특법 제69조 제1항).

2. 손실보상의 내용

1) 손실보상의 내용

(1) 손실보상 내용의 다양화

전통적인 손실보상 이론은 공공사업이 주로 도로·국공립학교의 건설 등 이른바, 점진적 개발사업126)이어서 생활권침해가 없거나 공용수용에 부대되는 경제적 손실도 경미하다는 것을 전제로 하였기 때문에 재산권에 대한 보상을 중심으로 구성되었다.

오늘날의 사회국가에 와서는 공공개발사업은 공공복리의 증진을 위한 목적으로 시행되기 때문에 댐·공업단지·항만건설 등 이른바 양면 개발사업을 의미하는 대규모 공공사업을 대대적으로 시행하지 않을 수 없게 되었다. 이와 같은 대규모의 공공사업의 시행은 수몰민의 예에서 보듯이 주민들이 일시에 다른 곳으로 이주하는 문제가 생겨 수몰민의 재산권이 침해됨은 물론 생활기반 그 자체를 상실하는 경우가 생기게 된다. 즉, 개발사업의 시행은 토지소유권은 물론 토지소유권 이외의 각종 재산권을 침해하고, 재산권침해에 부대되는 경제적 손실을 발생시키며, 나아가 생활권을 침해하는 문제가 발생함으로써 보상의 내용이 다양화되고 있다.

그 외에도 보상금이 피보상자의 생활재건을 위하여 가장 유효하게 쓰이도록 유도하는 각종의 조치를 고려하거나 공공사업의 시공, 또는 완성 후에 그 공공시설이 기업자 외에 대하여 미치는 이른바, 사업 손실에 대하여도 보상이론에서 고려해야 하는 문제가 생긴다. 따라서 손실보상의 내용은 종래의 재산권보상으로부터 생활재건조치·사업 손실 등을 포함하는 생활보상 등으로 다양화해진 것이라 할 수 있다.127)

---

126) 박윤흔, 『최신행정법강의(상)』, 박영사, 2002, 766면.
127) 석종현, 『손실보상법론』, 삼영사, 2005, 127면.

(2) 재산권보상

재산권 보상은 개별적 · 구체적인 재산손실에 대한 상대성을 갖는 보상을 의미한다. 따라서 재산권 그 자체의 상실은 물론 재산권상실에 부대하는 경제적 손실에 해당하는 실비변상적 보상, 일실손실보상 등을 그 내용으로 한다.

가. 토지보상의 기준 및 내용

보상액의 산정은 재결에 의한 경우에는 수용의 재결 당시의 가격을 기준으로 하며,[128] 협의에 의한 경우에는 협의성립 당시의 가격을 기준으로 한다. 보상액의 산정에 있어서 당해 공익사업으로 인하여 토지 등의 가격에 변동이 있는 때에는 이를 고려하지 아니한다.[129]

협의 또는 재결에 의하여 취득하는 토지에 대하여는 공시지가를 기준으로 하여 보상하되, 그 공시기준일로부터 가격시점까지의 관계법령에 의한 당해 토지의 이용계획, 당해 공익사업으로 인한 지가의 영향을 받지 아니하는 지역의 지가변동률,[130] 생산자물가상승률 그 밖의 당해 토지의 위치 · 형상 · 환경 · 이용 상황 등을 참작하여 평가한 적정가격으로 보상하여야 한다.[131]

여기서 보상액 산정기준이 되는 공시지가는 사업인정전의 협의에 의한 취득에 있어서는 당해 토지의 가격시점 당시 공시된 공시지가 중 가격시점에 가장 가까운 시점에 공시된 공시지가로 하며,[132] 다만 사업인정후의 협의 또는 재결에 의한 취득에 있어서는 사

---

128) 판례는 "기업자가 토지가 포락되었다고 판단하여 수용절차나 보상 없이 공사를 시행하는 도중에 토지가 포락된 것이 아니라는 판결이 확정되자 비로소 이를 수용하게 되어 수용재결 당시에는 당해 공공사업으로 토지현상 및 용도지역이 변경된 경우, 손실보상액은 수용재결일이 아니라 사업승인 고시 일을 기준으로 산정하여야 하는 것"으로 본다(1999. 10. 22, 98두7770).

129) 당해 공공사업의 시행을 직접 목적으로 하는 계획의 승인 · 고시 또는 사업 시행으로 인한 가격변동은 이를 고려함이 없이 수용재결 당시의 가격을 기준으로 하여 적정가격을 정하여야 하고, 당해 공공사업과는 관계없는 다른 사업의 시행으로 인한 개발이익은 이를 배제하지 아니한 가격으로 평가하여야 한다(1999. 10. 22, 98두7770).

130) 지가변동 외에 도매물가상승률을 참작하라고 하는 취지는 지가변동률이 지가추세를 적절히 반영하지 못한 특별한 사정이 있는 경우 이를 통하여 보완하기 위한 것일 뿐이므로 지가변동률이 지가추세를 적절히 반영한 경우에는 이를 필요적으로 참작하여야 하는 것은 아니다(1999. 8. 24, 99두4754).

131) 공익사업을위한토지등의취득및보상에관한법률 제70조 제1항; 토지수용으로 인한 손실보상액의 산정을 공시지가를 기준으로 하되, 개발이익을 배제하고, 공사기준일로부터 재결 시까지의 시점보정을 인근토지의 가격변동률과 도매물가상승률 등에 의하여 행하는 것은 기준시가가 대상지역 공고일 당시의 표준지의 객관적 가치를 정당하게 반영하는 것이고, 표준지와 지가 선정 대상 토지 사이에 가격의 유사성을 인정할 수 있도록 표준지의 선정이 적정하며, 대상지역 공고일이 후 수용 시까지의 시가변동을 산출하는 시점보정의 방법이 적정한 것으로 보이므로, 헌법상의 정당보상의 원칙에 위배되는 것이 아니다[헌재 1995. 4. 20, 93헌바20 · 66; 94헌바4 · 9; 95헌바6(병합)].

업인정고시일전의 시점을 공시기준일로 하는 공시지가로서 당해 토지에 관한 협의의 성립, 또는 재결 당시 공시된 공시지가 중 당해 사업인정 고시일에 가장 가까운 시점에 공시된 공시지가로 한다(공특법 제70조 제3항, 제4항).

취득하는 토지를 평가함에 있어서는 평가대상토지와 유사한 이용가치를 지닌다고 인정되는 하나 이상의 표준지의 공시지가를 기준으로 하되 인근유사토지의 거래사례를 평가에 반영해야 함은 물론, 표준지와 수용대상토지의 개별요인에서 차이를 구체적 기준이나 방법을 통하여 제시하여야 하고, 처분청은 보상액산정요인들을 특정·명시하고, 그 산정요인의 참작방법을 구체적으로 명시하여서 보상액산정과정의 투명성과 적법성을 입증할 수 있어야 한다.[133] 이렇게 토지에 대한 보상이 이루어지면 사업시행자는 토지의 소유권을 취득하게 된다.

㉮ 개발 이익의 배제

개발이익이란 개발사업을 시행함으로써 정상지가 상승분을 초과하여 개발사업시행자에게 귀속되는 토지가액의 증가분을 말한다. 개발이익은 피수용토지의 객관적 가치 내지는 피수용자의 손실에 해당하지 아니하므로 손실보상액 산정에서 배제하고 있다. 이는 지가가 갑자기 상승한 개발지역 내에서 토지를 수용당한 자와 수용당하지 않은 자 간의 불균형을 시정하고 개발이익까지를 포함하여 보상함으로써 피수용자에 이중의 이익을 주는 것을 배제하여 공평부당이라는 보상원리에 따르기 위한 것이라 할 수 있다.

헌법재판소는 헌법 제23조 제3항의 정당한 보상을 완전보상을 뜻하는 것으로 해석하면서도, 개발이익은 완전보상의 범위에 포함되는 피수용토지의 객관적 가치 내지는 피수용자의 손실에 해당하지 않는 것으로 보았다.[134]

대법원의 판례도 개발이익은 형평의 관념에 비추어 볼 때, 토지소유자에게 당연히 귀속되어야 할 성질의 것은 아니고, 피수용토지가 수용당시 갖는 객관적 가치에 포함된다고 볼 수도 없고, 또한 개발이익은 공익사업의 시행을 볼모로 한 주관적 가치부여에 지나지 않는 것으로 보아 개발이익의 배제원칙을 취하고 있다.[135] 종래 개발이익을 배제하

---

132) 공익사업을위한토지등의취득및보상에관한법률 제70조 제3항. "공익사업의 계획 또는 시행이 공고 또는 고시됨으로 인하여 취득하여야 할 토지의 가격이 변동되었다고 인정되는 경우에는 당해 공고일 또는 고시일 전의 시점을 공시기준일로 하는 공시지가로서, 당해 토지의 가격시점 당시 공시된 공시지가 중 당해 공익사업의 공고일 또는 고시일에 가장 가까운 시점에 공시된 공시지가로 한다."

133) 대판 1990. 7. 10, 89누3953.

134) 헌재 1990. 6. 25, 89헌마107(토지수용법 제46조 제2항의 위헌여부에 관한 헌법소원); 헌재 1991. 2. 11, 90헌바17·18(국토이용관리법 제29조 제5항 및 토지수용법 제46조 제2항에 대한 헌법소원).

135) 대판 1999. 10. 22, 98두7770: 피고 한국토지공사(이하 피고 공사라고 한다)가 1990. 5. 16. 이 사건

는 수단으로 토지초과소유부담금, 개발 부담금 및 토지초과이득세가 활용되었으나, 그 근거법률인 택지소유상한에관한법률은 1998. 9. 19. 폐지(법률 제5571호)되었고, 개발이익환수에관한법률은 개정(1998. 9. 19. 법률 제5572호)되어 1999년 12월 31일까지 인가 등을 받아 시행하는 모든 개발사업에 대하여 개발 부담금을 면제하고, 2000년 1월 1일부터는 그 부담률을 개발이익의 100분의 50에서 100분의 25로 인하하였다. 토지초과이득세법은 1998. 12. 28. 폐지되었다(법률 제5586호).

㉴ 사용하는 토지에 대한 보상기준

협의 또는 재결에 의하여 사용하는 토지에 대하여는 그 토지와 인근 유사토지의 지료 · 임대료 · 사용방법 · 사용기간 및 그 토지의 가격 등을 참작하여 평가한 적정가격으로 보상하여야 한다(공특법 제71조 제1항). 또한 공특법은 사용하는 토지의 지하 및 공중공간의 사용에 대해서도 구체적인 보상액의 산정 및 평가방법은 투자비용 · 예상수익 및 거래가격 등을 고려하여 국토해양부령으로 정하도록 함으로써(공특법 제71조 제2항), 지하 및 공중 공간 사용의 보상근거를 새로이 마련하였다.

나. 토지 이외의 재산권 보상에 대한 기준 및 내용
㉮ 건축물 등 물건에 대한 보상

지상의 물건에 대한 이전보상은 직접적인 보상이라기보다는 수용 등으로 인한 경제적 손실에 대한 회복차원의 보상이라 할 수 있다. 건축물 등, 즉 건축물 · 입목 · 공작물 기타 토지에 정착한 물건에 대하여는 이전에 필요한 비용으로 보상하여야 한다. 다만, 건축물 등의 이전이 어렵거나 그 이전으로 인하여 건축물 등을 종래의 목적대로 사용할 수 없게 된 경우, 건축물 등의 이전비가 그 물건의 가격을 넘는 경우, 사업시행자가 공익사업에 직접 사용할 목적으로 취득하는 경우에는 당해 물건의 가격으로 보상하여야 한다

토지 일대에 공업단지조성공사를 위한 산업기지 개발사업실시계획을 승인받아 위 사업을 시행함에 있어 이 사건 토지는 포락으로 해면화되었다고 판단하여 이 사건 토지에 대한 수용절차나 보상 없이 공사를 시행하였고, 이에 원고가 피고 공사를 상대로 이 사건 토지에 관한 소유권확인 소송을 제기하여 공사가 거의 완공될 무렵인 1995. 11. 24. 원고승소판결이 확정되자 비로소 피고 중앙토지수용위원회가 1996. 7. 15. 이 사건 토지를 수용재결 하였는데 원래 1/4은 갯벌, 3/4은 방치된 잡종지 상태였던 이 사건 토지가 피고 공사의 위 사업시행으로 수용재결 당시에는 대지조성이 거의 마무리되어 가는 잡종지로 토지현상이 변경되고 용도지역도 공업지역으로 변경되었음을 알 수 있는바, 이 사건 토지의 이용 상황이 위와 같은 경위로 변경되었으니 이는 이 사건 당해 사업의 시행으로 인한 것이므로 이 사건 토지의 수용으로 인한 손실보상액을 산정함에 있어서는 당해 사업 시행으로 인한 개발이익 배제의 법리에 따라 이 사건 토지의 이용 상황을 수용재결일이 아니라 당초의 사업승인 고시일을 기준으로 하여야 할 것이다.

(공특법 제75조 제1항).

대법원은 "과거의 토지수용법이나 공공용지의취득및손실보상에관한특례법 등 관계법령을 종합해 보면 지상물인 건물은 그 건물이 적법한 건축허가를 받아 건축된 것인지 여부에 관계없이 토지수용법상 사업인정의 고시 이전에 건축된 건물이기만 하면 손실보상의 대상이 된다."고 판시하였다.136)

ⓐ 농작물에 등에 관한 보상

농작물에 대한 손실보상은 그 종류와 성장의 정도 등을 종합적으로 참작하여 보상하여야 하며(공특법 제75조 제2항), 토지에 속한 흙·돌·모래 또는 자갈에 대하여는 그것이 당해 토지와 별도로 취득 또는 사용의 대상이 되는 경우에 한하여 거래가격 등을 참작하여 적정가격으로 보상하여야 한다(공특법 제75조 제3항).

ⓑ 권리에 대한 보상

권리에 대한 보상은 광업권, 어업권, 용수권 등에 대한 보상을 말하는데, 광업권은 광구에서 등록을 한 광물과 이와 동일 광산 중에서 부존하는 다른 광물을 채굴하여 취득하는 권리를 말한다. 광업법에 의해 허가와 등록으로 성립하는 배타적·독립적 권리이며, 물권으로 간주된다. 어업권은 일정한 수역에서 어업을 할 수 있는 권리이다. 어업권 자체는 사권이지만 공적제약이 따른다.

토지에 관한 소유권 이외의 권리에 대한 구체적인 보상액 산정 및 평가방법은 투자비용·예상수익 및 거래가격 등을 고려하여 국토해양부령으로 정한다(공특법 제75조 제5항). 광업권·어업권 및 물(용수시설을 포함한다) 등의 사용에 관한 권리에 대해서도 투자비용·예상수익 및 거래가격 등을 참작하여 평가한 적정가격으로 보상하여야 하며, 보상액의 구체적인 산정 및 평가방법은 국토해양부령으로 정한다(공특법 제75조 제5항, 제79조).

ⓒ 잔여지 보상

사업시행자는 동일한 토지소유자에 속하는 일단의 토지의 일부가 취득, 또는 사용됨으로 인하여 잔여지의 가격이 감소하거나 그 밖의 손실이 있는 때 또는 잔여지에 통로·도랑·담장 등의 신설 그 밖의 공사가 필요한 때에는 그 손실이나 공사의 비용을 보상

---

136) 대판 2000. 3. 10, 99두10896.

하여야 한다. 동일한 토지소유자에게 속하는 일단의 토지의 일부가 취득됨으로 인하여 잔여지의 가격이 하락된 경우의 잔여지의 손실은 공익사업시행지구에 편입되기 전의 잔여지 가격에서 편입 후 잔여지의 가격을 뺀 금액으로 평가하며, 잔여지에 도로·도랑·담장 등의 신설 그 밖의 공사가 필요하게 된 경우의 손실은 그 시설의 설치나 공사에 필요한 비용으로 평가한다. 더불어 종래의 목적에 사용되는 것이 현저히 곤란하게 된 잔여지에 대하여는 토지의 전체가격에서 편입되는 토지의 가격을 뺀 금액으로 평가한다. 이와 같이 토지의 일부가 협의에 의하여 매수되거나 수용됨으로써 잔여지를 종래의 목적에 사용하는 것이 현저히 곤란할 때에는 당해 토지소유자는 사업시행자에게 잔여지의 매수청구를 할 수 있으며, 사업인정 이후에는 토지수용위원회에 수용을 청구할 수 있다.

한편, 잔여지의 매수청구권은 공익사업의 시행에 직접적으로 필요하며, 사업시행자가 취득하고자 하는 부분과 잔여지의 소유권이 함께 원소유자에게 있는 경우만 행사할 수 있는 것이고, 공익사업의 시행에 필요한 부분이 사업시행자에게 이전되거나, 잔여지를 제3자에게 매각한 경우에는, 잔여지의 매수청구권은 행사할 수 없다고 하여야 할 것이다.[137] 이와 같은 잔여지에 대한 보상은 공익사업지 외에 미치는 손실에 대한 보상, 즉 사업 손실보상으로서의 성질도 지니지만, 그것이 공익사업으로 인한 개별적·구체적인 재산적 손실에 대한 보상으로서의 성질도 지니기 때문에 재산권보상의 일종일 수도 있다.[138] 잔여지에 대한 보상은 잔여지 가격하락보상, 잔여지 수용보상 및 잔여지공사비용 등이 있는데, 이 중 잔여지 공사비용은 실비변상적 보상에 해당한다.[139]

⑪ 실비변상적 보상

실비변상적 보상이란 재산권의 상실·이전 등에 따라 비용의 지출을 요하는 경우에 그 비용을 보상하는 것을 말한다. 공익사업을위한토지등의취득및보상에관한법률상의 건축물 등의 이전비보상, 분묘의 이장비보상, 잔여지 공사비보상, 인근지공사비용보상 등은 그 예이다. 이 중 잔여지공사비보상과 인근지공사비보상은 실비변상적보상의 성질과 사업손실보상의 성질을 지닌다. 이 경우에도 보상액의 구체적인 산정 및 평가방법과 보상기준은 국토해양부령으로 정해지게 된다.

---

137) 대판 1992. 11. 27, 91누10688.
138) 윤양수 「행정법 개론」, 온누리, 2011, 512면.
139) 대판 2001. 9. 4, 99두11080; 토지수용법에 의한 잔여지수용청구권은 그 요건을 구비한 때에는 토지수용위원회의 특별한 조치를 기다릴 것 없이 청구에 의하여 수용의 효과가 발생하는 형성권적 성질을 가지고 그 행사기간은 제척기간으로서 토지소유자가 그 행사기간 내에 잔여지수용 청구권을 행사하지 아니하면 그 권리가 소멸한다.

㉕ 일실손실보상

일실손실보상은 재산권에 대한 수용에 부수하여, 또는 독립적으로 사업을 폐지하거나 휴업하게 되는 경우에 있어 전업기간, 또는 휴업기간 중에 사업경영으로 얻을 수 있는 기대이익의 일실에 대한 보상을 말한다. 공익사업을위한토지등의취득및보상에관한법률은 영업의 폐지·휴업에 따르는 일실손실보상, 농업의 일실손실보상, 휴직, 또는 실직보상 등에 관하여 규정하고 있는데, 그 내용은 다음과 같다. 즉, 영업을 폐지하거나 휴업함에 따른 영업손실에 대하여는 영업이익과 시설의 이전비용 등을 참작하여 보상하여야 하며 (공특법 제77조 제1항), 농업의 손실에 대하여는 농지의 단위면적당 소득 등을 참작하여 보상하여야 하고(공특법 제77조 제2항), 휴직, 또는 실직하는 근로자의 임금손실에 대하여는 근로기준법에 의한 평균임금 등을 참작하여 보상하도록 하고 있다(공특법 제77조 제3항). 그리고 영업의 폐지, 휴업, 또는 휴직, 근로자의 임금손실에 대하여는 그 보상액의 구체적인 산정 및 평가방법과 보상기준은 국토해양부령으로 정하도록 하였다(공특법 제77조 제4항).

(3) 생활보상

생활보상이란 손실보상에 있어서 수용이 없었던 것과 같은 경제적 상태를 실현시켜 줌과 동시에 수용이 없었던 것과 같은 생활 상태를 보장해 주는 것을 내용으로 하는 보상을 말한다.[140] 즉, 손실보상은 물리적 보상에 의한 재산상태의 확보만으로 부족하며, 적어도 수용이 없었던 것과 같은 생활재건의 확보를 내용으로 하는 재산권의 존속보장으로서의 생활보상이어야 하는 것이다.[141]

생활보상의 개념과 그 범위에 대해서는 좁은 의미로 이해하는 입장과 넓은 의미로 이해하는 입장으로 나누어지고 있다. 좁은 의미의 생활보상이란 현재 당해 장소에서 현실적으로 누리고 있는 생활이익의 상실로서 재산권보상으로 메워지지 아니한 손실에 대한 보상을 말한다.[142] 좁은 의미의 생활보상의 개념을 취하는 학자는 그것을 생활권에 대하여 총체적으로 평가하는 보상으로 보면서 재산권보상과 생활권보상을 구별하고, 재산권보상과 생활권보상으로도 피수용자의 생활재건이 어렵게 되는 경우가 있음을 인정하고, 그에 대하여는 생활재건조치 및 사업손실보상을 행하여야 하는 것으로 본다. 특히, 생활

---

140) 박평준, 『행정상손실보상법리연구』, 고시연구사, 2000, 295～296면.
141) 석종현, 『손실보상법론』, 삼영사, 2005, 133면.
142) 박윤흔, "행정상 손실보상의 내용", 『고시계』, 1998. 3, 78면.

재건조치와 사업손실보상은 전통적인 보상이론에서 보면 보상개념의 확장이라고 한다.

넓은 의미의 생활보상이란 재산의 등가교환적 가치의 보상에 그치는 것이 아니라, 유기체적인 생활을 종전과 마찬가지 수준으로 보장해 주는 것을 말한다. 따라서 생활보상은 적어도 개발사업의 시행 또는 수용이 없었던 것과 같은 생활재건을 실현시켜 재산권의 존속을 보장하는 것으로 이해한다.

넓은 의미의 생활보상의 개념을 취하는 입장[143]에서는 그 내용으로서 주거의 총체가치의 보상, 영업상 손실의 보상,[144] 이전료의 보상, 소수잔존자 보상 등을 든다.

생활보상의 근거로는 헌법 제23조 제3항은 "공공필요에 의한 재산권의 수용·사용 또는 제한 및 그에 대한 보상은 법률로써 하되, 정당한 보상을 지급하여야 한다."고 규정하고 있다. 즉, 개인의 재산권에 대한 개별적·우연적 침해에 대해서는 피해자가 입은 모든 손실을 보상해 주는 완전보상이어야 한다는 것을 원칙으로 하면서도, 공익상의 합리적 사유가 있거나 공익과 사익을 조정하는 견지에서 완전보상을 하회할 수도 있고, 또한 생활보상까지 해 주어야 하는 경우도 있기 때문이다. 따라서 헌법 제23조 제3항은 생활보상의 근거가 된다.

그 외에도 생활보상은 보상이론에 사회국가적 관념을 도입한 것을 의미하므로 "인간다운 생활을 할 권리"를 규정한 헌법 제34조도 그 근거가 된다.

이러한 생활보상의 헌법적 근거 이외에 개별 법률에서 근거를 찾아보면, 이원적 보상법체계하에서 공공용지의 취득 및 보상에 관한 특례법은 생활재건조치의 하나로서 이주대책의 수립·시행, 대체지의 알선, 개간보조나 융자, 소수잔존자보상 등 생활보상의 관념을 인정하였고, 토지수용법은 공공용지의 취득 및 보상에 관한 특례법 제8조를 준용하고 있었다. 그러나 공공용지의 취득 및 보상에 관한 특례법은 이주대책의 수립의무, 대상, 절차 등에 대한 개괄적 규정만을 두었고, 그 세부기준이 미비하여 사업시행의 주체별로 별도의 내부규정을 두어 운영하여 왔다. 현행 공익사업을위한토지등의취득및보상에관한법률은 이주대책의 대상을 명확히 하여 종래 공공용지의 취득 및 보상에 관한 특례법상 토지 등으로 규정되었던 것을 주거용 건축물로, 종래의 이주자를 이주대책대상자로 표현을 바꾸었다. 또한 보상의 실무에서 이주대책에 갈음하여 이주정착금을 지급하는 경우도 있었기 때문에 이를 법문에 명시하였다.[145] 그 외에도 산업입지 및 개발에 관한 법률, 댐건설 및 주변지역지원등에 관한 법률, 전원개발에 관한 특례법, 발전소주변지역지

---

143) 이상규, 『행정법(상)』, 법문사, 2000, 650면.
144) 小高剛, 『用地買收の補償』, 有斐閣, 2001, p.208 참조.
145) 류지태, "공용법상의 손실보상논의", 『고시연구』, 1996, 32면.

원에 관한 법률, 폐기물처리시설설치촉진및주변지역지원등에관한법률 등은 이주대책에 관하여 규정하고 있다. 이들 법률들은 이주대책의 일환으로 이주정착지원금, 생활안정지원금의 지급, 주민우선고용 등을 인정하고 있다.

생활보상의 내용에 관해서 공익사업을위한토지등의취득및보상에관한법률은 생활보상의 내용으로서는 이주대책[146]과 이주정착금, 토지에 관한 비용보상, 영업보상, 간접보상[147], 실농보상 등을 규정하고 있다.

생활보상을 인정하는 것은 헌법상의 정당보상의 원칙과 사유재산제의 보장원칙을 존중하는 것으로 공익사업의 시행으로 인하여 생기는 공익과 사익 간의 갈등을 조정하는 것이라 할 수 있다. 재산권보상이냐 생활권보상이냐가 중요한 것이 아니라 어느 범위까지 보상을 해 주는 것이 보다 피수용자의 기본권 실현에 이바지하는 것이며, 넓은 의미의 생활보상의 개념을 취하여야 할 것이다.

판례는 손실보상법상의 이주자의 법적지위에 관한 판결에서 다수의 견해는 "이주대책은 공공사업의 시행에 필요한 토지 등을 제공함으로 인하여 생활의 근거를 상실하게 되는 이주자들을 위하여 종전의 생활상태를 원상으로 회복시키면서 동시에 인간다운 생활을 보장하여 하여 주기 위한 이른바, 생활보상의 일환으로 국가의 적극적이고 정책적인 배려에 의하여 마련된 제도라고 하면서 이주자에게 이주대책상의 택지분양권이나 아파트입주권 등을 받을 수 있는 구체적인 권리는 사업시행자에게 이주대책대상자 신청을 하고 사업시행자가 이를 받아들여 이주대책자로 확인·결정하여야만 비로소 발생한다."고 판시하고 있다.[148] 생활보상은 공공사업의 시행으로 인한 개인의 재산권침해에 대하여 그

---

146) 사업시행자에게 이주대책의 수립, 실시의무를 부과하고 있다고 하여 그 규정 자체만에 의하여 이주자에게 사업시행자가 수립한 이주대책상의 택지분양권이나 아파트입주권 등을 받을 수 있는 구체적인 권리가 직접 발생하는 것이라고는 볼 수 없으며, 사업시행자가 이주대책에 관한 구체적인 계획을 수립하여 이를 해당자에게 통지 내지 공고한 후, 이주자가 수분양권을 취득하기를 희망하여 이주대책에 정한 절차에 따라 사업시행자에게 이주대책대상자선정신청을 하고 사업시행자가 이를 받아들여 이주대책대상자로 확정, 결정하여야만 비로소 구체적인 수분양권이 발생하게 되는 것이다(대판 1994. 10. 25, 93다46919); 이주대책은 공공사업의 시행에 필요한 토지 등을 제공함으로 인하여 생활의 근거를 상실하게 되는 이주자들을 위하여 사업시행자가 기본적인 생활시설이 포함된 택지를 조성하거나 그 지상에 주택을 건설하여 이주자들에게 이를 그 투입비용 원가만의 부담 하에 개별 공급하는 것으로서, 이주자들에 대하여 동시에 인간다운 생활을 보장하여 주기 위한 생활보상의 일환으로 국가의 적극적이고 정책적인 배려에 의하여 마련된 제도이다(대판 1994. 5. 24, 92다35783).

147) 동법 제정과정에서 간접손실보상의 문제에 대하여 논란이 많았다. 각 개별 공익사업의 실무에서 이미 행해지고 있는 간접손실보상을 법률에서 명시적으로 규정할 필요가 있는가 하는 문제였다. 찬성하는 측에서는 현실적으로 처리하고 있는 간접보상을 법제화하여 사업주체나 당사자 모두에게 예측 가능성을 부여해 준다는 장점과, 새롭게 만들어지는 법에 새로운 내용을 담아야 한다는 점을 강조하였다. 그러나 반대하는 측에서는 현실적으로 간접손실의 범위확정이 어렵다는 점과 이를 법제화하는 경우 도리어 공익사업의 수행이 불가능해진다는 점을 논거로 내세웠다. 동법은 상반되는 두 견해의 중간적인 입장을 취한 것이라고 한다.

러한 침해가 없었던 것과 같은 생활상태의 확보를 위한 보상이므로 현대 사회국가의 이념에 따른 개인의 생활권을 보장하려는 것이라 할 수 있다. 따라서 생활보상은 개인의 생활권의 보장을 위한 것이며, 그것은 헌법상의 사회국가의 원리에서 우러나오는 당연한 요청이라 할 수 있다.

(4) 정신적 보상

정신적 손실·보상에 있어서는 생활 보상과는 달리 헌법 제23조에 기초하여 생각할 수는 없지만 헌법해석 반복론 자체는 양자에 공통점이 있다.

첫째, 의사기능적 사고방법에 의하면 기본권의 본질은 국가로부터의 자유이며, 기본권은 국가권력에 대한 방어권적 성격을 갖는 초국가적 기본권이므로 방어권적 성격 이외의 기타 기본권을 예컨대, 헌법 제10조에 행복추구권, 헌법 제11조의 평등권 등은 자유권적 기본권에 주변영역에 위치할 뿐이다. 그런데, 헌법 제23조 제1항에 규정되고 있는 재산권은 자유권적 기본권의 내용인 것이므로 헌법 제23조 제3항에 정당한 보상의 범위에는 원칙적으로 재산권 보상만이 포함되며, 정신적 손실의 보상은 포함되지 않는다.

둘째, 가치기능적 사고방법에 의하면 헌법상의 제요소는 그 어느 것이나 헌법이 채용한 부분회합인 것이며, 그러한 의미에서 어느 것이나 대등한 의미를 가지게 되고, 따라서 이들 요소가 내적통일관계를 이룩하게끔 하는 법해석을 하여 문제를 해결하여야 한다는 동태적 고찰방법과 헌법 제23조 제1항의 재산과 관련하여 그 재산권이 침해를 당하고 이에 수반하여 정신적 손실이 발생하였다면 그것을 무보상으로 방치하는 것은 평등의 원칙에 위배된다고 할 수 있을 것이다. 또한, 토지상의 정신적 생활이 영위되고 있다는 것에 착안한다면 토지를 침해함으로써 발생하는 정신적 고통에 대해서는 개인존중의 원칙

---

148) 대판 1994. 5. 24, 92다35783; 이주대책과 관련하여 세입자가 토지보상법 시행령 제40조 '이주대책의 수립·실시' 제3항 제3호에 대한 헌법 제23조 제1항의 근거에 의한 재산권침해와 평등권의 침해와 관련 보상 문제에 대한 위헌 심판청구 소송에 대하여 "이주대책은 정당한 보상에 포함되는 것이라기보다는 정당한 보상에 부가하여 이주자들에게 종전의 생활상태를 회복시키기 위한 생활보상의 일환으로서 국가의 정책적인 배려에 의하여 마련된 제도이다. 그러므로 이주대책의 실시 여부는 입법자의 입법 정책적 재량의 영역에 속한다고 보아 재산권의 침해라고 볼 수 없고 그리고 평등권의 침해 여부에 대하여 세입자는 원래 계약기간 동안에만 해당건축물을 임대받아 생활의 임시 근거지로 사용하였던 것이므로, 생활의 근거의 상실 정도에 있어서 차이가 있다. 한편 세입자에 대해서는 이주대책이 아니더라도 토지보상법시행규칙 제54조(주거이전비의 보상) 제2항, 제3항에 의하여 3개월 이상 주거용 건축물에 거주 한 경우 가구원 수에 따라 월평균 가계 지출비를 기준으로 3월분의 주거이전비가 지급되고 있으며, 같은 규칙 제55조(동산의 이전비 보상 등)에 따라 이사비가 보상되고 있다. 이러한 사정을 종합하면 입법자가 이주대책 대상자에서 세입자를 제외하고 있다 하더라도 이것이 불합리한 차별로서 세입자의 평등권을 침해하는 정도의 것이라 볼 수 없다(헌재 2006. 2. 23, 2004헌마1)."

을 고려해 볼 때 보상되어야 할 것이다.

우리나라에 있어서 아직까지는 정신적 손실보상을 인정할 법률은 존재하지 않는다. 일본의 경우 선조 전례의 토지재산권의 박탈에 대하여 침해자에 대하여 불법행위에 위한 위자료확인소송에 관한 판례가 있고,[149] 그리고 양도소득세 상당액의 보상과 정신적 보상을 토지수용법 제88조의 보상의 대상에 포함시키는 소송이 제기된 바 있으나[150] 정신적 보상을 인정하지 않았다. 그 밖에 손실보상 요강에 의하여 행정실무상 정신적 손실을 전보하고 있지만[151] 이것은 법적 청구권을 발생시키는 것은 아니다.

종래는 재산권 보상만을 중심으로 생각하기 때문에 동조의 해석에 있어서도 재산상의 손실에 한정되었던 것이고 정신적 손실의 보상이 필요성이 도의(道義)된 요즘에 있어서는 같은 범주 안에서 정신적 손실을 취급하는 것도 가능할 것이다. 한편, 통상 발생하는 손실은 통상의 사정 하에서 발생하는 손실로써 특별한 사정에서 발생한 것은 포함되지 않는다고 해석되는 것이 일반적이다. 따라서 종래에는 정신적 손실을 특별한 사정 하에서 발생하는 것이라고 생각했던 것이다. 그러나 선조 전례의 토지를 침해당할 입장에 있는 자는 그 누구라도 정신적 고통을 갖게 된다고 할 수 있을 것이다. 이러한 것을 특별한 사정에 의한 것이라고 한다는 것은 재산권 보상 중심에 전통적 사고에 집착한 것으로써 정신적 손실의 독자성을 이해 못한 것이라고 할 수 있을 것이다. 정신적 손실의 보상에 있어서도 일본 토지수용법 제88조를 법률상의 근거로 하는 것은 해석론적으로 충분히 가능하다고 보인다. 즉, 정신적 손실을 전부 인정한 것은 아니라고 해도 수인의 정도를 초과하는 중대한 정신적 타격을 입고 그와 같은 상태에 이르면 누구라도 그와 같은 타격을 입는다는 경우에는 보상을 할 만하다고 해석된다. 그리고 민사소송에서 위자료가 인정되고 있는 점 등을 고려하여 공용침해로 인한 정신적 고통에 대하여도 원칙적으로 일정한 보상을 할 필요가 있다. 따라서 현행 공익사업을위한토지등의취득및보상에관한법률 제51조 또는 제56조 규정을 근거로 하여 수인의 정도를 초과하는 중대한 정신적 타격을 입은 경우에는 보상을 하여야 한다고 생각된다.

(5) 간접보상

간접보상은 공익사업시행지에 직접적으로 편입되지는 않지만 사업시행으로 인하여 사

---

149) 대심원명치 43년 6월 7일 판결(대심원판사판결록 16집, p.1121).
150) 최고재판소 소화 82년 2월 19일 판결(판례지방자치 43호, p.79).
151) 田辺愛壹, 『損失補償制度』, 淸文社, 2003. p.173.

회와 격리됨으로써 생활의 기초가 되는 기반을 상실하게 되는 경우에, 발생하는 불이익을 보전하기 위하여 공익사업에 편입되지 않는 토지 등에 대하여 하는 보상을 말한다.152) 즉, 공익사업의 시행, 또는 완성 후의 시설이 공익사업지 외에 야기하는 손실에 대한 보상을 말한다. 공익사업을위한토지등의취득및보상에관한법률상의 잔여지 가격하락보상·잔여지공사비보상과 인근지공사비 보상은 공익사업지구에 미치는 손실에 대한 보상이기 때문에 간접보상의 일종이라고 할 수 있다. 이와 같이 공익사업을위한토지등의취득및보상에관한법률은 사업 손실과 관련하여 잔여지 가격하락보상·잔여지 공사비보상과 인근지공사비보상에 관해서만 규정하고 있고, 공익사업으로 인하여 사업지 외의 지역에 미칠 수 있는 기타의 물리적 손실이나 사회적 손실에 대한 보상 등에 관해서는 규정하고 있지 않다.153) 현행 공익사업을위한토지등의취득및보상에관한법률은 "간접보상"이라는 용어 대신에 "공익사업시행지구 밖의 토지 등의 보상"이라는 제목154) 하에 간접보상에 관한 내용을 규정하고 있으며, 동법 시행규칙은 공익사업시행지구 밖에 야기되는 손실에 대한 보상으로서 공익사업시행지구 밖의 대지, 건축물, 소수잔존자, 공작물, 어업피해, 영업손실, 농업손실 등에 대하여 보상을 하도록 규정하고 있다.155)

V. 수용유사 및 수용적 침해와 손실보상

1. 수용유사적 침해

연방헌법재판소의 자갈채취 판결은 연방대법원의 수용유사적 침해 및 수용적 침해의 존립여부를 두고 격렬한 논란을 불러일으킨 바 있다. 그 결과 재산권보장에서의 존속보장을 강조하는 분리이론의 입장에서는 수용유사적 침해와 수용적 침해론은 더 이상 존재할 수 없다고 보지만156) 재산권보장의 흠결 없는 법질서를 강조하는 경계이론의 입장에

---

152) 김승종, "생활보상의 이론과 실제", 『토지연구』, 제15권 제1호, 한국토지공사, 2004, 78면.
153) 공익사업을위한토지등의취득및보상에관한법률 시행규칙상의 간접보상을 제외한 물리적·기술적 손실, 즉 각종 소음과 진동에 의한 손실, 일조권 및 조망권장애에 따른 손실이 발생하였음에도 불구하고 체계적이고 명문화된 보상규정이 거의 없어 현실적으로 보상이 이루어지지 못하고 있는 실정이며, 이로 인하여 피수용자와 사업시행자간에 분쟁이 빈발하게 되고 공익사업 역시 지연되고 있다. 또한 보상이 이루어지더라도 동일 또는 유사한 침해에 대하여 각 시행자마다 보상을 위한 내부규정이 상이하여 형평성이 문제되고 있다.
154) 공익사업을위한토지등의취득및보상에관한법률 시행규칙 제5장 제7절에 규정하고 있다.
155) 공익사업을위한토지등의취득및보상에관한법률 시행규칙 제2절에서부터 제5절까지 규정하고 있다.

서는 수용유사적 침해와 수용적 침해는 자갈채취판결 이후에도 계속 존재하여야 한다고 주장한다.[157] 또한 수용유사적 침해 및 수용적 침해의 법적 근거를 기본법 제14조 제3항의 유추해석으로부터 독립시켜 희생보상이라는 개별법에서 근거를 찾는다면 수용유사적 침해와 수용적 침해는 수용과는 독립된 보상이론으로 자리 잡는 것으로 이해할 수 있다.[158]

수용유사적 침해(enteignungsgleicher Eingriff)는 독일기본법 제14조에 의하여 보호되고 있는 재산권에 대한 위법한 고권적 침해를 구제하기 위하여 연방대법원의 판례에 의하여 형성·발전된 국가책임제도이다. 이 제도는 독일의 국가책임제도가 기본법 제14조 제3항에 기한 적법한 수용과 위법하고 책임 있는 공무원의 침해에 대한 기본법 제34조의 공무원의 직무책임이라고 하는 구조로 이루어 있기 때문에 위법하지만 책임 없는 침해에 대한 국가책임의 인정이 흠결되었고, 이러한 국가책임법상의 흠결을 보전하기 위한 제도로서 등장한 이론이다. 나아가 연방대법원은 위법·무책한 경우에 한하여 인정하였던 수용유사침해이론을 다시 위법·유책한 국가의 작용으로 인한 재산권의 침해로까지 확장하였다. 즉, 연방대법원은 "만일 그러한 침해로 인하여 책임 없는 피해를 당한 경우에 수용원칙에 의한 보상이 인정된다면 이는 마찬가지로 당해 침해가 단지 위법할 뿐만 아니라 유책한 경우에도 해당할 것이라고" 판시하였던 것[159]에서 볼 수 있다.

---

156) 수용유사침해이론의 존속을 부정하는 학자들의 주장을 살펴보면 Scholz는 바이마르 헌법과는 달리 독일 기본법 제14조에서 재산권은 가치보장이 아니라 존속보장을 그 틀로 하고 있으므로 부정하고 있고, Rupp은 특별희생의 성격을 띠는 모든 조치는 그것이 위법한 것이든 적법한 것이든 혹은 위법·유책한 것이든 관계없이 재산권 혹은 비재산적 권리에 대한 수용유사적 혹은 희생유사적 침해로 보고 보상해 주어야 한다는 논리는 더 이상 타당하지 않다는 이유를 들고 있고, Weber는 연방헌법재판소의 자갈채취 판결에서 재산권의 내용규정과 수용 간에는 법적인 차이가 분명해졌기 때문에 수용유사적 침해는 수용개념으로부터 완전히 배제되었다면서 부정하고 있다. 그리고 Bull은 수용의 목적지향성과 취득성에서 찾고 있으며, 수용개념은 후에 확정되는 것이 아니라 사전적으로 주어지는 것이라면서 부정하고 있다. Scholz, Identitätsproblem der verfassungsrechtlichen Eigentumsgarantie, NVwZ, 1982, S. 346.; Ruppe, Reform der Staatshaftung trotz Teilnichtigkeit des Staatshaftungsgesetzes?, NJW, 1982, S. 853.; Weber, "Die verfassungsrechtlichen Grenzen sozialstaatlicher Forderungen in: Die staatliche Einwirkung auf die Wirtschaft", 1984, S.855.; Bull, Allgemeines Verwaltungsrecht, 1991, S. 380.

157) Götz, Allgemeines Verwaltungsrecht, 3, Aufl, 1985, S. 201: 연방대법원은 "경관지구의 지정은 재산권자로서는 타 이익에 봉사하는 것이기 때문에 당해 임시지정을 원고가 보상 없이 수인해야 하는 것은 아니라고 판단한 것은 법해석의 잘못이라고 본다. 재산권의 사회적 구속과 수용 간의 구별에 대해 모든 토지는 그것의 위치와 성상에 따라서, 그리고 경관 및 자연에 대한 관계에 따라서, 즉 그것의 상황에 따라서 판단된다는 기준을 제시해왔기 때문에 각 재산권자는 권한의 행사범위를 이 기준에 따라서 판단하여야 한다고 본다[BGHZ 90, 17(24); BGHZ 90, 17(24-25)]."

158) 수용유사적 침해와 수용적 침해를 인정하는 독일의 대표적인 학자로는 Maurer, Hendler 등이 있다. Papier, Grundfälle zu Eigentum, Enteignung und enteignungsgleichem Eingriff, JuS, 1989, S. 635; Maurer, aaO., S. 624.; Hendler, zur bundesverfassungsgrrichtichen Konzeption der grundgesetzlichen Eigentumsgarantie, DVBI, 1983, S. 881.

159) BGHZ 7, 296(298); 13, 88(92).

수용유사적 침해는 타인의 재산권에 대한 위법한 수용유사침해의 경우를 말한다.[160] 이는 공용침해의 모든 허용조건을 갖추고 있으면서도 보상에 관한 요건을 결하고 있는 침해의 경우이다. 다시 말하면, 공용침해를 허용하는 법률은 그로 인해 발생하는 특별 희생에 대하여 보상규정을 두어야 함에도 불구하고 보상규정을 두지 않음으로써 개인의 재산권에 침해적 결과를 가져오는 경우를 말한다.[161]

이와 같은 재산권침해에 대하여 "수용유사"의 법리를 적용하는 경우 헌법상 재산권보장규정과 평등원칙을 근거로 하는 동시에 보상규정 및 기타 관련 법규상의 보상규정을 유추 적용하여 위법·무책 또는 위법·유책의 공용침해에 대하여 손실보상을 인정할 수 있는 이점이 있다.

수용유사적 침해의 법리는 적어도 국가배상법상 위험책임이나 무과실책임이 도입되어 보상규정 없는 법률에 의한 재산권의 박탈에 대한 불법행위책임이 인정되기까지는 긍정적으로 평가하고 인정해야 할 필요가 있는 것이다.[162] 우리나라 판례의 입장을 보면, 수용유사적 침해 이론은 국가, 기타 공권력의 주체가 공권력을 행사하여 국민의 재산권을 침해하였고, 그 효과가 실체에 있어 수용과 다름없을 때에는 적법한 수용이 있는 것과 마찬가지로 국민이 그로 인한 손실의 보상을 청구할 수 있다는 것인데, 1980. 6. 말경의 비상계엄 당시 국군보안사령부 정보처장이 언론통폐합조치의 일환으로 사인소유의 방송사 주식을 강압적으로 국가에 증여하게 한 것은 위 수용유사행위에 해당하지 않는 것으로 보아 수용유사적 침해 보상의 법리를 최초로 수용한 고등법원의 판결[163]을 백지화하였다. 그러나 위 판례는 수용법적 침해이론에 대해서는 법적 판단을 하지 아니하고 원심판결을 파기했지만, 우리나라에서도 법적 현안의 해결을 위한 하나의 대안으로 수용유사침해법리를 고려하였다는 사실만으로도 그 의의를 인정할 수 있다.

수용유사적 침해 법리의 적용조건으로는 재산권침해, 공용침해, 침해의 위법성, 특별한 희생을 들 수 있다. 이러한 적용요건을 설명하면 다음과 같다.

첫째, 재산권 침해에 대한 재산권 개념은 모든 재산적 가치 있는 사권과 공권을 포함

---

160) 윤양수 「행정법 개론」, 온누리, 2011, 519면.
161) Ipsen, aaO., S. 1034.
162) 홍준형, "수용유사침해보상의 법리와 그 수용가능성", 『고시연구』, 1997, 140면.
163) 서울고법 1992. 12. 24, 92나20073. 이 결정은 "강요에 의한 주식의 증여에 관하여 그 주식수용은 개인 의 명백히 자유로운 동의는 없이 이루어진 것이고, 나아가 법률의 근거 없이 이루어진 것으로서 개인의 재산권에 대한 위법한 침해이고, 이는 결국 법률의 근거 없이 개인의 재산을 수용함으로써 발생한 이른바 수용유사적 침해이므로, 이로 인하여 판결, 즉 손실을 당한 원고는 자연법의 원리나 구 헌법 제22조 제3항의 효력으로서 국가에게 그 손실의 보상을 청구할 권리가 있다."고 판시하여 수용유사적 침해법리를 인정하였다.

하여 민법상의 소유권개념 보다도 넓게 파악되고 있다. 다만, 재산권의 범위는 재산적 가치 있는 권리의 보호영역이 어디까지 미치며, 또한 그 보호영역이 침해되었는지의 여부를 심사하여 구체적으로 결정하게 된다.

둘째, 공용침해는 공공필요에 의한 재산권의 수용·사용·제한을 의미한다. 종래에는 침해가 반드시 의욕적이고 목적적일 것을 요건으로 하였으나, 현재에는 그 침해가 공권력의 행사로 인해 직접적으로 야기된 것이면 족하다는 것이 일반적인 견해이다.[164]

셋째, 침해의 위법성에 있어서의 위법은 개인에게 고의·과실로 손해를 가하는 경우에 있어서의 위법, 또는 불법과는 다른 의미이다. 즉, 여기서의 위법은 공용침해의 근거법규가 보상규정을 두어야 함에도 불구하고 그에 관한 규정을 두지 않음으로써 동 법률에 근거한 공용침해가 결과적으로 위헌이 된다는 의미의 위법인 것이다, 바로 이 점이 위법한 공용침해에 대한 보상으로서의 손실보상과 다른 점이다.[165]

마지막으로, 국토계획법 제38조 및 개발제한구역의지정및관리에관한특별조치법 제3조의 규정에 의한 개발제한구역이나 국토계획법 제39조의 규정에 의한 시가화조정구역의 지정은 특별한 희생이 없는 사회적 제약에 해당하는 것으로 보아 보상규정을 두고 있지 아니하다.

그러나 특별한 희생을 가려내기 위한 여러 학설 중 어느 학설에 의하든 이와 같은 개발제한구역 및 시가화조정구역의 지정에 의한 제한은 보상을 필요로 하는 특별한 희생을 가한 것이라고 판단되며, 수용유사침해에 대한 보상도 특별한 희생에 대해서 주어진다고 할 수 있다. 그 특별한 희생의 존재 여부는 위에서 예시한 손실보상의 기준에 관한 학설을 통해 개별적으로 검토해야 할 것이다. 다만, 헌법재판소의 그린벨트결정 이후에 제정된 개발제한구역의지정및관리에관한특별조치법 제16조는 개발제한구역의 지정으로 인하여 개발제한구역안의 토지를 종래의 용도로 사용할 수 없어 그 효용이 현저히 감소된 토지, 또는 당해 토지의 사용 및 수익이 사실상 불가능한 토지소유자에게는 당해 토지의 매수청구권을 인정하고 있다.

보상규정 없는 법률에 의한 재산권침해 중 '특별한 희생'에 해당하는 경우로 국토의계획및이용에관한법률상 보존지역이나 미관지역의 결정, 자연공원법상 자연공원 지정, 도시계획의 장기간 미집행 등이 있다.[166]

---

164) 침해의 직접성을 요건으로 하는 경우에 단순한 부작위에 대한 보상을 해 줄 수 없는 문제가 생기며, 이 점에서 수용유해사적·수용적 침해논리는 중요한 요점을 지니게 된다는 것이다(정하중, "수용유사적 그리고 수용적 침해제도", 『고시연구』, 1994, 103면).
165) 석종현, 『손실보상법론』, 삼영사, 2005, 675면.

한편, 독일의 경우 독일 연방헌법재판소는 1981년 7월 15일 이른바 자갈채취사건판결에서 "보상규정이 없는 법률에 근거한 행정처분에 의한 보상수용적 조치는 위헌법률에 의한 것이기 때문에 위법하다. 그러나 상대방은 손실보상규정이 없기 때문에 손실보상의 청구를 할 수 없다. 그러므로 상대방은 위법한 공용수용적 처분을 취소하는 행정소송을 제기할 수 있을 뿐이다. 상대방은 취소소송과 손실보상청구 소송 중에서 택일할 수 있는 선택적 청구권도 인정되지 않는다. 그리고 최고법원은 보상소송과 관련하여 법률이 규정한 손실보상이 행하여진 것이냐의 여부에 대하여 판단할 수 있을 뿐이며, 보상규정이 없는 경우에 공용침해보상을 긍정하는 판결을 할 권한이 없다."라고 판시하였다.

위 판례가 공용수용의 침해법리를 전면적으로 부인한 것으로 보는 견해도 있으나, 학설은 다음과 같은 점에서 동 법리를 긍정적으로 평가하고 있다.[167]

첫째, 연방헌법재판소와 연방최고법원의 공용수용개념에 대한 견해가 서로 다르기 때문이다. 즉, 연방헌법재판소는 행정행위, 법률, 또는 법적 행위에 의한 의도적 재산권침해만을 공용수용으로 보고 있다. 따라서 법적행위에 의한 재산권침해의 경우에도 의도적인 것이 아니거나 법적 근거 없는 재산권침해는 공용수용개념에 포함되지 않는다. 그러므로 비의도적 재산권침해나 법적근거 없는 재산권침해와 관련하여 성립된 수용유사침해는 연방헌법재판소의 견해에 의하여 공용수용이 아니며, 그 결과 동 판결은 공용유사침해법리에 관하여 판단한 것이 아니라고 할 수 있다.

둘째, 공용유사침해에서 문제되는 재산권침해는 공용침해의 개념에 포함되지 않는 것이기 때문에 공용수용으로 인한 보상에 관하여 판단한 위의 연방헌법재판소의 판결을 적용할 여지가 없으며, 이러한 점에서 수용유사의 침해나 수용적 침해법리는 여전히 긍정적으로 평가되어야 할 것이다.

셋째, 연방최고법원도 그 후 동 법리의 법적 기초를 관습법, 평등원리, 재산권보장규정에서 구하여 동 법리를 재확인했으며, 학설도 이를 지지하고 있다.

넷째, 위 판결은 수용개념을 엄격히 제한하였는데, 그 결과 오히려 다른 법적 근거에 의한 손실보상청구권, 특히, 수용유사의 침해나 수용적 침해에 대한 손실보상청구권들이 성립할 수 있는 여지를 남기는 역설적인 결과를 초래한 것이라 할 수 있는 것이다.

이러한 수용유사의 침해법리에 대해서는, 그것은 손실보상 개념의 요소로서 직법성을 포기하는 것이며, 그 결과 손실보상과 손해배상의 구별을 불명확하게 한다는 점에서 비

---

166) 석종현, 『손실보상법론』, 삼영사, 2005, 675면.
167) Maurer, aaO., S. 714ff; 수용유사침해법리의 결정을 긍정적으로 논설하는 국내학자로는 홍준형 교수가 있다.(홍준형, "수용유사적 그리고 수용적 침해제도", 『고시연구』, 1994, 124면).

판되고 있다.[168] 그러나 수용유사의 침해논리는 보상의 폭을 넓히기 위한 것으로 보상의 요건을 판단함에 있어서 종래의 손실보상이념에서 그 요건으로 문제 삼는 특별한 회생 이외에 대해서 관심을 둘 뿐 결코 적법성의 요건을 포기한 것은 아니다. 종래의 손실보상 개념은 보상원인의 위법성여부 보다는 오히려 보상에 관한 것을 중심으로 구성된 것이라 할 수 있으나, 수용유사의 침해법리는 바로 재산권의 가치보장에 중점을 두어 침해행위의 적법요건을 중심으로 구성된 이론인 것이다.[169]

최근에는 독일과 같은 희생보장제도가 없는 한국에 있어서 수용유사적 침해를 실무화하기 어렵다는 점에서 동 법리의 무용론이 제기되고 있다.[170] 또한 입법자가 공용침해를 규정하면서 보상규정을 두지 아니한 경우에는 침해를 받은 자는 침해행위의 취소소송을 제기하고, 그 취소소송절차에서 헌법재판소에 위헌심판을 제청하여 위헌결정이 된 경우에는 침해행위의 취소판결에 의하여 재산권자체의 회복을 기하도록 하고, 침해행위의 존속기간 중의 손해배상청구를 인정하되 과실을 완화하여 모든 경우에 그것이 가능하도록 하여야 한다고 하여 결과적으로 동 법리의 무용론을 제기하고 있다.[171]

그러나 무용론에 따르면 입법자가 특별한 희생을 가하는 재산권침해를 규정하는 때에 보상규정을 두는 것이 가장 바람직한 제도적 해결방법이 아니나, 입법자가 재산권의 사회적 제약과 특별한 회생에 해당하는 침해를 모두 예상하여 규율하기는 현실적으로 불가능하다는 점을 간과하고 있다.

2. 수용적 침해

수용적 침해(enteignender Eingriff)는 적법한 행정작용의 비정형적·비의욕적인 부수적 결과(atypische und ungewolte Nebensfolge)가 직접적으로 특별한 희생의 한계를 일탈하여 타인의 재산권에 대한 수용적 영향을 가하게 되는 침해를 말한다. 즉, 부수적 결과가 재산권침해에 직접적이어야 하고, 그 침해가 특별한 희생에 해당되어야 한다. 수용적 침해는 법률에 근거하여 적법하게 타인의 재산권에 가해진 침해이기 때문에 상대방은 그 침해를 수인할 의무를 지며, 관계 법률은 공권력 행사의 비의욕적인 부수적 결과로 인한 재산권침해를 보상하여 보상규정을 두고 있는 것이 아니므로 수용적 침해에 대한

---

168) 서원우, "손실보상개념의 확장논의", 『고시연구』, 1989, 71면.
169) 김남진, "재산권의 가치보장과 존속보장", 『월간고시』, 1989, 35면.
170) 류지태, "공용수용법상의 손실보상논의", 『고시연구』, 1996, 59면
171) 박윤흔, 『최신행정법강의(상)』, 박영사, 2002, 770면.

손실보상을 위한 법적 근거가 없다.172) 연방대법원은 자갈채취 판결에도 불구하고 수용적 침해가 여전히 존재한다는 것을 명백히 인정 하였다.173) 즉, 연방헌법재판소가 민사법원은 법률적합성의 견지에서 단지 법률상의 근거가 있을 때만 보상을 인정할 수 있다고 판시하였으나, 여기에서 말하는 수용이란 기본법 제14조 제1항 제1문에 속하는 개인의 구체적인 법적 지위의 보장에 대한 부분적인, 혹은 전체적인 박탈을 의미하는 국가에 의한 재산권의 취득을 말하며, 수용적 침해는 이와는 상관없다고 말하고 있다.174) 오히려 여기에서는 그 자체로서 적법한 고권적인 작용이 개인에게 수용법적인 한계를 넘는, 수인을 기대할 수 없는 통상 비정형적이며 예측 불가능한 손해를 일으키는 것이 문제된다고 한다. 그래서 이러한 경우의 전보에는 보상의 합법률성의 원칙이 적용되지 않는다고 본다.175) 또한 수용적 침해의 경우에는 연방헌법재판소가 자갈채취 판결에서 문제 삼은 관계인의 행정재판소에 대한 취소소송과 민사법원에 의한 보상청구소송 간의 선택권의 문제도 발생하지 아니한다고 본다.176) 그리고 수용적 침해의 법적인 구성에는 피할 수 없는 필요성이 존재한다고 본다. 즉, 수용적 침해는 독일민법 제906조 제2항 제2문에 의하여 상린관계에서의 민법적인 보상청구에 대한 공법적인 대응관계에 있다고 본다. 또한 국가책임법도 제14조 제3항에서 판례법적으로 발전되어 온 수용적 침해론에 대한 입법적 근거를 시도했으며, 자갈채취판결에 의해서도 수용적 침해가 없어지지 않았다는 점은 많은 지지를 받고 있음을 보여 준다.177)

수용적 침해의 요건은 재산권에 대한 침해, 특별한 희생 등이다. 여기서 특별한 희생은 수용적 침해의 결정적인 요건에 해당하며, 희생한계의 일탈에 관해서는 수인성 및 상황구속성 등의 적용을 통해 구체화된다.

---

172) Maurer, aaO., S. 763f.
173) BGHZ 91, 20.
174) BGHZ 91, 20(26).
175) BGHZ 91, 20(26-27).
176) BGHZ, 91, 20(27).
177) BGHZ, 91, 20, (27); Ossenbühl, Enteigungsgleicher Eingriff im Wandel-BGH, NJW 1987, S. 1945.

3. 수용유사 및 수용적 침해에 대한 손실보상

1) 수용유사 침해에 대한 보상

수용유사침해에 대한 보상이론은 이러한 위법한 공용침해로 인하여 발생한 특별한 희생에 대하여는 공용수용에 준하여 손실보상을 하여야 한다는 이론이다. 수용유사침해에 대한 보상은, 위법한 공용침해에 대한 보상인 점에서 적법한 공용침해(공공필요에 의한 재산권침해를 인정한 법률이 보상규정도 두고 있는 경우)에 대한 보상과 구별되며, 그 원인이 되는 공용침해가 공공필요에 의한 것이고 공용침해권자의 과실에 의한 것이 아닌, 즉 위법 · 무과실의 침해라는 점에서 공무원의 위법한 직무행위로 인한 손해배상과 구별된다.

수용유사적 침해에 대한 보상은 적법한 공용침해에 대하여 보상이 이루어진다면 위법한 공용침해에 대하여 보상을 하는 것은 너무나 당연하다는 논리에서 그 이론적 근거를 찾을 수 있다. 수용유사적 침해에 대한 보상이 인정되지 않고, 헌법에 제도화되어 있는 적법한 공용침해에 대한 손실보상과 공무원 직무상 위법행위 등으로 인한 손해배상만이 인정된다면, 위법 · 무과실의 공용침해로 인하여 특별한 희생을 입은 자는 구제받을 길이 없게 된다.

2) 수용적 침해에 대한 보상

수용적 침해란 공공복리를 위하여 타인의 재산권에 가해진 공법상 적법하고도 직접적인 침해의 부수적 효과로서 의도하지 아니한 특별한 희생을 타인에게 야기하는 침해를 말한다. 이러한 수용적 침해는 적법한 행정작용의 이례적 · 비이론적인 부수적 효과로서 타인의 재산권에 가해진 침해인 것이며, 본래 손실보상의 범위에 포함되지 않은 것이다. 예컨대, 단기간에 종료될 것으로 예상했던 지하철공사가 장기간 계속됨으로 인하여 인근 상가가 영업 손실을 입게 되는 경우와 같이, 원래 적법한 것이기 때문에 상대방은 그 침해를 참아야할 의무가 있었으나 시간의 흐름에 따라 참아야 할 의무가 없어지게 되는 침해를 뜻한다.

수용적 침해는 당초 법률에 의해 예측되지 않은 희생을 수반하는 점에서 예측할 수 있는 특별한 희생을 수반하는 본래의 의미의 공용침해와 구별되며, 또한 침해 자체가 적법한 행정작용이라는 점에서 침해 그 자체가 위법한 수용유사침해와 구별된다. 즉, 수용유사침해와 수용적 침해는 양자 모두 관계 법률에 보상규정을 두고 있지 않은 점에서는 동일하나, 전자의 경우는 처음부터 특별한 희생에 해당하기 때문에 보상규정을 두지 않은 것이 위법인 데 비하여, 후자의 경우는 처음에는 특별한 희생에 해당하지 않았기 때문에 보상규정을 두지 않은 것이 위법인 점에서 차이가 있다.

4. 소결

지금까지 독일공법상의 공용수용과 손실보상법제에 대해서 논하고자 사회적 구속성, 공용수용과 손실보상 그리고 수용유사적 침해와 수용적 침해의 보상에 대하여 살펴보았다. 독일 공법상의 수용과 보상은 연방헌법재판소의 자갈채취판결을 기점으로 하여 혁신적인 변화를 일으켰음은 기술한 바와 같다.

사회적 구속성은 공용수용과 반대되는 개념으로써 보상의무 없는 사회적 구속으로 보아야 하며, 사회구속성의 한계를 넘어서면 보상의무가 있는 공용수용으로 보아야한다. 사회적 구속성의 근거는 분리이론에 따르면 독일기본법 제14조 제1항 제2문의 내용규정과 한계규정에서 근거를 두고 제14조 제2항과 분리하여 설명하고 있으나, 제14조 제1항 제2문과 제14조 제3항은 밀접한 관련성을 갖고 있기 때문에 제14조 제2항에 의한 공공복리는 제14조 제1항을 포함하고 있는 것으로 보아야 한다. 따라서 재산권의 내용규정이나 사회적 구속성이나 모두 공공복리에 의해 방향 지워지는 동일한 실체의 다른 표현에 지니지 않는다고 생각한다. 재산권의 사회적 구속성과 공용수용의 구별에 관하여 학설의 입장은 실질적 기준에 의하여 양자를 구별하려는 경향이 있으나 그 실질적 기준자체도 다양하기 때문에 어느 하나만이 절대적 기준이 될 수 없으며, 재산권의 침해는 보상 여부의 필요충분요건임을 감안하여 그 이용규제의 태양, 원인, 손실의 정도, 사회통념을 종합적으로 고려하여 판단함이 바람직하다.

수용유사적 침해와 수용적 침해에 대하여 존속보장을 중요시하는 분리이론에 따르면 수용유사적 침해와 수용적 침해의 존속을 부정하는 이유로 바이마르헌법과는 달리 독일기본법 제14조에서 재산권은 가치보장이 아니라 존속보장을 그 틀로 하고 있으므로, 특별희생의 성격을 띠는 모든 조치는 그것이 위법한 것이든, 적법한 것이든, 또는 위법·유책한 것이든 관계없이 재산권이나 비재산적 권리에 대한 수용유사적·수용적 침해로 보고 보상해 주어야 한다는 논리는 더 이상 타당하지 않다는 이유를 들고 있고, 연방헌법재판소의 자갈채취판결에서 재산권의 내용규정과 수용 간에는 법적인 차이가 분명해졌기 때문에 부정하고 있으나, 재산권보장의 흠결 없는 법질서를 강조하는 경계이론의 입장에서는 자갈채취 판결 이후에도 수용유사적 침해와 수용적 침해에 대하여 다수의 학자들에 의해서 지지되고 있으며, 또한 대법원 판례에 의하여 명백히 판시하고 있다. 따라서 재산권보장에 있어서의 수용의 범위를 확장하여 재산권의 침해에 대한 보상은 당연한 것이며, 수용유사침해의 법리는 적어도 국가배상법상 위험책임이나 무과실책임이 도입되어 보상규정 없는 법률에 의한 재산권의 박탈에 대한 불법행위책임이 인정되기까지는 긍정적으로 평가할 필요가 있는 것이다.

제3장 경찰상 행정쟁송

제1절 행정쟁송의 의의와 종류

I. 행정쟁송의 의의

행정쟁송이란 행정법상 법률관계에 있어서의 분쟁을 당사자의 청구에 의하여 일정한 국가기관이 이를 심리·판정하는 절차를 말한다.[178] 이러한 의미의 행정소송은 광의와 협으로 나누는 것이 일반적이다.

광의의 행정쟁송은 행정상의 분쟁에 대한 유권적 판정절차를 총칭하는 것으로, 그 심판기관(행정기관 또는 법원)이나 심판절차(정식절차 또는 약식절차)를 가리지 않는다.

이에 대하여 협의의 행정쟁송은 광의의 행정쟁송 중에서 행정기관(일반행정청 또는 행정부소속 특별행정재판소)이 행정상의 분쟁을 판정하는 절차를 말한다.

행정쟁손제도는 위법한 행정작용을 시정하여 행정의 법률적합성원칙을 회복하고 침해된 개인의 권익을 구제하는 법치주의의 실현 메커니즘이다. 그 밖에도 행정쟁송제도를 통하여 실체법의 내용이 상당부분 구체화되며, 이론적으로만 탐구되었던 행정법의 영역에서 존재하는 수많은 실체법규정과 이론이 어우러지는 법치주의 파노라마라고 할 수 있다.

II. 행정쟁송의 기능

1. 국민의 권익구제기능

행정쟁송제도는 법치주의에 반하는 위법·부당한 행정작용으로 인하여 국민의 권익이 침해된 경우 그러한 행정작용을 취소·변경함으로써 침해된 개인의 권위를 구체화하는 기능을 한다. 특히 행정소송에서는 권리구제기능이 강조된다.

---

178) 김동희,『행정법 I 』, 박영사, 2010, 598면.

2. 행정통제기능

행정쟁송은 행정작용의 적법성·합목적성을 보장함으로서 행정통제의 기능을 수행한다. 특히 행정심판의 경우는 행정기관 스스로 행정의 적법성·타당성을 보장하려는 자율적 통제의 기능을 갖는다.

Ⅲ. 행정쟁송의 종류

행정쟁송은 그 내용·절차·단계·판정기관 등에 따라 다음과 같이 분류된다. ① 내용에 따른 분류(실질적 쟁송과 형식적 쟁송), ② 쟁송의 절차에 따른 분류(정식쟁송과 약식쟁송), ③ 행정작용의 단계에 따른 분류(시심적 쟁송과 복심적 쟁송), ④ 쟁송의 성질에 따른 분류(항고쟁송과 당사자쟁송), ⑤ 쟁송제도의 목적에 따른 분류(주관적 쟁송과 객관적 쟁송)로 나누어진다.[179]

1. 행정심판과 행정소송

행정심판은 행정기관이 행정법상의 다툼에 대하여 심리·판정하는 절차를 말하고 행정소송은 법원이 심리·판정하는 절차를 말한다. 행정소송을 제기하기 전에 행정심판의 절차를 거쳐야 하는데 이를 행정심판전치주의하고 한다. 행정소송법은 제18조 제1항에서 "취소소송은 법령에 규정에 의하여 당해 처분에 대한 행정심판을 제기하는 경우에도 이를 거치지 않고 제기할 수 있다. 다만 다른 법률에 당해 처분에 대한 행정심판의 재결을 거치지 아니하면 취소소송을 제기할 수 없다는 규정이 있을 때에는 그러하지 아니하다." 고 규정하여 임의적 행정심판전치주의를 규정하고 있다. 현행법상 다른 법률에 필요적 행정심판전치주의를 규정하고 예로는 국가공무원법·지방공무원법·도로교통법·국세기본법·관세법 등이다.[180]

---

179) 이에 대하여는 류지태·박종수, 『행정법신론』, 2010, 570면 이하 참조.
180) 윤양수 「행정법 개론」, 온누리, 2011, 568면.

2. 항고쟁송과 당사자쟁송

항고쟁송이란, 이미 행해진 처분의 위법이나 부당을 다투어서 그 취소나 변경을 구하는 쟁송을 말한다. 행정심판법 제4조에서 규정한 취소심판·무효확인소송·부작위위법확인소송 등은 항고쟁송에 해당한다. 항고쟁송은 행정청의 처분의 존재를 전제로 하므로 언제나 복심적 쟁송이 된다.

당사자쟁송이란, 행정법상 대등한 두 당사자 사이에서의 법률관계의 형성·존부에 관한 다툼에 대하여 그 심판을 구하는 절차를 말한다. 토지수용에 있어 사업시행자와 토지소유자 기타 관계인과의 사이에 협의가 성립되지 않거나 불능인 경우에 토지수용위원회에서 행하게 되는 재결절차(공특법 제84조)와 행정소송법 제3조 제2호의 "행정청의 처분 등을 원인으로 하는 법률관계에 관한 소송, 그 밖에 공법상의 법률관계에 관한 소송으로서 그 법률관계의 한쪽 당사자를 피고로 하는 소송" 등은 당사자쟁송에 해당한다.

3. 시심적 쟁송과 복심적 쟁송

시심적 쟁송은 행정법관계의 형성 또는 존부를 결정하는 행위가 쟁송의 형식으로 행하여지는 것이고, 복심적 쟁송은 이미 행하여진 행정작용의 위법·부당성을 심판하는 절차이다. 토지의 수용 또는 사용에 대한 보상 문제에 관한 토지수용위원회의 재결이 시심적 쟁송이고, 이에 불복하고 소송을 제기하는 경우가 복심적 쟁송에 해당한다.

4. 주관적 쟁송과 객관적 쟁송

주관적 쟁송이란, 행청청의 처분으로 인하여 개인의 권리·이익이 침해된 경우에 쟁송 당사자의 개인적 권익의 구제를 주된 목적으로 하는 행정쟁송을 말한다. 행정쟁송은 행정법규의 적정한 적용을 보장함으로써 공공의 이익보호를 목적으로 하는 경우도 있으나, 주로 개인의 권익보호를 목적으로 하는 것이기 때문에 주관적 쟁송임을 원칙으로 한다.

객관적 쟁송이란, 행정법규의 객관적인 적법성·유지 또는 공공의 이익의 보호를 직접 목적으로 하는 행정쟁송을 말한다. 행정쟁송은 주관적 쟁송을 목적으로 하지만, 공익상의 요청이나 행정법규의 적정한 적용이 요구되는 분야에 있어서는 객관적 쟁송이 인정된다. 이러한 객관적 쟁송은 민중쟁송과 기관쟁송으로 구분된다.[181]

제2절 행정심판

I. 행정심판의 개념

1. 행정심판의 의의

행정심판이라 함은 행정기관이 행하는 행정법상의 분쟁에 대한 심리·판정절차를 말한다. 행정심판은 일반적으로 분쟁에 대한 심판 작용 이면서(준사법적 성격), 동시에 그 자체가 행정행위라는 이중적 성격을 갖는다.[182] 행정소송법이 취소소송 등의 대상을 처분과 행정심판에 대한 재결을 합쳐 "처분" 등으로 하고 있는 것은 행정심판이 행정행위로서의 성격을 전제한 것이다.[183]

2. 유사개념과의 구별

1) 이의신청과의 구별

행정심판은 원칙적으로 처분청의 직근 상급행정청에 제기하는 행정쟁송이나, 이의신청은 처분청에 재심심사를 구하는 행정쟁송이다.

2) 청원과의 구별

행정심판과 청원은 행정청에 대하여 자기반성을 촉구하고, 피해의 구제를 도모하기 위한 제도라는 점에서 공통성을 가진다. 그러나 행정심판은 기본적으로 권리구제를 위한 행정쟁송제도이고, 청원은 행정쟁송수단이라기 보다는 국정에 대한 국민의 정치적 의사를 표시를 보장하기 위한 제도이므로, 양자는 그 본질적인 의의를 달리하는 것이다.

청원에 있어서는 판정형식·판정내용에 관하여 법적 기속이 없고, 처리결과의 통지행

---

181) 김동복, 『경찰행정법』, 문두사, 2005, 294면.
182) 김동희, 『행정법요론』, 박영사, 2010, 453면
183) 행정쟁송절차는 실정법상으로 행정심판이란 명칭 이외에 이의신청, 심사청구, 심판청구, 재심청구 등으로 나타나고 있다(류지태·박종수, 『행정법신론』, 2010, 571면).

위에 기속력이 발생하지 아니함에 대하여 행정심판에 있어서는 판정형식·판정내용 등에 법적 기속이 있고 재결에 기속력이 발생한다는 점에 차이가 있다.184)

3) 진정과의 구별

진정은 권리행사가 아니므로 법적 구속력이나 효과를 발생하지 않는 사실행위에 불과하다. 따라서 진정에 대한 회답은 법적 의미를 가지지 못하는 점에서 행정심판과 다르다. 진정의 형식이라도 그 내용이 행정심판에 해당하면 행정심판으로 처리하여야 한다.185)

4) 고충민원처리와의 구별

고충민원이란 행정기관 등이 위법·부당하거나 소극적인 처분 및 불합리한 행정제도로 인하여 국민의 권리를 침해하거나 국민에게 불편이나 부담을 주는 사항에 관한 민원을 말하므로 행정심판에 비하여 그 적용대상이 훨씬 넓다. 한편 고충민원은 행정심판과는 달리 국민은 누구든지 이를 제기할 수 있다. 고충민원은 단지 행정기관에 대하여 시정조치를 취하도록 권고할 수 있음에 그치는 것으로 행정심판이 당사자를 법적으로 기속하는 것과는 본질적인 차이가 있다.186)

5) 행정소송과의 구별

(1) 공통점

행정심판과 행정소송은 모두 행정의 합법성과 합목적성의 보장을 통하여 위법 또는 부당한 행정처분에 의하여 침해된 국민의 권익구제를 도모하는 실질적 쟁송에 해당하는 점에서 양자는 같다. 구체적인 분쟁을 전제로 행정처분의 적법·타당성 여부를 판단하는 사법적 성질의 작용에 속하는 점에서 양자는 같다. 쟁송의 제기에 의해서만 개시되고 법률상 이익이 있는 자만이 원고적격 또는 청구인적격을 가지며, 원칙적으로 대심구조를 취하고 있는 점에서 양자는 같다. 심리에 있어 직권심리주의, 불고불리 및 불이익변경금

---

184) 김철용, 『행정법Ⅰ』, 박영사, 2010, 556면.
185) 대판 1956. 9. 14, 선고 4289행상92 판결.
186) 김동희, 『행정법요론』, 박영사, 2010, 454면.

지의 원칙이 인정되는 점에서 양자는 같다. 그 제기의 효과로서 집행부정지원칙이 적용되고, 판결 또는 재결에서 사정판결 또는 사정재결이 인정되는 점에서 양자는 같다.187)

(2) 차이점

행정심판은 행정의 자율적 통제절차로서 행정절차로서의 성질을 가진다. 이에 대하여 행정소송은 법원이 일정한 소송절차를 통하여 하는 재판작용으로서 형식적 의미의 사법작용이기 때문에 행정심판과 행정소송은 그 성질에 차이가 있다. 행정심판은 행정의 적법성·합목적성의 유무. 즉 행정의 적법성 또는 위법성에 관한 판단뿐만 아니라, 타당·부당의 판단을 대상으로 하는 데 대하여, 행정소송은 원칙적으로 행정의 적법성 유무, 즉 법률문제의 판단만을 대상으로 한다. 행정심판의 판정기관은 행정조직 내부에 있어서 일반 행정청 또는 행정심판위원회 등 어느 정도 독립성을 가진 특별기관이 담당하는 데 대하여, 행정소송은 법원이 관할한다. 행정심판은 약식쟁송이기 때문에 구술주의보다는 서면심리주의를 주로 하는 등 행정쟁송절차가 행정소송에 비하여 상대적으로 불비한 데 대하여, 행정소송은 정식쟁송이기 때문에 대심구조를 취하고 구술주의를 원칙으로 하는 등 행정쟁송절차가 완전하다.188)

(3) 양자의 관계

행정심판과 행정소송과의 관계에 관하여는 종례에는 행정소송을 제기하기 전에 행정심판을 먼저 거쳐야 하는 행정심판전치주의를 취하고 있었으나 1998년 3월 1일을 기하여 임의적 선택주의로 바꿔었다.189)

3. 행정심판의 존재이유

1) 자율적 행정 통제

행정심판은 법원의 심판에 의하지 않고 행정기관 스스로 심판 기관이 되어 자율적 통제

---

187) 김동복, 「경찰행정법」, 문두사, 2005, 297면.
188) 김동복, 「경찰행정법」, 문두사, 2005, 297~298면
189) 김철용, 『행정법Ⅰ』, 박영사, 2010, 558면.

에 의한 국민의 권익구제제도로서의 성격을 가지고 있다. 행정심판은 행정심판전치주의를 통하여 사법권으로부터 행정의 독립성을 확보하는 것처럼 보이나 당해행정작용에 대하여 행정소송에 의하여 통제가 가능하므로 사법권으로부터의 행정의 독립성을 확보라는 의미는 거의 없다. 그러나 행정기관에 대한 자율적 통제기회를 보장한다는 의미는 있다.

2) 사법기능의 보완

행정소송은 상당한 시일이 소요되기 때문에 현대행정에서 요구되는 능률성을 저해할 수 있다. 행정소송에 앞서 신속·간편한 행정심판을 거치게 함으로써 행정사건에 관한 분쟁을 신속히 해결할 수 있게 되어 행정능률을 보장한다고 볼 수 있다. 전문적·기술적인 행정사건에 대해서는 적어도 제1차 단계에서라도 전문기관인 행정청으로 하여금 그에 관한 분쟁을 심판하게 하는 것이 보다 바람직하다고 하겠다.

3) 법원의 부담경감

행정심판은 소송에 비하여 비용·시간 등을 크게 절약할 수 있고, 불필요한 행정소송의 제기를 방지할 수 있고 법원의 소송부담을 경감할 수 있어 소송경제의 확보에 기여할 수 있게 된다.[190]

II. 행정심판의 종류와 대상

1. 행정심판의 종류

행정심판의 종류에는 여러 종류가 있지만, 현행 행정심판법은 항고심판만을 인정하고 있는데, 이 안에는 다시 ① 취소심판, ② 무효확인심판, ③ 의무이행심판으로 나누어진다.

---

190) 김동희, 『행정법요론』, 박영사, 2010, 454~455면.

1) 취소심판

취소심판이라 함은 행정청의 위법 또는 부당한 공권력행사나 그 거부 또는 그 밖에 이에 준하는 행정작용(처분)으로 인하여 권익을 침해당한 자가 그 취소 또는 변경을 구하는 행정심판을 말한다(행정심판법 제4조 제1호).[191] 취소심판은 공정력 있는 처분의 취소·변경을 구하는 항고쟁송으로서 행정심판의 중심을 이룬다.

취소심판의 성질에 관하여는 형성적 쟁송설과 확인적 쟁송설로 나누어지는바, 취소심판은 관계 법률을 성립시킨 처분의 효력을 다투어 그 취소변경에 당해 법률관계를 소멸 또는 변경시키는 것이라는 점에서 형성적 쟁송설이 옳다고 본다. 형식적 쟁송설이 통설이다.[192]

행정심판은 공익과 관련성 및 그 절차의 탄력성, 신속성 때문에 민사소송과 행정소송에 대하여 여러 가지 특수성을 가진다. 즉, ① 취소심판은 청구기간이 제한되어 있으므로 그 기간이 지나면 당해 처분의 취소·변경을 구할 수 없게 된다(행정심판법 제18조). ② 집행부정지원칙이 채택되어 행정심판을 제기하여도 당해 처분의 효력은 정지되지 아니한다. 따라서 집행정지결정이 있은 후에도 공공복리에 중대한 영향을 미친 때에는 취소할 수 있다(행정심판법 제21조). ③ 심리절차는 행정심판위원회의 재량에 따라 구술심리 또는 서면심리로 한다. ④ 청구가 이유 있다고 인정되는 경우에도 이를 인용하는 것이 현저히 공공복리에 적합하지 아니한다고 인정되는 때에는 기각결정을 할 수 있다(행정심판법 제33조). ⑤ 취소심판 청구가 이유 있다고 인정할 때에는 재결청이 스스로 심판대상인 처분을 취소·변경할 수도 있고(형성재결), 처분청에서 처분의 취소·변경을 명할 수도 있다(이행재결).

2) 무효등확인심판

무효등확인심판이란, 행정청의 처분의 효력 유무 또는 존재 여부에 대한 확인을 구하는 심판을 말한다(행정심판법 제4조 제2호). 무효 또는 부존재인 행정처분은 이른바 공정력이 인정되지 않으므로 처음부터 효력이 없는 것으로서, 누구도 그 구속을 받지 아니

---

191) 처분의 위법이란 행정청의 행위가 당해 근거법규를 위반하거나 행정법의 일반법원칙 내지 조리법을 위반한 경우를 말한다. 처분의 부당은 행정청의 재량권을 일탈·남용하지 않아서 위법하지는 않으나, 당해 재량규범의 수권목적에 비추어 가장 합목적적이라고 할 수 없는 경우를 말한다.
192) 김동희, 『행정법 I 』, 박영사, 2010, 609면.

한다. 그러나 이 경우에도 처분의 외간은 있으므로 행정청이 이를 유효한 것으로 판단하여 집행할 우려가 있다. 또한 반대로 유효한 처분을 행정청이 무효 또는 부존재라 하여 그 효력을 부인하는 경우도 있을 수 있기 때문에, 처분의 유·무효 또는 그 존재 여부에 대한 유권적 확정의 필요가 있는 것이다.

무효등확인심판에는 취소심판과는 달리 청구기간(행정심판법 제18조 제7항)이나 사정재결에 관한 규정이 적용되지 아니한다(행정심판법 제33조 제3항).

무효등확인심판의 성질에 대하여는 확인적 쟁송설, 형성적 쟁송설, 준형성적 쟁송설로 나누어져 있는바,193) 실질적으로 확인적 쟁송의 성질을 갖지만 형식적으로는 행정주체가 우월한 지위에서 행한 처분 등의 효력의 유무를 직접 심판의 대상으로 한다는 점에서 준형성적 쟁송설이 옳다고 본다. 준형성적 쟁송설이 통설이다.

이러한 확인재결에는 처분무효확인재결, 처분유효확인재결, 처분부존재확인재결, 처분존재확인재결 또는 처분실효확인재결이 있다. 청구가 이유 있다고 인정할 때에는 재결청은 처분의 효력 또는 존재여부를 확인하는 재결을 한다(행정심판법 제32조 제4항). 행정심판에 있어서의 확인재결은 사익만이 관련된 사인 간의 법률관계를 확인하는 대상으로 하는 것과는 달라서 당해 행정심판의 당사자는 물론 제3자에게도 그 효력이 미친다고 할 것이다.

3) 의무이행심판

의무이행심판이란, 행정청의 위법 또는 부당한 거부처분 또는 부작위로 인하여 권익의 침해를 당한 자의 청구에 의하여 일정한 처분을 하도록 하는 심판을 말한다(행정심판법 제4조 제3항).

거부처분에 대한 의무이행심판은 청구기관의 제한을 받으나, 부작위에 대한 의무이행심판은 부작위가 존재하는 한 언제든지 심판을 제기할 수 있으므로 청구기간의 제한을 받지 않는다(행정심판법 제18조 제7항).

의무이행심판은 행정청에 대하여 일정한 처분을 할 것을 명하는 재결을 구하는 심판이므로 이행쟁송의 성질을 갖는다.

재결청은 심판청구가 이유 있다고 인정할 때에는 지체 없이 신청에 따른 처분을 하거나, 이를 할 것을 처분청에 명할 수 있다(행정심판법 제32조 제5항). 그리고 이행적 재결

---

193) 김동희, 『행정법요론』, 박영사, 2010, 458면.

이 있으면 처분청은 그 재결의 취지에 따라 이전의 신청에 대한 처분을 하여야 한다(행정심판법 제37조 제7항).

2. 행정심판의 대상

행정심판의 대상이라 함은 행정심판사항, 즉 심판청구의 대상으로 될 수 있는 사항을 말한다. 일반적으로 법률이 행정심판사항을 정하는 방법에는 개괄주의와 열기주의가 있다. 우리나라 행정심판법은 "행정청은 처분 또는 부작위에 대하여 다른 법률에 특별한 규정이 있는 경우를 제외하고는 이 법에 의하여 행정심판을 제기할 수 있다(행정심판법 제3조 제1항)."라고 하여 개괄주의를 채택하고 있다.

즉 행정심판법은 행정심판을 제기할 수 있는 사항을 개괄적으로 규정하고 있다(행정심판법 제3조 제1항). 그리고 행정심판의 대상은 행정처분(거부처분 포함)과 부작위가 된다. 행정심판법은 행정심판을 제기 할 수 있는 자격에 대하여 '법률상 이익'이 있는 자이면 처분의 상대방인 여부에 관계없이 당해 처분 또는 부작위로 인하여 권익을 침해당한 자는 행정심판을 제기할 수 있도록 하고 있다.

현행법은 개괄주의를 택하면서도 대통령의 처분과 부작위에 대하여는 다른 법률에 특별한 규정이 있는 경우를 제외하고는 행정심판을 제기할 수 없도록 하고 있다(행정심판법 제3조 제2항). 따라서 이러한 경우에는 행정심판을 거침이 없이 바로 행정소송을 제기할 수 있게 된다.

여기서 처분이란, 구체적 사실에 관한 법 집행으로서의 공권력 행사·거부와 그 밖에 이에 준하는 행정작용을 말한다(행정심판법 제3조 제1항 제1호). 행정처에는 법령에 의하여 행정권한의 위임 또는 위탁을 받은 행정기관·공공단체 그 기관 또는 사인이 포함되며, 행정청의 보조기관도 행정권한을 위임받은 경우에 행정청이 될 수 있다(행정소송법 제2조 제2항). 행정청의 공권력의 행사는 행정청에 의한 공법행위 내지 우월한 일방적 의사의 발동으로 행하는 단독행위를 의미하며, 학문상 행정행위가 그 중심이 된다. 신체의 감금이나 물건의 압류와 같은 권력적 사실행위도 그 내용이 계속적 성질을 가지는 것은 공권력행사에 해당한다.

그리고 부작위란, 행정청이 당사자의 신청에 대하여 상당한 기간 내에 일정한 처분을 하여야 함에도 불구하고 이를 하지 아니하는 것을 의미한다(행정심판법 제2조 제1항 제2호). 부작위의 성립요건으로는 ① 당사자의 신청, ② 상당한 기간, ③ 처분할 법률상 의무의 존재가 있다.

행정심판의 대상은 처분, 거부처분 및 부작위가 되는 것이나, 그것이 위법 또는 부당한 경우이어야 한다. 행정청의 위법성은 행정청의 행위가 당해 근거법류를 위한하거나 행정법의 일반원칙 내지 조리법을 위반한 경우를 말한다. 처분의 부당상은 행정청의 재량권행사가 그 한계 내에서 행사되었기 때문에 위법의 문제는 없으나, 당해 재량규범의 수권목적에 비추어 가장 합목적적이라고 할 수 없는 경우를 말한다.

한편, 위법과 부당의 구별은 쉽지 않으며 당해 처분의 근거법규의 성질에 따라 판단하여야 할 것이다. 따라서 당해 처분의 근거법규에 위배되는 행위, 행정법의 일반원칙 또는 조리법에 위배되는 행위, 법규에 의한 기속에 위배되는 행위 등은 위법하며, 공익재량에 위배되는 행위는 부당한 것으로 보아야 할 것이다.[194]

3. 행정심판의 제외대상

1) 대통령의 처분·부작위

대통령의 처분·부작위는 다른 법률에 특별한 규정이 있는 경우를 제외하고는 행정심판을 제기할 수 없다(행정심판법 제3조 제2항).

2) 특별행정심판의 대상

징계처분에 대한 소청제기(국가공무원법 제76조 제1항), 조세부과처분에 대한 심판청구(국세기본법 제67조), 특허심판 등 특별행정심판의 대상이 되는 것은 행정심판법상의 심판의 대상에서 제외된다.

---

194) 석종현, 『일반행정법(상)』, 삼영사, 2005, 750면.

Ⅲ. 행정심판기관과 당사자

1. 행정심판기관

행정심판기관이라 함은 행정심판의 청구를 수리·심리·재결하여 행정상 법률관계에 관한 분쟁을 해결하는 권한을 가진 행정기관을 말한다. 행정심판기관을 어떻게 설치할 것인가는 신속한 사인의 권리구제, 객관성, 공정성의 확보, 경제성 등 여러 여건을 고려하여 입법정책으로 결정된다.195)

행정심판법은 재결의 객관성·공정성을 기하고, 권리구제의 실효성을 확보하기 위하여 행정심판청구사건에 대한 심리·의결기관과 재결기관을 분리하고 있다. 즉 해정심판청구에 대한 심리·의결은 행정심판위원회가 담당하고, 재결청은 소속 행정심판위원회의 의결내용에 따라 재결하도록 하고 있다.

1) 재결청

재결청이란 행정심판의 청구를 수리하고, 당해 심판청구사건에 대한 재결을 할 수 있는 권한을 가진 행정기관을 말한다.

행정심판법은 재결의 개관적 공정성을 확보하기 위하여 행정기관 내에서 이기는 하지만 재결청과 의결기관을 분리시키고 있다. 즉, 행정심판청구에 대한 심리·의결은 위원회가 담당하고, 재결청은 소속 위원회의 의결내용에 따라 재결을 하도록 되어 있다. 재결청은 행정심판의 청구를 수리하여 재결할 수 있는 권한을 가진 행정기관이다. 재결청은 처분청의 직근 상급행정기관이 되는 것이 원칙이나, 예외적으로 당해 처분청, 당해 사안에 대한 소관감독행정기관 및 제3기관 등이 되기도 한다.

(1) 직근 상급행정기관

행정청의 처분 또는 부작위에 대하여는 원칙적으로 당해 행정청의 직근 상급행정기관이 재결청이 된다(행정심판법 제5조 제1항). 여기서 직근 상급행정기관이란 행정조직 계층상의 소속 상급행정기관 중에서 바로 위의 행정기관, 즉 제1차적 감독기관을 말한다.

---

195) 김철용, 『행정법Ⅰ』, 박영사, 2010, 568면.

예컨대 국무총리 직속기관인 국가보훈처장의 처분 또는 부작위에 대하여는 국무총리가, 각 청장의 처분 또는 부작위에 대하여는 소관 장관이 각각 재결청이 된다. 예컨대, 특별시의 경찰업무에 대하여는 경찰청장, 도지사의 식품위생업무에 대하여는 보건복지부장관, 도지사의 도시가스사업업무에 대하여는 통상산업부장관이 각 소관감독행정기관으로서 재결청이 된다.

(2) 당해 행정청(처분청)

심판청구의 대상인 처분이나 부작위를 한 행정청이 국무총리·각부장관·대통령직속기관의 장, 국회사무총장·법원행정처장·중앙선거관리위원회사무총장 그 밖에 소관감독행정기관이 없는 행정청의 경우(예: 국회의장, 대법원장 등)는 처분청(부작위청)이 재결청이 된다(행정심판법 제5조 제2항 제1호, 제2호).

처분청 자체가 재결청이 되는 것은 재결의 공정성의 관점에서는 문제가 있다. 다만 행정각부의 장의 처분에 관한 한, 그 심리·의결기관은 국무총리행정심판위원회로 되어 있어 이러한 문제성은 실질적으로 매우 완화되고 있다.

(3) 소관 감독행정기관

시·도지사 또는 교육감의 처분이나 부작위에 대하여는, 각 소관감독기관이 재결청이 된다(행정심판법 제5조 제3항). 여기서 소관 감독행정기관이란, 행정조직계층상의 상급행정기관이 아니라, 계쟁처분이나 부작위에 관련되는 행정사무에 대한 사항적 권한을 가진 상급행정기관을 말한다.

이는 정부조직법 제26조 제3항에서 그 근거를 찾을 수 있다. 즉 동법의 "행정각부 장관은 소관사무에 관하여 지방행정의 장을 지휘·감독하는 권한을 가지고 있다."는 규정이 그 근거가 된다. 예컨대, 도지사의 식품위생업무에 관하여는 보건복지부장관이, 도시가스사업업무에 관하여는 통상산업부장관이 각각 소관 감독행정기관으로서 재결청이 된다.

(4) 도지사 등

광역지방자치단체의 장인 시장 또는 도지사에 소속된 각급 국가행정기관 또는 자치행정기관(시장·군수·자치구청장·읍면장·동리장·소방서장, 시·군·자치구 교육감 등)

의 처분 또는 부작위에 대하여는, 일률적으로 서울특별시장·광역시장 또는 도지사가 재결청이 된다(행정심판법 제5조 제4항). 즉, 도지사 등이 처분청의 직근 상급행정기관인 경우는 물론이고, 직근 상급행정기관이 아닌 경우에도 도지사 등을 재결청으로 하고 있다.

(5) 특별지방행정기관의 처분에 대한 재결청

특정중앙행정기관에 소속되어 그 소관 사무만을 관장하는 지방행정기관을 특별지방행정기관이라고 하는바, 예컨대 지방의 병무청·국세청 등이 그것이다.

이러한 특별지방행정기관의 처분이나 부작위에 대하여는 대통령령이 정하는 경우를 제외하고는 당해 기관이 소속된 중앙행정기관의 장이 재결청이 된다(행정심판법 제5조 제5항).

(6) 공공단체 또는 사인의 처분 또는 부작위의 경우

행정청의 권한이 공공단체 또는 사인에게 위탁된 경우에는 이들 공공단체나 사인도 행정청으로 보는바(행정심판법 제2조 제2항), 이러한 공공단체나 사인이 행한 처분 또는 부작위에 있어서는 관계법령에 특별한 규정이 없는 한 위탁기관이 재결청이 된다. 다만 위탁기관이 행정심판법상 재결청이 될 수 없는 행정청(시장·군수 등)인 경우에는, 위탁기관의 처부·작위에 대한 재결청이 당해 사인 또는 공공단체의 처분·부작위에 대한 재결청이 된다.

(7) 제3의 기관이 재결청이 되는 경우

행정심판의 심리·재결의 공정성을 보장하기 위하여, 개별법에서 제3자적 기관을 설치하여 재결청으로 하는 경우가 있다. 공무원에대한 위법·부당한 처분에 대한 행정심판기관으로서의 소청심사위원회와 국세·관세심판기관인 국세심판원이 그 예이다.

2) 행정심판위원회

행정심판법은 행정심판의 공정성을 확보하기 위하여 행정심판기관으로서 그 의결기관인 행정심판위원회와 재결기관을 각각 분리하여 설치하도록 규정하고 있다.

행정심판위원회는 재결청과 함께 행정심판기관의 하나로서 심판청구사건을 심리하고 재결할 내용을 의결하기 위하여 원칙적으로 재결청에 소속된 합의제 행정기관을 말한다 (행정심판법 제6조 제1항). 행정심판의 재결청은 행정심판청구사건에 대한 재결을 함에 있어서 당해 행정심판위원회에서 심리·의결한 내용에 기속되며, 이와 다른 내용으로 재결하지 못한다. 행정심판위원회는 심판청구사건을 의결할 수 있는 권한이 있는 "합의체 의결기관"이다.

행정심판위원회에는 국무총리행정심판위원회와 일반 행정심판위원회가 있다. 국무총리 행정심판위원회는 국무총리 및 중앙행정기관의 장이 재결청이 되는 심판청구를 심리·의결하기 위하여 국무총리 소속하에 국무총리행정심판위원회를 둔다. 위원회는 위원장 1인을 포함한 50인 이내의 위원으로 구성하고, 위원 중 상임위원 2인 이내로 한다. 위원장은 법제처장이 되며, 필요한 경우에는 소속 공무원으로 하여금 그 직무를 대행하게 할 수 있다. 일반 행정심판위원회는 국무총리 및 중앙행정기관의 장 이외에 행정기관이 재결청이 되는 심판청구를 심리·의결하기 위하여 각 재결청 소속하에 행정심판위원회를 두되, 위원회는 위원장 1인을 포함한 15인 이내의 위원으로 구성된다.

2. 행정심판의 당사자

행정심판법은 행정심판의 준사법화를 규정한 헌법 제107조 제3항의 취지에 따라 행정심판의 절차에 있어서 청구인과 피청구인이 어느 정도 대등한 지위에 서로 대립하는 대심구조를 취하고, 구술심리의 기회를 보장하고 있다.[196] 특히 청구인의 권리를 보호하는 제도로서 다수의 공동심판의 경우, 선정대표자의 선정·청구인의 지위승계 등을 마련하고 있다.[197]

1) 청구인

청구인이란 행정심판의 대상인 행정청의 처분 또는 부작위에 불복하여 그 취소·변경 등을 위해 행정심판을 제기하는 자를 말한다. 자연인, 법인, 법인격 없는 사단 또는 재단으로서 대표자 또는 관리인이 정하여져 있는 경우에는 그 이름으로 청구인이 될 수 있다 (행정심판법 제10조). 또한, 청구인이 다수인일 경우 3인 이하의 대표자를 선정할 수 있

---

196) 김철용, 『행정법Ⅰ』, 박영사, 2010, 572면.
197) 김동복, 「경찰행정법」, 문두사, 2005, 304면.

다. 행정심판에서 청구인의 지위가 승계되는 경우로는 사망으로 인한 경우, 법인 등의 합병으로 인한 경우, 권익양수로 인한 경우 등이 있다.

2) 청구인적격

(1) 취소심판의 청구인적격

행정심판법은 취소심판의 청구인적격에 관하여, "취소심판의 청구는 처분의 취소 또는 변경을 구할 법률상 이익이 있는 자가 제기할 수 있다(행정심판법 제9조 제1항)."고 규정하고 있다. 여기서의 "법률상 이익"에는 협의의 권리뿐만 아니라 관계법규에 의하여 보호되고 있는 이익도 포함된다(판례·통설).[198] 행정심판법은 또한 청구인적격에 관하여 "처분의 효과가 기간의 경과, 처분의 집행 그 밖의 사유로 소멸된 뒤에도 그 처분의 취소로 인하여 회복되는 법률상 이익이 있는 자의 경우에는 또한 같다(행정심판법 제9조 제1항 후단)."고 규정하고 있다.

(2) 무효등확인심판의 청구인적격

무효등확인심판에 있어서는 처분의 효력유무 또는 존재 여부에 대한 확인을 구할 법률상 이익이 있는 자가 청구인적격을 가진다(행정심판법 제9조 제2항). 확인을 구할 법률상 이익은, 계쟁처분의 효력 유무 또는 존재 여부에 대하여 당사자 사이에 다툼이 있어서, 재결로써 공권적인 확정을 하는 것이 청구인의 법적 지위의 불안정상태를 제거하기 위하여 필요한 경우에 인정된다.

(3) 의무이행심판의 청구인적격

의무이행심판청구는 행정청의 거부처분 또는 부작위에 대하여 일정한 처분을 구할 법률상 이익이 있는 자에 청구인적격을 가진다(행정심판법 제9조 제3항).

---

198) "법률상 보호이익"에 관해서는 견해가 갈리고 있으나 대표적인 학설로는 법적보호 이익설과 보호가치 이익설이 있다. 법적 보호이익설은 청구인이 주장하는 이익의 권리로서의 이익뿐만 아니라 행정처분의 근거가 된 실정법규에 의하여 보호되고 있는 이익이면 그 것을 법률상 이익으로 보는 견해이다. 보호가치이익설은 청구인이 주장하는 이익이 행정처분의 근거가 된 실정 법규에 의하여 보호되는 이익이 아니더라도 행정심판절차에 의하여 보호할 가치가 있는 이익이면 그것을 법률상 이익으로 볼 수 있다는 견해이다(윤양수 「행정법 개론」, 온누리, 2011, 535면; 김철용, 『행정법Ⅰ』, 박영사, 2010, 574면).

3) 피청구인

피청구인이라 함은 심판청구인의 상대편 당사자, 즉 행정청이나 국가를 말한다. 즉 피청구인은 당해 심판청구의 대상인 처분을 한 처분청 또는 부작위청이 되는 것이 원칙이나(행정심판법 제13조 제1항), 처분이나 부작위가 있은 후에 그에 관한 권한이 법령에 의하여 다른 행정청에 위임 또는 위탁되거나 승계된 때에는 새로이 그 권한을 양수하거나 승계한 행정청이 피청구인이 된다(행정심판법 제13조 제1항).

심판청구를 제기함에 있어서 피청구인의 지정을 잘못한 경우 심판제기 후 처분 등의 권한이 다른 행정청에 승계된 경우에는 행정심판위원회는 당사자의 신청 또는 직권에 의하여 피청구인을 경정할 수 있다(행정심판법 제13조 제2항, 제5항).

IV. 행정심판청구

1. 행정심판제기요건

행정심판은 청구인 적격인자가 심판청구사항인 처분 또는 부작위를 대상으로 하여, 심판청구기간 내에, 피청구인인 처분청이나 재결청에 심판청구서를 제출함으로써 제기하여야 한다.

행정심판의 청구는 원칙적으로 처분이 있음을 안 날로부터 90일, 처분이 있은 날로부터 180일 이내에 제기하여야 한다(행정심판법 제18조 제1항, 제3항). 이들 기간은 불변기간으로서 두 기간 중 어느 하나라도 도과하면 당해 행정심판청구는 부적합한 것으로서 각하된다. "처분이 있음을 안 날"이란, 통지·공고 기타 방법에 의하여 당해 처분이 있은 것을 현실적으로 안 날을 의미하며, "처분이 있은 날"이란 당해 처분이 외부에 표시되고 그 효력이 발생한 날을 말한다.

예외적인 심판청구기간으로 90일 대한 예외로는, 천재·지변·전쟁·사변 그 밖의 불가항력으로 기간 내에 심판청구할 수 없을 때에는, 그 사유가 소멸한 날로부터 14일(국외에서의 청구의 경우 30일) 이내에 제기할 수 있도록 하였다. 또한, 불가항력보다 넓은 개념으로서 정당한 사유가 있으면 처분이 있는 날로부터 180일을 경과하더라도 제기할 수 있다(행정심판법 제18조 제3항 단서). 무엇이 정당한 사유에 해당하는가는 위원회에서 합리적으로 판단할 문제이나, 위의 불가항력보다는 넓은 개념이라 할 것이다.

복효적 행정행위의 경우 제3자에 대한 통지규정이 없으므로 원칙적으로 처분이 있은 날로부터 180일 이내가 그 기준이 된다. 그러나 180일이 경과된 뒤에도 그 기간 내에 심판청구가 가능하였다는 특별한 사정이 없는 한, 행정심판법 제18조 제3항 단서의 '정당한 사유'에 해당됨을 근거로 하여 심판을 청구할 수 있다.[199]

심판청구서의 제출은 ① 재결청이나 처분청에 선택적으로 할 수 있다. ② 처분청이나 부작위청은 청구인의 심판청구를 인용한 경우 외에는, 심판청구서를 접수일로부터 10일 이내에 답변서를 첨부하여 재결청으로 이송하여야 한다. 답변서에는 당해 처분이나 부작위의 근거와 이유를 명시하고, 심판청구의 취지와 이유에 대응하는 답변을 기재하여야 한다.

심판청구의 방식은 일정한 사항을 기재한 서면으로 한다(행정심판법 제19조 제1항). 심판청구서의 기재사항에 관하여는 행정심판법 제19조 제2항 내지 제5항에 규정되어 있다. 심판청구서에 기재사항의 흠결이 있는 경우에는 행정심판위원회는 그 흠결이 보정할 수 있는 것인 때에는 기간을 정하여 보정을 명할 수 있고, 그렇지 않을 때는 각하하는 내용의 의결을 하여야 한다.

2. 행정심판제기의 효과

1) 재결청 및 행정심판위원회에 대한 효과

행정심판이 제기되면 재결청과 행정심판위원회는 이를 심리·재결할 의무를 진다. 즉 재결청은 이를 소속행정심판위원회에 회부하여 심리·의결하도록 하고, 그 의결에 따라 재결할 의무를 진다. 이는 심판제기 요건 상에 흠결이 있어 부적법한 심판청구인 경우에도 마찬가지이다.

---

199) 대판 1992. 7. 28, 91누12844.

2) 처분에 대한 효과

(1) 집행부정지원칙

심판청구가 제기되어도 쟁송대상인 처분의 효력이나 그 집행 또는 절차의 속행은 정지되지 않는 것이 원칙인바(행정심판법 제21조 제1항), 이를 집행부정지의 원칙이라 한다. 집행부정지의 원칙의 근거를 종래에는 처분의 공정력 또는 자력집행력에 있다고 보았으나, 오늘날에는 행정심판의 남용을 막고, 행정목적의 원활한 수행을 저해하지 않으려는 입법정책적 고려에서 채택된 것으로 보고 보는 것이 일반적이다.200) 일반적으로 당사자가 처분을 다투기 위하여 행정쟁송을 제기하는 경우에, 쟁송제기로 문제된 처분의 효력에 영향을 미친다고 볼 것인가에 있어서는 당사자의 권리구제라는 측면과 다른 한편으로 행정의 계속적인 수행보장이라는 이해관계가 존재하게 된다. 행정심판제도가 권리구제제도로서 기능하기 위해서는 우리나라에서도 집행정지의 원칙을 채택하는 것이 바람직하리라고 생각한다.201)

(2) 예외적 집행정지

심판청구가 제기되어도 원칙적으로 처분의 효력 등은 정지되지 아니하나, 예외적으로 재결청은 일정한 요건하에서 당사자의 신청 또는 직권으로 행정심판위원회의 심의·의결을 거쳐 처분의 효력을 정지하는 결정을 할 수 있다(행정심판법 제21조 제2항, 제3항). 집행정지 신청은 서면에 의하여 심판청구와 동시에 또는 심판청구에 대한 의결이 있기 전까지 행정심판위원회에 제출하여야 한다. 집행정지 요건으로는, 회복하기 어려운 손해를 예방하기 위하여 또한 긴급한 필요가 있다고 인정될 때이다.

집행정지의 대상은 행정처분의 효력·처분의 집행 또는 절차의 속행이고, 정지범위는 그 전부 또는 일분이다.

집행정지 절차는 재결청이 당사자의 신청 또는 직원으로 결정한다. 집행정지의 취소는 공공복리에 중대한 영향을 미치거나 그 정지 사유가 없어진 때에는, 재결청은 당사자의 신청 또는 직권으로 집행정지결정을 취소할 수 있으나, 이 경우에도 위원회의 심리·의결을 거쳐야 한다.

---

200) 김동희, 『행정법요론』, 박영사, 2010, 458면.
201) 류지태·박종수, 『행정법신론』, 박영사, 2010, 593면.

Ⅴ. 행정심판의 심리

1. 행정심판심리의 의의 및 성질

행정심판의 심리란 재결의 기초가 될 사실관계 및 법률관계를 명확히 하기 위하여 당사자 및 관계인의 주장과 반박을 듣고, 증거 기타의 자료를 수집·조사하는 일련의 절차를 말한다. 행정심판은 행정심판청구를 심리함에 있어서 대심주의, 구술심리주의를 채택하는 심리절차를 준사법화하고 있다.202)

행정심판의 심리는 의결기관인 행정심판위원회가 담당한다. 행정심판청구가 제기되면, 재결청은 그 심리를 위하여 지체 없이 이를 행정심판위원회에 회부하여야 한다(행정심판법 제22조 제1항). 행정심판의 심리는 법원이 소송절차를 통하여 하는 재판과 성질상 크게 다를 것이 없는 사법적 성질의 작용이다.

2. 심리내용과 범위

1) 심리의 내용

심판청구의 심리는 그 내용에 따라 요건심리와 본안심리로 나누어진다. 요건심리란 행정심판의 제기요건을 갖추고 있는지의 여부를 심리하는 것이다. 요건불비의 경우 보정명령을 하거나 직권보정의 경우를 제외하고는 재결로 행정심판을 각하한다.203)

본안심리는 요건심리의 결과 심판청구를 적법한 것으로 받아들여, 당해 심판청구의 내용에 관하여 실질적으로 심사하는 것을 말한다. 본안심리는 당해 심판청구에 대하여 인용 또는 기각의 판정을 하기 위한 심리이다.204)

---

202) 김철용, 『행정법Ⅰ』, 박영사, 2010, 591면.
203) 심판청구가 부적법한 것으로 되는 것은, ① 심판청구를 할 수 없는 자가 한 것인 때, ② 심판청구의 대상이 행정심판법상의 '처분'에 해당하지 않을 때, ③ 심판청구기간이 경과한 후에 제기한 것인 때, ④ 심판청구서의 기재사항에 불비가 있는 때, ⑤ 심판청구서에 대표자·관리인 또는 대리인의 자격을 증명하는 서면이 첨부되어 있지 않은 때를 들 수 있다. 이 중에서 부적법하나 보정될 수 있는 것으로서는 ④⑤의 경우를 들 수 있다. 박송규, 『행정심판법론』, 371면.
204) 김동희, 『행정법요론』, 박영사, 2010, 478면.

2) 심리의 범위

(1) 불고불리 및 불이익변경금지의 원칙

가. 불고불리의 원칙

불고불리의 원칙이란 청구인이 심판청구를 하지 않은 사항에 대하여 심리하지 못한다는 것을 말하며, 이에 관하여 행정심판법은 "재결청은 심판청구의 대상이 되는 처분 또는 부작위 외의 사항에 대하여는 재결하지 못한다."고 규정하여 불고불리의 원칙을 명문화하고 있다(행정심판법 제36조 제1항). 다만 예외도 있다(행정심판법 제33조 제2항).

나. 불이익변경금지의 원칙

불이익변경금지의 원칙이란 재결청은 심판청구의 대상이 되는 처분보다 청구인에게 불이익한 재결을 하지 못한다는 것을 말한다. 이에 관하여 행정심판법은 제36조 제2항에서 명문화하고 있다.

(2) 법률문제와 사실문제

행정심판의 심리에 있어서 심판청구의 대상인 처분이나 부작위에 대하여 법률문제로서의 적법・위법의 문제, 재량행위에 있어서의 타당・부당의 사실문제까지도 심리한다.

3. 심리절차

1) 심리절차의 기본원칙

심리절차의 기본원칙에는 대심주의・직권당사자주의・서면심리주의・구술심리주의・비공개주의 등이 있다.

대심주의란, 분쟁 당사자들의 공격・방어를 할 수 있는 대등한 기회를 보장하는 원칙을 말하며, 쌍방심리주의라고도 한다.205) 직권심리주의란 변론주의에 대한 대립되는 개념으로 심리의 진행을 심리기관의 직권으로 함과 동시에, 필요한 자료를 당사자에만 의존하지 않고 직권으로 수집하는 제도를 말한다.206) 심리의 방식에는 서면심리주의와 구술

---

205) 윤양수 「행정법 개론」, 온누리, 2011, 545면.

심리주의가 있는바, 행정심판법 제26조 제2항은 "행정심판의 심리는 구술심리 또는 서면심리로 한다(행정심판법 제26조 제2항)."고 규정하여 심판의 심리방식을 일단 행정심판위원회의 판단에 맡기고 있다.

비공개주의란, 서면심리주의가 지배할 뿐만 아니라 심리의 능률화를 도모하는 관점에서 행정심판청구의 심리재결을 일반인이 방청할 수 없는 상태에서 행하는 것을 말한다. 그러나 비공개주의 헌법 제109조의 재판공개의 원칙에 비추어 문제가 있으며, 헌법 제107조 제3항은 행정심판의 준사법화를 규정하고 있음에 비추어 행정심판의 절차는 당연한 공개 되어야 하며, 일반인의 방청을 허용하는 것이 바람직하다.207)

또한, 국무총리행정심판위원회에서 심리·의결하는 심판청구의 경우는 행정심판법 제28조 제5항은 이에 관하여 명시적으로 규정하고 있다. 이는 재결청과 행정심판위원회가 동일한 기관에 속하는 일반 행정심판위원회의 경우와는 달리, 국무총리행정심판위원회는 재결청과는 독립한 제3의 기관이라는 점에서 국무총리행정심판위원회의 심리·의결단계에서 재결청의 의견을 충분히 반영시킴으로써 신중·공정한 의결을 담보하고 또한 위원회의 의결에 대한 재결청의 불신감이나 불만을 예방하기 위한 목적에서 규정하고 있는 것이다.

2) 당사자의 절차적 권리

당사자의 절차적 권리에는 위원직권에 대한 기피신청권(행정심판법 제7조 제2항), 구술심리신청권(행정심판법 제26조 제2항), 보충서면제출권(행정심판법 제25조 제1항, 제2항), 물적증거제출권(행정심판법 제27조 제1항, 제2항), 증거조사신청권(행정심판법 제28조 제1항) 등이 있다.

3) 관련 청구의 병합과 분리

위원회는 필요하다고 인정할 때에는 관련되는 심판청구를 병합하여 심리하거나 병합된 심판청구를 분리하여 심리할 수 있다(행정심판법 제29조). 다만, 병합심리는 심판절차의 병합에 그치는 것이므로, 재결은 병합된 심판청구별로 각각 행해지지 않으면 안 된다.

---

206) 김동희,『행정법요론』, 박영사, 2010, 479면.
207) 류지태·박종수,『행정법신론』, 박영사, 2010, 606면.

Ⅵ. 행정심판의 재결

1. 행정심판의 재결의 의의

행정심판의 재결이란 심판청구사건에 대하여 행정심판위원회가 심리·의결한 내용에 따라 재결청이 판단하는 행위를 말한다. 즉, 심판청구사건에 대한 재결청의 종국적 판단인 의사표시이다.

재결은 행정법상의 법률관계의 존부 등에 대하여 판단·확정하는 행위이므로 준법률적 행정행위에 속하는 확인행위이며, 또 준사법적 행위의 성질을 가진다. 따라서 재결은 행정행위로서 기속성을 가지며, 아울러 불가변력이 발생한다.[208) 또한 재결 자체에 고유한 위법이 있는 경우에는 행정소송의 대상이 된다(행정심판법 제19조 제1항 단서).

2. 재결절차

행정심판위원회가 심판청구사건에 대한 심리를 마치면 당해 사건에 대하여 재결할 내용을 의결하고, 그 의결내용을 지체 없이 재결청에 통보하며, 이를 통보받은 재결청은 의결내용에 따라 재결하여야 한다(행정심판법 제31조 제1항, 제2항). 이 경우 수정재결을 하거나 재의요구를 하지 못한다(행정심판법 제28조 제5항).

재결은 심판청구서를 받은 날로부터 60일 이내에 재결을 마쳐야 하는 것이 원칙이나 부득이한 사정이 있을 때에는 위원장이 직권으로 30일을 연장할 수 있다(행정심판법 제34조 제1항, 제2항).

재결의 방식은 반드시 소정의 사항을 기재한 서면(재결서)으로 한다. 재결서에는 사건번호와 사건명, 당사자·대표자 또는 대리인의 성명·주소, 주문, 청구취지, 이유, 재결한 날짜를 기재하고, 재결청이 위원회의 의결내용에 따라 재결한 사실을 명기한 다음에 기명날인하여야 한다(행정심판법 제35조 제1항, 제2항). 재결청은 재결 즉시 당사자에게 재결서의 정본을 송달한다. 재결의 효력은 청구인에게 송달될 때부터 발생한다.

재결의 범위와 관련하여 불고불리의 원칙과 불이익변경금지의 원칙이 행정심판에도 적용되는가에 관하여 견해가 대립하고 있었으나, 행정심판법은 재결청은 심판청구의 대상

---

208) 류지태·박종수, 『행정법신론』, 박영사, 2010, 608면.

이 되는 처분 또는 부작위 외에 사항에 대하여는 재결하지 못하고, 재결청은 심판청구의 대상이 되는 처분보다 청구인에게 불이익한 재결을 하지 못한다(행정심판법 제36조)고 규정하여 이 논의에 종지부를 찍었다.

3. 재결의 종류

재결의 종류에는 각하재결, 기각재결, 사정재결, 인용재결이 있다. 각하재결이란, 행정심판 제기요건상의 흠결(하자)가 있는 경우를 말한다. 기각재결이란, 심판청구가 이유 없다고 하여 원처분을 시인한 재결을 말한다. 그리고 사정재결이란, 심판청구가 이유 있다고 인정된 경우에도 이를 인용하는 것이 공공복리에 적합하지 않다고 판단되는 경우에 그 심판청구를 기각하는 재결을 말한다. 사정재결은 국민의 권리·이익의 보호와 행정의 적정성의 확보를 목적으로 하는 행정쟁송제도에서는 극히 예외적으로만 인정될 수 있는 것이라 할 것이다. 현재의 행정심판법에 대응하는 종전의 청원법에는 사정재결제도가 규정되어 있지 않았으며, 행정소송제도와의 조화를 고려하여 행정심판법에서 신설된 것이다.

한편, 사정재결을 하는 경우라도 계쟁처분이 지닌 하자가 치유되는 것은 아니므로, 재결청은 사정재결의 경우에 재결의 주문에서 그 처분 또는 부작위가 위법·부당함을 명시하여야 한다(행정심판법 제33조 제1항). 이는 사정재결에 의하면 청구인이 손해배상을 청구하는 경우 그 위법판단을 반복하는 것을 막고 그 근거를 명백히 하기 위한 것이다. 따라서 재결청이 사정재결을 함에 있어서는 청구인에 대하여 손해배상·제해시설의 설치, 기타의 구제방법을 스스로 취하거나 피청구인에게 상당한 구제방법을 취할 것을 명시할 수 있다(행정심판법 제33조 제1항). 이와 같은 구제에 관계없이 사정재결에 불복하는 청구인은 처분 또는 부작위의 위법을 이유로 법원에 취소소송 또는 부작위위법확인소송을 제기할 수 있다.

인용재결이란, 심판청구가 이유 있다고 인정하여 청구의 취지를 받아들이는 재결을 말한다. 여기에는 다시 취소변경재결과 무효등 확인재결·의무이행재결이 있다. 취소변경재결이란, 처분을 취소 또는 변경하거나 처분청의 취소 또는 변경할 것을 명하는 것이다. 무효등확인재결이란, 처분의 효력 유무 또는 존재 여부를 확인하는 재결을 말한다. 의무이행재결이란, 재결로 신청에 따른 처분을 하거나 이를 할 것을 명하는 재결을 말한다.

4. 재결의 효력

행정심판의 재결은 재결서의 정본이 청구인에게 도달됨으로써 그 효력이 발생된다(행정심판법 제38조 제2항). 행정심판법은 재결의 효력에 대하여 기속력에 관한 규정만을 두고 있으나, 재결도 행정행위의 하나이므로 그것이 당연 무효인 경우 외에는 다른 행정행위와 마찬가지로 불가쟁력·공정력 등을 가지고 또한 쟁송재단행위로서 형성력 등의 효력을 발생한다. 재결에 불복이 있는 경우에는 재심판청구를 금지하고 있기 때문에 그 이유 가 위법인 경우에 한하여 행정소송을 제기할 수 있다. 재결청에서 원처분을 지지하여 행정심판청구를 기각하는 재결을 한 경우에도 이에 불복하는 소송을 제기하는 때에는 원처분의 위법을 이유로 하여야 한다.

VII. 행정심판청구의 고지제도와 특례규정

1. 고지제도

고지제도란 행정청이 처분을 함에 있어 그 상대방 또는 이해관계인에게 당해 처분에 대한 불복청구의 가능성 및 그를 위한 필요사항(심판청구절차, 청구기간 등)을 알려 주는 제도를 말한다. 행정심판법은 처분의 상대방 또는 이해관계인에 대한 처분청의 직권 또는 청구에 기한 고지의무를 규정하고, 그 불고지 또는 오고지에 대한 구제수단을 마련하고 있다(행정심판법 제42조).

고지제도의 필요성은 행정심판청구의 기회보장, 행정의 적정화를 도모하기 위한 것이다. 이러한 고지제도는 독일과 일본 등 여러 국가에서 채택하고 있는 것으로 우리나라의 행정심판법도 이 제도를 도입하여, 처분의 상대방 또는 이해관계인에 대한 처분청의 직권 또는 청구에 기한 고지 의무를 규정하고 고지를 못하거나 잘못고지에 대한 구제수단을 마련하고 있다.[209]

고지는 일정한 처분에 대한 불복의 절차 등을 알리는 비권력적 사실행위이므로 그 자체로서는 직접적으로 아무런 법적 효과도 발생하지 않는다.

---

209) 김동희, 『행정법요론』, 박영사, 2010, 489면.

행정청이 고지의무를 해태한 경우에도 당해 처분 자체의 효력에는 아무런 영향이 없으나, 이러한 고지의 불이행으로 당사자가 불복신청의 기회를 상실하지 않도록 행정심판법은 불고지에 따른 행정심판의 제기상의 특례를 명시하였다(행정심판법 제17조, 제18조).

2. 행정심판법에 대한 특례규정

일반적 행정심판절차로서의 행정심판법에 대한 특례규정에 해당하는 것으로서는 공무원인사소청(국가공무원법 제76조, 지방공무원법 제67조, 교육공무원법 제53조 등), 선거소청(공직선거법 제219조), 조세심판(국세기본법 제7장, 관세법 제5장), 심사청구(감사원법 제3장), 특허심판(특허법 제7장, 제8장, 실용신안법 제8장, 상표법 제7장, 제8장 등) 등이 있다.

이러한 특례규정을 두는 이유는 관련사안의 전문성, 기술성과 행정통제의 능률성 보장의 필요성에서 그 정당성의 근거를 찾을 수 있으나, 어느 경우에나 그 타당성이 인정되는 것으로는 보이지 않는다.

약식절차로서 행정심판법에 대한 특례규정에 해당하는 것으로서는 토지거래불허가처분에 대한 이의신청(국토계획법 제120조), 지방자치단체의 사용료 등의 부과처분에 대한 이의신청(지방자치법 제131조) 등이 이에 해당한다.

일부특례규정으로는 도시계획사업시행자의 처분에 대한 행정심판(도시계획법 제88조), 택지개발사업시행자의 처분에 대한행정심판(택지개발촉진법 제27조), 행정청 아닌 토지구획정리사업시행자의 처분에 대한 행정심판(토지구획정리사업법 제82조), 행정대집행에 대한 행정심판(행정대집행법 제7조) 등이 있다.

한편, 행정심판법을 제정하면서 행정심판에 관하여 다른 법률에서 특례를 정한 경우에도 그 법률에서 규정하지 아니한 사항에 관하여는 행정심판법이 정하는 바에 의한다는 특별행정심판절차에 대한 일반법의 보충적용 원칙을 규정(행정심판법 제43조 제2항)함과 동시에 행정심판에 관하여는 사안의 전문성과 특수성을 살리기 위하여 특히 필요한 경우가 아니면 청구인에게 불리한 내용으로 행정심판법에 대한 특례를 다른 법률로 정할 수 없다는 특례절차의 남설금지조항(행정심판법 제43조 제1항)을 두게 된 것이다. 그럼에도 불구하고 현재 행정심판법에 대한 특례를 정하고 있는 법률이 행정심판법의 제정당시와 별 변동이 없다.

조세심판절차, 인사소청절차 등을 포함한 특례절차의 정비 내지 개혁은 시급한 과제

중의 하나이다.[210]

제3절 행정소송

Ⅰ. 개설

1. 의의 및 기능

행정소송이란 법원이 행정법상의 법률관계에 관한 분쟁에 대하여, 당사자의 소의 제기에 의하여 이를 심리·판단하는 정식재판절차를 말한다. 이를 분설하면 다음과 같다.[211]

행정소송은 행정법상 법률관계에 관한 분쟁, 즉 행정사건에 대한 심판절차이다. 이 점에서 사법상의 법률관계에 관한 분쟁을 심판하는 민사소송이나 국가의 형벌권 발동의 요건과 범위를 심판하는 형사소송 등과 구별된다.

행정소송은 행정부와는 독립적 지위에 있는 법원이 대심구조·구술변론 등 당사자의 권리보호를 위한 절차를 거쳐, 심리·판단하는 절차라는 점에서 정식쟁송에 해당한다. 이 점에서 행정소송은 행정심판 기타의 약식쟁송과 구별된다.

행정소송은 그 판정기관이 법원으로 되어 있는 사법작용이다. 다만 관할법원은 국가에 따라 일반법원인 경우와 행정법원인 경우가 있으나, 우리나라는 영·미식의 사법국가형을 취하여 행정사건도 일반법원이 관정하고 있다.

2. 행정소송의 본질

대륙법계 국가와 영미법계 국가는 각각 상이한 법체계와 제도를 가지고 있으므로 행정소송을 사법작용으로 볼 것인가 아니면 행정작용으로 볼 것인가에 대하여도 이론 및 제도적 대립이 있어 왔다.

---

210) 김철용, 『행정법Ⅰ』, 박영사, 2010, 595면.
211) 김동희, 『행정법요론』, 박영사, 2010, 493~494면.

1) 행정작용설: 대륙법계

대륙법계 국가는 공법과 사법을 구별하는 공사법이원체계를 유지하고, 행정부 내에 행정재판소를 설치하여 행정사건에 대한 재판을 담당케 함에 따라, 행정소송을 사법작용인지 아니면 행정작용인지에 대한 논의가 있었다.

초기에는 권력분립의 원칙에 기인하여 행정소송을 행정작용의 일부로 파악하였다. 그러나 1872년 법률에 의하여 행정사건에 대한 심판이 프랑스에서 꽁세유데따의 고유한 권한으로 인정된 이후에는 행정소송도 사법작용으로 이해되었고, 현재 이 점에 대하여 이견이 없다. 독일 또한 제2차 대전 이전까지는 행정부 내부에 행정재판소가 설치되어 있었던 까닭에 행정사건에 대한 심판은 재판작용이 아니라, 행정작용의 하나로 보았다. 그러나 2차 대전 이후 행정재판소도 사법부의 일부로 됨에 따라 현재는 행정소송을 행정작용의 하나로 보는 견해는 존재하지 않는다.

2) 사법작용설: 영미법계

보통법의 지배 원리가 지배적인 영미법계 국가에서는 사법재판제도를 채택하여 행정사건에 대한 재판도 일반법원이 담당함으로 일반적으로 행정소송을 사법작용으로 본다.

3. 행정소송의 특수성

행정소송은 기본적으로 공익실현을 내용으로 하는 공권력의 행사를 대상으로 하고 있다는 점에서, 민사소송과 다른 특수성이 있다.

민사소송과 다른 행정소송의 특수성을 보면, 첫째, 행정심판임의주의, 관할상의 특수성(행정법원과 지방법원 본원 합의부에서 제1심을 관할), 피고의 특수성(행정소송의 대상인 처분 등을 행한 행정청), 관련청구소송의 병합, 직권탐지주의이다. 둘째, 실체적 특수성으로 사정판결의 인정이다(당해 처분의 적법성과 관계없이 행정의 공익성의 표현으로 예외적 인정, 행정소송법 제28조 제1항). 셋째, 당사자소송의 특수성으로 항고소송의 절차적 특수성에 해당하는 관할상의 특수성관련청구의 병합직권탐비주의 등이 인정되고 있다. 넷째, 민중소송의 특수성으로 널리 일반 민중에게 제소권을 인정하는 것이나 법률에 특별한 규정이 있을 때에만 제소할 수 있고, 각 개별법에서 특례를 두는 경우가 많다. 다섯째, 기관소송 특히 법률에 규정 있는 경우에만 법원에 제소가 가능하다. 주로 지방자치단체 상호 간 또는 지방자치의 영역에서 주관쟁의 경우에 그 필요성이 인정된다. 예컨대, 지방자치단의 장과 의회의 쟁의이다.212)

4. 행정소송의 한계

행정소송법은 행정소송에 관하여 개괄주위를 취하여 국민의 권리구제를 광범위하게 인정하고 있다. 그러나 행정소송에 관하여 개괄주의를 취하고 있더라도 공법관계에 분쟁이 있기만 하면 어느 행위나 행정소송을 제기하여 법원의 판단을 구할 수 있는 것이 아니며 행정소송에도 일정한 한계가 있다는 것이 일반적인 견해이다. 이와 같은 행정소송의 한계에는 사법의 본질에서 오는 한계 권력분립에서 오는 한계로 나누어 볼 수 있다.

1) 사법의 본질에서 오는 한계

행정소송법은 행정소송사항에 관하여 개괄주의를 취하고 있으나, 법원조직법 제2조 제1항은 "법원은 헌법에 특별한 규정이 있는 경우를 제외하고는 일체의 법률상의 쟁송을 심판하고, 기타 법률에 의하여 법원에 속하는 권한을 가진다."라고 하여 민사사건은 물론 행정사건에 대하여도 법률적 쟁송만이 법원의 심판대상임을 규정하고 있다.

여기서 "법률상 쟁송"이란 당사자 간의 구체적인 권리의무에 관한 분쟁(구체적 사건성)으로 법률의 적용에 의하여 해결될 수 있는 사건(법적 해결성)을 의미한다.

구체적 권리·의무에 관한 쟁송으로서의 한계를 보면, ① 반사적 이익은 행정소송을 제기할 수 없다. 다시 말해서, 법률상 이익만이 행정소송을 제기할 수 있다. ② 추상적 법령의 효력과 해석에 대해서는 행정소송을 제기할 수 없다. 그러나 구체적인 권리·이익의 침해의 경우에는 행정소송을 제기할 수 있다. ③ 민중소송·기관소송은 법률에 특별한 규정이 있는 경우에만 허용된다(행정소송법 제45조).

법령의 적용에 의하여 해결 가능한 분쟁으로서의 한계로는, ① 학술·예술상의 문제는 행정소송의 대상이 안 된다. ② 재량행위는 원칙적으로 행정소송을 통하여 구제받을 수 없지만, 재량행위라 할지라도 그 재량권을 일탈·남용한 경우에는 위법한 처분이 되므로 행정소송을 통한 사법적 구제가 가능하다고 본다. ③ 특별행정법관계(특별권력관계) 내

---

212) 석종현, 『일반행정법(상)』, 삼영사, 2005, 803면.

부에서의 행위는 오늘날의 특별행정법관계에서의 행위라도 법적 행위로 볼 수 있는 한 모두 사법심사의 대상이 된다고 본다.[213]

2) 권력분립적 한계

권력분립적 한계와 관련하여 법원의 행정사건에 관한 재판권의 한계의 문제가 제기되는데 그 내용은 다음과 같다.

(1) 통치행위

통치행위(정치행위)란 고도의 정치적 성격을 띠거나 혹은 국가적 이익과 관련되는 행정청의 행위로서 재판통제에서 제외되고 있는 행위를 말한다. 통치행위가 재판통제에서 제외되는 이론적 근거로서는 재량행위설, 권력분립설, 사법자제설 등이 있다. 권력분립설은 통치행위에 대한 재판통제의 배제가 권력분립원칙에 따르는 것으로 보고 있으나, 사법자제설의 관점에서는 통치행위에 대한 재판통제의 배제는 논리에 따르는 것은 아니므로 그 인정법위가 축소된다.[214]

(2) 의무이행소송

의무이행소송이란 상대방의 신청에 대하여 행정청이 일정한 처분을 하여야 할 법률상 의무가 있음에도 불구하고 이를 하지 않고 방치하거나, 신청된 처분을 거분한 경우에, 행정청에 당해 처분을 할 것을 명하는 내용의 판결을 구하는 소송을 말한다. 행정소송법은 의무이행소송을 규정하고 있지 않아, 학설은 견해가 대립하고 있다. 현행법 하에서도 행정소송법 제4조의 항고소송의 구분에 관한 규정을 예시규정으로 보아, 무명항고소송의 하나로 보아 의무이행소송을 인정해야 한다는 것이 다수설이다.

생각건대, 의무이행소송은 당사자의 권리구제를 두텁게 하고 부작위법확인소송의 재처분의무와 관련하여 소송경제면에서도 인정되어야 마땅하고 근본적으로는 입법적으로 해결되어야 한다.

의무이행소송의 인정문제에 대하여 대법원은 "행정소송법상 행정청으로 하여금 일정한

---

213) 이에 대하여는 류지태 · 박종수, 『행정법신론』, 박영사, 2010, 618~620면 참조.
214) 김동희, 『행정법요론』, 박영사, 2010, 500면.

행정처분을 하도록 명하는 이른바 이행판결을 구하는 소송은 허용되지 아니한다."라고
판시하여 부정적 입장을 취하고 있다.215)

Ⅱ. 행정소송의 종류

행정소송은 성질에 따라 형성소송·이행소송·확인소송 등으로 구분하고, 내용에 따라
항고소송·당사자소송·민중소송·기관소송으로 분류된다. 항고소송에는 취소소송, 무효
등확인소송, 부작위위법확인소송이 있다. 그리고 당사자소송에는 형식적 당사자소송과 실
질적 당사자소송으로 나누어진다. 항고소송과 당사자소송은 주관적 소송에 속하고 민중
소송과 기관소송을 객관적 소송에 속한다.

1. 성질에 따른 분류

1) 형성소송

형성소송이란 행정법상의 법률관계를 발생·변경 또는 소멸시키는 판결을 구하는 소
이다. 이를 형성의 소라고도 한다. 형성소송에서의 인용판결, 즉 형성판결은 법률관계 형
성요건의 존재를 확정하여 새로운 법률관계를 발생시키거나 기존의 법률관계를 변경 또
는 소멸시키는 판결이다.

2) 이행 소송

피고에 대하여 일정한 처분이나 급부 등의 이행의무를 명하는 판결을 구하는 소송을
말한다. 이를 이행의 소라고도 한다. 이 소송은 불확실하거나 분쟁이 있는 의무이행청구
권을 확정받음과 동시에 피고에 대한 의무이행명령의 선고를 받아 확정된 권리를 실현시
키는 명령형의 소송으로 공법상 금전지급청구소송, 원상회복청구소송이 이에 해당한다.

---

215) 대판 1996. 10. 29, 선고 95누10341 판결.

3) 확인소송

확인 소송은 권리 또는 법률관계의 존부 또는 정부를 확정·선언을 구하는 소이다. 이를 확인의 소라고도 한다. 항고소송 중 무효등확인소송, 부작위위법확인소송 등이 이에 해당한다.

2. 내용에 따른 분류

1) 항고소송

항고소송이란 "행정청의 처분 등이나 부작위로 인하여 권리·이익을 침해받은 자가그 처분 등이나 부작위의 위법을 다투기 위하여 제기하는 소송이다(행정소송법 제3조 제1호). 행정소송법은 항고소송의 종류로서, 취소소송·무효등확인소송·부작위위법학인소송의 세 가지 유형을 규정하고 있다. 이 세 가지 항고소송을 유명항고소송 또는 법정항고소송이라고도 한다.216)

(1) 취소소송

가. 의의 및 성질

취소소송이란 행정청의 위법한 처분 또는 재결의 취소 또는 변경을 구하는 소송을 말한다(행정소송법 제4조 제1호). 취소소송은 소송실무상 행정소송의 중심적 지위를 차지하는 것으로 운용되고 있다. 이와 같이 취소소송을 행정소송의 중심으로 하는 것을 취소소송중심주의라고 한다.217)

행정소송법은 취소소송의 대상에 대하여 원처분주의를 취하여, 재결의 취소소송은 재결 자체에 고유한 위법이 있음을 이유로 하는 경우에만 인정하고 있다(행정소송법 제19조 단서). 취소소송의 성질과 관련하여 학설은 확인소송설과 형성소송설이 대립하고 있으나, 통설 및 판례는 형성소송설의 입장을 취하고 있다.218)

취소소송은 행정청의 제1차적 판단을 매개로 한 행정처분의 위법성 내지 위법성의 제

---

216) 김철용, 『행정법 I』, 박영사, 2010, 634면.
217) 박균성·김재광, 『경찰행정법』, 박영사, 2010, 545면.
218) 대판 1992. 4. 24, 91누11131.

거를 소송물로 한다.

나. 취소소송의 재판관할

관할이라 함은 사건에 우리나라 법원의 재판권이 미침을 전제로 하여 국내의 각종, 각급, 다수의 법원 중 어느 법원에서 특정사건을 관장하느냐에 관한 소송사건 분배범위를 말한다. 즉 관할은 재판권의 존재를 전제로 하여 어느 법원이 심판할 것인가의 문제이다. 이러한 관할은 당사자의 입장에서 보면, 어느 법원의 재판권에 복종하는가의 문제이고, 법원의 입장에서 보면 그가 행사할 수 있는 재판권의 범위의 문제가 된다. 관할은 법원 간에 재판권을 분장시키는 기준에 따라 심급관할 · 사물관할 · 토지관할 등으로 구별할 수 있다.

㉮ 심급관할[219]

취소소송의 제1심 관할법원은 (지방법원급의) 행정법원이다(행정소송법 제9조 제1항). 현행 행정소송법은 행정심판을 임의절차로 하고, 행정소송도 민사소송과 마찬가지로 3심제로 하고 있다.

㉯ 토지관할
ⓐ 일반관할

취소소송의 제1심 관할법원은 피고의 소재지를 관할하는 행정법원이다. 다만, 중앙행정기관 또는 그 장이 피고인 경우의 관할법원은 대법원 소재지의 행정법원이다(행정소송법 제9조 제1항). 그런데 행정법원이 설치되지 아니한 지역에 있어서의 행정법원의 권한에 속하는 사건은 해당 지방법원의 본원이 관할하도록 되어 있으므로(법원조직법 부칙2), 현재는 행정법원이 설치된 서울을 제외하고는 피고의 소재지를 관할하는 지방법원 본원이 취소소송의 제1심 관할법원이 된다.

---

219) 직무관할(직분관할)이란 어느 법원에 어떤 재판권의 작용을 배분할 것인가의 문제를 말한다. 이는 동일사건이라도 판결절차, 제소 전 화해절차, 독촉절차, 강제집행절차 등 성질이 다른 재판권이 행사될 수 있고, 동일 재판절차에서도 심급마다 각각 재판권의 작용도 달라지기 때문이다. 직무관할로서의 심급은 동일사건을 기능이 다른 법원에서 되풀이하여 심판하게 하는 경우에 각 심급의 심판절차 또는 각급법원이 가지는 재판권의 한계를 말하는 것으로서, 이에 관한 관할을 심급관할이라고 한다.

ⓑ 특별관할

토지의 수용 기타 부동산 또는 특정의 장소에 관계되는 처분 등에 대한 취소소송은 그 부동산 또는 장소의 소재지를 관할하는 행정법원에도 이를 제기할 수 있다(행정소송법 제9조 제2항). 2개 이상의 관할구역에 걸쳐 있을 때에는 어느 구역을 관할하는 법원이라도 관할권을 가진다.

ⓒ 토지관할의 성질

행정소송법은 항고소송이나 당사자소송의 토지관할에 대하여 전속관할로 규정하지 아니함으로써 임의관할임을 간접적으로 밝히고 있다.[220] 따라서 관할의 결정에 대하여는 민사소송법상의 합의관할(민사소송법 제29조)·응소관할에 관한 규정이 적용될 수 있다.[221]

다. 관할법원의 이송

법원은 소송의 전부 또는 일부가 그 관할에 속하지 않는다고 인정할 때에는 결정으로 관할법원에 이송한다(행정소송법 제8조 제2항, 민사소송법 제34조 제1항). 또한 원고의 고의 또는 중대한 과실 없이 행정소송을 심급을 달리하는 법원에 잘못 제기한 경우에도 법원은 관할법원에 이송하도록 규정하고 있다(행정소송법 제7조).

라. 취소소송의 당사자

㉮ 당사자와 참가자 및 대리인

취소소송에 있어서 원고와 피고는 소송의 당사자로서 소송이 진행되기 위한 최소한의 구성단위이다. 그러나 취소소송은 처분 등의 위법성을 다투는 것이고 판결은 소위 대세적 효력을 가지는 것이므로 처분 등의 취소에 대하여 법률상 이익을 가지는 제3자의 소송참가가 이루어져야 한다. 경우에 따라서는 제3자 외의 다른 행정관청이나 감독관청 같은 행정청의 소송참가를 허용할 필요가 있다. 또한 소송의 수행은 본인이 하는 경우도 있으나 변호사 등 대리인을 통하여 소송수행을 하기도 한다.

---

220) 대판 1994. 1. 24, 93누18655.
221) 합의관할은 관할의 근거를 당사자의 합의에 두는 것을 말한다. 즉 당사자의 합의에 의한 관할을 합의관할이라고 하고, 응소관할은 피고의 應訴에 의하여 결정되는 관할을 應訴管轄이라고 한다.

ⓝ 취소소송의 원고

ⓐ 원고적격

원고적격에 대하여 행정소송법은 "취소소송은 처분의 취소의 구할 법률상 이익이 있는 자가 제기할 수 있다."라고 규정하고 있다(행정소송법 제12조). 법률상 이익이 있는 한 처분의 상대방이든 제3자이든 모두 원고적격을 가지나,[222] 이 중 침익적 처분의 상대방에는 당연히 원고적격이 인정된다. 그러나 단순한 반사적 이익 내지 사실상 이익을 침해 당한 자는 원고적격을 갖지 못한다.[223] 따라서 문제가 되는 것은 제3자가 당해 처분으로 인하여 그 권리·이익이 침해되었다고 주장하여 취소소송을 제기하는 경우로서 인인소송, 경업자소송 등의 그러한 경우이다.[224]

법률상 이익에는 공권·사권 등 권리가 포함된다는 점에는 의문의 여지가 없으나 그것은 불확정개념이고 또한 법률상 이익의 범위가 점차 확대되는 경향이 있기 때문에 구체적으로 행정소송을 통하여 구제받을 수 있는 법률상 이익의 범위가 문제된다. 이에 관한 학설은 ① 권리회복설(권리구제설), ② 법률상보호이익설(법이 보호하는 이익구제설, 법적으로 보호되는 이익구제설), ③ 보호가치이익설, ④ 적법성보장설 등이 대립되고 있다.

① 권리회복설

이 설은 취소소송의 목적 및 기능을 개인의 권리를 침해하고 있는 위법한 처분의 효력을 배제하여 그 권리를 회복시키는 것으로 본다. 권리향수회복설이라고 한다.

② 법률상 보호이익설

이 설은 취소소송의 목적·기능을 법이 직접 사인에게 보장한 법적 권리는 물론 행정법규가 사인 등 권리주체의 개인적 법익을 보호함을 목적으로 하여 행정권의 행사에 제약을 과함으로써 보장되는 이익도 구제하는 것으로 보아 처분의 근거법규에 의하여 보호되는 이익을 침해받은 자가 법률상 이익이 있는 자에 해당된다는 견해이다.[225] 보호이익은 고유한 의미의 권리는 아니지만, 공권의 확대 경향 내지 공권의 권리성이 완화되는 오늘날에는 보호이익을 포함하는 것으로 보면, 반사적 이익은 제외한다. 이 설이 통설 및 판례[226]의 입장이다.

---

222) 대판 2001. 9.28, 99두8565.
223) 대판 2007. 8. 28, 2006두12289.
224) 김동희, 『행정법요론』, 박영사, 2010, 515면.
225) 김철용 「행정법Ⅰ」, 박영사, 2010, 591면.

> **대판 2006. 3. 16, 2006두330**
>
> 법률상 보호되는 이익이라 함은 당해 처분의 근거법규 및 관련법규에 의하여 보호되는 개별적·직접적·구체적 이익이 있는 경우를 말하고, 공익보호의 결과로 국민일반이 공통적으로 가지는 일반적·간접적·추상적 이익이 생기는 경우에는 법률상 보호되는 이익이 있다고 할 수 없다.

③ 보호가치이익설

이 설은 취소소송을 권리 또는 실체법상의 보호법익을 보장하기 위한 수단으로 보지 않고 구체적인 분쟁에 있어서 법관이 법률의 해석적용으로써 해결하는 절차로 본다. 즉 권리와 법률상 이익이 침해된 자에게 원고적격을 당연히 인정함은 물론 실체법상으로는 반사적 이익에 불과한 단순한 사실상의 이익도 소송법상으로는 보호가치 있는 이익인 때에는 원고적격을 인정한다.

④ 적법성 보장설

적법보장설은 취소소송의 목적·기능을 사인의 권리·이익을 보호·구제하려는 것보다 오히려 행정처분 등의 객관적 적법성을 보장하기 위한 것으로 보아, 처분 등을 다툼에 있어서 가장 이해관계가 있는 자에게 원고적격을 인정해야 한다는 견해이다.[227] 이 견해는 취소소송을 객관적 소송으로 파악하는 관점에 입각한 것으로서, 원고의 이익의 성질과는 일응 무관하게 원고적격이 인정된다는 점에서 볼 때, 취소소송이 민중소송화할 우려가 있다.

⑤ 소결

권리회복설은 권리구제의 폭을 좁힐 가능성이 있으며, 법률상 보호이익설은 공익만이 아니라 사인의 이익을 보호하고 있느냐의 여부를 가려 권리구제의 폭을 좁게 해석할 가능성이 있다. 보호가치 이익설은 어떤 이익이 보호할 만한 가치가 있는 이익인지의 여부를 판단할 기준이 명백하지 못하다는 비판이 있고, 적법성보장설은 현행 행정소송법상 취소소송이 주관적 소송이라는 점에서 명문의 규정에 반할 뿐만 아니라 권리구제의 폭이 지나치게 넓다는 비판이 있다.

---

226) 대판 2008. 12. 22, 200두14001; 대판 2006. 5. 25, 2003두11988.
227) 윤양수 「행정법 개론」, 온누리, 2011, 595면.

그러나 실정법 내지 입법자의 의도와 관계없이 소익의 확대를 논하는 것은 문제가 있으므로 당해 처분의 근거법규는 물론 보호되는 법률상의 이익까지 폭넓게 고려할 뿐만 아니라 헌법상의 기본권규정으로부터 개인의 이익보호를 위한 공권을 도출하는 방법 등에 의하여 소익을 확대하는 것이 타당하다고 본다. 그러한 점에서 법률상 보호이익설이 타당하다고 보며 이 설이 통설·판례이다.228)

ⓑ 협의의 소익

협의의 소익은 소송에 있어서 분쟁을 재판에 의하여 해결할만한 현실적인 필요성, 즉 처분 등이 취소된 경우에 현실적으로 법률상 이익이 회복될 수 있는 상태에 있어야 하는 것을 의미한다.229) 처분 등의 효과가 소멸된 뒤에는 원칙적으로 위와 같은 의미의 소익이 부인된다.230) 그런데 행정소송법은 제12조 제2문에서 규정한 "처분 등이 소멸된 이후에도 처분 등의 취소로 인하여 회복되는 법률상 이익이 있는 자가 제기할 수 있다. 처분 등의 효과가 소멸된 뒤에도 그 처분 등의 취소로 인하여 회복되는 법률상 이익이 있는 자의 경우에도 또한 같다."라고 규정하고 있어서 처분 등의 효과가 소멸된 뒤에도 그 처분 등의 취소로 인하여 회복되는 법률상 이익이 있는 경우에 예외적으로 소익이 인정된다.231)

판례는 기본적으로 원고적격과 권리보호의 필요를 구분하지 않는 입장이지만 다음의 경우는 권리보호의 필요를 인정한다. 대법원은 현역입영대상자가 입영한 후에 현역병입영통지처분의 취소를 구할 소송상의 이익이 있는지 여부에 관하여 인정하고 있다. 일반적으로 처분이 소멸된 뒤에는 권리보호의 필요가 부정된다. 대법원도 효력기간이 경과한 행정처분의 취소를 구할 법률상 이익 유무에 관하여 부정적인 태도를 보이고 있다.

---

228) 대판 1975. 6. 13, 73누961; 대판 1969. 12. 30, 69다106; 대판 1992. 5. 28, 91누13724.
229) 대판 2000. 5. 16, 99두7111.
230) 대판 2002. 7. 26, 2000두7254.
231) 대판 2007. 7. 19, 2006두19297.

병역법 제2조 제1항 제3호에 의하면 '입영'이란 병역의무자가 징집·소집 또는 지원에 의하여 군부대에 들어가는 것이고, 같은 법 제18조 제1항에 의하면 현역은 입영한 날부터 군부대에서 복무하도록 되어 있으므로 현역병입영통지처분에 따라 현실적으로 입영을 한 경우에는 그 처분의 집행은 종료되었지만, 한편 입영으로 그 처분의 목적이 달성되어 실효되었다는 이유로 다툴 수 없도록 한다면, 병역법상 현역입영대상자로서는 현역병입영통지처분이 위법하다 하더라도 법원에 의하여 그 처분의 집행이 정지되지 아니하는 이상 현실적으로 입영을 할 수밖에 없으므로 현역병입영통지처분에 대하여는 불복을 사실상 원천적으로 봉쇄하는 것이 되고, 또한 현역입영대상자가 입영하여 현역으로 복무하는 과정에서 현역병입영통지처분 외에는 별도의 다른 처분이 없으므로 입영한 이후에는 불복할 아무런 처분마저 없게 되는 결과가 되며, 나아가 입영하여 현역으로 복무하는 자에 대한 병적을 당해 군 참모총장이 관리한다는 것은 입영 및 복무의 근거가 된 현역병입영통지처분이 적법함을 전제로 하는 것으로서 그 처분이 위법한 경우까지를 포함하는 의미는 아니라고 할 것이므로, 현역입영대상자로서는 현실적으로 입영을 하였다고 하더라도, 입영 이후의 법률관계에 영향을 미치고 있는 현영입영통지처분 등을 한 관할지방병무청장을 상대로 위법을 주장하여 그 취소를 구할 소송상의 이익이 있다.

ⓒ 제3자의 원고적격

현대행정에 있어서 행정권의 행사는 그 상대방과의 관계에서만 법적 효과를 발생하는 것일 수는 없게 되었고, 제3자와 기타 주민 또는 소비자를 이해관계인으로 하게 되었다. 따라서 행정처분의 직접 상대방이 아닌 제3자가 행정처분의 취소 등을 구할 법률상 이익이 있는지의 여부가 문제된다. 이와 관련하여 새롭게 등장한 소송으로 인인소송, 경업자소송, 경원자소송, 환경소송 등이 있다.232)

① 인인소송

인인소송(Nachbarklage)은 제3자에 대한 수익처분에 의하여 불이익을 받은 인근주민이 그 수익처분의 취소를 구하는 소송을 말한다. 인인소송은 종래 건축법 분야에서 인정되었으나, 오늘날에는 환경행정영역에서 인근주민들의 쾌적한 생활환경을 위하여 인정되고 있다. 판례는 주거지역 내의 위법한 연탄공장건축허가로 주거생활상의 불이익을 받는 인근주민 들이 제기한 동허가취소처분청구소송에서 원고적격을 인정하였다.233)

한편, 대법원은 환경영향평가에 관한 자연공원법령과 환경영향평가법령의 규정의 취지 및 환경영향평가대상지역 안의 주민들이 당해 변경승인 및 허가처분과 관련하여 갖고 있

---

232) 제3자의 원고적격과 관련된 소송자료는 김동복, 『경찰행정법』, 문두사, 2005, 321면 이하 참조.
233) 대판 1975. 5. 13, 선고 73누96 · 97 판결; 대판 1976. 5. 25, 선고 75누238 판결.

는 환경상의 이익이 주민 개개인에 대하여 개별적으로 보호되는 직접적 · 구체적인 이익인지 여부에 관하여 적극적인 태도234)를 보이고 있고, 제3자에게 상수원보호구역병경처분의 취소를 구할 법률상 이익이 있는가의 여부에 관하여 소극적인 태도235)를 보이고 있다.

② 경업자소송

경업자소송은 행정청이 신규업자에 대한 인·허가처분에 대하여 기존업자가 그의 취소를 구하는 소송을 말한다. 이를 소극적·방어적 경쟁자소송이라고도 한다. 이익분할관계는 자유시장경쟁원리에 따라 총량구제가 없어 추가진입이 자유로운 개방적 이익분할관계(예: 음식점 영업허가)와 총량구제로써 자유경쟁을 제한함에 따라 추가진입이 억제되는 폐쇄적 이익분할관계(예: 신규 버스노선인가)로 구분된다.

한편, 대법원은 시외버스운송사업계획변경인가처분으로 시외버스 운행노선 중 일부가 기존의 시내버스 운행노선과 중복하게 되어 기존 시내버스사업자의 수익감소가 예상되는 경우, 기존의 시내버스운송사업자에게 위 처분의 취소를 구할 법률상의 이익이 있는지 여부에 관하여 적극적인 태도를 보이고 있고, 비법인 사단의 구성원이 그 비법인 사단의 경원자에 대하여 이루어진 허가 등 처분의 취소 여부에 관하여 소극적인 태도236)를 보이고 있다.

---

234) 대판 1998. 4. 245. 선고 97누3286 판결; 환경영향평가에 관한 자연공원법령 및 환경영향평가법령의 규정들의 취지는 집단시설지구개발사업이 환경을 해치지 아니하는 방법으로 시행되도록 함으로써 집단시설지구개발사업과 관련된 환경공익을 보호하려는 데에 그치는 것이 아니라 그 사업으로 인하여 직접적이고 중대한 환경피해를 입으리라고 예상되는 환경영향평가대상지역 안의 주민들이 개발 전과 비교하여 수인한도를 넘는 환경침해를 받지 아니하고 쾌적한 환경에서 생활할 수 있는 개별적 이익까지도 이를 보호하려는 데에 있다 할 것이므로, 위 주민들이 당해 변경승인 및 허가처분과 관련하여 갖고 있는 위와 같은 환경상의 이익은 단순히 환경공익 보호의 결과로 국민일반이 공통적으로 가지게 되는 추상적·평균적·일반적인 이익에 그치지 아니하고 주민 개개인에 대하여 개별적으로 보호되는 직접적·구체적인 이익이라고 보아야 한다.
235) 대판 1995. 9. 26, 선고 94누14544 판결; 상수원보호구역 설정의 근거가 되는 수도법 제5조 제1항 및 동법 시행령 제7조 제1항이 보호하고자 하는 것은 상수원의 확보와 수질보전일 뿐이고, 그 상수원에서 급수를 받고 있는 지역주민들이 가지는 상수원의 오염을 막아 양질의 급수를 받을 이익은 직접적이고 구체적으로는 보호하고 있지 않음이 명백하여 위 지역주민들이 가지는 이익은 상수원의 확보와 수질보호라는 공공의 이익이 달성됨에 따라 반사적으로 얻게 되는 이익에 불과하므로 지역주민들에 불과한 원고들에게는 위 상수원보호구역변경처분의 취소를 구할 법률상의 이익이 없다.
236) 대판 1991. 11. 26, 선고 91누1219 판결.

> **대판 2002. 10. 25. 선고 2001두4450 판결**
>
> 시내버스운송사업과 시외버스운송사업은 다 같이 운행계통을 정하고 여객을 운송하는 노선여객자동차 운송사업에 속하므로, 위 두 운송사업이 면허기준, 준수하여야 할 사항, 중간경유지, 기점과 종점, 운행방법, 이용요금 등에서 달리 규율된다는 사정만으로 본질적인 차이가 있다고 할 수는 없으며, 시외버스운송사업계획변경인가처분으로 인하여 기존의 시내버스운송사업자의 노선 및 운행계통과 시외버스운송사업자들의 그것들이 일부 중복되게 되고 기존업자의 수익감소가 예상된다면, 기존의 시내버스운송사업자와 시외버스운송사업자들은 경업관계에 있는 것으로 봄이 상당하다 할 것이어서 기존의 시내버스운송사업자에게 시외버스운송사업계획변경인가처분의 취소를 구할 법률상의 이익이 있다.

③ 경원자소송

경원자소송(Konkurrentenklage)은 인·허가 등의 수익적 행정처분을 신청한 여러 사람이 서로 경쟁관계에 있고 일방에 대한 허가 등의 처분이 타방에 대한 불허가처분 등으로 귀결될 수밖에 없는 때에 허가 등의 처분을 받지 못한 자가 경원자에 대하여 행해진 허가 등의 취소를 구하는 소송을 말한다. 이를 배타적 경쟁자소송이라고도 한다.

한편, 대법원은 경원관계에 있어서 경원자에 대하여 이루어진 허가 등 처분의 상대방이 아닌 자가 그 처분의 취소를 구할 당사자적격이 있는지 여부에 관하여 부정적인 태도[237]를 보이고 있다.

④ 환경소송[238]

환경소송은 행정주체가 환경규제에 관한 행정활동을 함에 있어서 또는 행하지 않음에 있어서 그 적법성과 관련된 분쟁해결이라는 형식으로 그 위법의 시정을 구하는 소송을 말한다. 따라서 환경소송에서는 주로 쾌적한 생활환경의 유지 등 주민 일반에게 공통되는 집단적 이익 내지는 생활적 이익의 보호가 문제된다.

우리나라에서는 환경소송의 성질도 아울러 가지는 인인소송에서 인근주민에게 원고적

---

237) 대판 1996. 6. 28, 선고 91누13274 판결; 인·허가 등의 수익적 행정처분을 신청한 수인이 서로 경쟁관계에 있어서 일방에 대한허가 등의 처분이 타방에 대한 불허가 등으로 귀결될 수밖에 없는 때(이른바 경원관계에 있는 경우로서 동일대상지역에 대한 공유수면매립면허나 도로점용허가 혹은 일정지역에 있어서의 영업허가 등에 관하여 거리제한규정이나 업소개수제한규정 등이 있는 경우를 그 예로 들 수 있다) 허가 등의 처분을 받지 못한 자는 비록 경원자에 대하여 이루어진 허가 등 처분의 상대방이 아니라 하더라도 당해 처분의 취소를 구할 당사자적격이 있다 할 것이고, 다만 구체적인 경우에 있어서 그 처분이 취소된다 하더라도 허가 등의 처분을 받지 못한 불이익이 회복된다고 볼 수 없을 때에는 당해 처분의 취소를 구할 정당한 이익이 없다고 할 것이다.
238) 환경소송과 관련하여 자세한 내용은 류지태·박종수, 『행정법신론』, 박영사, 2010, 648~650면 참조.

격을 인정하였으나, 그 예는 많지 않다. 대법원은 환경영향평가에 관한 자연공원법령과 환경영향평가법령의 규정의 취지 및 환경영향평가대상지역 안의 주민들이 당해 변경승인 및 허가처분과 관련하여 갖고 있는 환경상의 이익이 주민 개개인에 대하여 개별적으로 보호되는 직접적·구체적인 이익인지 여부에 관하여 적극적인 태도[239]를 보인 바 있다.

⑤ 집단소송 또는 단체소송

집단소송이나 단체소송의 소비자·주민 등 다수인에게 공통되는 집단적 이익 내지는 생활적 이익이 침해된 소비자·주민 중의 일부나, 소비자 또는 주민 등이 결성한 단체가 직접 소송을 제기하여 그 판결의 효력을 공통의 이해관계를 가진 자 모두 또는 단체 소속원 모두에게 미치게 함으로써 집단적 분쟁을 용이하게 처리·해결하고자 하는 소송유형이다.

이는 오늘날 대량생산·대량소비의 경제구조 하에서 부단히 발생하는 다수인의 소액 피해를 일관적으로 구제하기 위한 방안의 하나로 채택된 것이며, 미국의 집단소송(class action)과 독일의 단체소송(Verbandsklage)은 그 예이다.

㉰ 취소소송의 피고

취소소송의 피고는 다른 법률에 특별한 규정이 없는 한 그 처분 등을 행한 행정청이다(행정소송법 제13조 제1항). 행정청의 행위의 효과는 결국 인격주체인 국가 또는 공공단체에 귀속되기 때문에 취소소송의 피고로 권리의무의 귀속주체인 국가 또는 공공단체가 되는 것이 원칙이지만, 행정소송법은 소송기술상의 편의를 도모하기 위하여 처분행정청을 피고로 하고 있다. 그러나 권한이 위임관계에 있어서는 수임관청이 피고가 된다.[240]

한편, 다른 법률에 특별한 규정이 있는 경우 예컨대 대통령이 경찰공무원에 대하여 징계 기타 불이익처분을 한 경우에는 경찰청장 또는 해양경찰청장을 피고로 하고(경찰공무원법 제28조). 대법원장이 행한 처분에 대한 행정소송의 피고는 법원행정처장이 된다(법원조직법 제70조). 그리고 처분이 있은 뒤에 관계권한이 다른 행정기관에 승계된 때에는, 이를 승계한 행정청이 피고가 되며(행정소송법 제13조 제1항), 처분이나 재결을 한 행정청이 없어진 때에는 그 처분·재결에 관한 사무가 귀속되는 국가 또는 공공단체가 피고가 된다(행정소송법 제13조 제2항).

---

239) 대판 1998. 4. 24, 선고 97누3286.
240) 대판 1996. 9. 6, 선고 95누12026.

마. 취소소송의 제기

국민이 행정소송을 제기하여 자신의 청구에 관한 법원의 본안 판결을 받기 위하여는 소송제기에 관한 일정한 소송요건을 갖추어야 한다. 취소소송은 내용에 있어 "행정청의 위법한 처분 등으로 자기의 법률상 이익을 침해받았다고 주장하는 자가 법원에 제기하는 소송"을 의미한다. 취소소송의 제기가 유효하기 위하여는 소송요건, 즉 청구의 당부에 관한 법원의 본안판결을 구하기 위한 요건을 충족시켜야 한다. 소송요건을 갖추지 않은 소는 부적법하므로 각하된다.[241] 소송요건은 형식적 요건과 실질적 요건으로 구분된다.

㉮ 취소소송의 제기요건

ⓐ 실질적 요건

취소소송은 주관적 소송으로서 행정청의 위법한 처분 등의 취소·변경을 구하는 소송이므로 이 소송은 ① 행정청의 처분 등이 존재하고, 그 처분 등이 위법한 것이라고 주장하며, 그 처분 등의 취소 또는 변경을 구하는 것이라야 한다. ② 그 취소·변경을 구할 법률상 이익이 있는 자가 소송을 제기하여야 한다.

ⓑ 형식적 요건

취소소송의 형식적 요건으로는 ① 처분 등을 행한 행정청을 피고로 하여 ② 관계 법률이 행정심판절차를 먼저 거치도록 규정하고 있는 경우에는 행정심판절차를 거쳐 ③ 제소기간 내에 ④ 소장을 작성하여 ⑤ 관할법원에 제출하여야 한다.[242]

바. 취소소송제기의 효과

취소소송이 제기되면 법원의 심리의무, 당사자의 중복제소금지의무 등이 발생하는 데 이를 주관적 효과라고 한다. 또한 그 대상이 되는 처분 또는 재결에 일정한 효력이 미치는데 이를 객관적 효과라고 한다.

㉮ 법원 및 당사자에 대한 효과(주관적 효과)

소가 제기되면 사건은 법원에 계속되어 법원은 이를 심리·판결해야 하는 구속을 받고, 당사자는 동일한 사건에 대하여 다시 소를 제기하지 못하게 된다(중복제소금지: 민사소송법 제234조).

---

241) 대판 1977. 4. 12, 76누268.
242) 윤양수 「행정법 개론」, 온누리, 2011, 605면.

ⓝ 행정처분에 대한 효과(객관적 효과)

이는 취소소송의 제기가 처분에 어떠한 영향을 미치는가의 문제이다. 소의 제기에 의하여 처분의 집행이 정지되는 것으로 하면, 행정의 원활한 수행이 저해되고, 또한 남소의 우려가 있다. 반면에 집행이 정지되지 않는 것으로 하면, 궁극적으로는 승소하더라도 권리회복이 사실상 불가능한 경우가 생길 수 있다. 결국 이 문제는 입법정책적으로 결정될 것으로서, 우리 행정소송법은 집행부정지를 원칙으로 하면서 예외적으로 집행정지를 인정하고 있다(행정소송법 제23조 제3항, 제4항).

사. 취소소송의 심리

소송의 심리라 함은 법원이 소에 대한 판결을 하기 위하여 그 기초가 되는 소송자료(주로 사실과 증거)를 수집하는 것을 말하며, 소송절차에 있어서 핵심적 위치를 차지한다. 행정소송의 심리는 민사소송의 심리절차에 준하여 변론주의가 그 기본이 되지만, 행정소송법은 행정소송의 특수성에 비추어 보충적으로 직권탐지주의(또는 직권심리주의)를 가미하고 있다.

심리는 그 내용에 따라 일단 요건심리와 본안심리로 나누어진다. 요건심리란 제기된 소가 소송요건을 갖춘 것인지의 여부를 심리하는 것을 말한다.243) 즉 제기된 소가 적법한 취급을 받기 위해 구비하지 않으면 안 되는 사항, 즉 소송요건(예: 관할권·제소기간·전심절차·당사자능력 등)에 대한 심리이다.

본안심리는 소송요건을 구비한 적법한 소가 제기되면서 법원은 그 청구의 당부에 관하여 심판하지 않으면 안 되는바, 이와 같이 그 소에 의한 청구를 인용할 것인지 또는 기각할 것인지를 판단하기 위하여 사건의 본안을 실체적으로 심리하는 과정이다.

아. 취소소송의 판결

ⓐ 판결의 의의

취소소송의 판결이란 법원이 원칙적으로 변론을 거쳐서 법정의 방식으로 소송의 목적인 구체적 쟁송을 해결하기 위하여 법적 판단을 선언하는 행위를 말한다.244)

취소소송의 판결 역시 민사소소의 예에 따라 구분하여 볼 수 있다. 즉 종국판결과 중간판결, 소송판결과 본안판결, 전부판결과 일부판결, 기각판결과 인용판결로 나누어지며,

---

243) 김동희, 『행정법요론』, 박영사, 2010, 553면.
244) 김철용, 『행정법Ⅰ』, 박영사, 2010, 736면.

기각판결의 일종으로서 사정판결이 인정되는 점이 특이하다.

　⑭ 판결의 종류

　행정소송의 판결은 그 내용에 따라 여러 가지로 나눌 수 있으나, 그 주된 종류와 내용을 분설하면 다음과 같다.

　중간판결은 소송진행 중에 생긴 쟁점을 해결하기 위하여 행하는 확인적 성질의 판결을 말하는 것으로서, 피고의 방소항변을 이유 없다고 하는 판결이 그 예이다. 종국판결은 사건의 전부 또는 일부에 관하여 그 심급을 종료시키는 판결을 말한다. 이하에서 설명하는 판결이 종국판결에 해당한다.

　소송판결은, 소가 소송요건(전심절차·당사자적격·관할권 등)을 결하고 이를 부적법한 것으로 각하하는 것을 말한다. 소가 처음부터 소송요건을 결하는 경우에 행해짐이 원칙이나, 소의 제기 후에 소송요건을 결하게 된 경우(계정처분의 취소 등에 의한 소익의 소멸 등)에도 행해진다.

　본안판결이란 청구의 당부를 판단하는 결과로서, 청구인용·청구기각 외에 예외적인 것으로서 사정판결이 있다.

　청구인용의 판결은 처분의 취소·변경을 구하는 청구가 이유 있음을 인정하여 그 청구의 전부 또는 일부를 인용하는 형성판결을 말한다. 취소판결은 처분의 위법성을 확인하는 효과 외에 처분의 효력을 소멸시키는 의미에서 형성력을 수반함이 원칙이나, 취소판결의 형식을 취하면서도 그의 실질은 처분의 위법(무효) 등을 확인하는 효과만을 가지는 것도 있다.

　청구기각의 판결은 처분의 취소가 이유 없다고 하여 원고의 청구를 배척하는 판결을 말한다. 처분에 원고가 주장하는 바와 같은 위법성이 없는 경우에 행해진다. 취소소송의 제기 후에 소의 대상인 처분 또는 소의 이익이 소멸된 경우에도 청구기각간결을 행하여야 한다고 보는 것이 다수설의 입장이나, 소의 이익은 소송요건으로서 청구각하판결을 하여야 할 것이다.

　한편, 청구에 이유가 있는 경우에도 예외적인 경우에는 기각판결을 할 수 있는바, 다음의 사정판결이 그에 해당한다. 사정판결은 취소소송에 있어 심리의 결과 계쟁처분이 위법하면 이를 취소함이 원칙이다. 그러나 "원고의 청구가 이유 있다고 인정하는 경우에도 처분 등을 취소하는 것이 현저히 공공복리에 적합하지 아니하다고 인정하는 때에는 법원은 원고의 청구를 기각"할 수 있는바(행정소송법 제28조 제1항), 이를 사정판결이라 한다.

㉰ 판결의 효력

취소소송의 판결의 효력에 대하여 행정소송법은 제3자에 대한 효력(행정소송법 제29조 제1항) 및 기속력(행정소송법 제30조)에 대해서만 명시적으로 규정하고 있을 뿐, 그 밖에 일반적 효력인 기판력, 형성력도 당연히 발생한다.

ⓐ 기판력

판결의 기판력이란 법원이 판결이 확정된 때에는 확정된 판단 내용은 당사자 및 법원을 구속하여, 후소에서 당사자 및 법원은 동일사항에 대하여 확정판결의 내용과 모순되는 주장을 할 수 없고, 법원의 확정판결에 저촉되는 판단을 할 수 없게 되는 효력을 말한다.[245]

기판력은 소송절차의 반복과 모순된 재판의 방지라는 법적 안정성의 요청에 따라 일반적으로 인정되고 있다. 당사자의 일방이 기판력에 대하여 다시 소를 제기하는 경우에는 그 상대방은 기판력에 기한 항변에 의하여 그 각하를 청구할 수 있으며, 법원도 기판력에 따라 소를 각하하여야 한다.[246]

ⓑ 형식적 확정력

판결에 대하여 불복이 있는 자는 상소를 통하여 그의 효력을 다툴 수 있는 것인데, 상소기간의 도과 기타 사유로 상소할 수 없는 때에 판결은 형식적 확정력을 가진다. 이 형식적 확정력은 판결내용과는 관계가 없으나, 판결내용의 효력발생의 요건이 된다.

ⓒ 실질적 확정력

기판력이라 함은 소송물에 관하여 법원이 행한 판단내용이 확정되면, 이후 동일사항이 문제된 경우에 있어 당사자(승계인 포함)는 그에 반하는 주장을 하여 다투는 것이 허용되지 않으며, 법원도 그와 모순 · 저촉되는 판단을 해서는 안 되는 구속력을 말한다.

우리의 행정소송법에는 독일행정법원법에서와 같은 기판력에 대한 명문규정은 없다. 그러나 민사소송법이 "확정판결은 주문에 포함한 것이 한하여 기판력을 가진다(민사소송법 제216조).", "확정판결은 당사자, 변론을 종결한 뒤의 승계인(변론 없이 한 판결의 경우에는 판결을 선고한 뒤의 승계인) 또는 그를 위하여 청구의 목적물을 소지한 사람에

245) 윤양수 「행정법 개론」, 온누리, 2011, 626면.
246) 김동희, 『행정법요론』, 박영사, 2010, 566면.

대하여 효력이 미친다(민사소송법 제218조 제1항)."라고 규정하고 있고, 이들 규정이 행정소송에도 준용되므로(행정소송법 제8조 제2항), 행정소송의 판결에도 기판력이 인정된다고 말할 수 있다.

ⓓ 형성력

판결의 형성력이란 일반적으로 판결의 취지에 따라 법률관계의 발생·변경·소멸을 가져오는 효력을 말한다. 그에 따라 처분의 취소판결이 있게 되면, 처분청의 별도의 행위를 기다릴 것 없이 처분의 효력이 소급하여 소멸한다.

처분을 취소하는 내용의 판결이 확정되면 당해 처분의 효력은 처분청의 별도의 행위를 기다릴 것 없이 처분 시에 소급하여 소멸되고 그로써 기존의 법률관계에 변동을 가져오게 되며, 이것은 취소판결이 가지는 형성력의 효과인 것이다. 이는 취소소송의 원상회복 기능을 의미한다.[247]

파면처분을 받은 공무원이 그 파면처분취소판결을 제기하여 승소하는 경우, 파면처분이 효력을 상실함으로써 소급하여 공무원의 신분을 회복하게 되는 것과 같다. 물론, 성질상 소급효를 발생하지 않는 것도 있다(영업허가정지처분의 취소 등). 취소 판결의 형성력을 명시한 규정은 없으나, 판결의 당연한 효력으로 간주되며, 다음에 보는 '취소판결의 제3자효에 관한 규정(행정소송법 제29조 제1항)'이 간접적 근거가 될 수 있을 것이다

형성력의 대세적 효력은 취소판결뿐만 아니라 무효등확인소송 및 부작위위법확인소송의 확인판결에도 인정된다(행정소송법 제38조).

ⓔ 기속력

취소판결의 기속력이란, 당사자의 행정청과 그 밖의 관계행정청이 행정판결의 취지에 따라 행동해야 하는 의무를 발생시키는 효력(구속력)을 말한다. 행정소송법은 "처분 등을 취소하는 확정판결은 그 사건에 관하여 당사자인 행정청과 그 밖의 관계행정청을 기속한다(행정소송법 제30조 제1항)."라고 하여 이를 명시하고 있다. 유사한 입법례는 일본의 행정사건소송법 제33조에서 찾아볼 수 있다.

판결에 의하여 위법한 침익적 처분이 취소되어도 행정청이 그에 따르지 않고 동일한 처분을 반복하거나, 수익적 행정처분의 발급산청의 취소된 경우에 행정청이 판결의 취지에 따라 처분을 하지 않는 경우에는 취소소송은 그 실질적 의의가 없게 된다. 따라서 취

---

247) 김동복 「경찰행정법」, 문두사, 2005, 326면.

소판결의 기속력은 행정청에 대하여 판결의 준수의무를 부과하는 것이며, 위법행위의 시정과 국민의 권리구제라는 재판제도의 실효성을 담보하기 위하여 행정청으로 하여금 판결에 따라 행동하도록 구속하는 힘을 말한다.[248]

기속력은 취소판결은 물론 무효등확인소송 및 부작위위법확인소송의 확인판결에도 인정된다(행정소송법 제38조, 제44조 제1항).

(2) 무효등확인소송

무효등확인소송은 행정청의 처분이나 재결의 "효력 유무 또는 그 존재 여부를 확인하는 소송"으로서 처분 등의 무효확인소송·유효확인소송·부존재확인소송·존재확인소송 및 실효확인소송 등이 이에 속한다.

즉, 행정소송법은 이를 "처분 또는 재결의 효력 유무 또는 존재 여부를 확인하는 소송"이라고 정의한다(행정소송법 제4조 제2호).

처분 등이 무효 또는 부존재이면 처음부터 효력이 발생하지 않고 공정력도 인정되지 않으므로 법원에 무효나 부존재를 확인하기 위한 소송을 제기할 필요가 없으나 처분의 취소사유와 무효사유의 구별은 상대적인 것으로 그 구별이 명확하지 않은 경우가 많고 또한 무효인 처분 등이 처분으로서의 외관을 띠고 존재하고 있으므로 행정청에 의하여 집행될 우려가 있다. 이에 처분의 상대방으로서는 당해 처분이 무효임을 확인받을 필요성이 있는 것이다.[249]

무효등확인소송의 성질에 관하여는 확인소송설, 항고소송설 및 준항고소송설 등이 견해가 대립하고 있다. 다수설 및 판례는 준항고소송설의 입장을 취하고 있다.[250] 무효등확인소송도 행정청의 공권력 행사에 불복하여 제기하는 소송으로서 처분 등의 무효를 확정하고 넓은 의미에서 넓은 의미에서 그 효력을 배제하는 것이라는 점에서 취소소송과 공통성이 있다.[251]

무효등확인소송의 소송물은 처분 등의 무효성·유효성 또는 존재·부존재이다. 즉 이 소송에서는 당해 처분 등의 효력의 유무 또는 존재 여부가 그 심리대상으로 되어 판결에 의하여 확인되게 되는 것이다.

---

248) 김동희, 『행정법요론』, 박영사, 2010, 569면.
249) 김동복 「경찰행정법」, 문두사, 2005, 327면.
250) "행정처분의 무효확인판결이 비록 형식상 확인판결이라 하여도 그 무효확인판결의 효력은 취소판결과 같이 소송의 당사자는 물론 제3자에게도 미치는 것이다"(대판 1982.7.27, 82다273).
251) 김동희, 「행정법요론」, 박영사, 2010, 573면.

무효등확인소송은 권익침해의 우려를 미리 방지하는 예방소송적 기능과 무효인 처분의 존재라는 외관적 상태를 제거, 정리하는 현상정리적 기능을 가진다.

무효등학인소송의 원고적격과 관련하여 대법원은 소유자 아닌 사람이 행정청으로부터 건물에 대한 사용승인처분을 받아 이를 사용·수익함으로써 소유자의 권리행사가 방해받고 있는 경우, 건물의 소유자가 그 사용승인처분에 대하여 무효확인을 구할 소의 이익이 있는지 여부에 관하여 소극적인 태도를 보이고 있다.

> **대판 2001. 9. 18, 99두11752 판결**
>
> 소유자 아닌 다른 사람이 행정청으로부터 건물에 대한 사용승인의 처분을 받아 이를 사용·수익함으로써 소유자의 권리행사가 방해를 받고 있는 경우 사용승인의 처분이 그러한 침해행위까지 정당화하는 것은 아니므로, 건물의 소유자로서는 사용승인처분에 대한 무효확인의 판결을 받을 필요 없이 직접 민사소송을 제기하여 소유권에 기한 방해의 제거나 예방을 청구함으로써 그 소유물에 대한 권리를 보전하려는 목적을 달성할 수가 있으므로 그 사용승인처분에 대하여 무효확인을 구하는 것은 분쟁해결에 직접적이고 유효·적절한 수단이라 할 수 없어 소의 이익이 없다.

피고적격과 관련하여 대법원은 조례가 항고소송의 대상이 되는 행정처분에 해당하는 경우 및 그 경우 조례무효확인 소송의 피고적격은 지방자치단체의 장이고, 교육에 관한 조례 무효확인소송에 있어서 피고적격은 교육감이라고 판시한 바 있다.[252]

(3) 부작위위법확인소송

부작위위법확인소송은 행정청의 부작위가 위법하다는 것을 확인하는 소송을 말한다(행정소송법 제4조 제3호). 행정청이 상대방의 신청에 대하여 일정한 처분을 하여야 할 의무가 있는데도 불구하고 이를 방치하고 있는 경우에, 이러한 부작위가 위법한 것임을 확

---

252) 대판 1996. 9. 20, 선고 95누8003 판결; 조례가 집행행위의 개입 없이도 그 자체로서 직접 국민의 구체적인 권리의무나 법적 이익에 영향을 미치는 등의 법률상 효과를 발생하는 경우 그 조례는 항고소송의 대상이 되는 행정처분에 해당하고, 이러한 조례에 대한 무효확인소송을 제기함에 있어 행정소송법 제38조 제1항, 제13조에 의하여 피고적격이 있는 처분 등을 행한 행정청은 행정주체인 지방자치단체 또는 지방자치단체의 내부적 의결기관으로서 지방자치단체의 의사를 외부를 표시한 권한이 없는 지방의회가 아니라, 구 지방자치법(1994. 3. 16. 법률 제4741호로 개전되기 전의 것) 제19조 제2항, 제92조에 의하여 지방자치단체의 집행기관으로서 조례로서의 효력을 발생시키는 공포권이 있는 지방자치단체의 장이다. 또한 시·도의 교육·학예에 관한 사무의 집행기관은 시·도 교육감이고 시·도 교육감에게 지방교육에 관한 조례안의 공포권이 있다고 규정되어 있으므로, 교육에 관한 조례의 무효확인소송을 제기함에 있어서는 그 집행기관인 시·도 교육감을 피고로 하여야 한다.

인하는 소송이다.253)

　부작위위법확인소송의 대상은 행정청의 부작위이다. 여기에서 부작위는 행정청이 당사자의 신청에 대하여 상당한 기간 내에 일정한 처분을 하여야 할 법률상 의무가 있음에도 불구하고 이를 하지 아니하는 것을 말한다(행정소송법 제2조 제1항 제2호).

　행정청의 부작위로 인한 국민의 권익침해에 대하여 그 구제수단을 인정하는 것은 행정구제제도의 본질적 의의에 속하는 것임을 물론 법치국가의 원리에도 부합하는 것이라 할 수 있다.

　부작위가 성립되기 위하여는 ① 당사자의 신청이 있어야 하고, ② 행정청이 상당한 기간 내에, ③ 일정한 처분을 하여야 할 의무가 있음에도 불구하고, ④ 그 처분을 하지 아니하는 등의 요건을 충족하여야 한다. 이러한 요건을 충족하지 못하는 단순한 부작위는 부작위위법확인소송의 대상이 되지 아니한다.

　부작위위법확인소송은 공권력의 행사로서의 행정청의 처분의 부작위를 그 대상으로 하는 것이므로 취소소송이나 무효등확인소송과 마찬가지로 항고소송이다. 부작위위법확인소송은 법률관계를 변동하는 것이 아니라 부작위에 의하여 외형화·현실화된 법상태가 위법임을 확인하는 것이므로 확인소송으로서의 성질을 갖는다.254)

　한편, 행정상의 이행소송으로 의무이행소송(Verpflichtumgsklage)이 제도화되어 있는 나라(독일의 행정법 법원 제42조 제1항) 및 직무집행명령소송(Mandamus Proceeding)이 인정되고 있는 나라(영·미국)에서는, 부작위위법확인소송은 불필요하며 또한 원칙적으로 허용되지 않는다고 새겨진다. 현행 행정소송법이 그와 같은 이행소송을 받아들이지 않고 소극적이고도 우회적인 부작위위법확인소송을 제도화한 이유는 권력분립적 고려, 사법부의 부담경감 및 사법 자체적 고려 등을 감안한 것이라고 설명되고 있다. 그러면서도 현행법은 부작위위법확인소송의 실효성확보를 위한 제도를 강구함으로써, 의무이행소송이 채택된 것과 다름없는 효과를 거두고자 기도하고 있다.

　부작위위법확인소송의 제소기간은 취소소송의 제소기간에 관한 등 법 제20조를 준용하고 있으며, 개별법에서 행정심판을 거치도록 규정하고 있는 경우에는 원고는 재결서의 송달을 받은 날로부터 90일내에 부작위위법확인소송을 제기하여야 할 것이다.255)

　한편, 부작위위법소송의 원고적격과 관련하여 부작위위법확인소송은 "처분의 신청을 한자로서 부작위의 위법의 확인을 구할 법률상 이익이 있는 자"만이 제기할 수 있다. 위

253) 김남진 「행정법 I」, 법문사, 2003, 729면. : 김동희 「행정법요론」, 박영사, 2010, 580면.
254) 김남진 「행정법 I」, 법문사, 2003, 729면
255) 김동희 「행정법요론」, 박영사, 2010, 583면.

의 내용을 해석함에 있어 원고적격은 처분의 신청을 한자에게도 인정된다는 견해와 근거법령에 의해 당해행위의 발급신청권이 인정되는 자에게만 인정된다는 견해의 대립이 있는데 후자가 타당하다고 본다.256) 판례도 같은 입장을 취하고 있다.257)

부작위위법확인소송은 취소송이나 당사자 소송으로 변경할 수 있다(행정소송법 제37조) 법원은 청구의 기초에 변경이 없는 한 사실심의 변론종결시까지 원고의 신청에 의하여 소의 변경을 허가할 수 있다. 그리고 부작위위법확인소송에 불복도 취소소송의 불복의 경우와 다를 것이 없다. 행정소송법은 부작위위법확인소송에도 제3자에 의한 재심청구를 준용하는 규정을 두고 있다(행정소송법 제38조)

(4) 의무이행소송

의무이행소송이란 당사자의 행정행위에 신청에 대하여 행정청이 거부하거나 부작위로 대응하는 경우에, 법원의 판결에 의하여 행정청으로 하여금 일정한 행위를 하도록 청구하는 소송을 말한다. 다시 말하면 행정청이 개인의 신청에 대하여 위법하게 이를 거부하거나 부작위로 방치하고 있는 경우에 신청에 따른 처분을 할 것을 행정청에 명하는 판결을 구하는 소송을 말한다. 현행 행정소송법은 의무이행소송을 명문으로 규정하지 않고 있다.

입법례로는 독일의 연방행정법원법 제42조상의 의무이행소송(Verpflichtungsklage)이 그 전형적인 예이고, 현행법체계와는 다소 상이하지만 미국의 보통법상의 구제방법인 직무집행장(writ of mandamus)이나 형평법상의 구제방법인 중지명령과 선언적 판단(Injunctions and Declaratory Judgment Action)이 있다.

의무이행소송은 소송법적으로는 다시 ① 행정청의 일정한 행위를 해야 할 의무의 확인을 구하는 의무확인소송, ② 행정청의 일정한 작위를 구하는 급부(이행)소송, ③ 행정청의 처분의 변경을 구하는 형성(변경)소송으로 나눌 수 있다. 어떠한 경우나 행정청의 행위는 공권력의 행사에 해당하는 것이어야 한다. 그 각각에 대하여 별개의 소송상의 문제가 있겠으나 분쟁해결이라는 실질적 기능의 면에서는 일괄하여 고찰해도 무방할 것이다.

한편, 사법부는 행정소송을 통하여 행정부의 위법행위에 대하여 전반적인 심판권을 갖는 것이나 권력분립주의의 원칙상 일정한 한계가 있다. 즉 사법권은 행정권과 그 성격 및 기능상의 차이로 인해 사법권의 행정권에 대한 개입과 심사는 스스로 일정한 한계가

---

256) 김동희 「행정법요론」, 박영사, 2010, 583면.
257) 대판 1995. 9.15, 95누7345.

있으며 그 구체적인 내용은 법률로 정해지는 것이나, 입법권자 역시 권력분립주의 아래서 행정의 독자성을 존중해야 하는 구속을 받는다.

따라서 법원이 행정청의 제1차적인 판단권의 행사가 있기 전에 스스로 행정청에 갈음하여 행정청을 행사할 것인가의 여부를 제1차적으로 선언할 수 있는지가 문제된다. 즉, 현행법하에서 의무이행소송과 소극적 형태의 의무이행소송인 부작위청구소송이 인정될 수 있는가가 문제의 핵심이다. 만약 이러한 소송형태를 인정하게 된다면 사법부가 행정부에 대한 적극적 이행 또는 형성, 부작위를 요구하는 판결을 하게 됨으로써 행정부의 고유한 결정권을 해치고 결국 권력분립의 원칙에 반하게 될 수 있기 때문이다.

의무이행을 인정할 것인가의 여부에 관하여 소극설, 적극설, 절충설로 나누어져 있다. 한편, 대법원은 원칙적으로 의무이행소송의 형태를 부인하는 소극설에 가담하고 있으며 일관되게 그 존재를 부인하고 있다.[258] 생각건대 행정청의 위법한 부작위에 대한 개인의 권익구제를 도모하는 데 있어 부작위위법확인소송은 지나치게 우회적이며, 더욱이 행정심판법(행정심판법 제4조 제3호)에서 행정청의 위법 부당한 거부처분이나 부작위에 대한 의무이행심판을 인정하고 있는데도 행정소송으로서 의무이행소송을 인정하지 아니한다면 이론상 균형을 잃게 되는 점도 무시할 수 없다. 따라서 필요한 처분에 대한 부작위나 거부로 인하여 권익을 침해받은 자가 그 의무의 이행을 청구하는 소송은 개인의 권익보호를 위하여 당연히 인정되어야 하므로 적극설이 타당하다고 본다. 그러므로 결국 의무이행소송을 입법적으로 해결하는 것이 가장 명쾌하고 시급한 문제라고 할 것이다.

2) 당사자소송

(1) 당사자소송의 의의

당사자소송이란, 행정청의 처분 등을 원인으로 하는 법률관계에 관한 소송, 그 밖에 공법상의 법률관계에 관한 소송으로서 그 법률관계의 한쪽 당사자를 피고로 하는 소송을 말한다(행정소송법 제3조 제2호). 즉 당사자 소송이란 공법상의 법률관계에 관하여 의문이나 다툼이 있는 경우에 그 법률관계의 당사자가 원고 또는 피고의 입장에서 법률관계에 관하여 다투는 소송을 말한다.[259]

당사자소송은 대립되는 권리주체가 그 법률관계에 관하여 다투며, 그 대상은 처분 등

---

258) 대판 1995. 3. 10, 선고 94누14018 판결; 대판 1992. 11. 10, 선고 92누1629 판결.
259) 김남진 「행정법Ⅰ」, 법문사, 2003, 737면.

을 원인으로 하는 법률관계 및 공법상의 법률관계를 대상으로 한다. 한편 당사자 소송은 대등한 당사자 간에 행해진다는 점에서 민사소송과 유사한 점이 있다. 그러나 민사소송이 사법상 법률관계를 다루는 것인데 반하여 당사자소송은 공법상 법률관계를 다루는 거이므로 그 차이가 있다. 따라서 당사자소송은 공법원리가 적용되며, 민사소송에 관한 여러 가지 특례가 적용된다.[260]

(2) 형식적 당사자소송

형식적 당사자 소송이란 행정청의 처분이나 재결에 의하여 형성된 법률관계에 관하여 다툼이 있는 경우에, 당해 처분 도는 재결의 효력을 다툼 없이 직접 그 처분·재결에 의하여 형성된 법률관계에 대하여 그 일방 당사자를 피고로 하여 제기하는 소송을 말한다. 예컨대 토지수용위원회의 보상금액을 결정하는 재결에 불복하는 토지소유권자 또는 기업자가 토지수용위원회를 피고로 하여 그 재결에 대한 취소소송을 제기하는 것이 아니라, 보상금액의 증액을 요구하는 토지소유자 또는 그 감액을 요구하는 기업자가 그 상대방을 피고로 하여 직접 증액 또는 감액청구소송을 제기하는 것이 대표적인 예이다.

형식적 당사자의 법적 근거로는 행정소송법 제3조 제2호는 "행정청의 처분 등을 원인으로 하는 법률관계에 관한 소송으로서 그 법률관계의 한쪽 당사자를 피고로 하는 소송"이라고만 규정하고 있어서 동 규정만으로는 형식적 당사자 소송을 인정한 것인지 아니면 별도로 법률에 규정이 있어야 하는지에 관해 견해가 대립된다. 그에는 개별법상의 명시적 규정이 있어야 할 것으로 본다. 예컨대 공익사업을위한토지등의취득및보상에관한법률 제85조 제1항 및 특허법 제187조 등과 같은 개별법상의 명시적 규정이 필요하다고 본다.

(3) 실질적 당사자소송

실질적 당사자소송은 공법상의 법률관계를 소송물로 하는 대등한 권리주체 사이의 소송을 말한다. 즉 실질적 당사자소송은 공법상의 법률관계를 소송물로 하는 대등한 권리주체 사이의 소송을 말하는 것으로서 당사자소송의 일반적 형태이다. 그 예로는 공법상 계약에 관한 소송, 공법상의 신분 또는 지위의 확인에 관한 소송, 공법상의 금전청구소송 등을 들 수 있다.

대법원은 석탄산업법 시행령 제41조 제5호 소정의 재해위로금의 법적 성질 및 그 재

---

260) 김남진 「행정법 I」, 법문사, 2003, 739면.

해위로금 지급청구소송의 성질에 관하여 공법상 당사자소송에 해당한다고 판시한 바 있다.261)

위의 실질적 당사자소송의 예 가운데에는, 예컨대 국민기초생활보장법상의 생계급여와 같이, 행정청의 개별적 급여결정이 있어야만 권리로서 확정되는 것이 많이 있다. 따라서 그러한 경우의 급여청구는 행정청에 대한 급여의 신청을 하고서 거부결정이 있는 경우, 급여거부결정취소청구소송과 같은 항고소송의 방법으로 행정구제의 길을 찾아야 하며, 직접 공법상 당사자소송으로 급여청구를 할 수는 없다는 점에 유의할 필요가 있다.262)

(4) 당사자적격

가. 원고적격

행정소송법에 당사자소송의 원고적격에 특별한 규정을 두고 있지 않으므로 민사소송법상의 원고적격에 관한 규정이 준용된다. 이를 유추적용하면, 당사자소송의 원고적격은 공법상 법률관계에 있어 권리보호의 이익(법률상 이익)이 있는 자이다.

나. 피고적격

당사자소송의 피고는 국가 또는 공공단체 그 밖의 권리주체가 된다(행정소송법 제39조). "그 밖의 권리주체"에는 공무수탁사인 등이 포함된다.

(5) 심급관할

당사자소송에 관한 재판관할에 대하여는 취소소송에 관한 규정이 준용된다(행정소송법 제40조). 그러므로 피고의 소재지를 관할하는 행정법원이 일반관할법원이 된다. 다만, 당사자소송은 항고소송의 경우와는 달리 국가·공공단체 기타 권리주체를 피고로 하는 것이므로, 행정소송법은 국가나 공공단체가 피고인 때에는 당해 소송과 구체적인 관계가

---

261) 대판 1999. 1. 26, 선고 98두12598 판결; 석탄산업법 제39조 제1항 제4호, 제4항 및 같은 법 시행령 제41조 제4항 제5호의 각 규정에 의하여 폐광대책비의 일종으로 폐광도니 광산에서 업무상 재해를 입은 근로자에게 지급하는 재해위로금, 국내의 석탄수급상황을 감안하여 채탄을 계속하는 것이 국민경제의 균형발전을 위하여 바람직하지 못하다고 판단되는 경제성이 없는 석탄광산을 폐광함에 있어서 그 광산에서 입은 재해로 인하여 전업 등에 특별한 어려움을 겪게 될 퇴직근로자를 대상으로 사회보장적인 차원에서 통상적인 재해보상금에 추가하여 지급하는 위로금의 성격을 갖는 것이고, 이러한 재해위로금에 대한 지급청구권은 공법상의 권리로서 그 지금을 구하는 소송은 공법상의 법률관계에 관한 소송인 공법상 당사자소송에 해당한다.

262) 김동복「경찰행정법」, 문두사, 2005, 336면,

있는 관계행정청의 소재지를 피고의 소재지로 의제하여 그 행정청의 소재지를 관할하는 행정법원을 일반관할법원으로 하고 있다(행정소송법 제40조 단서).

3) 민중소송

민중소송이란 국가 또는 공공단체의 기관이 위법한 행위를 한때에 직접 자기의 법률상 이익과 관계없이 시정을 구하기 위하여 일반민중이제기하는 소송을 말한다(행정소송법 제3조 제3호). 민중소송은 자기의 구체적인 권리·이익의 침해와는 무관하게 다만 행정법규의 적정한 적용을 확보하기 위한 소송이라는 점에서 객관적 소송에 해당한다.[263]

민중소송은 법률적 쟁송에는 속하지 않으므로, 법률의 명시적 규정이 있는 때에만 제기할 수 있다(행정소송법 제45조). 민중소송으로 허용하고 있는 현행법으로는 공직선거 및선거부정방지법(제333조 제1항, 제3항), 국민투표법(제92조) 등이 있으며, 그 종류로는 선거소송·당선소송, 국민투표효력에 관한 민중소송 등이 있다. 민중소송의 대상에 관하여는, 선거소송의 경우는 대통령선거, 국회의원선거, 지방의회의원선거, 지방자치단체의 장의 선거에 있어서 선거 또는 당선의 효력이, 국민투표효력에 관한 소송의 경우는 국민투표의 효력이 민중소송의 대상이 된다.

민중소송의 제소기간은 그것을 허용하는 법률이 정하는 바에 의한다. 대통령 선거 및 국회의원선거에 관한 선거소송의 제소기간은 30일이며, 지방의회의원 및 지방자치단체의 장의 선거에 관한 선거소송과 당선소송의 제소기간은 10일이다.

4) 기관소송

기관소송이란, 국가 또는 공공단체의 기관 상호 간의 권한의 존부 또는 그 행사에 관한 다툼이 있는 경우에 이에 대하여 제기하는 소송을 말한다(행정소송법 제3조 제4호). 그러나 헌법재판소법 제2조에 규정되어 있는 소송은 행정소송으로서의 기관소송에서 제외된다(행정소송법 제3조 제4호 단서).

---

263) 법률이 공익적 견지에서 행정법규의 적정한 적용, 환언하면 행정작용에 적법성 보장을 위한 소송을 허용하고 있는 경우가 있다. 개인적·주관적 권리의 보호를 목적으로 하는 것이 아니고, 다만 행정작용의 적법성을 보장하기 위한 것이라는 의미에서, 이를 객관적소송이라 한다. 항고소송과 당사자소송이 처분 등으로 인하여 또는 행정상 법률관계에서 개인의 권익침해를 구제하는 주관적 소송임에 반하여, 객관적 소송은 행정작용에 대한 적법성통제에 중점이 주어지는 형식소송이다. 현행 행정소송법은 객관적 소송으로서 기관소송과 민중소송의 두 종류를 인정하고 있다.

기관소송을 제기할 수 있는 권능은 기본권이 아니다. 그것은 단지 넓은 의미에서 주관적인 성격을 띠는 객관적인 권리이다. 그것은 객관적 소송의 한 종류라 볼 것이다. 기관소송을 일률적으로 객관적 소송으로 볼 것은 아니라는 입장도 있다.[264]

현행법상 기관소송의 대상으로는, 지방자치법은 지방의회의 의결을, 지방교육자치단체에관한법률은 시·도의회 또는 교육위원회 의결을 기관소송의 대상으로 규정하고 있다.

현행법상 기관 소송의 종류는 지방의회 등의 의결무효소송과 감독처분에 의한 무효소송으로 나눌 수 있는데 첫째, 지방의회 등의 의결무효소송의 형태는 ① 지방자치단체장은 지방의회의 재의결된 사항이 법령에 위반된다고 판단되는 때에는 재의결이 있은 날로부터 20일 이내에 대법원에 그 무효확인의 소를 제기할 수 있다(지방자치법 제98조). 그리고 ② 행정안전부장관과 시·도지사는 하위 지방자치단체의 장에게 재의를 요구하게 할 수 있고, 재의결된 사항이 여전히 위법함에도 하위 지방자치단체의 장이 그 의결의 무효를 구하는 소를 제기하지 아니할 때에는 직접 그 무효를 구하는 소를 제기할 수 있다(지방자치법 제159조).

③ 교육감은 시·도의회 또는 교육위원회의 의결이 법령에 위반된다고 판단될 때에는 재의를 요구할 수 있고, 재의결된 사항이 여전히 위법하다고 판단되면, 재의결된 날로부터 20일 이내에 그 무효확인의 소를 제기할 수 있다. 교육감이 제소하지 않을 때에는 교육인적자원부장관은 당해 교육감에게 제소를 지시하거나 직접 제소할 수 있다(지방교육자치에관한법률 제31조).

둘째, 감독처분에 의한 무효소송은 지방자치단체의 사무에 관한 그 장의 명령이나 처분이 법령에 위반되거나 현저히 부당하여 공익을 해한다고 인정될 때에는 시·도지사에 대하여는 주무장관이, 시·군·자치구에 대하여는 시·도지사가 그 시정을 명하고 이에 응하지 않으면 직접 취소나 정지를 할 수 있다. 이 경우 관계 지방자치단체장은 그 취소 또는 정지처분을 통보받은 날로부터 15일 이내에 대법원에 이의소송을 제기할 수 있다(지방자치법 제157조).

---

264) 홍정선, 「행정법특강」, 박영사, 2010, 827면.

事項索引

【ㄱ】

가산금 554, 556, 578
가산세 579, 581
각하재결 701
감봉 278, 314, 317
강등 281, 284
강임 284
강임·휴직 291
강제집행 158, 250, 363
강제징수 158, 189, 457
개별적 수권조항 72, 325, 353
개인적 공권 134, 135, 136
객관적 쟁송 679, 680
견책 314, 317
결과제거청구권 75, 505, 565
경계이론 638, 642, 643
경업자소송 140, 439, 712
경원자소송 140, 141, 715
경찰 행정지도 506
경찰강제 43
경찰개념 37, 38, 39
경찰공공의 원칙 377
경찰공무원 40, 45, 167
경찰공무원관계의 변경 279
경찰공무원관계의 변동 269
경찰공무원의 의무 301, 320
경찰권 행사 71, 74, 86
경찰명령 38, 225, 233
경찰벌 455, 457, 460
경찰상 즉시강제 330, 333
경찰상 행정행위 435, 436, 452
경찰소극목적의 원칙 377
경찰위원회 194, 195, 198
경찰의 권한 72, 214, 366
경찰의 목적 43, 194, 377
경찰작용 40, 42, 43
경찰제도 40, 44, 225
경찰조사 332, 333, 344

경찰조직 법정주의 193
경찰집행기관 196, 197, 200
경찰책임 325, 365, 374
경찰책임의 원칙 379
경찰처분 43, 457
경찰하명 43, 452, 453
경찰행정구제 48, 587, 588
경찰행정기관 197, 459, 548
경찰행정법 48, 49
경찰행정법관계 113, 129, 134
경찰행정상 사실행위 502, 505
경찰행정입법 87, 385, 386
경찰행정작용 48, 120, 193
경찰행정조사 567, 568
경찰행정조직 119, 193, 252
경찰행정조직법 193
경찰행정지도 507
경찰허가 43, 452, 458
고시 51, 97, 128
고충민원처리제도 592, 593, 595
고충심사 청구권 294
공공의 안녕 37, 40, 42
공권 118, 134, 137
공권력의 행사 82, 118, 361
공급거부 76, 582
공무수탁사인 45, 119, 125
공물 106, 111, 124
공법관계 101, 102, 110
공용수용 630, 632, 633
공용침해 133, 632, 635
공정력 106, 120, 129
공청회 230, 398, 523
공해방지경찰권 219
관습법 84, 85, 89
관할구역 71, 98, 234
교통단속 331, 357
구상권 613, 614, 615
국가경찰 44, 195, 223

국가배상청구권 167, 597, 619
국고관계 118, 121, 123
국제교류협력증진 213
국제조약 49, 85, 218
권력행정유보설 58
권한의 대리 238, 239, 241
권한의 위임 238, 239, 244
권한의 위탁 244
권한의 이양 226
급부하명 453
기각재결 701
기각판결 720
기관소송 119, 253, 706
기국 212, 213, 217
기속행위 81, 139, 150
기한 495, 529, 534

【ㄴ】

나포 212, 220, 221
나포권 212, 215, 216
내부위임 240, 245

【ㄷ】

당사자 소송 727, 728, 729
당연퇴직 287
대결 240, 246
대물적 강제 562
대인적 강제 341, 562
대집행 234, 441, 457
대체적 작위의무 457, 550, 558

【ㅁ】

면제 76, 115, 283
면직 231, 268, 270
명령 41, 42, 49
무하자재량행사청구권 138, 139, 147
무효등확인소송 474, 708, 723
무효등확인소송, 709
무효등확인심판 685, 686, 693
민사관계불간섭의 원칙 378
민원처리제도 588, 592, 593
민중소송 705, 706, 708

【ㅂ】

반사적 이익 137, 145, 155
방문수색권 212, 215, 216
배상심의회 611, 616, 617
배타적 경제수역 85, 205, 209
범죄의 수사 42, 45, 86
범죄의 예방과 진압 328
법규명령 56, 78, 87
법규명령형식의 행정규칙 409
법령보충적 행정규칙 408, 411, 413
법률우위의 원칙 57, 438
법률유보의 원칙 57, 161, 166
법률의 법규창조력 54, 56, 58
법률행위적 행정행위 437, 452, 498
법원 61, 67, 83
법정대리 239, 241, 242
변론주의 698, 720
변상책임 295, 311, 318
보수 265, 269, 297
보수청구권 297, 298
보안경찰 45, 46, 197
보통경찰기관 43, 48, 197
보호가치 62, 67, 68
보호조치 218, 222, 230
본안판결 719, 720, 721
부관 76, 182, 437, 445
부당결부금지의 원칙 75, 76
부당이득 186
부작위위법확인소송 725
부작위하명 454
부진정소급적용 97
분리이론 644
불가변력 131
불고불리의 원칙 698
불신검문 332
불이익변경금지의 원칙 698
불확정 개념 448, 449
비례의 원칙 71, 73, 74
비밀엄수의무 307, 308
비상경찰 47

【ㅅ】

사무관리 104, 108, 184
사무위탁 259

사법경찰 42, 43, 45
사법관계 102, 106, 111
사법관계(국고관계)에 123
사생활불가침의 원칙 377
사실의 확인 230, 325, 332
사실조회 344
사정재결 475, 683, 686
사정판결 475, 683, 705
사주소 불가침의 원칙 378
사회유보설 59
사후부관 499
상급행정기관 402, 689, 691
상당보상 649, 651
상대방의 조치 66
상태책임 379, 380, 381, 382
생물자원보호경찰권 217, 218
서면심리주의 683
선행조치 66, 67, 68
소급적용금지의 원칙 96
소급효 70, 107, 256
소멸시효 100, 107, 156
소송의 심리 720
소청 291, 292, 293
속지주의 99
손실보상 116, 133, 365
손해배상 75, 100, 101
손해전보 587
수상경찰국 209
수상레저안전업무 211
수용유사적 침해 642, 668, 669
수용적 침해 637, 643, 668
수익적 행정행위 58, 65, 70
수인하명 505
승진 227, 270, 278
신뢰보호의 원칙 62, 64, 65
실질적의미의 경찰 41, 42

【ㅇ】

압류 155, 173, 174
약식쟁송 679, 683, 704
어업경찰권 217
어업안전경찰권 217
연금 290, 299, 314
연안경비대 206, 207

연안국 206, 212, 213
영조물 54, 319, 409
영조물법인 128, 612
예방경찰 45, 46
오염방제 203, 237
옴부즈맨 592, 593, 594
완전보상 648, 649, 650
요인경호 41, 45, 327
원상회복청구권 625, 626
위반 사실의 공표 582
위수사령관 201, 202, 203
위임명령 56, 87, 326
위탁 119, 129, 246
위해 38, 40, 41
유치장 230, 270, 339
의무이행소송 149, 154, 707
의무이행심판 149, 151, 154
의원면직 289, 292
의회유보 60, 417
이행강제금 558, 559
인가 111, 141, 183
인용재결 701
인용판결 708, 720
인인소송 140, 712, 715
일반적 수권조항 71, 72, 214
일반처분 436, 442, 453
임시영치 562
임용 149, 227, 264
임의동행 334, 335
입법예고 224, 523, 524
입증책임 604, 611, 623

【ㅈ】

자치경찰 40, 47, 85
자치경찰단 47, 224, 227
자치경찰위원회 229
자치법규 84, 227, 539
작위하명 454
재결 701
재량권의 일탈 150, 151, 444
재량준칙 80, 81, 88
재량행위 81, 148, 149
재량행위의 154
적법절차의 원칙 360, 361, 363

적합성의 원칙 71, 366, 383
전과 283, 293, 583
전보 270, 271, 276
전부유보설 59
전직 165, 271, 283
전투경찰대 201, 315, 316
정당방위행위 221
정당보상 648, 650, 651
정보·수사 209
정지조건 495, 496
제복착용권 296
조리 61, 76, 94
존속력 120, 129, 130
주관적 쟁송 679, 680
준법률적 행정행위 437, 700
증가산금 581
증가산금을 554
중요사항유보설 60
즉시강제 325, 332, 333
지방경찰청장 67, 198, 201
지방자치단체 47, 48, 82
지방자치단체·공공조합·영조물법인 127
지방해양경찰청 204, 211
지배자책임 379, 381
직권면직 160, 276, 289
직업경찰공무원제도 278
직위분류제 269
직위해제 271, 276, 277
직접강제 549, 557, 558
진압경찰 45, 46, 47
진정소급적용 96, 97
집행명령 87, 389, 391
집행벌 521, 549, 557
집행벌(이행강제금)이 549
징계 718
징계벌 102, 311, 312

【ㅊ】

채권보상 654
처분 38, 44, 66
청구인 270, 400, 440
청렴의무 306, 307, 309
청문 130, 395, 398
청원 565, 588, 589

청원경찰 45, 48, 71
체납처분 122, 299, 553
체포 42, 43, 45
촉탁 259
취소소송 130, 142, 145
취소심판 130, 484, 503
치안정보의 수집·작성 및 배포 327, 328, 357
치안행정위원회 85, 229, 261
치안행정협의회 200
침익적 행정행위 438, 446, 481
침해유보설 55, 59, 61

【ㅋ】

크로이쯔베르크 판결 225, 357

【ㅌ】

통고처분 230, 575, 576
통지행위 452, 467, 468
특별경찰집행기관 201
특별권력관계 54, 59, 113
특별승진 280, 281, 282
특허 108, 111, 440

【ㅍ】

파견 195, 260, 271
파면 165, 270, 271
판단여지 166, 169
판례법 84, 89, 92
평등의 원칙 52, 62, 77
평시경찰 45, 47
표준조치 332

【ㅎ】

하명 455, 456, 490
하자 70, 107, 139
항고소송 77, 149, 189
항고소송과 618
해상경비 208, 210
해상보안청 207
해상안전 208
해상안전국 208
해상연안 경비청 207
해안경비대 207

해양경찰서장 230, 237, 577
해양경찰조직 203
해양경찰청장 199, 201, 204
해양법 220
해양법협약 212, 213, 215
해양재난 211
해양재난구조 211
해임 240, 270, 271
해적 216
해제조건 413, 493, 495
행위자책임 379, 381
행위책임 379, 380, 381
행정강제 74, 517, 518
행정개입청구권 139, 147, 153
행정경찰 41, 45, 46
행정규칙 79, 80, 81
행정벌 132, 473, 517

행정사법 122, 123, 124
행정소송 57, 111, 114
행정심판 131, 145, 154
행정응원 119, 202, 259
행정입법 60, 87, 177
행정쟁송 116, 131, 137
행정처분 66, 70, 75
행정처분에 145
행정행위 48, 65, 67
행정형벌 132, 320, 571
허가 68, 69, 71
헌병 201
현금보상의 원칙 654
혼합책임 379, 381
훈령 252, 253, 254
훈령권 253, 254, 413
휴직 231, 268, 271

고헌환

제주대학교 대학원 법학과 졸업(법학박사)
한국공법학회, 한국토지공법학회, 한국법학회, 한국해양경찰학회 회원
현) 제주대학교 법과정책연구소 전임연구원
　　제주대학교 법정대학·해양산업경찰학과 강사

『해양경찰법』(공저, 2010)
『손실보상법제의 비교』(2011)
「제주특별자치도 특별법상 자치경찰규정의 검토」(2009)
「제주 4·3사건 피해자에 대한 책임과 구제수단에 관한 공법적 검토」(2009)
「행정입법 한계의 기준에 관한 법리」(2009)
「경찰행정법상 일반적 수권조항에 의한 경찰권 행사의 헌법적 한계」(2010)
「해양경찰의 조직과 직무에 관한 문제점과 개선방안」(2011)
「신뢰보호원칙에 관한 판례의 검토」(2011) 외 다수

警察行政法

초판인쇄 | 2012년 2월 28일
초판발행 | 2012년 2월 28일

지 은 이 | 고헌환
펴 낸 이 | 채종준
펴 낸 곳 | 한국학술정보㈜
주　　소 | 경기도 파주시 문발동 파주출판문화정보산업단지 513-5
전　　화 | 031) 908-3181(대표)
팩　　스 | 031) 908-3189
홈페이지 | http://ebook.kstudy.com
E-mail | 출판사업부　publish@kstudy.com
등　　록 | 제일산-115호(2000. 6. 19)

ISBN　　978-89-268-3045-1 93360 (Paper Book)
　　　　　978-89-268-3046-8 98360 (e-Book)